江苏省地方志编纂委员会

# 江苏省志·人物志（二）

凤凰出版社

# 江苏省志·人物志

盛宣怀(1844~1916),晚清实业家

沈寿(1874~1921),女,刺绣艺术家

韩恢(1887~1922),辛亥革命先烈

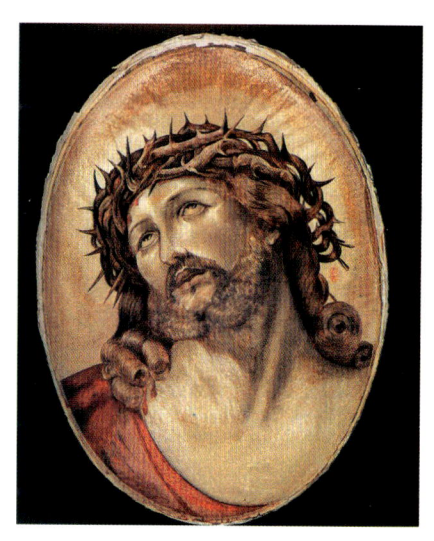

沈寿作品

韩恢墓(南京)

# JIANG SU SHENG ZHI·REN WU ZHI

孙中山(1866~1925),伟大的民主革命先行者

中山陵(南京)

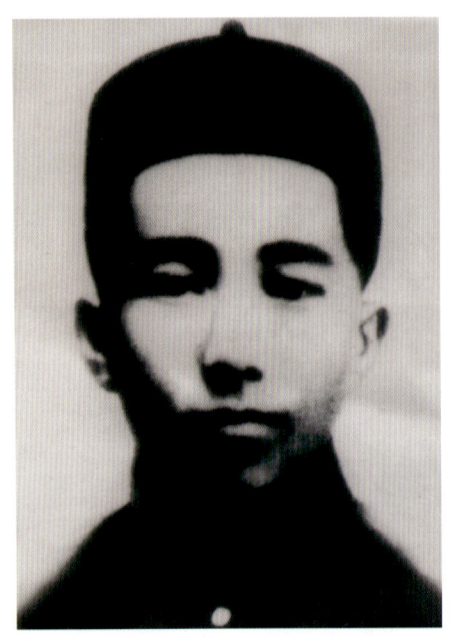

顾正红(1905~1925),"五卅"革命烈士

顾正红故居(盐城)

# 江苏省志·人物志

丁甘仁（1865~1926），中医教育家

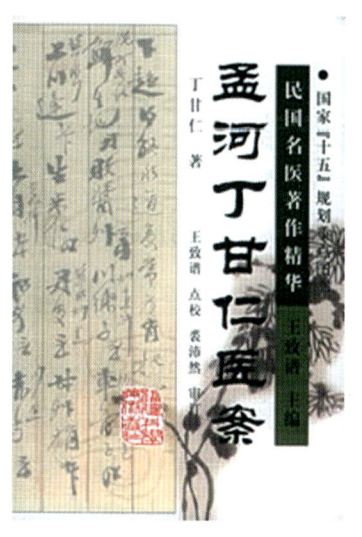

丁甘仁医书

张謇（1853~1926），民族实业家

王荷波（1882~1927），工运领袖，革命烈士

张謇墓园（南通）

# JIANG SU SHENG ZHI · REN WU ZHI

张太雷故居(常州)

张应春(1901~1927),中共妇女工作先驱,革命烈士

张应春烈士纪念馆(苏州)

张太雷(1898~1927),中共早期领导人,革命烈士

罗亦农(1902~1928),中共早期领导人,革命烈士

# 江苏省志·人物志

恽代英广场(常州)

恽代英(1895~1931),中共早期领导人,革命烈士

李超时(1906~1931),红十四军创建人之一,革命烈士

庄蕴宽(1867~1932),民国代理江苏都督,故宫博物馆馆长

JIANG SU SHENG ZHI·REN WU ZHI

刘天华(1895~1932),民族音乐家

刘半农、刘天华、刘北茂兄弟纪念馆(江阴)

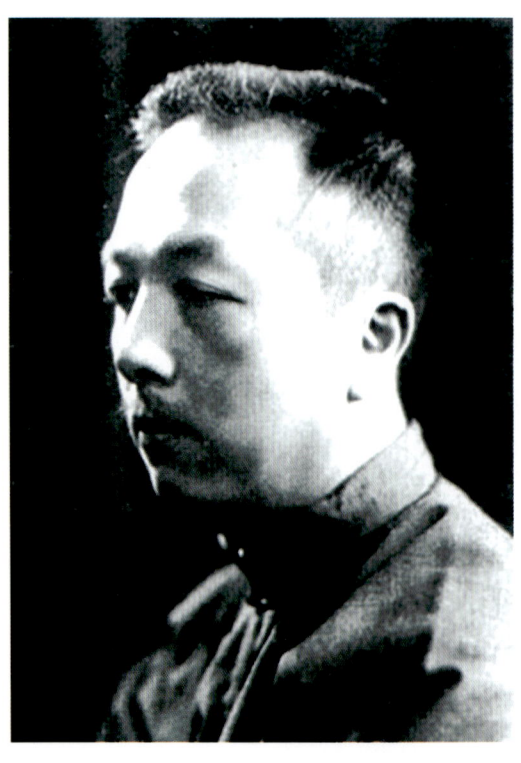

刘半农(1891~1934),文学家

史量才(1880~1934),报业家

# 江苏省志·人物志

瞿秋白(1899~1935),中共早期主要领导人,中国革命文学的重要奠基者之一

瞿秋白塑像(常州)

戈公振(1890~1935),新闻学家

瞿秋白故居(常州)

丁文江(1887~1936),地质学家

何坤(1898~1930),红十四军军长,革命烈士

# JIANG SU SHENG ZHI·REN WU ZHI

陈怀明(1916~1938),抗日航空烈士

荣宗敬(1873~1938),实业家

马相伯(1840~1939),爱国民主人士

荣宗敬1905年创办的无锡振新纱厂

马相伯与沈钧儒、史良等七君子合影

# 江苏省志·人物志

韩国钧(1857~1942),爱国民主人士

孙明瑾(1907~1943),抗日民族英雄,烈士

王伯沆(1871~1944),爱国学者

叶楚伧(1887~1946),早期同盟会会员,新闻学家

# JIANG SU SHENG ZHI·REN WU ZHI

陶行知(1891~1946),教育家

陶行知墓(南京)

李公朴故居(常州)

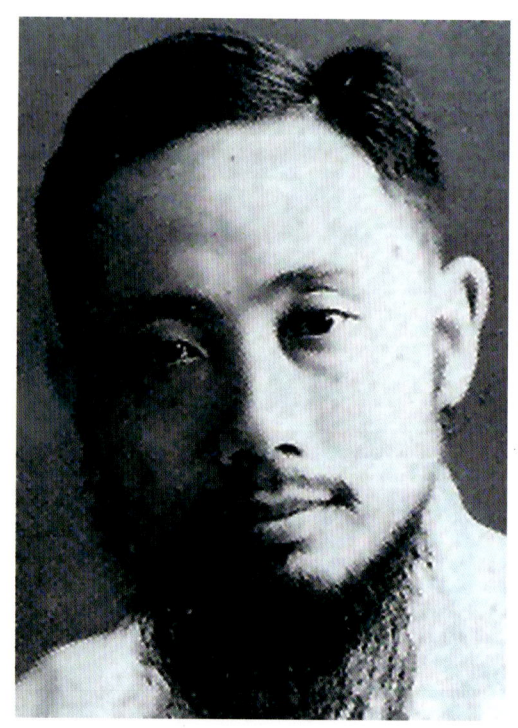

李公朴(1902~1946),爱国民主人士,革命烈士

# 江苏省志·人物志

秦邦宪(1907~1946),中共主要领导人,革命烈士

秦邦宪故居(无锡)

朱瑞(1905~1948),中国人民解放军炮兵创始人

朱自清(1898~1948),爱国学者

宋绮云(1904~1949)、徐林侠(1904~1949)、宋振中(即小萝卜头,1941~1949)革命烈士塑像(邳州)

朱自清故居(扬州)

江苏省志·人物志

# 目　录

## （一）

概　述 .................................................................. 1

## 人物传（夏商～公元1911）

彭　祖(生卒年不详) ………… 31
太　伯(生卒年不详) ………… 31
　仲　雍(生卒年不详) ………… 31
专　诸(？～前515) …………… 32
阖　闾(？～前496) …………… 33
伍子胥(？～前484) …………… 33
季　札(前576～前485) ……… 34
孙　武(生卒年不详) ………… 35
姬夫差(？～前473) …………… 35
范　蠡(生卒年不详) ………… 35
老　子(生卒年不详) ………… 36
言　偃(前506～前443) ……… 37
干　将(生卒年不详) ………… 37
　莫　邪(生卒年不详) ………… 37
黄　歇(？～前238) …………… 38
项　燕(？～前223) …………… 39
　项　伯(？～前192) …………… 39
徐　福(生卒年不详) ………… 39
召　平(生卒年不详) ………… 39
项　梁(？～前208) …………… 40
周　苛(生卒年不详) ………… 41
项　羽(前232～前202) ……… 41
虞　姬(前约232～前202) …… 42
钟离眛(？～前200) …………… 42
韩　信(？～前196) …………… 43
刘　邦(前256或前247～前195)
.................................................. 44
萧　何(？～前193) …………… 45

曹　参(？~前190) …………… 46
樊　哙(？~前189) …………… 46
王　陵(？~前181) …………… 47
吕　雉(约前241~前180) …… 48
夏侯婴(？~前172) …………… 49
陆　贾(约前240~前170) …… 49
周　勃(？~前169) …………… 50
刘　濞(前215~前154) ……… 51
枚　乘(？~前140) …………… 51
　　枚　皋(前156~？) ……… 51
刘　安(前179~前122) ……… 52
严　助(？~前122) …………… 53
朱买臣(？~前115) …………… 53
严　忌(约前188~前105) …… 54
董仲舒(前179~前104) ……… 54
刘细君(约前123~？) ………… 55
　　刘解忧(前119~前49) …… 55
刘　彻(前156~前87) ………… 56
严延年(？~前58) ……………… 57
　　严彭祖(生卒年不详) ……… 57
刘　向(约前77~前6) ………… 57
龚　胜(约前69~约10) ……… 58
刘　歆(前53~23) …………… 59
周　纡(？~97) ………………… 59
徐　淑(约98~？) ……………… 60
　　徐　璆(生卒年不详) ……… 60
张　婴(？~145) ……………… 61
张道陵(34~156) ……………… 61
臧　旻(生卒年不详) …………… 61
　　臧　洪(160~196) ………… 61
陈　登(生卒年不详) …………… 62
华　佗(？~208) ……………… 63

张　纮(152~211) …………… 64
张　鲁(生卒年不详) …………… 65
陈　琳(156~217) …………… 65
鲁　肃(172~217) …………… 66
陆　绩(187~219) …………… 67
张　昭(156~236) …………… 68
徐　宣(168~236) …………… 69
严　畯(生卒年不详) …………… 70
陈　矫(？~237) ……………… 70
　　陈　骞(212~292) ………… 70
朱　桓(177~238) …………… 71
顾　雍(168~243) …………… 72
葛　玄(164~约244) ………… 73
陆　逊(183~245) …………… 73
步　骘(？~248) ……………… 74
孙　权(182~252) …………… 75
吕　岱(161~256) …………… 76
支　谦(生卒年不详) …………… 77
韦　昭(204~273) …………… 77
陆　抗(226~274) …………… 78
吴　普(生卒年不详) …………… 79
周　处(240~297) …………… 80
陆　机(261~303) …………… 80
陆　云(262~303) …………… 81
顾　荣(？~312) ……………… 82
张　翰(？~319) ……………… 82
司马睿(276~322) …………… 83
纪　瞻(生卒年不详) …………… 84
郭　璞(276~324) …………… 84
卞　壸(281~328) …………… 85
刘　隗(273~333) …………… 85
王　导(276~339) …………… 86

| | |
|---|---|
| 葛　洪(约283~363) …………… 87 | 刘　勰(约465~约532) ……… 108 |
| 王羲之(303~379) …………… 88 | 陶弘景(456~536) …………… 108 |
| 谢　安(320~385) …………… 89 | 萧子显(489~537) …………… 109 |
| 戴　逵(？~396) …………… 89 | 　萧子云(487~549) ………… 109 |
| 徐　邈(344~397) …………… 90 | 刘孝绰(481~539) …………… 109 |
| 刘牢之(？~402) …………… 90 | 　刘令娴(生卒年不详) ……… 109 |
| 顾恺之(约345~409) ………… 91 | 张僧繇(生卒年不详) ………… 110 |
| 刘　毅(约362~412) ………… 92 | 任孝恭(？~548) …………… 110 |
| 法　显(约337~约420) ……… 93 | 萧　衍(464~549) …………… 111 |
| 刘　裕(363~422) …………… 93 | 刘孝仪(484~550) …………… 112 |
| 檀道济(？~436) …………… 94 | 侯　景(503~552) …………… 112 |
| 戴　颙(378~441) …………… 95 | 萧　绎(508~554) …………… 113 |
| 刘义庆(403~444) …………… 95 | 陈霸先(503~559) …………… 113 |
| 何承天(370~447) …………… 96 | 刘　璠(510~568) …………… 114 |
| 臧　质(生卒年不详) ………… 97 | 顾野王(519~581) …………… 114 |
| 　沈　璞(生卒年不详) ……… 97 | 徐　陵(507~583) …………… 115 |
| 鲍　照(414~466) …………… 98 | 陈叔宝(553~604) …………… 115 |
| 　鲍令晖(生卒年不详) ……… 98 | 张　斋(约560~605) ………… 116 |
| 萧道成(427~482) …………… 98 | 巢元方(生卒年不详) ………… 117 |
| 陆探微(？~约485) ………… 99 | 管　崇(？~613) …………… 117 |
| 臧荣绪(415~488) ………… 100 | 沈法兴(？~620) …………… 118 |
| 萧子良(460~494) ………… 100 | 李子通(？~622) …………… 118 |
| 王敬则(435~498) ………… 101 | 陆德明(约550~630) ………… 119 |
| 谢　朓(464~499) ………… 102 | 陆柬之(585~638) …………… 120 |
| 祖冲之(429~500) ………… 102 | 孙过庭(生卒年不详) ………… 120 |
| 陈伯之(生卒年不详) ……… 103 | 曹　宪(约541~645) ………… 120 |
| 江　淹(444~505) ………… 103 | 刘德威(？~652) …………… 121 |
| 范　缜(约450~约510) …… 104 | 法　融(594~657) …………… 121 |
| 宝　志(418~514) ………… 105 | 上官仪(约608~664) ………… 122 |
| 僧　祐(445~518) ………… 105 | 道　宣(596~667) …………… 122 |
| 萧　宏(473~526) ………… 106 | 王义方(615~669) …………… 123 |
| 萧　统(501~531) ………… 107 | 李　善(约630~689) ………… 123 |

| | |
|---|---|
| 李 邕(678～747) …… 123 | 赵 幹(生卒年不详) …… 145 |
| 张若虚(约660～约720) …… 125 | 李 昇(888～943) …… 145 |
| 刘知几(661～721) …… 125 | 沈 斌(？～945) …… 147 |
| 周 广(生卒年不详) …… 126 | 刘仁赡(900～957) …… 148 |
| 张 旭(658～747) …… 126 | 李 璟(916～961) …… 148 |
| 杨惠之(生卒年不详) …… 127 | 韩熙载(902～970) …… 150 |
| 王昌龄(约698～约756) …… 127 | 徐 锴(920～975) …… 150 |
| 萧颖士(709～760) …… 128 | 徐 铉(916～992) …… 150 |
| 鉴 真(688～763) …… 129 | 周文矩(约917～？) …… 151 |
| 储光羲(707～约766) …… 130 | 鱼崇谅(903～977) …… 152 |
| 皇甫冉(约717～约770) …… 131 | 李 煜(937～978) …… 152 |
| 独孤及(725～777) …… 132 | 刘 福(生卒年不详) …… 154 |
| 颜真卿(709～785) …… 132 | 徐 熙(生卒年不详) …… 154 |
| 戴叔伦(732～789) …… 133 | 刘承规(949～1012) …… 155 |
| 韦应物(约737～约791) …… 134 | 丁 谓(966～1037) …… 156 |
| 吉中孚(约740～798) …… 135 | 苏舜钦(1008～1049) …… 156 |
| 沈既济(约750～约800) …… 135 | 范仲淹(989～1052) …… 157 |
| 权德舆(761～818) …… 135 | 胡 瑗(993～1059) …… 157 |
| 张 籍(约766～约830) …… 136 | 沈 起(生卒年不详) …… 158 |
| 蒋 防(792～835) …… 137 | 胡 宿(996～1067) …… 159 |
| 刘禹锡(772～842) …… 137 | 刁 约(生卒年不详) …… 160 |
| 白居易(772～846) …… 138 | 欧阳修(1007～1072) …… 160 |
| 张 璪(卒年不详) …… 139 | 卫 朴(？～1077) …… 161 |
| 李 绅(772～846) …… 139 | 程 颢(1032～1085) …… 162 |
| 王 起(760～847) …… 140 | 王安石(1021～1086) …… 163 |
| 李德裕(787～850) …… 141 | 孙 觉(1028～1090) …… 163 |
| 李 珏(784～853) …… 141 | 沈 括(1031～1095) …… 164 |
| 赵 嘏(806～854) …… 142 | 朱长文(1041～1098) …… 165 |
| 庞 勋(？～869) …… 143 | 王 观(1035～1100) …… 166 |
| 许 佶(？～869) …… 143 | 王 觌(1036～1103) …… 166 |
| 许 浑(生卒年不详) …… 144 | 王俊义(1036～1103) …… 166 |
| 陆龟蒙(？～约881) …… 144 | 秦 观(1049～1100) …… 166 |

| | |
|---|---|
| 苏　颂(1020~1101) …………… 167 | 魏　胜(1120~1164) ………… 189 |
| 王　存(1023~1101) …………… 167 | 汤鹏举(约1087~1165) ……… 190 |
| 范纯仁(1027~1101) …………… 168 | 张　纲(1083~1166) ………… 190 |
| 苏　轼(1037~1101) …………… 168 | 张孝祥(约1132~1169) ……… 191 |
| 刘　庠(生卒年不详) …………… 169 | 曾　怀(约1106~约1174) …… 192 |
| 陈师道(1053~1102) …………… 170 | 范成大(1126~1193) ………… 192 |
| 郏　亶(1038~1103) …………… 171 | 尤　袤(1127~1202) ………… 193 |
| 米　芾(1051~1107) …………… 171 | 丘　崈(1135~1209) ………… 193 |
| 邹　浩(1060~1111) …………… 172 | 吴柔胜(生卒年不详) ………… 194 |
| 徐　积(1038~1114) …………… 173 | 　吴　渊(1190~1257) ……… 194 |
| 张　耒(1054~1114) …………… 174 | 　吴　潜(1196~1262) ……… 194 |
| 霍端友(1056~1115) …………… 174 | 卫　泾(1159~1226) ………… 196 |
| 杨　介(生卒年不详) …………… 175 | 周　虎(？~1229) …………… 196 |
| 俞　栗(生卒年不详) …………… 175 | 杨妙真(生卒年不详) ………… 197 |
| 陈　东(1086~1127) …………… 176 | 　李　全(？~1231) ………… 197 |
| 宗　泽(1059~1128) …………… 177 | 刘　宰(1165~1233) ………… 198 |
| 蒋　猷(1063~1129) …………… 177 | 刘必成(生卒年不详) ………… 199 |
| 杨邦乂(1085~1129) …………… 178 | 赵　葵(1185~1266) ………… 199 |
| 赵　立(1094~1130) …………… 178 | 马光祖(生卒年不详) ………… 200 |
| 王资深(生卒年不详) …………… 179 | 李庭芝(1219~1276) ………… 201 |
| 　王　洋(生卒年不详) ………… 179 | 陆秀夫(1238~1279) ………… 202 |
| 李　纲(1083~1140) …………… 180 | 文天祥(1236~1283) ………… 204 |
| 胡世将(1085~1142) …………… 181 | 蒋　捷(生卒年不详) ………… 205 |
| 岳　飞(1103~1142) …………… 182 | 朱　清(1237~1303) ………… 205 |
| 张　守(1084~1145) …………… 183 | 龚　开(1222~约1304) ……… 206 |
| 胡松年(1086~1146) …………… 184 | 彻里燕只吉台氏(1258~1305) |
| 秦　梓(？~1146) ……………… 185 | ……………………………… 207 |
| 叶梦得(1077~1148) …………… 185 | 汤　垕(生卒年不详) ………… 208 |
| 韩世忠(1089~1151) …………… 185 | 睢景臣(约1264~1330) ……… 208 |
| 　梁红玉(？~1153) …………… 185 | 芝麻李(？~1352) …………… 209 |
| 许叔微(1080~1154) …………… 187 | 黄公望(1269~1354) ………… 209 |
| 秦　桧(1090~1155) …………… 188 | 萨都剌(1272~约1355) ……… 210 |

| | |
|---|---|
| 朱德润(1294~1365) …… 211 | 陈 瑄(1365~1433) …… 233 |
| 张士诚(1321~1367) …… 211 | 郑 亨(？~1434) …… 234 |
| 陈祖仁(1314~1368) …… 213 | 夏 升(1365~1435) …… 234 |
| 顾 瑛(1310~1369) …… 213 | 郑 和(1371~1435) …… 235 |
| 施耐庵(1296~1370) …… 214 | 费 信(1388~？) …… 235 |
| 倪 瓒(1301~1374) …… 215 | 巩 珍(生卒年不详) …… 235 |
| 高 启(1336~1374) …… 216 | 金 纯(？~1440) …… 236 |
| 刘 基(1311~1375) …… 216 | 况 钟(1383~1443) …… 236 |
| 韩 政(？~1378) …… 217 | 张 洪(约1361~约1444) …… 237 |
| 汪广洋(？~1379) …… 218 | 周 忱(1381~1453) …… 238 |
| 宋 濂(1310~1381) …… 219 | 高 谷(1391~1460) …… 238 |
| 王 履(1332~？) …… 219 | 金 濂(？~1461) …… 238 |
| 李文忠(1339~1384) …… 219 | 李信圭(生卒年不详) …… 239 |
| 徐 达(1332~1385) …… 220 | 胡 濙(1375~1463) …… 240 |
| 滑 寿(1304~1386) …… 221 | 杜 堇(生卒年不详) …… 241 |
| 沈万三(生卒年不详) …… 222 | 夏 㫤(1388~1470) …… 241 |
| 宋 克(1327~1387) …… 222 | 徐有贞(1407~1472) …… 242 |
| 李善长(1314~1390) …… 223 | 颜 彪(？~1475) …… 242 |
| 谢应芳(1296~1392) …… 223 | 蒯 祥(1398~1481) …… 243 |
| 杨 靖(1360~1397) …… 224 | 王 竑(1414~1489) …… 243 |
| 朱元璋(1328~1398) …… 225 | 叶 淇(？~1496) …… 244 |
| 方孝孺(1359~1402) …… 226 | 徐 溥(1428~1499) …… 244 |
| 朱允炆(1377~1402) …… 226 | 庄 昶(1437~1499) …… 245 |
| 朱守仁(？~约1403) …… 227 | 白 昂(1435~1503) …… 246 |
| 王 绂(1362~1416) …… 228 | 吴 宽(1435~1504) …… 246 |
| 姚广孝(1335~1418) …… 229 | 沈 周(1427~1509) …… 247 |
| 卞元亨(1328~1419) …… 229 | 徐祯卿(1479~1511) …… 247 |
| 刘 荣(？~1420) …… 230 | 于 湛(生卒年不详) …… 248 |
| 陈 济(1363~1424) …… 231 | 储 巏(1457~1513) …… 248 |
| 鱼 侃(生卒年不详) …… 231 | 徐 恪(？~1516) …… 249 |
| 钱 昕(生卒年不详) …… 231 | 胡 琏(生卒年不详) …… 250 |
| 虞 谦(？~1427) …… 232 | 靳 贵(1464~1520) …… 250 |

| | |
|---|---|
| 陶　成(生卒年不详) …………… 251 | 皇甫濂(1508～1564) ………… 269 |
| 陈　铎(约1488～约1521) …… 251 | 文徵明(1470～1559) ………… 269 |
| 毛　澄(1460～1523) ………… 252 | 文　彭(1498～1573) ………… 269 |
| 王　鏊(1450～1524) ………… 253 | 邱　陞(？～1559) …………… 270 |
| 唐　寅(1470～1524) ………… 254 | 卢　翊(生卒年不详) …………… 271 |
| 祝允明(1460～1526) ………… 254 | 魏良辅(生卒年不详) …………… 271 |
| 邵　宝(1460～1527) ………… 255 | 沈　坤(1507～1560) ………… 272 |
| 杨　果(1473～1529) ………… 256 | 唐顺之(1507～1560) ………… 272 |
| 左　唐(生卒年不详) …………… 256 | 宗　臣(1525～1560) ………… 274 |
| 杨一清(1454～1530) ………… 257 | 顾可久(1485～1561) ………… 274 |
| 王　磐(1470～1530) ………… 257 | 沈　启(1490～1563) ………… 275 |
| 王　宠(1494～1533) ………… 258 | 徐九思(1481～1566) ………… 275 |
| 安　国(1481～1534) ………… 258 | 钱　榖(约1506～约1570) …… 276 |
| 仲　本(？～1536) …………… 259 | 归有光(1506～1571) ………… 277 |
| 陆　采(1497～1537) ………… 260 | 薛应旂(1500～1572) ………… 278 |
| 顾鼎臣(1473～1540) ………… 260 | 华　察(1497～1574) ………… 278 |
| 王　艮(1483～1541) ………… 261 | 汤克宽(？～1576) …………… 279 |
| 林　春(1498～1541) ………… 262 | 陆　治(1496～1577) ………… 280 |
| 蔡　羽(？～1541) …………… 263 | 丁士美(1521～1577) ………… 280 |
| 杨循吉(1456～1544) ………… 263 | 吴承恩(约1500～约1582) …… 281 |
| 盛　仪(约1487～？) ………… 264 | 严　讷(1511～1584) ………… 281 |
| 曾　铣(？～1548) …………… 264 | 李春芳(1511～1585) ………… 282 |
| 仇　英(约1501～约1551) …… 265 | 海　瑞(1514～1587) ………… 282 |
| 席上珍(？～1555) …………… 266 | 汤应曾(约1530～约1588) …… 284 |
| 王　铁(1514～1555) ………… 266 | 王世贞(1526～1590) ………… 284 |
| 崔　桐(1478～1556) ………… 267 | 梁辰鱼(约1521～1594) ……… 286 |
| 刘景韶(生卒年不详) …………… 267 | 王　樵(1521～1601) ………… 287 |
| 曹　顶(1514～1557) ………… 268 | 陆西星(1520～约1601) ……… 287 |
| 薛　己(约1488～1558) ……… 268 | 冯应京(？～1607) …………… 288 |
| 皇甫冲(1490～1558) ………… 269 | 陆子冈(生卒年不详) …………… 288 |
| 　皇甫涍(1497～1546) ……… 269 | 卢廷兰(生卒年不详) …………… 289 |
| 　皇甫汸(1498～1583) ……… 269 | 王　衡(1561～1609) ………… 289 |

王锡爵(1534~1610) …………… 290
沈　璟(1553~1610) …………… 290
顾宪成(1550~1612) …………… 291
张凤翼(1527~1613) …………… 292
王肯堂(1549~1613) …………… 293
翁　遴(生卒年不详) …………… 294
申时行(1535~1614) …………… 294
朱　梓(1542~1616) …………… 295
刘　绖(？~1619) ……………… 296
李士达(1500~1620) …………… 297
焦　竑(1541~1620) …………… 297
张贞观(生卒年不详) …………… 298
许自昌(1578~1623) …………… 299
朱之蕃(1548~1624) …………… 299
高攀龙(1562~1626) …………… 299
周顺昌(1584~1626) …………… 300
缪希雍(1546~1627) …………… 301
计　成(1582~？) ……………… 301
陈实功(1555~1636) …………… 302
孙慎行(1565~1636) …………… 302
文震孟(1574~1636) …………… 303
卢象昇(1600~1639) …………… 303
程国祥(1580~1641) …………… 304
徐霞客(1587~1641) …………… 305
徐　燿(1592~1641) …………… 306
张　溥(1602~1641) …………… 306
徐上瀛(生卒年不详) …………… 307
王鸣鹤(生卒年不详) …………… 308
于仕廉(1559~1645) …………… 308
史可法(1601~1645) …………… 309
阎应元(1607~1645) …………… 310
沈宠绥(？~1645) ……………… 311

周遇吉(？~约1645) …………… 311
冯梦龙(1574~1646) …………… 312
朱由崧(？~1646) ……………… 312
时大彬(1573~1648) …………… 313
　徐友泉(1576~1643) ………… 313
吴　炳(1595~1648) …………… 314
堵胤锡(1601~1649) …………… 314
瞿式耜(1590~1650) …………… 315
薄　珏(生卒年不详) …………… 316
董小宛(1624~1651) …………… 316
万寿祺(1603~1652) …………… 317
江千里(生卒年不详) …………… 318
智　旭(1599~1655) …………… 318
陈贞慧(1604~1656) …………… 318
吴有性(1587~1657) …………… 320
徐常遇(生卒年不详) …………… 320
毛　晋(1599~1659) …………… 321
金圣叹(1608~1661) …………… 321
孙云球(1630~1662) …………… 322
孙　榘(生卒年不详) …………… 322
沈　汉(生卒年不详) …………… 323
钱谦益(1582~1664) …………… 323
吕　宫(1603~1664) …………… 324
柳如是(1618~1664) …………… 324
史德威(生卒年不详) …………… 325
朱佐朝(生卒年不详) …………… 325
马世俊(1609~1666) …………… 326
庄臻凤(1624~1667) …………… 326
杨廷鉴(生卒年不详) …………… 327
孙一致(生卒年不详) …………… 327
徐　祺(生卒年不详) …………… 328
　徐　俊(生卒年不详) ………… 328

柳敬亭(1587～约1670) ……… 328
李　玉(1591～1671) ……… 329
冯　班(1602～1671) ……… 330
　冯　舒(生卒年不详) ……… 330
袁于令(1592～约1672) ……… 331
吴伟业(1609～1672) ……… 331
陆世仪(1611～1672) ……… 332
钱邦芑(1600～1673) ……… 333
归　庄(1613～1673) ……… 334
玉琳琇(1614～1675) ……… 335
王大经(生卒年不详) ……… 335
王　鉴(1598～1677) ……… 336
李枝翘(生卒年不详) ……… 336
吴三桂(1612～1678) ……… 337
阎尔梅(1603～1679) ……… 338
薛鼎臣(1630～1679) ……… 339
李香君(生卒年不详) ……… 340
王时敏(1592～1680) ……… 340
李　渔(1610～1680) ……… 341
江之蔼(生卒年不详) ……… 342
顾炎武(1613～1682) ……… 342
陈维崧(1625～1682) ……… 344
王锡阐(1628～1682) ……… 345
李　清(1602～1683) ……… 345
吴嘉纪(1618～1684) ……… 345
吴兆骞(1631～1684) ……… 346
万　树(1625～1687) ……… 347
宋德宜(1626～1687) ……… 347
张大复(生卒年不详) ……… 348
龚　贤(1618～1689) ……… 349
汪　琬(1624～1690) ……… 349
恽南田(1633～1690) ……… 350

张　弨(1625～1691) ……… 351
徐元文(1634～1691) ……… 351
髡　残(1612～1692) ……… 352
陆　舜(1617～1692) ……… 353
　陆儋辰(1777～1842) ……… 353
笪重光(1623～1692) ……… 353
冒　襄(1611～1693) ……… 354
徐乾学(1631～1694) ……… 355
陈圆圆(1623～1695) ……… 356
胡简敬(1631～1695) ……… 356
朱柏庐(1627～1698) ……… 357
张竹坡(1670～1698) ……… 357
李　蟠(生卒年不详) ……… 358
朱　雍(生卒年不详) ……… 358
钱　曾(1629～1701) ……… 359
宋　曹(1620～1702) ……… 359
严绳孙(1623～1702) ……… 360
尤　侗(1618～1704) ……… 361
阎若璩(1636～1704) ……… 361
邵长蘅(1637～1704) ……… 362
韩　菼(1637～1704) ……… 363
石　涛(约1642～约1707) ……… 363
潘　耒(1646～1708) ……… 365
毛宗岗(生卒年不详) ……… 365
徐秉义(1633～1711) ……… 366
张玉书(1642～1711) ……… 366
徐正明(生卒年不详) ……… 367
曹　寅(1658～1712) ……… 368
　曹雪芹(约1715～约1764) ……… 368
顾贞观(1637～1714) ……… 369
王原祁(1642～1715) ……… 370
禹之鼎(1647～1716) ……… 370

| | | | |
|---|---|---|---|
| 王　翚(1632～1717) | 371 | 马曰璐(1697～1766) | 391 |
| 吴　历(1632～1718) | 371 | 华　嵒(1682～1756) | 392 |
| 孔尚任(1648～1718) | 372 | 王安国(1692～1757) | 392 |
| 僧传悟(1619～1719) | 373 | 　王念孙(1744～1832) | 392 |
| 彭定求(1645～1719) | 373 | 　王引之(1766～1834) | 392 |
| 赵申乔(1644～1720) | 374 | 惠　栋(1697～1758) | 395 |
| 陈厚耀(1648～1722) | 374 | 　惠周惕(生卒年不详) | 395 |
| 张符骧(1663～1727) | 376 | 　惠士奇(1671～1741) | 395 |
| 刘　智(1660～1730) | 376 | 顾栋高(1679～1759) | 396 |
| 蒋廷锡(1669～1732) | 377 | 汪士慎(1686～1759) | 396 |
| 　蒋　溥(？～1761) | 377 | 庄培因(1723～1759) | 397 |
| 倪瑞璿(1702～1732) | 378 | 浦起龙(1679～1762) | 397 |
| 杨名时(1661～1737) | 379 | 李　鱓(1686～1762) | 398 |
| 李　卫(1686～1738) | 379 | 金　农(1687～1763) | 399 |
| 稽曾筠(1670～1739) | 381 | 史贻直(1683～1764) | 400 |
| 蒋　衡(1672～1742) | 382 | 秦蕙田(1702～1764) | 400 |
| 王　澍(1668～1743) | 382 | 李　葂(1705～1764) | 401 |
| 叶天士(1667～1746) | 383 | 郑　燮(1693～1765) | 402 |
| 任兰枝(1677～1746) | 383 | 黄　慎(1687～1766) | 403 |
| 袁　江(约1671～约1746) | 384 | 沈德潜(1673～1769) | 404 |
| 高凤翰(1683～1748) | 384 | 薛　雪(1681～1770) | 404 |
| 王维德(1669～1749) | 385 | 邹一桂(1686～1772) | 405 |
| 边寿民(1684～1752) | 385 | 徐大椿(1693～1772) | 405 |
| 潘思榘(1695～1752) | 386 | 钱维城(1720～1772) | 406 |
| 甘凤池(生卒年不详) | 386 | 吴玉搢(1689～1773) | 406 |
| 浦　琳(生卒年不详) | 387 | 沈金鳌(1717～1776) | 407 |
| 梁魏今(生卒年不详) | 387 | 秦大士(1715～1777) | 408 |
| 张　肱(生卒年不详) | 388 | 乔　林(1731～？) | 408 |
| 高　翔(1688～1753) | 389 | 于敏中(1714～1780) | 409 |
| 李方膺(1695～1754) | 389 | 黄景仁(1749～1783) | 410 |
| 吴敬梓(1701～1754) | 390 | 杨潮观(1710～1788) | 411 |
| 马曰琯(1688～1755) | 391 | 庄存与(1719～1788) | 412 |

| 姓名 | 页码 | 姓名 | 页码 |
|---|---|---|---|
| 任大椿(1738~1789) | 412 | 焦　循(1763~1820) | 435 |
| 缪遵义(1710~1793) | 413 | 卢　顺(？~1820) | 437 |
| 潘恭寿(1741~1794) | 414 | 王卫均(生卒年不详) | 437 |
| 汪　中(1745~1794) | 414 | 孙长源(生卒年不详) | 438 |
| 任　瑗(约1715~1796) | 415 | 戴联奎(1751~1822) | 439 |
| 黄文旸(1736~？) | 416 | 许桂林(1779~1822) | 439 |
| 吕又祥(生卒年不详) | 416 | 赵怀玉(1747~1823) | 440 |
| 袁　枚(1716~1797) | 417 | 汪　椿(1760~1825) | 441 |
| 王鸣盛(1722~1797) | 418 | 汪廷珍(1757~1827) | 441 |
| 毕　沅(1730~1797) | 418 | 高朗亭(1774~1827) | 442 |
| 王贞仪(1768~1797) | 419 | 李汝珍(约1763~1828) | 443 |
| 王周士(生卒年不详) | 420 | 徐　碌(1775~1829) | 444 |
| 管干贞(1734~1798) | 420 | 刘逢禄(1776~1829) | 444 |
| 程得龄(生卒年不详) | 421 | 骆绮兰(1756~约1830) | 445 |
| 罗　聘(1733~1799) | 421 | 徐开业(1788~1831) | 445 |
| 王文治(1730~1802) | 423 | 张　琦(1764~1833) | 446 |
| 沈起凤(1741~1802) | 423 | 恽　珠(1771~1833) | 446 |
| 张惠言(1761~1802) | 424 | 吴甸华(1733~1834) | 447 |
| 刘台拱(1752~1805) | 425 | 吴　璥(1758~1836) | 448 |
| 李毓昌(1771~1808) | 425 | 瞿绍基(1772~1836) | 449 |
| 洪亮吉(1746~1809) | 426 | 　瞿　镛(1794~1876) | 449 |
| 凌廷堪(1755~1809) | 427 | 石韫玉(1756~1837) | 449 |
| 钱伯坰(1738~1812) | 428 | 唐汝明(生卒年不详) | 449 |
| 赵　翼(1727~1814) | 428 | 顾广圻(1770~1839) | 450 |
| 段玉裁(1735~1815) | 429 | 陶　澍(1779~1839) | 450 |
| 伊秉绶(1754~1815) | 431 | 潘德舆(1785~1839) | 451 |
| 恽　敬(1757~1817) | 432 | 王希文(1766~1841) | 452 |
| 李　锐(1768~1817) | 432 | 李兆洛(1769~1841) | 453 |
| 李　斗(？~1817) | 433 | 骆腾凤(1770~1841) | 454 |
| 郭大昌(1742~1818) | 433 | 关天培(1781~1841) | 454 |
| 孙星衍(1753~1818) | 434 | 海　龄(？~1842) | 455 |
| 程伟元(？~约1818) | 435 | 邹　澍(1790~1844) | 455 |

| | |
|---|---|
| 邓廷桢(1776~1846) …… 456 | 季芝昌(1791~1860) …… 478 |
| 张成龙(1775~1847) …… 457 | 赵振祚(?~1860) …… 478 |
| 徐子容(1782~1847) …… 458 | 石寿棠(生卒年不详) …… 479 |
| 阮 元(1764~1849) …… 458 | 彭蕴章(1792~1862) …… 480 |
| 林则徐(1785~1850) …… 459 | 徐 鼒(1810~1862) …… 480 |
| 胡翘汉(约1796~1850) …… 461 | 鲁一同(1805~1863) …… 481 |
| 　胡盍朋(1826~1866) …… 461 | 贝青乔(1810~约1863) …… 482 |
| 卢 栋(?~1850) …… 462 | 石达开(1830~1863) …… 482 |
| 丘心如(1804~1851) …… 463 | 洪秀全(1814~1864) …… 483 |
| 许乔林(1775~1852) …… 463 | 洪仁玕(1821~1864) …… 484 |
| 王 相(1789~1852) …… 464 | 李秀成(1823~1864) …… 485 |
| 甘 熙(1798~1852) …… 465 | 陈坤书(?~1864) …… 486 |
| 程开聚(生卒年不详) …… 465 | 施志远(?~约1864) …… 487 |
| 　程立炜(?~1870) …… 465 | 李世贤(1834~1865) …… 488 |
| 　程立昕(?~1869) …… 465 | 张积中(1800~1866) …… 488 |
| 余保纯(1775~1853) …… 466 | 许联镖(1801~1867) …… 489 |
| 汤贻汾(1778~1853) …… 467 | 蒋春霖(1818~1868) …… 490 |
| 臧纡青(1797~1853) …… 468 | 陈 森(1796~1870) …… 490 |
| 刘文淇(1789~1854) …… 468 | 吴熙载(1799~1870) …… 491 |
| 　刘毓崧(1818~1867) …… 468 | 史致谔(1802~1872) …… 492 |
| 　刘寿曾(1838~1882) …… 468 | 曾国藩(1811~1872) …… 493 |
| 吴文镕(1792~1854) …… 470 | 冯桂芬(1809~1874) …… 493 |
| 包世臣(1775~1855) …… 470 | 丁 晏(1794~1875) …… 494 |
| 刘宝楠(1791~1855) …… 471 | 吴 棠(?~1875) …… 495 |
| 韦昌辉(1823~1856) …… 472 | 庞钟璐(1822~1876) …… 495 |
| 杨秀清(1823~1856) …… 472 | 马如飞(1817~?) …… 496 |
| 魏 源(1794~1857) …… 473 | 龚振麟(生卒年不详) …… 496 |
| 陈玉标(?~1857) …… 474 | 刘熙载(1813~1881) …… 497 |
| 华秋苹(1785~1858) …… 475 | 吴昆田(1809~1882) …… 498 |
| 朱骏声(1788~1858) …… 476 | 陆增祥(1814~1882) …… 498 |
| 杨凤翩(生卒年不详) …… 476 | 梅巧玲(1842~1882) …… 499 |
| 冯道立(1782~1860) …… 477 | 　梅雨田(1865~1912) …… 499 |

| | |
|---|---|
| 李光炘(1808~1884) …………… 500 | 马建忠(1845~1900) …………… 523 |
| 徐　寿(1818~1884) …………… 500 | 时小福(1846~1900) …………… 524 |
| 汪　藁(1832~1884) …………… 501 | 裔步銮(1838~1901) …………… 524 |
| 费伯雄(1810~1885) …………… 502 | 何嗣焜(1844~1901) …………… 525 |
| 左宗棠(1812~1885) …………… 503 | 徐建寅(1845~1901) …………… 526 |
| 金　和(1818~1885) …………… 504 | 成肇麐(1846~1901) …………… 527 |
| 金运昌(？~1885) ……………… 504 | 张大烈(1821~1902) …………… 527 |
| 吴师机(1806~1886) …………… 505 | 华蘅芳(1833~1902) …………… 528 |
| 高延第(1823~1886) …………… 506 | 吴大澂(1835~1902) …………… 529 |
| 胡恩燮(1825~1888) …………… 506 | 恽祖翼(1838~1902) …………… 530 |
| 潘祖荫(1830~1890) …………… 508 | 丁立钧(1854~1902) …………… 530 |
| 李金镛(1835~1890) …………… 508 | 赵海仙(1829~1904) …………… 531 |
| 秦　焕(1818~1891) …………… 509 | 翁同龢(1830~1904) …………… 532 |
| 董　恂(1807~1892) …………… 510 | 欣澹庵(1846~1904) …………… 534 |
| 卞宝第(1824~1892) …………… 510 | 裴毓芳(1871~1904) …………… 534 |
| 徐小香(生卒年不详) ………… 511 | 马培之(1820~1905) …………… 535 |
| 洪　钧(1839~1893) …………… 511 | 范当世(1854~1905) …………… 536 |
| 吴友如(1850~1893) …………… 512 | 杨宗濂(1832~1906) …………… 537 |
| 左宝贵(1837~1894) …………… 512 | 陈玉澍(1852~1906) …………… 538 |
| 薛福成(1838~1894) …………… 513 | 李宝嘉(1867~1906) …………… 538 |
| 裴荫森(1823~1895) …………… 514 | 俞　樾(1821~1907) …………… 539 |
| 黄振均(1826~1895) …………… 515 | 余思诒(1835~1907) …………… 540 |
| 杨泗洪(1847~1895) …………… 516 | 王得胜(1822~1908) …………… 540 |
| 陈崇光(1838~1896) …………… 516 | 陆宝忠(1850~1908) …………… 541 |
| 王仁堪(1850~1896) …………… 517 | 张鹤龄(1867~1908) …………… 542 |
| 王　韬(1828~1897) …………… 518 | 甄遇都(生卒年不详) ………… 543 |
| 张联桂(1838~1897) …………… 519 | 张之洞(1837~1909) …………… 544 |
| 万青选(？~1898) ……………… 519 | 刘　鹗(1857~1909) …………… 545 |
| 吴凤柱(1833~1899) …………… 520 | 杨士骧(？~1909) ……………… 545 |
| 江　标(1860~1899) …………… 521 | 　杨士琦(1862~1918) ………… 545 |
| 李厚坤(生卒年不详) ………… 521 | 杨宗瀚(1842~1910) …………… 546 |
| 殷自芳(1820~1900) …………… 522 | 熊成基(1887~1910) …………… 547 |

杨文会(1836~1911) ………… 548
端　方(1861~1911) ………… 549
卞　赓(1875~1911) ………… 550
陶骏保(1878~1911) ………… 550
赵　声(1881~1911) ………… 551
周　实(1883~1911) ………… 551
阮　式(1889~1911) ………… 551
阮德山(1885~1911) ………… 552
华金元(1889~1911) ………… 553
徐国泰(1889~1911) ………… 554
孙天生(？~1911) ………… 555

## （二）

## 人物传(1912~1949.9)

白雅雨(1868~1912) ………… 557
王少华(1876~1912) ………… 558
江来甫(1878~1912) ………… 559
曹俊鹏(生卒年不详) ………… 559
王锡祺(1855~1913) ………… 560
陈　范(1860~1913) ………… 561
王仁俊(1866~1913) ………… 561
徐宝山(1866~1913) ………… 562
黄　人(1866~1913) ………… 563
杨　冰(1871~1913) ………… 564
李楚江(1881~1913) ………… 564
林述庆(1881~1913) ………… 565
朱葆诚(1889~1913) ………… 566
刘旦诞(1826~1914) ………… 566
俞菊笙(1839~1914) ………… 567
黄思永(1842~1914) ………… 567
吕谷金(1855~1914) ………… 568
颜承烈(1866~1914) ………… 568
周祥骏(1870~1914) ………… 569
范鸿仙(1882~1914) ………… 570
刘天恨(1888~1914) ………… 571
陆润庠(1841~1915) ………… 572
丁凤山(1842~1915) ………… 573
刘清韵(1842~1915) ………… 573
马为瑗(1849~1915) ………… 574
许鼎霖(1857~1915) ………… 574
沈缦云(1869~1915) ………… 575
陆镜若(1885~1915) ………… 577
徐血儿(1891~1915) ………… 578
许　珏(1843~1916) ………… 579
盛宣怀(1844~1916) ………… 579
李映庚(1845~1916) ………… 582
朱守成(1858~1916) ………… 583
林肇灿(1864~1916) ………… 584
杨保恒(1873~1916) ………… 584
吴子敬(1874~1916) ………… 585

| | |
|---|---|
| 黄　兴(1874～1916) ………… 585 | 李　仁(1868～1922) ………… 611 |
| 臧在新(1882～1916) ………… 587 | 孙毓修(1871～1922) ………… 611 |
| 伏　龙(1884～1916) ………… 588 | 韩　恢(1887～1922) ………… 612 |
| 顾锡九(1885～1916) ………… 589 | 范　冕(1841～1923) ………… 613 |
| 马继增(？～1916) …………… 589 | 魏筱泉(约1850～1923) ……… 613 |
| 叶昌炽(1849～1917) ………… 590 | 周舜卿(1852～1923) ………… 614 |
| 王以昭(1855～1917) ………… 591 | 张　勋(1854～1923) ………… 615 |
| 丁宝铨(？～1917) …………… 592 | 李涵秋(1874～1923) ………… 616 |
| 徐致靖(1844～1918) ………… 592 | 许指严(1875～1923) ………… 617 |
| 汪凤藻(1851～1918) ………… 593 | 陈撷芬(1883～1923) ………… 618 |
| 郑文焯(1856～1918) ………… 593 | 曾玉良(1886～1923) ………… 619 |
| 恽毓鼎(1863～1918) ………… 594 | 周甘尘(1889～1923) ………… 620 |
| 孟昭常(1871～1918) ………… 595 | 盛延祺(1894～1923) ………… 621 |
| 龙　璋(1865～？) …………… 596 | 黄葆年(1845～1924) ………… 622 |
| 缪荃孙(1844～1919) ………… 597 | 段朝端(1844～1925) ………… 623 |
| 沈云霈(1854～1919) ………… 598 | 王鸿寿(1850～1925) ………… 623 |
| 黄山寿(1855～1919) ………… 598 | 孙中山(1866～1925) ………… 624 |
| 刘师培(1884～1919) ………… 599 | 汪文溥(1869～1925) ………… 626 |
| 赵念伯(1887～1919) ………… 601 | 张文生(1872～1925) ………… 626 |
| 特莱克(1890～1919) ………… 602 | 顾正红(1905～1925) ………… 627 |
| 陈作霖(1837～1920) ………… 602 | 张　謇(1853～1926) ………… 628 |
| 陆廉夫(1851～1920) ………… 603 | 祝大椿(1856～1926) ………… 630 |
| 李瑞清(1867～1920) ………… 604 | 朱宝奎(1861～1926) ………… 631 |
| 李广德(生卒年不详) ………… 605 | 丁甘仁(1865～1926) ………… 632 |
| 邹嘉来(1852～1921) ………… 605 | 郁芑生(1873～1926) ………… 633 |
| 屠　寄(1856～1921) ………… 606 | 吴介璋(1875～1926) ………… 634 |
| 姚锡光(1857～1921) ………… 606 | 柳伯英(1884～1926) ………… 635 |
| 李　兰(1862～1921) ………… 607 | 丁祖庚(1890～1926) ………… 635 |
| 彭诒孙(1864～1921) ………… 608 | 毕倚虹(1892～1926) ………… 636 |
| 宗　仰(1865～1921) ………… 608 | 周水平(1894～1926) ………… 637 |
| 沈　寿(1874～1921) ………… 609 | 汪伯乐(1900～1926) ………… 638 |
| 尤先甲(1843～1922) ………… 610 | 冯　煦(1843～1927) ………… 639 |

| | | | |
|---|---|---|---|
| 金泽荣(1850~1927) | 640 | 钱振标(1896~1928) | 670 |
| 李平书(1854~1927) | 641 | 仇一民(1897~1928) | 671 |
| 沙元炳(1864~1927) | 641 | 叶天底(1898~1928) | 672 |
| 陈为倚(1871~1927) | 642 | 姚佐唐(1898~1928) | 673 |
| 王荷波(1882~1927) | 643 | 沈　毅(1900~1928) | 673 |
| 李更生(1883~1927) | 644 | 陈乔年(1902~1928) | 675 |
| 陈君起(1884~1927) | 645 | 罗亦农(1902~1928) | 676 |
| 钱涤根(1887~1927) | 646 | 史砚芬(1903~1928) | 678 |
| 胡明复(1891~1927) | 647 | 徐　玮(1903~1928) | 678 |
| 谢文锦(1894~1927) | 647 | 吴宗鲁(1904~1928) | 679 |
| 夏　霖(1895~1927) | 648 | 苏德馨(1904~1928) | 679 |
| 侯绍裘(1896~1927) | 649 | 沈肇洲(1857~1929) | 680 |
| 黄竞西(1897~1927) | 650 | 吴观岱(1862~1929) | 681 |
| 孙逊群(1897~1927) | 651 | 陈庆年(1862~1929) | 681 |
| 张太雷(1898~1927) | 652 | 薛南溟(1862~1929) | 682 |
| 陈延年(1899~1927) | 654 | 郑　谦(1876~1929) | 683 |
| 郭伯和(1900~1927) | 656 | 倪天荣(1881~1929) | 684 |
| 张应春(1901~1927) | 657 | 过探先(1887~1929) | 685 |
| 赵世炎(1901~1927) | 658 | 巴玉藻(1892~1929) | 686 |
| 徐梦影(1901~1927) | 660 | 吕彦直(1894~1929) | 686 |
| 万　益(1902~1927) | 661 | 彭　湃(1896~1929) | 687 |
| 文化震(1902~1927) | 661 | 茅学勤(1900~1929) | 689 |
| 刘重民(1902~1927) | 662 | 徐芳德(1901~1929) | 690 |
| 乔心全(1905~1927) | 663 | 顾仲起(1903~1929) | 691 |
| 许金元(1906~1927) | 664 | 吴亚苏(1907~1929) | 691 |
| 张佐臣(1906~1927) | 665 | 　吴亚鲁(1898~1939) | 691 |
| 秦　起(1907~1927) | 666 | 俞粟庐(1847~1930) | 693 |
| 李寿铨(1859~1928) | 666 | 程德全(1860~1930) | 694 |
| 龚其伟(1865~1928) | 667 | 蒋炳章(1864~1930) | 695 |
| 江溆芳(1867~1928) | 668 | 顾麟士(1865~1930) | 695 |
| 潘月樵(1869~1928) | 668 | 丁传靖(1870~1930) | 696 |
| 孙津川(1895~1928) | 669 | 褚玉璞(1874~1930) | 697 |

| | |
|---|---|
| 谢荫昌(1877~1930) …………… 698 | 季子莞(生卒年不详) ………… 723 |
| 周应时(1884~1930) …………… 699 | 恽雨棠(1902~1931) …………… 723 |
| 俞庆恩(1885~1930) …………… 699 | 李　文(1910~1931) ………… 723 |
| 何　坤(1898~1930) …………… 700 | 高小生(1903~1931) …………… 725 |
| 范希曾(1899~1930) …………… 701 | 武同儒(1904~1931) …………… 725 |
| 陶　烈(1901~1930) …………… 702 | 吴长来(1905~1931) …………… 726 |
| 王树璜(1901~1930) …………… 702 | 李超时(1906~1931) …………… 727 |
| 孙文源(1901~1930) …………… 703 | 曹起溍(1906~1931) …………… 728 |
| 　姜景义(1903~1930) ………… 703 | 颜　辉(1906~1931) …………… 729 |
| 　周存朴(1901~1930) ………… 703 | 于　咸(1907~1931) …………… 730 |
| 赵龙云(1902~1930) …………… 704 | 夏凤山(1907~1931) …………… 731 |
| 马　伦(1903~1930) …………… 704 | 孙耀宗(1910~1931) …………… 732 |
| 黄瑞生(1904~1930) …………… 705 | 段鸿谟(1853~1932) …………… 733 |
| 陆　骧(1905~1930) …………… 706 | 黄以霖(1857~1932) …………… 734 |
| 黄祥宾(1905~1930) …………… 707 | 方　还(1866~1932) …………… 735 |
| 吕励之(1907~1930) …………… 707 | 魏荫塘(1866~1932) …………… 735 |
| 李维选(1908~1930) …………… 708 | 庄蕴宽(1867~1932) …………… 736 |
| 曹沧洲(1850~1931) …………… 709 | 卢瀚荫(1868~1932) …………… 738 |
| 吴荫培(1851~1931) …………… 709 | 项尧仁(1872~1932) …………… 739 |
| 李　详(1859~1931) …………… 710 | 朱锡梁(1873~1932) …………… 740 |
| 廉　泉(1868~1931) …………… 711 | 张　蓁(1880~1932) …………… 740 |
| 曾　鲁(1874~1931) …………… 712 | 萧万才(1880~1932) …………… 741 |
| 毛乃庸(1875~1931) …………… 712 | 刘天华(1895~1932) …………… 742 |
| 沈卓吾(1887~1931) …………… 713 | 孟昭佩(1902~1932) …………… 743 |
| 邓演达(1895~1931) …………… 714 | 蒋　云(1903~1932) …………… 743 |
| 恽代英(1895~1931) …………… 715 | 潘家辰(1904~1932) …………… 744 |
| 李　林(1896~1931) …………… 717 | 李耘生(1905~1932) …………… 745 |
| 何孟雄(1898~1931) …………… 718 | 李桂五(1905~1932) …………… 747 |
| 朱杏南(1899~1931) …………… 719 | 施　简(1906~1932) …………… 747 |
| 吴丽石(1899~1931) …………… 720 | 孙小宝(1907~1932) …………… 749 |
| 解慕唐(1899~1931) …………… 721 | 朱虞生(？~1932) …………… 749 |
| 杨光銮(1901~1931) …………… 722 | 杨葆寅(1858~1933) …………… 750 |

| | | | |
|---|---|---|---|
| 张相文(1867~1933) | 751 | 魏云岭(1909~1934) | 776 |
| 陈去病(1874~1933) | 752 | 吴双热(1884~?) | 777 |
| 赵　石(1874~1933) | 753 | 陆文椿(1861~1935) | 778 |
| 汪荣宝(1878~1933) | 753 | 陆尔奎(1862~1935) | 778 |
| 叶玉森(1880~1933) | 754 | 曾　朴(1872~1935) | 779 |
| 谈荔孙(1880~1933) | 755 | 孙德谦(1873~1935) | 780 |
| 王无能(1893~1933) | 756 | 赵锡蕃(1873~1935) | 780 |
| 张腾龙(1898~1933) | 756 | 袁励准(1877~1935) | 781 |
| 刘煜生(1900~1933) | 757 | 恽铁樵(1878~1935) | 781 |
| 陈原道(1901~1933) | 758 | 葛节支(1879~1935) | 782 |
| 李耀晶(1904~1933) | 759 | 李竟成(1880~1935) | 783 |
| 徐　德(1904~1933) | 760 | 刘永康(1883~1935) | 784 |
| 葛耀山(1904~1933) | 761 | 戈公振(1890~1935) | 785 |
| 王世元(1906~1933) | 762 | 陈半亭(1892~1935) | 786 |
| 孙秉焘(1908~1933) | 762 | 瞿秋白(1899~1935) | 787 |
| 黄家骏(1909~1933) | 763 | 曾中生(1900~1935) | 789 |
| 王谢长达(1848~1934) | 764 | 许包野(1900~1935) | 790 |
| 韩志正(1865~1934) | 764 | 戴蔚霞(1904~1935) | 791 |
| 韩达哉(1867~1934) | 765 | 孙凤鸣(1905~1935) | 791 |
| 吴芝瑛(1868~1934) | 766 | 崔正瑶(约1911~1935) | 791 |
| 张少南(1870~1934) | 767 | 娄培儒(1905~1935) | 793 |
| 杨瑞文(1870~1934) | 768 | 潘洪烈(1908~1935) | 793 |
| 陶懋立(1870~1934) | 769 | 裴义理(?~1935) | 794 |
| 蔡　寅(1873~1934) | 769 | 徐绍桢(1861~1936) | 795 |
| 史量才(1880~1934) | 770 | 唐保谦(1866~1936) | 796 |
| 蒋汝坊(1880~1934) | 771 | 章太炎(1869~1936) | 796 |
| 刘半农(1891~1934) | 771 | 杨殿玉(1874~1936) | 798 |
| 陈阿金(1898~1934) | 772 | 董永成(1876~1936) | 798 |
| 何复生(1902~1934) | 773 | 丁文江(1887~1936) | 799 |
| 吴静焘(1904~1934) | 774 | 俞　锷(1887~1936) | 800 |
| 张绩之(1905~1934) | 775 | 于以振(1904~1936) | 800 |
| 宗益寿(1907~1934) | 775 | 张春帆(?~1936) | 801 |

| | | | |
|---|---|---|---|
| 邓星伯(1862~1937) | 802 | 朱文鑫(1883~1938) | 827 |
| 洪承点(生卒年不详) | 803 | 刘仁航(1884~1938) | 828 |
| 巴泽宪(生卒年不详) | 804 | 胡文臣(1888~1938) | 828 |
| 章　钰(1865~1937) | 804 | 阎海如(1889~1938) | 829 |
| 蔡缄三(1868~1937) | 805 | 释常惺(1896~1938) | 829 |
| 曹亚伯(1875~1937) | 806 | 郁仁治(1905~1938) | 830 |
| 秦毓鎏(1880~1937) | 806 | 陈怀民(1916~1938) | 831 |
| 脱希曾(1881~1937) | 807 | 孙世实(1918~1938) | 831 |
| 张栋梁(1887~1937) | 808 | 马相伯(1840~1939) | 832 |
| 徐枕亚(1889~1937) | 808 | 邓邦述(1868~1939) | 833 |
| 萧山令(1892~1937) | 809 | 胡石予(1868~1939) | 834 |
| 薛福基(1894~1937) | 809 | 华　瑾(1869~1939) | 834 |
| 路景荣(1902~1937) | 810 | 祝丹卿(1871~1939) | 835 |
| 吴继光(1903~1937) | 811 | 马锦春(1874~1939) | 836 |
| 尹　杰(1908~1937) | 812 | 王家驹(1878~1939) | 837 |
| 王洁予(1909~1937) | 813 | 吴光新(1881~1939) | 837 |
| 郭纲琳(1909~1937) | 814 | 吴　梅(1884~1939) | 837 |
| 陈处泰(1910~1937) | 815 | 王陶民(1894~1939) | 839 |
| 陈志正(1910~1937) | 816 | 朱文中(1894~1939) | 840 |
| 韩师愈(1911~1937) | 816 | 江小鹣(1894~1939) | 840 |
| 赵凤昌(1856~1938) | 817 | 董亦湘(1896~1939) | 841 |
| 金兰升(1865~1938) | 818 | 李旸谷(1899~1939) | 842 |
| 姚承祖(1866~1938) | 818 | 冷启英(1901~1939) | 843 |
| 孟　森(1868~1938) | 819 | 陈　文(1902~1939) | 844 |
| 管凤龢(1868~1938) | 820 | 吴志骞(1904~1939) | 845 |
| 马锡簪(1870~1938) | 821 | 胡发坚(1906~1939) | 845 |
| 庄曜孚(1870~1938) | 821 | 吴　焜(1910~1939) | 846 |
| 唐　驼(1871~1938) | 822 | 王文彬(1911~1939) | 847 |
| 顾述之(1872~1938) | 822 | 江上青(1911~1939) | 849 |
| 荣宗敬(1873~1938) | 823 | 吴甲寅(1911~1939) | 850 |
| 秦仁金(1879~1938) | 825 | 龙树林(1911~1939) | 851 |
| 胡笔江(1881~1938) | 826 | 王　赤(1913~1939) | 851 |

| | | | |
|---|---|---|---|
| 张芳久(1913~1939) | 852 | 刘勋麟(1879~1941) | 875 |
| 瞿犊(1914~1939) | 853 | 吴楠(1880~1941) | 876 |
| 王进(1920~1939) | 853 | 袁桂生(1881~1941) | 877 |
| 汤曙红(1915~1939) | 854 | 徐天啸(1886~1941) | 877 |
| 肖国生(1917~1939) | 854 | 冯子和(1888~1941) | 878 |
| 吴郁生(1854~1940) | 854 | 汪同尘(1891~1941) | 878 |
| 胡玉缙(1859~1940) | 855 | 袁兆瑞(1898~1941) | 879 |
| 沈伯溥(1860~1940) | 856 | 喻兆琦(1898~1941) | 880 |
| 印光(1862~1940) | 856 | 朱松寿(1900~1941) | 881 |
| 罗振玉(1866~1940) | 857 | 方强(1901~1941) | 882 |
| 罗振常(1875~1942) | 857 | 巫恒通(1903~1941) | 884 |
| 蔡元培(1868~1940) | 858 | 廖海涛(1903~1941) | 884 |
| 刘柏森(1869~1940) | 860 | 朱廉贻(1904~1941) | 886 |
| 郭坚忍(1869~1940) | 862 | 陈中柱(1906~1941) | 886 |
| 罗鸿慈(1870~1940) | 862 | 刘保罗(1907~1941) | 888 |
| 陶湘(1871~1940) | 863 | 周苏平(1909~1941) | 888 |
| 瞿启甲(1873~1940) | 864 | 丘东平(1910~1941) | 889 |
| 马玉仁(1875~1940) | 864 | 周木斋(1910~1941) | 891 |
| 顾子扬(1875~1940) | 866 | 罗忠毅(1910~1941) | 892 |
| 王开疆(1890~1940) | 866 | 裴励(1910~1941) | 893 |
| 管有为(1900~1940) | 867 | 许晴(1911~1941) | 894 |
| 李守维(1901~1940) | 867 | 顾民元(1912~1941) | 895 |
| 朱爱周(1902~1940) | 868 | 李增援(1913~1941) | 896 |
| 王丰庆(1907~1940) | 869 | 苏光华(1913~1941) | 896 |
| 张大烈(1911~1940) | 870 | 郭猛(1913~1941) | 897 |
| 沈其生(1912~1940) | 871 | 刘惠馨(1914~1941) | 897 |
| 顾永田(1916~1940) | 871 | 吴载文(1914~1941) | 898 |
| 柳流(1918~1940) | 872 | 张新华(1916~1941) | 899 |
| 章辅(1918~1940) | 873 | 陈振东(1917~1941) | 899 |
| 王同愈(1856~1941) | 874 | 朱真(1918~1941) | 900 |
| 张鸿(1867~1941) | 874 | 陈宗平(1919~1941) | 901 |
| 贝寿同(1875~1941) | 875 | 柳肇珍(1920~1941) | 901 |

| | |
|---|---|
| 艾　侠(1921～1941) …………… 902 | 程瞻庐(1879～1943) …………… 928 |
| 刘群先(1907～?) ……………… 903 | 胡汀鹭(1884～1943) …………… 928 |
| 韩国钧(1857～1942) …………… 904 | 王　预(1886～1943) …………… 929 |
| 李厚基(1869～1942) …………… 906 | 胡抱一(1890～1943) …………… 930 |
| 赵椿年(1870～1942) …………… 907 | 高　阳(1892～1943) …………… 931 |
| 宋泽夫(1872～1942) …………… 908 | 冯肇传(1895～1943) …………… 931 |
| 江　谦(1875～1942) …………… 909 | 朱穰丞(1901～1943) …………… 932 |
| 周小农(1876～1942) …………… 910 | 王光夏(1904～1943) …………… 933 |
| 李毅士(1886～1942) …………… 910 | 董正香(1904～1943) …………… 934 |
| 王柏龄(1889～1942) …………… 911 | 苏同仁(1905～1943) …………… 935 |
| 卢秉枢(1902～1942) …………… 912 | 孙明瑾(1907～1943) …………… 935 |
| 李贞乾(1903～1942) …………… 913 | 保三娘(1911～1943) …………… 936 |
| 金维映(1904～约1942) ………… 914 | 索家凤(1928～1943) …………… 936 |
| 周奎麟(1905～1942) …………… 915 | 符竹庭(1912～1943) …………… 937 |
| 姚竹修(1906～1942) …………… 915 | 童世明(1912～1943) …………… 938 |
| 唐雨生(1906～1942) …………… 916 | 解舜臣(1912～1943) …………… 939 |
| 范子侠(1908～1942) …………… 917 | 田守尧(1915～1943) …………… 940 |
| 常德善(1908～1942) …………… 918 | 彭　雄(1915～1943) …………… 941 |
| 朱启勋(1909～1942) …………… 919 | 杨瑞年(1916～1943) …………… 941 |
| 瞿　淑(1912～1942) …………… 920 | 李云鹏(1920～1943) …………… 942 |
| 陈国权(1916～1942) …………… 920 | 刘　鹏(1928～1943) …………… 943 |
| 强　博(1918～1942) …………… 921 | 沈恩孚(1864～1944) …………… 943 |
| 周　喆(1921～1942) …………… 922 | 王伯沆(1871～1944) …………… 944 |
| 岳荣烈(1921～1942) …………… 922 | 张一鹏(1871～1944) …………… 945 |
| 朱　平(1922～1942) …………… 923 | 赵得臣(1872～1944) …………… 946 |
| 张　明(1920～1943) …………… 923 | 姚锡舟(1875～1944) …………… 947 |
| 程善之(?～1942) ……………… 923 | 钱振锽(1875～1944) …………… 947 |
| 崔聘臣(1860～1943) …………… 924 | 凌文渊(1876～1944) …………… 948 |
| 张一麐(1867～1943) …………… 925 | 汪精卫(1883～1944) …………… 949 |
| 欧阳渐(1871～1943) …………… 926 | 徐明富(1890～1944) …………… 950 |
| 徐岫青(1873～1943) …………… 926 | 史蔚馥(1891～1944) …………… 951 |
| 若　舜(1879～1943) …………… 927 | 郭乐三(1891～1944) …………… 951 |

| | | | |
|---|---|---|---|
| 顾明道(1897~1944) | 952 | 梅思平(1896~1946) | 981 |
| 王洪章(1898~1944) | 953 | 缪　斌(1899~1946) | 982 |
| 缪谷稔(1905~1944) | 953 | 李公朴(1902~1946) | 982 |
| 彭雪枫(1907~1944) | 954 | 秦邦宪(1907~1946) | 985 |
| 沈　侠(1910~1944) | 956 | 余　慎(1910~1946) | 986 |
| 王汉勋(1911~1944) | 957 | 梁化农(1911~1946) | 987 |
| 徐国灿(1914~1944) | 957 | 张国运(1912~1946) | 988 |
| 陈发鸿(1915~1944) | 958 | 李其祥(1916~1946) | 988 |
| 朱　前(1916~1944) | 959 | 周　山(1917~1946) | 989 |
| 江　村(1917~1944) | 959 | 刘桂英(1918~1946) | 990 |
| 白桐本(1920~1944) | 960 | 杨学富(1918~1946) | 991 |
| 武同举(1871~1945) | 961 | 叶邦瑾(1925~1946) | 991 |
| 仇　垛(1873~1945) | 962 | 马　林(1860~1947) | 992 |
| 范旭东(1883~1945) | 962 | 董　康(1867~1947) | 993 |
| 蒋自明(1896~1945) | 963 | 汪筱川(1870~1947) | 994 |
| 龚继成(1900~1945) | 964 | 金松岑(1873~1947) | 995 |
| 费　巩(1905~1945) | 966 | 柏文蔚(1876~1947) | 996 |
| 韦一平(1906~1945) | 967 | 高　鲁(1877~1947) | 997 |
| 潘　琰(1915~1945) | 968 | 贺老太(1885~1947) | 998 |
| 申德辉(1917~1945) | 969 | 太　虚(1890~1947) | 998 |
| 张道平(1917~1945) | 970 | 杨芷江(1890~1947) | 999 |
| 许午阳(1918~1945) | 970 | 俞颂华(1893~1947) | 1001 |
| 徐佳标(1926~1945) | 971 | 孟心如(1902~1947) | 1002 |
| 谷振之(？~1945) | 972 | 郝鹏举(1903~1947) | 1003 |
| 朱　榮(1860~1946) | 973 | 郭培师(1903~1947) | 1004 |
| 马士杰(1863~1946) | 974 | 赵敬之(1907~1947) | 1005 |
| 林嘉美(1868~1946) | 974 | 震　华(1909~1947) | 1006 |
| 魏钰卿(1879~1946) | 975 | 麦　新(1914~1947) | 1006 |
| 纪振纲(1885~1946) | 976 | 王　倬(1915~1947) | 1007 |
| 刘伯厚(1886~1946) | 977 | 尚承文(1916~1947) | 1008 |
| 叶楚伧(1887~1946) | 978 | 田　古(1921~1947) | 1009 |
| 陶行知(1891~1946) | 979 | 马世和(1922~1947) | 1010 |

| | |
|---|---|
| 王世兰(1924～1947) …………… 1011 | 颜秀五(1892～?) …………… 1030 |
| 钱　毅(1925～1947) …………… 1012 | 陈为轩(1869～1949) …………… 1031 |
| 高凤英(1925～1947) …………… 1013 | 张伯英(1871～1949) …………… 1031 |
| 王　华(1929～1947) …………… 1013 | 谭德钟(1876～1949) …………… 1032 |
| 杨味云(1868～1948) …………… 1014 | 吴待秋(1878～1949) …………… 1033 |
| 闻兰亭(1870～1948) …………… 1015 | 孙绍陶(1879～1949) …………… 1034 |
| 王季同(1875～1948) …………… 1016 | 江杏溪(1881～1949) …………… 1034 |
| 夏慕尧(1885～1948) …………… 1017 | 汪逢春(1884～1949) …………… 1035 |
| 萧　禹(1890～1948) …………… 1018 | 汪懋祖(1891～1949) …………… 1035 |
| 朱自清(1898～1948) …………… 1019 | 严　朴(1898～1949) …………… 1036 |
| 汤景延(1904～1948) …………… 1020 | 陈治平(1898～1949) …………… 1037 |
| 朱　瑞(1905～1948) …………… 1021 | 吴绮缘(1899～1949) …………… 1038 |
| 周发乾(1905～1948) …………… 1022 | 吴伯超(1903～1949) …………… 1039 |
| 薛　斌(1911～1948) …………… 1023 | 宋绮云(1904～1949) …………… 1041 |
| 殷绍礼(1913～1948) …………… 1023 | 　徐林侠(1904～1949) ……… 1041 |
| 植品三(1913～1948) …………… 1024 | 　宋振中(1941～1949) ……… 1041 |
| 黄思珍(1915～1948) …………… 1025 | 朱慕萍(1912～1949) …………… 1044 |
| 毛培春(1917～1948) …………… 1026 | 徐冠苏(1915～1949) …………… 1045 |
| 萧　璞(1920～1948) …………… 1027 | 李锡佑(1917～1949) …………… 1046 |
| 程步凤(1921～1948) …………… 1028 | 莫香传(1919～1949) …………… 1047 |
| 沙培琛(1926～1948) …………… 1029 | 钱相摩(1920～1949) …………… 1048 |

## （三）

## 人物简介

| | |
|---|---|
| 陈　婴(生卒年不详) …………… 1049 | 丁　兰(生卒年不详) …………… 1050 |
| 卢　绾(生卒年不详) …………… 1049 | 施　雠(生卒年不详) …………… 1050 |
| 任　敖(?～前179) …………… 1050 | 褚少孙(生卒年不详) …………… 1051 |

| | |
|---|---|
| 蔡千秋(生卒年不详) …… 1051 | 耿 询(约558~约618) …… 1064 |
| 毋将隆(生卒年不详) …… 1051 | 刘行本(生卒年不详) …… 1065 |
| 史 崇(生卒年不详) …… 1051 | 来 济(610~662) …… 1065 |
| 度 尚(?~166) …… 1052 | 释僧伽(628~710) …… 1065 |
| 陈 球(118~179) …… 1052 | 张怀瓘(生卒年不详) …… 1066 |
| 陈 容(?~195) …… 1053 | 张怀瑰(生卒年不详) …… 1066 |
| 吕 布(?~198) …… 1053 | 桓彦范(生卒年不详) …… 1066 |
| 皇 象(生卒年不详) …… 1053 | 灵 一(725~761) …… 1067 |
| 康僧会(?~280) …… 1053 | 湛 然(711~782) …… 1067 |
| 刘 伶(生卒年不详) …… 1054 | 关盼盼(生卒年不详) …… 1067 |
| 刘 颂(?~约301) …… 1055 | 王 播(759~830) …… 1068 |
| 苏 峻(?~328) …… 1055 | 徐 温(862~927) …… 1068 |
| 尸梨密(?~335) …… 1055 | 冯延巳(903~960) …… 1069 |
| 朱龄石(生卒年不详) …… 1056 | 董 源(?~约962) …… 1069 |
| 徐 广(352~425) …… 1056 | 巨 然(生卒年不详) …… 1069 |
| 佛驮跋陀罗(359~429) …… 1056 | 王齐翰(生卒年不详) …… 1070 |
| 谢灵运(385~433) …… 1057 | 张 纶(生卒年不详) …… 1070 |
| 范 晔(398~446) …… 1058 | 石延年(994~1041) …… 1071 |
| 裴松之(372~451) …… 1058 | 赵师旦(1011~1052) …… 1071 |
| 求那跋陀罗(394~468) …… 1058 | 丁 锡(生卒年不详) …… 1072 |
| 到 沆(476~506) …… 1059 | 姜仁惠(984~1056) …… 1072 |
| 任 昉(460~508) …… 1059 | 姜 谔(1025~1059) …… 1072 |
| 顾宪之(436~509) …… 1060 | 王 令(1032~1059) …… 1073 |
| 陶季直(约436~511) …… 1060 | 吴遵路(约1000~1065) …… 1073 |
| 沈 约(441~513) …… 1061 | 罗 适(生卒年不详) …… 1073 |
| 钟 嵘(469~518) …… 1061 | 单 锷(1031~1110) …… 1074 |
| 到 溉(477~548) …… 1062 | 周邦彦(1056~1121) …… 1074 |
| 到 洽(478~527) …… 1062 | 张叔夜(1065~1127) …… 1075 |
| 陈庆之(484~539) …… 1062 | 陈 勇(1076~?) …… 1075 |
| 庾 信(513~581) …… 1063 | 邱 砺(1090~1161) …… 1075 |
| 孔 奂(生卒年不详) …… 1063 | 魏良臣(1094~1162) …… 1076 |
| 诸葛颖(539~615) …… 1064 | 周麟之(约1117~约1163) …… 1076 |

| | | | |
|---|---|---|---|
| 李　植(生卒年不详) | 1077 | 刘　宁(？～1504) | 1090 |
| 蔡　洸(生卒年不详) | 1077 | 吴　伟(1459～1508) | 1091 |
| 陈　造(1133～1203) | 1078 | 吉　棠(生卒年不详) | 1092 |
| 叶　适(1150～1223) | 1078 | 李绍贤(？～1519) | 1092 |
| 蒋重珍(1183～1237) | 1079 | 周　振(生卒年不详) | 1093 |
| 匡　才(1188～1252) | 1079 | 黄　瓉(生卒年不详) | 1093 |
| 嵇　安(1189～1262) | 1080 | 潘　埙(生卒年不详) | 1094 |
| 陆子遹(1178～？) | 1080 | 王守仁(1472～1528) | 1094 |
| 胡应炎(1249～1275) | 1081 | 徐　蕃(1463～1530) | 1095 |
| 张孝忠(？～1276) | 1081 | 韩叔阳(生卒年不详) | 1095 |
| 周应合(1213～1280) | 1081 | 　韩邦宪(1541～1575) | 1095 |
| 罗　璧(1240～1306) | 1082 | 　韩仲雍(生卒年不详) | 1095 |
| 郭　昇(1280～1335) | 1082 | 张　羽(1467～1536) | 1096 |
| 张　铉(生卒年不详) | 1083 | 　张　寰(1478～1555) | 1096 |
| 李　二(？～1352) | 1083 | 陈道复(1483～1544) | 1097 |
| 俞希鲁(生卒年不详) | 1083 | 张守约(1483～1544) | 1097 |
| 韩　准(生卒年不详) | 1084 | 丁效恭(？～1557) | 1098 |
| 李　新(？～1395) | 1084 | 贺邦泰(生卒年不详) | 1098 |
| 王　规(生卒年不详) | 1085 | 张文卿(生卒年不详) | 1099 |
| 茅　浦(1349～1402) | 1085 | 王　同(生卒年不详) | 1099 |
| 齐　泰(？～1402) | 1085 | 供　春(生卒年不详) | 1100 |
| 麻那惹加那乃(？～1408) | 1086 | 张　荣(生卒年不详) | 1100 |
| 解　缙(1369～1415) | 1087 | 陈斗南(生卒年不祥) | 1100 |
| 陈　珪(1335～1419) | 1087 | 夏　雷(生卒年不详) | 1101 |
| 翟　善(生卒年不详) | 1087 | 　应　星(生卒年不详) | 1101 |
| 王　振(生卒年不详) | 1088 | 汤　用(生卒年不详) | 1101 |
| 史　常(生卒年不详) | 1088 | 胡应嘉(？～1570) | 1102 |
| 钱　贵(生卒年不详) | 1089 | 裴天祐(生卒年不详) | 1102 |
| 丁元吉(生卒年不详) | 1089 | 王　来(生卒年不详) | 1102 |
| 贺　霖(生卒年不详) | 1089 | 郭师吉(生卒年不详) | 1103 |
| 贝　琳(？～1499) | 1090 | 傅仁宇(生卒年不详) | 1104 |
| 倪　岳(1443～1501) | 1090 | 朱　笈(1512～1574) | 1104 |

喻文伟(生卒年不详) …… 1104
邱　度(生卒年不详) …… 1105
朱　恕(生卒年不详) …… 1105
凌　儒(生卒年不详) …… 1106
赵邦秩(生卒年不详) …… 1107
包柽芳(约1520~约1580) …… 1107
刘　效(生卒年不详) …… 1108
杨瑞云(生卒年不详) …… 1108
盛时泰(1519~1578) …… 1108
樊兆程(生卒年不详) …… 1109
王之城(生卒年不详) …… 1109
李　贽(1527~1602) …… 1109
刘觊文(1570~1607) …… 1110
利玛窦(1552~1610) …… 1111
古　心(1540~1615) …… 1112
福文明(生卒年不详) …… 1112
沈　琉(生卒年不详) …… 1113
汤显祖(1550~1616) …… 1113
唐鹤徵(1538~1619) …… 1114
张　斗(生卒年不详) …… 1114
陆　弼(生卒年不详) …… 1115
朱一冯(生卒年不详) …… 1115
李一阳(1552~1624) …… 1115
严　澂(1547~1625) …… 1116
曾　樱(生卒年不详) …… 1116
缪昌期(1562~1626) …… 1117
李应升(1593~1626) …… 1117
顾起元(1565~1628) …… 1118
王其勤(1531~?) …… 1118
张朝瑞(生卒年不详) …… 1119
张　玮(生卒年不详) …… 1119
徐复祚(1560~?) …… 1120

徐光启(1562~1633) …… 1120
蒋如奇(?~1643) …… 1121
陶贞怀(生卒年不详) …… 1121
丁　凤(生卒年不详) …… 1121
王元标(生卒年不详) …… 1122
司石磐(1617~1645) …… 1122
冷之曦(1621~1645) …… 1122
　冷士楣(1628~1710) …… 1122
印司奇(生卒年不详) …… 1123
孙振先(生卒年不详) …… 1123
阮大铖(约1587~约1646) …… 1124
陈函辉(1589~1646) …… 1124
马士英(约1591~1646) …… 1125
杨文骢(1596~1646) …… 1126
黄毓琪(1579~1648) …… 1126
唐志契(1579~1651) …… 1127
　唐志尹(生卒年不详) …… 1127
李之椿(1600~1651) …… 1127
邢　昉(1590~1653) …… 1128
崔宗泰(生卒年不详) …… 1128
陆奋飞(约1592~约1657) …… 1129
葛维垣(1592~1657) …… 1129
杨正经(生卒年不详) …… 1130
张养重(生卒年不详) …… 1130
郭允观(生卒年不详) …… 1130
甘文堂(生卒年不详) …… 1131
王云冈(生卒年不详) …… 1131
王岱舆(约1580~约1658) …… 1131
嵇宗孟(约1616~?) …… 1132
仲云鸾(1574~1661) …… 1132
吴　甡(生卒年不详) …… 1133
胡正言(1582~1672) …… 1133

| | |
|---|---|
| 姜　埰(？~1673) …………… 1134 | 陈鹏年(1662~1723) ………… 1148 |
| 宫伟镠(1611~1680) ………… 1134 | 姜任修(生卒年不详) ………… 1149 |
| 　宫梦仁(1632~1713) ……… 1134 | 俞　瀔(生卒年不详) ………… 1149 |
| 计六奇(1622~约1687) ……… 1135 | 　俞　梅(生卒年不详) ……… 1149 |
| 蒋　伊(？~1687) …………… 1135 | 陆　遂(？~1729) …………… 1150 |
| 汤　鹏(生卒年不详) ………… 1136 | 郑显正(？~1730) …………… 1150 |
| 汪懋麟(1639~1688) ………… 1137 | 缪　沅(1673~1730) ………… 1151 |
| 邱俊孙(1609~1689) ………… 1137 | 贾国维(生卒年不详) ………… 1151 |
| 　邱象升(1631~1690) ……… 1137 | 周振采(生卒年不详) ………… 1152 |
| 　邱象随(？~1701) ………… 1137 | 刘培元(生卒年不详) ………… 1152 |
| 邓汉仪(1617~1689) ………… 1137 | 金秉祚(生卒年不详) ………… 1153 |
| 黄虞稷(1629~1691) ………… 1138 | 阎　圻(生卒年不详) ………… 1153 |
| 魏正心(生卒年不详) ………… 1139 | 储大文(1665~1743) ………… 1153 |
| 许嗣隆(生卒年不详) ………… 1140 | 方　苞(1668~1749) ………… 1153 |
| 吴　绮(1619~1694) ………… 1140 | 仲鹤庆(生卒年不详) ………… 1154 |
| 张　埙(1640~1694) ………… 1140 | 于　振(生卒年不详) ………… 1154 |
| 乔　莱(约1641~1694) ……… 1141 | 杨　法(1696~？) …………… 1155 |
| 何　楘(1620~1696) ………… 1142 | 陈　撰(约1678~1758) ……… 1155 |
| 尚胤调(生卒年不详) ………… 1142 | 徐　铎(1693~1758) ………… 1155 |
| 任三益(生卒年不详) ………… 1142 | 陈朝玉(1688~1761) ………… 1156 |
| 　任宗延(生卒年不详) ……… 1142 | 丁有煜(1683~1764) ………… 1156 |
| 孙居湜(生卒年不详) ………… 1143 | 陈　嵩(生卒年不详) ………… 1157 |
| 储　欣(1631~1706) ………… 1144 | 鲍　皋(1708~1765) ………… 1157 |
| 王士禛(1634~1711) ………… 1144 | 程廷祚(1691~1767) ………… 1157 |
| 汪懿余(1633~1714) ………… 1144 | 刘　纶(1711~1773) ………… 1158 |
| 张　忭(约1634~1715) ……… 1145 | 黄　振(1724~1773) ………… 1158 |
| 蔡　璜(生卒年不详) ………… 1145 | 顾世澄(生卒年不详) ………… 1158 |
| 黄龙士(1651~？) …………… 1146 | 徐文灿(生卒年不详) ………… 1159 |
| 赵熊诏(1663~1721) ………… 1146 | 程晋芳(生卒年不详) ………… 1159 |
| 阮应商(生卒年不详) ………… 1147 | 孙　洙(1711~1778) ………… 1159 |
| 季振宜(生卒年不详) ………… 1147 | 张兆潘(生卒年不详) ………… 1160 |
| 吴世焘(1655~1723) ………… 1148 | 夏之蓉(1697~1784) ………… 1160 |

| | |
|---|---|
| 李　惇(1734～1784) ………… 1161 | 陆　献(生卒年不详) ………… 1175 |
| 陆　耀(1723～1785) ………… 1162 | 吴德旋(1768～1840) ………… 1175 |
| 夏敬渠(1705～1787) ………… 1162 | 伍长华(？～1841) …………… 1176 |
| 闵　贞(1730～约1787) ……… 1162 | 黄承吉(1771～1842) ………… 1176 |
| 阮葵生(1728～1789) ………… 1163 | 夏　荃(1793～1842) ………… 1177 |
| 　阮芝生(生卒年不详) ……… 1163 | 秦恩复(1760～1843) ………… 1178 |
| 李湛源(约1730～1790) ……… 1163 | 仲统纶(1766～1844) ………… 1178 |
| 卫哲治(生卒年不详) ………… 1164 | 李宗昉(1779～1846) ………… 1178 |
| 虞奕绶(生卒年不详) ………… 1164 | 史秉直(？～1846) …………… 1178 |
| 萧美人(1742～？) …………… 1165 | 梁学典(生卒年不详) ………… 1179 |
| 陈　瑞(生卒年不详) ………… 1165 | 吴振勃(1770～1847) ………… 1179 |
| 蒋宗海(1720～1796) ………… 1166 | 王钦霖(1800～1847) ………… 1180 |
| 屠　绅(1744～1801) ………… 1166 | 叶峻嵋(约1776～约1853) …… 1180 |
| 殷宝山(生卒年不详) ………… 1167 | 罗士琳(？～1853) …………… 1181 |
| 徐大榕(1747～1803) ………… 1167 | 　易之瀚(生卒年不详) ……… 1181 |
| 吕昌际(1735～1807) ………… 1167 | 沈拱山(1790～1855) ………… 1181 |
| 徐　瑞(？～1810) …………… 1168 | 田宝臣(1792～1858) ………… 1182 |
| 吴　炟(生卒年不详) ………… 1169 | 杨殿邦(1773～1859) ………… 1182 |
| 仲振奎(1749～1811) ………… 1169 | 张敬轩(1817～约1860) ……… 1183 |
| 王之政(1753～1815) ………… 1169 | 范以煦(1817～1860) ………… 1183 |
| 李梧江(生卒年不详) ………… 1170 | 王瑞云(生卒年不详) ………… 1183 |
| 陈　松(生卒年不详) ………… 1170 | 杨　棨(1787～1862) ………… 1183 |
| 周　礦(生卒年不详) ………… 1171 | 王旭高(1798～1862) ………… 1184 |
| 黎世序(约1771～1824) ……… 1171 | 黄朝飏(1810～1863) ………… 1184 |
| 范士华(？～1827) …………… 1172 | 谭绍光(1835～1863) ………… 1185 |
| 高秉钧(1755～1829) ………… 1172 | 王兰谷(生卒年不详) ………… 1185 |
| 张　崟(1761～1829) ………… 1173 | 万叶封(生卒年不详) ………… 1185 |
| 凌　曙(1775～1829) ………… 1173 | 汪明辰(生卒年不详) ………… 1186 |
| 仲振履(生卒年不详) ………… 1174 | 　秦维瀚(生卒年不详) ……… 1186 |
| 江　藩(1761～1831) ………… 1174 | 龚午亭(生卒年不详) ………… 1186 |
| 顾　皋(1763～1831) ………… 1174 | 吴凤标(1820～1877) ………… 1187 |
| 周　济(1781～1839) ………… 1175 | 尹耕云(？～1877) …………… 1187 |

蒋清翊(生卒年不详)………… 1188
庄　械(1830~1878)………… 1188
张集馨(1800~1879)………… 1188
李国辉(生卒年不详)………… 1189
杨沂孙(1813~1881)………… 1189
王广业(约1802~约1884)…… 1189
　王贻哲(1856~1916)………… 1189
李承霖(1803~1885)………… 1190
薛宝田(1815~1885)………… 1190
阮本焱(生卒年不详)………… 1191
周家楣(1828~1887)………… 1191
刘金方(1826~1888)………… 1191
汪士铎(1802~1889)………… 1192
薛福辰(1832~1889)………… 1193
何　游(生卒年不详)………… 1193
陈廷焯(1853~1892)………… 1194
周伯义(1823~1895)………… 1194
左锡惠(生卒年不详)………… 1194
　左锡璇(1829~1895)………… 1194
　左锡嘉(1830~?)…………… 1194
虚　谷(1824~1896)………… 1195
殷滩深(约1825~?)…………… 1195
周　镐(生卒年不详)………… 1196
王兆芳(1861~1898)………… 1196
顾云臣(1830~1899)………… 1197
李芸晖(1827~1900)………… 1197
　李磐硕(1850~1909)………… 1197
孔宪书(约1835~约1900)…… 1198
　孔庆元(1868~1930)………… 1198
柳宝诒(1842~1901)………… 1198
谢钟英(1855~1901)………… 1199
汤世澍(1831~1902)………… 1199

陈　烺(1822~1903)………… 1199
邱心坦(1840~1903)………… 1200
李　圭(1842~1903)………… 1200
张　逸(1843~1904)………… 1201
沈瑜庆(生卒年不详)………… 1201
余听鸿(1847~1907)………… 1201
胡寿海(?~1907)……………… 1202
戈颂平(1836~1908)………… 1202
杨福臻(1836~1908)………… 1202
李长庆(生卒年不详)………… 1203
巢崇山(1843~1909)………… 1203
周家禄(1846~1909)………… 1203
沈　鹏(1870~1909)………… 1204
夏　云(1830~1910)………… 1204
袁润之(生卒年不详)………… 1205
李恩绥(1835~1911)………… 1205
　李炳荣(1867~1938)………… 1205
陈兴芝(1881~1911)………… 1206
陈德才(1883~1911)………… 1206
张符元(?~约1911)…………… 1207
周阿生(1832~1912)………… 1207
吴士恺(1843~1912)………… 1208
孟佐天(1881~1912)………… 1208
周振铎(1892~1912)………… 1209
徐　嘉(1835~1913)………… 1209
沙　淦(1885~1913)………… 1210
樊　炎(1887~1914)………… 1210
吉亮工(1857~1915)………… 1210
康国华(1853~1916)………… 1211
庞树柏(1884~1916)………… 1211
刘少甫(生卒年不详)………… 1211
倪　德(生卒年不详)………… 1212

| | | |
|---|---|---|
| 庄赓良(1839~1917) …… 1212 | 武仲芳(1847~1928) …… 1226 |
| 茅　谦(1848~1917) …… 1213 | 唐　棣(1856~1928) …… 1226 |
| 陶　逊(1871~1918) …… 1213 | 孙大鹏(1859~1928) …… 1227 |
| 屠　宽(1880~1918) …… 1214 | 胡雨人(1867~1928) …… 1227 |
| 杨世桢(1857~1919) …… 1214 | 刘君霞(1899~1928) …… 1228 |
| 陆松年(1860~1919) …… 1214 | 谢远定(1899~1928) …… 1228 |
| 赵　芬(1892~1919) …… 1215 | 章学廉(1900~1928) …… 1229 |
| 吴　涑(1867~1920) …… 1215 | 谷大涛(1904~1928) …… 1230 |
| 恽彦彬(1838~1920) …… 1216 | 张兆山(1908~1928) …… 1230 |
| 程蕙英(生卒年不详) …… 1216 | 张廷仁(1909~1928) …… 1231 |
| 汤心存(生卒年不详) …… 1216 | 薛宝润(1859~1929) …… 1231 |
| 虞　硕(生卒年不详) …… 1216 | 陈叔璇(1900~1929) …… 1232 |
| 吴同甲(生卒年不详) …… 1217 | 张劲枢(1901~1929) …… 1232 |
| 杨梅汀(1839~1922) …… 1217 | 徐名章(1901~1929) …… 1233 |
| 史纪常(1875~1922) …… 1218 | 郭锡康(1904~1929) …… 1233 |
| 姚序镛(1843~1923) …… 1218 | 王胪卿(1850~1930) …… 1234 |
| 张丽夫(1847~1923) …… 1218 | 卢德润(1898~1930) …… 1234 |
| 　张幼夫(1889~1948) …… 1218 | 吴　芳(1899~1930) …… 1234 |
| 陈韶华(1853~1923) …… 1219 | 仇建忠(1902~1930) …… 1235 |
| 郭国兴(1884~1923) …… 1219 | 刘少猷(1902~1930) …… 1236 |
| 柯剑霞(生卒年不详) …… 1220 | 夏雨初(1903~1930) …… 1237 |
| 郑朝征(1867~1926) …… 1220 | 陈唯吾(1904~1930) …… 1238 |
| 朱良钧(1911~1926) …… 1221 | 俞海清(1904~1930) …… 1238 |
| 沙玉沼(1845~1927) …… 1221 | 薛衡竟(1904~1930) …… 1239 |
| 王慎之(1864~1927) …… 1222 | 王玉文(1905~1930) …… 1240 |
| 方尔咸(1873~1927) …… 1222 | 秦　超(1905~1930) …… 1240 |
| 　方尔谦(1872~1936) …… 1222 | 韩铁心(1905~1930) …… 1241 |
| 袁康侯(1878~1927) …… 1223 | 石　俊(1907~1930) …… 1242 |
| 糜文浩(1901~1927) …… 1224 | 陈国藩(1908~1930) …… 1242 |
| 安友石(1905~1927) …… 1224 | 汤汝贤(生卒年不详) …… 1243 |
| 巫钲一(1906~1927) …… 1225 | 王凤岗(1901~1931) …… 1243 |
| 陆铁强(1907~1927) …… 1225 | 袁世钊(1901~1931) …… 1244 |

骆继乾(1911~1931) …………… 1244
　　唐德芳(1902~1931) ………… 1244
　　宋景煜(1912~1931) ………… 1244
穆子奇(1903~1931) …………… 1245
汤仕伦(1906~1931) …………… 1246
　　汤仕佺(1904~1931) ………… 1246
徐家瑾(1904~1931) …………… 1246
缪元珍(1907~1931) …………… 1247
冯金妹(1908~1931) …………… 1248
高文华(1908~1931) …………… 1248
曹玉彬(1908~1931) …………… 1249
陆培之(1872~1932) …………… 1249
吕万林(1897~1932) …………… 1250
赵克明(1899~1932) …………… 1250
沈方中(1900~1932) …………… 1251
杨玉英(1901~1932) …………… 1252
穆绍臣(1901~1932) …………… 1252
朱者赤(1902~1932) …………… 1253
符恼武(1903~1932) …………… 1254
王玉如(1906~1932) …………… 1254
冯硕仁(1907~1932) …………… 1255
丁　香(1910~1932) …………… 1255
周趾麟(1911~1932) …………… 1256
韩秀三(1880~1933) …………… 1257
徐鸿英(1902~1933) …………… 1257
顾臣贤(1908~1933) …………… 1258
吴汝连(1909~1933) …………… 1258
周　斌(1909~1933) …………… 1259
钟培贤(约1850~1934) ………… 1259
邵天雷(1868~1934) …………… 1259
顾　衡(1909~1934) …………… 1260
管尚平(1878~?) ……………… 1260

青　权(1860~1935) …………… 1261
方寿颐(1888~1935) …………… 1261
张荣生(1900~1935) …………… 1261
吴致民(1900~1935) …………… 1262
徐名正(1912~1935) …………… 1263
杨邦彦(1857~1936) …………… 1263
赛金花(1872~1936) …………… 1264
陈三立(1853~1937) …………… 1264
曹家达(1868~1937) …………… 1265
曹仲容(1872~1937) …………… 1265
陈恒和(1883~1937) …………… 1266
李素伯(1908~1937) …………… 1266
李先春(1862~1938) …………… 1267
吴笠仙(1869~1938) …………… 1267
朱南山(1872~1938) …………… 1268
秦亚宾(1872~1938) …………… 1268
戴善章(1880~1938) …………… 1269
张肇桐(1880~1938) …………… 1269
杨荫榆(1884~1938) …………… 1270
李钟瑞(1896~1938) …………… 1270
王尘无(1911~1938) …………… 1271
曹典初(生卒年不详) …………… 1272
蔡克浑(1857~1939) …………… 1272
程锡庚(1893~1939) …………… 1273
王韩氏(1898~1939) …………… 1273
朱惺公(1900~1939) …………… 1274
宋希庠(1902~1939) …………… 1274
赵万庆(1909~1939) …………… 1275
纪毓秀(1914~1939) …………… 1275
孙兆立(1919~1939) …………… 1276
李汝镰(生卒年不详) …………… 1276
茅乃封(1878~?) ……………… 1277

| | |
|---|---|
| 朱子卿(生卒年不详) …………… 1277 | 潘稚亮(1881～1942) …………… 1293 |
| 沈新萍(1868～1940) …………… 1278 | 向鸿干(1891～1942) …………… 1293 |
| 陈福俊(1880～1940) …………… 1278 | 朱树屏(1894～1942) …………… 1294 |
| 周人菊(1883～1940) …………… 1279 | 陈凤威(1907～1942) …………… 1295 |
| 蔡文斗(1887～1940) …………… 1279 | 李伯敏(1909～1942) …………… 1295 |
| 胡子良(1898～1940) …………… 1280 | 杨道生(1910～1942) …………… 1296 |
| 吴乐群(1902～1940) …………… 1280 | 冯汝南(1913～1942) …………… 1297 |
| 张公任(1905～1940) …………… 1280 | 王洪垒(1914～1942) …………… 1297 |
| 李　复(1906～1940) …………… 1281 | 刘治国(1916～1942) …………… 1298 |
| 周之祯(1910～1940) …………… 1281 | 沈　蔚(1916～1942) …………… 1298 |
| 凌焕曾(？～1940) …………… 1282 | 倪　杰(1917～1942) …………… 1298 |
| 夏孙桐(1857～1941) …………… 1282 | 马义宏(1919～1942) …………… 1299 |
| 许树枌(1861～1941) …………… 1283 | 孙　宁(1921～1942) …………… 1300 |
| 荣月泉(1868～1941) …………… 1283 | 胡曾钰(1924～1942) …………… 1300 |
| 欣汝明(1873～1941) …………… 1283 | 裘廷梁(1857～1943) …………… 1301 |
| 吴翠轩(1876～1941) …………… 1284 | 孙　铖(1876～1943) …………… 1301 |
| 　吴森仁(1922～1944) …………… 1284 | 阎汉亭(1891～1943) …………… 1302 |
| 施宗淑(1891～1941) …………… 1285 | 黄　鑫(1898～1943) …………… 1302 |
| 顾南洲(1898～1941) …………… 1285 | 李　球(1918～1943) …………… 1303 |
| 郁永言(1907～1941) …………… 1286 | 刁　全(1920～1943) …………… 1303 |
| 李培根(1910～1941) …………… 1287 | 周玉珍(1921～1943) …………… 1304 |
| 夏定才(1912～1941) …………… 1288 | 金玉山(？～1943) …………… 1304 |
| 任　迈(1913～1941) …………… 1288 | 徐宗汉(1876～1944) …………… 1305 |
| 张　醒(1914～1941) …………… 1289 | 夏诒霆(1878～1944) …………… 1305 |
| 周乐生(1914～1941) …………… 1289 | 张靖诚(1903～1944) …………… 1306 |
| 钱国华(1915～1941) …………… 1290 | 许德祐(1908～1944) …………… 1306 |
| 潘　克(1916～1941) …………… 1290 | 谢　骙(1910～1944) …………… 1307 |
| 　黄　炜(1921～1943) …………… 1290 | 戴曙光(1911～1944) …………… 1307 |
| 朱岐山(1917～1941) …………… 1291 | 王　澄(1914～1944) …………… 1308 |
| 戴秉义(1918～1941) …………… 1292 | 今野博(1919～1944) …………… 1309 |
| 方秉文(1921～1941) …………… 1292 | 殷　逸(1919～1944) …………… 1310 |
| 苏硕人(1879～1942) …………… 1293 | 李文广(1920～1944) …………… 1310 |

| | |
|---|---|
| 王朝福(1925～1944) ………… 1311 | 徐庆烈(1907～1949) ……… 1328 |
| 施肇曾(1865～1945) ………… 1312 | 倪秀英(1908～1947) ……… 1329 |
| 赵玉森(1868～1945) ………… 1312 | 李慎柏(1909～1947) ……… 1329 |
| 浦文汀(1874～1945) ………… 1313 | 张鹏举(1911～1947) ……… 1330 |
| 杨荫杭(1878～1945) ………… 1313 | 王　祥(1912～1947) ……… 1330 |
| 袁毓棠(1892～1945) ………… 1314 | 易乃千(1913～1947) ……… 1331 |
| 孙宝墀(1894～1945) ………… 1314 | 周文科(1913～1947) ……… 1331 |
| 余少春(1894～1945) ………… 1315 | 王　炎(1914～1947) ……… 1332 |
| 陈佩三(1901～1945) ………… 1315 | 叶梯青(1914～1947) ……… 1333 |
| 王　龙(1908～1945) ………… 1316 | 魏其虎(1914～1947) ……… 1333 |
| 沈　纯(1911～1945) ………… 1316 | 吴学连(1916～1947) ……… 1334 |
| 史楚琪(1912～1945) ………… 1317 | 顾　毅(1916～1947) ……… 1334 |
| 王　商(1917～1945) ………… 1318 | 吴　平(1917～1947) ……… 1335 |
| 张胜武(1917～1945) ………… 1318 | 何　正(1919～1947) ……… 1335 |
| 陈凤山(1921～1945) ………… 1318 | 邵伟光(1919～1947) ……… 1336 |
| 李耕川(1922～1945) ………… 1319 | 蔡一新(1919～1947) ……… 1337 |
| 郭光裕(1923～1945) ………… 1320 | 闵镪青(1922～1947) ……… 1337 |
| 吕　畴(1923～1945) ………… 1320 | 马广山(1924～1947) ……… 1338 |
| 姚公铭(1924～1945) ………… 1321 | 王　珏(1926～1947) ……… 1339 |
| 陈秉恭(1888～1946) ………… 1321 | 陈湘浦(1867～1948) ……… 1339 |
| 卞乃秋(1895～1946) ………… 1322 | 徐国安(1872～1948) ……… 1340 |
| 沙杨氏(1897～1946) ………… 1323 | 夏兆麐(1885～1948) ……… 1341 |
| 汪元臣(1900～1946) ………… 1323 | 周至堃(1905～1948) ……… 1341 |
| 惠峻山(1906～1946) ………… 1324 | 王仲安(1911～1948) ……… 1342 |
| 徐浩泉(1913～1946) ………… 1324 | 杨　斌(1912～1948) ……… 1342 |
| 吴　翼(1914～1946) ………… 1325 | 胡特庸(1913～1948) ……… 1343 |
| 谢景鸿(1916～1946) ………… 1325 | 卢锦珠(1917～1948) ……… 1344 |
| 林少克(1917～1946) ………… 1326 | 李　耀(1920～1948) ……… 1344 |
| 吴廷燮(1865～1947) ………… 1326 | 姜　亚(1922～1948) ……… 1345 |
| 蒋瑞春(1879～1947) ………… 1327 | 鲁　锐(1922～1948) ……… 1346 |
| 谷寿夫(1882～1947) ………… 1328 | 赵寿先(1923～1948) ……… 1346 |
| 蒋师愈(1897～1947) ………… 1328 | 周粉英(1927～1948) ……… 1347 |

吴　晋(1890~1949) ………… 1348
冯立生(1905~1949) ………… 1348
孟士衡(1906~1949) ………… 1349
萧　逸(1915~1949) ………… 1350
成建军(1918~1949) ………… 1350

# 人物表

一、皇帝表(秦至清) …………………………………………………… 1353
二、状元表(隋至清) …………………………………………………… 1375
三、清代江苏历任巡抚表 ……………………………………………… 1381
四、民国江苏历任省长(民政长、省主席)表 ………………………… 1381
五、清末与民国时期江苏省级议会、参议会、咨议局历任负责人表 ……… 1381
六、民国11年至民国38年(1922年7月至1949年9月)境内中共地方
　　组织历任主要负责人表 …………………………………………… 1382

**人名索引** …………………………………………………………… 1383

《江苏省志·人物志》编纂始末 ………………………………………… 1416

# 人物传(二)

## 白雅雨

白雅雨(1868~1912),名毓昆,号铣玉,以字行。通州(今南通市区)人,民主革命家。自幼受到良好的家庭教育。18岁考中秀才,名列榜首,被江苏学政王先谦看中,选拔到江阴南菁书院深造,专攻地理学。光绪二十五年(1899年),白雅雨在上海南洋公学和澄衷学堂任教习,结识了具有民主革命思想的教员蔡元培、张相文、钮永建等人,并与章太炎、邹容、张健、章士钊等人有过来往。光绪三十四年秋,他应北洋女子师范、北洋法政学堂的聘请,携家眷到天津,继续致力于地理学的教学和研究。宣统元年(1909年),他与张相文等人发起组织中国地学会。次年1月,创办中国第一个地理学刊物《地学》杂志,任编辑部长。后任北洋法政学堂教师,李大钊曾就读于该校,白雅雨成为他的史地老师。白雅雨渊博的知识,鲜明的爱国思想,对李大钊具有强烈的吸引力。白雅雨见李大钊爱国心甚烈,便经常到李大钊宿舍促膝谈心,交流思想,支持他参加革命活动。

宣统三年八月十九日(1911年10月10日)武昌起义爆发后,白雅雨与凌钺、李大钊等组织天津共和会。这是以北洋法政学堂和北洋女子师范为中心组织起来的革命团体,白雅雨被公推为会长。12月31日,白雅雨只身到滦州发动起义。首先,他与清军二十镇七十九标一、二营管带王金铭、施从云接触,争取他俩起义。民国元年(1912年)1月4日,滦州宣布独立,接着成立北方革命军政府,推举王金铭为大都督,施从云为总司令,白雅雨为参谋长。他们布告安民,并通电全国,震动京、津。袁世凯得知,急调第三镇统制曹锟配合通永镇总兵王怀庆领兵镇压。王金铭、施从云、白雅雨率领起义军乘火车向天津进发。车到雷庄,因铁路被清军毁坏而无法前进,遂与清军激战。清军制造圈套,伪示议和。1月5日,王、施不听劝阻,入清营谈判,遭到杀害。白雅雨与部队失去指挥联络。他下定"必欲与清军一战"的决心,准备返天津继续发动起义,返途中被清兵逮捕。被捕后面对严刑,慷慨陈词:"吾为国充兵,吾自当为国死,今被逮,吾何讳为!"白雅雨直言不讳自己是北方革命军参谋长。临刑前,他昂首向苍天高吟绝命诗:"慷慨赴死易,从容就义难。革命当流血,成功总在天。身同草木朽,魂随日月旋。耿耿此心志,仰望白云间。悠悠我心忧,苍天不见怜!希望后起者,同志气相连。此身虽死了,千古美名传。"白雅雨在民国元年1月7日殉难。李大钊痛悼不已,并一直深深地怀念着自己所尊敬的师长。后白雅雨烈士遗骸移葬家乡南通狼山。

## 王少华

王少华(1876~1912),原名宗琦,号少华。铜山县人。辛亥革命烈士,徐州地区最早同盟会员之一。光绪三十二年(1906年),王少华去南京省办自治讲习所学习,在革命新思潮影响下,加入同盟会。后任铜山县自治研究所所长,积极从事革命活动。

辛亥革命爆发后,各地相继宣告独立,王少华召集铜山县各界代表聚会,商讨宣告独立事宜,因张勋退据徐州,未成。民国元年(1912年)2月11日,张勋败离徐州,在革命军支持下,铜山县自治政府成立。王少华被推任为县政府交际长、视学,领导创办了铜山县大彭市(今徐州市)第六小学,自兼校长。次年夏,革命军被迫南撤,自治政府解体,成员出走,城内秩序混乱。为维持社会治安,7月18日,各界人士召开会议,商讨成立临时政府。在推选代理民政长时,有人顾虑时局不稳,不愿担任。此时王少华拍案而起说:"我家无老母,为家乡甘愿负此重任,以报地方父老殷望!"王少华遂被推为代理民政长。当时未及回家,便立即赶往县署,率领保安武装日夜巡逻。不几日张勋卷土重来,其部下手持马棒,任意殴打民众,反动气焰极为嚣张。县署中只剩下王少华,有人劝其暂避,他说:"职责有关,不可离也。"张勋部下强迫王少华为其解决给养、住房等,并对其打骂凌辱。但王少华始终不屈,抗争到底。后坠楼自杀,以身殉职,时年36岁。

铜山各界为其隆重举丧,并将县署街改名"少华街",以志纪念。国民革命军北伐后,国民政府拨款在斗姥宫(今少华街小学)后院建纪念堂,国民党元老于右任亲笔题写"王烈士少华纪念堂"匾额。

## 江来甫

江来甫(1878~1912)，淮安板闸镇人。辛亥革命烈士。光绪二十八年(1902年)，江来甫投奔新军第九镇第十七协第三十三标，历任士兵、学习官、排长等职。光绪三十四年进入江南讲武学堂，讲习4个月后，擢为第三十三标第一营前队队官，转督队官。不久，由标统赵伯先介绍，与熊成基、林述庆、冷遹等一起加入中国同盟会。宣统三年(1911年)，第九镇响应武昌起义，宣布脱离清廷后，他被委为一营管带兼中路前卫司令，攻打南京。11月24日，浙、苏、沪、松、镇等各支军队组建江浙海陆联军，发起南京战役时，亲率镇军支队第一营为前锋，从太平门首先攻入；接着其他各支军队陆续进城。次年1月1日，孙中山就任中华民国临时大总统后，组建北伐军，江来甫被总司令部任命为第一师第二旅第三团团长，兼右路军第一支队前敌指挥，从扬州胜利地推进到淮安，妥善处理了第四支队擅自搜抄清朝直隶总督杨士骧淮安家室事件及清江浦第十三协哗变事件。旋改任第四支队第二营营长，代理支队长，遵令由清江浦经高良涧出洪泽湖，肃清湖匪，继而转战安徽，归建皖军，"光复"凤阳、临淮、正阳诸关隘。颍州会师后，以一混成协之兵力，屡胜数倍于己之敌。1月29日，清军向薄城疯狂反扑时，江来甫身中数弹，壮烈牺牲，时年37岁。

江来甫牺牲后，被敌人枭首示众。后敌人败逃，皖军将士含泪觅得并缝好其尸体和首级，奉灵柩回原籍，将其指挥刀和手枪陈放灵堂，公祭追悼，与王夫人合葬于板闸镇篆香楼祖茔旁。淮安人民遵奉大总统孙中山和陆军总司令黄兴命令，从准提寺拨出3间房屋，另开大门，上悬黄兴题写的匾额"江来甫烈士专祠"，内供大总统府颁发的"追赠陆军中将江来甫烈士灵位"木主一方。该坟茔和祠堂毁坏日久，1984年，经民政部门批准，其子江琴荪及其家属出资，于篆香楼附近新建"辛亥革命烈士江来甫烈士纪念碑"。

## 曹俊鹏

曹俊鹏(生卒年不详)，东台台城人。生于贫苦漆工之家。清末民初东台民间雕塑巧匠。毕生以塑像为业，其作品以"盐灶模型"、"神像画板"最为享名。民国初年，江苏省举办工艺物产博览会，东台商会将曹的"盐灶模型"作品送南京参展。该模型立于约3厘米见方木盘中,其构思巧妙,布局精致,形象地再现了现实生活中的盐灶全景。其间不仅塑有卤井、烧火塘、盐锹、拔灰塘等生产设备,还在盐灶场上安排了不少栩栩如生的人物。如锹下烧火塘边有灶民弯身烧火,灶屋门口有牛车装盐待运,远处草荡中有獐、兔奔跑、野鸡惊飞……甚至灶屋门框上还贴有字如碎米大小的春联。整个作品生动活泼,惟妙惟肖。面对这件出自民间普通雕塑艺人之手的精品,博览会的评委无不交口称誉。曹的精湛技艺从此名噪一时。

曹俊鹏的传世作品有神像雕刻。兴化县戴家窑一寺庙住持,曾慕名请他雕刻神像画板。曹在3块分别为3.3厘米长的画板上不仅雕刻有山水、树木、花草,还雕刻有0.3厘米大小的罗汉18尊,其神态各异,无一雷同。其中一罗汉的长眉垂地,清晰可见。东台西溪泰山寺地藏殿内的海岛,亦系曹的杰作,惜于"文化大革命"中被毁。

曹俊鹏秉性孤傲,蔑视权贵,毕生致力于雕刻艺术。他乐善好施,病故时已家贫如洗。他生前从未带徒传艺,死后其雕刻绝技不复传世。

## 王锡祺

王锡祺(1855~1913),字寿萱,号瘦冉。清河县(今属淮安市)人。廪贡生,侨居淮安城。晚清学者和文献整理专家。祖父王履谦是个富豪,"以财雄一方"。父王玙,咸丰五年(1855年)举人,王在北京任职时,听说同乡范裕昆去世,赠以百两银子。祖父、父亲、哥哥,"三世皆尝助资建城池,修学宫"。他性格开朗,反应快,思维敏捷,爱好广泛。"喜序曲,尤淫于书,工诗古文辞,试辄高等"。11岁考取秀才,后捐资为刑部员外郎,曾上书"敷承得失",但不被采纳,也未受重用,遂弃官归乡,潜心研究学问。"凡山经地志以至集部诸书,无不泛览,编摩攟摭,分别部居,成《小方壶斋舆地丛钞》","一续再续,都百十万言"。搜集舆地资料,多达上千种。为了扩大眼界,增长知识,探求强国之路,他自费到日本考察地理及明治维新以后的政治人文情况。他又收集前人未刊遗著,成《小方壶斋丛书》,"其间最关文献者有山阳阮葵生《茶余客话》足本、江宁顾怀三《补后汉书艺文志》。又续编《山阳诗征》"。所有这些著述,皆自己出资,于光绪五年(1879年)以两千银元买回印刷机一架,铅字两套,"自铸铅版以行"。他在淮安的住所有园林之胜,而他又好结纳文人学士,故"散人漫士,履綦合沓",如铁岭黄海长、周至路岯、甘泉毛昌本、吴县蒋黼等,"皆从之游宴,谈诗说剑无虚日,垂帘合坐,图籍纵横,丹黄不去手,见者比之玉山草堂"。他又不问家庭生计,不理财,所以家中资财日绌,家道迅速衰落。

## 陈 范

陈范(1860~1913),原名彝范,字叔柔,号梦坡、蜕翁、蜕庵等。武进(今常州市区)人。清末报人。光绪十五年(1889年)中秀才,纳赀任江西铅山知县,旋因教案落职,移居上海,接办胡璋经营不善的《苏报》,延妹夫汪文溥任主笔。接办《苏报》初追随《知新报》、《清义报》,同情维新派,后受资产阶级民主革命思想影响,办报指导思想发生变化,连续发表《商君传》、《铁血宰相俾斯麦传》等文章,并设法与有革命思想的人接近。光绪二十八年,与蔡元培等发起成立中国教育会,任评议员,并支持蔡元培等办爱国学社。学社经费困难,由教育会吴敬恒、蔡元培等轮流为《苏报》写文章,他每月拿出100元钱给爱国学社,使该报成了教育会的机关报。同时,为了支持各地学生与不合理的封建制度进行斗争,专门在《苏报》开辟学界风潮专栏,鼓励学生。光绪二十九年,汪文溥离任后,他聘章士钊任主笔,使《苏报》成为革命党的宣传阵地,发表邹容的《革命军》和连载章太炎等革命党人写的《序(革命军)》、《驳革命驳议》和《驳康有为政见书》等文章,痛斥光绪皇帝为"五谷不分的载湉小丑",使《苏报》成为中国资产阶级革命民主派在国内的第一份报纸。清廷视《苏报》为眼中钉,是年7月即勾结租界工部局以"痛恨政府、心怀叵测"等罪名,制造轰动一时的查封"《苏报》案"。他流亡日本,得以结识孙中山、陈少白等。后去香港,光绪三十一年返沪,不久被端方捕获入狱。光绪三十三年保释,流落浙江、湖南。辛亥武昌起义后,参加湘桂援鄂联军,任联军司令部书记。未几离湘返沪加入南社,曾主编《太平洋报》,后赴北京,主笔《民主报》、《国学丛选》(负责通论类)等。遗作有《映雪轩初稿》、《烟波吟舫诗存》、《东归行卷》等。遗稿由妹夫汪文溥编为《陈蜕庵先生文集》、《蜕翁诗词刊存》、《蜕翁诗词文续存》3种。

## 王仁俊

王仁俊(1866~1913),字捍郑,号籀邨。吴县(今苏州市区)东山人。

经、史学家。光绪十八年(1892年)进士,授翰林院庶吉士,散馆改吏部主事。光绪二十三年在沪创办实学报馆,针砭时弊。光绪二十九年,赴日本考察学务,继署宜昌、黄州府事。时张之洞在湖北创办存古学堂,聘他为教务长。不久苏州学古堂改建为存古学堂,即奏调回原籍任职。家有书屋籯邴簃。后任京师大学堂教授,弟子众多。光绪三十三年调充学部图书局任副局长等职。擅长经学与金石文学,精于史学及敦煌学,将亲眼所见之敦煌经卷著成《敦煌石室真迹录》。对史志目录多有研究,撰有《汉书艺文志考证校补》、《补宋书艺文志》、《补梁书艺文志》、《补西夏艺文志》、《辽史艺文志补正》、《格致古微》、《群经讲义》、《毛诗草木今名释》、《尔雅疑义》、《西夏文缀》、《白虎通义集校》、《碑版丛录》、《存古堂丛刻》等。

## 徐宝山

徐宝山(1866~1913),原名徐老虎。降清后赐名怀礼,字宝山,以字行。生于丹徒(今镇江市区)南门内,后迁居雁儿河。他出身贫寒,自幼不喜读书,以勇悍著称。十四五岁时父丧,家贫无以为生,一度习篾工,后出走江湖加入青帮,结纳四方恶少,自为首领,在江淮一带贩运私盐,因党徒日众,成为有名的"镇江巨枭"。光绪二十六年(1900年),驻镇江的长江水师提督黄少春采取招抚政策,黄替他取了官场中用的名和字,引他去见两江总督刘坤一,得到五品顶戴,任新胜营管带,统率炮船巡弋长江。当年七月,在镇江七星街、太保巷等地捕获了参加唐才常"自立军"的会党首领魏发魁、范鸿炎等。宣统元年(1909年)初,又受端方命,前往苏北兴化、盐城、东台一带追捕革命党人熊成基。后以剿"匪"有功,升迁为统领,负责江北防务。

宣统三年,辛亥革命爆发,他在革命党人李竟成的影响下,开始参加镇江"光复"的工作。镇江"光复"后,他回师扬州。当年九月十九日受扬州绅商之请,镇压孙天生起义,成立了军政分府,自任军政长,取得盐库款甚巨。旋又至泰州、兴化、东台、盐城等地帮助"光复"。在"光复"南京之役中,与革命党人格格不入,截夺了林述庆的军火装备,扩编部队为两个师,成立南京临时政府陆军第二军,自任军长。他还推进其势力至淮海之间,并与徐州张勋暗中勾结。

民国元年(1912年),徐宝山投靠了袁世凯,渐渐附庸风雅,好玩古董。次年5月,革命党人张静江等派人以赠送古董为名,暗藏炸药,将其诛灭。

# 黄 人

黄人(1866~1913),原名振元,字摩西,又字羡涵、慕韩、慕庵,别署江左儒侠。昭文县(今常熟市)浒浦人。清末学者。幼年从师秦鸿文,光绪七年(1881年)庠生,曾为常熟县衙书吏,于书无所不读,自诗词、小说及法律、医药、佛经道藏,莫不深究。经史、诗文、方技、音律、遁甲之属能晓其大义。青年时生活极为放荡浪漫,"不矜细行,昼则驰马为狭斜游,夜方读书,或弥月不寐,或一夕作诗数百篇","终岁遨游耗万金"。30岁左右才改变,到苏州与金松岑、吴梅、萧蜕等人交往。光绪二十一年,美国教会在苏州设中西书院(光绪二十七年改为东吴大学堂)。他于光绪二十六年入该校为首任国文教习。当年,与庞树柏等组织"三千剑气文社",鼓吹革命。次年,章太炎来校讲学,常过从。黄人讲授中国文学史雄辩滔滔,力倡文学自由之说,受到美籍校长的器重和学生的钦佩。喜谈晚明史乘,间接渗透他的反清思想,因慕明末黄姓志士淳耀(陶庵)、宗羲(梨洲)、道周(石斋)、周星(九烟)的为人,名其斋曰"揖陶梦梨拜石耕烟之室"(石陶梨烟室),更名黄人。主编《中国文学史》为教材,共30册巨帙,开中国新文学运动之先声。其中对文学的创新见解颇多,如主张白话文学,改革文字,提高小说在文学史上的地位和社会功能等。光绪三十二年,编《雁来红丛报》文艺杂志。翌年,与曾孟朴、徐念慈等在沪创立小说林书社,兼《小说林》月刊编辑。撰《小说小话》,以新观点评议古典小说。宣统元年(1909年),南社在苏州成立,黄人即偕"三千剑气文社"社员参加。宣统三年与王均卿于沪创国学扶轮社,刊行为清廷所禁之诗文集,颇多为海内珍秘之本。又编纂《普通百科新大辞典》,与沈粹芬合辑《国朝文汇》(《清文汇》)200卷,"存录一千余家,为文一万余首,不名一家,不拘一格",采入若干为清廷禁止的作品。曾翻译《哑旅行》、《大复仇》、《银山女王》、《大狱记》等书。辛亥武昌起义,南京"光复",孙中山回国,黄人兴奋地欲乘车去南京,至苏州火车站忽足疾发作,大哭而归。不久因袁世凯窃国,愤懑国事,狂疾大作,终日笑骂无常。家人送苏州齐门外疯人院求治无效,于民国2年(1913年)农历六月十六日(7月19日)以狂疾去世,归葬常熟浒浦乡间。

黄人为人奇特,不拘小节。光绪末年,即解辫截发,不加梳栉,蓬蓬然招摇过市,人皆匿笑之。其实其治学根深叶茂,颇多创见。其为忧国忧民丹心一片。金松岑曾作《苏州五奇人传》，黄人为其一。善诗词，最长于诗，尤擅歌行。汪洋恣肆，奇情壮采。遗作有《摩西词》等。诗多见于《南社丛刻》中。

## 杨　冰

杨冰(1871～1913)，字冷仙。如皋仇湖乡(今属海安县)人。少年时天资聪颖，尤喜数学。一年，堂兄杨馥自金陵购回《西学大成》一书相赠，杨冰如获至宝，只是苦于无从入门。他听说东台戈右衡粗通数学，便师从学习，数月尽通其术。由此杨冰学业大进。光绪二十三年(1897年)，杨冰赴扬州府应试，取秀才第一名。他所著《植树九行图》，将一道几何题解绘成219图。该图传至日本，著名数学家长泽龟之助给予较高评价，称"即此一篇，便可与西人之'共点性'及'共线性'并传"。光绪二十七年冬，杨冰为两江总督端方礼聘为江南师范学堂数学教席，不久赴日本考察学制，并应邀为日本明治大学讲学。回国后，杨冰执教于江南高等学堂、三江师范学堂、江南优级师范学堂等，并担任山东济南高等学堂客籍教授，呕心沥血，任教10年。民国元年(1912年)，杨冰以数学家及教育家身份当选为江苏省首届议员，并被公推为国会众议院候选人。

杨冰发表《中西算器考》、《微积术补代数未尽说》等数学论文10篇，著作有《植树九行图》、《算表合璧》(与人合著)。因其杰出的数学才华，被称为中国研究"组合数学"的鼻祖。民国2年1月18日，杨冰因患牙疳不幸在南京病逝。各界人士举行隆重的追悼会，孙中山专电委办花圈表哀悼，黄炎培亲撰祭文。南菁书院老校友吴稚晖为其写墓表。

## 李楚江

李楚江(1881～1913)，原名广淮，后改镇淮，字楚江，以字行。滨海县东坎镇人。商人家庭出身。抗袁志士，烈士。早年弃文习武，遇地方不平之事常能仗义执言，因此很受百姓推崇。民国元年(1912年)，当选为东坎市议会议员。然因刚直过盛，为地方权贵豪绅所不容。民国2年，因被人诬告而避走江南，于镇江加入九龙会，并出任该会会办兼讨袁世凯军师长。时黄兴正联络九龙会并组织讨袁军，遂委他为江北讨袁军司令兼第五旅旅长。

李楚江受命潜回故里,开香堂、收徒众,发展九龙会会员,先后在盐城、阜宁、东坎等处联络1000余人。全国讨袁的"二次革命"爆发后,革命志士江雨涵受命赴北沙,嘱李留守东坎,预定7月18日举事,后因其所藏炸弹爆炸,机密泄露。淮阴反袁志士颜绍武再次约定举事日期。李重又通知所约之部潜伏待命,自己则往江南联络。至江南,南京已为袁军所陷,遂去镇江与江南反袁军负责人沙绍卿联络。接受任务后,又回东坎招兵,相约于农历九月十一日起义。由于驻东坎之军队早有准备,防备甚严,起义失败。为扑灭江北革命势力,袁世凯密电江北护军使"缉拿李逆楚江",护军使则到处悬赏捉拿。民国2年10月2日晨,措手不及的李楚江未及反抗便在六合庄海边木船上被捕,同时被搜走的有九龙会讨袁军各种令旗、符号等。李楚江被捕后,作为要犯先被解往阜宁、清江,最后解至北京被腰斩,时年32岁。

## 林述庆

林述庆(1881~1913),字颂亭,又作松亭。福建闽侯人。辛亥革命将领,烈士。光绪三十一年(1905年)在南洋新军第九镇三十三标任队官,在标统赵声领导下参加秘密反清活动,加入同盟会。曾与赵声筹划江西起义未成。宣统二年(1910年),林述庆调镇江任三十六标第二营管带,在三十五、三十六两标下级官兵中灌输革命思想。次年武昌起义爆发,他把家属遣返原籍,自己全力投入革命。他团结新军各营管带,串连驻镇其他部队及炮台,侦察地形,制定了作战计划,后来又得李竟成之助,争取了全城官绅,孤立了旗营,兵不血刃"光复"了镇江。被推为镇江军政府都督,加入江浙联军进攻南京,在攻克天堡城之役中首建大功。攻克南京后,林述庆改任北伐军总司令。镇军在极盛时,拥有柏文蔚、徐宝山、黎天才3个镇(师)和海军兵舰15艘。这时黎部与海军开往湖北援助黎元洪,柏、徐两部日益壮大渐趋独立,林述庆成了空头司令。最后徐宝山缴了林述庆卫兵的械,林只身逃出扬州,宣布辞职。镇军从此瓦解。袁世凯趁其失意之际,聘林述庆为总统府顾问,授以陆军中将加上将衔。但他革命之志不改。宋教仁被刺后,他准备南下组织讨袁,结果袁世凯指使梁士诒于民国2年(1913年)将他毒死。林述庆文采风流,著有《颂亭诗钞》、《江左用兵记》。

## 朱葆诚

朱葆诚(1889~1913),字一之。昆山玉山人。辛亥革命烈士。他喜古文辞。素怀报国之志。入保定陆军速成学堂骑科深造。毕业后清政府补授陆军步科副军校衔,任新军第九镇二十三混成协四十五标排长,驻军苏州,旋升马队队长。是时,清廷腐败,革命风起,他秘密加入同盟会,参与革命活动。宣统三年(1911年),武昌起义成功,全国各地纷纷响应。时苏州为江苏省城,清巡抚程德全举棋不定,犹豫观望。朱葆诚力陈利害,投袂而起,在上海革命党人柳成烈(伯英)等人的支持下,欲策动省城驻军四十五、四十六标下级军官起义,响应革命。九月十五日(11月5日),程德全迫不得已宣布独立,任江苏都督。未几,朱葆诚加入上海同盟会在苏州筹组的北伐先锋队会攻南京,后任沪军先锋队第二联队长,当年年底任先锋团团长。民国元年(1912年),中华民国临时政府成立,他率部回苏州原防地。其时,程德全等人的封建势力抬头,他受上海的同盟会组织密令,欲铲除之。事泄,6月1日朱葆诚被捕。民国2年7月12日,"二次革命"爆发后出狱,去南京,复奉江苏讨袁军司令黄兴之命,回苏州为讨袁军招兵。7月27日又被程德全以"煽惑军心,欲图举事"为名逮捕。当日即惨遭杀害,时年24岁。民国17年,奉江苏省府令入祀忠烈祠,勒石纪功。

## 刘旦诞

刘旦诞(1826~1914),名炜,字云程、一飞。海门(今海门市)常乐镇人。种田能手。因出生时辰在农历春节清晨,取名旦诞。成年后,刘旦诞潜心农业,辛勤耕作,培养出许多优质高产品种,屡获官府奖励。一天,张謇和厅同知王宾路过刘宅稍憩时,见宅内外果树成林,竹木参天,备加赞赏。清宣统二年(1910年),在江宁府(今南京市)召开的南洋劝业会上,刘旦诞因耕作有方,成绩显著,获"孝悌力田"匾额一方。不久,南京又举行农产品展览会,刘旦诞培育的大红袍赤豆和旱稻米等被列为展品,获银盾两枚。从此,刘旦诞名扬大江南北,人们称他为"田状元"。刘旦诞培育农业新品种时还注意从外地引进各类优良品种。他曾让儿子去安庆引进玉竹(中药材),在自己田里试种;又派人去湖州学习蚕桑技术,回来后间作套种,农桑兼顾,获利丰厚。

## 俞菊笙

俞菊笙(1839～1914),名光耀,玉笙,字润仙,绰号"俞毛包"。吴县(今苏州市区)人。京剧演员,"俞派"创始人。幼年投张二奎门下问艺,从杨双喜习京剧武旦,后攻武生。同治末年(1874年),与名旦胡喜禄接组春台班。不善唱功,重念、做、打,矫健剽悍,曾吸收武净戏的雄浑风格,融于武生的表演艺术,着重运用精湛的武功技巧刻画人物,创勾脸武生戏,丰富和发展了京剧武打戏,成为武生行表演艺术的奠基人,"俞派"创始人。弟子有尚和玉、杨小楼等。擅演剧目有《艳阳楼》、《铁笼山》、《状元印》等。子俞振庭工武生,曾建斌庆班,擅长剧目有《金钱豹》等。

## 黄思永

黄思永(1842～1914),字慎之,号亦瓢。江宁(今南京)人。晚清官吏。童年时,家居城南顾楼街,靠父经营油料为生。太平天国定都南京(时称天京)后,他加入太平军,当一名小军士。同治三年(1864年),天京陷落,他即藏匿于一古庙,并在庙内整理经卷。后经朝考被分至礼部当一名小官,继而又考入军机处,遂携家眷赴京城定居。光绪六年(1880年)中状元,授翰林院修撰。光绪十二年充会试同考官。后累迁至侍读学士。光绪二十三年,他上书请求实行"昭信股票",开清廷借用民款之端。旋因数次上书请求变法而被捕入狱。光绪二十六年出狱,不久,因创立首善工厂,恢复原职。晚年辞官寓居上海。

黄思永长期在京城为官,但他仍热心于家乡的公益事业。晚清时,地处半截胡同的南京郡馆,房屋破旧,面积狭小,远不能容纳赴京赶考的士子及其他赴京人士。他亲自出面募捐,筹集款项,扩建南京郡馆,深得南京人民的赞誉。他一生敢作敢为,不善逢迎。当八国联军侵入北京,美国侵略军设法请他出来任职,他坚辞不受。在德国侵略军胁迫市民悬挂德国国旗时,他义愤填膺,串通街区市民予以抵制。他生在仕途,却没有死守封建教条,曾采用私人集资的办法,创办民族资本企业,在北京兴建工艺局,招收贫民制作景泰蓝工艺品,其产品曾两次在国际博览会上获奖。

## 吕谷金

吕谷金(1855～1914),字一峰,一字海山。建湖高作镇人。晚清武官。幼学儒学。青年时,身体伟岸,力大过人,乃弃文习武。光绪元年(1875年),入选县武学生员。同年,"恩科"省试连捷。光绪六年,清廷大挑绿营千总,辞而弗就。光绪十二年,京试武进士,殿试二甲,入选花翎侍卫,供职乾清宫。吕谷金秉性刚直,坦率无忌讳,不善与人交往。任职15年,守正不阿,始终如一。铨叙劳绩,应放外职,但不善钻营而未果。不久,以亲老乞归终养。假归后,不履公廷,不纳权要。府、县官上门请谒,礼遇之,但一介不取,一介不予。中日甲午战起,吕上书乞许军前效力,以报国家,旋以停战而罢。《马关条约》签订消息传来,痛哭流涕,对权臣丧权辱国切齿恨之。辛亥革命军起,清廷招其入伍,自知革命潮流势不可当,坚辞不就。吕谷金善书"龙"、"虎"二字,浑厚苍劲。民国3年(1914年),因风痹病去世。

## 颜承烈

颜承烈(1866～1914),字绍武。淮安钦工镇人。反袁将领。幼读私塾,后入安徽武备学堂,结业回乡,担任团董时,力主正义。马厂镇举人孙步魁帮助恶霸地主,并勾通县令陈维藻以谋杀罪诬陷佃农,使这个佃农沉冤莫白。颜得知后,挺身而出,为冤者辩白,直到陈维藻被革职,孙步魁被革除功名并投入牢狱才罢休。从此,更倾向革命。光绪三十四年(1908年),加入中国同盟会,积极进行反清活动。接着奉命南下,参加黄花岗起义。武昌起义胜利后,迅即转战苏北,组织革命志士,制造枪弹。机械师陆朝宾操作时,不幸火药爆炸,机密败露。后急速登舟,赶往镇江,参加"光复"镇江,旋又参加攻克南京之役。孙中山就任中华民国临时大总统后,下令北伐,颜承烈被委任为第一师第二旅第五团二营营长。在高作战斗中,身先士卒,奋战3日,打败了数倍于己的顽敌,荣立首功,擢升为一等参谋。"二次革命"时,他被任命为江北讨袁军第一师师长兼右路司令,奔赴淮海地区进行部署,待命出击。由于袁世凯和张勋的疯狂反扑,讨袁军从江北撤退到南京。复任宁军第三军参谋长,指挥南京保卫战,后因粮尽弹绝,弃宁转沪。袁世凯迭次悬赏1000元、5000元,直至10000元,通缉颜承烈,并命令江北护军使擒拿,查封其房屋、地产、店铺、槽坊等所有资财。

民国3年(1914年)7月,孙中山在日本组织中华革命党,他作为江北总代表应召与会,图谋"三次革命"。由日返沪后,积极准备枪弹;并渡江赴扬组织和部署军事力量。从扬回沪,路过镇江时,被上海镇守使公署密探逮捕。9月28日被枪杀于上海高昌庙西炮台刑场,时年48岁。颜承烈就义后,中华民国中央军政部曾令淮安建祠立碑。其狱中遗诗存《示儿》三首,诗中有:"吾生宏愿未遂,中华雷声已起。"

## 周祥骏

周祥骏(1870~1914),字仲穆,又字更生,号凤山。睢宁县苏塘乡人。作家、诗人,辛亥革命烈士。出身于地主家庭,7岁入塾。13岁来到徐州,同张从仁、张伯英同学于徐葵南先生门下。当时国家外辱内乱,局势动荡,那时,他便喜读兵书,志以武略报国,反对科举八股,16岁时补秀才,不久即为廪膳生员。

清政府签订丧权辱国的《中法新约》的消息传来,举世震惊,国人羞愤。周祥骏认为,国家自强,在于学术,只有博通古今中外,才能厚积薄发,择要立言,警世觉民,唤醒民众。为探讨国家自强的真理,他以全部家财购买西学译本和日报杂志,食寝于书丛之中,独自面壁深究,积学不已,由此反清、反洋的进步思想逐渐成熟。光绪十八年(1892年),他在家设馆,教授学徒、宣传进步思想,郭爱棠、刘仁航等都是他的学生。为开拓视野,追求科学救国,著有《瀛寰志略节注》、《列国古今图略》,详写了当时列强各国的侵略发展史。光绪二十七年,《辛丑条约》签订后,周祥骏将满腔悲愤倾注笔端,连续创作了《睡狮园》、《康茂才投军》、《打醋缸》、《捉酸虫》、《胭脂曲》、《团匪魁》、《黑龙江》、《薛虑祭江》等8个进步戏文,触及时弊,旗帜鲜明,傲立于当时"以文学起革命"的戏曲大舞台上。光绪三十一年,在睢宁昭义书院讲学,因反对封建礼教,提倡新旧并举,几遭不测。

光绪三十三年春,他联络徐州爱国志士、同盟会会员韩志正,在徐州发起天足会,并在徐州旧察院址集会演讲,倡导男女平权,妇女解放。还撰长诗《天足会演说感赋》,讴歌妇女放足运动。宣统元年(1909年)入上海宪政讲习所,与柳亚子、高钝剑、姚凤石等人相识,并加入南社。宣统三年,辛亥革命爆发,周祥骏当时在南京学务公所,看到张勋盘踞金陵这一险要之地,便冒险只身跑到镇江,上书革命党人林述庆和柏文蔚,说"南京一日不入我版图,则上下游不能联为一气,而北伐之师无期",要求"集中重兵,直捣金陵"。柏文蔚见书后,便聘他为顾问,发兵速攻南京。周祥骏亲临前线,不畏艰险,克复南京后,又随军北上,攻陷浦口、六合等地。鉴于徐州为古来兵家必争之地,他密电当时在彭城的同盟会员韩志正,要他"凭城影响",准备举事。不料张勋北逃,占据了徐州,韩响应不成。周祥骏自告奋勇,征得柏文蔚同意,只身潜入徐州城,暗中联络,发展民团,准备迎接革命军。不久,南北议和,战火暂熄,遂罢。民国2年(1913年)写《伤心文》,痛斥袁世凯,哀叹国运民生。民国3年,他受聘于徐州省立第七师范学校任教,因奸人告密,于同年4月20日被张勋以"乱党"之名逮捕入狱。周祥骏被捕后,始终坚贞不屈,在狱中吟诗自若,其《被逮下狱口号》一诗,云:"突来缇骑蔽天南,蛇影杯弓那易探。惯履险夷成一辙,漫劳恩怨付双担。输将豪气风生谷,照澈澄怀月印潭。检点类编粗就绪,谳余手订幸差堪。"表现出大无畏革命精神。南社好友柳亚子、胡朴安等虽曾设法营救,未果,同年5月16日晨被害,时年44岁。

民国12年,经柳亚子、于右任、胡朴安等人呈请,9月12日,中华民国国民政府发布第495号训令,拨款千元抚恤遗属,并指令于徐州建立周祥骏烈士纪念碑。他的撰述甚丰,多散失、焚毁,尚存遗稿有文2卷、诗3卷、诗话1卷、琐语1卷、笺启1卷、讲义3卷、戏文8篇。以上诸稿被收录在《更生斋全集》和《更生斋选集》中。

## 范鸿仙

范鸿仙(1882~1914),名光启,笔名孤鸿。安徽合肥人。民主革命家,辛亥革命先烈。光绪三十四年(1908年)在上海加入同盟会,投身于辛亥革命。常以"孤鸿"为笔名,在《民呼》、《民吁》、《民立》等报发表文章,提倡共和,宣传革命,在江浙皖一带颇有影响。宣统三年(1911年)七月,同盟会在上海成立同盟会中部总部,策划长江各省革命运动,范被推举为候补文事部长和安徽分部的负责人。武昌起义爆发后,他积极策划长江下游各省起义响应,先后参与安徽、江苏的独立和"光复"。苏、沪"光复"后,张勋率兵盘踞南京。为了巩固苏、沪,"光复"南京,他亲往南京积极动员说服当时驻扎在南京秣陵关的新军第九镇统制徐绍桢起义,但因弹械缺乏而退保镇江。

范鸿仙又与林述庆、陈其美等奔走于上海、镇江之间,推举徐绍桢为联军总司令,组织江浙联军。徐绍桢在范推动下,率领联军将士奋勇杀敌,终于"光复"南京。

民国元年(1912年),范鸿仙呈请孙中山允准,组建铁血军,出师北伐,并被任命为总司令。后南北议和告成,孙中山辞去临时大总统,袁世凯接位。范得知后,愤而辞去总司令之职,返回上海致力于文史研究。袁世凯多次征聘范鸿仙赴京任要职,均被辞绝。民国3年2月,范鸿仙受孙中山之命,从日本返回上海,发动反袁斗争,部署进攻上海镇守使署,不料事泄,于9月20日被袁世凯派刺客谋杀于上海戈登路总部,时年32岁。因"辛亥光复时,纠合义师,力克金陵,厥功甚伟",民国24年4月3日,国民政府明令追赠范为陆军上将,翌年国民政府将范鸿仙国葬于总理陵(今南京中山陵)东侧。1973年,中共江苏省委又将其夫人、老同盟会员李贞如遗骨迁南京,与范鸿仙合墓。该墓现为南京市级文物保护单位。

## 刘天恨

刘天恨(1888～1914),原名泽夫,字鹏飞。射阳县新坍镇人。苏北讨袁军总司令,烈士。15岁时参加盐城县科举考试。因恨朝政腐败,将"泽夫"改为"天恨",回乡习武,准备投笔从戎。次年,赴苏州入伍。时值清政权腐朽欲坠,孙中山民主共和思想广为传播,刘解甲出走,寻求真理。游历广东、香港、湖南、湖北、四川等地,结识李烈钧、柏文蔚等革命党人,坚定了革命思想。辛亥革命爆发后,刘天恨参加革命军,在武汉组织湖北将校决死团,受黎元洪之命,操办青山粮台事宜。民国元年(1912年)初,孙中山在南京成立临时政府,中华民国成立。刘赴日本、美国考察。不久,袁世凯窃取临时大总统职位,孙中山辞职,宋教仁被刺杀,湖南、广东、安徽、江西都督谭延闿、胡汉民、柏文蔚、李烈钧等人被撤换。消息传至海外,刘于7月15日回到国内,参加黄兴组织的南京军政府,组织江苏讨袁军总司令部,黄兴任总司令,刘天恨任苏北讨袁军总司令,组织军队,讨伐袁世凯。"二次革命"爆发后,南方各省纷纷响应,袁世凯派冯国璋、张勋率兵南下江苏、江西。张勋率东路军25000多人沿津浦线南进,山东都督张宗昌率骑兵参战。刘率讨袁军第九师至徐州韩庄固守迎战。刘腹背受敌,经激战后放弃徐州,退守南京。

张勋兵分两路,一路沿津浦线攻浦口,又从裕溪口渡江,从上游包围南京;一路沿运河取扬州,攻占镇江,切断南京与东路军联系。冯国璋也带禁卫军进抵浦口,使南京三面受敌。黄兴见败局已定,于7月29日乘日本煤轮离开南京前往日本。刘一直指挥战斗到敌人进城,才改装化名出走。至上海后,与江西都督柏文蔚密谋,仍任江北讨袁军总司令,组织和积聚反袁力量。已秘密投靠袁世凯的杨瑞文,以同乡身份对刘进行奸谋诱骗,刘回到盐城被拘捕。张勋多次派人劝降,刘天恨坚定不移。民国3年,被杀害于南京雨花台下,时年26岁。民国17年,江苏省政府将刘天恨列入南京忠烈祠,将其生前功绩行文原籍,勒石铭功,以示褒扬。

## 陆润庠

陆润庠(1841~1915),字凤石。清元和县(今苏州市区)人。清道光二十一年五月初四(1841年6月22日)生于镇江。清末大臣、溥仪师傅。同治十三年(1874年)状元,授翰林院修撰。光绪初,他屡典湖南、陕西乡试,光绪八年(1882年)入直南书房。光绪十年,擢升为右中允,充日讲起居注官,递补翰林院侍讲。翌年转补侍读,出督山东学政。光绪十二年,丁父忧回籍。光绪十五年回京,光绪十八年迁国子监祭酒。光绪二十年以母疾还家乡,翌年丁母忧。期间经两江总督张之洞奏准,成立苏州商务局,办苏州苏经、苏纶股份有限公司。光绪二十二年,由陆润庠任公司总董。次年两厂开工不久,即出租给商人经营。光绪二十四年回京,二十五年升内阁学士、署工部侍郎,三十一年升工部尚书,三十三年任吏部尚书、参预政务大臣。宣统二年(1910年)任东阁大学士,次年五月任弼德院院长。辛亥革命后,留清宫为溥仪师傅,授太保。民国4年(1915年)8月18日病逝于北京,赠太傅,谥"文端"。他的第宅在苏州阊门内下塘街崇真宫桥东。墓归葬浙江吴兴骑龙山祖茔旁。陆润庠文章出类拔萃,工于八股文,书法工稳端庄,雍容有度;善写行楷,意近欧阳询、虞世南笔法。他还继承家学,亦精通医学。他是中国近代工商实业史上第一位状元经理。曾集资创办的苏纶丝厂,拥有纱锭1.82万枚,职工2200人;开设的苏经丝厂,有缫丝车208台,职工500人。两厂额定资本100万两银子。这两厂是苏州近代最早的民族工业企业,生产经营状况良好,"所出丝纱,足与上海有名厂相埒"。在清末急遽变化的政治风云中,为维护清王朝的封建统治,他主张君主立宪,对新法与民国持反对态度,坚持旧的封建儒学,反对教育的更新。

## 丁凤山

丁凤山(1842～1915),名荣春,江都县(今扬州市)人。自幼酷爱武术,稍长,随父富山习推拿,后从客居扬州的李鉴泉习"一指定禅功"推拿术。经多年刻苦学习和临床实践,不仅丰富了李氏推拿手法,而且扩大了治病范围,形成了"一指为推、二指为捏、三指为搓(双手)"和"急推为泻、缓推为补,重推为泻、轻推为补"的丁氏推拿术。辛亥革命后,至沪行医,名噪一时,原上海推拿学会主任委员、上海推拿学校校长朱春霆称其为江浙两省一指禅推拿术创始人。著有《一指定禅》。丁凤山侄海山、鹤山、树山,均从其学,精一指禅推拿术。

## 刘清韵

刘清韵(1842～1915),女,又名淑曾,字古香,小名观音。祖籍海州,移居沭阳。清末女作家。出身于盐商之家。父早年无子,50岁始生清韵。她自幼恬美聪慧,倍受双亲怜爱。6岁时即从名师读书,又习诗文。18岁时,与沭阳马厂钱德奎(字梅坡)结婚。中年曾随夫迁杭州。晚年回沭阳老家居住。

刘清韵是徐淮著名才女,善书法、绘画、写诗作词,尤其擅长写作传奇,作品颇多。其中《小蓬莱仙馆传奇》10种,即《黄碧签》、《丹青副》、《贫凉卷》、《鸳鸯梦》、《氤氲创》、《英雄配》、《天凤引》、《飞蛇啸》、《镜中贺》、《千秋洞》,另外还有《小蓬莱仙馆曲稿》1卷,《小蓬莱仙馆诗钞》1卷,《瓣香阁诗》2卷等,据记载共24种,内容涉及街头巷尾、农家井畔、官场逸事、民俗风情,故事曲折,文笔纤秀,地方色彩浓厚。光绪二十三年(1897年),沭阳一带大雨成灾,洪水泛滥,保存在家中的传奇稿本14种,沉埋于洪水泥淖之中,被她带到杭州的10种稿本,得以幸存。光绪二十六年,俞曲园将刘清韵这10种稿本,编汇成书,定名为《小蓬莱仙馆传奇》。作序说:"就此十种观之,虽传达旧事,而时出新意,关目节拍,皆极灵动。至其词,则不以涂泽为工,而以自然为美,颇得元人三昧;视李笠翁十种曲,才气不及,而雅洁转似过之。"

## 马为瑷

马为瑷(1849~1915),字慕蘧。建湖县建阳镇人。清末清廉知州。22岁入县学(秀才),后捐资纳官,任京师兵马司副指挥。两年后,取得知县资格任顺天府候补。光绪二十六年(1900年),八国联军入侵北京,京城一片混乱,清廷官员多半逃散,马为瑷守职如常,发仓粮300担以济民食。顺天府知其才能,先后委任他代理东安、三河、大城、宝坻知县。代理东安知县时,正值"民教相仇",县城教堂被毁,传教士就此向当时直隶总督李鸿章告发。媚外压内的李鸿章命赔银10万两,马抗疏力争,结果减至2万两。其时,一些地方无赖借教会势力纠众劫掠,马率兵擒拿匪首,按律处决,声威大振。法国公使向顺天知府提出抗议。顺天知府召马为瑷与东安教堂神甫对质。马以处治县内匪类之事为主权所在,外人不得干预,慷慨陈辞,理直气壮,法国神甫语塞而退。光绪二十九年,马为瑷实授丰润知县,不久又擢升为蓟州代理知州。所到之处,政绩卓著,因此受到清廷的召见。后授其代理滦州知州,实授遵化知州。

辛亥革命后,马为瑷弃政从商,集资筹办遵化、承德间的煤矿。不料,一切就绪后,他却于民国4年(1915年)暴病而逝。

## 许鼎霖

许鼎霖(1857~1915),字九香。赣榆县青口镇人。清末大臣,君主立宪派。光绪八年(1882年)中举。光绪十六年纳资充内阁撰文,光绪十九年至二十一年任清政府驻秘鲁领事。光绪二十三年以知府加盐运使衔到安徽,光绪二十六年任大通保甲局委员。次年底晋安徽候补道,署理芜湖道。光绪二十八年,在芜湖增募警勇,制定警察章程。次年十月,随安徽巡抚聂缉规调浙江任洋务局总办;十一月,受命审理宁海教案。光绪三十一年十月,和张謇在徐州创办耀徐玻璃公司,自任总理,和严信厚等在海州创办海丰面粉公司,自任经理。光绪三十二年春,和张謇以预备立宪公会的名义,联络湘、鄂、豫、皖、直、鲁、川、黔等地的宪政派组织和人士相约入京,向都察院递交《呈请速开国会书》。是年九月二十二日,清政府颁布《钦定宪法大纲》和《九年预备立宪函年推选筹备事宜谕》。十月,江苏咨议局成立,许鼎霖任学务特审员及审议会议长。十二月,与张謇联络苏、浙、闽的立宪派在上海组织预备立宪会,许鼎霖任本部事务所会董。

光绪三十三年五月二十六日,光复会首领、安庆巡警处会办兼巡警学堂临督徐锡麟刺杀安徽巡抚恩铭,率学生起义失败,徐锡麟与30余学生被捕。南、北洋大臣屡电皖省,饬其"一并诛杀",许鼎霖与冯煦参与会审,以"学生无造反实据,不应滥杀无辜"为由力争,使30余学生得以无罪释放。此时,他投资的实业已有10余家,甚得实业救国论者的好评,清廷乃于光绪三十四年十二月二十二日赏其正二品封典,以示嘉奖。宣统元年(1909年),许鼎霖由江苏教育总会干事改任副会长。宣统二年,在赣榆创办赣丰机器油饼厂,自任经理,此外,又分别与张謇、严信厚合伙经营镇江开成铅笔罐厂、赣榆海赣垦牧公司、上海同利机器纺织洋线麻袋公司、上海大达外江轮船公司,并向北京溥利呢革厂、景德镇江西瓷业公司等企业投资。同年九月,清政府成立资政院,许又被选为议员,任专任股第二股长兼审查各省咨议局关系事件特任股员。宣统三年,许鼎霖晋升为一品。

武昌起义爆发后,许鼎霖任奉天国民保安协会奉天交涉使,站在革命党的对立面,坚持"君主立宪"。民国元年(1912年)1月,他竟出任了几天资政院的总裁。民国2年初,许鼎霖改弦更张,加入国民党。2月,被举为江苏省议会议长。同年11月,又被袁世凯任为"政治会议"的江苏省特派议员。民国3年又被指定为"政治会议"审查员。参与拟定《约法会议组织条例草案》,同年3月任约法会议员,9月任江北苇荡营督办。民国4年任农商部会办,主管导淮及赈务。民国4年10月15日,许鼎霖病逝于上海。

## 沈缦云

沈缦云(1869～1915),原名张祥飞、翔飞,又名沈懋昭,字缦云。祖籍无锡。清同治七年十二月二十六日(1869年2月7日)生于苏州吴县。同盟会会员、财政金融专家。太平天国进军江南时全家避居上海。幼随母信仰基督教,在上海培雅书院读书。12岁入赘于无锡富商沈金士家。光绪十五年(1889年)考中举人,但他顺从沈金士意愿,放弃致仕之途,办铁工厂、碾米厂,学习技术和经营管理,助理家业。光绪三十二年任上海信成商业储蓄银行协理,主持日常行务,精于经营,业务迅速发展。他又创办上海竞化女子师范学堂,由其妻沈钦苓任校长。同年被聘为复旦公学校董,与李平书等创办上海孤儿院南市雨化堂,又在龙华觅地20余亩,建房40余间,收容孤儿300余人。沈缦云曾助饷1.5万两给唐才常等在上海谋组自立军,这是他从事政治活动之始。光绪三十三年,他组织上海南市商业体操自治会,自任会长。号召青年锻炼体魄,从事军事操练。翌年,该会与高校补习会等团体合并,成立上海商团公会,参加操练的会员有数百人,是后来"光复"上海的一支重要武装力量。

宣统元年(1909年),沈缦云受于右任所办《民呼日报》影响,与于右任晤谈,成为莫逆之友,并资助经费万余元。宣统二年,于右任等人创办《民立报》时,又资助5万元。《民立报》是同盟会在上海的联络机构。同年,沈缦云被上海总商会推为赴京请愿代表,向庆亲王奕劻面呈速开国会,遭拒绝。沈缦云对清廷幻想破灭,感悟到中国前途,"舍革命无他法"。同年冬,经于右任、叶兆崧介绍加入同盟会。为准备长江流域武装起义,他受命筹银4.5万两,委托在德商瑞记洋行军装部任职的兄弟张祥和,向德国购买步枪3000余支、子弹50万发,运抵香港时,被港英当局没收。

宣统三年二月,沈缦云与宋教仁等发起组织的全国义勇队被清政府勒令解散后,他于三月十日又创办全国商团联合会,任副会长。六月,同盟会联合在沪各团体组成反清外围组织——中国国民总会,沈任会长。武昌起义后,沈参加由陈其美、宋教仁召开的同盟会紧急会议,联络商团会长李平书等站到革命方面来。同年九月十三日(1911年11月3日)下午,上海发动起义,以解救武汉之危,以商团千余人为主力围攻清军控制的江南制造局,并于次日清晨攻克,全市"光复"。孙中山回国抵沪时,亲书"光复沪江之主功"匾额赠沈缦云,予以表彰。十六日,沪军都督府成立,沈任财政总长,筹集军饷和费用,信成银行垫款30余万两,犹不足应付。于是,受命在沪成立中华银行,发行军用钞票及公债,缓解军政府财政危机。孙中山就任临时大总统后,委派沈缦云为驻沪理财特派员、劝业特派员、同盟会派为本部理财部干事兼南洋群岛交际员,并筹组成立中华实业银行,任总经理。民国2年(1913年)3月,沈缦云全家迁居大连,以兴办"三大兴业公司"为掩护,进行反袁活动。次年,受孙中山指示,化名吴德潜,联络关外党人,进行革命活动。民国4年7月23日,因遭袁世凯所派奸细暗算,在食物中投毒致死,时年46岁。弥留之际,仍断续地说:"孙中山先生和我,都是不怕舍身的基督徒","你这盟友已成为叛徒,……你能害我的肉体,不能损我灵魂,灭我志愿。"孙中山闻沈缦云死,亲题"如见故人",以志哀思。

## 陆镜若

陆镜若(1885～1915),原名辅,字扶轩。武进县城(现常州市区)人。清末民初中国新剧开拓者之一。光绪三十二年(1906年)考取日本东京帝国大学文科。因喜爱戏剧,课余之外,入日本著名新剧导演藤泽浅二郎创办的俳优学校学习表演、舞台艺术,并加入早稻田大学的文艺协会,是当时留日学生中唯一受过这方面训练的新剧人才。他能编、能导、能演、能排,常和日本新剧演员岛村抱月、松井须磨子、河竹紧俊等同台演出《哈姆雷特》等新剧。光绪三十三年加入由李叔同、唐肯等留学生在东京成立的春柳社。不久,剧务由他和吴楠负责。先后在锦辉馆等上演《黑奴吁天录》、《鸣不平》、《金色夜叉》、《不如归》、《热血》等新剧。他在《鸣不平》中饰女主角,《热血》中饰男主角画家,演得非常成功,颇受观众喜爱,成为留学生中最出色的演员。留学期间,他还利用清宣统二年(1910年)、宣统三年的暑假回国机会,将日本新派戏作家佐藤红绿的《潮》改译成中国剧本《猛回头》;《云之响》改排成《社会钟》等,在上海味莼园演出3个星期,使新剧在中国舞台上逐步传播开来。民国元年(1912年),他毕业回国,与王钟声、徐半梅等在上海创立文新剧场,上演自编自演自导的《爱海波》等。民国2年3月,与马降士等发起成立新剧同志会,并任会长。租借三马路大舞台,公演自演自导的《家庭恩怨记》。同时,应鸣社邀请,在九江路新新舞台客串吴敬恒编的革命戏《黄花岗》饰黄兴,演得激昂慷慨,悲壮动人。当年秋,他率领春柳社社员到长沙、汉口、杭州、苏州、无锡、常州等地巡回演出,曾上演《鸳鸯剑》、《运动力》、《神圣之爱》、《怨偶》、《浮云》、《芳草怨》、《陈七奶奶》、《文明人》、《亡国大夫》、《中山狼》、《爱晚亭》、《真假娘舅》、《异母兄弟》、《血蓑衣》、《爱欲海》、《夺嫡奇冤》等,这些剧大都由他编导。欧阳予倩评价他是"当时话剧界的唯一通才",上演80余个剧目,剧情多为同情被压迫者、受苦穷人等,起到鞭笞社会腐败与黑暗的目的。"二次革命"后,袁世凯严禁各地上演进步新剧,使正在发展中的新剧事业发生了困难,剧场经营惨淡,他既要筹集演出费用,又集编、排、演戏于一身,积劳成疾,于民国4年(1915年)患病去世,时年30岁,噩耗传出,时人无不痛惜。春柳社从此告散。

## 徐血儿

徐血儿(1891~1915),字天复,又名大裕。清光绪十七年七月十四日(1891年8月18日)生于金坛县城(今金坛市)。清末民初记者。其父徐鹤君在外地教书,他14岁时问父亲:"儿至今不读书,原因何在?人不求知,目不识丁,怎能为国为民求自强?"其父听后深感小儿有志,遂悉心教诲。他专心攻读,16岁考取商船学堂,各科成绩名列前茅。此时清廷腐败,上海《民吁报》号召民众投身革命,他积极响应,经常向该报投稿。他文笔锋锐,切中时弊,颇受宋教仁、于右任等人的器重。宣统二年(1910年),他受聘于《民吁报》(后改名《民立报》)任编辑,与宋教仁、范鸿仙、邵力子、叶楚伧、张季鸾、李伯虞、杨千里、马君武等同主笔政。翌年10月10日辛亥革命武昌起义后,他经常撰写评论文章。民国元年(1912年),《民立报》报社由于右任主持。徐血儿除任主编,还从事同盟会机关政务工作。民国2年,张勋顽抗革命军,他撰写《声讨汉奸》、《决死队之风云大会》、《励征南京健儿行》、《铁瓮城头革命旗》等短评。袁世凯篡权称帝,他协助组织义勇队、敢死队,发动讨伐袁世凯的斗争。当年,他还参加柳亚子在苏州发起和组织的进步文学团体——南社。同年春,宋教仁请徐血儿起草国民党大政见,他伏案起草,3日始成。宋教仁修改后,准备送京提请国民党党部议决后公布。3月20日夜,他送宋教仁北上,宋教仁在车站遭特务暗杀。徐血儿万分痛恨,日夜奋笔疾书,著成《宋遁初先生昭雪案》一书四册,揭露袁世凯暗杀革命派的罪行,此书发行后反响强烈,激起讨袁怒潮。袁世凯以重金悬赏缉拿徐血儿,他置生死于度外,夜以继日,及时出报,而且还负责情报工作,继续站在斗争前列。终因积劳成疾,卧床不起,于民国4年9月22日病逝,时年24岁。其棺柩存放在上海京江会馆,于右任为他赠献"禄禄吾徒青山又损渔夫,茫茫王道黄土忍埋血儿"的挽联。民国16年春,国民政府追认徐血儿为烈士,灵柩迁葬金坛南郊顾龙山麓,并由于右任题书"开国名记者徐血儿之墓"碑文。抗日战争胜利后,金坛县教育界为纪念他,创办血儿中学,于右任任名誉校长。

## 许 珏

许珏(1843～1916),字静山,晚号复庵,别号乐徐老人。清末爱国外交官员。清道光二十三年二月二十七日(1843年3月27日)生,无锡西门人。7岁入私塾,15岁文噪锡城。同治四年(1865年)考中秀才,邀赴山西批阅科举考卷3年。光绪三年(1877年)入四川总督丁宝桢幕。光绪八年中举,入户部尚书阎敬铭幕。光绪十一年,由阎敬铭推荐随张荫桓出使美国、西班牙、秘鲁三国。光绪十五年以参赞身份出使英、法、意、比(比利时)四国。在伦敦,他游说英国禁烟会人士,促使禁烟会会员160余人联名上书英国下院,要求停止向中国输出鸦片、禁止在印度种植罂粟,对英国鸦片贸易产生一定舆论压力。光绪十九年,又随杨儒出使美国,就美许多地方迫害华工事件,敦促和协助杨儒与美方交涉,迫使美方与中国订立保护华民约款六条。至光绪二十一年因病辞职回国。光绪二十六年,许珏经江苏巡抚同意,在无锡设立禁烟医局,一个月戒绝烟民300余人,减少了鸦片销售。七月,八国联军攻入北京,西太后与光绪帝逃往西安。许只身北上"勤王",至山西折回。光绪二十七年,许奉命以道员身份主持广东税务,加重烟税,以期收到"寓禁于征"的效果。光绪二十八年,许珏以候补道赏四品卿衔出使意大利大臣。考察意国内政、外交、经济方面的情况,命译员翻译书籍、文件呈清廷,提出学西方财政办法,以益民裕国。光绪三十二年任满回国。光绪三十四年任广东道员,推行禁烟,成立禁烟局,自任督办,拟订广东全省禁烟章程,严禁鸦片运往内地,减轻鸦片毒害。辛亥革命后,他自命为前清遗老,蛰居无锡,不再过问国事。民国5年(1916年)10月24日病逝。遗作有《复庵遗集》、《复庵文集》、《复庵诗集》、《复庵书札》、《禁烟牍存》等传世。

## 盛宣怀

盛宣怀(1844～1916),字杏荪、幼勋,号次沂、补楼,别名愚斋,晚署止叟。晚清著名实业家。清道光二十四年九月二十四日(1844年11月4日)生于武进(今常州市区)。他出身于官宦世家。同治五年(1866年)中秀才,后屡试不第。同治九年,投直隶总督李鸿章幕下,任行营内文案兼营务处帮办,得李信任,不断升迁。光绪五年(1879年),任天津河间兵备道。光绪十年至十二年任津海关道、山东登莱兵备道兼东海关监督。后又调补津海关道兼津海关监督。盛宣怀是李鸿章办"洋务"的得力助手,最早经营船务。同治十一年经他建议,李派其到上海创办中国最早的轮船航运企业——招商局,任会办,经营船务。任督办后,改官商为官督商办,制订《用人理财二十条》,与洋商旗昌、太古、怡和轮船公司展开激烈竞争,因经营管理有方,扩展了业务。光绪五年,盛宣怀被调回天津任职,他建议李鸿章招集商股成立电报局,设津沪陆线通讯。津沪陆线架设成功,他任总办。随后接办苏、浙、闽、粤诸省陆线。中法战争爆发后,海防线吃紧,又陆续架设长江线、济烟线、烟威线、刘公岛线、金顶线、奉林线、珲春线、济开线,九江—赣州—庚岭—南雄线、襄阳老河口线、武昌—长沙—湘潭线和醴陵—萍乡线等诸条线路,建成通讯网络。

　　光绪十九年,盛宣怀创办的上海机器织布局遭火焚毁,他到上海重新招股,创办华盛纺织总厂,任督办。新厂规模庞大,有纱锭5万枚,布机750台,工人4000多名。后改名"三新",押给汇丰银行。他为了实现科技兴国,在天津创办中国最早的工科大学,即北洋学堂(今天津大学),开设工程、采矿、机械、法律等专业。他又在上海徐汇创办南洋公学(今上海交通大学),设师范院、上院、中院、外院(是中国第一所新式小学),邵力子、黄炎培等人均毕业于师范院,为中国培养大批科技人才。光绪二十年,中日爆发甲午战争,中国战败,李鸿章被撤职,盛宣怀弃官赴沪经商。湖广总督张之洞经营的汉阳铁厂严重亏损,邀他去接办。他改为官督商办,并经办芦汉铁路,又建议开办银行。清廷召见他,命为督办,成立上海铁路总公司,总揽铁路建筑事宜。光绪二十三年四月,中国最早的银行——通商银行在上海成立,他出资100万两。次年,他又办萍乡煤矿。他的活动中心,以上海铁路总公司为枢纽,控汉冶铁矿、萍乡煤矿、轮机、纺织、银行、南洋公学等,使他的经营业务活动达到全盛时期。

　　盛宣怀在建造芦汉铁路、淞沪铁路期间,先后与比利时、英国、美国签订芦汉、沪宁、苏杭甬、浦信、粤汉铁路等借款合同。后因出卖铁路使用权,引起国人反对。光绪二十六年,八国联军入侵北京时,他联络张之洞发起"东南互保",与驻沪领事签订《东南保护约款》,保护西方列强在长江流域利益,促使清廷与列强签订和约。同时,又为亡命陕西的慈禧返京,赶制大量御用物品,铸上"臣盛宣怀跪献",以表"忠"心。慈禧称他"不可少之人",提升为会办商务大臣驻沪办事。不久,又升为工部左侍郎、办理商税事务大臣,议办通商各条约和协助吕海寰与各国谈判,增加关税,改订商约。光绪二十七年,李鸿章病逝,袁世凯出任直隶总督兼北洋大臣。盛宣怀因父死辞官回常奔丧,袁派人接管电报局、招商局,并派亲信唐绍仪接管沪宁铁路,撤销上海铁路总公司。盛不甘失势,通过军机大臣奕劻、宠监李莲英,得到慈禧关照。光绪三十三年,慈禧召见他,授命邮传部右侍郎,他奏请将汉阳铁厂、大冶铁矿、萍乡煤矿合并改为商办,成立汉冶萍煤铁厂矿股份有限公司,他任经理。光绪三十四年,盛宣怀到日本治病,考察日本厂矿、银行各业。翌年8月,他被推选为招商局第一届董事会董事长、中国红十字会会长。宣统三年(1911年),授邮政部尚书。皇族内阁成立后,他任邮传部大臣,与英、法、美、德四国银行团签订1000万英镑实业借款合同。接着,又以铁路国有的名义,将已商办的川汉、粤汉干线路权作抵押,与四国银行团签订600万英镑的湖广铁路借款合同。结果,引起湖南、湖北、广东、四川等省的强烈反对,激起声势浩大的"保路运动",他成为众矢之的。武昌起义爆发后,盛宣怀被革职。在外国公使派兵保护下,逃往青岛、大连,后又亡命日本。在苏州的典当、商铺、住宅、花园,在镇江的汉冶萍公司煤焦分销处、芜湖分销处、湖南汉冶萍公司常来锰矿局等皆被革命军查封。他在日本人唆使下,与新政府接触,以汉冶萍公司财产作抵押,向日本借款500万日元,签订中日合办汉冶萍公司草约。消息传出后,遭到上海、湖南、湖北、江西、四川等省反对,他被撤销公司总经理职务。南北议和成功后,政权北移,他以赈灾名义,捐100万银元,支持袁世凯政权,欲与袁修和。

民国元年(1912年)10月,盛宣怀回到上海。次年,在汉冶萍股东大会上被推选为总理、董事长。5月,当选为招商局副董事长。"二次革命"爆发后,他主张派兵镇压,一面抵制革命军调用招商局船只;一面积极为袁世凯军队运兵运粮。但袁世凯无意与他和好,他便又投靠日本帝国主义。民国2年12月,他与日本财团签订以汉冶萍公司作抵押,贷款1500万日元的合同,长期供应日本廉价生铁和铁矿石。民国4年,他又与日本策划筹组中日合办的钢铁公司,因病未成。民国5年4月27日,盛宣怀病逝。

盛宣怀主要著作有《愚斋存稿》、《盛宣怀未刊信稿》、《盛宣怀档案资料选》。他还花巨资校刻《常州先哲遗书》、《常州先哲遗书续集》等104册。这些著作大都是明朝以前常州名流所著而流传极少的珍本,对地方文化事业有很大贡献。

## 李映庚

　　李映庚(1845～1916),字耀西,一字啸溪。沭阳县马巷人,祖籍灌云县。清末廉臣,中国现代军乐创始人。他博学多才,于昆曲、京剧、声乐律吕尤为谙熟,且擅弹琵琶。光绪十五年(1889年)中己丑科第53名进士。初任卢龙、迁安知县,勤于政务,为民兴利除害,颇有政声。任满后升任永平知府,后历任大名、天津、正定等地知府。他在去大名府接任途中,来到一家客栈投宿。店主见他穿着朴素,行囊简单,以为是寻常客人,就安排他与小童住在一间偏室。就在这晚,正房内灯烛辉煌,大摆筵席,嬉嬉闹闹。他感到纳闷,暗中询问才知是本地的新任知县在此。他让店主命知县来见。开始,知县不知道李映庚是何人,态度十分傲慢,狂言道:"为官一任,吃点喝点有何值得大惊小怪?笑话!"当知县得知李映庚是他上司时,便慌忙求拜。李映庚说道:"此方地瘠民贫,实在供应不了你这样的豪华生活,你不需要接任,回去听参。"知县回去以后,心如火燎,暗中给李映庚送了一笔重金厚礼,还通过多方人员求情说话。然而李映庚却退回礼金,并立即呈文上书,参掉他的官职。此事一传开,当地民众无不称快。

　　在他从政期间,正值西方列强侵略中国,国内反帝爱国斗争风起云涌,变法图强思潮兴起之时,对他产生强烈影响。他在《都门感事》5首七言律诗中痛斥八国联军是"妖蛇"、"豺狼";对祖国"山河寸寸剐"、"苍黎凄怆无家别"的悲惨遭遇,痛心疾首。后奉调守边,决心以身许国,抗击俄国入侵。但未到任而日俄战事已熄,遂回天津任上,即受袁世凯委托,为新军培训军乐队。他效仿外国陆军建制,从西欧购买了一批铜管乐器,为新军创建了一支军乐队,并成立军乐传习所,自己兼任所长,不图安逸,不顾辛劳,亲自教授军乐。新军训成后,慈禧太后来小站检阅,整齐的军乐队奏了《马赛曲》,气势雄壮,震撼人心。慈禧太后十分欣慰,奖赏李映庚银两,他分文未取,当即分发给乐队队员,以鼓励他们更加刻苦训练。此举却遭到新军雇用的西洋乐队所忌恨,遂集体离去。他决心以自己培训的中国军乐队替代西方军乐队,以反帝爱国乐章替代西方侵略者军乐。光绪三十四年,李映庚创作的充满反帝爱国激情的《军乐稿》问世,宣统元年(1909年)春,拓印出版,它是中国现代军事史上的第一部军乐专著(今北京图书馆有藏)。《军乐稿》共4卷,前有自叙,后有附录。自叙简要评述中国音乐发展史,附录两篇为上袁世凯书,一篇说明创作意图,一篇答客难,讨论乐理。此间,因他的昆曲唱得好,在北方昆曲界颇有名气,梅兰芳的老师"老夫子"陈德霖、四大名旦的老师"京剧通天教主"王瑶卿都跟他学过昆曲。

辛亥革命推翻清朝统治,袁世凯窃取国家政权。李映庚由清入民,初登礼馆,继任言官,终至肃政使。袁于民国4年(1915年)复辟帝制,做起洪宪皇帝。李映庚初则上书规劝,终则斥责袁世凯"今日总统,明日皇帝",倒行逆施;痛骂筹安会"厚诬民意",是"筹乱"。他不愿同流合污,遂与袁氏绝决,拂袖辞官,柴车归里。因他为政清廉,不治财产,回沭阳后生活无着,靠故旧接济为生。邑人钦佩其学识人品,公推为县农会会长。曾任山西省长的金水与李映庚是莫逆之交,得知他回故乡后地无一垄,房无半间,生活极度艰难时,便馈赠数百银洋,让他暮年作些安排。他将银洋除去买了几间草房栖身外,余钱均用于家乡农业生产。他虽年届古稀,但仍与地方民众共同查看地形,绘制图表,制定农田水利建设方案,认为沭阳有水害而无水利,应建闸开渠,避害趋利,并提议开沟洗碱,改造东南各乡镇沙碱地。

# 朱守成

朱守成(1858~1916),丰县城西人,民国名医。幼读四书五经,博览《左传》、《国语》、《庄子》、《离骚》及韩愈、柳宗元的文章,以及李白、杜甫的诗。他好学善记,学识渊博,少年时补弟子员,后举庠生。科试不中,便隐居田园,耕田教子,自食其力。耕种之余,兼习医学,博览张仲景等诸多名家医书,苦心研讨,终有较高医术。精通伤寒妇科。单楼乡李庄李继骞之母患伤寒,久治不愈,病情恶化,家人已料理丧事。经人推荐,请他医治,服药3剂便愈。一妇女病危,经诊断为产后风,他为之处方配药,服后夜半见效。他对一般病,三剂即愈,第一剂稳定病情,第二剂寻症除病,第三剂加固保养,故世有"三剂先生"之称。朱守成医德高尚,凡来找他看病的,不问亲疏远近、地位高低,一律以先后为准。不分昼夜,及时施诊。对有的病人,还留宿家中。对于药费,一般穷苦病人只收成本或分文不收,对于富有病人,则按章收费。朱守成在世时常说:"富人拿钱,穷人看病。"

## 林肇灿

　　林肇灿(1864~1916),字月波,号步青。丹阳后松卜村人。滩簧艺人。自小爱唱京戏、昆曲。同治末年在上海一珠宝店当店员,后从师学艺。光绪十年(1884年)前后"下海"。至清末民初,声名鹊起,被誉为上海滩的"滩簧大王"、"滑稽大王"。他才思敏捷,口齿伶俐,善说多种方言,擅长滩簧"后滩",工丑角。又在后滩基础上首创"改良新曲",以各种形式表现现实生活,揭露社会积弊,并注意吸收当时流行的新腔新调,以丰富"后滩",使滩簧跃为当时上海较红的曲艺之一。他演出的《卖橄榄》、《荡湖船》、《马浪荡》等剧目在上海家喻户晓。他的演唱,"一气呵成,尽目送挥手之能"。《清稗类钞》载:"上海苏滩(滩簧)以林步青为最有名。林善滑稽,能作新式科白,妇女尤欢迎之。所到之处,座常满客。"辛亥革命后,他编演了《时事新赋》,揭露封建社会的黑暗,抨击官僚、捕房探目等,曾一度被当局逐出上海,然而他仍到小码头继续演出。民国元年(1912年)农历五月十八日,林假座"大舞台",举行"筹助国民捐"义演。六月二十二日,又为南洋大学学生义演,社会影响较大。

　　滩簧原为"曲艺",以唱"堂会"为主。经林改革创新后,其演出场所逐步移至茶肆酒楼和剧场戏院;演出方式也由"坐唱"变革为戏剧表演。这为滩簧演变为申曲、苏剧、锡剧等剧种奠定了基础。他的代表作有《贴票赋》、《戒烟赋》、《上海大罢市赋》、《攻击宁波会馆赋》、《大改良赋》和《跑马赋》等。

## 杨保恒

　　杨保恒(1873~1916),江苏川沙县(今属上海市)人。早期实验教育创始人。早年应科举考试,入上海县学。21岁肄业于上海龙门书院。30岁东渡日本,进东京弘文书院讲习会学习师范教育,同年7月回国。光绪二十九年(1903年)在上海创办廿二铺小学堂,同时又创办多所师范速成所,开始他的实验教育工作。光绪三十一年,龙门书院改为龙门师范,他受聘任监学并兼课,同时任沪学会会长、江苏学务总会评议员和上海东乡议长。翌年,任龙门师范附小主事。宣统元年(1909年),受江苏省教育总会委派,与周维城、俞子夷去日本考察单级小学教授法。回国后即受聘任上海单级教学传习所主任。民国元年(1912年)到苏州任江苏省第一师范(今江苏省苏州中学前身)首任校长。他主张学生自治;重视对学生的个别教育和师范生的实习;重视附小师资的培养。他领导师范和附小教师开展各项教学和实验研究,如"自学辅导"、"设计教学"等新教学法的研究和推广,选派教师去日本考察师范教育,派附小主事俞子夷去欧美参观;创设短期巡回演讲团,选派附小教师到常熟、昆山、吴江、吴县等地设科讲习,并与当地教师一起研讨小学教学问题。民国4年4月,应教育部聘请到北京主持小学教材编审工作。同年12月6日,在北京不幸被马车撞伤,医治无效,民国5年1月5日殁于协和医院。杨保恒毕生贡献于教育事业,他翻译和编写的著作有20余种。

## 吴子敬

吴子敬(1874～1916),又名梓敬。清末民初工商业者。祖籍安徽省黟县。幼年家贫,至上海南翔镇布庄学业,继为英商怡和洋行丝栈职员,买办。因熟悉丝厂业务,与同事吕镜生在沪合股创办协和丝厂,后又办协安、吴翁丝厂,经营十年,拥有资本40余万两。宣统元年(1909年),他与何梦连、祝大椿在无锡惠山浜口开办源康丝厂。每年专程来锡收购蚕茧,兼理源康丝厂业务。由于源康丝厂位于大运河无锡段南岸,交通不便,过往行人渡河落水丧生者常有发生,遂萌发在运河上建桥设想。民国4年(1915年)9月,吴子敬与无锡市公所总董薛南溟、副总董钱镜生合议,决定雇工建桥。10月13日,吴与上海求新制造机器船厂签署造桥合同,桥址选在黄埠墩以西。民国5年春动工,翌年3月竣工,造价为银洋32324元,全部由吴子敬支付,故命名为吴桥。吴桥是无锡最早的钢铁桁架结构的公路大桥,沟通惠山至火车站的通道,成为无锡城西南北陆路交通枢纽。他还在上海独资创办救火会、孤儿院、贫民小学等慈善事业。民国5年,吴子敬病逝上海。无锡著名人士、工商界为他在惠山尊贤、至德两祠举行入祠典礼,以资纪念。

## 黄 兴

黄兴(1874～1916),原名轸,后改名兴,字廑午、克强,号杞园。湖南善化县(今长沙县)人。民主革命家,民国初军政要员。光绪二十四年(1898年)为湘水校经堂新生,又以成绩优异被保送入武昌两湖书院学习。时值戊戌变法,得以接触西方资产阶级政治学说,对国家和民族危机日益关心。光绪二十六年参与自立军起义之谋,暗中运动部分湘籍军人以为响应。翌年夏,他从两湖书院毕业。光绪二十八年,被湖广总督张之洞选派去日本留学,入东京弘文学院速成师范班,攻习教育。他还与陈天华等创办湖南《游学译编》杂志,提倡民族主义。光绪二十九年春,与留日学生组织拒俄义勇队(旋改称学生军,又改为军国民教育会),实行拒俄革命。同年五月初,受军国民教育会派遣,回国进行革命;九月在长沙创立华兴会,被推为会长。另设国仇会以纳会党。光绪三十年十月,谋起事于长沙,事泄,脱险经沪亡命日本。光绪三十一年七月,中国同盟会在东京成立,黄兴被推为执行部庶务长(居协理地位)。自此,他集中精力组织武装起义。光绪三十三年,随孙中山赴河内,旋入钦州郭人漳营。后又与孙中山发动镇南关之役。光绪三十四年率军进攻钦州、廉州,同年任云南国民军总司令。旋遭法警拘留,被解出境,返东京,组织体育会,研习军事。宣统元年(1909年)在东京创勤学会。宣统二年,他与孙中山会于庇能,决定在广州起义。广州起义失败后,与孙中山、赵声等在南洋槟榔屿集合,决定在广州再次发动起义。同年底,抵达香港成立统筹部,任部长,主持起义筹备工作。宣统三年三月二十九日,广州起义发动,他亲率敢死队猛攻两广督署,失败后返香港;同年八月十九日,武昌起义,他由香港回武汉,任民军总司令。

民国元年(1912年),南京临时政府成立后,黄兴任陆军总长兼参谋总长,并任同盟会协理。4月,孙中山解职,他改任南京留守。6月,南京留守府取消,离南京定居上海。8月,国民党成立,当选为理事。12月,接受袁世凯委任为川粤汉铁路督办,次年1月辞职。民国2年3月,宋教仁被刺案发生,孙中山主张立即兴师讨袁,他主张以法律解决。及至袁世凯撤销国民党南方三都督,违法向外国借款,派北洋军队大举南下,黄兴于7月14日赶赴南京,就任江苏讨袁军总司令,促使江苏都督程德全宣布独立。不久,讨袁战争失败,再次流亡日本。民国3年7月,黄兴离日赴美,继续在美洲华侨中大力进行反袁宣传工作。袁世凯称帝后,他派人促进云南护国军起义讨袁,并在美洲筹措军饷。民国5年6月,因孙中山、蔡锷等迭次电催,遂由美国抵日本,为国内反袁斗争筹款购械。袁世凯死后,他于7月回国,居上海。10月31日,因积劳过度而病逝,时年42岁。

## 臧在新

臧在新(1882~1916),字与咸。辛亥革命将领,烈士。阜宁县北沙镇(今滨海县天场乡)人。光绪三十年(1904年),参加新军,隶陆军第九镇三十三标。不久,考入随营学校,毕业后任三十三标学习官,陆续结识林述庆、冷遹、熊成基等革命志士,参加秘密反清活动。后考取江南讲武学堂,入步兵及要塞科学习。臧在营中创立文社、书报社,宣传革命思想,团结爱国志士,从事革命活动。不久,调任虎门炮台教练。宣统二年(1910年),广州新军起义失败,臧在新奉命到江、浙联络发动新军,并任三十六标副军校,与管带林述庆等秘密联络各营军官,扩大起义力量。

宣统三年八月十九日(1911年10月10日),武昌起义爆发后,全国各地纷纷响应。十一月七日,京口(今镇江)反正,林述庆统率镇军,任命臧在新为炮台司令兼第五团团长,率兵驻山阳(今淮安),为江南屏障。1912年1月1日,中华民国成立。新建陆军第九师委任臧在新为旅长。臧坚辞,遂任三十五团团长。临时政府财政困难,粮饷奇缺。臧率部在前直隶总督杨世骧等清廷官吏家抄出大批粮银,强令其献助军需。南北议和后,臧任徐东剿匪司令,驻防徐州。整顿军纪,维护治安,扶济贫民,深受爱戴。民国2年,臧在新以功授陆军步兵上校。3月,宋教仁在上海遇刺身亡。4月,孙中山从日抵上海,兴师讨袁,发动第二次革命。7月12日,李烈钧誓师反袁。14日,黄兴由上海至南京,强令江苏都督程德全宣布独立。黄兴任江苏讨袁军总司令,臧任前敌总指挥。在韩庄,臧部与张勋"辫子军"激战。后因力量悬殊,退回南京。9月1日,南京被攻陷,孙中山、黄兴流亡日本,臧也东渡日本购买武器。回上海后,继续组织力量反袁。民国3年夏,孙中山任命臧为中华革命军淮上司令,在江淮一带发动武装起义。

冯国璋盘踞江苏,悬巨赏缉捕臧。驻扎阜宁的张宝华营,是臧在新旧部,阴谋诱捕,遂派人送信,诡称愿率部听从臧的统一调遣。臧派同学陈云程前往洽谈,张宝华答应各项条款。是年12月,蔡锷在云南组织护国军讨袁,臧认为机不可失,同陈云程一起赴阜宁,到沟墩附近被张宝华部捕获,押送南京。在审讯中,臧在新慷慨陈词,痛斥敌人。敌人劝降无效,于民国5年(1916年)2月9日将其杀害于南京雨花台,时年34岁。临刑前作诗一首:"石城风雨天地昏,不辨啼痕与血痕。飞絮落花谁是我,雨花台畔赋招魂。"民国17年，南京国民政府追授臧在新为中将衔烈士。

## 伏　龙

　　伏龙(1884~1916)，原名维锦，字云程。阜宁县益林镇人。辛亥革命将领，烈士。幼年家贫，父母双亡，由叔父母抚养成人。18岁入安徽武备练军学堂学习军事，结识范传甲、熊成基、颜承烈、韩恢、孟佐天等革命志士，接受民主革命思想，由范传甲介绍加入同盟会。光绪三十四年(1908年)，伏龙、孟佐天支持熊成基在安庆起义。失败后，伏龙潜归故里，秘密从事革命活动。宣统元年(1909年)，伏龙与颜承烈、韩恢等赴广东，从事革命活动。次年四月，参加黄花岗起义。失败后，至南京参加新军，与臧在新等人一起宣传三民主义，反对帝制，建立共和。

　　辛亥革命爆发后，两江总督张人骏等人惧怕新军，留张勋旧部守南京，令新军移防秣陵关。伏龙见时机成熟，组织发动秣陵关起义，攻占雨花台，控制攻城制高点。城中清军三个营反扑，新军被迫退集镇江。驻宁三十五、三十六标军响应武昌起义，宣告独立。伏龙冒险说服镇江炮台官兵和海军参加起义。江浙联军攻占南京后，伏龙在臧在新部任营长，随部转战徐淮。皂河一役，击溃清军主力，占领徐州。民国元年(1912年)，伏任徐西剿匪司令兼统马、炮两营。臧在新任三十五团团长兼徐东剿匪司令，互相配合，消除匪患。孙中山组织讨袁军，发动"二次革命"。黄兴任江苏讨袁军总司令，伏任第六师师长。"二次革命"受挫，黄兴流亡日本。张勋、冯国璋率部进逼南京，伏龙和韩恢等坚守抗击，于8月2日弃宁退沪。

　　民国3年6月，孙中山在日本东京筹建中华革命党，伏龙、颜承烈等应召赴日参加成立会议。次年12月12日，袁世凯称帝。民国5年1月，伏龙等返沪，共谋反对帝制。蔡锷在云南起义讨袁，伏龙欲举兵响应。南通镇守使管云臣探知，伪装响应，派陈葆初等到沪邀革命党人至南通计议。伏等虽恐有诈，仍冒险前往。船至南通，管云臣假献殷勤，设宴接风，密电袁世凯，请示处置。袁密令杀之。管云臣派18顶小轿相送，行至南门小坝口，伏兵齐出，拖下轿杀害。伏大骂逆贼，拒不下轿，被砍死在轿里。同时遇害的有顾锡九、沈岭南等18人，伏龙时年32岁。孙中山闻噩耗手书："杀云程之仇，一定要报。"民国16年秋，南京国民政府追授伏龙为中将衔烈士。

## 顾锡九

顾锡九(1885~1916),又名息疚,学名振黄,号汰白。阜宁县花园头(今属射阳县阜余镇)人。辛亥革命烈士。从小就读于学塾,厌作八股文,喜读诗词歌赋,好学历史。18岁考入江宁中学堂,受到改良主义和实业救国思想熏陶。20岁考进江南高等学堂,后加入同盟会。3年后又考入两江法政专修科,与淮安人周实丹、阮梦桃等名士"秘设机关,广罗同志",宣传反帝反封建的爱国思想,为取消帝制、实现共和作革命鼓动工作。

宣统三年(1911年),武昌起义成功,顾锡九辍学从戎,任镇军第一支队军法官、镇军秘书长、中央讲演团讲演员。他提出:"革命力量须集中,形势相衡,又须互为策应,庶广袤之点线面浑一而不棼。往者区宇南北,实为分崩离析之造端。山阳(今淮安)位漕运中枢,乘时易帜,则幽燕闽粤,三边川滇,山鸣钟应,可以容论治,扬我天声。"献策被采纳之后,他立即回淮安与周桂玉、阮玉麟等共同召集人马,袭清军营,夺枪起义,"光复"淮安。由于误用原邑令姚荣泽,导致起义失败,险遭捕杀。此时,臧在新已率北伐军打下淮城。在群众引导下,臧在蒲中找到了隐藏的顾,随即聘为秘书长。民国元年(1912年)冬,他回籍省亲,被推举为国民党阜宁县支部长,又把革命的火种带到了盐阜地区。

民国2年,"二次革命"失败后,袁世凯下令解散国民党,并通缉爱国人士。顾锡九和一些国民党员相继流亡日本。在孙中山的组织领导下,他们继续从事革命活动。次年,孙中山在日本成立中华革命党,顾加入了该党。同年秋,顾奉命回国到上海搞新闻工作,相继任《爱国日报》、《爱国晚报》、《爱国月报》主编。因报纸为辛亥革命、讨伐袁世凯作了大量的舆论宣传工作,影响深远,孙中山特亲书"苦口婆心"四字匾额赠予顾锡九。

民国5年5月20日(农历四月十九日),顾锡九和伏龙等18名爱国志士在南通做策反工作时,惨遭袁世凯爪牙杀害,时年31岁。

## 马继增

马继增(?~1916),字子高。赣榆县青口镇人。清末民初将领。早年家贫,靠佣工奉母抚弟。清光绪二十年(1894年),父思义殁于中日甲午战争,追赠世袭云骑尉,得以入天津武备学堂。22岁肄业,拨充袁世凯所部新建陆军右三营中哨。光绪二十六年,八国联军陷京师,马继增奉命护卫慈禧太后和光绪帝"西狩"长安,以悫厚勤谨得太后赏识,由偏裨渐升至陆军第六镇步队第二十一、二十二标统带,驻河南信阳。宣统三年(1911年)武昌革命军起义,马继增奉袁世凯命率十一协赴武汉,参与攻克汉口、汉阳,与革命军隔江对峙。

民国元年(1912年),清帝逊位,袁世凯就任民国第二任临时大总统,陆军第六镇改为第六师,马继增任六师第十一旅旅长,奉命赴河南省汝南剿匪,兼署南阳镇守使,授陆军少将、勋五位、三等文虎章、三等嘉禾章。民国2年7月,孙中山发动讨袁战争,袁世凯命陆军第六师由湖北进攻江西,连克九江、湖口、德安。8月4日,袁世凯命第六师师长李纯任江西护军使,马继增升任第六师师长,授陆军中将。18日,马继增率第六师克南昌。袁世凯命李纯部署江西都督兼署江西省民政长,马继增兼署赣北镇守使。民国4年,马继增移驻南昌,帮办江西军务。是年12月12日,袁世凯称帝。23日,册封马继增一等子爵。同月25日,蔡锷等组织护国军讨袁。袁世凯电召继增赴京,授六狮军刀,以本师师长兼第一路讨逆军总司令以伐蔡锷。民国5年初,马继增率部由赣入湘,会师岳州,南下辰谿。民国5年2月17日,护国军东路军总司令王文华部攻占湖南芷江,与马继增部相持。其时,马继增于私谊大义间犹豫不决,巡梭不前。袁世凯派监军至部,监军索贿不果,密告马继增作战不力。袁氏去电严谴,语多不谅。马继增遂于民国5年2月26日夜自戕于马援庙。追赠陆军上将,归葬于赣榆青口镇西寺后庄。

## 叶昌炽

叶昌炽(1849~1917),字鞠常、又作菊裳,号缘督,自题寂鉴遗民、缘督庐主人等。祖籍浙江绍兴,后迁居长洲县(今苏州市)。清道光二十九年九月十五日(1849年10月30日)生。清末官吏,学者,精目录、考订、金石学。少时就读于正谊书院,有文名,与王颂蔚、袁宝璜合称"苏州三才子"。22岁时,应冯桂芬聘参加《苏州府志》编纂工作。光绪二年(1876年)举人。光绪十五年进士,选翰林院庶吉士,翌年散馆,授翰林院编修,光绪十七年试差广东,光绪十九年充国史馆协修,后逐次补为纂修、总纂、提调。在国史馆任职期间,又于光绪二十一年入会典馆,充协修,逐次补为纂修、帮总纂。光绪二十四年,由会典保案加翰林侍讲衔。翌年,会典书成,赏戴花翎,加三品衔。光绪二十六年京察考绩一等记名以道府用。期间,他持续不断搜集各地金石碑帖、书目和乡邦文献,并受聘上海蕊珠书院、天津学海堂教席。光绪二十八年,任甘肃学政。在甘肃,他建议保护敦煌出土文物。光绪三十年在学政任上,得补授国子监司业。光绪三十二年,清廷下令废科举,裁撤学政。四月,叶昌炽补授翰林院撰文,闰四月离甘肃,于途,又被补授为翰林院侍讲。这时,叶昌炽已不愿为官,未入京供职,即请假回苏州,旋告请开缺。回苏州后,他迁居木渎,以读碑写经、校勘典籍为日课。次年,任存古学堂史学总教习。家有"治廧室"、"五百经幢馆",藏书3万余卷,藏碑版8000通。民国2年(1913年)秋迁居上海。民国4年,为刘承干校勘宋本"四史"。民国6年11月6日去世,终年68岁。墓在吴县藏书乡天池山峨九岭,曹元弼撰墓志铭。他一生勤奋于读书,勤于记述,所记《缘督庐日记》,自同治九年(1870年)至民国6年凡48年,几无日不读书,无日不作记。他还著有《藏书纪事诗》、《寒山寺志》、《颁州石室录》等。

## 王以昭

王以昭(1855～1917),字耿斋。阜宁县八滩区(今滨海县临淮镇)人。实业家。18岁考中秀才,后补廪生。清代末年,沿海滩涂开始成为有识之士的开发目标。光绪二十七年(1901年),清末状元张謇兴办通海垦牧公司,王以昭也领垦新滩(黄河口新淤地4000顷)、苇荡营等处大面积海滩,并与张謇信函来往研究规划,分片组成公司,开垦黄海滩涂。为防海潮,于光绪三十年在新滩海边修筑长达13公里的"新海堰",后又和沈嘉英、程云三、杨继山及几家公司联合向西接筑,长达35公里。有此屏障,大片滩涂、草地垦为农田。同年,王以昭察定新海堰北积水不得入海,他一面自筹资金,一面向政府申请拨款,开挖南北向的五丈河,引水南下,免除大片新垦农田的涝渍之害。八滩向南到新港,原有一条通济河(旧称大本港),淤塞严重,阴雨天一片汪洋,旱年则万民缺水。光绪三十二年,王会同季龙图,筹集民款开挖,并呈请阜宁知县酌拨官款。翌年二月兴工,开成11公里长的一条河,既解除涝害,又使八滩到射阳河船只通畅,使八滩市面更加繁荣。当地民众为彰其功绩,在八滩东庵立碑以记。光绪三十四年,又出资在八滩东庵办起了今滨海县内最早的一所女子学堂——竞正学堂;次年10月,加办高级部,称竞正两等学堂。这座女校虽只办了3年,但却开阜宁县境女子上学之先。

王以昭与张謇、许鼎霖年龄相近,志趣相投。宣统元年三月(1909年4月),王当选为江苏省咨议局议员,8月张在咨议局会议上当选为议长。从此3人关系更加密切。王以昭性情恬淡,不求名利,与张謇、韩国钧、许鼎霖并列,被誉为"江北名人"。辛亥革命胜利后,王被推举为东坎商会会长。当时,阜宁县东部、北部匪众肆无忌惮。他们不仅掠压财物,还和劣绅勾结,逞强凌弱,杀害无辜。王以昭挺身而出,借官府力量,将几个匪首逮捕法办。余匪怀恨在心,指使人从上海租界的牢房里买出重犯胡某充当杀手。民国六年七月初八(1917年8月25日),王以昭在阜宁城寿安寺前中胡犯数枪身亡。

## 丁宝铨

丁宝铨(？~1917),字衡甫。淮安人。晚清官吏。出身于平民家庭,家贫苦学,与田毓璠一起,每晚往蒲葭巷二帝祠借光读书,往往深夜返家就寝。光绪十五年(1889年)中进士,初任吏部郎中,后官至山西巡抚。有些亲朋故旧前往求职或告贷,他大多不能满足。后听说淮安同乡刘鹗在南京浦口购买地产,用以兴建铁路车站和栈房。军机大臣袁世凯因与刘鹗在山东视事时积怨成仇,欲以汉奸罪指控刘下狱,丁急忙由晋入京,晋见庆亲王奕劻,公然指出,"汉奸"之罪,纯系袁与刘有宿怨的诬加之词,并愿以身家性命相保。他因此得罪袁世凯,旋愤而告休归里。光绪二十九年,他和周钧领衔集资创建淮安藏书楼,并自行管理。光绪三十年,又和周钧等向知府汪树堂申请就丽正书院旧址改办中学堂。次年又捐资创办敬恭高初两等小学堂;光绪三十二年,增设中学,该校全称"私立敬恭中学兼高初两等小学堂"。他再捐银元数百,帮助卢福臻出版《咏淮纪略》。辛亥革命后,举家迁沪,仍关心乡里财政和水利事宜。因同情革命等原因,民国6年(1917年)遭暗杀。

## 徐致靖

徐致靖(1844~1918),字子静。宜兴县城(今宜兴市)人。清末官吏,维新派。光绪二年（1876年）进士，选庶吉士，授编修，官至侍读学士。他生平勤奋好学，为人正直，"廉静寡欲"，因巧与维新派首领康有为结邻而居，日夕过从，"往来辩难无虚日"，受维新派影响日深。光绪二十四年六月初八日，他上疏朝廷，请皇上明定国是，"以一众心，而维时局"。主张破除资格，有才必用。向光绪帝推荐康有为、梁启超、谭嗣同等人，请皇上宣布废除"八股"，裁汰冗官，酌置散卿，宜练重兵，以备边患。光绪帝颁谕，从改革考试制度开始，陆续实行新政。七月底，他被擢为礼部右侍郎。这时新旧党矛盾加剧，他受康有为所托，一面派侄徐仁禄潜天津小站，与袁世凯密议；一面递折密保袁世凯。变法失败后，九月二十四日，他被逮下狱，交刑部严讯，定永远监禁。光绪二十六年八国联军入侵北京，徐致靖始"出狱待罪"，诏赦免。民国7年（1918年）病故。

## 汪凤藻

汪凤藻（1851～1918），字云章，号芝房。生于清咸丰元年十月十六日（1851年12月8日），元和县（今苏州市区）人。清外交官。同治二年（1863年）入上海广方言馆英文班，修业3年。同治七年北上入京师同文馆，以监生资格获保国子监学正衔。光绪四年（1878年）岁试，英文为全馆之冠，汉文及算学居第二，旋以户部主事留馆，兼任算学馆教习。期间，他致力西方政治、法律著作的翻译。光绪八年参加顺天乡试，中第二名。次年会试，登进士，为翰林院庶吉士。3年期满，授职翰林院编修，任驻俄使馆二等参赞官。光绪十二年任纂修官。光绪十七年二月，以驻德参赞记名以知府用；六月，出使日本大臣李经方给假回国，他奉旨署理。翌年六月正式出使日本接替李经方，为清政府第六任出使日本国大臣。光绪二十年七月一日，中日宣战，他回国，仍在翰林院供职。光绪二十八年出任南洋公学总办，后回京升翰林院侍读，任日讲起居注官。宣统元年（1909年）任京师大学堂格致科监督。宣统三年四月离职。民国7年（1918年）去世，墓在吴县光福镇。

## 郑文焯

郑文焯（1856～1918），字俊臣，号叔问、小坡、樵风园客、大鹤山人，又号冷红词客。奉天铁岭（今属辽宁）人，自称原籍山东高密。生于清咸丰六年七月二十八日（1856年8月28日），清末学者。光绪元年（1875年）举人，曾任内阁中书，后旅居苏州，入江苏巡抚吴元炳幕。在苏州居住40余年，历任巡抚19人都礼聘郑文焯为上客。他善为词，工尺牍，擅长金石、书画、医方、经籍、版本、古器、音律。其词"体洁旨远，句妍韵美"，倍受世人推重。辛亥革命后，不受清史馆、北京大学之聘，以遗老自居，行医作书画自给。居苏州时，感于业医者疫疾治验甚少，治疾常杂投水火之剂，因叙经方之要旨，辨其本末，评述唐以前医籍，并取经籍传注所记杂家之言，为之疏证。按治经学之义例，著有《医故》、《千金方辑古经方疏证》。擅词律，辑有词集《比竹余音》、《瘦碧词》、《冷红词》、《苕雅余集》。其著作还有《古玉图考补证》、《大鹤山房全集》。民国7年（1918年）4月7日于苏州去世，葬吴县光福梓里村。平生金石文字之友康有为来吊，为作墓表。

## 恽毓鼎

恽毓鼎（1863～1918），字薇孙，号澄斋。阳湖县（今常州武进）上店人。清同治二年八月初十日（1863年9月22日）生于官宦家庭，清末官吏，学者。光绪十五年（1889年）进士，为翰林院庶吉士，翌年由散馆授翰林院编修。光绪二十年翰詹大考，以詹事府赞善升用，后任詹事府右春坊右赞善、右中允，左春坊左中允，司经局洗马，日讲起居注官，翰林院侍读学士，国史馆提调，咸安宫总裁，武英殿纂修处总办等职。同时充光绪二十一年、二十七年、二十八年会试同考官。他为人耿直，对朝廷许多昏庸误国的满汉权贵颇为不满，曾多次上疏皇帝，痛陈国事利弊，建议改革朝政，因此得罪当权者，一直未被授予实职，被人誉为"直臣"。民国后隐居北京。他精医学，擅书法，喜诗文，书法宗苏东坡，今常州人民公园内"落星亭"三字即为他手书。尤好杜甫诗，主张作诗以"抒发真情为贵"，并要守法度。何润发称他的诗有"用心苦、工夫深、律细、字响"四大特点。著作甚丰，有《澄斋奏议》4卷，《澄斋诗钞》3卷，《澄斋文稿钞存》1卷，《三国志译林》（一说《三国志评林》）、《崇陵传信录》1卷，《云峰书院励学语》1卷，《金匮疟疾病篇正义》1卷，《澄斋医案》和《澄斋日记》37册。民国7年（1918年）9月2日（阴历七月廿七日）去世。

## 孟昭常

孟昭常(1871~1918),字庸生,别号沤风。武进(今常州市区)人。清末民初法学者、实业家。14岁丧父,靠兄孟森做塾师的微薄收入维持生活。后辍学到布店学生意,但一有空就用功读书,常遭店主训斥,他全然不顾。终于21岁考中举人。后到上海南洋公学读书。光绪二十九年(1903年)考取官费生,被送到日本法政大学留学。光绪三十一年回国,翌年与郑孝胥等在上海筹组预备立宪公会,任副会长。后又去日本组织法政学交通社,并在东京主编《法政学交通社杂志》,推动扩大君主立宪的宣传,办了一年停刊。光绪三十四年二月在上海创办《预备立宪公会报》半月刊,仍为主编。他先后在该刊上发表《咨议局选举章程问答》等10余篇配合清末立宪运动的文章。此外,为普及宪政知识,还编著《公民必读》读本。此书先后印行27版之多。宣统元年(1909年)二月,江苏成立咨议局,他当选为议员。翌年八月,进京向都察院呈递请愿书。不久,清政府接纳请愿者意见,成立资政院,他被选为全国议员,留在北京,参与制订《资政院议员选举章程》,并任《宪报》主笔兼法政学堂校长。宣统三年在上海成立民友出版社,聘请国内知名人士,翻译欧美和日本等国有关民主政治的文献,供国人借鉴。同时,他又续撰《公民必读》二编,此书风靡一时,先后印行16版,畅销10万余册。

民国2年(1913年)应张謇邀请,北上任工商部参事,拟订编纂农工商矿诸条例。民国3年,鉴于东北有大片荒地,坚请辞职,前往黑龙江集资成立近思垦荒公司。经数年,除开辟可耕之地外,还利用农产品办起油坊、酒厂等企业。民国6年,北洋政府特委他为黑龙江省实业厅长。哈尔滨市自中东铁路建成后,铁路东西两侧分别被称为道外和道里,俄人居道里,是俄商经商中心,商业繁华;道外是华人聚居地,贸易不兴,工商萧条。为此,他在道外创办农产品信托公司和农产银行,使农产品收购、销售畅盛起来,并相应修建街道房屋,经过几年的经营,道外也成了哈市的繁华区。第一次世界大战爆发,沙俄卷入战争,无力顾及其侵占的中国松花江、黑龙江航权,俄商欲将船售于中国。他得此消息,不顾友人反对,决心全部买下,收回航权,与梁士诒等筹款270余万元,从俄商手中买下40余艘轮拖船,并于民国7年成立戊通轮船公司。此时,关外军阀为了吞并他的企业,处处掣肘,不让他正常营业。他在极度苦恼的情况下,于同年突然患病去世。原贷款的交通银行向戊通轮船公司的继承人逼债，没收轮船抵债。后交通银行又将轮船抵给奉军偿还债务，结果轮船全部落入张作霖手中。著有《沤风诗文初集》等书。

## 龙　璋

龙璋(1865～?)，字研仙。湖南攸县人。曾任过沭阳知县，光绪二十六年(1900年)任泰兴知县，光绪三十三年离任，任职七年办了不少实事。在泰兴任职时，境内旱涝灾害不断。光绪二十八年，他组织百姓开浚龙梢、七圩、马甸等港。同时，向扬州堤工总局借用挖泥机器，浚深口岸库港，疏浚江口淤垫，修筑太平洲三浚港堤岸。次年，又上书督抚，请修水利，并行文各乡，劝民开港修圩，以工代赈。同时聘请上海制造局张文廉、朱凤翔（均为泰兴人）帮助各乡测量地势之高下，河港之深浅，道里之远近，绘制河图，以提高治水质量。当年，还开浚王家港（即老天星港），并疏浚县城内外河道，以通长江。同时，他十分重视教育。光绪二十八年，龙璋先将旧有襟江书院改建为学堂，添置校舍，购买书籍，置备仪器，延请教习。然后在全县境内广设初等小学，或公立，或私立。校舍不敷应用，遂将丛祠废庙改建为校舍。次年，于城南集贤祠设学堂筹费局，以筹集办学经费。光绪三十一年，又增设学务公所，以统一管理公私学堂。教育之风振兴后，泰兴出国留学或赴外地读书者渐多，如丁文江赴英，周铭辰赴美，王一飞赴德，均为龙璋主政时泰兴最早出国读书者。对于医药卫生，他也很关心。光绪二十八年，恢复停办4年多的官医局，延用医生1人驻局开诊。开办时，以自己薪俸洋银790元，钱50余串，作为创办费用。次年，在庆云寺西朝房设牛痘局，特聘日本医生为儿童接种牛痘。他还推广植桑养蚕。光绪二十八年，他在泰兴城西设立蚕桑公所，从湖州购良种桑秧20万棵，令民领种，仅收成本。责成地保守护，严禁偷窃砍伐，并资遣学生入浙江蚕学馆学习育蚕知识，同时编写读本《蚕桑浅说》，以俸金刊印成书，发至四乡推广。光绪三十一年十一月，黄兴等人在长沙起义未成，至上海被捕。蔡锷专程赶至泰兴，向龙璋求援，龙璋以千金购物送狱吏，使黄兴等获释。

## 缪荃孙

缪荃孙（1844～1919），字炎之，一字筱珊，晚号艺风。生于江阴申港缪家村仕宦门第。清末民初著名学者，目录学家、方志学家。幼承家学，11岁已毕五经。清咸丰十年（1860年）太平军占江阴，侍继母避兵淮安，入丽正书院肄业。后举家迁居成都，从阳湖汤成彦等研习文史，考订文字。同治六年（1867年）应四川乡试中举，充总督吴棠、川东道姚彦士慕僚，遍历川东北诸郡，搜拓石刻。张之洞任四川省学政，曾执贽门下，为撰《书目问答》4卷。光绪二年（1876年）中进士，为庶吉士，授翰林院编修。暇时采访异本，钞校考订。后协助张之洞总纂《顺天府志》，历7年成。旋应国史馆总裁潘文勤所请，编辑《清史稿》儒林、文苑、循吏、孝友、隐逸五传。先为分纂，后任总纂。因持论见忤于继任总裁、大学士徐桐，趁继母病故，于光绪十四年奉枢归里。应江苏学政王先谦聘为南菁书院掌教。后去山东掌泺源书院。光绪十九年受张之洞召，重修《湖北通志》。光绪二十年张调任两江总督，被聘掌钟山书院，兼领常州龙城书院。讲学之外，一意刻书，日事校勘。

清光绪二十七年（1901年），庚子事变后新学兴起，张之洞设江楚编译书局，召缪荃孙主其事。翌年7月，改钟山书院为江南高等学堂，任学堂监督（校长），兼领中、小学堂。12月，赴日本考察学务。归后亲自厘定学程、编辑课本，中西之学兼重；访聘教员，讲求教授管理之法。第一届毕业生颇有明达通才，清廷特诏加为四品卿衔。光绪三十三年七月，辞去学堂职务，应两江总督端方之请，创办江南图书馆，任总办。悉日本人觊觎钱塘丁氏"八千卷楼"善本书，丁氏后裔亦不知珍惜，乃急筹73000元巨款亲赴杭州与议，将藏书全部购回，在南京龙蟠里建"陶风楼"藏其书。宣统二年（1910年），奉调去北京创办京师图书馆，任正监督。分类清理内阁大库珍本，纂成《善本书目》8卷，《各省志书目》4卷。时江苏议修通志，被延为总纂，定例分授协纂诸人，克期编辑。辛亥革命后，缪居上海，倡结诗社，整理旧籍，购书刻书，积"艺风堂"藏书10万卷。民国3年（1914年），重开清史馆，受赵尔巽延为总纂，采定目例，独任儒林、文苑、孝友、隐逸及土司、明遗臣诸传。《江苏通志》开局，被请拟订碑铭大纲，自发家藏拓本10800多种，编录考订，一手成之。民国4年《江阴县志》开局，被推为总纂，亲定大纲，延邑中通才任分纂，自总其成。民国8年秋，《江阴县续志》、《江苏通志稿·金石卷》同时告成。同年12月22日,于上海寓所溘然长逝。平生辑刻的巨编甚多,自著书200卷。在清末民初,学识之渊博,与王壬秋、赵尔巽、张季直齐名。

## 沈云霈

沈云霈(1854~1919),字雨辰。海州(今属连云港市)人。清末邮传大臣。清同治十年(1871年)中举。甲午战争前任浙江巡抚廖国嗣的总文案,解饷进京时,应会试,中甲午科进士。历任翰林院庶吉士,农工商部右参议、左参议,邮传部右侍郎,署理邮传部尚书,津浦路会办大臣,吏部右侍郎。民国期间充任浦信铁路督办,一度为袁世凯称帝奔波。晚清至民国初年,沈致力于苏北的实业开发,在海州创办了海赣垦牧公司、洪门果园、锦屏磷矿和牲茂商行,被誉为实业界的"苏北名流"。

沈云霈在署理邮传部尚书期间,致力于陇海铁路的规划和建设。光绪三十四年(1908年)至宣统二年(1910年),沈云霈支持汴洛线向西展筑洛潼线,并提议汴洛线东延一条开徐线。宣统二年一月二十七日,邮传部在《奏勘明开徐海清线路及时兴办摺》中说:"开徐海清以开封为起点,以自开商埠之海州为尾闾,西联汴洛以达甘新,为中原东西一大纬线。"在陇海铁路终端海港地址的选择上,他主张在海州并筑3个海港:岚山头、西连岛海湾、灌河口。他认为,西连岛海湾风平浪静,虽不甚深,但于此稍加疏浚,便可与黄浦江深度相同,在此建造海湾,等于将陇海铁路修到上海。沈云霈于民国8年(1919年)在天津病逝。后他的主张,得到陇海铁路局的重视,海州港于民国21年开工修筑。

## 黄山寿

黄山寿(1855~1919),原名曜,字丽生,别号勖初、旭初、龙城居士、茶山樵子,晚署旭迟老人。武进县城(今常州市区)人。清末民初画家。从小好画,读私塾时,喜蘸唾沫在桌上乱画,常遭塾师责难。10多岁能临摹《七芗画本》。家人看他偏爱作画,送他到本邑名画家糜小牧门下学画,以后结识张古虞、曹恺堂等书画名家,经他们指点和珍品临摹,黄山寿艺技大进,20多岁已在本地初露头角。他曾周游粤、桂、冀、津等地名山大川,写生作品甚多,并结识著名金石家徐三庚、童大年等,切磋技艺。经多年刻苦磨练,画名大噪,被清政府召入皇宫,专门为那些达官贵人、皇亲国戚评画,并传授弟子。他有机会看到宫藏珍品,为精研绘画意境提供很好的借鉴。慈禧太后七十寿辰时,专门为她绘作12幅群仙祝寿图,后作为珍品,收藏于故宫。光绪二十六年(1900年),八国联军入侵北京,皇宫大臣相继逃遁,他离开北京,寓居上海,以鬻画为生,与吴昌硕等名流创办海上题襟馆金石书画会和豫园书画善会,切磋书画技艺。他生平擅画墨龙,对双钩花卉、青绿山水造诣较深,所作人物仕女古妍雅秀。在数十年的绘画生涯中,敢于食古而化。家中养有花狗、白猫、八哥等宠物,专供写生观察。有时为打好创作墨龙的腹稿,黎明即起,仰视天空云彩,观察大自然美景的瞬间变化。一生创作大量作品,他的画当时最高价卖到100银元1幅。还精篆刻,有雅名。

## 刘师培

刘师培(1884～1919),字申叔,号左庵,又名光汉、无畏。仪征人。国学家。他出身经学世家。其曾祖父(刘文淇)、祖父(刘毓崧)、伯父(刘寿曾)等相继致力于《左传》旧注疏证工作,父刘贵曾亦著有《春秋左传历谱》等,母李氏通晓经史。在家庭的熏陶下,8岁起学《易》,12岁读毕四书五经,后随母习毛《诗》、郑《笺》、《尔雅》、《说文》等,并从伯兄刘师苍问学。屡试县学,多得奖励。19岁参加南京府试,中第13名经魁。

光绪二十九年(1903年),刘师培参加会试落第,在上海结识章太炎、蔡元培、陈独秀等人,并与章相互引为知音。从此,刘师培接受新思想,赞成"光复"。是年冬,即以光汉子署名在上海出版《中国民族志》。十二月,与蔡元培等人创办《俄事警闻》,揭露沙俄侵略中国东北的野心,抨击清廷的磕头外交政策。次年二月,《俄事警闻》改为《警钟日报》,刘任编辑部主任,出版《攘书》、《中国民约精义》(与人合著)等宣传革命思想的小册子,后者更是中国宣传资产阶级人文主义的较早专著之一。同年十一月,由蔡元培介绍参加光复会后,曾与万福华等密谋,行刺代表清政府到上海签订卖国条约的广西巡抚王之春,未遂。同万福华、黄兴等被关押,不久获释。光绪三十一年,转入同盟会。此间,围绕康有为《新学伪经考》等撰写了大量文章,与保皇党公开论战,受到进步人士的好评。一时间,成为辛亥革命前卓有贡献的资产阶级革命思想的著名宣传家之一。不久,他又参加国学保存会,担任该会创办的《国粹学报》主笔,主张"保存国粹",并奉章太炎为大师,形成一股思潮。《警钟日报》被查封后,刘遭通缉,改名金少甫,避于嘉兴。后应陈独秀等邀请,任安徽公学、皖江中学等校教员,与在皖革命党人一起,继续宣传革命,险遭被捕。

光绪三十三年二月,应章太炎等邀请,刘与妻何震东渡日本,任《民报》撰述,发表了许多政论,其中关于解决农民问题的理论在当时有相当的深度。四月,与章太炎、陈独秀等人发起组织亚洲和亲会,以反对帝国主义侵略、捍卫民族独立为宗旨。六月,与妻参与发起筹建社会主义讲习所(后易名齐民社),以何震名义出版《天义报》,宣传无政府主义和社会主义思想,关注农民疾苦,提倡妇女解放。十月,又发起农民疾苦调查会,"以筹农民救济之方,兼为伸儆平民之助"。同年底,因经济拮据回国,上书两江总督端方,条陈"弭乱之策十条",背叛革命,被任为督辕文案。次年二月,再渡日本,继续参加政界活动。曾为《天义报》发表《共产党宣言》1888年英文版序言作《跋》,不久又为《共产党宣言》中译本作序,称阶级斗争为"固不易之说也"。《天义报》被日本政府查封后,改出《衡报》,托名澳门出版,继续宣传无政府主义。刘投入端方门下后,章太炎曾致书规劝他,然而刘得书不复,两人关系破裂。刘师培于宣统元年(1909年)一月回国,在上海参与革命党人活动,而暗作端方的密探,与汪公权一起出卖革命党人,致使江浙起义流产。此后,公开投入端方幕府,为端方考订金石古器,兼任两江师范学堂教习。暇时借端方所藏善本,从事校释群书工作。宣统二年,刘又随端方赴天津,任直隶总督文案和学部咨议官等职。次年,端方入川督办川汉铁路,又聘刘为顾问官。不久,端方镇压保路运动,为四川资州起义官兵所杀,刘亦被拘押。章太炎不计前嫌,与蔡元培一同将其保释。民国元年(1912年),刘遂任四川国学院讲师并为四川国学杂志撰稿。次年赴太原,任阎锡山高等顾问,创办《国故钩沉》。民国3年,经阎推荐给袁世凯,出任总统府咨议、参政院参政等职。次年,参与发起成立"筹安会",为袁复辟帝制鼓吹。洪宪帝制破产后,流落天津,贫病交加。

民国6年,蔡元培聘刘师培为北京大学经史教授,讲授汉魏六朝文学,此间,编写《中国中古文学史讲义》,受到学术界好评。他还与北大学生创办《国故月刊》,任主编,以"保存国故"与宣传新文学的《新青年》相抗衡。民国8年11月病逝北京,时年35岁。蔡元培等人经办丧事,棺柩由学生刘文典送回扬州,归葬扬州西郊祖茔。

刘师培既对经学、小学及汉魏诗文等中国传统文化有精深研究,尤擅骈文,又深受西方资产阶级进化论思想影响,提出研究中国古代社会的一系列新观点。主张以字音推求字义,用古语明今言,用今言通古语,通过古文字的结构探究中国"人群进化"之轨迹,又提倡文字改革和使用白话文。他在作品中经常以陈旧的儒家说教和激进的社会主义思想掺杂在一起,引经据典地说明中国的前哲学说中早已萌发了西方的启蒙主义思想。时人述评为"负所学以自岸异,不安儒素,而张皇国学,诵说革命,微词讽谕,托之文字……""融裁萧(统)、刘(知几),出入章(学诚)、阮(元)……而自成一家言"。刘一生著作甚丰,后人辑为《刘申叔先生遗书》,凡74种,有"著作等身"之誉。

## 赵念伯

赵念伯(1887~1919),原名毓训,字驭六。丹徒(今属镇江市)大港镇人。赵声大弟。幼随父读,后考入南京陆师学堂。毕业时部试一等,任排长、队官。弟赵光应征入新军,兄弟俩经赵声引导介绍,入中国同盟会,随兄从事反清活动。赵声受端方迫害离开新军三十三标后,赵念伯负责与三十三标中革命志士的联络工作,不久随声去香港。黄花岗之役前,为起义密运武器,传递消息于广州、香港之间,多次冒险入城,几不能脱。起义失败后,避居香港,直至武昌起义,与光至沪召集声之旧部,组织先锋队,策动沪宁各地起义,并亲自参加攻占江南制造局一役。上海"光复"后,洪承点带领千余队员至苏州,准备进攻宁镇,留沪队员由念伯任司令,赵光任第一大队队长,执行治安警戒任务,并接济江浙联军攻打南京的枪弹。

民国元年(1912年)1月1日,孙中山就任临时大总统,他移师镇江,部队改编为三十二旅。同年2月下旬,被南京陆军部委任为三十二旅旅长。二次革命时奉命在镇广贴告示,宣布江苏独立,与黄兴等联名通电反袁,派赵光率手下六十一团赴沪参加攻打江南制造局,失败后流亡日本。至黎元洪继任总统后,始归乡里。民国6年,孙中山在广州组织军政府,受陈炯明电召,赵念伯任粤军总司令部参议,赵光任攻泉州司令,一同率军增援福建,讨伐当地军阀李厚基。民国8年2月,忽染喉疾,病逝于漳州赵光之行营,时年32岁。

## 特莱克

特莱克(1890～1919)，出生于日本，荷兰人。水利专家。其父奈格，是荷兰著名水利工程师，曾应聘任上海浚浦局总工程师。特莱克随父来中国，每每相随左右，学习钻研。后奈格去世，特莱克回国就读于荷兰工程专科学校。学成后，以擅长河海工程继承父业。民国5年(1916年)，应张謇之聘，来南通任保坍会驻会工程师，负责保坍筑槐工程。特莱克到达南通后，用两个月时间，现场勘测，深入调查，先测长江涨落潮流向、流速，看水力之强弱、江岸坍塌的形势，同年4月25日写出《南通保坍计划报告书》。从6月14日开始，他亲自督导施工，以塘柴、芦苇为排，沉石筑槐，在迎流顶冲处，再增建护岸护坡。短短3年，完成天生港至任港口10座水槐，收到了"分杀水势"的效果。

特莱克在南通期间，不仅督造沿江水槐，还为南通、如皋、海门等县水利工程日夜操心。西起如皋，东到黄海，都有他的足迹和完成的工程，有的工程至20世纪90年代仍发挥排涝和挡潮的作用。据当时作为特莱克助手的宋希尚新著《河上人语》称："特氏年未满三十，健壮勤奋，既无家室之累，尤其服务热忱。除负责保坍工程外，凡通、如、海一带水利、道路、市政、土木工程，苟力所能及，无不慷慨参加，热情贡献，不辞辛劳，不计报酬，因之极得社会人士之好评。"特莱克很重视中国古代治水经验，他认为治水"中国古自有法……治中国水焉可不究中国古书"？他和宋希尚经两年时间，把《河防一览》译成英文，将中国数千年治水经验介绍到国外。平时，他觉得有关书籍，常视为珍宝。民国7年11月，特莱克设计督造的遥望港九门闸开工，次年8月中旬闸底板浇筑完成，赶浇岸墙。他到工地检查工作，条件艰苦，食宿于小轮船上，时值炎夏，染上霍乱时症，上吐下泻，一昼夜数十次不止，不得已夜返南通求治，于到达前溘逝，时年29岁。特莱克葬于南通剑山南麓，张謇亲自撰写墓表，并镌石永表纪念。

## 陈作霖

陈作霖(1837～1920)，字雨生，一字伯雨，晚号可园。江宁(今南京)人。近代文学家、史志学家。咸丰二年(1852年)二月，入钟山书院。咸丰六年,19岁补县学生员。同治十三年(1874年),上元、江宁合修《上江两县志》,任分纂。光绪元年(1875年),江南乡试中举人。光绪六年,江宁府志局开,任分纂。光绪十年,入金陵馆书局任分校。其后又任崇文经塾教习,奎光书院主讲,江楚编译官书局分纂。光绪二十七年,受聘上江两县学堂为堂长。光绪二十九年,任两江学务处参议,南洋官报局帮总纂。宣统元年(1909年),任江南图书馆司书官。辛亥革命后,民国7年(1918年)任江苏通志总校兼编纂。次年任续修同治上江两县志总纂。

陈作霖擅文、诗、词,尤以诗名。光绪中为南京文坛中坚人物之一。为保存南京文学遗产,曾与冯煦、甘元焕、秦际唐等整理出版朱绪曾所辑之《金陵诗征》(清代部分)。其后又与甘元焕、秦际唐辑《国朝金陵文钞》、《国朝金陵词钞》,基本上保存了清代江宁一府七邑的诗、文、词作品。著有《可园文存》、《诗存》、《词存》、《寿藻堂文集》、《诗集》、《可园诗话》等。亦通经学,以治经称。宣统三年目生翳,不能观书,默记经史,一有所得,口授其儿孙记之,遂成《瞽说》。次年目复明,专心研究《易经》。其释注训诂之文,多收入《可园文存》、《瞽说》中,专著有《一切经音义通检》。他还是地方史志学的名家。著述除参与编纂县志、府志外,专著有《金陵通纪》、《金陵通传》、《江苏兵事纪略》、《上元江宁乡土合志》、《运渎桥道小志》、《凤麓小志》、《东城志略》、《金陵物产风土志》、《南朝佛寺志》(孙文川原辑)、《江宁地形考》、《江宁先正言行录》、《炳烛里谈》等。民国8年,陈作霖任续修,《上江两县志》总纂时已是82岁高龄。自感年迈,恐不能成书,于是终日伏案,成《大事记》、《先正传》、《物产考》各1卷。民国9年去世,享年83岁。

陈作霖长子绂(1873~1937),字稻孙。曾随其父参与续修《上江两县志》,任分纂。著有《续金陵通传》、《金陵艺文志》、《钟南淮北志》、《石城山志》等史志专著。

# 陆廉夫

陆廉夫(1851~1920),原名友恢,一名恢,友奎,字廉夫,号狷庵、狷叟、廉道人,别署破佛庵主人、话雨楼主、客膝轩主人、寡癖居士等。吴江同里镇人。清末定居苏州河沿街。近代书画家、鉴赏家。年少时,从同邑画家刘德六习翎毛花果,从陶焘(字诒荪)学山水画。刘、陶均为名家。一次偶游僧寺,见十八应真像,叹为观止,遂一一临摹,反复研究,悟得人物画开相、衣褶线条等画法。其书法初习唐颜真卿、柳公权，后专注汉隶。他至苏州后，广收门徒，从学者数十人。沈塘、宗履谷、顾墨畦、樊少云、陈摩、黄裳吉六人为"陆门六大弟子"。后入湖南巡抚吴大澂幕，得观吴所藏历代名人字画、三代铜器、秦汉钤印、碑文法帖等，大开眼界；继而又游三湘、辽东名胜，见多识广，艺事大进。曾作《衡山纪游》八幅，自翊为平生杰作。光绪二十一年（1895年），参加由吴大澂发起的绘制"怡园画集"，加入者均为吴门画界名流。次年张之洞任两江总督，集海内名画家补绘王元恽所进承华事略，委托陆廉夫总管其事。事毕归苏，潜心绘事。后去上海，于光绪二十六年参加上海书画研究会。民国9年（1920年）9月13日去世。

陆廉夫工书善画。书法汉隶，古朴雄健，老辣苍润；画则山水、人物、花鸟、果品无不精妙，苍秀典雅。又能鉴定古代书画，判别真伪。他一生考证金石文字30年，作书画不下数千种，出版有《陆廉夫画册精品》等10余种。

## 李瑞清

李瑞清（1867~1920），字仲麟，号梅庵，又号梅痴，斋名黄龙砚斋、署清道人。江西临川人。近代学者、教育家、书法家。清光绪二十年（1894年）进士，翰林院庶吉士，改道员，任江宁提学使兼两江师范学堂监督（校长）。主持两江师范（南京大学前身）期间，提倡科学、国学、艺术，不遗余力。延聘中外教授认真教学，江南弟子千余人受到教诲，教育成绩卓著，两江师范被推崇为东南各校之首。著名学者胡小石、画家张大千、美术教育家吕凤子等均出其门下。

辛亥革命前夕，李瑞清曾任代理江南布政使之职。南京"光复"后，遁居上海，易儒衣为道服，自号清道人。喜食螃蟹，每逾百枚，故有"李百蟹"之称。专攻书画，名噪一时。他的书法，上追周秦，博综汉魏六朝，晚年遍临魏晋以来法帖，声名远播海内外，日本人渡海来华求字，请益者甚众。他的书法理论，亦极有见地。提出"求分于石、求篆于金"的卓识；辨析金文书法的流派，颇具科学条理。少年时代即治今文经学，并以治经之逻辑条理治书学。他的画，山水师法原济、八大山人；花卉宗恽南田；尤擅画佛，并长于金石书画考据鉴别，晚年在沪弟子甚多。民国9年（1920年）旧历八月初在沪中风去世，终年53岁。归葬南京牛首山麓（今东善桥林场牛首山分场内）。其墓现仍保存完好。其门生蒋国榜整理其遗稿，成《清道人遗集》，于民国

28年出版。

## 李广德

李广德（生卒年不详），原籍江南，清末迁居丰县西关外顺河街。清末民初著名锔匠。他以锔盘、锔碗为业，手艺超群，人又和气，从不胡乱要价，因此很有名气。李广德还能锔马灯、提灯、桅灯上的玻璃罩，凡是古老精细的陶瓷器皿，破碎了只要不缺，经他的精艺巧手一锔，不但无损于器皿的美观，还能增加它的艺术身价，成为一件艺术珍品。有人专门收藏李广德锔过的器物，竟不惜将新买的宜兴紫砂茶壶装满黄豆，加水重压，让黄豆发涨后把壶撑破，而后请李广德用白锔子去点缀破纹，再在壶上镶嵌金丝蛤蟆、古铜钱二龙戏珠、刘海戏金蟾、狮子滚绣球等花样。拥有一件他锔过或镶嵌过的器皿，无不视为珍宝。丰县现存品有：赵本青的宜兴紫砂壶一把、卓久高的宜兴壶一把、温传圣的景德镇瓷盘两件；名艺人李二的一把宜兴壶镶嵌的最为精巧，有一次，李二在山东某县演出，有一豪富看中他手中李广德镶嵌的茶壶，想强行占有，几乎闹出人命来。遗憾的是李广德一生授徒不多，技艺无人继承。

## 邹嘉来

邹嘉来（1852~1921），字孟方，号紫东，又自号遗庵。吴县（今苏州市区）人。清末大臣。光绪八年（1882年）举顺天乡试，十二年登进士。任礼部主事6年，后任总理衙门章京。总理衙门改为外务部后，为外务部庶务司主事，累迁员外郎、考工司郎中。因熟悉法令，所拟稿往往能切中机宜，为侍郎张荫桓、许景澄所赏识，外务部尚书瞿鸿禨更倚为左右手，所有重要疑难文书均由邹嘉来办理。在日俄战争中，中国依国际公法保守中立，而俄国则屡加侵犯，反诋诬中国助日，企图扰乱国际视听。他即以事实起草文稿，层层剖析批驳，击中要害，终使俄方理屈词穷，而正国际视听。为此，他得清廷重用，迭擢左右参议、左右丞，左右侍郎，晋升尚书，又授为会办大臣，充参预政务大臣，赏紫禁城骑马。当时，清朝国势极弱，屡遭列强欺侮，邹嘉来办理外交，因熟悉列强政俗情伪，而能准法审机竭力斡旋。宣统三年（1911年）四月，创设立宪内阁，他任外务大臣、国务大臣，六月授弼德院副院长。辛亥革命后,避居天津、青岛,后回苏州,以诗歌自娱。民国10年(1921年)9月,卒于苏州寓所,葬于吴县车坊高垫山,陈三立撰神道碑。

## 屠 寄

屠寄(1856~1921),原名庚,字敬山,一作竟山,又字归甫。晚号无闷居士、结一宧主人。武进县城(今常州市区)人。近代元史学家。11岁从师读书,勤奋好学。早年曾在北京等地任教。光绪十一年(1885年)中举人,光绪十四年应两广总督张之洞邀到广州,任广雅书局校阅兼广东舆地局总纂,纂成《广东舆图志》及《宋会要》(与缪荃孙合校)辑稿。光绪十八年中进士,历任翰林院庶吉士、工部主事、五城团练局总稽查、黑龙江舆地局总办兼镇边军务处差事、京师大学堂正教习、奉天大学堂总教习、浙江淳安知县、巡抚府幕僚以及南通国文专修馆馆长等。宣统二年(1910年)回常州,历任武阳教育会会长、武阳农会会长。翌年秋,武昌起义,响应革命。民国建立,任武进县民政长,严格政务,整顿赋税,筹设教练所,改良警政,严禁烟赌,兴办学校。袁世凯篡政,省委任屠寄为武进县知事。他笑着说:"我年近花甲,世间禄位,久已视同浮云。岂能低处垂眉,向风尘俗吏折腰?"辞不就职。专心从事著述,特别致力于蒙古史的研究。民国6年(1917年),应蔡元培之聘,北上任国史馆总纂,同时遥领武进县志总纂。民国9年又回到常州。晚年信佛,热心家乡公益事业。历任武进县水利总董、武进县积谷总董和武进红十字会会长,主持修筑城乡道路,疏浚北塘河工程,同时继续从事蒙古史的研究,直至民国10年病逝。著有《蒙兀儿史记》(160卷),该书由其子孝实、孝宧相继补充写成,纠正《元史》很多错误,对西北地理沿革,考证尤为周详。还有《黑龙江舆地志》、《黑龙江驿程日记》、《骈体文录》(31卷),《结一宧诗略》(3卷)等著作。

## 姚锡光

姚锡光(1857~1921),字石泉,又作石荃。丹徒镇(今属镇江市)人,早年居天津。近代军事学家。少聪颖好学,喜研军事理论。光绪十一年(1885年)拔贡,光绪十四年举人。曾任内阁中书,安徽石埭、怀宁知县,莱州、直隶州知州。甲午中日战争期间,应李鸿章之召至天津为其幕僚,在大沽、秦皇岛和山海关等地参与军事。所陈有关军事措施的建议,大多为李采纳,但由于地位低微,无缘参与一些重大的军事机密,遂改投山东巡抚李秉衡幕下。光绪二十一年春,中日签订《马关条约》,台湾和彭湖列岛被割让给日本,姚对清政府的腐败无能极为失望和愤怒,他"感四方之多故,恨御侮之无人"。不久赴金陵为张之洞充当幕僚,帮办长江军务。光绪二十七年调任陆军部右侍郎、左丞,后任弼德院顾问大臣。其间,日本人武田宽次郎在镇江盗挖回龙山青龙岗一带煤矿,地方官无力制止,后由姚锡光运用中央政府的力量才保护了地方主权和矿产蕴藏。他还曾多次检阅军队和游历日本考察军事。辛亥革命后,曾任参政院参政、蒙藏局总裁、口北宣抚使、查抚津保被灾商民专使等职。民国10年(1921年)告老归家,同年去世。

姚锡光于光绪二十三年在武昌自刊出版了《东方兵事纪略》一书,编入了其在甲午之战中的所见所闻,以"明可耻之事,求雪耻之道,昭示人生爱国之心"。对研究中国甲午战争史有重要的参考价值。他的重要军事著作还有《长江炮台刍议》,是研究清代军事史的重要文献。

# 李 兰

李兰(1862~1921),原名毓兰,字芳谷。徐州人。道士,近代画家。世居户部山下,早年家境贫寒,而嗜好绘画。曾受张砚田先生启蒙,从山水画入手,节衣缩食,刻苦学画。父亲屡责他"画得山穷水尽",但李兰矢志不渝。后李兰师从萧县真武观道士刘云巢学画,他也因此于真武观出家为道士。中年一耳失聪,自号"半聋道人",晚年称"聋道人"。

他擅长山水,师法清代"四王"(山水画家王时敏、王鉴、王翚、王原祁四人的合称)。笔墨娴熟,亦工花卉、翎毛、走兽、人物。其"钟馗捉鬼"、"麻姑献寿"甚为传奇。李兰曾受到铜山县令的赏识,得其资助,游历四川、广东等地,遍访名山大川。胸中藏有丘壑,受广东"岭南画派"影响,技艺大增,被誉为"江北第一人"。他曾被清宫廷召为"供奉",入京为王公大臣作画。为躲避进京之麻烦,每至夏秋即云游四方,至严冬方返回徐州。民国3年(1914年),他的作品参加巴拿马国际博览会,获银质奖,声名大噪。当时"辫帅"张勋盘踞徐州,知李兰与革命志士韩志正交好,并说过张勋的"坏话",于是张勋便捉拿"聋道人"。李兰躲到宿迁县钟吾极乐禅院,避开世俗,作画甚丰。他长年寓居其嗣子李人鑑家,李宅后园遍植松竹,亦有紫荆、紫薇、腊梅多株。李兰于此作画,多署款"作于听松草堂"。后园中有一小楼,凭窗可见南郊五老峰等7座山峰,故称"七峰山楼",李兰常于此楼专心作画,不问外事。在绘画创作上推陈出新,独辟蹊径,不落前人窠臼。

民国10年,李兰去世。抗日战争前夕,南京博物院征展收藏书画,曾派专人来徐州索李兰遗作,将其家藏"金碧山水"一幅取去展出。李兰对徐州近代绘画艺术发展有较大影响。近代书法家张伯英赠李兰的一副对联曰:"仙心欲捉左元放,痴绝还同顾长康。"(左元放即东汉末年的炼丹方士左慈,顾长康即东晋大画家顾恺之)

## 彭诒孙

彭诒孙(1864~1921),号翼仲,又号子嘉。长洲县(今苏州市区)人。近代北京知名报人,彭蕴章之孙。彭氏为吴中名宦大族。早年曾任通判等小官。光绪二十六年(1900年),亲身经历八国联军侵入北京的灾难,痛感中华民族灾难深重,乃弃官创办报纸,启迪民智,倡导爱国反帝和维新改革运动。光绪二十八年夏在京创办《启蒙画报》,以儿童为对象。光绪三十年创办《京话日报》,用白话文写作,向下层市民宣传反帝思想,揭露和声讨外国侵略者的罪行,反映下层人民的疾苦。故受到读者欢迎,报纸销数逾万份。当年,又创办《中华报》,用文言写作,面向上层人士。后因数报难以兼顾,乃停办《启蒙画报》。光绪三十二年,因报道触犯清廷,两报查封,他被判发新疆10年。辛亥革命后,释放回京。民国2年(1913年),《京话日报》恢复出版,但又因忤袁世凯而再度被封。民国10年冬病故。

## 宗 仰

宗仰(1865~1921),俗姓黄,名浩舜,又名用仁,法名印楞,别号乌目山僧、楞伽小隐,又称印楞禅师,宗仰为法号。常熟人。僧人。自幼聪颖好学,喜爱文墨,才智过人。其母笃信佛教,从小受到佛门熏陶。16岁从三峰清凉寺药龛和尚披剃。光绪十年(1884年)在镇江金山寺受戒,拜方丈长净(号显谛)为师,研习英文、日文和梵文。后奉师命到南北名刹参学。光绪二十五年抵上海。曾在上海爱俪园主持讲座。光绪二十八年,与章太炎、蔡元培、黄炎培等在上海发起组织中国教育会,宗仰被推为会长。翌年,《苏报》案起后,避居日本。

后回国,民国3年(1914年)重返金山寺,闭关研读大藏经。民国8年,宗仰应南京栖霞寺和尚法意之请为该寺住持,并亲自主持寺庙的修复工作。当时,此座建于南朝齐梁的古刹,历经清代咸丰时战火毁坏,已荒凉不堪,原存山地寺产也为江宁县改作他用。宗仰起而力争,经友人斡旋,终将山地寺产收回。孙中山对他修复栖霞寺一事也表支持,特捐银元万两,作为归还其当年义助革命之款。此外,又得国民党要员及文人学士资助,寺庙修复工作进展较快,毗卢宝殿拔地而起。然而,在大殿即将落成时,宗仰却已积劳成疾,于民国10年7月22日圆寂僧舍。留葬于栖霞三峰寺侧,又在大殿之后建塔留念。章太炎亲笔撰写《栖霞寺印楞禅师塔铭》,追述自己与宗仰结交之经过。其著有《频伽精舍大藏经》等。还工诗文及绘画。

## 沈 寿

沈寿(1874～1921),女,原名云芝,后改名寿,字雪君,晚署雪宧,别号天香阁主。祖籍浙江吴兴,定居苏州,客居南通。其父是古董商。7岁随姐沈立学刺绣,16岁在苏州城乡已负盛名。光绪十六年(1890年),在苏州创办同立绣校。20岁时嫁给迁居苏州的绍兴秀才余觉(后中举人)。余能诗善画,夫妇画绣相辅。沈寿致力于研究刺绣针法,创造出近10种新的针法。她所创造的仿真绣法,吸收绘画中明暗原理,注重物象逼真,富有立体感,成为欣赏性绣品的主要针法。光绪三十年,慈禧太后七十寿辰,沈寿绣的"八仙上寿图"、"无量寿佛"两幅寿屏,通过在农工商部供职的苏州人单束笙进献。慈禧见到寿屏,赞为绝世神品,书"福"、"寿"两字,赠余觉、沈寿夫妇。农工商部颁发"双龙宝星"勋章。农工商部尚书载振因奏准设立女子绣工科,任命余觉为总办,沈寿为总教习,专门培养刺绣人才。是年11月,沈寿赴日本考察美术学校教学。翌年1月,在北京建校,设国文、图画、刺绣三课程。沈寿吸取日本刺绣和西洋油画、摄影等艺术的长处,以新意运旧法,使绣品更为生动逼真,有立体感。所绣英女王维多利亚半身像,获世界万国博览会最优等奖。宣统二年(1910年)初,在南京举办南洋劝业会,沈寿奉命负责审查绣品。辛亥革命爆发后,绣工科停办。沈寿夫妇去天津创办自立女工传习所。民国3年(1914年),应张謇之聘,沈寿先任南通女工传习所所长,后兼绣织局局长,教授刺绣技艺。所绣意大利皇帝、皇后像在意宫廷引起轰动,在太平洋万国巴拿马博览会上获金质大奖。民国6年,因沈寿多病,张謇恐其艺法失传,请沈寿详讲绣法,张作笔记,每天一、二条或二、三天一条,数月记成《雪宦绣谱》一书,总结18种刺绣的基本针法。民国10年6月18日,沈寿病逝,时年47岁。遵其遗言,葬于南通黄泥山之东南麓。北京故宫博物院藏有其《柳燕图》绣品。苏州市工艺研究所藏其所绣花卉小屏。苏州博物馆藏有其《济公像》等绣画。

## 尤先甲

尤先甲(1843～1922),字鼎孚。祖籍安徽徽州,吴县(今苏州市区)人。光绪二年(1876年)举人,授内阁中书,曾二度调礼部任职。光绪九年父丧归里后,不复做官,居苏州从事桑梓公益及经商。光绪十六年,江南水灾,与众绅筹集款项,督员分赴灾区按户查放。后每遇有灾均劝捐放赈,因而得清廷奖赏花翎侍读衔及三代二品封典。光绪二十二年,据《马关条约》苏州辟为通商口岸,奉命与潘祖谦(济之)任勘地公所董事,勘划租界地。后应在籍国子监祭酒陆润庠之邀,参与筹建苏纶、苏经两厂事宜。当年投资银2万两,创设同仁和绸缎局,成为苏州该业之冠。光绪二十六年,为保障地方治安,与众绅筹设团练局,自任北路局董。光绪三十一年,与在籍湖北学政王同愈等筹设苏州商务总会,并推选为首届总理,后连任五届总理及议董等职,长达十余年。同年科举废除后,苏州成立长元吴学务公所,尤先甲任会计议董。光绪三十二年,为收取苏杭甬铁路权,成立苏省铁路公司,他任该公司驻苏分公司经董。当年参加张謇等在沪组建的预备立宪公会。宣统元年(1909年),苏省发起裁厘认捐实行营业税的运动,成立全省认捐事务所,分设江宁、苏州两处,他任苏州事务所所长。期间曾先后出任南洋劝业会吴县物产会会长、清廷农工商部咨议等职。宣统三年,辛亥革命爆发,他与孙昭晋、江衡等人前往抚署,劝说巡抚程德全反正。中华民国建立后,除理商务外,并兼事公益慈善事业,先后办理官粥局、民团局、平粜局,经营五亩园学堂儒寡会经费,创办遂初小学、城西幼稚园等。民国11年(1922年)10月23日病逝于苏州。

# 李 仁

　　李仁(1868~1922)，女，字静姗，号息尘。武进人。中国刺绣、女子职业教育先驱。工诗词书画，以创像真绣驰名于世。民国元年(1912年)创办女子职业团，自任总理。翌年正式成立女子职业学校，同时设女子职业补习科、女子职业师范科；比上海成立的中华职业教育社还早6年。民国8年在常州大庙弄创办武进县第一所女子刺绣专业学校。该校产品曾在巴拿马、费城等地举行的万国博览会，历届中华职业教育社年会的出品展览会及江苏省出品展览会暨苏常道物品展览会上获金银奖章、奖旗、奖状百余件。为中国职业教育的先驱者，民国11年去世。黄炎培为之写纪念碑碑文。

# 孙毓修

　　孙毓修(1871~1922)，字星如，一字恂如，号留庵，自署小渌天主人。清同治十年六月二十九日(1871年8月15日)生于无锡城郊孙巷。近代中国儿童文学开路人，版本目录学家。幼得庭训，擅作骈体文。后就读于江阴南菁书院，曾随师缪荃孙学习版本目录学。光绪二十一年(1895年)中秀才。光绪二十八年春，在苏州从美国牧师赖昂女士学英文。经与国文反复比较揣摩，懂得中与外有异文而无异理，遂将学习心得写成《中英文字比较论》1卷。光绪三十三年，进上海商务印书馆编译所，任高级编辑，编辑中小学教科书。宣统元年(1909年)，在国文部主编《童话》丛书。是年三月，他参照《泰西五十轶事》等西欧童话传说，编写《无猫国》、《大拇指》等儿童读物。是年，还写了长达2万余字的《图书馆》一文，倡导图书馆应"注重平民教育，进行图书普及工作，以启迪民智，唤起民众"。该文连载于商务印书馆出版的《教育杂志》上，是一篇在中国较早而系统地研究公共图书馆的文章。后来他陆续主编童话达102种，其中由他自己编写的有77种，从而使儿童文学成为独立的图书类目。他的作品富有生活气息，语言优美，图文并茂，深得当时少年儿童的喜爱。著名作家茅盾、张天翼、赵景深、陈伯吹等都曾深受感染。茅盾称他是"中国有童话的开山祖师"。孙毓修还先后主编出版《少年杂志》、《少年丛书》。《少年丛书》以浅近的文字，逐本介绍中外名人的传略和轶事。这些读物"记事简明，议论正大，阅之足以增长见识，坚定志气",深受读者欢迎,有些名人传记一版再版。民国2年(1913年),他写的《欧美小说丛谈》,也是较早的一部简明欧美文学史。他所译卡本脱的《欧州游记》,开拓了读者的视野;另一本《谦本图旅行记》被教育界定为地理教科书。他编写的《梦游未来世界》,抒发了他对祖国前途的憧憬。他笃好版本目录学,著有《永乐大典考》4卷、《事略》2卷,翻译美国汉学家卡特所著《中国雕版源流考》等。民国4年起,他在商务印书馆涵芳楼从事善本古籍的搜集和鉴定。民国8年主持影印《四部丛刊》,先后出版《四部丛刊初编》、《四部丛刊续编》、《四部丛刊三编》。为了搜集善本,三年中往来于南京江南图书馆及常熟铁琴铜剑楼,撰成《江南阅书记》1卷,详叙本末,以资考证。他还是个藏书家,收藏珍本数万卷。他将收集所及,撰成《重印四部丛刊书录》。民国11年1月22日在上海去世。

## 韩　恢

韩恢(1887~1922),字复炎。泗阳县人。民主革命烈士。幼时家境贫寒,仅读过几年书。清宣统元年(1909年)在镇江参加新军,并在赵声、冷遹等影响下,加入中国同盟会。宣统三年,参加镇南关(今友谊关)起义和黄花岗之役,起义失败后回江苏。辛亥革命爆发,随徐绍桢攻打南京,韩恢率党人在城中作内应,攻下模范监狱。失败后退至镇江,再随林述庆克南京。继又随林北伐,任炸弹队长,苦战徐淮,连克数城。不久南北议和,韩恢遂退出部队赴沪,与朱卓文等共组国民工党。

"二次革命"爆发后不久,南京讨袁军解体。时韩恢在沪,即偕何海鸣等赴宁,占据都督府,再组讨袁军,推何海鸣为总司令,自任副司令,张尧卿为都督。不久张勋、冯国璋兵锋抵宁,柏文蔚初战失利,弃城出走。韩恢临危受命,为南京都督。他向全体官兵慷慨陈辞,历数北洋军阀罪行,激励士气,并亲临天堡城、雨花台等要地督战。讨袁军与敌苦战三昼夜,终因寡不敌众,诸门失守。韩恢复至沪联络同志,约次年元旦再举,后因叛徒告密未成。旋应孙中山电召,东渡日本,在日本参加了中华革命党,并被孙中山委任为江苏讨袁军负责人。韩恢遂回沪组成第三军军部。袁世凯以10万元诱降,遭韩恢拒绝。张勋以30万元购其首级,韩恢坦然处之。再次讨袁事败后,民国4年(1915年),韩恢在沪恢复国民工党,创办革命同志子弟学校——志成公学,并组织日商纱厂及漆业工人罢工。

民国6年,随孙中山赴粤参加护法运动。民国9年,回苏开辟苏北根据地。他率部于次年驰赴家乡泗阳,计划先取泗阳,再攻清江,旋受挫撤回上海。民国11年,孙中山在广东组织北伐,韩恢为江苏招讨使。陈炯明叛变后,孙中山召韩恢至粤,授为讨贼军总司令。他率500人与敌激战,因寡不敌众,随孙中山退走上海。韩奉命重组人马,准备打开江苏局面,不幸为军阀齐燮元侦悉,是年10月28日在上海被捕。11月1日被杀害于南京小营,时年35岁。

孙中山闻讯十分痛惜,追赠韩恢为陆军上将。民国17年,烈士遗骸迁葬于南京中山陵卫岗,建立墓园,又在烈士故乡立祠,并将泗阳县城内公园命名为复炎公园。

## 范　冕

范冕(1841～1923),字少城,又字丹林,晚更"林"为"棱"。淮阴县(今属淮安市)人。近代学者。幼年颖异,七八岁对联就很工整;9岁作文,曾使宿儒惊叹。曾就试于淮安丽正书院,数千人中得第一名,声名大噪,学者丁晏等称许备至。同治十二年(1873年)拔贡,后屡次朝考不中,遂以时艺教授乡里。范冕除精于制艺(八股文)外,还善作诗文。但认为诗文很难超越前人,故着意于制作谜语。他的谜语,利用"经史百家之书,与训诂通转之道",故"渊雅难解,一旦揭白,咸浑若天成"。他"终身在忧患之中",50岁时,大儿子孟群病逝,60岁时二儿子仲循病逝,62岁时老妻又病逝。他以独力抚养教育尉曾、绍曾、希曾三个孙子成立,且均成出色人才。尽管如此,还著述不辍,著有《清河续志余稿》2卷、《尚书杂论》1卷、《左传隽林》4卷、《淮韵略》5卷、《联存》1卷、《集谚联》1卷、《古赋》1卷、《律赋》1卷、《杂文》6卷、《杂诗》4卷、《制义》10卷、《试帖诗》6卷、《范氏家训》4卷、《范氏隐书》10卷等。晚年任《续纂清河县志》总纂,又著《淮阴近事录》2卷。民国12年(1923年),范冕去世。他生前《续纂清河县志》未及刊行。

## 魏筱泉

魏筱泉(约1850～1923),名树春,以字行。兴化县(今兴化市)人。其父百泉,为清道光年间(1821～1850年)名医赵双湖入室弟子,悬壶兴化东门,断病精确,用药得当,大有其师之风,名震江淮数十年。魏筱泉承家学,览群书,善治疑难杂症。从其仅存的18则医话中,可见其辨证施治、药到病除的精湛医术。兴化一刘姓木商,患阳毒症,周身遍发锦斑,继起脓包,破流脓水,燥烦大渴,舌红无津,咽痛便秘,切显洪脉。经他治疗,未旬病愈。他说:"此症患者甚少,先父百泉公临症数十载,仅见过一例,予年60余,亦始治黄某一人。此症虽不常见,若治法不当,会有生命之虞,医者不可不慎。"魏筱泉有三子:崇焱、宏焱、长焱,均为名医。

## 周舜卿

周舜卿(1852～1923),名廷弼,以字行,晚号耐叟。清咸丰二年五月十日(1852年6月27日)生,无锡县(今无锡市)东埠小园里人。实业家,上海铁业、丝业、金融业巨子。出身贫寒农家,幼年丧父,11岁入私塾读书,16岁由族叔介绍进上海利昌铁号当学徒。以伙食补贴作学费,每日徒步十数里去夜校学英语,数年不辍。后升为店员,在与外商洽谈业务时,结识英商大明洋行大班帅初,受聘任大明洋号跑街、翻译。光绪四年(1878年),帅初以5000两银子在上海开设升昌五金煤铁号,任周舜卿为经理。后帅初在英病故,其子来上海料理遗产,除提取升昌盈余3万两外,其余资财悉数赠予周舜卿。周舜卿后又在升昌隔壁开办震昌铁号。他在经营中注重信用,不数年业务大振,陆续在牛庄、汉口、镇江、常州、无锡、苏州及日本长崎等地共开设7家分号,主要为英商怡和洋行代销钢铁器材。光绪十八年,周舜卿在家乡东埠开设裕昌祥茧行,并设数处分行,代英商怡和洋行收购蚕茧。光绪二十一年在上海创立新昌冶坊,自产自销铁锅。翌年,与薛南溟在上海合办永泰丝厂,并投资苏州陆润庠开设的苏经丝厂和苏纶纱厂。光绪二十六年,又与同乡胡德培各出资5万两,合办新源来冶坊。该冶坊居当时江苏八大冶坊之首。次年,在周新镇开设保昌当铺。光绪二十八年向上海华纶丝厂买下立缫车94台,安装在裕昌祥茧行楼上,进行自缫自销。次年因茧行失火,丝车全部被毁。光绪三十年,他再次投资8万两,购置意大利式直缫车96台,在周新镇开办无锡第一家机器缫丝厂——裕昌丝厂,所产"锡山"牌、"金鱼"牌等丝主要销往法国。第一次世界大战后,部分丝开始销往美国。光绪二十九年,他挟资走皇族庆亲王奕劻的门路,捐得候补道官衔,并与奕劻之子商部尚书载振结为金兰。光绪三十一年,清政府派载振赴日考察宪政,周舜卿以商部三等顾问特赏二品顶戴的头衔随同出访。回国后,与武进县刘伯森等人发起筹组上海商学会(全国总商会的前身),任该会主持人。接着又在无锡成立锡金商会和锡金农会,并分别担任第一任会长。光绪三十二年,他集资50万两,在上海首创私营信成商业储蓄银行,自任总经理。首创储蓄业务,并获得印发钞票的特权。后在北京、天津、南京、无锡等地均设有分行。宣统元年(1909年),被清政府指派为资政院议员。对于改革币制、加税裁厘(厘金)等多有陈述,深受当朝器重,又被派为苏、松、常、杭、嘉、湖六郡劝农使,并以办理实业有效而得四品京堂候补衔;复以熟悉洋务,被派为查办交涉事宜大臣。

辛亥革命后,信成银行因时局动荡,资金一时无从周转而倒闭。但他经营的企业继续有所发展。至民国7年(1918年),裕昌缫丝车增到330台。民国9年,他投资4.2万两将无锡金钩桥的堆栈改建成拥有丝车272台的慎昌丝厂。后又在东坝开设一家筒管厂,在苏州开设振源冶坊,在上海、大连各开设一家榨油厂,获利益丰,成为百万豪富。在所有业务中,仍以煤铁为主,被誉为"煤铁大王"。他先后在东坝镇置田数百亩,辟街道,造桥梁,建市房,设店铺,创办廷弼小学和廷弼商业中学,改东坝为周新镇;并置义田千亩,建庄屋数楹,立周氏义庄,救济族中老幼残弱者。民国10年,捐巨款赈济河北、湖南灾民,曾获北洋政府颁发的匾额和嘉禾章。民国12年8月31日病逝于周新镇廷弼中学。

## 张　勋

张勋(1854～1923),字绍轩。江西奉新人。北洋军阀。原是清朝江南提督,统率江防营驻南京。武昌起义时,革命军进攻南京,张率部负隅顽抗,战败剩溃兵2000多人,北窜徐州、兖州一带。宣统三年(1911年)十一月五日,张勋被清政府任命为江苏巡抚。民国元年(1912年)1月,被委任为护理两江总督。张勋为表示忠于清王朝,所部禁剪辫子,被称"辫子军"。民国2年7月,奉袁世凯之命,率"辫子军"沿运河南下,攻占清江、扬州,与冯国璋部围攻南京。9月1日,张勋攻克南京,纵兵抢掠3日。因误伤外侨,调往徐州。同年12月,张勋被袁世凯封任长江巡阅使。他在徐州把"辫子军"扩充到约2万人,成为一个声势赫赫的地方军阀。他到处缉拿所谓"乱党",将抓捕来的一些无辜民众送来徐州审办,经常以"乱党"罪名刑人于市。在徐州的城门口,岗哨林立,对行人任意盘查,为所欲为。张勋杀害革命志士,压榨百姓,搜刮民脂民膏,却以徐州的"恩人"自居,于徐州城内为自己建立祠堂,取名"奉新张公生祠"。民国4年12月,张勋被袁世凯封为一等公。民国5年4月,又被袁世凯任命为兼署督理安徽军务。7月,段祺瑞又授予张勋安徽督军的头衔。他盘踞徐州,招兵买马,集聚复辟力量,待机而动。于民国5年6月至6年5月,先后利用黎元洪总统和段祺瑞总理内阁的府院之争等种种机会,以盟主自居,把持、操纵召开了4次"徐州会议",攻击国民党和国会,为其实施复辟帝制进行各种准备工作。民国6年6月7日,张勋以黎元洪、段祺瑞"府院之争"的调停人身份率5000名"辫子军"离徐州北上。在天津与段祺瑞会谈后即发电胁迫黎元洪解散国会。7月1日,张勋拥清复辟,自封为议政大臣,兼直隶总督和北洋大臣。段祺瑞乘机纠集旧部,组织讨逆军,击败张勋。7月12日,张勋复辟失败,只身逃往荷兰使馆,被通缉,后病死于天津。

## 李涵秋

李涵秋(1874~1923),字应漳,号韵花,斋名沁香阁,别署韵香馆主人。祖籍安徽庐州(今合肥),太平天国时迁居江都县城(今扬州市区)。清末民初通俗文艺作家,鸳鸯蝴蝶派作家。

李涵秋6岁入塾读书,7岁丧父,12岁从李石泉、李国柱习古文词章,能下笔千言。17岁于扬州宛虹桥沁香阁设帐授徒,维持家计,并常坐茶馆采风,闲步街头猎奇。20岁中秀才,致力古文词章,兴远游。29岁至48岁,曾先后就馆于安庆、武昌。光绪二十七年(1901年),返回扬州。宣统二年(1910年)起,任两淮高等小学文史地教员,后兼任江苏省第五师范国文教师。民国10年(1921年)赴上海,主编《小时报》,为《小说时报》及《快活林》等报刊撰写小说。次年秋,辞职返扬州,民国12年病逝。

在武昌时,李涵秋参加"消闲社"文艺组织,开始专事写作,纵横武汉文坛。其处女作长篇小说《双花记》及相继问世的长篇小说《雌蝶影》,受到读者的广泛欢迎。代表作《过渡镜》(后易名《广陵潮》),创作于光绪二十四年,以扬州社会为背景,以恋爱故事为中心,反映中国自中法战争到五四运动以前这一过渡阶段的社会百态,其布局巧妙,通俗幽默,受到当时文艺界称誉。曾连版10余次,风靡一时。在上海时,他参加"青社"文艺团体,从事繁忙的创作活动。除主编3种刊物外,还为6家报刊杂志提供长篇连载小说,逐日续稿,分别寄发,从无失误,文艺界赞其才思敏捷。他从事教育工作20余年,授课不局限于课文,启发学生提问,海阔天空议论,不数语又落本题。批改作文按原作思路,不废作者本意,往往本为劣作,一经改易数语,辄成佳构,使学生易收观察之效。他还常备文具薄册及自画的扇面、尺幅赠送勤奋学生或成绩优秀者。对毕业后爱好文艺的学生,命笔润色习作,推荐至报刊发表。

李涵秋的著作,有明确改良社会的创作动机。他临终前对夫人说:"吾生不辰,逢兹乱世,恨不能以十万毛瑟,杀尽天下民贼,仅凭一支秃笔,描写社会罪恶,藉以唤醒人民,改良社会,稍尽匹夫之责耳。"他的小说有鲜明特点,一是情节奇突,不可捉摸;二是前后衔接,彼此照应;三是描写传神,深刻细腻。但由于索稿者太多太急,也难免有粗疏或色情过露之处,因而时人对他也毁誉参半。对来自各方面的意见,他常说:"誉我者未必真知己,骂我者乃真知己,我如答辩,或开笔战,是转失知己者爱我一番盛意矣。"显示了宽广的胸襟。他一生勤奋,精于思考,著作等身。计著长篇小说36部,短篇小说20篇,诗集5篇,笔记20篇。比较著名的除《广陵潮》外,还有《镜中人影》、《怪家庭》、《活现形》、《战地莺花录》、《侠凤奇缘》等。最后写《新广陵潮》,只写了一回便因频年用脑过度而突发脑溢血病逝,由程瞻庐续完。

## 许指严

许指严(1875～1923),原名国英,字志毅、子年,号指岩,别署甦庵、不才子、砚耕庐主、弹华阁主等。武进县城(今常州市区)人。清末民初掌故小说家。幼承家学,后补博士弟子员。早年在常州致用精舍任教员,同时与蒋维乔等创办修学社。光绪二十九年(1903年)被同乡盛宣怀聘到上海南洋公学中院任国文教员,清末民初上海文坛名家管际安、赵苕狂、李定夷等均是他的学生。后入商务印书馆任国文编辑,编有《中学国文史学讲义》、《国文读本》、《国文读本评注》等。此时,开始写小说《双棺价值》、《龟生珠》、《三家村》、《醒游地狱记》、《绿窗残归》,在《十日小说》、《小说月报》等杂志上陆续发表。民国初年,入金陵高等师范教授国文,同时创作小说《劫花惨史》、《南阳女侠》、《广陵散》、《秋坟断韵》,投寄于上海各报章杂志发表。民国5年(1916年),应北京政府财政部次长赵椿年之邀,任该部机要秘书。翌年3月在京创办《说丛》杂志,先后对洪宪称帝丑闻和溥仪复辟闹剧进行跟踪追记,分别写出并登载《新华秘记》(前后编)及《新华梦》和《复辟半月记》。后回上海,在学生李定夷主编的《小说新报》馆任编辑。此时他创作进入高潮,除了在《小说新报》发表长篇小说《京华新梦》、《小叶野闻》,笔记《小筑茗谈》、《古今艳史大观》、《三海秘录》等也大都在其间写成。民国10年,许指严应武进商会聘请,回常州任《商报》总编辑,并接连在该报发表《边荒恨迹》、《红花铺》、《蓬莱仙馆》、《双白奇冤》、《董小宛别传》、《论官僚之无耻》、《琵琶蛇》等作品。民国12年受聘于上海南方大学任国文教授,不料赴沪不久,突发急性肺炎,溘然长逝。他博学多才,擅长诗、古文辞,精史学,尤喜爱文学。其祖父曾在北京清廷为官多年,熟知朝廷官场和皇宫隐秘,时常流露于他,便成了许指严创作掌故小说的重要素材,他写的稗官野史小说,只要稿子一脱手,立被各报馆杂志和书局抢去出版发表。当时索稿者慕名纷至沓来。有时稿子未好,稿酬先付。他一面任些闲职,一面以鬻书卖文为乐,养活全家十几口人的生活。一生撰写《圆明园总管世家》、《瑶石第一妃》、《香妃异闻》、《强盗式的绅士》、《虎儿复仇记》、《故宫艳迹》、《近十年之怪现状》、《蓬台情劫》、《翠屏艳迹》、《天王宫掘窟》、《愿填沟壑》、《清史野闻》、《天京秘录》、《民国春秋演义》、《京尘闻见录》、《十年花絮》、《焚土秘史》、《指严小说精华》、《许指严说集》、《清鉴易知录》、《石达开日记》等数千万字的作品,是当时最有名的掌故小说家。许指严去世后,有人感叹:"指严死,掌故小说与之俱死矣。"他的书法亦造诣颇深,能融颜、柳、欧、苏于一炉。每当临池,见之无不称羡,抢为珍藏,另有《指严余墨》行世。

## 陈撷芬

陈撷芬(1883～1923),女,笔名楚南女子。武进(今常州市区)人。近代妇女运动组织者、女报人。主办《苏报》的陈范长女,幼承家学。早年随父赴沪,投潘兰史门下习诗词。10岁能作诗,曾在梁启超主编的《清议报》上发表《戊戌政变感赋》等诗作。16岁时,在其父帮助下创办并主编妇女刊物《女报》,后称稿源不足停刊,协助父亲料理《苏报》和帮助蔡元培创办爱国女学,同时参加女学会。与社会广泛交往,为《女报》复刊作准备。光绪二十八年(1902年)四月一日,《女报》在上海派克路复刊,设论说、白话演说、新闻、中外女界汇志、女界近史等栏目。翌年一月,改名《女学报》。她办报主张把妇女的解放和民族解放联系起来,号召妇女和男子一起共同改变整个国家"受制于人"的状况。同时,为受几千年封建压迫的中国妇女鸣不平,提倡女学,鼓吹女权,争取自由平等。她办的《女学报》,不仅发表《中国女子之前途》、《尽力》等为女权争一席之地的文章,还发表反清文章,与《苏报》相呼应,有"小苏报"之称。光绪二十九年,苏报馆被清廷查封,《女学报》受牵连,财产被没收。她随父亡命日本,继续编印《女学报》第四期,托上海《国民日日报》代为发行。旋进横滨基督教共立女校留学。不久,加入反清秘密会党三合会和争取男女平权的中国最早爱国团体——共爱会。以其在国内办《女学报》的影响和能说善辩的才干,很快成为共爱会的骨干。光绪三十年四月,与刚去日本留学的秋瑾结识,在经济上支持秋瑾与封建家庭决裂。九月,发起将共爱会改组为实行共爱会,被推为会长。不久,发起组织女子雄辩会,任会长,组织女留学生开展推翻清王朝的演说活动。后与未婚夫杨隽同往美国留学。清宣统三年(1911年)返沪。翌年,中华民国临时政府成立,加入女子参政会,呼吁女子参政、议政,为女子能在民国政府中从事政治活动积极奔走。不久,南北议和告成,民国政府迁都北京,她随丈夫去四川活动。民国12年(1923年)病逝。

## 曾玉良

曾玉良(1886~1923),原名玉柱。清光绪十二年(1886年)三月出生,甘泉县龙尾田以北(今扬州邗江区槐泗乡荷花村)人。"二七"工运中坚,烈士。幼年家境清贫,农闲时习拳练武,气力过人。20岁时,经人介绍,到湖北省汉阳兵工厂当小工,因与工头斗争,遭厂方开除。民国3年(1914年),汉口江岸机厂招工,他以其兄曾玉良的名字考取当镟床工。民国10年9月,中国共产党领导下的中国劳动组合书记部武汉分部成立,曾玉良和林祥谦一道积极参加工运活动。次年1月,江岸京汉铁路工人俱乐部在老君殿成立,曾玉良被工友们选为俱乐部第一届交际干事。民国12年1月5日,江岸京汉铁路工人俱乐部成为京汉铁路总工会江岸分会,林祥谦任委员长,曾玉良任工会委员,并当选为工人纠察团副团长,和大律师施洋同为林祥谦的得力助手。

民国12年2月1日,京汉铁路总工会在郑州举行成立大会,北京政府直系军阀吴佩孚以武力进行阻挠和破坏,总工会遂转移汉口江岸,并决定举行京汉铁路总同盟罢工,江岸分工会积极响应。林祥谦、曾玉良被选为江岸地区负责人。2月4日一早,总工会发表《罢工宣言》,9时整,3万多名工人的政治大罢工开始,长达1200多公里的京汉线陷于瘫痪。曾玉良率领纠察团,佩戴红袖章,手执齐眉棍,站岗放哨,保卫总工会。7日下午,湖北督军萧耀南和军阀吴佩孚下达指令:"从速消灭罢工领导力量",并派督军府参谋长、汉口镇守使张厚生带领两营军队赶赴江岸,驻汉口的美、英、法等帝国主义公使、领事馆亦出动军舰,伙同军阀镇压罢工工人。5时许,他们从江岸火车站、头道街、福建街向总工会包抄过来。此时,林祥谦仍指挥若定,曾玉良扛着"工人纠察团"的大旗,和100多名团员威风凛凛地站在总工会门前严阵以待。不久枪声大作,大屠杀开始。面对血腥镇压,曾玉良挥舞团旗,大声呼喊,纠察团员们齐声怒吼,向前冲去。就在这时,冲在队伍最前面的曾玉良把团旗交给工人梅大龙,凭借自己身高力大、有武术功底,用铁棍接连打落五六个敌人手中的枪支。敌军官见状,即举枪射击,曾玉良中弹倒地,英勇牺牲。时年37岁。

# 周甘尘

周甘尘(1889~1923),本姓丁,名朝宗,又名绍忠,字甘尘,因过继给周姓母舅故改姓周,以字行。东台安丰人。民主革命将领,烈士。早年先后入江南陆军小学、陆军第八中学求学。他目睹清政府日趋腐败,与兄铭忠、国忠相约加入孙中山领导的同盟会。武昌起义之初,与丁国忠策动清长江海军反正,配合新军与张勋部激战多日,后获浙沪联军支援,一举迫使张勋部狼狈逃往徐州。

民国6年(1917年),周甘尘赴广州投奔孙中山。民国10年,先后任江西赣军军官学校教育长、参谋处长、赣军行军总指挥。次年6月,广东省长兼粤军总司令陈炯明勾结英帝国主义和军阀在广州发动叛乱,周积极主张稳定西江根据地,再举兵讨伐陈炯明。时适逢其父病故,请假返里。民国12年2月,许崇智军长奉命回广东,组织力量讨伐陈炯明,电召周甘尘立即返防,任命为参谋长。周接受任务后,立即前往汕头,策动驻汕头海军独立,截断陈炯明的后援,并赶走汕头陈部洪兆麒。之后陈部林虎连陷兴林、兴梅,潮、汕两地岌岌可危。许崇智令师长王懋功、参谋长周甘尘迎敌。周率部与敌人搏斗于猴子洞、蛤蟆井,历3昼夜,大破陈部,继而跟踪追击,先后收复嘉应所属5县。不料陈部乘周军后方空虚之际,又占领揭阳,且以全力反扑汤坑。周率一团之兵与敌5倍之众鏖战于言岭关,相持2昼夜,方转危为安。7月,许崇智令王懋功率第三旅驻守博罗,由周代理第一旅旅长,留守柏塘,以阻河源之敌。后又率部收复淡水,毙敌千余。从此,东江形势渐趋稳定。不久,周擢升为讨陈前敌总指挥。7月27日,为全歼陈部,周下令全军取道海陆丰,直捣潮、汕两地。推进至白芒花时,周亲临前线,率卫士登高侦察敌情不幸遭伏兵袭击,卫兵中弹倒下,周亦相继中弹,但仍镇定自若,令部下孙伯文领兵向敌进攻。孙见他流血过多,劝其下火线,周坚留阵地,终因伤势严重,被送往淡水的医院抢救,继而转入香港国家医院治疗,因弹中要害,医治无效去世,时年34岁。

周甘尘牺牲后,孙中山悲痛异常,题赠"痛失干城"匾额,追认为少将旅长,特命广东省长廖仲恺派王懋功、朱华、张治中等将领星夜赶赴香港,料理后事。后由其弟丁国忠护送灵柩回原籍安丰安葬。东台人民为纪念他讨伐陈炯明所立战功,建"先烈周甘尘祠"。后祠惜毁于日军侵华战争。

## 盛延祺

盛延祺(1894～1923),原名延年,字白沙,以字行,号益斋、磊斋。仪征人。民主革命海军将领,烈士。宣统元年(1909年)考入南京两江商业学堂,宣统三年补入南洋水师学堂,立志振兴海军。其后,相继深造于烟台、吴淞、南京海军学校,历时8年。其间,于宣统三年加入同盟会,并至仪征宣传反清革命思想,被选为县参议员。民国3年(1914年)加入中华革命党,参加起义,夺取"肇和"舰,炮击江南制造局。民国5年在上海晋谒孙中山,翌年奉孙中山之命,策动湖北第一师、九师独立,脱离北京政府,未成。民国7年,盛延祺在南京海军学校毕业后,驰赴广州,受孙中山派遣上"肇和"军舰,参加讨伐龙济光之役。因其作战勇敢,孙中山拟任他海军要职,他力辞。民国11年4月,奉孙中山密令,协同温树德等整肃海军,重组护法舰队。他率先带领敢死队员登上"海圻"舰,武装接管成功,其余10艘军舰亦相继为革命派接管,壮大了西南护法舰队的阵营。因其累著战功,孙中山再次拟提升他海军要职,他仍坚辞:"我不要名,不要钱,不要命,唯愿终身追随先生,甘为革命先锋。鞠躬尽瘁,万死不辞。"孙中山为之动容,委他为"肇和"舰副舰长。6月,粤军司令陈炯明在广州发动叛乱,炮轰总统府,盛延祺等人冒生命危险在炮火中将孙中山接至"楚豫"舰,转登"永丰"舰。时海军司令温树德暗中通敌。孙中山任命盛为海军右指挥,率领各舰痛创叛军。孙离粤后,盛约同"永丰"、"楚豫"诸舰移驻汕头,以保存革命力量。孙电令盛为驻汕头海军舰队指挥兼"肇和"舰舰长,立即统帅舰队,攻击潮、汕逆军。同年10月,盛延祺以孙中山全权代表身份,赴上海与奉、皖两系代表张学良、卢小嘉会谈,并与张、卢义结金兰,以巩固孙(中山)、段(祺瑞)、张(作霖)三角联盟,讨伐直系军阀,完成护法大业。民国12年1月,盛延祺被推为海军代表,赴沪欢迎孙中山回粤主持大计。2月,随孙中山南下回粤,并奉命返汕头,着手整顿海军。3月,会同驻汕头海军将佐发出声讨温树德投靠北洋军阀电。4月15日晨,温假传孙中山大元帅命令,将"海圻"、"海琛"舰驶抵汕头,胁迫"肇和"舰北上投吴(佩孚)。下午1时许,"肇和"舰上温树德党羽唆使山东籍水兵,以索饷为名鼓噪闹事,枪杀了副舰长江泽澍。在危急的情况下,盛延祺登上"肇和"舰,召集官兵晓谕疏导。温树德党羽突然在人丛中开枪,甲板上顿时大乱。盛站在高处讲话,乱中无法立足,顺势纵身入海,温党羽跟踪凭栏连续射击,盛中数弹,遂成仁殉国,时年29岁。孙中山闻耗,震悼良深,于翌年追赠盛海军中将衔。1985年,江苏省人民政府追认盛延祺为革命烈士,仪征亦以先烈之名建"白沙公园"以为纪念。

## 黄葆年

黄葆年(1845~1924),字隰朋、锡朋、希平,号归群。姜堰(今属泰州)人。近代理学大师,太谷学派的重要代表。光绪九年(1883年)进士,曾任山东临淄、滕县、朝城、福山、泗水等地知县。职中,廉政爱民。知朝城时,疏浚河流以兴水利;宰泗水时,遭水旱灾害,他取出库存银粮赈济灾民。光绪二十八年,黄葆年辞官归故里,后与蒋文田、刘鹗、程绍周等至上海愚园开会,议定设学社于苏州葑门内十全街,并被推为山长,开办归群草堂,聚徒讲学,受益的陆续有几千人,且多有自外地移家相就者。黄葆年师承仪征周太谷(星垣)、李晴峰(光炘)。但他的学说和明代王艮开创的"泰州学派"已有所不同,他把各个宗教的起源归纳到儒学里。著有《归群草堂语录》、《归群草堂诗集》、《归群草堂文集》等。其弟子张广德曾将太谷及其传人的著作辑为《归群宝笈》正续编90集307卷。民国13年(1924年),黄葆年在苏州病逝,墓葬苏州城外汤家山。

## 段朝端

段朝端(1844～1925),字笏林,号蔗叟、蔗湖退叟。淮安城内人。近代学者。出生于书香门第。祖父善亭,邑庠生;父春泉,廪贡生;兄朝征,附贡生,著有《怡怡轩诗草》等。段朝端5岁进私塾,14岁入县学,科试补廪,但乡试辄不第。后时而教馆,时而进学,博览群书,遍访淮故。光绪五年(1879年)报捐试用训导,署仪征教谕、甘泉训导、兴化教谕、海州学正、仪征训导等。还曾应聘为《江苏通志》分纂、《淮安府志》分纂、《续纂山阳县志》总纂。后因足疾腿病,归里蛰伏椿花阁,以诗文自娱,整理并研究古籍和乡梓文献。其著作主要有《南游杂记》1卷、《椿花阁随笔》及《续笔》8卷、《蹄涔小识》2卷、《楚台闻见录》4卷、《淮人书目》2卷、《淮人书目小传》、《袁文拾沈》2卷、《昭代舆地碑目》18卷、《王褒集注》1卷、《凤凰村笔丛》20卷、《汉书字诂》2卷、《广韵引书略》1卷、《广韵姓氏补编》10卷、《广韵姓氏考》1卷、《邵氏姓解辨误》1卷、《真州学舍》8卷、《淮著收藏记》1卷、《半人锁记》1卷、《三洲画史》2卷、《跰躃余话》6卷、《跰躃余话之余》4卷、《徐集小笺》3卷、《徐节孝先生年谱》1卷、《周白民征君年谱》、《张力臣先生年谱》、《吴山夫先生年谱》、《张虞山先生年谱》、《任东涧先生年谱》、《顾在瞻先生年谱》、《李公凯先生年谱》、《椿花阁诗集》8卷、《椿花阁文集》6卷等。

## 王鸿寿

王鸿寿(1850～1925),祖籍安徽,生于通州(今南通市区)。近代徽、京剧表演艺术家。16岁至"小福寿班"拜师学京戏,艺名"三麻子"。其父为清水道粮运官,驻通州,被诬陷,家庭遭灭门之祸。他幸由戏班掩护,藏身衣箱之中,逃出虎口。从此隐姓埋名,以卖艺为生。同治九年(1870年)在天津紫竹林兴华园演出关公戏《古城会》、《水淹七军》,别开生面,台下掌声不绝,誉满北国京剧舞台。以后他长期在上海献艺,汲取众家之长,融会贯通,特别善于红生戏中关羽这一人物的塑造,将揉脸法改为银朱勾脸,画蚕眉凤目,戴夫子盔,着虎头靴,用青龙刀,拥"关"字旗,造型威严而庄重。国画大师刘海粟称赞他是"演红生为一代巨匠,叱咤风云,不失儒雅。倚刀理髯,驰马观书,壮不伤秀,实已至化境"。他红生戏路很宽,以关羽为主,其他尚有姜维、赵匡胤、关胜等,因人而异,各具特色;也擅长文武老生,如《跑城》中的徐策,《醉轩捞月》中的李白。他特别喜欢演岳飞,唱做并工,为内行人所倾倒,因而誉为南派京剧表演艺术大师、奠基人之一,自成为王派。王鸿寿还是一位多产的戏曲作家,曾与汪笑侬等合编不少剧目,其中关戏有35出。麒派创始人周信芳为其嫡传弟子。"武生泰斗"杨小楼特备门生帖子,拜其为师,专学《洞庭湖》一戏中的岳飞。民国11年(1922年),他年逾古稀,仍带病应邀在上海登台演关戏《走麦城》,不想一下舞台,双脚浮肿,裆疮迸裂,鲜血直流,竟一病不起,民国14年春节溘然长逝。后人尊他为"红生鼻祖"。其关羽戏的影响,波及至秦腔、晋剧、湘剧、豫剧、粤剧等。

## 孙中山

孙中山(1866~1925),名文,字德明,号日新,改号逸仙,曾化名中山樵,后以中山名世。广东香山县人。伟大的民主革命先行者。先后在檀香山、广州、香港求学。光绪十八年(1892年)于香港西医书院毕业后,在澳门、广州行医并致力于挽救民族危亡的政治活动。光绪二十年北上天津,上书李鸿章,要求革新弊政,变法自强,遭到冷遇,遂转赴檀香山组织兴中会。翌年,到香港成立兴中会总部,并提出"驱除鞑虏,恢复中华,创立合众政府"的民主革命主张。以后曾相继策划广州起义、惠州起义等,均失败,流亡国外。光绪三十一年,在日本创建中国同盟会,被推举为总理;制定了"驱除鞑虏,恢复中华,建立民国,平均地权"的资产阶级民主革命纲领;创办《民报》,提出"民族、民权、民生"三民主义学说,对康有为、梁启超为首的改良派作了尖锐地批判斗争。光绪三十三年至宣统三年(1911年)间,他在国内外积极发展同盟会组织,联络华侨、会党和新军,在广西、云南等地组织和领导8次武装起义,虽均遭失败,却为武昌起义准备了条件。宣统三年八月十九日(1911年10月10日)武昌起义后,十一月十日,他被17省代表会议推选为中华民国临时大总统。

民国元年(1912年)1月1日,孙中山在南京宣誓就职,宣告中华民国临时政府成立。孙中山在南京就任大总统后,全力为新生的革命政权服务。在短短的3个月内签发了100多个文件,颁布了30多个有利于民主政治、发展民族资本主义的法令,并在3月11日公布了具有资产阶级共和国宪法性质的《中华民国临时约法》，庄严地宣布："中华民国之主权属于国民全体。"他身体力行，一再强调"总统就是国民公仆"，称自己是"平民总统"。为了更多地接近民众，他常骑马外出视察工作。他还制订了中国社会经济发展现代化的宏伟蓝图《实业计划》，把"建设内河商埠南京及浦口"放在极重要的位置。他设想把南京建设成一座对外开放的江海型港口城市，并提出以南京为中心的四通八达的铁路网和发展南京工矿业的方案。孙中山的设想和对南京城市发展的总体规划，由于历史和社会的原因，在当时无法实现，却为后人留下了一份珍贵资料。

  由于立宪派及其他旧势力对袁世凯的支持，革命党人的妥协态度，孙中山被迫于民国元年3月31日辞去临时大总统职。8月同盟会改组为国民党，他被推为理事长。次年3月，在袁世凯派人刺死宋教仁后，他发动反袁的"二次革命"，旋遭失败。民国3年7月，在日本组织中华革命党，他被推为总理，两次发表《讨袁宣言》。民国6年，发动护法运动，反对段祺瑞拒绝恢复国会和《临时约法》，在广州召开国会非常会议，组织护法军政府，他当选为海陆军大元帅。民国7年，因受桂系军阀等排挤，他再次被迫去职，赴上海。民国8年，在上海创办《建设》杂志，发表《实业计划》，将中华革命党改组为中国国民党。民国9年命陈炯明部驱逐在广东的桂系军阀，重返广州。民国10年，孙中山就任中华民国政府非常大总统，再举护法旗帜，组织大本营，准备北伐。陈炯明发动武装叛乱后他退居上海，接受中国共产党、苏联共产党的帮助，实行"联俄、联共、扶助农工"三大政策，改组国民党，邀请共产党人加入国民党，共同进行民主革命。民国12年驱逐陈炯明，回广州重建大元帅府，并邀请苏联政治军事顾问到广州，帮助中国革命。民国13年1月，在广州召开中国国民党第一次全国代表大会，根据三大政策重新解释三民主义，将旧三民主义发展成为新三民主义，同时创办黄埔军官学校。同年10月镇压广州商团叛乱；11月13日抱病北上讨论国是，提出对内召开国民会议，结束军阀统治；对外废除不平等条约，反对帝国主义侵略的主张，并与军阀段祺瑞、张作霖作坚决斗争。由于他忧愤疾发，一病不起。在他弥留之际，犹念念不忘革命，留下"必须唤起民众及联合世界上以平等待我之民族，共同奋斗"的遗嘱。民国14年3月12日在北京去世，终年59岁。根据他生前"归葬紫金山"的遗愿，遗体运来南京，陵墓建于钟山之阳（孙中山当年自己选的墓址）。著有《中山全书》、《总理全集》、《孙中山选集》等。

## 汪文溥

汪文溥(1869～1925),字幼安,一字忏庵,号兰皋。武进县城(今常州市区)人。民主革命者、报人。光绪二十四年(1898年)赴沪,在陈范的《苏报》馆任主编。最初办报倾向变法,"时人都以康党目之"。后受资产阶级民主革命的影响,言论转向,刊登反清文章,支持各校学生抗议清廷奴颜媚外的退学风潮,专辟《学界风潮》栏,予以正面报道,鼓励学生起来为正义而斗争。光绪二十九年去湖南,任醴陵知县。光绪三十二年,掩护革命党人的活动,对同盟会策动醴陵地区武装起义,佯装不知,不闻不问,被李青璜控为党徒而革职。翌年广东发生黄冈(今饶平)起义,他联络湖南的革命党人,决定配合起义,遥相呼应,不料被人告密被捕入狱,后经陈范设法营救开释。宣统三年(1911年)十月,武昌起义军遭到清军的反扑。他参加湘桂联军任司令部书记,前往武昌增援。后因对司令沈秉堃缺乏毅力和远大志向不满,离任返沪,先后参加民社、南社、鸥社,在沪主编《民声日报》、《中华实业丛报》,常在这些刊物及《南社丛刊》上写社论和诗词。余暇涉足梨园,因推崇梅兰芳、陆子美的唱腔,特写《梅陆集》,在社会上流传。民国2年(1913年)陈范去世后,他为陈范整理出版遗集,编为《陈蜕庵先生文集》、《蜕翁诗词刊存》、《蜕翁诗词续存》3种。汪文溥有《来台集》、《汪文溥日记》及《桃源痛史》等著作存世。

## 张文生

张文生(1872～1925),字星五。沛县鹿湾乡人。清末安徽督军。16岁去山东省临城(今薛城)投张勋部当兵,屡立战功,不足十年,由什长、百长、哨官升任营官,随张勋活动在徐州一带。民国初年,张勋任长江巡阅使、安徽督军,张文生被提拔为徐州镇守使、安武军司令,成为"辫帅"张勋手下最得力的干将。民国4年(1915年),张文生为张勋营建生祠,益得张勋宠信。民国6年,张勋假调停时局之名,带领5000名"辫子军",进京拥戴溥仪复辟,张文生留守徐州。复辟公开后,群起反对。当年7月12日,张勋兵败,被代总统冯国璋削去长江巡阅使、安徽督军职。徐州是张勋老巢,留驻徐州一带的安武军闻张勋兵败,蠢然思动。安武军四十四营、五十五营勾结匪徒,突然哗变,四出焚掠。驻当涂、宿迁、南通及沭阳等地的张勋旧部亦相继作乱。徐州镇守使张文生当机立断,率部剿伐,逐渐扫平。民国9年9月,张文生受命理安徽督军事。民国14年病逝天津,葬于今鹿湾乡赵圈村南。

## 顾正红

顾正红(1905~1925),滨海县正红乡人。"五卅"运动烈士。民国10年(1921年),因苏北水灾,顾正红随母寻父到上海,住在芦棚贫民窟,和弟妹拣煤渣、拾破烂,苦度时光。后经父亲多方奔波,被安排在日商内外棉九厂做清扫工,每日干12小时以上,半年多不给一文工钱。听说工钱都被工头作"酬谢金"拿去,要熬3年才能拿到工钱,顾气愤难忍,约几个年轻伙伴,将工头痛打一顿,因而被开除出厂。不久,又到日商内外棉七厂做布机盘头工,日本资本家对工人凶狠残暴,工人极为愤恨。民国13年秋,邓中夏等将原小沙度平民学校、工人补习学校等联合组织成沪西工友俱乐部,开展学文化、演讲会、游艺会等活动,邓中夏、恽代英、刘华等常到俱乐部讲课。顾正红经俱乐部教育,逐渐成长为活动骨干。民国14年初,沪西工友俱乐部在各工厂建立秘密小组,参加成员近千人。2月2日,上海内外棉八厂发生殴打女工、开除50名男工事件,工人自动关车罢工。中共地下党组织抓住时机,提出"反对东洋人打人"、"从前是牛马,现在要做主人"的战斗口号,领导上海22家日商纱厂约22.5万工人的同盟大罢工。这是上海日商纱厂爆发的第一次"反帝大罢工"。

在罢工斗争中,顾正红参加工人纠察队,向工友宣传罢工意义,维护交通秩序,解决生活困难。顾经受了这场斗争考验,加入了中国共产党。历时一个月的大罢工,日本资本家不得不作出让步,接受工人部分要求,释放被捕工人,罢工取得了初步胜利。但到四五月间,日商利用市场上棉贵纱贱的机会,撕毁协议,开除工人,并通知巡捕房将向厂方交涉的5名工人代表抓走,引起工人愤怒抗议。5月15日清晨,工友俱乐部召集各厂工人代表紧急会议,分析形势,研究对策。针对日商企图关掉部分厂,会议决定暂不罢工,大家分头通知各厂工人继续上班,回击日商阴谋。当日,内外棉七厂日班工人刚上班,日本领班头突然宣布:"今天没有纱,大班(厂长)叫你们统统回去。"工人们当即提出:"我们要上班,不上班也要给工钱。"工人聚集在工厂办公室门口不散。中午,巡捕房派人来"调解",答应停工期间发半天工资。当工人离开厂门之后,日本资本家立即贴出布告,只说停工,对发半日工资只字不提。顾正红当天上夜班,闻讯赶来,与积极分子商量,分头联络夜班工人,坚持上班。下午5点左右,夜班工人500多人陆续到厂,见厂门紧闭,工头、巡捕手持铁棍,守住门口,日本点名员对工人说:"厂里没有纱,大班要你们统统回去。"工人们顿时沸腾起来,顾带领工人冲进厂门上班。日本人举铁棍就打,好多工人被打得头破血流,工人拿起打梭棒自卫。内外棉七厂大班川村、副大班元木,带领一批打手奔来。面对持枪的日本人,顾毫无俱色,责问:"为什么不让我们上班,为什么撕毁协议?"川村向顾正红开了一枪,顾小腿鲜血流淌。他忍痛高呼:"工友们,大家团结斗争啊!"凶手川村再次开枪击中顾的腹部后又连开两枪,日本打手用刀猛砍顾正红头部,顾当即倒地。

工友们见状,冲向日本班头,尽管有10多人受伤,毫不退却。英国巡捕房派来大批荷枪实弹的巡捕,帮助日本凶手逃出重围。顾正红被抬上人力车送医院抢救。终因流血过多,抢救无效,英勇牺牲,时年20岁。顾正红流血牺牲是导火线,为了抗议帝国主义的血腥暴行,在全国范围内爆发了"五卅"反帝爱国运动。建国后,上海市建立顾正红烈士纪念馆,上海国棉二厂为顾正红烈士建了塑像。烈士家乡建立了顾正红纪念室;1958年成立人民公社时,烈士家乡正式命名为正红公社(今为正红乡)。

## 张 謇

张謇(1853~1926),字季直、号啬庵。近代立宪派、实业家、教育家。咸丰三年五月二十五日(1853年7月1日)出生于通州(今南通市)海门县(今海门市)常乐镇。自幼聪慧好学,17岁中第二十五名秀才。同治十三年(1874年)夏,通州知州孙云锦调任江宁发审局,邀张謇前往帮助办理文牍,任发审局书记,自此他便开始了客幕生涯。光绪二年(1876年),经孙云锦介绍入驻浦口的淮军统领吴长庆幕,任机要文书。光绪六年冬,随军去山东登州,驻防渤海湾,结识袁世凯。光绪八年夏,随吴长庆军去朝鲜协助"理画前敌军事",参与重大军事决策。光绪十年,张謇返乡。翌年春,张謇应顺天(今北京)乡试,中第二名举人。光绪十三年,孙云锦调任开封知府,张謇再次应邀入幕。同年底回家度岁。此后,致力于教书与著述。先后任崇明等书院教习,并参与编纂赣榆、东台两县县志。

光绪二十年春,因慈禧六十大寿,清政府开恩科考试。已对科举不再热心的张謇迫于父兄之命,赴京应试,中一甲第一名,时年42岁,被任命为翰林院修撰。同年六月,中日甲午战争爆发,北洋水师惨遭失败。张謇上疏,痛斥李鸿章,要求朝廷"另简重臣,以战求和"。次年2月,中日甲午战争结束,日本政府强迫清政府签订了丧权辱国的《马关条约》,张謇对腐败的清政府倍感失望。光绪二十一年,秉两江总督张之洞旨意,回南通筹办纱厂,办成了中国早期的股份制企业南通大生纱厂。张謇还在崇明外沙(今启东)创办大生分厂。光绪二十六年,张謇4次到沿海一带勘察可垦地,着人测绘滩地,并亲手订立通海垦牧公司集股章程,募集资金。次年,与大生纱厂相应的原棉生产基地通海农垦公司正式成立,为提高原棉质量,引进美国优质棉种。此后的20多年中,通海垦牧公司共围垦海滩10万多亩,可耕地达9万多亩,年产棉量达1万多担,总收入近20万元。

张謇认为"有实业而无教育,则业不昌"、"救国之强,当先教育"。从光绪二十八年起,张謇在南通创建了全国第一所师范学校,聘用王国维等一批名士任教。此后10余年间,他在通海地区创办通海五属公立中学等中小学校及中等专业学校和职业学校近370多所,其中的纺织专业学校、刺绣学校、农业学校、盲哑学校、伶工学校等一批职业专门学校均为全国首创。张謇还创办了全国第一所近代气象站。光绪二十九年,张謇去日本考察70天,对日本社会发生的巨变感触很深。回国后,他极力主张推行宪政。光绪三十年,张謇官至三品,但还是不忘立宪,努力在自己家乡实行地方自治。他将城市建设看作为地方自治的一个核心方面,着手全面统筹规划南通的城市建设。同年,张謇在天生港兴建码头仓库,创办大达内河轮船公司、大生轮船公司、天生港和上海大达轮步公司等运输企业。光绪三十一年,由他主持修建成长达10公里的港闸公路通车。同年,张謇出任江苏教育会会长,并创办了全国第一所博物馆——南通博物苑。光绪三十二年组织预备立宪公会,任副会长。宣统元年(1909年)任江苏咨议局议长。宣统三年任中央教育会会长。民国元年(1912年),孙中山任命张謇为实业总长兼两淮盐政总理。民国2年,张謇出任农林、工商总长兼全国水利局总裁。次年春,张謇辞去农商总长等职,淡出政坛,退居南通,将主要精力投入到南通的城市建设中。"五四"运动期间,他提倡尊孔读经,反对白话文和新文化运动,创办南通大学。民国11年任江苏运河总督、交通银行总理。此时张謇的地方自治事业已从实业、教育、文化、交通方面广及到商业、发电、电灯、电话、慈善事业和城市环境、市政等全方位的城市规划。经过张謇的苦心经营,南通成为中国人自己规划、设计并进行城市管理的"近代第一城"。民国15年7月病逝于南通,终年73岁。主要著作有《张季子九录》、《柳西草堂日记》、《啬翁自订年谱》等。

## 祝大椿

祝大椿(1856～1926),字兰舫。清咸丰六年十一月十二日(1856年12月9日)生,无锡南门外伯渎港人。近代实业家。父雪堂,曾任清军李鸿章部苏州觅渡桥驻军将领幕僚,祝大椿自幼随父居苏州乌鹊桥弄。父殁后,生活贫苦,家庭无力供其读书。16岁经人介绍,先后至无锡曹三房冶坊、上海大成五金号当学徒。在店中边钻研业务边补习文化。三年满师后,深谙五金经营业务。光绪十一年(1885年)前后,在上海开设源昌商号,专营进口煤、铁、五金,兼营拆卖旧轮船,出售旧机器、旧钢铁。由于精心经营,恪守商业信用,赢得不少外商的信赖,获利成倍增长。后又购置多艘轮船,兼营海轮运输业务,往来于新加坡、日本、上海之间。光绪二十四年,以银40万两,在苏州河畔开设上海第一家华商机器碾米厂——源昌机器碾米厂。日产大米二三千石,捐得花翎道衔,以亦官亦商的身份周旋中外商人之间。光绪二十六年前后,被英商聘为怡和洋行买办,经营房地产和航海业。光绪二十八年,与人合资(40万两,人己各半)创办当时上海最大的华兴机器面粉公司,日产"天官"牌面粉4800余包。次年,又向无锡茂新第一面粉厂投资4000两。光绪三十年,以独资50万两创建有缫丝车335台的源昌机器缫丝厂。同年八月,与周舜卿等30名绅商发起成立上海商学会。锡金商务分会成立时,被推为总理,并与周舜卿等发起成立锡金公所。同时,他还以上海商务总会议董的身份积极参与抗议美国政府迫害华工、逼签新约活动;代表上海铁业、机器业率先签字,保证拒购美货,并同上海商界一道向全国35个商埠发出抵制美货的通电。光绪三十二年,与人合资(28万两,人己各半)创办怡和源机器皮毛打包公司。同年,又与人合资(134万两,人己各半)创办拥有纱锭1.82万枚的公益机器纺织公司。这时,他对中国近代民族工业的总投资已有191万余两。因兴办实业有功,于光绪三十四年获二品顶戴衔,被清政府农工商部聘为顾问。同年升任怡和洋行总买办,并任上海英商电气电车公司和扬子保险公司买办,继续在上海投资开设源昌轧花厂、恒昌源纱厂和入股龙章造纸有限公司等。在苏州合资创建振兴电灯厂。宣统元年（1909年），在无锡合资创办源康缫丝厂等。民国2年（1913年）起，又以独资与合股的形式，先后创办无锡福昌缫丝厂、无锡惠元面粉厂、扬州振明电气公司、常州振生电气公司、溧阳振亨电气公司和南通振通电气公司，被誉为当时的"电气大王"。至此他的总投资数已近300万元。连续获北洋政府二等、三等嘉禾奖。民国5年任苏州总商会特别会董。民国6年3月，他与荣宗敬等发起成立华商纱厂联合会，并被推为临时议长。翌年，他被选为华商公团成员赴日本参加电气博览会。民国10年12月，在上海德安里建造市房130幢、里弄住宅197幢以及6座仓库房，经营出租业务。民国12年6月，被选为上海总商会民治委员会委员，又与周舜卿、蒋哲卿等人发起建立无锡旅沪同乡会。他在家乡与丁仲祐合资创办两所平民学校，于上海创设无锡旅沪公学，还将伯渎港故居改为大椿小学堂，获北洋政府所颁的"敬教劝学"匾额。还先后资助建造无锡通运桥、通汇桥和大椿桥。晚年笃信佛教，出资在无锡修葺龙光塔、保延寺、青山寺，在苏州捐巨资为西园罗汉像贴金，资助浙江普陀山险峻处装设铁栏杆等。民国15年7月10日因车祸在沪去世，葬苏州狮子山麓。

## 朱宝奎

朱宝奎（1861～1926），字宗奎，号子文。阳湖县（今常州武进）横林镇彭家头人。清末邮电、铁路管理官员。出身官宦世家，同治十三年（1874年），以13岁幼童留学美国，为中国所派第三批留学生之一。光绪七年（1881年），毕业于耶鲁大学，习工程，与詹天佑同窗结为好友。回国后，经同乡盛宣怀推荐，在中国铁路局任职。人颇机警，在光绪年间历任邮传部左侍郎、沪宁铁路总办、上海电报局总办、招商局总办等职。后与盛宣怀有矛盾，倒向袁世凯。光绪三十三年被革职回乡。他热心公益，关心桑梓，曾发起创办安尚两等学堂（今横林小学前身）和私立鸿文小学（今彭家头小学）。又出资建造封岸塘桥，铺筑从彭家头到横林镇约4里多路程的砖路，便利来往行人，还建议沪宁铁路局在横林设车站。每年夏季，购备常用药品，随时施赠，解除穷人缺医少药的困难。

# 丁甘仁

丁甘仁(1865～1926),名泽周。武进孟河人。近代孟河医派四大名医之一。早年随名医马文植学医,后又求教良师多人,奠定医术根基。开始在武进、无锡、苏州行医,后经同乡名医巢崇山推荐,到上海仁济善堂施诊,遂定居上海,后自开诊所。由于医术高超,播誉四方,求诊者络绎不绝。传授弟子达数百人。

丁甘仁认为,中医界多以私人传授医术,某些良方秘而不传,不利于培养中医人才。欧美西医发展很快,中医不欲衰弱,必走培养人才、中西结合之路。民国5年(1916年),他多方集资,与同行夏应堂、谢观等人在上海创办中国第一所中医专科学校(后改为上海中医学院),学制四年,招收高中毕业和同等学历者进校就读。教授课程,设中医学史、内经、难经、伤寒论、金匮要略、本草学、脉学、儿科学、温病学、方剂学、妇科学、外科学等。随后发起成立中医学会,后又成立江苏省中医联合会,被推选为首任会长,并创办《国医杂志》,开创组织中医相互交流,集体切磋研究之先河。同时,他还在学校附设沪南、沪北广益中医院,开设门诊部、住院部,为学生提供诊疗实习之用。又创办中医女子专门学校,培养女中医。几年内,培养数百名中医人才,造就一支中医队伍。

丁甘仁治学严谨,诊断精确,对症施治,所开处方,有理有法。他最推崇张仲景的《伤寒论》,认为以六经辨证为纲,分治准确,是分析病情、对症下药的关键。中医临症有两大法门:一为《伤寒论》之六经病;一为《金匮》之杂病。此两书是中医临症的主要依据,缺一不可。他最擅长治疗湿温伤寒时症,医术精湛,名声远扬。他还兼精外、喉科,旁及内、妇、儿科,融合各家之长,辨证审症求因,灵活施治用药,内外参合,表里并重,扶正祛邪,而收奇效。如诊治"猩红热"(即"烂喉痧"),疗效卓著。他说:"吾临床二十余年,于此症略有心得。"诊治烂喉痧不下1万人次。凡经他治疗者,多热退痧透,烂喉白腐迅速消退,得以化险为夷。

丁甘仁医德高尚,乐善好施。对病者不论贫富,一视同仁。尤以对前来求诊的贫民百姓,常免费赠药。他热心公共福利事业,将所得诊金资助学校、医院及慈善机关,为贫困患者提供免费施药、施粥,赠棉衣、办义学、养老院、育婴堂等。他曾在武进、丹阳等地举办过荫沙义渡局、孟河接婴堂、孟河敬老院、通江市文社；还曾捐款修桥铺路。由于他在公共事业方面作出贡献，孙中山赠予"博施济众"的金字匾额。他的主要著作有：《药性辑要》、《脉学辑要》、《喉痧症治概要》、《诊方辑要》、《丁甘仁临证一百十三法》等医学名著。丁甘仁病逝后，他的弟子将其遗著编成《孟河丁甘仁医案》一书行世。

## 郁芑生

郁芑生（1873～1926），原名世丰，后改名寿丰，又名鸿兴。启东曹家镇人。近代实业家。早年丧父。读了3年私塾后，信天主教，跟神甫学英文、拉丁文。17岁时，到上海浦东同昌纱厂谋生，业余攻读英文，后能熟练地口头翻译。光绪二十七年（1901年），张謇筹建大生纱厂，派郁芑生去英国采购纺纱机。开始，英商歧视华人，郁芑生用流利的英语进行婉转而得体的交涉，英方改变了看法，客气地介绍英国商界情况和纺织机器方面的行情，谈判成功。当时张謇办实业银根吃紧，郁芑生将购买机器英商给他的回扣全部抵作买机款，以补资金短缺。郁芑生在英期间，适逢清政府南洋大臣端方赴欧洲考察政治，特请他当翻译，郁反应敏捷，翻译准确。回国后经端方竭力推荐，被朝廷封为候选道，授予朝议大夫。但他觉得官场太腐败，不愿置身其中，热心于跟张謇搞实业救国，在大生二厂供职。民国2年（1913年），奉命再次去英国购买机器。加入伦敦总商会，成为第一个中国人担当的委员。不久，发生了第一次世界大战，英镑涨价，赚了一笔钱。回国后，在上海设立大生机器公司，专营纺机业务，任公司经理。同时兼大生纱厂厂务，负责上海银行、外商与纱厂的银钱交往，接待外国纺织专家考察等事项。郁芑生经营机器盈利后在上海陆续购进房地产，在吉拔路（今富民路）建花园洋房1座，还在家乡曹家镇附近买地200亩，在镇上开公仁花木行和油米行。他还办教育，兴慈善事业。从民国10年起，在家乡陆续办了6所小学，自任校长。学校教育设备比较完善，校风良好，对贫苦学生免收书费。在曹家镇，他还用发"摺子"的办法，凡孤、贫、残者，每月发给补贴每人银元1块，有300多人得到接济。在上海杨树浦办圣心医院，在川沙重建天主教堂。民国11年，崇海班的瑞安客轮在宝山县城东门外江面遇大风翻沉，淹死200余人。郁芑生主动负责善后事宜，为60余具无名尸体备棺入殓，拍照编号，录明身穿衣服，备案存查，修坟掩埋于北新镇大桥边。民国13年，辞去经理和厂务,专事公益事业。为改善乡间交通条件,在曹家镇一带先后造"寿丰"石桥11座,还在富安镇、窑头镇、北新镇造水泥桥3座。民国15年7月6日,突发脑溢血,在上海去世。灵柩运回乡下时,百姓自发摆香案致哀。

## 吴介璋

吴介璋(1875～1926),字德裕、号复初。民主革命将领。阳湖县(今武进)遥观蒋墅巷人。自幼聪颖好学,16岁已名传乡里,被聘为塾师。甲午战争中,中国海军失败,激发他爱国之心,弃文从戎,考入江南陆师学堂,攻读军事。光绪二十四年(1898年),以优异成绩毕业,被留校协办教务。当年,陕西巡抚魏光焘到江南物色训练新军人才,邀请他去主持文案及营务处帮办,不久,升任武威新军统带,为陕西训练一批新军人才。光绪二十五年,清政府下令各省成立督练公所。江苏巡抚署邀请吴介璋南归任督练公所提调兼征兵处提调。他鉴于清兵大都为行伍出身,年龄较大,很难训练出一支适合战争需要的新军,主张重招年轻的有志青年,为募为征,自愿报名。他在常州设立征兵处,征招府属各县的乡民子弟进行训练。亲自宣传演讲,改变百姓中"好男不当兵"的旧传统观念,用"国不强,焉能安"的道理,激励青年报效国家。府县乡民受其"精诚感召",报名者多达千余人。以后,他又到江西武备学堂任总教练、陆军、测绘学堂总办,为江西训练一大批新军人才,国民党高级将领李烈钧、熊式辉、刘峙等,均出于他的门下。光绪三十二年,吴介璋任江西督练公所总办。次年,清政府在全国各省筹建新军统一编号,将驻扎在江西的清军编为暂编二十七混成协,他为协统。宣统三年八月十九日(1911年10月10日)武昌起义爆发,吴介璋于当年10月31日率兵响应起义。11月2日,在省议会、商会和教育会等联合公团会议上,被推选为江西省都督,负责全省军政事宜,裁撤府、道、州等旧建制。不久,驻九江的前混成协五十三标洪门会结党倒吴,发动内讧,说"江苏人不宜为江西都督",推五十三标统马毓宝取代,他被迫离开南昌回常州隐居,"屡征不起"。

民国5年(1916年),吴介璋出任北洋政府多伦授勋使,前往蒙古考察国防,提出《蒙古边防计划书》的建议,以及集中人力财力开垦边蒙,收复被沙俄侵吞的外蒙。北洋政府根本无意顾及"边蒙计划"。吴大感失望,跟随孙中山到广州成立护法军政府,任军事参赞。后被李烈钧聘为参谋部总参议,参与讨伐陈炯明战役。第二次直奉战争爆发后,张宗昌南下常州,将商团负责治安的枪械全部收缴。吴介璋受公众之托,找张评理责之。张宗昌"为其气夺,逊谢不遑",使地方财产免受一些损失。民国15年,国民革命军集师北伐,吴介璋出任兵站总监,身历多次战役。当北伐军与孙传芳军队对峙九江时,他被派往上海,秘密活动,联络反孙力量,动摇孙传芳的后方阵脚,为北伐军击败孙传芳军队起了积极作用。同年11月1日,吴介璋外出活动时,被英美电车公司汽车撞死。次年南京国民政府追认他为陆军上将。

## 柳伯英

柳伯英(1884~1926),字成烈。吴县(今苏州市区)人。早年毕业于江苏师范学堂。毕业后,在本校任教职数年,旋东渡日本,学习体育专业。期间结识孙中山,加入同盟会。回国后,曾任南京实业学校教员等职,不久在上海设立中国体操学校。清宣统三年(1911年),受同盟会中部总会派遣回苏进行革命活动,积极策划巡抚程德全及驻苏新军反正,并组织、领导北伐先遣团会攻南京。后去山东发动"光复",被推为山东都督、齐鲁总司令,在烟台、青岛组建机关及大本营,年末南归。民国元年(1912年)初,受沪军都督陈其美派遣,在苏组织"洗程会"准备倒程(德全)。终因事泄,蒯佐基、蒯佐同兄弟被捕遇害。柳伯英藏匿3天,逃往上海幸免于难。民国4年,袁世凯称帝,他积极参与反袁斗争,为袁所不容,遂追随孙中山再度赴日本,研究医学。民国7年回国,民国10年至苏,为掩护革命活动,接任苏州私立中华体育专门学校校长职。民国15年,国民革命军在广东誓师北伐。他与中共苏州独立支部书记、国民党苏州市党部常务执委汪伯乐在苏州中华体专秘密准备军事策应活动,被军阀孙传芳部侦悉,12月与汪伯乐一起被捕,解往南京,于16日惨遭杀害。民国16年国民革命军北伐到达苏州后,苏州各界召开追悼大会,并议决将原中华体育专门学校改称苏州成烈体育专门学校,以资纪念。其墓葬于苏州秋巷。

## 丁祖庚

丁祖庚(1890~1926),字朗西。清光绪十六年五月初六日(1890年6月22日)生。无锡南门外南塘人。4岁丧父,家境清贫,后考入南京江南水师学堂,在校加入同盟会,18岁毕业,成绩优异,实习后任"楚泰"舰二副。民国2年(1913年)任"豫章"舰大副、副舰长。民国6年,孙中山在广州建立护法军政府,海军司令程璧光率"豫章"舰等10艘军舰南下。新任广东督军莫荣新反,暗杀程璧光。丁祖庚指挥"豫章"舰炮击莫荣新观音山督府,保护孙中山。民国8年12月,丁祖庚调北京海军部,任航海学校教官。民国10年,孙中山在广州就任非常大总统,发动第二次护法。民国11年,孙中山任命温树德为海军司令,丁祖庚任海军上校参谋长兼"肇和"舰教练。同年6月,陈炯明在广州叛变,率军围攻总统府,丁祖庚驾"肇和"舰护送孙中山脱离险境到达香港。丁祖庚还在广州参与筹办黄埔军校。民国13年11月,孙中山北上后,丁祖庚辞职回家乡,先集资在上海开办废花厂,后又集资在无锡郊区创办志成农场。丁于民国15年7月14日因肺病在无锡去世。

## 毕倚虹

毕倚虹(1892~1926),名振达,字几庵,笔名倚虹,别署清波、春明逐客、婆婆生等。仪征人。近代小说家。年十五北上京师,历官兵部郎中等,颇有政声,被举为驻爪哇泗水领事,行抵上海而武昌起义爆发,遂滞留于沪。南北统一后,拒袁世凯之邀,入上海中国公学学习法政。他天资聪颖,学习成绩常名列前茅,故应付功课,游刃有余。正逢上海有正书局出版了一种《妇女时报》月刊,征集妇女的诗文,于是他便利用空闲时间,借夫人之名创作了一些作品投稿,受到该刊主编包天笑的赞赏,两人逐渐成为莫逆之交。毕从中国公学毕业后,便由包引荐入《时报》馆为编辑,主编外埠新闻,兼编副刊《余兴》、《小时报》。一度任浙江沙田局长,几个月后重返上海,先以写作为生,后回《时报》馆当编辑。发表小说《十年回首》。在《申报·自由谈》上,发表长篇小说《人间地狱》,以青楼生活为题材,描写金钱之诱惑和都市的罪恶。该书写至60回,后由包天笑续写20回。每回一张插图。他撰写的小说,观察细腻,对金钱之诱惑、恋爱之变幻、都市之罪恶,无不刻画入微,描写淋漓尽致,情节缠绵。此书脍炙人口,不胫而走,传诵一时,成为他平生最享盛誉的作品。他还在《小时报》上发表长篇小说《黑暗上海》,因病未写完,由江红蕉续写。他创办了《银灯杂志》,成为电影杂志的前驱,发表《银灯辞》、《苹泪梅啼记》等。又办《上海夜报》,为晚报之创始,在上面发表长篇小说《春江花月夜》、笔记《记哈同夫妇与宣统》等。

民国14年(1925年),上海掀起办画报高潮,也由毕所办《上海画报》倡导而起。"五卅"惨案发生时,他由强烈的爱国心所驱使,为了及时刊登有关现场的照片,向社会各界揭露日英帝国主义的暴行,激励广大市民同仇敌忾的心情,决定出版画报,刊载有关"五卅"惨案的现场照片,并撰写题为《沪潮中我之历险记》之文章相配合,令人读后触目惊心。后来登载圣约翰大学学生反对洋人校长阻止爱国运动而造成全体退学的照片,毕又撰《约翰潮》一文,许多热血志士、爱国青年纷纷购买,该报遂一鸣惊人。并在该画报上发表《极乐世界》、《新人间地狱》两部长篇小说。《上海画报》出至70期,后毕因病休养,编务由周瘦鹃担任,出至112期。

毕倚虹才思敏捷,连载长篇小说大都边写边载,常因应付多种约稿与事务,至夜晚报馆一再电话催促才急就续篇,完稿后遣馆役送去。又擅旧体诗词和书法,均享时誉。著作尚有:《苦恼家庭》(长篇小说)、《毕倚虹说部》(短篇小说集)、《几庵随笔》、《霞楼忓语》、《天贶楼笔记》等。

## 周水平

周水平(1894～1926),原名侃,号刚直,又名树平。清光绪二十年(1894年)6月27日生于江阴顾山周东庄。中共早期党员,革命烈士。民国4年考入无锡省立第三师范讲习班。民国6年,在江阴市立九校及宜兴周铁桥等地任小学教师。民国7年秋,得到亲友支持,留学日本东京高等体育学校。"五四"运动爆发,参加中国留学生示威游行,两次被警方拘留。他痛感弱国无外交、救国需救民,于民国9年上半年回国,任顾山县立第五高等小学教师,开办平民夜校。民国13年于川沙师范讲习所任教时,结识上海大学学生、共产党员林钧和主持国民党江苏省党部工作的共产党员侯绍裘。民国14年3月,参加中国共产党。不久,又加入国民党,参加筹建国民党川沙县党部工作。3月22日,在川沙发起举行孙中山追悼大会,并发表演说。"五卅"惨案发生,主持川沙国民外交后援大会,抗议帝国主义的暴行,募捐救济死难工人的家属。其后,去上海大学担任中学部体育教师。是年夏,奉命回乡与中共江阴支部书记孙选等组建国民党江阴县党部。他以"星社"名义,创办《星光报》,初在澄南小学油印,10月改为铅印旬刊。在第一期上发表《敬祝世界无产阶级万岁》的文章。同月,组织东南乡学界联合会,清理东南乡学社款产。10月3日,在《新江阴报》馆举行记者招待会,发起组织佃户合作自救会,反对地主豪绅刻薄平民回赎田产而炮制的《钱洋折合法》。11月7日,在顾山沈舍里庙会向来自澄镇虞三县交界的农民发表演说,散发油印传单,号召参加佃户合作自救会,团结一致抗拒业主压迫,得到广大农民的热烈拥护。三县地主豪绅33人联合控告周水平。18日,周被江阴县署拘捕。在审讯中,周以国民党员身份,依据三民主义和"约法",痛斥军阀政府的非法逮捕,自撰辩诉状、抗告文,要求无罪释放。国民党左派柳亚子等闻悉,转请江苏省长陈陶遗营救。三县大地主听说周水平出狱在望,异常恐慌,利用五省联军总司令孙传芳向各县预借冬漕之际,托言"秋租籽粒无收,无法预借冬漕",加害周水平。民国15年1月16日,孙传芳密令江阴县署斩决。17日凌晨,周在市桥西塽刑场上用普通话对周围群众高呼:"我叫周水平,非盗非匪,为了多数贫民而死,死而无恨!"他被斩首后,头颅悬挂在县署的照壁上示众3日。周水平牺牲后,其弟周全平、周偁和未婚妻夏静波相继参加中国共产党。周偁毕业于黄埔军校,"四一二"反革命政变后死于狱中。

## 汪伯乐

汪伯乐(1900~1926),原名德骐。苏州人。中共早期党员,革命烈士。幼年父母双亡,家产被叔父吞占,8岁进苦儿院,边读书边学手艺。17岁考入省立第一师范。他勤奋学习,成绩优异,尤长英语、数学和演讲。民国8年(1919年)"五四"运动爆发,汪伯乐作为一师学生代表,参加苏州学生联合会活动,并积极筹办平民学校。民国10年从师范毕业后,在市立小学、纯一小学、乐益女中、中华体育专科学校任教。民国12年与安徽女子职业学校毕业生吕兆璜结婚。民国13年,第一次国共合作后,国共两党的一些著名活动家来苏州进行革命活动,团结许多进步青年,他成了其中活跃的一员。他随叶天底、许金元一起积极参加追悼孙中山去世和声援上海的"五卅"惨案的活动,并经叶天底、许金元介绍加入国民党。这一年,他还在宫巷基督教堂乐群社开办大苏平民夜校,招收工人、店员和失学青年入学。他任校长,积极培养革命骨干。9月,中共苏州独立支部在乐益女中建立,汪伯乐经常与独支领导人叶天底、张闻天等人商讨革命工作,并加入中国共产党。民国15年8月,汪伯乐接任中共苏州独立支部书记和国民党市党部常务执行委员职务。为迎接北伐军,在中华体育专科学校建立秘密武装组织——迎接北伐军中心组。12月11日,军阀孙传芳的苏州警察厅派往邮局的检查员,发现体专学生、国民党员唐觉民给女友信中写有参加革命活动的机密,牵连到汪伯乐。12月14日,汪伯乐被捕,连夜解往南京。苏州各界团体和知名人士出面营救,军阀孙传芳16日下令将汪伯乐等人秘密杀害。民国16年,北伐军到达苏州后,4月17日苏州各界在体育场举行追悼会。同年8月,苏州市政筹备处应第一师范师生要求,以旧长洲县署为校址,建立伯乐中学。民国17年12月16日,汪伯乐灵柩安葬于葑门基督教安乐园。著名教育家、文学家叶圣陶为纪念汪伯乐撰写《汪伯乐传略》。

## 冯 煦

冯煦(1843～1927),原名冯熙,字梦华,号蒿庵,晚号蒿叟。生于金坛县(今金坛市)五叶乡。清末廉臣。14岁父亡,随母迁居河南固始县外祖父家,17岁移居江苏宝应县。他先从成心巢治经学及天算,又随乔守敬攻词赋。曾在南京"尊经"、"惜阴"两书院传经授艺,他的院课一出,士林皆敛手。钟山书院院长李小湖、林颖叔等人亦优礼聘请其讲学。光绪元年(1875年)中式副榜,在四川夔州文峰书院教示诸生,后因职所偏僻而辍职。光绪八年中副贡。光绪十二年成进士(探花),授职编修。他"图自强,治大本,行实政"的疏奏,深受光绪赞赏。光绪十四年他受命执掌湖南乡试,选拔人才秉公无私。返京后充任会典馆、国史馆纂修,精勤撰述不苟。在翰林院为官10年,屡言天下之利弊。光绪二十一年任安徽凤阳府知。凤阳连年水涝成灾,他率领府吏深入民间勘察,按受灾轻重发配救济粮,得救者甚多,同时屡次平反疑案。光绪二十七年调山西河东道,兼管陕、豫、晋三省盐库。他裁汰陋规,增加解交省库的田赋,又独创河东道岁出岁入表,使属下官吏有章可循,贪婪者有所收敛。年余,迁任四川按察使。时值广安州有不法之徒聚众捣毁学堂,州府捕获4人要按土匪正法,总督锡良准其所请。冯煦主张先调查后科刑。锡良固执己见,他抗颜力争,上书朝廷定夺,朝廷采纳他的意见。光绪三十一年改任安徽布政使,两年后升任安徽巡抚。他理狱审案力推宽大,不杀无辜,主从分清,政局趋稳。他上书朝廷请用"尊王庇民之臣",为满族权贵所不满,皇上听其言却不实行。他当任而行,不避权贵,严纠墨吏。安徽道员办事不慎,总办牙厘局怙权纳贿,徽宁池太广道有官吏贪纵不法，皆被罢职。后因有人暗中奏冯煦有革命之嫌而被去职。宣统二年（1910年），苏、皖大水，他任查赈大臣。他五次出入灾区，赈济灾区39州、县。宣统三年秋，他被罢官回籍，与门人刘钟林、魏家骅等人创立义赈协会。在苏、浙、豫、皖数省募集义款，所募之钱，除水旱放赈外，兼赈兵灾。

冯煦生平不畏难事，正义之事必全力以赴。东台竹港为运河入海五港之一，年久淤塞，旱涝成灾。他请淮阴陈君惠组织民工疏浚、建闸，从而入海通畅，受益面积百余万顷，民众感德，为他建祠。浙江缙云县海水倒灌，浸成盐碱土，他嘱溧阳乔葆元组织治理，砌石堤六七十里，阻挡海水浸入，变沙碱土成良田，当地人为他建塔，刻石记其迹。同治五年（1866年），高邮清水潭决口泛滥成灾，他卖书文资助灾民。辛亥革命清帝退位后，他归隐故里。中华民国成立后，他被任命督办江淮赈务，又先后受聘总纂《江苏通志》、《金坛县志》、《溧阳县志》。他善骈文和诗赋，曾编辑《汲左阁汇刊》，其《宋六十一家词选》12卷，为词者奉为楷模，所作词赋多感伤情绪。还著有《蒙香资词集》、《蒿庵类稿》、《蒿庵随笔》等。晚年以卖文谋生。去世后附葬宝应县胡卢桥其母墓次。

## 金泽荣

金泽荣（1850~1927），字于霖，别号沧江。原籍朝鲜（1897~1910年间称韩国），后入中国籍，定居南通。金泽荣从小喜好文学，尤嗜汉文，42岁时以诗中进士，即任朝鲜国史馆编修。光绪三十一年（1905年），日本帝国侵略势力进入汉城，成立宪兵司令部，嗣后又逼迫韩国政府在"保护条约"上签字。韩国内政、外交俱失，诗人悲愤欲绝，不甘当亡国奴。同年，辞去官职，携妻女避居中国，浮海来南通定居。

金泽荣与张謇以诗结交，早有来往，来南通后，张謇即推荐他到南通翰墨林印书局（今韬奋印刷厂）担任编校。金泽荣居住南通22年，在南通文坛颇为活跃，先后出版著作30多种。其诗大多揭示他虽身居异乡，但时时不忘故国家园的情怀，流传甚广，影响亦深。诗人学识精深，博览中国古籍，书法亦有相当造诣。唯不能以汉语与人通话，切磋诗文，每以笔谈交流思想。民国16年（1927年）"四一二"政变后，中国政局动荡，受此影响，翰墨林印书局营业不振，人员工资也难正常发出，这使诗人更为忧虑。当年，金泽荣于极度悲愤中服鸦片膏自戕身亡，享年77岁。南通人民敬其博学、伤其流离，故将他安葬于景色秀丽的南通狼山南坡，以示敬仰。

## 李平书

李平书（1854～1927），原名安曾，改名钟珏，号瑟斋，晚号且顽。江苏宝山县（今属上海市）人，后迁居昆山。优贡出身。光绪九年（1883年）在上海为《字林沪报》撰写时论。光绪二十五年在广东遂溪知县任内，因支持民众反对法国侵占广州湾被革职。光绪二十九年任江南制造局提调。此后兼中国通商银行总董，招商局、江苏铁路局董事，主持上海城厢内外总工程局，兼办商团。宣统三年八月（1911年10月）武昌起义后，与同盟会联系，参与上海起义，任沪军都督府民政总长兼江南制造局总理、江苏都督府民政长。

李平书与昆山素有渊源。光绪三十三年，在昆创办昆新垦牧公司，促进地方经济的发展。光绪三十四年七、八两月，昆北一带遭受台风暴雨袭击，圩堤尽毁，田庐漂没，灾民求乞过日。他应地方官绅之请，四出奔走求援，分发昆山饥民湘米三百石。光绪三十二年至宣统三年（1911年）五年中，昆山县灾害不断，他私人慨助巨款，办施粥厂、施衣点。宣统元年创建蚕桑学堂，未几改为苏兴布厂，为妇女走上社会服务之路创造条件。又独资用洋松木料建造正阳桥。民国5年（1916年）正式寓居昆山。著有《且顽老人七十岁自序》。

## 沙元炳

沙元炳（1864～1927），字健庵，别号砺翯。如皋人。光绪十六年（1890年）赴京会试取贡生。光绪十八年，应恩科殿试中进士，光绪二十二年授翰林院编修。甲午战败，清朝政府日见腐朽，沙元炳无意于仕途进取，辞官回归故里，致力于兴办地方实业和教育事业。光绪二十八年初，沙元炳主持筹划创办如皋师范学堂。他四出奔波，招聘教师，筹措经费，勘察校址，规划校舍，事必躬亲。当年9月，学堂开学授课，沙元炳任监督。他举贤任能，不论亲疏，广纳有识之士来如皋执教。时国内缺乏理化、教育学、外国史地教员，沙元炳委派张藩赴日本考察聘请日籍教师，并选派教师任为霖、姜渭璜及学生邹士冕等赴日本留学，学成回校任教。沙元炳提出"中西结合，讲求实益"的原则,要求教员自编或增删时行教材。对数学、物理、化学、博物、外国史地、教育学、体育等新学范畴的课程安排课时占总课时的一半以上,讲经、读经等课程则改为选修科。仿照日本教育体系,在师范学堂内设附属二等小学和测绘专科学校,续办如皋县乙种工业学校。

　　沙元炳还追随张謇创办实业,投资大生纱厂、广生油厂、复新面粉厂、资生铁厂、大达轮船公司、通扬内河轮船公司、通海垦牧公司。出任广生油厂经理。在如皋,沙元炳先后倡导和集资创办广丰腌腊制腿公司、广生德中药铺、鼎丰碾坊、裕如钱庄。光绪二十九年,他被推为如皋县商会会长。辛亥革命爆发,沙元炳从大生驻沪事务所提取3万银元,购买枪支弹药装备革命军。宣统三年十月(1911年11月),如皋"光复",出任县民政长。民国2年(1913年),沙元炳被选为江苏省议长。不久,军阀袁世凯篡权,沙元炳写了《答张策清、潘丹仲论辞省议长书》以病辞职。次年,任如皋县水利会会长及附设测绘局长。民国5年,主持编修《如皋县志》,测绘如皋县境图。后主持创办如皋公立医院,出任县中医医学公会名誉会长、如皋医学研究社社长。晚年专心研究佛经,笃信佛教。民国16年1月29日病逝。遗著有门人项子清、姚泽人编辑的《志颐堂诗文集》6集18卷。

## 陈为倚

　　陈为倚(1871～1927),字发兴,号豹臣。阜宁县(今射阳县海河镇)人。少时武艺超群,力能举鼎。清光绪十八年(1892年),考中秀才。次年,经省试中武举。光绪二十四年,应京试中武进士,被光绪皇帝钦点为蓝翎侍卫,以都司用,换戴花翎。随后,又升三品带刀侍卫,负责守卫皇宫紫禁城的后宰门。后被调至南京两江总督端方帅府候缺,同时在江南陆师学堂补习新的军事技术。当时,外国有个大力士在南京摆下比武擂台,两江总督端方请陈前去一试。陈爱国心切,也决意取胜,便跃上擂台。他将台上60公斤重的大刀用脚轻轻一挑,便腾空而起,又顺手一接,耍将起来,顿时银光闪交,风声飕飕,随后又是"掌上荷花"、"狂风摆柳"……对方见状,神气顿消。比弓时,陈指着台上摆着的一把50多公斤重的强弓说:"你这弓不中用!"对方不服气地说:"你如拉断,我就拜你为师!"陈拿弓一试,只听"咔嚓"一声,一断两截。观众无不拍手称快,对方只好叩首拜师。光绪三十四年,陈为倚为副将衔,署理江苏、上海参镇府,任江南提标右营参将。清正廉明,耿直无私，不久即为同僚所妒，屡遭谗言，直至降为淞江游击。陈自叹报国无门，遂于宣统元年（1909年）挂印辞官，回归不仕。民国16年（1927年）秋染败血症病逝。

## 王荷波

王荷波（1882～1927），曾名灼华。福建省福州市人。革命烈士。幼年上过几年私塾。光绪二十七年（1901年）春，因家庭经济困难，在江苏江阴水师鱼雷营当水兵。次年，因其在鱼雷营当管带的姨夫发生鱼雷爆炸事故被撤职查办，王被迫退役。为谋生，他赴海参崴当劳工。光绪二十九年，又从海参崴转到大连东清铁道机车制造所学徒。民国5年（1916年）考进英国资本家兴办的浦镇机厂当机匠。在"五四"运动的影响下，民国8年6月9日，王荷波带领浦镇工人举行示威游行，这是浦镇工人第一次参加政治斗争。民国10年3月，他和同厂工人张振诚、李永福等发起成立浦镇机厂工会，王荷波先后被选为副会长、会长。民国11年夏，参加北方劳动组合书记部，在北京加入中国共产党。同年，任中共南京第一个党小组组长。民国12年2月1日，京汉铁路总工会在郑州举行成立大会。王荷波等代表津浦铁路总工会筹备委员会参加大会。由于大会遭到军阀吴佩孚的阻挠破坏，京汉铁路总工会决定于2月4日起全路总罢工。2月8日，王荷波和王振翼组织浦口、浦镇的铁路工人举行罢工，声援京汉铁路总工会，同时要求改善津浦路工人待遇，恢复被无理开除工人的工作。京汉路罢工被镇压后，王荷波、王振翼在群众掩护下，躲开了督军齐燮元的追捕，前往上海参加劳动组合书记部的工作。

民国12年6月，王荷波被中共第三次全国代表大会选为中央委员，负责领导上海区的工作。9月，进入中央局，同时被选为上海地方兼区执行委员会委员长。次年1月，第一次国共合作后，王荷波参加国民党上海执行部工作，并任工人农民部办事员。以后，王荷波就以国民党上海执行部的名义到各地领导工人运动。6月，中共中央派李大钊、王荷波、刘清扬等4人赴莫斯科出席共产国际第五次代表大会。旋即又代表中国工会出席赤色职工国际第三次代表大会。回国后，按照共产国际的指示，组织救济会（后改为互济会），救济因罢工失业的工人和被捕、遇难同志的家属。民国14年1月，中共第四次全国代表大会上当选为候补中央委员，与罗章龙共同负责全国铁路总工会的工作。2月,赴郑州出席全国铁路总工会第二次代表大会,当选为总干事。5月上旬,第二次全国劳动大会上当选为中华全国总工会执行委员。"五卅"运动初期,在上海、南京一带领导工人斗争。6月中旬起,他以全国铁路总工会负责人的身份长驻郑州,直接领导铁路工人运动,同时,指导中共豫陕区委的工作。他和豫陕区委书记王若飞等人领导郑州豫丰纱厂的工人举行大罢工,还发动铁路工人对豫丰纱厂实行"四不运"(不运煤、不运棉、不运纱、不运布),迫使纱厂经理穆藕初答应了工人提出的条件。9月间,在王荷波和区委的领导下,河南省总工会成立。民国15年2月7~16日,全国铁路总工会第三次代表大会在天津举行,王荷波当选为全国铁路总工会委员长。5月当选为全国总工会执行委员。同年秋,王荷波受中共中央委派到福建巡视。他协助整顿福州地委,指导党、团员主动参加筹组国民党省、市党部的工作,帮助地委开展工人、农民运动,还亲自到马尾争取海军起义,响应北伐。民国16年3月,他再次到福建巡视,商讨成立省委之事。

民国16年3月,王荷波从福州回上海,参加上海工人举行的第三次武装起义。"四一二"反革命政变时,王荷波在新海军社被捕,后幸释。4月下旬,出席武汉中共第五次全国代表大会,被选任中央监察委员会主席。6月,第四次全国劳动大会当选全国总工会执行委员会常委。汪精卫叛变革命后,他出席党的"八七"紧急会议,被选为临时中央政治局委员。后与蔡和森等5人组成中共中央北方局,王任书记,主持数省的工农革命运动。同年10月,王荷波到北京,指导北京市委发动工人武装起义。18日,在法政大学第一院遭奉系军阀逮捕,于11月11日被杀害,时年45岁。中共中央组织部、中华全国总工会、中共北京市委、北京市人民政府、北京市总工会筹委会共同组织"王荷波同志等十八烈士移葬委员会",于1949年12月11日将烈士遗骸移葬于西郊八宝山革命公墓。周恩来亲书碑文,亲临主祭。

## 李更生

李更生(1883~1927),名荃,字亘孙。淮阴人。年轻时即以学鸣于乡里。光绪二十八年(1902年)入江北高等学堂学习。肄业后,历任安徽省繁昌、宣城、太和诸县高等小学主事。辛亥革命时,驻清江第十三协新军举义响应,他与16名代表开城迎接革命军。后出任淮阴县教育科长,殚精竭虑,挽诸校于危难之中。民国元年(1912年)秋出任江苏省立第六师范学监,治校事如家事。此间还被选为省议员,竭力为教育而呼号奔走。民国6年秋出任扬州省立第八中学校长,鼎力革新,为国内教育界所瞩目。民国11年,因唐氏夫人辞世,遂回淮,任第六师范附小主事。民国14年,任因难治而陷于瘫痪的淮安省立第九中学校长,使学校渐渐走上正轨。他还根据社会需要,在九中设立银行理财系,体现了他教育为建设服务的进步教育思想。不久,他将真民英文学校改建成私立成志中学。为此,他费尽心机联系校址,挨门托钵筹集资金,劳形枉虑,甚至毁家兴学。民国16年,毛泽东在湖北武昌中央农民运动讲习所做政治报告时,对李更生毁家兴学,热心于教育救国的爱国行动给予高度的评价。同年4月,李更生被其族弟、无赖之徒李萃戕杀,时年44岁。

## 陈君起

陈君起(1884~1927),女,原名陈墨云、陈振。清光绪十年(1884年)四月生,嘉定县(今属上海市)南翔镇人。中共早期党员,革命烈士。生于官宦商贾之家,父陈巽传为清末武翰林,后经商成为南翔豪绅。陈君起性格倔强,有反抗精神。因抗婚,只身逃到上海堂姐家,于光绪三十年进入上海务本女子学校读书。光绪三十三年,陈君起从务本女校毕业后,到南京一所小学当教员。民国11年(1922年)秋,认识东南大学共产党员谢远定等人。从此,她在中共党团组织指导下,经常阅读《新青年》、《向导》等进步刊物,觉悟逐步提高,民国13年春,加入改组后的国民党。同年底,加入中国共产党。从此,她把全部精力投身于革命工作,她家成为党的活动机关和通讯联络地点,恽代英、萧楚女、林育南等著名革命家都到她家开过会,研究过党的工作。

民国14年,上海"五卅"惨案的消息传到南京后,中共南京支部决定声援上海工人斗争。陈君起广泛联络工人、学生,开展声援活动。11月9日,她还以南京妇女研究会负责人的身份出席在东南大学召开的南京国民会议促成会筹备会议,为国民会议的召开做好准备工作。民国15年9月,盘踞东南五省的军阀孙传芳,疯狂镇压南京人民的革命活动,派出大批军警搜捕革命党人,查封了由地下党创办的东天书店和启明书店,逮捕了数十名进步学生。10月4日,一批武装军警闯进陈君起家进行搜查。因有准备,敌人一无所获。在敌人搜查时,她暗示儿子曾鼎乾趁敌不备,溜出院门,到大纱帽巷10号报信。敌人搜查扑空,仍以"革命党"罪,将她逮捕。在狱中,敌人对她百般引诱、逼供,她毫不动摇,并作一幅"梅花"画,题"瘦梅虽老,犹鲜艳耐寒",以画言志。

民国16年1月,陈君起经党组织营救出狱,派赴南昌,从事部队政治工作。不久又被派回南京工作,任中共南京地委妇女委员、国民党南京市党部(左派)妇女部长。3月12日下午,陈君起冒雨参加孙中山陵墓奠基典礼。由于国民党右派雇用200多名流氓操纵会场,用棍棒、石块、旗杆等向左派队伍大打出手,使会场一片混乱,省党部负责人侯绍裘受重伤,陈君起等也挨打受伤。她和张应春等人,忍痛护卫柳亚子等人安全离开会场。这时,以蒋介石为代表的国民党右派在南京加紧镇压革命左派活动,捣毁总工会,逮捕左派人士。为了反击敌人镇压,中共南京地委决定,于4月10日下午召开有4万多群众参加的肃清反革命派大会。侯绍裘讲话后,各界代表都发表了激昂演说,声讨国民党右派暴行。会上通过了四项要求,向蒋介石总司令部请愿。下午5时,国民党南京市公安局长带领数百名特务打手,冲击群众队伍,用武器棍棒打死打伤数十人,造成"四一〇"惨案。当晚10时,中共南京地委在大纱帽巷10号召开各团体负责人会议,讨论应变措施。由于事不机密,被国民党特务获悉。11日凌晨2时,国民党侦缉队长赵笏臣带领50多名便衣武装特务军警包围会场。除刘少猷脱险外,陈君起、张应春等10人被捕。按照蒋介石密令,陈君起等10人,于4月13日晚被特务秘密杀害,陈君起时年43岁。

## 钱涤根

钱涤根(1887~1927),名刚,以字行。吴江松陵镇人。北伐战争烈士。光绪三十一年(1905年),参加同盟会。宣统二年(1910年)毕业于江西陆军宪兵学堂。辛亥革命爆发时,他在江西起兵响应,后任江西都督府副官长兼内卫队长。"二次革命"中,他协助李烈钧在江西独立讨袁,任江西讨袁军军法处处长,后逃亡日本。民国4年(1915年)回吴江,民国6年赴广州参加护法运动,民国11年任大元帅府命令传达所副官长,民国12年3月任广东省增城警备司令,旋以病回吴江。民国14年7月,任东征军总指挥部谍报主任。孙中山逝世后,他任治丧委员。同年,任黄埔军校副官。北伐战争开始,他受命潜赴上海,联络军民组织别动队响应北伐军。民国16年1月15日,他被淞沪警备司令李宝章逮捕,16日晨牺牲于上海市郊龙华镇。民国26年,吴江县内民众捐款在吴江公园内立钱涤根烈士纪念碑,柳亚子撰写碑文,记其生平事迹。该碑1982年重修,为县级文物保护单位。

## 胡明复

胡明复(1891~1927),名达。泗阳县众兴镇人,祖籍无锡堰桥。近代数学家。14岁考入上海商业学校,毕业后又进南京高等商业学堂学习。宣统二年(1910年),考取官费生赴美留学,入纽约康奈尔大学读哲学。民国3年(1914年)6月,与赵元任等在美国发起成立中国科学社,办《科学》杂志。同年,胡明复以优异成绩取得学士学位,转入哈佛大学研究院专攻数学,经两年努力,在高等数学分析课程的研究上取得了进展。民国6年,他的博士论文《平直微积方程论》经专家鉴定通过,获得数学博士学位。中国著名科学家严济慈曾专门撰文介绍这篇论文。回国后,整个身心扑在中国数学事业上,不仅在大同大学(同济大学前身)任课,还在南洋公学(交通大学前身)、南京东南大学兼课,同时还参与学校的教学管理。民国12年参与数学名词的审定工作,这对国内外的数学交流起重要作用。

民国16年,北伐军抵江苏,他任上海政治分会教育委员会委员。同年6月,因事返回无锡,6月12日,因游泳疲劳过度,不幸溺水而死,时年36岁。当时高等教育界、数学界对胡明复的早逝都深表痛惜,为纪念他,筹建了"明复馆"(今上海卢湾图书馆前身);《科学杂志》社出"明复专号",并为之公葬于杭州西湖烟霞洞。

## 谢文锦

谢文锦(1894~1927)。浙江永嘉县人。中共早期党员,革命烈士。7岁时入岩头普安寺私塾,宣统三年(1911年)考入温州省立十中,因"思想激进"被学校除名。民国6年(1917年)考入杭州省立一师,毕业后回家乡楠溪创办岩头小学。民国8年,谢文锦到上海,在《新青年》杂志社任职。此时,"五四"运动的浪潮已席卷到上海,他投入爱国斗争洪流。民国10年,加入社会主义青年团,并与刘少奇等一起赴苏联莫斯科东方共产主义劳动大学学习。期间,加入中国共产党。民国12年冬,作为国民党政治顾问鲍罗廷的翻译,与鲍一同回到广东,协助孙中山筹备改组国民党,实行国共合作。民国13年10月,谢文锦奉党中央指示,赴浙江温州发展党、团员,组建党团组织。12月,中共浙南地区的第一个党支部温州独立支部成立。后奉命返回上海。民国14年5月,上海发生"五卅"惨案,谢文锦当时担任上海总工会总务科副主任(主任为刘少奇)。惨案发生后,他与李立三、刘少奇、汪寿华、刘华等人组织工人罢工,举行了声势浩大的抗议帝国主义屠杀中国人民暴行的示威游行。后又按照中共上海区委决定,与何今亮、项英、林育南组成上海总工会党团。民国15年4月,谢文锦任中共上海区委委员,同时又先后任中共曹家渡、杨树浦部委书记。

民国15年7月,谢文锦调任中共南京地委书记。翌年3月24日,北伐军"光复"南京的当天,英美帝国主义停泊在下关江面的军舰炮轰南京城,导致许多无辜百姓倒在血泊之中。愤怒的民众在以谢文锦为首的中共南京地委领导下,强烈抗议帝国主义的暴行,并在斗争中建立了南京市总工会及各行业的革命群众团体。4月10日晚,针对反革命势力捣毁省、市党部和总工会,冲击请愿群众队伍的暴行,中共南京地委召开各革命团体党的负责人紧急会议,研究对策,不料会址泄露,谢文锦、侯绍裘、张应春等10人被捕,三四天后即遭杀害。谢文锦时年33岁。

## 夏 霖

夏霖(1895～1927),字雨人、余人、宋时雨。中共早期党员,革命烈士。丹阳人。幼就读于鸣凤书院,后考入镇江省立六中。因父病故,家境清寒,到农村当小学教师。民国5年(1916年),考入南京暨南大学,毕业后回丹阳正则女子职业学校任教。民国13年初,加入国民党,成立秘密党部,在江阴、镇江、无锡、常州等地活动。民国14年初,中共上海区委派恽代英、侯绍裘到丹阳开展革命活动,介绍夏霖加入中国共产党。翌年4月,任中共丹阳独立支部书记。9月,当地劣绅告夏霖等人组织"赤化"团体农民协会,军阀孙传芳悬赏缉拿。11月28日,国民党无锡市党部举行秘密党员大会,省党部派夏霖、唐瑞麟为指导员参加会议,选夏霖为执监委员。同年冬,中共上海区委任命夏霖为巡视员。

民国16年,北伐军进抵江苏、上海,南汇县地方人民各公团选举夏霖为县长。同年3月，中共奉（贤）、川（沙）、南（汇）、浦（南）成立特别委员会，夏霖为主席团成员，负责农运工作。"四一二"反革命政变后，夏霖回到丹阳，召集党的秘密会议，讨论部署应急斗争策略。6月，成立中共丹阳临时县委，夏霖任县委书记。中共"八七"会议后，夏霖调任江苏省委巡视员、省委委员，到无锡发动领导农民暴动。10月23日，无锡县委机关被破坏。10月31日，夏霖在无锡安镇附近召开紧急会议，改变起义计划。会后，夏霖回上海向省委汇报会议情况。11月7日，随省委农委书记王若飞抵无锡，检查起义准备情况。11月9日，在无锡东北乡发动起义，数千农民不到两小时，占领了十多个村镇。国民党政府十分惊恐，调重兵前来镇压，并在城内宣布特别戒严，搜捕共产党员和革命人士。11月11日下午，夏霖和省委特派员段燊华从上海到无锡，在城内褚家弄口李湘臣家开紧急会议，由于事泄，被国民党特务逮捕杀害，时年32岁。

## 侯绍裘

　　侯绍裘（1896～1927）。江苏松江（今属上海市）人。中共早期党员，革命烈士。17岁就读于江苏省立第三中学，22岁考入上海南洋公学（今交通大学），习土木工程。后参加"五四"运动，被选为南洋公学学生评议员，任上海学联教育科书记，受聘为全国学联文牍。民国9年（1920年）夏，因在家乡宣传科学和民主，反对封建迷信和迎神赛会，被南洋公学开除。后在宜兴县彭城中学任教。翌年，他回松江与朱叔建等人接办景贤女子专修学校，改名景贤女子中学，并任教员，旋任校务主任，实行改革，提倡妇女解放、婚姻自由。又邀请沈雁冰、邵力子、恽代英、萧楚女、于右任、柳亚子等知名人士到学校演讲。民国12年4月，与朱季恂等创办《松江评论》，批评地方时事，介绍新思想，以促进社会改造。同年夏，加入中国国民党，并以"三·五学社"（即三民主义、五权宪法）的名义，公开活动，曾任国民党松江县党部负责人。民国13年下半年，侯绍裘在上海加入中国共产党。翌年，受聘为国共两党领导的上海大学附中主任。"五卅"运动爆发后，他和沈雁冰等30余人发起成立上海教职员救国同志会。同年秋，他又应聘兼任苏州乐益女子中学校务主任，负责指导中共苏州独立支部和国民党苏州市党部的工作。8月，国民党江苏省党部在上海成立，侯被选为常务委员，并任省党部的中共党团书记。

民国16年3月，国民革命军第六军、第二军攻占南京。4月2日，国民党江苏省党部由上海迁至南京。9日，蒋介石在上海布置好用暴力"清党"的计划后回到南京，乘国民党省、市党部召开"欢迎汪精卫主席复职大会"之机，派流氓、打手捣毁省、市党部办公大楼和南京市总工会，30多名省党部执行委员被绑架。10日晚，侯绍裘和中共南京地委书记谢文锦等在大纱帽巷10号召开各革命团体共产党员负责人紧急会议，事泄，被公安局侦缉队50多名武装特务包围，侯绍裘、谢文锦等10人被捕，不久牺牲，时年31岁。

## 黄竞西

黄竞西(1897～1927)，又名丽华，化名吴福民。清光绪二十二年十二月(1897年)出生，江都县南乡黄家庄(今扬州市邗江区施桥镇黄家庄)人。中共早期党员，革命烈士。其父黄德明在丹阳开"种德堂"药店。宣统元年(1909年)，因生母病故移居丹阳，就读于县公立小学。民国6年(1917年)父病故，继父业。民国8年，他积极参加丹阳工商支援"五四"运动的各种爱国活动，常在中华革命党创办的《国民时报》副刊《觉悟》上撰文，对半封建半殖民地社会的黑暗现状痛加鞭挞。

民国13年初，通过《国民日报》的媒介，他与国民党上海执行部负责人胡汉民、毛泽东取得了联系。同年夏参加国民党，奉命在丹阳组建国民党区分部并担任负责人。后建县党部，所需经费大部分由他捐助。

民国14年3月，孙中山先生不幸逝世。国民党右派乘机而动，妄图篡改国共合作的既定政策。在隆重悼念孙中山逝世的大会上，他庄严宣读了孙中山遗嘱，并作了"只有三大政策才能救中国"的演讲。会后，他还写了纪念孙中山先生的文章，并用"种德堂"药店名义和经费印刷发表。是年春季，在上海国民党执行部工作的共产党员恽代英、侯绍裘、刘重民等多次到丹阳开展革命活动，与黄竞西等人建立联系。5月16日，黄竞西经恽代英、刘重民介绍加入中国共产党。入党后不久，任中共丹阳独立支部书记。8月，参加国民党江苏省党部工作，当选为执行委员兼农工部副部长。不久增设商人部，时又兼任商人部部长，并继续担任中共丹阳县党组织的领导工作，经常奔走于镇江、江阴、无锡等城镇。反动军阀悬赏缉捕他。民国15年3月，黄竞西调至上海，参加中共驻国民党江苏省党部党团的领导工作。从此,黄竞西抛家弃业,成为一个职业革命者。

民国16年3月,他参加了震惊中外的上海工人第三次武装起义。他以商界人士身份作掩护,经常往返于市区各地,秘密输送武器弹药;他奋不顾身地参加攻打制造局的战斗。起义胜利后,他又奉命与侯绍裘等将国民党江苏省党部迁往南京,以加强对整个江苏工作的领导。他发动群众同国民党右派作斗争,揭露蒋介石的反共阴谋。4月9日,国民党江苏省党部被砸,黄竞西等人被捆送南京市公安局,后经组织营救逃出虎口。次日上午,他不顾个人安危,与侯绍裘等一起在南京公共体育场召开大会。到会群众达四五万人,会上愤怒声讨反动军队和流氓打手冲砸省党部机关的暴行,会后又率群众到蒋介石驻地请愿,结果又遭敌人镇压。蒋介石发动"四一二"反革命政变,黄竞西等赶至上海与中共上海地委取得了联系,接替已经牺牲的侯绍裘,肩负重组国民党江苏省党部(左派)的重任。此时,陈延年主持中共江浙区委工作,黄竞西同陈延年成为亲密战友。他在妻儿的掩护下,到大世界游乐场楼上散发传单,在电车上散发革命宣传品,并经常参加群众集会,在上海开展秘密工作。

民国16年6月上旬,中共江苏省委成立后,于同月26日上午在上海施高塔路恒丰里104号(今山阴路恒丰里90号)召开会议,由于不慎泄密,下午3时许国民党军警突然冲入会场,省委书记陈延年、省委组织部长郭伯和、秘书长韩步先及黄竞西4人不幸被捕。7月4日,黄竞西被国民党当局杀害于上海龙华,时年30岁。

## 孙逊群

孙逊群(1897~1927),又名汝根、孙选、王津民。江阴县中兴乡大德村(今属张家港市)人。中共早期党员,革命烈士。民国4年(1915年),孙逊群于江阴乙种师范毕业后,到大南乡小学任教。民国13年夏在云亭小学任教时打入同善社,写传单,揭露内幕骗局,震动全城。同年7月加入国民党,认识侯绍裘,逐渐接受共产主义思想。民国14年5月参加中国共产党,任江阴支部书记。"五卅"惨案发生后,他根据党的指示,联合各界人士,开展宣传募捐活动,声援上海人民反帝爱国斗争。8月,与周水平等人在澄南小学创办《星光》旬刊。民国15年1月,周水平被军阀杀害,孙以星光社、佃户合作自救会名义,撰写《鸣冤宣言》,于《申报》发表,引起强烈反响。同年

3月,中共江阴支部改为江阴独立支部,孙任支部书记。4月,受中共江浙区委选派,参加广州第六期农民运动讲习所学习,受到毛泽东、周恩来、萧楚女、彭湃等人的教育。9月回沪,被任命为国民党江苏省党部农民运动特派员,到江阴、沙洲等地组织农民协会,开展农运。民国16年2月,孙逊群被选为中共江浙区委农民运动委员会委员。3月,为迎接北伐军到来,他以农运骨干为主,成立江阴农民自卫军。收缴军阀政府4个警察所武器,控制江阴城。3月下旬,成立江阴县农民协会,他任会长,开办讲习所,培训农运骨干。还以农会名义发布"五禁布告":禁赌博、禁吸鸦片、禁演淫戏、禁宰耕牛、禁放高利贷,并成立办理周案委员会,打击土豪劣绅,为周水平平反昭雪。"四一二"反革命政变后,江阴农民协会被查封,他被通缉。7月,他化名王津民,任无锡县委组织委员。10月,任无锡县委书记,与省委代表夏霖一起召开30多人会议,筹备秋收起义,组织工人赤卫队,准备暴动。同年10月23日,孙逊群召开县委会议时,事泄,被国民党警察包围,当场7人被捕。11月13日下午3时,被杀害于无锡南校场,时年30岁。

## 张太雷

张太雷(1898～1927),学名张复。清光绪二十四年四月二十九日(1898年6月17日)生于常州西门外西仓街。中国无产阶级革命家,广州起义的重要领导人之一,革命烈士。幼年家境贫寒,8岁丧父,靠母亲替人家帮佣维持生活。光绪三十三年进西郊小学读书,取名张复。民国元年(1912年)初,考入常州府中学堂(今江苏省常州高级中学)春季班,与瞿秋白为同窗好友。民国4年,因参加反对袁世凯卖国的学生运动,被学校勒令退学。后考入北京大学预科,又考入天津北洋大学法政科,边工作、边读书,过着清贫的工读生活。"五四"运动爆发时,张太雷是天津地区的重要领导骨干之一。与李大钊、周恩来有联系,参加李大钊组织的北京马克思学说研究会。民国9年8月,与俞秀松发起组织上海社会主义青年团。10月,加入北京共产党小组。11月,受北京共产党组织的委派,组建天津社会主义青年团,担任书记。并和邓中夏等人在长辛店创办劳动补习学校,培养工人运动骨干,开展工人运动。民国10年3月,赴苏联伊尔库茨克(今属俄罗斯),任共产国际远东局书记处中国科书记,是第一个被派到共产国际工作的中共使者。同年5月,受共产国际远东局书记处委派,参加筹备朝鲜共产党成立大会的组织工作。在朝鲜共产党代表大会上,他代表中国共产党人向大会致祝词。6月,参加在莫斯科举行的共产国际第三次代表大会,与瞿秋白合写给共产国际三大的报告,在大会上发言,第一次在国际共产主义运动的讲坛上阐述中国革命的重要意义。共产国际三大结束后,和俞秀松作为中国社会主义青年团的代表,出席青年共产国际第二次代表大会,被选为青年共产国际第二届执行委员。翌年2月,和张国焘介绍瞿秋白参加中国共产党。

中共一大后,当年8月,奉命回国,担任共产国际代表马林的助手和翻译,陪马林和孙中山进行多次会谈。期间,孙中山与张太雷长时间地讨论关于青年运动的问题。中共中央决定整顿和恢复社会主义青年团,委派他负责筹备此项工作。民国11年5月,中国社会主义青年团第一次代表大会在广州开幕,他主持并致开幕词,被选为团中央执行委员。会后,与恽代英创办团中央机关刊物《中国青年》,参与领导编辑工作。7月,出席中共二大,为12位代表之一。同年8月,中共中央在杭州举行特别会议,讨论中共党员以个人身份加入国民党的问题,以实现建立民主联合战线的主张。会后,与李大钊、陈独秀、蔡和森等人首批以个人身份加入国民党。10月,参加中共代表团,赴莫斯科出席共产国际四大和青年共产国际三大,继续当选为青年共产国际第三届执委。次年6月,出席中共三大,参与会议文件起草工作。8月组成包括蒋介石、沈定一、王登云、张太雷在内的孙逸仙博士代表团赴苏。考察完毕后,蒋介石等人11月底启程回国,张太雷留任中国社会主义青年团驻青年共产国际代表。民国13年1月21日列宁逝世,在莫斯科和各国党代表一起到车站迎灵,瞻仰列宁遗容,为上海《民国日报》撰写《列宁底死》文章,论述列宁不朽的历史功勋。1月27日,参加列宁的葬礼,在苏联报刊发表《列宁与中国青年》的纪念文章。6月,参加共产国际五大,任中共代表团秘书和翻译。7月,参加青年共产国际四大,继续当选为执委。同年8月,回到广州,任共产国际代表鲍罗廷的助手,并兼任中共广东区委常委、宣传部长。次年1月,在中共第四次代表大会上当选为候补中央委员。同时举行的三次团代表大会上,团的名称改为中国共产主义青年团,他主持大会并作政治报告,被选为团中央总书记。5月,调离团中央,从事党的统战工作,对国民党右派篡权阴谋,旗帜鲜明地进行揭露和反对。

民国16年4月,在中共第五次代表大会上,张太雷和瞿秋白等人一起批评和反对陈独秀右倾机会主义错误,当选为中央委员,调任湖北省委书记。面对蒋介石、汪精卫背叛革命、屠杀共产党人的紧急关头,他和董必武、陈潭秋等省委领导人一起,组织工农武装,坚持革命斗争。7月,中央政治局改组,他任中央临时常务委员会委员。在"八七"会议上,被选为中央临时政治局候补委员,任广东省委书记。中共中央决定在广州组织武装起义。11月26日,张太雷召开省委扩大会议,成立由他任总指挥的武装起义总指挥部,进行起义准备。12月11日凌晨,爆发震惊中外的广州起义。黎明,广州苏维埃政府成立,他被选为代理主席兼陆海军委员。12日,主持庆祝广州苏维埃政府成立大会。由于国内外反动势力相互勾结,反革命武装部队在帝国主义军舰掩护下,从南岸渡过珠江,向起义军反扑过来。在激烈的战斗中,遭到敌人伏击,张太雷不幸身中三弹壮烈牺牲,时年29岁。在张太雷牺牲后10天左右,瞿秋白在中共中央机关刊物《布尔塞维克》上发表《悼张太雷同志》一文。

## 陈延年

陈延年(1899～1927),又名遐年。安徽省怀宁县人。中国无产阶级革命家,革命烈士。祖辈为封建官僚世家。父亲陈独秀是中国共产党创始人和早期的领导人之一。民国4年(1915年)秋,与弟弟乔年一道到上海读书。他父亲陈独秀在上海创办《青年》杂志(后改为《新青年》),推动新文化运动的开展。陈延年很快被新思想、新学说所吸引,饱览各种新书和《新世纪》等翻译书刊。由于法文较好,直接阅读了不少原版无政府主义著作。在上海期间,还结识无政府主义者吴稚晖、李石曾、黄凌霜等人,一度信仰无政府主义。民国9年2月,和弟弟乔年到法国留学,入巴黎大学附设阿里维斯学校读书,半工半读。在留学期间,开始阅读《共产党宣言》、《社会主义从空想到科学发展》、《资本论》等马恩著作,研究俄国十月革命经验,又得到在法国留学的周恩来、赵世炎等人的帮助,逐渐树立辩证唯物主义史观。民国11年6月,在周恩来、赵世炎等人发起下,成立旅欧共产主义组织——中国少年共产党。被选为少共中央执行委员、宣传部长,负责编辑"少共"机关刊物《少年》。同年秋,由法共党员阮爱国(胡志明)介绍加入法国共产党,旋即被承认为中共党员。不久,成立中国共产党旅欧支部,被选为支部领导成员。中共中央为了培养革命干部,决定分批抽调旅欧学生赴莫斯科学习。陈延年、陈乔年、王若飞等12人首批赴苏联,入东方劳动者共产主义大学，系统地学习马克思主义基本理论，研究了国际共运和俄国革命经验，成长为坚强的共产主义战士。

民国13年夏，经中共中央决定，被抽调回国工作。9月下旬回到上海，旋即奉命去广东。先任社会主义青年团中央驻粤特派员。同年11月，任广东区委秘书兼组织部长，替代周恩来负责广东区委日常工作。翌年春，由于周恩来带领黄埔军校学生军参加第一次东征，他接任中共广东区委书记。积极领导发展党组织，开展工人运动，经过一年多的艰苦努力，广东区党员由几百人猛增到5000多人，党组织遍布广东全省及广西、闽南等地区。他被誉为广东共产党"开辟疆土的拖拉机"。

民国14年5月30日，上海发生"五卅"惨案。消息传到广东，他立即主持召开广州全市党、团员大会，报告"五卅"惨案经过。6月2日，全市人民举行声势浩大的游行示威，抗议帝国主义残杀中国工人的暴行，揭开省港大罢工的序幕。6月19日，香港海员、电车、印刷工人开始罢工，冲破英国殖民当局的阻挡，纷纷回省城广州。23日，和周恩来、邓中夏领导工人、学生、士兵10万人集会游行。游行队伍进到沙面英租界对岸沙基一带，英帝国主义者用机枪扫射示威群众，造成"沙基惨案"。为了抗击帝国主义暴行，当天深夜召开区委会议，研究对策，决定扩大罢工规模。广州革命政府也根据共产党人要求，向英、法提出强烈抗议，宣布对英经济绝交。至6月29日，罢工人数已达25万多人，成立工人武装纠察队，对港英实行全面封锁，使香港经济陷于瘫痪。省港大罢工持续16个月，于民国15年10月10日宣告胜利结束。这次罢工，沉重打击了帝国主义气焰，鼓舞了工人阶级斗志。

民国16年3月，陈延年去武汉出席中共五大准备会议。4月上旬，中央政治局开会研究上海、江浙工作，通过以反蒋为中心内容的沪区工作决议案，由陈延年、聂荣臻和共产国际代表维京斯基赴上海传达，组织实施。途经南京时，获悉蒋介石发动"四一二"反革命政变，形势险恶。他不顾个人安危，连夜赶到上海，几经周折找到江浙区委罗亦农、赵世炎等人。江浙区委于4月16日、18日两次开会，李立三宣布由陈延年、赵世炎、周恩来、李立三、罗亦农组成特别委员会，讨论如何执行中央决议案。推选周恩来起草《致党中央意见书》，历数蒋介石叛变革命、屠杀革命人民的罪行，提出促使武汉国民政府"迅速出师，直指南京"，东征讨伐蒋介石。同年4月22日，李立三、罗亦农去武汉参加中共五大。陈延年接任中共江浙区委书记，留在上海坚持斗争。在中共五大上，陈延年被选为中央委员、政治局候补委员。

随着形势发展,中央决定撤销江浙区委,分别成立江苏省委、浙江省委。6月26日,江苏省委在上海北四川路恒丰里104号召开干部会议,王若飞代表中央宣布陈延年为江苏省委书记,郭伯和为组织部长,韩步先为省委秘书长兼宣传部长。会议期间,获悉交通员被捕,宣告散会。下午3点,陈延年、郭伯和到恒丰里探视,见无动静,便上楼研究工作,约半小时,被反动军警包围,不幸被捕。被捕后,化名陈友生,称是受雇茶房。党组织也进行营救。陈独秀世交汪孟邹(时为上海亚东图书馆经理)找胡适托吴稚晖担保。而吴已成为国民党反共右派,得悉后大喜过望,一面报告蒋介石,一面给上海警备司令杨虎发函致贺,要杨虎对陈延年早下毒手。在敌人刑讯中,韩步先叛变,当场指证陈延年,一切营救活动无效。民国16年7月4日晚,陈延年被秘密押赴龙华刑场。他视死如归,英勇就义,时年28岁。

## 郭伯和

郭伯和(1900～1927),又名郭象豫。光绪二十六年(1900年)七月生,四川省南溪县人。中共早期党员,革命烈士。出身于书香之家,幼爱读书写作,高小毕业后,以优异成绩考入省立三中,后转入宜宾叙属联中。两校都是川南重点学府。到校后,和一些志同道合的同学阅读陈独秀、李大钊、鲁迅等人的文章,启发了爱国主义思想,与阚为民、肖金芳等人发起组织爱国救亡学生会,被选为会长,在师生中开展爱国宣传活动。

民国10年(1921年),从叙属联中毕业。为寻求革命真理,先到成都拜武林高手白耀中为师,学艺强身。然后乘船东下到达上海,考入上海大学社会学系学习,发起组织平民世界学社,创办《平民世界》半月刊,负责组稿、编辑。不久,当选为上海大学学生会主席。于民国13年加入中国共产党。从此,在党的领导下更加积极地开展革命活动。在筹备纪念辛亥革命十三周年上海国民大会的《宣言》稿中,国民党右派阉割国共合作、反帝反封建的内容,郭伯和率领进步同学进行针锋相对地斗争。10月10日下午,会议开始后,按照事先布置,台下进步青年散发了"打倒帝国主义"、"打倒军阀"的传单。会上,左派和右派发生冲突,国民党右派流氓将郭伯和等15位同学打伤,扣押起来,其中黄仁因伤而牺牲。民国14年2月,上海日商纱厂4万多工人举行大罢工。他在邓中夏领导下,与刘华、杨之华等人前往声援,支持工人斗争。"五卅"惨案发生后,他日夜奔走,组织发动工人群众,举行声势浩大的游行示威,抗议帝国主义暴行,遭到中外反动派镇压,他又一次身受重伤。同年10月,到沪西工业区担任中共小沙渡部委书记,开展工人运动。民国15年7月被捕,因未暴露身份,经营救出狱。年底,调任中共闸北部委书记。

民国16年3月,在周恩来、罗亦农、赵世炎等人领导下,举行第三次上海工人武装起义。他组织领导闸北地区的武装起义。21日,率领闸北地区工人纠察队攻下五区警察署。22日,又率领工人纠察队和大学生纠察队攻下天通庵站,全歼从吴淞开来的数百名援敌,并乘胜包围北站,迫使守敌投降,取得起义的胜利。4月12日,蒋介石发动反革命政变。13日又用武力镇压宝山路上的示威群众,造成"宝山路惨案"。他率领纠察队奋起抵抗,战斗到14日早晨才撤退。同年6月,中央决定成立中共江苏省委,陈延年任省委书记,郭伯和任省委组织部长。6月26日下午,陈延年、郭伯和等人在施高塔路恒丰里104号楼上开会研究工作时,突遭国民党军警特务包围,不幸被捕。郭伯和入狱后身患痢疾,敌人酷刑逼供,仍坚贞不屈。7月7日被杀害于上海龙华,时年27岁。

## 张应春

张应春(1901～1927),女,原名蓉城,字应春,又自号秋石。清光绪二十七年十月初一(1901年11月11日)生于吴江县黎里葫芦兜(今吴江市北库镇黎里村)。中共早期党员,革命烈士。父张鼎斋是当地一位饱学的乡儒,曾任黎里女校教师,南社社员,是柳亚子的好友。她自小随父曾在黎里女校读书,高小毕业后,考入上海两江女子体育师范学校。毕业后到福建厦门集美女师任教。民国12年(1923年)秋,经柳亚子介绍到松江景贤女子中学任教。不久,在景贤女中主持人、中共党员侯绍裘的指引下参加改组后的中国国民党。民国14年春,张应春回到黎里女校任教。在黎里召开的悼念孙中山逝世大会上,与柳亚子、侯绍裘登台讲演,拥护孙中山"联俄、联共、扶助农工"三大政策。会后,带头游行。8月,由左派领导的国民党江苏省党部成立,当选为执行委员兼妇女部长。11月,由侯绍裘介绍,加入中国共产党。次年1月,张应春作为江苏省代表之一,出席国民党在广州召开的第二次全国代表大会。会后,她留在上海望志路永吉里34号江苏省党部机关工作。3月8日,在柳亚子协助下创办《吴江妇女》,秘密发行,其宗旨是宣传打倒帝国主义、封建军阀和妇女解放。3月12日,同侯绍裘、柳亚子等人一起到南京参加中山陵奠基典礼。上午,在夫子庙贡院召开孙中山逝世一周年纪念会,她登台演讲,阐述孙中山三民主义、国民革命和妇女解放的关系,猛烈抨击段祺瑞政府的卖国政策,号召妇女动员起来为国民革命和妇女解放而奋斗。会后,参加游行。下午,参加中山陵奠基仪式后,国民党右派歹徒殴打柳亚子,柳在张应春等妇女护卫下安全脱险。3月18日,段祺瑞政府枪杀北京女子师范大学学生会主席刘和珍等爱国青年学生,造成"三一八"惨案,激起公愤。她在中共地下组织领导下,进行宣传讲演,揭露北洋军阀暴行。是年秋,担任中共江浙区委妇委委员,并仍任国民党江苏省党部执委兼妇女部长。

民国16年4月初,国民党江苏省党部由上海迁往南京,此时国民党右派阴谋发动反革命政变已迫在眉睫。4月7日,正在黎里养病的张应春接到组织上要她去南京的电报,她不顾家人的劝阻,毅然赴宁。这时,蒋介石下了密令逮捕杀害共产党员和革命人士。10日晚,张应春到大纱帽巷10号参加中共南京地委召开的秘密会议。11日凌晨,与侯绍裘等10人一起被秘密逮捕,敌人严刑逼供,她只回答:"我是共产党员!"坚贞不屈,视死如归。数日后(一说4月15日),壮烈牺牲,时年26岁。

## 赵世炎

赵世炎(1901~1927),光绪二十七年二月二十五日(1901年4月13日)生,四川省酉阳县人。中国无产阶级革命家,上海工人三次武装起义的领导人之一,革命烈士。家庭是地主兼工商业主。民国3年(1914年),以优异成绩毕业,考入北京师大附中读书,认识了李大钊,参加少年中国学会的筹备工作。民国8年,"五四"运动爆发后,附中成立学生会,被选为干事长,经常出席各校学生联合会议,投身于反帝爱国运动。经李大钊介绍,参加少年中国学会。创办《少年》半月刊,研究中国社会和民族文学。同年秋,参加吴玉章主办的法文专修馆,并主办《工读》、《平民》周刊,主张中国应实行社会主义。

民国9年7月,赴法国勤工俭学。先后到两家铁工厂做工,开始阅读法文版《资本论》、法共中央出版的《人道报》。次年2月,和蔡和森等人领导400多名勤工俭学的学生,向中国驻法使馆请愿,提出"要吃饭权、工作权、求学权"的口号,遭到中法反动派镇压。民国11年6月3日,在赵世炎等人的发起下,在法国巴黎西郊开会,成立中国少年共产党,选出中央委员会,任书记,并负责编辑《少年》月刊。同年秋,由法共党员阮爱国(胡志明)介绍加入法共,旋即被承认为中共党员。不久,成立中国共产党旅欧支部,周恩来任书记,陈延年、赵世炎被选为支部领导成员。民国12年3月,根据国内党组织指示,与王若飞等人离开法国赴苏联莫斯科东方大学学习。在读书期间,赵世炎阅读大量马列著作,在《民国日报》、《向导》周报上发表文章,介绍马列主义理论和苏联十月革命经验,认为"中国革命要取得胜利,必须学习研究马列主义理论"。他还列席共产国际第五次大会和赤色职工国际大会,吸取有关建党、开展工运和农运的经验。

民国13年秋,从苏联回国,担任北京地委书记。北方区执行委员会成立后,担任区执委、宣传部长、职工运动委员会书记,协助李大钊领导北方革命斗争,还担任北方区委主办的《政治生活》周刊主编。经常到中国共产党创办的第一所秘密党校——北京党校和北京女师大、北京蒙藏专门学校作报告、讲课,宣传革命道理,培养革命骨干,发展乌兰夫、奎璧等人加入中国共产党。民国14年3月10日,由国民党和共产党共同发起的国民会议促成会全国代表大会,在北平开幕。李大钊代表中共中央直接领导这次会议,赵世炎任会议党团书记。他在会上作了四次报告,分析中国革命形势,揭露帝国主义侵略本质,指出国民革命的首要任务是打倒帝国主义,使会议取得积极成果。上海"五卅"惨案发生后,赵世炎等人在北平组织几次群众游行示威,又到天津、唐山等地发动群众,声援上海工人斗争。

民国15年3月上旬,从天津回到北平向区委汇报工作。3月18日,在李大钊、赵世炎领导下,在北京天安门广场举行10万人群众集会,反对帝国主义侵略中国。会后游行,遭到反动军警镇压,死伤200多人,造成"三一八"惨案。由于形势恶化,党组织和工会转入地下,赵世炎化名伊璧,在天津坚持斗争。4月,赴广州参加第三次全国劳动代表大会。5月,经中央决定,任中共江浙区委组织部长兼上海总工会党团书记。为纪念"五卅"惨案周年,组织6万多人群众集会,发表了《五卅周年纪念的教训和上海民众的责任》的文章。通过这次集会游行,壮大了上海工人斗争声势,并组织罢工100多次,建立工会组织和工人武装纠察队,为后来的武装起义打下了基础。民国16年初,为迎接北伐军,上海党组织配合浙江夏超部队进攻上海,决定举行武装起义,由罗亦农、赵世炎任武装起义总指挥。前两次起义均告失败。第三次起义,在周恩来和罗、赵直接指挥下,终于取得了胜利。4月12日,蒋介石发动了反革命政变,大肆屠杀革命志士。4月27日至5月9日,中共五大在武汉举行,赵世炎被选为中央委员。会后回到上海。因陈延年被捕,赵世炎代理江苏省委书记,领导上海和江苏地区的斗争。由于省委秘书长兼宣传部长韩步先在上海被捕叛变,供出施英(赵世炎化名)住址,7月2日被捕。在狱中,受尽严刑拷打,但他威武不屈,坚持斗争。7月19日晨,赵世炎被国民党当局杀害于上海枫林桥,时年26岁。吴玉章获悉赵世炎牺牲后,作诗一首:"龙华授首见丹心,浩气长存烁古今。千树桃花凝赤血,工人万代仰施英。"借以缅怀烈士。

## 徐梦影

徐梦影(1901~1927),又名徐明如。无锡县开原乡(今属无锡市郊区河埒乡)徐巷人。中共早期党员,革命烈士。民国5年(1916年)夏,只身去镇江庆锠煤铁号当学徒,边工作边自修。民国8年失业后闲居上海。"五四"运动爆发后,受《新青年》等进步书刊的影响,愤然产生改造中国、改革社会的强烈愿望。民国10年离沪回乡。次年春,在徐巷办起启民社,自任教员,对贫家子弟不收学费。民国13年底,加入无锡旅外学生安剑平、秦邦宪等发起组织的进步团体——中国孤星社,参加讨论和研究革新国家政治等问题。"五卅"惨案发生后,徐梦影带领学生在乡村进行巡回宣传演讲,并在《血泪潮》小报上发表文章,揭露日、英帝国主义的暴行,激发民众的反帝爱国热情。民国15年初,经杨锡类介绍加入中国共产党,又以共产党员的身份加入国民党组织。当年6月,开原乡建立国民党无锡第三区党部,任常务委员。7月又被选为国民党无锡县党部农民部长,在家乡开展农民运动,办农民夜校,培训农运干部。是年夏,在中共无锡独立支部书记余伯良的指导下,在开原乡创建乡农民协会,领导农民与土豪劣绅作斗争,并在乡间开展禁赌、禁烟、破除封建迷信等活动。这些斗争事迹,被毛泽东写进《江浙农民的痛苦及其反抗运动》一文中,刊登在当年10月的《向导》杂志上。民国16年初,组织农民协会积极筹制军衣和彩色纸旗,准备迎接北伐军的到来。3月21日,北伐军进驻无锡,率领学生和农民进城欢迎。翌日,在火车站广场举行的欢迎北伐军联欢大会上,被推为无锡县行政委员会的教育委员。积极进行教育改革,改变旧的课程,增设新的内容,并多次向县政府提出没收庵、观、寺、院，改办学校。"四一二"反革命政变后，14日深夜，无锡的国民党当局袭击无锡总工会。次日，县农民协会亦被捣毁。为躲避国民党当局的追捕，他带领开原乡的农民骨干徐仁泉、钟荷泉等人秘密转移上海，继续从事革命活动。6月13日，和徐仁泉等6人被国民党当局逮捕。6月17日，被引渡至国民党军总司令部驻沪特别军法处，29日被杀害于枫林桥刑场，时年26岁。

## 万 益

万益（1902～1927），又名季培。宜兴县城人。中共早期党员，革命烈士。民国10年（1921年）省第五中学（今省常中）毕业后，执教于苏州医专。民国14年在苏州参加中国共产党和中国国民党。同年秋到民国16年春，受国民党江苏省党部中共党团书记侯绍裘的委派，以特派员的身份，先后到江阴、常熟、宜兴等县，指导组建国民党县党部。同时又受中共上海区委和江浙区委的委派，到上海法南区和宜兴、奉贤、川沙等县以及南京市进行革命活动。民国16年10月上旬，为贯彻中共"八七"会议精神，中共江苏省委在上海召开江南农民暴动行动委员会会议，万益应邀参加。会议作出宜兴首先发动武装暴动，建立工农兵苏维埃政权的决定。会后，被派往宜兴，协助中共宜兴县委进行暴动的组织领导工作，成立农民暴动行动委员会，任总指挥。11月1日上午11时左右，他在宜兴蛟桥北边县政府门口发出暴动信号，率领农军一举攻占县政府和警察局，控制全城，立即召开民众大会。并以工农委员会主席的身份宣布：废除旧政权，一切权力归工农委员会，并以工农委员会名义，发表宣言，颁布政纲，宣读布告。宜兴暴动的胜利，使国民党当局惊恐万状，迅即调重兵镇压。行动委员会决定于11月3日撤离县城，向宜兴山区转移。11月5日，万益、陈伯麒、蒋三大等转移到浙江省长兴县境，不幸被反动武装章鸣皋部逮捕。在庭讯时，坚贞不屈，严守党的机密。11月22日凌晨4时左右，在宜兴县城体育场英勇就义。

## 文化震

文化震（1902～1927），字雨龙。贵州省贵阳市人。中共早期党员，革命烈士。民国11年（1922年）考入南京东南大学政治系。民国13年底，积极参加反帝爱国运动,任南京国民会议促成会筹委会庶务股委员。民国14年,加入中国共产党。在"五卅"运动中,积极参加领导南京学生和工人运动,声援上海工人的反帝斗争,并办粥厂赈济女工和童工。民国15年,文化震任共青团南京地委书记、国民党南京市党部工人部部长,组织领导工人、学生开展革命斗争,并在广州中山大学附中南京分校和光夏中学任教,宣传革命思想。民国16年3月,北伐军进驻南京后,南京市成立总工会,被选为总务主任兼秘书主任,积极发展工会组织,查封反动的劳工总会,得到广大职工群众拥护。同年4月10日晚,中共南京地委召开紧急扩大会议,研究应付蒋介石发动反革命政变的措施。由于事泄,和侯绍裘等10位同志被国民党特务逮捕,后被秘密杀害,时年25岁。

## 刘重民

　　刘重民(1902～1927),原名刘盛宝。江都双沟镇大刘庄人。中共早期党员,革命烈士。少年时随父母定居南京,先后就读于南京益智小学、求实中学、青年会附设的英文夜校。民国11年(1922年)考入金陵大学。通过阅读进步书籍,接近进步青年而逐渐接受了马克思主义。民国12年10月,参加中国社会主义青年团。曾和林丰年发动几十名学生,组织新文化运动的社团"五社",编辑出版《五光旬刊》杂志。同年底,在恽代英、杨贤江鼓励支持下,创办钟山中学,先后担任教务主任和副校长。通过各种形式,宣传马克思主义和孙中山的新三民主义,明确提出反对帝国主义、反对封建军阀的口号。民国13年11月,任青年团南京地方执行委员会宣传委员。同年底,调任国民党上海执行部宣传干事,被批准为中共党员。

　　孙中山北上以后,全国开展轰轰烈烈的国民会议运动。他任国民党江苏省宣传员,赴沪宁线各地宣传发动群众。次年,任国民党上海执行部宣传委员会委员、教育委员会委员。"五卅"惨案发生后,代表上海学生联合会参加上海工商学联合会,成立军事委员会,筹组学生军。同年8月,当选为国民党江苏省党部执行委员,担任省党部调查部长兼工人部长。10月,任中共上海区委军事委员会书记。民国15年1月,出席在广州召开的国民党第二次全国代表大会,并在全体会议上作了《上海政治状况及党务》的报告。同年秋,调广州任国民革命军某团党代表。

　　民国16年3月,调回上海,任国民党江苏省党部执行委员、工人部长兼秘书长。4月初,省党部机关从上海迁回南京。4月9日,蒋介石唆使陈葆元、达剑峰率百余流氓捣毁省、市党部和市总工会,绑架30多名省、市党部工作人员。刘等人立即到蒋介石的总司令部请愿,要求封闭劳工总会,保护省、市党部和市总工会。10日上午9时,南京市各界群众约5万余人再次在公共体育场集会,他宣读了赴总司令部请愿的7项条件,接着举行游行示威。各团体派刘等6人去见蒋介石,要求答应7项条件,交涉没有任何结果。公安局早已准备好数百名打手,手持竹棍等凶器,突然从两辕门冲进群众队伍,死伤数十人。当晚,刘重民到大纱帽巷10号参加中共南京地委召开的紧急会议,研究应变措施和反蒋宣传等问题。由于事机不密,深夜2时,敌公安局侦缉队50余人将会场包围,刘重民等10人被捕,并被残忍地割下舌头。不日即被秘密杀害。

## 乔心全

乔心全(1905～1927),又名乔德仁。四川省巫山县人。中共早期党员,革命烈士。民国11年(1922年)考入南京河海工程专门学校,攻读水利专业。在校读书期间,阅读《新青年》等进步书刊,结识沈泽民、张闻天等进步同学。民国13年1月,参加由社会主义青年团南京地委领导和组织的南京社会科学研究会,系统地学习《通俗资本论》、《共产党宣言》等马克思主义著作,逐步树立共产主义人生观。民国14年,加入中国共产党。在党组织领导下,联合东南大学、河海工专等校师生,于6月中旬举行声势浩大的游行示威,声援上海"五卅"工人斗争及南京和记洋行工人的罢工斗争,并担任国民外交协会救济罢工委员会委员。民国15年3月12日,南京举行纪念孙中山逝世一周年活动,国民党右派雇佣一批流氓混进会场捣乱,殴打左派学生和进步人士。乔心全、严俦等党团员掩护省党部执委柳亚子转移。他们被军阀政府列入黑名单。不几天,在河海专校召开的纪念会上,与华亮等人发表演讲,宣传革命主张。军阀政府获知后,决定逮捕乔心全、严俦、华亮、陈周文4名同学。他们被迫离开河海,经中共组织介绍到上海国民党江苏省党部工作。乔心全到上海后,担任省党部青年部秘书。同年4月,和刘重民等到无锡筹建区党部,以徐巷乡"启民社"代课教师身份作掩护,开展革命活动,进行筹备工作。7月4日,成立国民党无锡县党部。7月,以省党部特派员身份到常州指导党务工作。与在苏州读书回常州度假的共青团员徐水亭、中共党员程寄如(女)交谈,成立中共常州临时混合支部,又发展一批党员,为在常州开展党的工作打下基础。8月,回到上海,担任中共江浙区委沪宁线交通工作。民国16年7月15日,汪精卫和蒋介石搞"宁汉合流",开始清党。中共中央军委决定撤出武汉,将在军队里任职的党员转移到上海。中央派他与肖三为联络员去武汉传达中央指示,他们历经艰险,完成中央交办的任务。8月,任中共无锡县委委员、共青团无锡县委书记,到无锡恢复重建党团组织。在笼罩白色恐怖的无锡,艰苦细致地工作,使党团组织得到恢复,打开局面。团支部由13个扩展到28个,团员由165人,扩展到236人,并培养一批领导骨干。中共"八七"会议后,中共江苏省委决定,在无锡、宜兴、江阴发动农民秋收暴动。10月中旬,中共无锡县委、县农协在安镇开会,由省委特派员夏霖传达中央"八七"会议精神,讨论暴动计划。分工由他负责交通队、宣传队,收集敌军事设施、装备等情报。10月23日,县委书记江津民被敌逮捕,情况危急。他和县委委员孙传先商量,立即转移,使敌人扑了空。11月9日,无锡东北乡农民奋起革命暴动,迅速攻占13个村镇,散传单、贴标语,使反动派惶恐不安。11月11日下午,由于坏人告密,他和孙传先、夏霖等被反动警察逮捕。乔心全被捕后,化名张子庭,因是中共地方组织负责人,作为"重犯"。夏霖等人先未暴露身份,后被一马伕指认,也被判为"重罪"。民国16年11月13日下午,国民党当局将乔心全、夏霖、王津民等7人押赴刑场杀害。临刑前,他们高呼"共产党万岁"!"打倒反动派"!被杀害后,敌人又将他们头颅割下,悬挂城门。乔心全时年22岁。

## 许金元

　　许金元(1906~1927),又名肖羊。吴县(今苏州市区)人。中共早期党员,革命烈士。早年就读于苏州萃英中学,毕业后考入杭州之江大学。民国12年(1923年),由恽代英、侯绍裘介绍加入中国社会主义青年团,并负责青年学生工作。在国共合作的情况下,于次年春,加入中国国民党。5月,与同学发起成立悟悟社,在《民国日报》和一些学生杂志上发表文章,针砭时弊,提倡革命文学。12月19日,联络叶天底、周德新等人成立非基督教同盟苏州支部,自任支部执行委员,开展非基督教运动。同时积极开展筹备国民党市、区党部的工作。民国14年9月,中共苏州独立支部成立后,由共青团员转为中共党员。同年11月,当选为国民党苏州市党部常务执行委员。民国15年2月,接替叶天底任中共苏州独立支部书记,组织领导吴县(苏州)的工农革命运动。半年后,调任国民党江苏省党部委员。不久由党组织送入广州中山大学学习。民国16年4月,接到侯绍裘电报,要他立即返回江苏,协助主持国民党省党部工作。回宁后,任省党部委员兼青年部长,和侯绍裘等一起发动群众,揭露国民党右派背叛革命的行为,组织力量反击右派的挑衅,积极参加筹备江苏省政府的工作。4月10日晚,在中共南京地委召开紧急会议时,遭侦缉队包围,11日凌晨,与侯绍裘等被逮捕,数天后被敌人秘密杀害,沉尸于秦淮河,时年21岁。

## 张佐臣

张佐臣(1906~1927),又名张鹏、张人杰。浙江省平湖人。中共早期党员,革命烈士。童年即到上海大康纱厂做工。民国13年(1924年)加入中国共产党,组织工会,举行反日罢工,参加对邓中夏、孙良惠等人被捕后的营救活动,迫使军阀释放他们。同年5月,参加在广州召开的第二次全国劳动大会,回沪后任上海总工会第三(浦东)办事处主任。"五卅"运动后,被选为中共上海区委(即江浙区委)候补委员。赴广州参加第三次全国劳动大会,被选为中华全国总工会执行委员。民国15年9月,上海区委派张佐臣任中共无锡独立支部书记,又派严朴、章子文、安友石等人协助。到任后积极开展工运活动,发展优秀工人入党,成立无锡职工运动委员会。10月,根据上海区委决议,由工厂转入严朴创办的江苏中学,以教师身份作掩护,全面开展工人、农民和学生运动,相继成立无锡总工会、县农民协会,兼任总工会秘书长。民国16年,在江浙区委第一次代表大会上被选为江浙区委委员。无锡、江阴、宜兴、苏州等地中共组织合并成立无锡地委,任地委书记。宣传发动群众,组织迎接北伐军。同年,蒋介石发动"四一二"反革命政变,对共产党人和革命人士进行大屠杀。无锡总工会委员长秦起牺牲,张佐臣被悬赏通缉。张到沪向江浙区委请示应急措施,被留沪总工会工作。在中共第五次代表大会上被选为中央监察委员。6月17日在汉口召开的第四次全国劳动大会上,被选为中华全国总工会执委。6月26日,由于叛徒出卖,刚成立的中共江苏省委遭破坏,上海总工会机关也被暴露。29日下午张佐臣等人在北四川路横浜桥开会时,被警察包围,8人被捕,解至枫林桥警备司令部军法处,在狱中坚贞不屈。于7月1日晨,张佐臣等4人,在枫林桥刑场从容就义,张时年21岁。

## 秦 起

秦起(1907～1927),原名秦锡昌。清光绪三十二年十一月二十六日(1907年1月10日)生于无锡城内二下塘。中共早期党员,革命烈士。14岁毕业于大娄巷唐氏小学,因家贫,进茂新第二面粉厂麦务处当练习生。民国14年(1925年)冬,由董星五介绍,加入中国共产党。翌年2月,任中共茂新第二面粉厂支部书记,积极从事工人运动,创办工人夜校,亲自编写教材,担任教员,传授文化知识,宣传革命道理。4月,茂新第二面粉厂工人沈根泉工伤身亡,厂主对此漠不关心。他带领工人同资方进行斗争,直至资方答应支付丧葬、抚恤费。不久,该厂首先秘密成立工会。同年5月1日,他作为江苏省工人代表出席在广州召开的全国第三次劳动大会。回无锡后,于5月21日领导全城19家丝厂的2万余名女工参加的总同盟罢工,持续9天9夜,直到取得胜利。民国16年1月4日,无锡总工会秘密成立,任委员长。2月,任中共无锡地方委员会委员。3月17日,为配合北伐军打击军阀孙传芳,他率领工人骨干破坏铁路,阻挠军阀部队的运输。21日,北伐军进驻无锡,在当天欢迎北伐军的军民联欢大会上,他代表无锡总工会致辞,并向北伐军第14军军长赖世璜提出释放全部在押政治犯和改善工人待遇等14条要求。同日,无锡总工会在崇安寺大雄宝殿公开办公。"四一二"反革命政变后的翌日下午,他主持有数万人参加的民众大会,声援上海工人斗争,揭露国民党右派的反动面目。会后,带领与会群众冒雨游行示威。无锡国民党当局奉密令,纠集部分警察、商团和地痞流氓武装数百人,在赖世璜部的支持、配合下,于4月14日深夜袭击总工会。他率工人纠察队员英勇抵抗。因寡不敌众,10余名纠察队员牺牲,秦起等数十人被捕。面对刺刀和刑具,他正色疾言:"把工人统统放回去,什么事都由我负责,任凭你们怎样处理。"4月15日凌晨3时许遭秘密枪杀,沉尸于河中,时年20岁。

## 李寿铨

李寿铨(1859～1928),字镜澄、劲臣。祖籍丹徒。清咸丰九年十一月十七日（1859年12月10日）出生于江都大桥镇外祖陈家。萍乡煤矿创办者。其父慎保于太平天国战争时失踪，靠寡母做女工活计维持生活。在母亲的教育和熏陶下，发愤读书，文学造诣日进。其五叔祖、道光庚子科状元李承霖称其为族中之千里驹。李曾补博士弟子员并任教于扬州安定、梅花两书院。

光绪二十二年（1896年），应武进人张赞宸之邀，赴江西安源筹办萍乡煤矿。光绪二十四年三月初一（1898年3月22日），萍乡煤矿总局成立，张任总办，李任机矿处长，承担建矿领导工作。经过10年艰辛创业，建矿告成，为当时中国最大的煤矿，也是远东有数的大煤矿。光绪三十四年，汉冶萍公司成立于上海，任萍乡煤矿会办。未几，江西军阀策划武力"夺矿"。民国元年（1912年）9月7日，被矿工推举为临时矿长，团结众心，领导"保矿"运动，终于转危为安。汉冶萍公司因其保矿有功，复电加委。自此，担任矿长13年之久。

李寿铨思想进步。光绪三十年，与黄兴相识，引为莫逆，经黄兴介绍加入同盟会，并以萍乡为活动基地。他支持与掩护黄兴、赵声的革命活动。黄曾书赠"襟怀欲吐天开朗，意气相倾山可移"对联，以表友情。在革命诗社"南社"中，他在柳亚子主编的《南社丛刻》上，先后发表诗文数十篇首，表达了奋斗自强的信念。光绪三十二年，萍（乡）、浏（阳）、醴（陵）三县起义，又秘密支持数千矿工参加，起义失败后，策划并掩护赵声安全离萍。民国11年，李隆郅（李立三）与刘少奇先后到安源，组织工人俱乐部，发动安源路矿大罢工，他接受地方绅商调解，派员与工人代表李隆郅进行谈判，在力求减少矿方损失和满足工人要求的情况下，双方签订协议13条，使罢工得以胜利结束，矿产亦得以保全。其后，即向汉冶萍公司提出辞呈，终于获准。民国13年1月12日携家返归故里扬州，以读书、写字、赋诗、莳花，与老友茗叙自娱。民国16年，南京国民政府主席谭延闿电请其出山，辞谢不就。民国17年6月15日病逝寓所，终年69岁。一生擅诗文，工书法。著有《药石轩诗稿》、《药石轩日记》、《药石轩知行录》、《萍矿说略》等。

# 龚其伟

龚其伟（1865～1928），字颂墀，晚号尊任，乡谥文毅。清同治四年（1865年）出生于海门（今海门市）麒麟镇。清代贡生（恩科进士）。民国期间,历任海门师山书院院长、续修《海门县志》总纂、江苏省议会议员。民国8年(1919年),考中北洋政府高等文官,至内务部任职2年后,以年迈告老还乡。龚其伟家有藏书10万余卷,尽搜四部(经、史、子、集)之书,而尤以清人别集为多。龚其伟一生致力学问,自谓秦汉以前,不过稍涉其樊篱,而唯有清一代诗文著述,则无不浏览而玩索之。著作有《尊任堂诗文集》、《宣南吟稿》、《白下酬唱集》、《十三经难句解》、《周秦诸子辑要》、《通鉴分类辑要》等多种。续修《海门县志》,积稿盈尺。后因内部矛盾,功败垂成。民国17年于修志局会议时受刺激而卒。

## 江溯芳

江溯芳(1867~1928),女,字兰陵。吴县(今苏州市区)人。清末苏州女学创办人。族叔江标为翰林院编修、湖南学政。父江仲熊,自太平天国后跻身商界。青年时期,有识之士相率提倡女学及女子放足,开通风气,强国强民。光绪二十四年(1898年),江溯芳带头放足,以为表率;并联合王谢长达、胡蔡振懦等人,举行放足大会,劝导女子放足,转变社会风气,逐步取得成效。

她出于爱国之心,虽家务缠身,资财短绌,也决意兴办女学,造就有自立之志的女青年,遂于光绪二十三年正月,在苏州城内因果巷创办兰陵两等女学堂,以"主持家政、改良母教"为宗旨。开始,经费无所筹措,不得已典质自己的首饰充数;为奖励入学,还特备奖品招生。入学女生由三四人,逐渐增到七八十人。开设国文、历史、英文、音乐、图画等课程。亲自执教,主持校务,教学严谨,颇得社会赞许,培养了不少女界人才。在兰陵两等女学堂影响下,"苏苏"、"振华"等女校相继兴起。从此,苏州女子读书者日益增多。江溯芳在苏州兴办女学12年,校务日益发展,经费困难而从不求助于官府,典质家资办学,艰苦支撑。后因家庭事繁,迁居上海,兰陵女学才停办。又在上海开办复兰女学12年。终因积劳成疾,停办学校,随夫徐肖石移居嘉兴。民国17年(1928年)12月4日病逝。

## 潘月樵

潘月樵(1869~1928),艺名小连生。甘泉县胡家场以东(原属邗江县西湖乡,今属扬州市郊区西湖乡)人。京剧艺人。7岁丧父,随兄至天津谋生。因他酷爱戏剧,嫂陈氏遂延师教授,初学梆子戏,后改京剧做功老生。因其聪慧好学,演艺益进,9岁登台,16岁名响上海。他念白吐字有力,尤其擅长"髯口功",以演《扫雪打碗》、《桑园寄子》、《乌龙院》等剧著名。曾积极改编上演《新茶花》、《黑奴吁天录》、《潘烈士投海》等京剧新戏。辛亥革命时期,弃艺从戎,曾参加攻打上海江南制造局的战役,受到孙中山的表扬。上海"光复"后,被军政府授予少将军衔,任沪军调查部部长。曾联合上海进步艺人、商界票友,在新舞台举行义演,筹款捐赠上海军政府。后因反对袁世凯称帝被通缉,化装僧人得以逃脱。

潘月樵曾在上海创办金台小科班,培养了京剧表演人才。还曾在上海创办榛苓学堂,在苏州创办青茂学校,让贫家子弟免费就读。民国17年(1928年)病逝于常州。

## 孙津川

孙津川(1895~1928),又名方淦,曾用名竞川、继生。安徽寿县人。中共早期党员,革命烈士。11岁起曾先后在南京金陵制造局、上海大中华纱厂、兴发机器厂做工。民国12年(1923年)春,进入英商经营的吴淞机厂做工。民国14年"五卅"运动中,被选为上海铁路工会筹备委员会委员,8月加入中国共产党;年底,任中共吴淞机厂特别支部书记。民国15年10月至民国16年3月,带领工人参加上海工人武装起义,先后任铁路工人纠察大队大队长,沪宁、沪杭铁路总工会委员长。

民国16年5月,孙津川护送周恩来去汉口,其后受党组织派遣,往返于汉口、九江等地,代表全国铁路总工会接待江苏、浙江、安徽等地流亡的革命者,同时进行秘密恢复各地铁路工会的工作。11月中旬,孙津川任中共南京市委职工运动委员。民国17年3月,任中共南京市委书记。他积极贯彻省委关于建立产业支部、中心区域的工作方针,在南京恢复和建立了7个支部,党员达到100多人;在浦口、浦镇创办工人夜校和俱乐部,以此为阵地团结、教育、组织工人与敌人斗争;领导津浦路工人进行以加薪、补发欠薪为主要内容的罢工斗争。同年6~7月间,在中国共产党第六次全国代表大会上,被选为中央审查委员会委员;7月初,在党员姚佐唐家开会时,由于叛徒告密,孙津川被捕。在狱中,进行了艰苦卓绝的斗争,保护了党组织和党员们的安全。10月6日,被国民党当局杀害于雨花台,时年33岁。

## 钱振标

钱振标(1896~1928),又名钱正表,号崝泉。清光绪二十一年十一月二十二日(1896年1月6日)出生于江阴西郊青山能家村一个农民家庭。中共早期党员,革命烈士。幼年丧父,家境贫困。民国元年(1912年)小学毕业后,被保送到教会办的励实中学读书。次年夏,皖北水灾,励实寄宿生不吃白米饭吃麦糊,省下钱作为捐款,但学校从不公布账目。他被推为学生代表要求校方公布节余细数,遭无理拒绝,愤而离校回能家村,借一间旧房办学,教贫苦子女读书识字。民国3年暑假,考入无锡省立第三师范。民国5年毕业后,在江阴、丹阳等地执教。"五四"运动爆发,他在丹阳第二高小带领学生积极参加爱国宣传活动。民国13年,第一次国共合作,国民党上海执行部通过《民国日报》广泛征求党员。钱振标于暑期和同事戴盆天至上海国民党执行部,受到国民党中央候补执行委员毛泽东和部长胡汉民的接见,并介绍参加国民党。随后赴丹阳、镇江、常州、金坛等地发展国民党组织。当年秋,回到江阴,借昆仑学社征集党员40余人,并在华士发表《国民和国民会议》的演讲。民国14年4月,钱振标在丹阳由恽代英、侯绍裘介绍参加中国共产党。5月,和宣侠父等参加赴北支部,受中共北方区委书记李大钊派遣,去西北冯玉祥的国民军做政治工作。当年秋,随国民军第一军第二师师长刘郁芬去甘肃,任军务督办公署政治处副处长。在兰州,他参加国民党甘肃省党部工作。在国民军内开展政治工作,每周讲授国民革命史,宣传孙中山三大政策,还秘密宣传马列主义思想。是年底,与宣侠父、张一悟等创建中共甘肃省特别支部,担任支委,并发展秦义贞等为甘肃省第一批中共党员。"四一二"反革命政变后,西北局势恶化,他在中共秘密机关突然被捕,经国民联军总政治部主任刘伯坚营救获释,被"礼送"出境。

钱振标回到南方,和中共中央派到江苏恢复工作的王若飞接上关系,担任临时省委委员。为贯彻"八七"会议精神,组织秋收起义,以农运特派员名义,化名高启根,回澄与陈叔璇、蒋云等中共党员会合。民国16年10月10日,中共江阴县委成立,任县委书记,组建农民革命军,兼任总司令,于11月15日、12月21日领导江阴、后塍两次农民暴动。民国17年1月,在周庄耿家住基召开中共江阴县第一次党员代表会议,产生新的县委,并成立江阴红军。钱振标将农运中涌现出的优秀骨干蒋云、茅学勤、朱松寿等充实到县委领导机构,自己主要负责军事领导。2月,去沪购买武器弹药,被闸北巡捕房发觉拘留。时秦义贞以兰州中外大药房采办身份转移到上海,经他及时营救,钱振标获释。3月30日,第三次后塍农民暴动失败,4月他在周庄农村举办党训班,训练党员红军干部。8月,任京沪特委军委书记兼江阴县委书记。10月18日下午,在常州大成旅馆参加京沪特委会议时被捕。在江阴牢房,国民党右派姜洪、励实中学美籍校长沈文蔚想叙"旧谊"劝降,他说:"别来游说了,我对于共产主义信仰至死不变!"11月25日下午,在君山南麓陆家坟场英勇就义。临刑前写下"草地斜阳,洁白而纯洁的羔羊,不绝地跳跃,不绝地徜徉,归乡何处,断头台上"的诗句。

# 仇一民

仇一民(1897~1928),原名仇良荣。盐城市亭湖区青墩镇人。早年毕业于盐城县立中学,后考入上海大夏大学。民国13年(1924年),仇一民在上海加入国民党,曾任国民党盐城县党部特别委员会委员。民国15年春,转入政法大学,不久加入中国共产党。寒暑假期间,他回乡和同学唐秉钧、梁开甲、乐葆生、邹渐余、吴广文等往来于盐城、草堰口、大冈一带,积极宣传和组织工农群众,迎接北伐,发展国民党员,成立国民党盐城县西南区分部。民国16年春,为欢迎北伐军从盐城过境,仇一民亲自书写以打倒军阀为中心内容的宣言,秘密油印若干份,组织张贴散发。6月4日,国民革命军第十四军军长赖世璜率部进入盐城,他与邹渐余、乐葆生、岳宗尧、宋白等,聚集走上大街,张贴标语,燃放鞭炮,高呼"欢迎北伐军"。第二天他们还在淮美中学召开欢迎大会,高唱"打倒列强军阀,国民革命成功齐欢唱"等歌曲。同年冬,仇一民与中共江苏省委特派员薛农山一起,在盐城开展中共地下活动。

民国17年春,通过上层关系,仇一民参加国民党盐城县党部。从此,他以合法身份为劳动人民伸张正义。同年4月,他到阜宁东沟一带收编土匪武装,遭阜宁警备队熊养和部埋伏袭击,不幸中弹牺牲,时年31岁。1987年4月17日,江苏省人民政府批复,仇一民是盐城地下党创始人之一,追认其为革命烈士。

## 叶天底

叶天底(1898~1928),原名霖蔚、天瑞。浙江省上虞县人。中共早期党员,中国社会主义青年团的发起人之一,革命烈士。高小毕业后,考入浙江省第一师范。在进步教师陈望道等人的影响下,开始思考救国救民的道理。民国8年(1919年)爆发"五四"运动,他积极参加游行宣传,并将原名天瑞改成天底,誓为民族解放做一番事业。民国9年春,参加反对军阀查封一师的"一师风潮"后,被迫离开一师到上海,在《新青年》杂志和《民国日报》社印刷所做校对。经陈望道介绍,结识当时上海中国共产党组织成员陈独秀、邵力子、杨明斋、沈雁冰等人,接受马克思主义启蒙教育,参加组织活动。他和俞秀松等8人发起成立中国社会主义青年团。民国11年夏,回到家乡,筹建春晖中学。翌年又重返上海,任《民国日报》副刊《觉悟》的"艺术评论"专栏编辑,同时参加"新南社"。民国13年7月,叶天底到苏州私立乐益女子中学任美术教员,第二学期又兼国文教员。以国民党员身份参加各种社会活动,发展左派力量,与许金元一起组织非基督教大同盟苏州支部,开展非基督教运动。为拥护孙中山北上与冯玉祥共商国是,实现召开国民会议主张,和刘重民、许金元等人发起成立苏州国民会议促进会,推动苏州民主运动。民国14年春,孙中山逝世后,叶天底等人组织一系列悼念活动,宣传反帝爱国。"五卅"惨案后,叶天底等人动员组织苏州民众声援上海工人,成立苏州各界联合会,开展募捐活动。9月初,在侯绍裘主持下,在乐益女中成立中共苏州独立支部,叶天底任支部书记兼组织委员,张闻天任宣传委员。在独立支部领导下,苏州革命斗争发展迅速,吸收一批共产党员和共青团员,壮大革命力量。国民党当局十分惊恐,迫使乐益女中辞退进步教师。叶天底于民国16年春离开苏州,回家养病。他在家乡又组织成立中共上虞县支部,并担任支部书记,领导群众,开展革命斗争。民国16年"四一二"反革命政变后,他计划组织浙东暴动。事泄,于11月12日夜,在病床上被敌人逮捕,关押在杭州陆军监狱。民国17年2月8日晨惨遭杀害,时年30岁。

## 姚佐唐

姚佐唐(1898～1928),安徽桐城人。中共早期党员,早期徐州铁路工人领袖,革命烈士。在家乡中学毕业后,即来到陇海铁路徐州北站大厂当工人,后升任机车领班和徐州铁路工会会长。在"五四"运动影响下,不断阅读进步书籍,接受进步思想,积极从事组织、领导铁路工人争自由、反虐待斗争。民国10年(1921年)11月,在中共北方区委领导下,与陇海路其他工人领袖一起,领导了震惊中外的陇海铁路工人大罢工,迫使洋人和军阀接受工人提出的15项要求。同年底加入中国共产党,并担任徐州铁路党组织负责人,同时成为中国劳动组合书记部北方分部13名成员之一。同年12月初,在徐州北站主持召开了陇海铁路工会委员座谈会,并向罗章龙提供了一张分布在全国各大企业的几十个技术工人师傅的名单,为后来书记部在全国范围内工作提供了极大便利。民国12年初,受上级党组织的委派,到京汉路彰德车站帮助开展工作。他串联侯德山等13人成立彰德工人俱乐部,后改为彰德分工会。"二七"惨案发生后,姚佐唐等48人代表京汉路向北洋政府集体请愿,提出从速抚恤死伤工人及其家属、严惩刽子手等7条要求。同年4月,带领徐州工会两名负责人去郑州慰问"二七"惨案死难亲属。在出席京汉路工会举行的一次各站工会负责人会议时被捕,后因同行的另一名工会负责人主动承担责任,姚佐唐得以脱险。民国13年6月17日,作为青年代表,与李大钊、王荷波等5人代表中国共产党出席在莫斯科召开的共产国际第五次代表大会。闭会后,又参加随后召开的赤色职工国际第三次代表大会,并在会上发了言。民国14年初,从苏联回国,受中共党组织的委派,参加北伐军,担任国民革命军总司令部直接管辖的铁道车队大队副,在攻打武昌战役中负伤,失去一条腿。其后,随军赴宁,在沪宁、津浦路驻扎。民国17年8月,由于叛徒出卖,在上海一旅馆中被捕,经国民党淞沪警备司令部解往南京。同年10月,被杀害于南京雨花台,时年30岁。

## 沈 毅

沈毅(1900～1928),原名鸿钧,字秉衡。泰州人。中共早期党员,革命烈士。幼年孤贫,由外祖父抚养,就读于泰州景范学堂。迫于生计,14岁便到上海一家绷带厂当童工。以后又在泰州福音医院当护士,在泰兴分界警察所当文书,后调黄桥警察分局当巡士。民国11年(1922年),因揭露警察分局敲诈的内幕而遭毒打,愤然去职,离开家乡南下赴广东寻求真理。翌年,经友人介绍,至海丰参加彭湃发动的农民运动。民国15年,加入中国共产党,并在党组织的派遣下回泰兴开辟工作。以泰兴县东北乡刁家网(今横垛乡)作为根据地,以办私立中和小学为掩护,创办《新民报》,编写《醒农歌》、《打倒耶稣》等,以传播革命火种。又以经营笔墨生意为名,在乡村塾师中开展工作。同年泰兴春荒,他带领刁家网一带20多个村庄的农民发起借粮斗争,迫使地主同意农民要求,免利借出粮食500多担。在他的启发下,泰兴县塾师联合会与刁家网农民协会相继成立,开始广泛联系和发动群众,开辟党的工作。同年8月,成立泰兴县第一个党支部,任支部书记。

  民国16年1月,辞去中和小学校长之职,集中精力从事农民运动。同年5月,整编后的国民党第十四军进入泰兴,他以国民党员的身份出面欢迎,后被委任为国民党特派员,被指定筹建国民党泰兴县党部,不久又兼农民协会指导。他利用这些有利条件,安排共产党员在县党部各部门工作,并团结国民党左派,孤立右派,进行反"清党"斗争。同年6月,借庆祝北伐胜利之机,开会揭露泰兴县公安局陆文风的罪行,迫使其去职。陆不甘心失败,于6月30日纠集流氓打手,以反对共产党为名,冲进县党部抓走国民党左派人士李亚飞等人。7月2日,为了营救李,他派人分赴各农民协会调集万余农民围城,要求县政府无条件释放被捕人员。相持两天后,当局竟下令对登城农民开枪射击,打死10多人。他为避免更大伤亡,只身进城谈判,后被捕,直至8月3日经中共组织及国民党左派营救才被保释出狱。他继续以国民党员的合法身份进行革命活动。同年冬,中共江苏省委决定成立中共泰兴县委,他当选为书记。民国17年初,中共江北特委根据中共中央"八七"会议精神,由王若飞和杭果人布置了5月1日举行如泰农民暴动。他坚决执行党的指示,于4月30日在刁家网刁氏宗祠前主持暴动誓师大会,任总指挥。威震大江南北的"五一"农民起义开始了。他首先亲自率领突击队袭击古溪公安局,缴枪6支、子弹500多发。其他暴动农民则沿龚家垛到杨庄一线前进,沿途搜缴地主枪支,平分地主粮食,吸引万名农民参加。5月2日,领导起义农民开往震东市,追悼为抗"猪子捐"牺牲三周年的余学先。如泰警察队与省保安队闻讯赶来镇压。次日,沈毅在耿家园主持县委紧急会议,果断决定:敌我力量悬殊,为了保存有生力量,分散突围。在安排一些目标较大的同志转移到江南后,自己携带妻儿到泰州东北水网地区待机。国民党泰兴县长接到沈毅到达泰州的情报,会同兴东泰警察联防区派出探警,装作收购鸡蛋,反复侦查。6月24日,发现沈毅隐蔽在花家舍附近河里一条小船上,随即连夜分乘数船包抄。次日拂晓,沈毅发现敌情,跳水突围时被俘。在泰州监狱中,面对敌人的严刑、利诱,始终不屈,并对兵士宣传共产主义,说:"我辈穷人,应站在一条线上。"6月28日午后,在泰州大校场遇害,就义前仍高呼"中国共产党万岁"！时年28岁。

抗日战争期间,苏中三分区专员公署批准沈毅为烈士。建国后,泰州市人民政府寻得埋于城郊的烈士遗骨,迁葬烈士陵园。

# 陈乔年

陈乔年(1902~1928),安徽省怀宁县人。陈独秀次子、陈延年胞弟,中共早期党员,革命烈士。青少年时代在安庆读书,受父兄进步思想影响,逐渐树立起救国救民的志向。民国4年(1915年)考进复旦大学,攻读法语。民国9年2月,陈乔年兄弟一起到法国巴黎大学附设阿里雍斯学校一边读书,一边做工,过着半工半读的艰苦生活。陈乔年到法国后,曾满怀希望研究无政府主义理论。经过一段观察,从怀疑到失望,次年起转而学习马克思主义著作,逐渐认识到无政府主义不过是"改头换面的资产阶级个人主义",只有马克思主义才是科学真理。加之,无政府主义者吴稚晖等人迫害勤工俭学学生,促使他们与无政府主义彻底决裂。陈乔年、陈延年的思想变化,得到周恩来、赵世炎的热烈欢迎。民国11年,陈乔年和陈延年参加中国旅欧学生共产主义组织——中国少年共产党的筹建工作,并成为"少共"第一批成员。同年秋,兄弟俩由阮爱国(胡志明)介绍参加法国共产党。不久,转为中共党员。民国12年春,根据中共中央指示,陈乔年等12人,由法国转赴苏联,入莫斯科东方劳动者共产主义大学,系统学习马列主义和俄国革命经验。

民国14年春,陈乔年奉调回国,任中共北京地委组织部长。不久,任北方区委组织部长。他深入工厂、学校了解情况,指导工作,积极发展组织,壮大党的队伍。还经常撰写文章,宣传革命思想。民国15年下半年,被选为北方区出席中共第五次代表大会代表。翌年春,到武汉参加中共五大,被选为中共五届中央委员。五大后,留在武汉,任中共中央组织部副部长,主持中组部工作。同年8月,参加党的"八七"会议。在会上,他严肃批评了陈独秀右倾机会主义错误。会后,担任中共湖北省委组织部长。不久,调往上海,担任中共江苏省委组织部长。到上海时,环境极为险恶,江苏省委领导人陈延年、赵世炎被捕牺牲,给他带来极大悲痛。但他不怕艰险,坚持斗争,协助省委书记王若飞开展工作,恢复和发展了上海、江苏地区的革命力量,组织工农武装。

民国17年2月16日,陈乔年在英租界北成都路刺绣女校秘密召开各区委组织部长会议。由于叛徒唐瑞林告密,国民党特务、军警突然包围会场,陈乔年等被捕。第二天,转押上海龙华国民党淞沪警备司令部。民国17年6月,陈乔年被杀害,时年26岁。

## 罗亦农

罗亦农(1902~1928),又名罗觉。湖南省湘潭县人,出身于一个富贵家庭。中国无产阶级革命家,上海工人三次武装起义的领导人之一,革命烈士。受"五四"爱国运动的影响,只身赴上海。通过《新青年》杂志,认识了陈独秀。经陈推荐,参加工读互助团(社会主义青年团前身)活动。继又参加上海共产党组织举办的外国语学社,系统学习俄语和马列著作,为树立共产主义世界观奠定了基础。民国9年(1920年)8月,成立中国社会主义青年团,他是首批团员之一。民国10年4月,到莫斯科劳动者共产主义大学学习,成为中国班首批学员,被选为中国班负责人。冬天,转为中共党员。不久,成为中国班旅俄支部委员,协助瞿秋白做翻译工作。民国12年,东方大学成立中国语言组,任语言组书记,兼任翻译和讲授唯物论。民国14年3月,奉调回国。4月,中共中央派他到广州,与邓中夏、林伟民等筹备全国第二次劳动大会,为大会党团负责人之一。会后,留广州,和谭平山、周恩来、陈延年、鲍罗廷组成中共中央广州临时委员会,参加由陈延年任书记的广东区委领导工作。时值滇、桂军阀杨希闵、刘震寰勾结帝国主义,进行武装叛乱。他和广东区委研究作出《动员民众,督促国民政府肃清杨、刘叛乱》的决定。又在《向导》杂志上发表《形势严重下之广州政府》一文,揭露军阀反革命真面目,抨击国民党右派言论。在东征军平叛回师途中,上海发生"五卅"惨案。罗亦农和陈延年组织领导了省港大罢工,声援上海工人斗争。同年10月,中共中央在北平召开扩大会议。罗亦农作为广东代表出席会议。会后,留在北平,主持党校工作,负责培养干部。民国15年初,调往上海,任中共江浙区委书记,领导江苏、浙江、上海的革命斗争。同年7月,中央决定,为配合北伐军攻占上海,发动武装起义,成立了上海军事特别委员会,罗亦农任主席。上海工人第一、二次武装起义失败后,及时总结经验教训,鼓舞斗志。

民国16年2月23日,中央和江浙区委联席会议决定,准备第三次武装起义。成立以罗亦农、周恩来、汪寿华、陈独秀为核心的特别委员会,作为最高决策机关。由罗亦农配合周恩来指挥,从3月19日起义开始,经过两天一夜的激战,第三次武装起义取得了胜利。罗亦农在庆祝大会上宣告:"现在的上海,是我们自己的上海,是工人阶级的上海了!"4月,蒋介石发动"四一二"反革命政变后,罗亦农迅即召开了上海各区委、各支部负责人紧急会议,分析形势,提出应变措施,迅速隐蔽,坚持斗争,部分转移农村。他和周恩来、赵世炎、李立三、陈延年、尹宽6人联名写了致中共中央意见书《迅速出师讨伐蒋介石》。4月22日,罗亦农出席党的五大,当选为中央委员。5月,罗亦农调任江西区委书记,他积极扩大党的组织,建立革命武装,准备对付反动派突然袭击。6月6日,江西军阀朱培德以"礼送"共产党员出境为名,屠杀共产党人和革命者。罗亦农迅速安排党团员转入地下和转移农村,保存了革命力量。7月,罗亦农接替张太雷,任中共湖北省委书记。在"八七"会议上,他批判了陈独秀右倾机会主义错误,提出武装反抗国民党反动派的屠杀。他和瞿秋白、李维汉等9人被选为中央临时政治局委员。会后,他制订了《湖北省秋收暴动计划》,暴动武装攻占了汀泗桥、通山、通城等地,截断武昌、长沙铁路交通线。后来,虽然被反动派镇压下去,但锻炼了干部,为建立红色根据地打下了基础。9月,中共中央迁往上海,在汉口成立长江局,罗亦农为长江局书记,领导鄂、湘、赣、川、皖、陕等省的革命运动。同年11月,中央临时政治局扩大会议在上海召开。罗亦农被选为中央政治局委员、常务委员、组织局主任。年底,罗亦农由汉口到上海党中央工作。民国17年4月15日,由于叛徒告密,被英租界探警逮捕。4月20日,蒋介石电令国民党淞沪警备司令钱大钧,将罗亦农"就地处决"。4月21日,罗亦农被杀害,时年26岁。

## 史砚芬

　　史砚芬(1903～1928),宜兴官林义庄村人。中共早期党员,革命烈士。民国15年(1926年)加入国民党,任宜兴县党部宣传部长。翌年春,加入共产主义青年团,7月任共青团宜兴县委书记。"四一二"反革命政变后不久,加入中国共产党。与万益等人一起组织领导宜兴县农民武装暴动,打响"江南农民暴动第一枪"。暴动失败后,被委派到南京市任团委书记。民国17年5月5日,史砚芬以共青团江苏省委巡视员身份,到鸡鸣寺附近参加中央大学团支部大会时被捕。在狱中,他遭敌严刑拷打,英勇不屈。他说:"反动派只能摧毁我的肉体,但不能动摇我的意志。"史砚芬在9月27日就义前给弟妹的信中说:"我为人类幸福而死,无愧于心,死得其所,死得光荣。""你们不要悲痛,揩干眼泪,鼓起勇气,继续我的遗志,来完成快要完成的事业。"此信仍保存在南京雨花台烈士纪念馆。

## 徐　玮

　　徐玮(1903～1928),原名徐宝兴,化名秦明、胡公达。海门县磨框镇(今海门市瑞祥乡)人。中共早期党员,革命烈士。民国5年(1916年)考入私立海门中学。"五四"运动爆发后,因走出校门,宣传抵制日货,号召取消丧权辱国的"二十一条",被校方以"鼓动风潮"为由开除。民国9年秋,赴苏州东吴大学预科读书,在这所教会学校里为传播无神论,又被开除。其后再就学于上海南方大学,并加入中国社会主义青年团。民国12年冬,转为中共党员。两年后任小沙渡团委书记。民国16年1月,被选为共青团江浙区委书记。3月,上海工人第三次武装起义胜利,又被选为上海市临时政府委员。"四一二"反革命政变后,出席武汉召开的共青团第四次全国代表大会,被选为团中央委员。9月,调任中共浙江省委常委兼共青团浙江省委书记,撰写《告青年学生书》,印2000份散发各地,对青年影响较大。11月初,中共浙江省军事机关遭破坏,波及团委,他和曹仲兰等4人不幸被捕。在狱中,他义正辞严,表现了共产党人的英雄气概。民国17年5月3日,徐玮壮烈牺牲,时年25岁。

## 吴宗鲁

吴宗鲁(1904~1928),字绍连。盐城县吴桥(今属建湖县草堰口镇)人。武昌中山大学学生运动领袖,革命烈士。民国12年(1923年),就读于武昌商科大学。在武汉,他广泛接触进步青年,研读进步书籍。民国16年初,武汉国民政府将武昌商大并入武昌中山大学,吴宗鲁进中山大学二院经济系三年级学习。受在中大任教的中共党员恽代英、李达、沈雁冰等影响,他于是年暑假应聘到国民革命军第六军军官团当政治教官,宣讲"联俄、联共、扶助农工"的三民主义。汪精卫发动"七一五"反革命政变后,他愤然辞职,返回中大读书。10月,反动派拼凑的"学生改组委员会"进驻中大,宣布解散学生会组织,以达到控制学生的目的。在中共地下党组织领导下,广大师生驱逐"学生改组委员会",新选了自己的学生组织,吴宗鲁当选为执行委员兼组织部长。11月,武昌震寰纱厂工人为反抗工厂改组委员会借"清共"之名,无理开除13名剪发女工,举行罢工游行。吴宗鲁负责组织和联络中大学生会联合武汉各校师生,鼓动武昌各厂工友声援震寰工人的正义斗争。月底,近万名工人聚集在震寰纱厂示威,当场抓获和处决了迫害工人的罪魁祸首。工人、学生的革命行动,使反动当局惊恐万分。12月16日凌晨3时,反动派的军队突然包围了中大,逮捕有"共党嫌疑"的师生15人,吴宗鲁在同学们的帮助下,本已越墙出校,但想到自己是学生会负责人,不能丢下被围禁的师生不管,毅然返回校园,组织师生转移,并前往卫戍司令部交涉营救被捕师生。由于被人出卖,遭到逮捕。

吴宗鲁被捕的消息见报后,时任第六军工学校政训员的王慕尊利用关系申请保释,不成后又到狱中探视,劝他登报声明脱离中国共产党,即能获释。吴断然拒绝劝说。民国17年1月14日,武汉反动当局将吴宗鲁判为"共党要犯",以"鼓吹共产,阴谋暴动"的罪名,将其杀害于汉口济生路阅马场,时年24岁。

## 苏德馨

苏德馨(1904~1928),字馨山。如皋江安九龙口人。中共早期党员,革命烈士。民国10年(1921年)考入江苏省第二代用师范(今如皋师范)。

民国13年与同学陆景槐等创办进步团体劲社,主张实行民主政治。次年夏,毕业回乡,任教于鄂家埭小学。民国15年,加入中国共产党,为如皋最早的共产党组织中共如皋独立支部成员之一。民国16年初,以国民党员身份参与组建中国国民党如皋县党部,任县党部执行委员、农工部部长、县农民协会副会长等职。同年7月,任中共如皋县委委员、组织部部长。

同年"四一二"反革命政变后,苏德馨深入城乡,秘密发展和壮大共产党的基层组织。7月,国民党江苏省"清党"委员会委派成昌五为特派员,接管国民党如皋县党部,企图实现"清党"。成昌五到如皋后,横行霸道,敲诈勒索,激起公愤。苏德馨和中共如皋县委其他领导成员一起,领导如皋师范学生游行示威,抗议成昌五接管县党部,并组织200多位社会名流联名向省控告,揭露其罪恶,使其被革职查办。8月,传闻军阀孙传芳要重占如皋,县长乐济安拐带13000多元公款弃职逃往上海。孙军反扑失败,乐济安重回如皋企图复职。苏德馨以国民党如皋县党部的名义,召开在城11个团体联席会议,成立"惩乐"委员会,上告国民政府省民政厅,要求清理乐济安的账目。迫使省民政厅重新委派县长,并将乐济安关押,限期退出公款。

民国17年5月1日,中共如皋县委领导如皋西乡农民暴动,苏德馨任起义总指挥部肃反委员,先后率领起义队伍攻克国民党徐家庄公安分局、卢港地主庄园。暴动失败后撤往上海,后又被中共江苏省委农委书记王若飞派回如皋东乡任中共马塘中心区委书记,代号"白公挚"。6月15日,在银杏埠附近活动时,因奸人告密而被捕。国民政府如皋县长王浩然威逼利诱,并以杀死他父亲相威胁,苏德馨不为所动,在狱中写下遗书,希望弟弟代为孝敬父母,嘱咐妻子将儿子改名"苏维宜(谐音苏维埃)"。7月8日,苏德馨在就义途中高呼口号,如皋师范同学见状无不为之痛哭,他大声说道:"你们不要难过,我倒下去了,将有更多不甘愿屈服的人站起来为中国革命奋斗!"苏德馨于如城小教场英勇就义,时年24岁。

## 沈肇洲

沈肇洲(1857～1929),又名其昌,号绍周,别号聆音散人。海门陈三和桥(今江滨乡)人。琵琶演奏家。幼年入私塾读书,其父又延请二琴师(一擅琵琶,一擅二胡)教他弹奏。22岁中秀才。经勤学苦练,琵琶演技日趋成熟,从演奏老板、快板到苏合、阳合,直至演奏高难度的名曲《十面埋伏》,皆十分娴熟。其后,又以琴会友,遍访名师,练就一手弹琵琶的绝技,达到指力坚强而清脆,音响明快而凝重,虽绮丽而不失庄重,悲壮而不滞涩的地步。民国7年(1918年),孙中山慕名特邀沈肇洲赴沪演奏,一曲罢了,再请一曲,孙中山连连赞叹。从此,琵琶大师之名不胫而走。上海英商百代公司邀请他灌制《汉宫秋月》、《昭君怨》、《十面埋伏》3张唱片。沈肇洲先后在通州师范(今南通师范)、南京高等师范任民族器乐教师,琵琶演技得到更广泛的传播。民国13年,因病辞职回乡,晚年著有《瀛洲古调》、《音乐初津》等书。

## 吴观岱

吴观岱(1862~1929),名宗泰,又字念康,40岁改字观岱;号洁翁、觚庐,晚号江南布衣。无锡城区人。近代画家。少年家贫,到酒店当学徒,深夜学画。廉惠卿嘉其为人,携至北京,荐入内廷,为光绪绘课本故事,结识京华名家,饱览历代名画,悉心揣摩,技艺有进,声名鹊起。他常救济穷困画友,为人称道。曾在北京大学讲授画学,教学生先观旧迹,辨别真伪,还提倡古为今用。离京回锡后,求画者甚多,但他惜墨如金,不肯轻易答允,求得者则视为珍宝,人称他为"江南老画师",锡城名画家诸健秋、秦古柳均出自他门下。

吴观岱工于花卉兼擅山水、人物。初学潘昺堂,继学华喦、恽寿平,得其秀雅之气。山水画作品,意境开阔,苍健浑朴。人物画潇洒生动。又精研书法,作水墨梅竹,以书体入画,别有意趣,被真赏斋印为信笺。其传世作品有《烟波罢钓图》、《仿宋人夏木山居图》、《江帆图》、《虹桥遗事图》、《松壑鸣泉图》、《寒梅冷月图》、《采莲图》等。宣统三年(1911年),文明书局出版《吴观岱南湖诗意画册》,并著有《觚庐画萃》行世。

## 陈庆年

陈庆年(1862~1929),字善余,号困学主人,晚号横山。祖居丹徒西石城村,后迁镇江磨刀巷。近代学者。幼年家贫,随父读书,稍长勤于自学。寓居金坛时,常在书店里翻阅强记,回家再把内容默写下来。光绪十一年(1885年)入江阴南菁书院肄业。光绪十四年中秀才。当时外患日逼,朝政腐败，陈深感科举只能为个人猎取功名富贵，于国无补，因而绝意仕进，专治史学，尤注意社会、经济、军事等方面的史料，青年时就完成了《祀社书述故》、《司马法校注》、《汉津逸文疏证》、《两淮盐法撰要》等著作。被时人推崇为"江东大师"，与梁启超、刘师培齐名。35 岁时受湖广总督张之洞之聘，为湖北译书局总纂，并在两湖书院讲授"兵法史略"。光绪三十一年，湖南巡抚端方聘他为湖南省学务处提调、长沙图书馆监，后又任湖南高等学堂监督。不久端方调升两江总督，他也跟着回到家乡，担任江楚编译局坐办、江南图书馆坐办，编撰《洋务辑要》、《列国政要》等书。时日本人在中国境内争购中国古书，适杭州丁氏欲售藏书 8000 卷，他闻讯后经努力捷足先得，使祖国文化遗产免沦东瀛。光绪三十四年，日商西泽占中国东沙岛，清政府与之力争。陈庆年愤疾之余，遍阅海道各书，终在雍正年间陈伦炯《海国闻见录》的《沿海形势图》上找到东沙岛，早于英人金约翰《海道图说》80 余年，证明此岛属中国区域，书告南洋大臣端方，因而争回了东沙主权。辛亥革命后，担任江苏省参议会议员。民国 8 年(1919 年)突患中风卧床不起，民国 18 年病卒。

陈庆年一生以治学和教学为业，著作甚广。编纂过《兵法史略学》等史学书，认为欲明一朝之战争，必先明一朝之时局，增强了史学书的科学性和实用性。担任江苏通志局总纂时，制定了《江苏通志》的采访和编纂条例；还曾主修《两淮盐法志》。他历来十分重视乡土文献的搜集整理和刊刻流传。有关家乡文献的有《润故述》、《京口兵事通记》、《丹徒农事述》、《西石城风俗志》、《横山草堂丛刊》，以及陶弘景、苏颂、沈括、杨一清、吴棠等人的年谱。所著集名《横山乡人类稿》，并筑有传经楼，藏书不下 20 万册，惜于"文化大革命"期间遭劫焚。他还极力提倡新学制，开设近代科学课程，编写教科书，改进教学方法，亲自参加科学实验，主张对青年进行性教育。

## 薛南溟

薛南溟(1862～1929)，字翼运。祖居无锡县西漳寺头，后迁无锡城内前西溪。清末民初实业家。其父薛福成是近代著名思想家、外交家。光绪十四年(1888 年)考中举人，入李鸿章幕府。李任直隶总督时，他以候补知县衔任天津县、道、府三署发审委员会委员。光绪二十年因父丧回家，不久辞职。

薛家有土地6000多亩,在无锡城中和上海南京路、河南路一带拥有房地产。薛回无锡后,经营祖田,掌管"薛氏仓厅",将地租房租收入转入工商业。他家早在光绪七年就在无锡南乡开办茧行,为上海意大利洋行收购蚕茧。光绪二十二年,与英商大明洋行买办、无锡同乡周舜卿合伙经营的永泰丝厂,有意大利坐缫车312台、300多名工人,后增至480台、700多名工人。因经营不善,资金短缺,周舜卿担心破产,抽资退股,由薛独资经营。光绪三十一年,聘意商华纶丝厂总管车徐锦荣为经理,徐注重工厂管理和工人技术培训,重视产品质量,精选无锡"莲心"优良茧子,缫出"金(银)双鹿"牌优质厂丝。民国10年(1921年),获美国纽约万国博览会"金象奖",永泰丝厂开始扭亏为盈。清末,薛南溟以1万元租金租下锡经丝厂,开工一年获利3万余元,便将此厂买下。他还与孙鹤卿一起集资6万元创办耀明电灯公司,任副董事长兼协理,这是无锡第一家发电供电企业。还在庆丰纺织厂、豫康纱厂投资,任董事长。发展到20年代初,已拥有永泰、锦记、隆昌、永盛、永吉5家丝厂,有缫车1814台,工人3000多人,茧行14家,茧灶532付,成为无锡丝厂业之首。

薛南溟凭借经济实力和其父政治余荫,得到官府、绅士、工商界倚重,成为有权势人物。光绪三十四年,清政府准备立宪,无锡成立"绅商学会"(后改自治公所),推薛为首任总董。宣统二年(1910年)又出任县商会总理,辛亥革命时改任锡金商会第三任总办。无锡"光复"后,他任锡金军政分府司法部长。民国初年,由张謇引荐加入共和党。民国8年,薛南溟以无锡丝厂事务所名义,通告同业,女工放工出厂均须排队接受检查,实行抄身制。民国13年,永泰丝厂改名永泰公记丝厂,呈请意大利领事馆庇护。民国15年5月,因上海租地契约期满,将永泰丝厂全部机器设备拆迁至无锡,在大公桥堍永泰隆茧行重新开工生产。从此,他不直接过问厂内事务,由其幼子薛寿萱管理永泰、锦记两厂。民国18年1月6日,在无锡病故。

# 郑　谦

郑谦(1876~1929),字鸣之,号觉公。祖籍溧水柘塘郑家村,后迁居南京城南三坊巷。6岁丧母,父亲因经营中药铺亏本而流落他乡,将郑谦兄妹三人送外祖父抚养。郑谦舅父陈文园是南京有名的学者。经外祖父教诲,郑谦八九岁即自觉用功,常点灯攻读深夜不辍。19岁时,就边学边教私塾。

清光绪二十三年(1897年)末科,放弃最后一次中举的机会,为云南总督李经羲之子代写应试文章居然中举,郑谦由此获得三千金巨资。光绪三十二年,受维新思想的影响,东渡日本政法大学深造,两年后毕业返国。经李经羲举荐,任云贵总督参事,从此踏上仕途。其后历任安徽国税厅筹备处坐办,皖北税务局局长,黑龙江督署秘书长,黑龙江省政务厅厅长,北京政府陆军部参事,奉系军阀张作霖的秘书、秘书长、秘书厅长兼东北交通委员会委员等职。

任职东北时,正值国内军阀混战,曾下决心以救国救民为己任。云南起义时,在云南参加起义会议。孙中山就任临时大总统,他力主南北统一,解除混乱局面,并呼吁各方放弃己见,以国家为重。他以撰《讨曹锟檄》一文,激励奉军士气,深得张作霖赏识。民国14年(1925年),奉军大举南下,势力延伸到苏皖和上海等地,张作霖为维护东南利益,以文人当政和苏人治苏之名,擢拔郑谦任江苏省省长,前后仅8个月。在任江苏省省长期间,他曾拨款整治玄武湖。同年9月,孙传芳部队进逼南京,郑谦仓促离宁,仍回奉天任秘书长。民国18年,郑谦于沈阳病逝,葬于南京中华门外梅山铁矿附近。

## 倪天荣

倪天荣(1881~1929),江浦人。"倪大来香干"创始人。光绪二十七年(1901年),在桥林镇南街开设豆腐店,店号"倪大来"。两年后,倪天荣已成为同行中的佼佼者。为发展产品特色,他走南闯北,访友拜师,于光绪三十年冬,以高薪聘用山东的范师傅,"倪大来"如虎添翼,名声大振,制作的干子花式多,质量好,鲜美可口,色香俱佳,成为江浦享有盛名的土特产之一。"倪大来香干"制作精细,配料考究。其原料多选用东北优质大豆,经精磨细滤,轻膏重压制成白干,再用自制的三伏酱油,配以八角、桂皮、甘草等13味中药,佐以冰糖等调味品,制成卤汁,然后干子同卤汁同时入锅,温火煮熬。香干分方、圆两种,圆干又有大小之别。方干用布裹实压紧,薄而小,每斤可称50块左右。小圆干用蒲包包裹,轻压,干子质松、鲜嫩,老少皆宜。大圆干压榨紧实,反复煮熬,加卤汁5次至7次,每块重125克,直径8厘米,厚1厘米,正面有菊花形图案,反面为"倪大来"店戳;色黑发亮,亮中吐油,味香甜,韧性好。若需保存,可吊在檐下阴干,经年不坏。这种干子有开胃健脾、滋补延年之功效,是吃茶下酒的美肴,也是馈赠亲友的佳品,远销上海、无锡、安徽、天津、哈尔滨等省、市。除香干外,倪天荣兼做臭干和油炸干。臭干细嫩,味鲜,现买现吃,其味最佳。油炸干外黄里白,皮脆肉细,咸淡适口,现炸现吃,其味无穷。其子倪宜友继承父业。解放后,"倪大来香干"改称"桥林茶干",但仍不失传统特色,并以地方风味小吃入选《中国食品大全》。

## 过探先

过探先(1887~1929),无锡人。农、林专家。清光绪三十三年(1907年)考入上海中等商业学校,后因英文成绩优异转入上海南洋公学。宣统二年(1910年)赴美,先入威斯康辛大学,后转康奈尔大学农学院学习,专攻农作物育种学,获学士、硕士学位。民国4年(1915年)回国,任江苏省第一甲等农校校长。民国10年,任东南大学农科副主任、农艺系主任。民国12年,兼任棉作改良推广委员会主任。翌年任东南大学《农学》杂志《江苏新农业》专刊主任编辑。民国14年任金陵大学农林科中方主任。民国16年任金陵大学校务委员会主席。民国17年任江苏省农民银行总经理;同年兼任江苏省农矿厅农林事业推广委员会委员。

过探先毕生致力于农业教育工作。在美国求学期间,与邹秉文、竺可桢等人共同创办中国科学社,出版《科学》杂志;归国后又主编《农学》杂志,撰写《我国农业教育之改进改良》、《中国农业问题》、《爱字棉纯化育种报告》、《农田之收获》、《吾国棉业之前途》、《农科大学的推广任务》、《论人造饲料》等数十篇论文,研究和宣传农业科学技术,他举办多期讲座,讲授稻、麦、棉、林、园艺、育种的知识,传播农业新技术。他所担任校长职务的江苏第一(甲等)农校,被教育部确认为全国模范中等农业学校。他还致力于棉花育种学推广工作,是中国棉花育种学推广事业的创始人。他在主持金陵大学棉花育种期间,在南京洪武门(今光华门)外花园村创办了植棉总场,与美国植棉专家柯克一起引进早熟、大铃、短绒、细绒的棉花新品种,在长江、黄河流域试种。同时主持选出江阴血籽棉、孝感光子长绒棉、改良小白花棉等,并由此选出本地优良品种,被命名为"过字棉"。为发展中国的民族棉纺织业,过探先、邹秉文等积极争取上海纺织界巨商捐款为东南大学、金陵大学农科作研究经费,以购买土地和租用农场开展研究与推广工作。

此外，造林事业方面，他曾在认真研究基础上，提出江苏省农林业发展规划，建议在南京紫金山设立江苏第一林场，在徐州云龙山设立第二林场，并努力付诸实现。为建立教学基地，他与陈嵘一起选定江浦县北的老山和江宁县汤山等地作为研究教育基地。民国5年，江苏建立教育公有林，老山和汤山均为下属林场。场内设若干区，每区有地5万亩左右，配技术员1名，工人20余名。每逢造林季节，由林科学生上山植树。老山林场和老山地区今已成为国家级森林公园。

## 巴玉藻

巴玉藻（1892~1929），字蕴华、问华。蒙族。居镇江。幼入镇江八旗中学读书，后考入江南水师学堂。宣统三年（1911年），因成绩优异，为北洋政府选调去英国阿母斯壮学院学习机械工程。民国4年（1915年），巴玉藻到美国留学，入麻省理工学院专修航空工程，获硕士学位，后被美国通用飞机厂聘为总工程师。两年后回国，服务于福建马尾船政局，致力于飞机制造事业，创建了中国第一个飞机制造厂。当时北洋政府仅允许拨款5万元，巴玉藻发奋图强，团结有识之士，齐心协力，自己设计，选用国产材料，于民国8年制造出中国第一架国产水上飞机——甲式一号双翼双桴教练机。此后，又陆续制造12架飞机。于民国17年5月，参加德国柏林万国飞机展览，以制造精良，性能优良，得赞誉和奖励。巴玉藻还兼任海军飞潜学校甲班少监，亲自授课，培养了中国第一批飞机制造专业工程师和机械师，为中国航空事业的发展作出了杰出贡献。巴玉藻于民国18年病逝于福建寓所。

## 吕彦直

吕彦直（1894~1929），字仲直，又字古愚。祖籍山东东平，生于天津。近代建筑师。毕业于国立清华留美大学堂。民国2年（1913年）赴美国留学，入康奈尔大学学习5年，后受美国建筑师墨菲的指导。曾参与南京金陵女子大学和北京大学校舍的建筑设计。民国10年回国后，在上海与人合办真裕建筑事务所。他潜心研究清宫殿建筑艺术，擅长将中国传统宫殿艺术与近代西方建筑技巧融为一体，形成宏伟壮观的设计风格。民国14年9月，他的中山陵设计图案被评为一等奖，被总理葬事筹备委员会聘为总理陵建筑师。翌年又设计广州中山纪念堂及矗立于越秀山之中山纪念碑。31岁时被选为总理陵建筑师,为了再现孙中山的思想、精神和博爱之心,他所设计的陵园平面图案形似自由钟,寓有"唤起民众"之意。在总理陵建造过程中,他身兼建筑师、监工、验料、验工数职,事必躬亲,耗尽了自己的精力。民国18年3月,当总理陵的主体部分墓室和祭堂即将完工时,他却因异常繁重的工作而积劳病故,时年35岁。总理陵园管理委员会在总理陵祭堂的奠基室内,为他建纪念碑(现已不存)。

## 彭 湃

彭湃(1896~1929),又名天泉、汉育。光绪二十二年(1896年)十月生。广东省海丰县人。出身于大地主家庭。中国无产阶级革命家,中共早期农民运动领导人之一,海陆丰农民起义的组织者,革命烈士。彭湃在海丰中学读书时,团结一批进步同学组织群进社,谈论时事,互相激励,积极参加社会上爱国活动。民国6年(1917年)夏,东渡日本,入东京成城学校补习日文。翌年入早稻田大学攻读政治经济科。苏联十月革命后,社会主义学说强烈吸引着进步青年,彭湃与志同道合的留学生组织赤心社,共同研究马列主义,寻求救国救民的道路,投入反帝爱国运动,参加中国留学生举行的反对签订《中日陆军共同防敌军事协定》的秘密集会,被东京警署列入"黑名单"。民国8年,在巴黎和会上,中国被迫把德国在山东半岛的权益转让给日本。消息传到东京后,留学生无比愤慨,彭湃与同学在东京举行"五七国耻日"集会和示威游行,抗议日本帝国主义侵略中国。咬破手指,血书"毋忘国耻"四个大字,寄回海丰学生联合会,激发了海丰学生反帝爱国热情。

民国10年夏,彭湃在早稻田大学毕业后回国。不久,加入中国社会主义青年团。在海丰发起组织社会主义研究社、劳动者同情会,撰文抨击当时的教育制度,主张教育农民,革新社会。10月,担任海丰县教育局长,开始了从教育入手的社会革命实践。他团结进步师生,改革教材,普及教育,宣传进步思想。民国11年5月1日,组织全县学生举行庆祝"五一"大游行,震动了海丰县城。彭湃的大胆改革行动,触犯了海丰的地主豪绅。他们对他大肆攻击,煽动军阀陈炯明撤销他教育局长职务。彭湃从斗争实践中认识到,走"教育救国"之路行不通,只有推翻旧制度,才能救中国。他穿上土布衣,戴竹笠,深入农村,宣传革命道理,鼓励贫苦农民团结起来闹革命。他把家中田契、债单当众销毁,深得农民信任。6月,彭湃创办了海丰第一个农民协会——六人农会。9月,会员发展到500多人,扩大为"赤山约农会"。

民国12年元月1日,中国第一个县农会——海丰总农会宣告成立,彭湃当选为会长,农会会员已发展到10余万人。广东省农会成立,彭湃被推选为执行委员长。至此,以海丰为中心的粤东农民运动出现了新高潮。同年底,彭湃由青年团转为中国共产党党员。民国13年1月,国民党第一次全国代表大会召开,国共合作。4月,彭湃任国民党农民部秘书。7月,开办农民讲习所,任第一、五届主任。在毛泽东主办的第六届讲习所上,彭湃兼任教员,讲授"海丰及东江农民运动状况",并整理成《海丰农民运动报告》一书,这是中共历史上第一部农民运动的专著,受到毛泽东的高度赞扬,被誉为"农运大王"、"农运领袖"。民国14年春,澎湃参加了广东革命政府讨伐军阀陈炯明叛乱的两次东征。在此期间,彭湃任广东省农民协会副委员长,协助黄埔军校政治部主任周恩来工作,恢复农会组织,建立中共海陆丰特别支部,海陆丰地委建立后,彭湃任地委书记。他还接受了周恩来赠送的枪支,加强了农民武装力量,使海丰呈现一派革命景象,被誉为"小莫斯科",成为全国农民运动的典范。

民国16年3月,彭湃出席在武昌召开的鄂湘赣粤农民协会执委、河南农民代表大会执委联席会议。会议成立中华全国农民协会,彭湃和毛泽东、方志敏等13人被选为执行委员,担负起领导全国农民运动的重任。4月12日,蒋介石在上海发动反革命政变。中共召开五大,彭湃坚决支持瞿秋白、蔡和森、任弼时、毛泽东迅速武装工农、开展土地革命的主张,被选为中央委员。中央委派周恩来担任领导南昌起义的前敌委员会书记,彭湃为5名委员之一,参加了著名的"八一"南昌起义。在党的"八七"会议上,彭湃当选为临时中央政治局候补委员。同年11月13日至18日,在彭湃领导下,先后在海丰、陆丰召开工农兵代表大会,成立海陆丰工农兵苏维埃政权,颁布《施政纲领》,通过《没收土地案》,为后来中国制订土地法,提供了宝贵经验。翌年7月,彭湃出席在莫斯科召开的党的六大会议,被选为中央政治局委员。冬天,他回到上海,担任中央农委书记。他还协助周恩来参与中央军委领导工作,并经常到江苏省委指导农民运动,开展武装斗争。

民国18年2月,彭湃受中央委派兼任中共江苏省委常委、军委书记。

他在主持江苏省委军委工作期间,十分注意斗争策略。8月15日,在江苏省委常委召开的工作会议上,彭湃就党的发展、斗争政策和策略问题作了专题报告,引起各级领导的重视。同年8月24日,彭湃在上海新闸路经远里参加江苏省委军委会议期间,由于叛徒白鑫出卖,被租界工部局巡捕逮捕。同时被捕的有中央政治局候补委员杨殷,江苏省委军委委员颜昌颐、邢士贞等人。后被引渡到国民党上海市公安局。在审讯时,敌人使用各种酷刑逼供,坚强不屈,慷慨陈辞,痛斥敌人。民国18年8月20日,在蒋介石直接命令下,彭湃被秘密杀害于龙华淞沪警备司令部内,时年33岁。同时遇害的有杨殷、颜昌颐、邢士贞烈士。

## 茅学勤

茅学勤(1900～1929),江阴县后塍学田圩(今属张家港市)人。革命烈士。民国9年(1920年)秋,就读江阴县乙种师范。民国11年考入苏州江苏第二工业学校。翌年中彩票,获得3000元,便回乡创办学田圩小学。民国15年春,沙洲农村断粮者十有八九,他毅然带领100多名贫苦农民到妻子的寄父、地主朱孔阳家"吃大户"。民国16年3月下旬,参加县农民协会举办的农民运动训练班,回到后塍组织农民协会,担任会长。"四一二"反革命政变后,土豪劣绅勾结官府,他被以共产党"罪名"逮捕。9月,因"证据不足"释放回家。10月间,中共江阴县委成立,茅学勤由县委书记钱振标介绍入中国共产党。县委决定在后塍举行首次暴动,他化名王天民,担任江阴农民革命军副司令。11月15日深夜,带领二三十名手拿大刀、长矛的农民,率先冲进公安分局,又乘胜攻入禁烟检验所,缴获9支毛瑟枪。翌日凌晨,国民党当局的警察赶到后塍,焚烧茅家的房子,并逮捕其父母及哥哥茅学友。不久,茅学友在狱中被折磨而死。12月20日,县公安局巡缉队在东乡抓了朱松寿、张老四和其弟茅学思,暂押后塍电灯厂。茅学勤奉命调集3000多名农民,发动第二次后塍武装暴动,于次日凌晨3时许,向公安分局和电灯厂猛攻,救出朱松寿等3人。民国17年1月上旬,在中共江阴县第一次代表会议上,茅学勤当选为县委军事委员,接着领导了1月中旬的后塍西五节桥、善政桥和顾山周东庄等地暴动,2月26日的杨舍暴动,3月21日的峭岐暴动,3月30日的第三次后塍暴动。江阴县政府以3000元赏格通缉茅学勤,他凭着机智、勇敢和群众掩护,仍坚持在当地与敌人周旋,多次化险为夷。4月中旬,奉命渡江北上,和靖江中共党员蒋润芳等在丹华桥、广陵镇沿界河一带建立党的组织,发展游击队。5月,帮助组建中共靖江县委。6月8日回到江阴西乡,主持召开江阴党的积极分子会议,被选为县委书记。7月28日,与高大生等在璜土举行暴动,占领乡行政局3天。8月,茅任中共京沪特委委员兼红军总指挥。10月接任特委军委书记。后再次渡江北上,在靖江、泰兴边界开展武装斗争。12月23日反"扫荡"中,其弟茅学思因掩护战友撤退而牺牲。当晚,茅学勤等兵分3路,横扫靖江东来庵、西来庵、文武殿、朝阳殿等地的税卡。27日,攻进泰兴县公安局第六分局,当天撤回江南。

民国18年1月8日,茅学勤奉调至上海,任中共淞浦特委军委书记。1月21日晚,他和特委负责人陈云、严朴等一起领导奉贤县庄行暴动,缴获长枪30多支。他和10名江阴红军战士返上海,暂住汉口路大东旅社。因叛徒告密,24日晚,他与红军干部倪培青、高大生、萧阿佛、陶金才及16岁的警卫员曹正林等相继被捕。30日押至江阴,县长亲自审问,茅学勤面对威胁利诱,凛然回答:"我既被捕,只存牺牲之念,断不愿再说其他。"2月6日,茅学勤和5位红军战友在江阴君山脚下慷慨就义。

## 徐芳德

徐芳德(1901~1929),字泽生,又名徐芳。出生于如皋江安六甲一个贫苦农民家庭。中共早期党员,革命烈士。民国13年(1924年),在江苏省第一代用师范(今南通师范)读书时参加进步团体晨光社,开始学习马克思主义,探索革命真理。民国15年,加入中国共产党。同年毕业回乡,任小学教员、卢港第十九校(孙严墩小学)校长。次年秋,任中共如皋县委委员、如皋西乡区委书记。民国17年春,中共江苏省委决定在如皋、泰兴两县联合举行农民暴动,徐芳德为组织领导人之一。5月1日清晨,他带领起义农民首攻县警察队,打响如皋地区"五一"农民暴动第一枪。当晚,在朝西庄召开誓师大会,徐芳德代表暴动总指挥部庄严宣布:"共产党领导的如皋县农民暴动开始了!"会后,他带领一支暴动队伍攻打江安区周庄头最大的地主庄园,将胜利果实分给贫苦农民。暴动失败后,领导成员大都撤往上海或南通,而他始终坚持在暴动区。7月,中共如皋县委重新建立,徐芳德被选为县委常委兼组织委员。此后,他深入镇涛区开辟工作,组建镇涛区委和苏北地区第一支红军游击队——中国工农红军江北总指挥部,并先后奇袭国民党九华公安分局、卜驾原公安分局。10月12日,亲手处决了国民党如皋县参议会参议员刘仰琨和巡长祝培初。11月,徐芳德出席中共南通特委召开的6县县委联席会议,当选为特委委员,并任中共如皋县委书记。民国18年1月10日,徐芳德带领两名游击队员,潜回江安六甲活动,被驻贲家巷的国民党县警察中队包围,突围时腿部中弹被俘。地主周松平用石头砸断他的右臂,并凶残地说:"看你还能拿枪!"徐芳德痛斥敌人:"你杀死我徐芳德,但共产党是不会死的!"徐芳德被转解至如皋后,敌人严刑逼供,并令叛徒劝降,均不为所动。1月27日午后,徐芳德于北门城脚眼光庙英勇就义。时年28岁。

## 顾仲起

顾仲起(1903~1929),名自谨,字仲起,以字行。生于如皋县(今如皋市)白蒲镇西顾家埭。中共早期党员,作家。父亲和伯父均为清末秀才。顾仲起毕业于通州师范学校(今南通师范),其后即涉足文艺创作,先后在郑振铎主编的《小说月报》上连续发表《深夜的烦闷》、《最后一封信》、《归来》、《风波一片》、《碧海青天》等作品。民国13年(1924年)年初,加入社会主义青年团。翌年,至广东黄埔军校学习,不久加入中国共产党。东征、北伐中曾任排长、连长,随军抵武汉后,与茅盾、孙伏园等组织进步文学团体上游社,与茅盾交往密切。茅盾的小说《幻灭》中强连长的生活原型,即为顾仲起。民国17年初,参加蒋光慈、钱杏邨组织的太阳社,宣传和创作进步文学。4月,以中共江北特委军委委员身份和王若飞一起到如皋组织农民暴动,担任"五一"农民起义总指挥,失败后,流亡津、沪。次年春,他在极度消沉之中自沉黄浦江而逝。生前主要作品有短篇小说《生活的血迹》、《笑与死》、《爱的病狂者》,中篇小说《残骸》、《坟的自供状》、《葬》,诗集《红光》等。

## 吴亚苏 吴亚鲁

吴亚苏(1907~1929),又名吴印,字抑之。如皋东乡(今如东县)潮桥人。中共早期党员,革命烈士。民国12年(1923年),随兄亚鲁到徐州县立中学读书,在兄长的指导下,投身革命。民国13年参加社会主义青年团,次年加入中国共产党。在上海邮务海关学校求学时,即秘密从事党的活动。民国16年去武汉工作,因国民党叛徒出卖,妻子牺牲,孩子失散。组织上为保存力量,调他到江苏省委担任机密文件抄写工作。不久又去安徽六安地区协助胡苏明开展青年运动。次年,奉调返回家乡,担任南通特委委员,参加如泰地区"五一"农民暴动的组织准备工作,并与徐芳德、苏德馨等领导了震惊江淮的"五一"农民暴动。暴动失败后,国民党如皋县政府张贴布告,悬赏万元通缉他。他临危不惧,继任中共如皋县委书记,仍在如皋东西乡艰苦地恢复党的组织,继续开展斗争。民国18年6月15日,吴亚苏在镇涛参加如皋、泰兴、泰县3县县委联席会议,夜间返回陈家市中石庄时,因叛徒告密,不幸被捕。在狱中,敌人逼他自首,他大义凛然,严辞斥敌,忠贞不屈。8月3日,吴亚苏从容就义,时年22岁。其父吴瑱悲恸不已,终于病倒,弥留之际,学生问老师有何吩咐?先生侧过头,低声慢吟:"眼前时局已如此,浩劫茫茫何处家?不把头颅轻一掷,惟将血泪染梅花!"吟罢,溘然长逝。

吴亚鲁(1898～1939),学名吴肃,又名吴渊,笔名耐苦生。吴亚苏兄。中共早期党员,革命烈士。民国9年(1920年),以优异成绩考入南京高等师范学校。当"五四"革命风暴席卷到如皋县城时,吴亚鲁从南京回到在如皋师范任教的父亲身边,请求父亲支持学生运动。吴瑱应允,第一个从教师队伍中站出来,参加学生运动,于是如师学潮蓬勃展开。民国11年,中国社会主义青年团南京地方委员会成立,吴亚鲁被选为青年团南京地委的主要负责人。同年加入中国共产党。暑假,吴亚鲁回到家乡,联络旅通、宁、沪、京的如皋籍学生50多人,成立了以反帝反封建为宗旨的进步团体平民社,并创办社刊《平民声》,他任主编。与此同时,又积极联合潮桥附近的一些青年,组成潮桥青年学友会,刊行《潮桥青年》,揭露土豪劣绅的罪行,传播革命思想。民国12年,从南京高等师范学校毕业,党派他到徐州第三女子师范任教。在女师立足之后,又走向社会,深入农村、商店,培养考察了一批积极分子,赶走了压制学生运动的顽固派校长,打开了工作局面。民国13年6月1日,经团中央批准,主持在户部山召开团员大会,建立了徐州第一个社会主义青年团支部,任书记部主任。次年10月,他又组织了中共铜山(徐州)特别支部。后党组织为保护他,调他去河南郑州豫丰纱厂从事工人运动。自去河南不久,北伐开始,吴亚鲁随军北征到了武汉,在叶挺部工作;

随后又参加了南昌起义,起义失败后,离开军界去广东开辟工作;接着去厦门、台湾、香港开展革命活动,物色和培养党的干部。民国19年,吴亚鲁任中共山东省委宣传部长时被捕,在青岛入狱,因敌人未查获证据而获释;后在上海租界开展工运时被捕,也因证据不足而获释;后又由于叛徒出卖,在上海再次被捕,关押3年多,直到民国25年冬才出狱。此后,在新知书店工作,翻译一些宣传马克思主义的英文读物。次年10月,奉命去湖南长沙。民国27年,由八路军驻湘东办事处派往平江县嘉义镇,在新四军平江留守处(后改为通讯处)工作,任中共湘鄂赣特委秘书长。民国28年6月12日,国民党军队满街戒严,并层层包围了新四军平江留守处,将吴亚鲁强行绑架,刽子手在通讯处门前的街坡上,向他头部、腹部连击两枪,他当即壮烈牺牲。时年41岁。当晚,特委组织部长罗梓铭以及曾金声、吴贺泉、赵绿吟等也惨遭国民党反动派杀害。8月1日,在延安人民追悼平江惨案死难烈士大会上,毛泽东发表了《必须制裁反动派》的著名演说。中共中央送的挽联上写道:"在国难中起内讧,江河不洗古今憾。于身危时犹明义,天地能知忠烈心。"

## 俞粟庐

俞粟庐(1847～1930),名宗海,号韬庵。江苏娄县(今上海市松江)人,长期定居苏州。京昆表演艺术家。早年就读于吴江盛泽沈景修,工书法,宗北碑,通金石学,并精于书画鉴别。清光绪初年署金山县守备。光绪中叶,改苏州葑门外水师营务处办事,移家苏州义巷内。习昆曲,师从韩华卿。韩氏宗长洲叶(堂)派唱口,俞粟庐悉心精研,尽得其奥秘,以叶氏唱派正宗传人蜚声曲坛,成为清末民初一代昆曲宗师。他度曲讲究吐字重、行腔婉,结响沉而不浮,运气敛而不促,对于音韵之阴阳清浊,旋律之停顿起伏,声音之轻重虚实,节奏之松紧快慢尤为讲究,对昆曲界影响颇大。他本工小生,但对生、旦、净、末、丑各行曲子无不精通,常唱的有《琵琶记·南浦、辞朝、书馆》、《长生殿·惊变、埋玉、迎像、哭像》、《玉簪记·秋江》、《千忠戮·八阳》、《牡丹亭·拾画、叫画》、《红犁记·亭会》等戏。《金雀记·乔醋》是其平生得意杰作,乃号称"滕乔醋"的名师藤成芝亲授。他定居苏州达50余年。长期受聘于张月阶家鉴定书画,兼为其子荫玉、孙紫东等拍曲授艺于十八曼陀罗花馆。经常至宫巷桂芳阁茶园品茶、拍曲或应邀参加曲社活动;又多次旅沪度曲,启迪后进。民国10年(1921年)春,与穆藕初、徐凌云共同发起,组成昆剧保存社。在穆的竭力推荐和资助下,百代公司为俞粟庐灌制《三醉》、《仙缘》、《拆书》、《惨睹》(即《八阳》)、《定情》、《赐盒》、《哭像》、《拾画》、《亭会》、《秋江》、《辞朝》、《书馆》、《佳期》等唱片13面,皆冠生、巾生曲子。他手书其唱片曲词、宫谱,由穆藕初题字,印成《度曲一隅》传世。次年,穆又发起,建成以俞氏命名的"粟社"曲社。民国13年6月6日,俞粟庐78岁高龄时犹亲自莅社咏唱《荆钗记·见娘》一折,并著有《度曲刍言》,发表于当年出版的上海笑舞台《剧场报》。苏州曲友中受其益者甚多。子振飞,自幼即受严格训练,尽得其传。俞粟庐于民国19年4月病逝于苏州乔司空巷新宅。1953年,根据家学辑成《粟庐曲谱》上、下两集问世。

## 程德全

程德全(1860~1930),字纯如、号雪楼。四川云阳人。父海云,副贡生,以教书为业。光绪十年(1884年),程德全经岁试取为廪生。光绪十六年至京入国子监肄业,翌年任瑷珲副都统幕、黑龙江将军伊克唐阿幕,随军东征,以劳绩叙知县。光绪二十六年,任黑龙江营务处总理,奉派与俄国侵略军交涉,颇富胆识,不惧威胁、要挟,据理抗争,声闻朝野。此后,任直隶州知州。光绪二十九年升道员,简放齐齐哈尔副都统。光绪三十一年署黑龙江将军。对外据理力争,对内实行垦荒实边,改革旗制,稳边安民,颇负实绩。光绪三十三年,黑龙江建省,改署巡抚。不久,以病辞职。宣统元年(1909年),任奉天巡抚。翌年,调任江苏巡抚。到任后,以革新自命,支持地方事业,曾力持由国人之力修葺寒山寺。他与张謇等立宪派人士相交,支持他们主张,上疏建议设立责任内阁,从速召开国会。宣统三年,辛亥革命武昌起义,张謇至苏州,程挽张代为草奏,要求清廷下诏罪己,实行宪政。上海宣布独立,革命党人力促程德全响应,江苏绅士也纷纷谋求自保,吁请程德全宣布独立。程遂接受都督印,宣布江苏独立。苏、浙、沪组织联军会攻南京,程亲临前线犒军,发布誓师词。联军攻克南京后,革命党于上海公推程德全任江苏都督,移驻南京。民国元年(1912年)1月,南京临时政府成立,任命程为内务总长,他称病不出,与章炳麟、张謇等人组织中华民国联合会、统一党、共和党。4月,袁世凯复令程德全任江苏都督,程回旋于袁世凯和革命党之间,为上海革命党所不容。革命党在苏州组织洗程会,事泄,被程破获,诛洗程会蒯氏兄弟等4人。民国2年7月,在"二次革命"中,程托病离宁赴沪,反对讨袁。9月,辞去江苏都督职务,寓居上海,闭门诵佛。民国15年,受戒于常州天宁寺,法名寂照,曾驻锡木渎法云庵。民国19年5月29日,程德全在上海病逝。葬于苏州寒山寺侧。遗著有《程中丞奏稿》、《抚吴文牍》等。

## 蒋炳章

蒋炳章(1864～1930),字季和,别号留庵。清同治三年五月初九日(1864年6月12日)生。吴县(今苏州市区)人。先世为苏州望族。幼承家学,聪颖有志,强记博闻,博览经史子集。光绪七年(1881年)入府庠,补博士弟子员。光绪十九年中举人,光绪二十四年成进士,入翰林院,授庶吉士。光绪二十五年至二十七年为松江府、苏州府知府和荆宜施道幕僚。光绪三十三年授翰林院编修。宣统元年(1909年)晋授四品京堂。蒋炳章一生淡于仕进,虽授编修、京堂而不就职,始终以兴学育才为己任。光绪二十七年主讲荆宜书院,光绪二十九年掌教安徽高等学堂,光绪三十一年在苏州任江苏游学预备科监督。宣统元年为江苏省教育会副会长,次年任江南高等学堂监督。辛亥革命后,历任江苏省教育会驻会总干事、学校教育部干事。时新学正兴,他培植人才遍于苏皖两省及大江南北,多为政界学界知名人士。其生平喜藏书,著作有《留庵诗文集》等。蒋炳章还热心地方事业,曾任江苏咨议局副议长、南洋劝业协赞会协理、江苏省议会副会长、吴县修志局总纂、苏州市公所董事和总董、苏州市公益事务所总董、苏州工巡捐局董事长。宣统元年,任江苏咨议局副议长期间,创议减轻苏省赋额,以苏民困。任市公益事务所总董期间,力主收回电灯公司主权,创苏州电气厂,建筑南新桥,开辟金、平两城门。民国13年(1924年)江浙军阀战争中,以60岁之躯,犹奔走东郊与军队商谈,以免战祸蔓延苏城。民国19年5月22日,病逝于棣葭巷寓所。

## 顾麟士

顾麟士(1865～1930),字鹤逸、谔一,自署西津渔父,或署筠邻。元和县(今苏州市区)人。画家。祖父顾文彬有"过云楼",收藏金石书画古籍,甲于吴中。父顾承精鉴赏,好玺印。顾麟士酷爱文艺,擅长丹青。光绪二十一年(1895年),与吴大澂创办苏州第一个画社于怡园,名"怡园画集"。苏州书画界吴秋农、顾若波、王同愈、陆廉夫、费念慈、金心兰、倪墨耕、吴昌硕、郑文焯、翁绥琪、任立凡等先后入会,以吴大澂为盟主,每月雅集3次,"研究六法,切磋艺事"。所作山水多逸气,具吴门风格,且有云林清秘遗风,设色清丽雅致,点苔沉着老健。又好收藏,精鉴别,声望极高。民国19年(1930年)5月7日,病逝于朱家园寓所。著有《续过云楼画记》、《鹤庐印存》、《顾鹤逸山水册》、《顾鹤逸仿宋元山水册》、《顾鹤逸中年山水精品》、《顾西津仿古山水册》(上下集)、《鹤庐画识》、《鹤庐画趣》等。

# 丁传靖

丁传靖(1870~1930),字秀甫,号闇公,别号京口招隐寺行脚僧、京口招隐寺白雪靖,笔名鬼车子、鹤睫等。秀水(今浙江嘉兴)人。祖籍镇江。学者。幼时随嗣父长期旅居扬州、南京,后分别就读于南京惜阴书院、江阴南菁书院。18岁中秀才,28岁赴江南乡试,因其试卷上用有非出自四书五经上的《淮南子》文句,被主司斥为"杂语",摈列榜末。光绪三十二年(1906年)归乡里,任镇江府中学堂讲习四载。复去北京应礼部试,未中。后阅卷主试官自疚遗才之失,登寓致歉。同年,任国史馆纂修。

民国3年(1914年),任江苏督军冯国璋的幕僚。袁世凯称帝失败后,随冯至北京任大总统府秘书,专司总统应酬诗文、笔札。寓居北京十余载,颇多余时,悉用之于撰述和搜藏宋、明、清三代史料。民国17年移家天津,民国19年在天津去世。柩归故里,葬于镇江南郊戴公山麓,陈宝琛为之撰墓志铭。

丁传靖幼承家学,擅诗文、工曲剧,又兼治甲骨文字、史学。宣统年间,曾仿杜甫名作撰《都门秋兴》八律,即事寓典,愤刺朝廷,广为时人传颂。他的《沧桑艳传奇》,综合了吴三桂与陈圆圆的历史记载与传说,曲词典雅清新而隽远,被吴梅称为"诗史型古典歌剧",尤为著名。一生著述宏富,可考知的约30种,其中刊行见世者15种,约200万字。其中重要的除《闇公文存》、《闇公诗存》外,还有《清大学士年表》、《历代帝王世系宗亲谱》、《甲乙之际宫闱录》、《宋人轶事汇编》等。后两部最为人称道,其史料真实可信,且文词优美,卓有情趣,为后世历史研究提供了重要材料,也为文学创作提供了丰富的素材,历来为学界和艺林视为珍品。

丁传靖平生亦酷嗜购书,所藏累以万计,曾被誉为"京口三大藏书家"之一。分别于民国25年和1952年捐赠入地方公藏。

## 褚玉璞

褚玉璞(1874~1930),清同治十三年四月十八日(1874年6月2日)生。山东省汶昌县城西褚家庄人,后居江苏沛县。生于农民家庭。光绪十一年(1885年)前后,全家背井离乡,逃荒至沛县马坡以北张庄乡陈堂村,生活十分艰窘。他生来游手好闲,后结交了一伙争强好斗的拳手,拜金兰,称兄道弟,干起了打家劫舍的勾当。为了给自己寻找一个靠山,褚玉璞先后投靠土匪头子刘玉喜和屈九里门下,在匪伙中,他以骠悍大胆逐步赢得了信赖,屈九里死后,他轻而易举地登上了首领的"宝座"。民国元年(1912年),褚玉璞被人检举,关进了铜山县大牢。后来,经他的大哥褚玉凤托陈堂村的绅士赵瑶蕴活动,才得开释。

民国2年春,革命军第九师在师长冷遹率领下"光复"徐州后,对土匪武装实行了招抚、收编政策。褚玉璞携伙参加了革命军,任巡缉马营营长职位。事过几个月,张勋受袁世凯的旨意,由兖州发兵南下,又一次抢占了徐州。这时,革命军奉命南撤,他亦随部队调往湖南。在湖南茶陵县与湘系军阀的战斗中,第九师战败。褚玉璞走投无路,只好带着他的一伙弟兄,重返徐州。民国10年投靠山东军阀张宗昌的麾下。次年任奉军第五十五团团长。民国13年9月15日,第二次直奉战争爆发。他由团长升为镇威第二军第三旅旅长,成了张宗昌的左膀右臂。后段祺瑞临时执政,宣布成立南下宣抚军,由张宗昌任第一军军长,统领10万人马南下攻打齐燮元。进常州以后兵分两路:一路由张宗昌亲自率领,进驻上海,另一路则由褚玉璞以副军长的名义统兵3万进驻宜兴。民国15年,他任直鲁联军副司令和直隶督办。民国16年任安国军第七军团军团长。随后,为扑灭正在北上的北伐革命军,张宗昌、褚玉璞率领17万大军南下,奉军南征战果不佳,褚玉璞在江南节节失败。次年,浦口一战,败退唐山、天津一带。这时北伐军将领冷遹凭着当年收编过褚玉璞的交情前来劝降,他当即答应了投降条件。就在这时,张宗昌来到,与他互相跪拜说:"就是战死也不能投降!"叫他速往济南,代表张宗昌开紧急会议,并命令在济南车站枪杀曾劝张宗昌投降北伐军的第八军军长毕庶澄。正当张宗昌、褚玉璞收拾残部准备对北伐军负隅顽抗之时,关外的张学良已响应蒋介石"统一"的号召,并派军袭击直鲁联军之背,北伐军白崇禧部乘机击溃了直鲁联军。民国19年前后,褚玉璞在青岛召集旧部,准备东山再起。不久,在山东牟平遭到刘珍年(刘原是褚的卫队旅旅长,后投降北伐军,被任命为烟台警备司令)的突然袭击。刘军攻入城内,褚部31名将官全部被俘。刘奉蒋介石之命,派人将褚打死,刘将其首级割下,献给了蒋介石。

## 谢荫昌

谢荫昌(1877～1930),字演苍。武进县城(今常州市区)人。教育家。光绪二十五年(1899年)在常州致用精舍讲学。余暇与蒋维乔等创设修学社,译辑实用书籍,为上海书局编辑《最新经世文编》,翌年向上海《时务报》等投稿,遂被该报创办人汪康年邀去上海,推荐给《选报》任编辑。同时进东文学社攻读日文。光绪二十八年去山西筹办《晋报》,任编辑。后赴日本明治大学留学,习经济。光绪三十年回国,在东三省学务处办理公报。光绪三十二年公报改为商办,改任提学使署图书课课长兼总务课副课长。宣统元年(1909年),再度东渡日本,考察拓植业。民国建立后,历任教育司社会科科长、巡按使署政务厅教育科主任等。民国8年(1919年),奉天省成立教育厅,任厅长。民国13年离任去哈尔滨,任交通银行分行经理,并经营吉林勃利县的荒地垦殖。

谢荫昌一生大部分时间从事教育事业。他为东三省的教育规划,创建普通、工业、职业学校;倡导、推广社会教育;改良社会不良陋习,普及教育文化等方面,作出了重大贡献。尤其是在收回南满教育权的群众运动方面,起的作用最大。他规定南满铁路各县的乡民子弟,一律不准进日人办的"公学",不接受日本"大正"年号,不歌唱"三呼天皇万岁"和"大日本帝国万岁",否则将追究学生家长的责任,并不准升入中国设的中学。上海《申报》纷纷发表《收回南满教育权之感受》等文章,声援他的爱国立场。后遭日本军国主义者的围攻,加上东北的军阀慑于日人的压力,竟背着他与日人讲和妥协。谢荫昌气愤之余,立即辞职。撰有《东三省防疫报告》(三册)、《社会教育》、《谢演苍年史》等。著述、译本有《北海道拓殖概况》、《澳洲殖民史》、《实验教育学》、《世界教育统计年鉴》、《外世哲学》等。

## 周应时

周应时(1884~1930),字志奎,号哲谋。崇明外沙久隆镇人。光绪三十二年(1906年)考入南京陆军学校,后又被送至日本振武学堂,再转日本士官学校学习。宣统元年(1909年)毕业回国,赴京朝考,录取为武举人,担任南京陆军学校教员(为副军职)。辛亥革命时,积极响应起义,先后任起义军团长、旅长。孙中山在南京就任临时大总统,周被任命为少将旅长,负责保卫首都南京。袁世凯窃国之后,参加"二次革命",率军北战徐州。"二次革命"失败,袁世凯下令悬赏缉拿周应时等讨袁将领。民国2年(1913年)冬,又去日本参与策划"三次革命"。接受孙中山指派,开办浩然军事学社,并任"筑城学"教员,为孙中山领导的民主革命培植青年党员。次年春,逃往日本的国民党员经过调查清理,成立中华革命党,带领浩然军事学社140多位学员,集体参加该组织。后受孙中山派遣,潜回上海,参与发动上海肇和舰起义,任起义军副司令。接着,讨袁运动再次在全国兴起,孙中山指定他为江苏司令官,以图"第三次革命"。

袁世凯在全国讨伐中死去。孙中山在广州组成军政府,任命周应时为陆军部处长,中将军衔,参赞军务,直至孙中山去世,他任职8年,其间著《军事后方勤务全书》、《兵端要略》两本军事书,中华书局出版。以后,跟随军政府总参谋长李烈钧将军,继续从事革命活动。因积劳成疾,突患中风,半身不遂。退役后,寓寄南京,国民政府念及他对建立中华民国有功,特派参军处3名人员妥善照顾其治疗和家庭生活。民国19年5月25日病故。

## 俞庆恩

俞庆恩(1885~1930),字凤宾。医学家。毕业于上海圣约翰书院医科,得医学博士学位,曾在上海同仁医院内科任职。民国元年(1912年),自费赴美国宾夕法尼亚大学医学院进修,取得热带病学毕业证书,并获公共卫生学博士学位。归国后,在沪开业应诊,自备显微镜、爱克斯光机、高频透热电机和镭锭等当时最先进的医疗设备。每遇贫苦病人求医,就减费或免费治疗,有时还免收药费。遇到霍乱病流行时,就义务去时疫医院参加治疗,抢救危重病人。他精于西医,并对中医和中草药治病也很感兴趣,常同一些名中医研讨中西医结合的理论和临床治疗的经验,并在《中华医学》杂志上发表过多篇有关中西医结合的文章。还同颜福庆、伍连德、牛惠生等医师发起组织中华医学会,曾任第三任会长,兼任《中华医学》杂志主编。当时,国内使用的医学译名很不统一,他便与同行一道,发起组织医学名词审查会,成为中国统一医学译名的一个创举。俞庆恩也爱好文学,早年曾加入柳亚子倡建的南社。收藏善本书籍、医书200余种,可惜在日军侵华战争中散失殆尽。

## 何　坤

何坤(1898~1930),原名何德晟,字克信。清光绪二十四年(1898年)出生。湖南省永兴县金龟乡牛头下村人。中共早期党员,革命烈士。民国13年(1924年),投考黄埔军校,录取到预科。在军校,积极参与校内政治活动,加入中国青年军人联合会,受到周恩来等中共领导人的直接教导,思想进步很快。民国15年春,加入中国共产党。预科期满后,被分配至南宁分校第一步兵队继续深造。民国16年,"四一二"反革命政变后,"清党"逆流随之涉及南宁分校,何坤等左派学生被拘禁校内。晚间,他乘看守不备,顺水沟涵洞爬出校外,随即辗转回到广州,找到中共党组织,被派往西郊三水县石碌组织农民武装,准备暴动。12月11日,广州起义爆发,何坤率石碌农民军突入市区,配合起义。民国17年春,何坤北上武汉,寻找中共党组织,接上关系后,便以其非凡胆略展开工作。民国18年冬,中共江苏省委决定,并经中共中央批准,将活动在南通、海门、如皋、泰兴地区的红军游击队组为中国工农红军第十四军。

民国19年初,何坤化名李维森,偕张爱萍、何扬、宋奇等,由中共地下组织交通员护送,绕道泰兴口岸,于2月14日抵达如皋西南乡东燕庄。何坤到达如皋后,首先着手健全红十四军的军事组织,经过一段时间的整训,何坤便部署对敌据点的主动进攻,以扩大红军的影响。3月中旬,何坤率领红军首战靖江县长安市。红军缴获一批枪支弹药,并将据点及几家大地主所藏钱财、粮食分给贫苦农民。长安市一仗,使如皋西乡大地主丧胆落魄,纷纷组织反动武装,用以对付红军。卢家庄是如皋西乡大地主集中的庄子。3月23日,何坤又密令侦察员化装入庄,取回情报。当晚,何坤率二支队、赤卫军将卢家庄包围。24日凌晨3时,红军土炮突发巨响,将庄南铁冠园炮楼轰坍。这一仗击毙敌人60多人,其余尽为俘虏。何坤又下令将卢松庭、卢雨轩、卢祝山等7个恶霸就地枪决。4月3日,中共通海特委和红十四军在如皋西南乡贡家巷召开隆重的建军大会,通海特委张辛庄严宣布中国工农红军第十四军正式成立,何坤为军长。4月16日上午,何坤率二支队及赤卫军,兵分三路攻打老户庄。守敌防卫火力甚猛,红军渡河受阻。何坤下令出动突击队,从东路强攻。眼看庄内守敌阵脚已乱,不想吴窑的县警察队从背后突袭过来,如皋、石庄、马坪、刘渡的敌援军亦已抵达。何坤身先士卒,用手提式机枪猛扫敌人,不幸左胸中弹。鉴于腹背受敌,红军只得撤出战斗。何坤军长在战士们的保护下,行至横埭,终因流血过多,壮烈牺牲,时年32岁。1960年,如皋县人民政府在老户庄为何坤建纪念碑,张爱萍将军题字"中国工农红军第十四军军长何坤烈士纪念碑"。

## 范希曾

范希曾(1899~1930),字耒研,号稚露。淮阴县(今属淮安市)人。学者。在兄弟中排行第三。民国9年(1920年)夏考入南京高等师范学校文史地部。在同学中以沉默寡言、勤学劬读、知识面广著称。民国13年毕业后,曾任中学教员二年。民国16年暑假后,业师柳诒徵出任南京图书馆馆长,聘请他担任编辑部兼保管部主干,在柳师的领导下,从事图书总目的编纂,遍阅陶风楼所藏丁丙八千卷善本秘籍,以及各家校本、稿本、抄本。凡所目涉,辄以朱笔批注于《书目答问》眉上。他治学谨严,细如一字一句,大如古今学术之演进,版本之精陋,各家校注的精深,无不考究参证。民国19年因病去世。遗著《书目答问补正》5卷,至今翻印重版,仍有重要的参考价值。又著有《南献遗征笺》1卷、《评清史稿艺文志》1卷、《校雠学杂述》1卷。柴德赓在《书目答问补正》重印本序言里称他:"一人出力,众人得益,不仅可称《书目答问》的功臣,实在也是对近代学术的一种贡献。"

他的两个兄长范尉曾和范绍曾,都毕业于南京高等师范学校。长兄范尉曾曾任扬州中学国文教员多年,博学能文,主攻先秦诸子,著有《墨辨疏证》8卷,又著有《管子集证》、《吕氏春秋疏证》,均能博采近代诸家的诠解,抒发己见,多见智虑。次兄范绍曾,字农研,任江苏省立第九中学教务主任兼理化教员,办学教学有方,为校内师生所敬爱。他们三兄弟均毕业于南京高等师范学校,又都以勤奋学习而学业优异,事业上斐然有成,故当时南京高等师范及苏北一带学界,无不知"淮阴三范"者。

## 陶 烈

陶烈(1901~1930),清光绪二十六年十二月三日(1901年1月22日)生,无锡县(今无锡市区)人。中国脑神经科学研究先驱。自幼长居日本,民国8年(1919年)考入日本国立帝国大学医学部,毕业后先后在帝大生理学教研室、精神病研究室攻读研究生,对人类脑组织的结构和显示法、脑细胞的定量分析等尖端课题,作过广泛深入的研究,发表专著《脑之研究》和大量论文,确立辩证唯物论在人脑活动研究中的指导地位,震动日本医学界,被誉为"世界脑解剖学界第一流学者"。民国19年初,他回国任广州中山大学教授。同年赴日本出差时,因急病于8月21日去世。

## 王树璜

王树璜(1901~1930),原名维邦。邳县(今邳州市)新桥乡王庄村人。中共早期党员,革命烈士。出身农民家庭,民国7年(1918年),考入省立第七师范。"五四"运动爆发后,积极参加徐州学生爱国活动。民国12年,占城团总、恶霸李占魁擅自向农民摊派捐税,数百名农民与其说理,遭武力镇压,农民纪秀品被开枪打死。王树璜发动农民向省、县政府控告,迫使当局撤去李占魁团总职务,并令其出钱厚葬死者,抚恤家属。民国13年,应聘任睢宁县立初级中学教务主任。民国16年初,加入中国共产党。同年7月,受组织派遣到萧县开展革命工作,先后以王寨小学、贫儿教养院教师身份为掩护,任支部书记、县委委员、县委书记。民国18年春奉调返邳,同年5月任峄阳小学教务主任,8月任中共邳县县委书记。一年内,他在数十个村庄建立党的基层组织,组建5个区委,党组织迅速发展壮大,并领导短工会开展增资斗争,发动学生罢课,举行飞行集会,进行多种革命活动。民国19年7月,根据中共徐海蚌行动委员会指示,县行动委员会决定在下邳(今睢宁古邳镇)举行武装暴动,由王树璜任总指挥。8日晨,率领暴动队伍由西门进入下邳镇,占据敌区公所指挥作战,坚持至午夜,因敌众我寡而失利。他被捕后受尽酷刑,宁死不屈。11日凌晨,同被捕的13位战友在圮桥英勇就义。

## 孙文源　姜景义　周存朴

孙文源(1901～1930),姜景义(1903～1930),周存朴(1901～1930)。三人均为中共早期党员,革命烈士。邳城人。在初级小学读书时,"五四"运动爆发,他们率先响应,参加集会游行,投入席卷全国的学生运动。其后,3人在县立第一高等小学学习期间,起草《告全县父老书》,揭露校长戴则乾的贪污腐化、专制独裁,并将其逐出校门。民国14年(1925年),他们先后加入共产主义青年团,后转为中共党员。孙文源任邳县第一个党支部宣传干事,兼共青团第一高等小学支部书记。他组织旭原社,创办《旭原》旬刊,宣传马列主义。民国16年,考入南京中学,任共青团南京中学支部书记、南京市委委员。校方推行"乡村自治",对学生实行法西斯专制,他组织学生自治会,与之抗衡。国民党当局进行干涉,搜捕进步学生。他发动学生罢课、游行示威,并挺身而出,与校方进行说理斗争。同年,姜景义任邳县警察局城厢分局局长,利用职务掩护中共党组织活动,暗中帮助暑期由南京中学回乡从事革命活动的共产党员孙文源、石岐山脱险。民国17年春,他任城厢市政局长,同年秋任中共邳北区委书记,以岔河小学校长为公开身份,与中共党员聂克琛在岔河开办农民夜校,组织佣农会(又名"穷人会")。两年中发展会员七八十人,党员由十几人发展到40多人。民国18年,任中共邳县县委委员,同年夏,因在"清党"中暴露身份,离邳去上海,被派往青岛做兵运工作。

周存朴先后任教于岔河东桥头小学和邳城石场村小学。民国19年参加古邳暴动。失败后,县委书记王树璜牺牲,县委解体。他和孙文源、姜景义3人奉命筹建新县委。8月3日,他们在城西苍山子开会时,因叛徒告密,3人同时被捕。孙父以县政府第三科科长身份,向县长马振邦求情,并暗中向其子透露:"只要不承认是共产党员即可获释。"受审时,3人毫不隐讳,并慷慨陈词,怒斥马振邦镇压革命、屠杀人民的罪行,孙文源还当场将公案踢翻。28日凌晨,3人同时被押赴城东门外刑场,就义时,3人嘴被棉花堵塞,他们双目怒视敌人,昂首挺胸,大义凛然,围观群众无不感泣泪下。时孙文源20岁,姜景义27岁,周存朴29岁。

## 赵龙云

赵龙云(1902~1930),铜山县太山乡横山村人。中共早期党员,革命烈士。自幼在横山村读书,后到姜集高等小学就读。民国8年(1919年)考入江苏省立第七师范。在"五四"运动影响下,七师学生陈亚峰组织赤潮社,创办《赤潮旬刊》,宣传新思想。赵龙云深受其影响,弃学从事革命工作。为了掩护身份,把妻子从乡下接来,共同从事革命活动。他深入学校、工厂和铁路,宣传组织学生和工人进行革命斗争。约于民国15年底加入中国共产党。民国17年初,曾一度遭到破坏的中共铜山县委恢复,赵龙云被任命为县委书记。上任后,他认真总结经验教训,踏踏实实做工作,宣传共产党的主张,扩大共产党的影响,发展党的组织。至9月底,全县中共党支部由11个增加到15个,党员由80多人发展到150多人。10月,中共徐海蚌特委成立,赵龙云任特委委员。不久,他在贾汪煤矿建立第一个工人党支部,亲自领导和指挥了讨要窑木款的斗争,并取得胜利。民国18年5月,共青团徐海蚌特委遭到破坏,白色恐怖严重,中共江苏省委决定撤销徐海蚌特委和铜山县委,领导人暂时隐蔽停止活动。但赵龙云仍满怀革命热情,秘密领导了小塔山和泰山庙的短工会斗争,迫使地主将工钱由每天2角增加到1元。他还领导了铜山东部板桥一带的白布会斗争,迫使集董给织白布户由发杂票改为发现洋。民国19年,赵龙云调任宿县县委书记,组织领导农民暴动。8月6日,他亲自参加和领导了水池铺农民暴动,打垮团防局,开仓济贫,影响很大,当天下午与东三铺暴动队伍在蔡桥会合,准备成立中国工农红军第十五军第三师。后遭国民党宿县反动武装残酷镇压,暴动队伍被打散,赵龙云在带伤员去医伤途中被捕。面对敌人严刑拷打,他始终没有暴露秘密,表现了共产党人铁骨铮铮的凛然正气。临刑那天,他走在宿城大街上高唱《国际歌》,慷慨激昂,惊动全城。在西关刑场上,高呼"共产党万岁",壮烈牺牲。

## 马 伦

马伦(1903~1930),又名怀伦。宿迁大兴镇人。中共早期党员,革命烈士。出身于地主家庭,读中学时,受"五四"运动影响,有爱国进步思想。

民国15年（1926年）师范学校毕业后，在洋河小学任教。民国16年加入中国共产党，后在家乡从事农民运动。在东乡仅两个多月就发展农协会员300多人，并从中发展20多人入党，创建宿迁第一个中共支部——马庄党支部。民国17年任中共宿迁县委书记。为贯彻中共江苏省委"开展抗租、抗息、反高利贷斗争"的指示精神，他想到革命先革自家的命，才有资格发动群众。是年8月一天早上，他发动农协会员和贫苦农民来到自家打谷场，对他庶母（外号杨三）放高利贷进行说理斗争。他当众揭发其庶母放高利贷，盘剥贫苦农民。其父马成义出面干涉，指责农协会是"儿子斗老子会"。会场顿时哑然无声，马伦见状，拔出手枪，对天鸣了两枪，对父亲喝道："减租减息是上级指示，大家的决定，你敢违抗，我人认识人，枪可认不识人。"其父慑于形势，默然退去。他的大义灭亲，大长佃农士气。斗争会迫使其庶母交出契约，并同意减租减息。他当场宣布："不论何人，过去所放利债，今后一律本利无归！"县东各乡农民协会在马伦领导下，抗租抗息，游行示威，反对苛捐杂税，打击钱粮差。民国18年2月，宿迁小刀会暴动，马伦率领运东各乡农协会会员扮作小刀会会员，配合小刀会进攻县城。失败后，家中被抄，他潜赴上海，由中共江苏省委介绍到松江教书，进行党的地下活动。

民国19年6月，马伦奉命回宿迁参加中共行委和军委工作。由马伦、徐海云、赵雪门负责组建中国工农红军第十四军第三师。又根据省委"要将做土匪工作列入兵运工作"的指示，率游击队50多人，与县西南乡土匪王存江部联合。县委决定，收编佟锡金的地主武装。佟拒绝收编，并企图报复。同年7月，马伦带人上门将佟击毙，收缴部分枪支。佟锡金死后，马伦率部住汤群墙（今南蔡乡境内）。土匪王存江（佟的朋友）约马伦去三棵树东攻打某地主家，谎称可得到不少枪支，用以武装红军队伍。马伦信以为真，刚离开汤群墙，土匪突然向游击队开枪，马伦当场牺牲，时年27岁。

# 黄瑞生

黄瑞生（1904～1930），原名人祥，曾用名瑞绅、子仁、瑞卿、振荣、张姓。安徽省六安县人。中共早期党员，革命烈士。14岁考入六安县省立第三甲种农业学校，受到进步思想的教育。"五四"运动爆发后，黄瑞生积极参加反帝反封建的学生运动，被推选为学生会副会长，后又参加沈子修、桂月峰发起组织的县农会。民国11年（1922年）底，考入西北大学，就读一年半后,因反对校方领导被开除。民国13年,入北平励群学院学习英语和数学。在此期间,他承担党的外围宣传工作。翌年秋,考入北京农业大学农艺系。是年冬加入中国共产党。民国15年任中共北农大农艺系支部书记。后被派送黄埔军校学习,参加东征战役,不久,调党中央机关工作。"四一二"反革命政变后,又调江苏省委,负责苏鲁一带中共组织工作。

民国17年5月,中共南京市委遭敌破坏,9月,他受命负责中共南京市委的宣传工作。在工人、学生、国民党军校学员中积极开展党的宣传、教育和组织建设工作。经过黄瑞生和南京市委其他领导的努力,到次年2月,南京市委先后恢复和发展沪宁路工人支部、国民党南京中央军校军官研究班支部等18个党支部,158名党员。民国18年4月,中共江苏省委决定由黄瑞生对南京市委的工作总负责。同年6月19日,黄瑞生被捕。最初仅当作共产党嫌疑重犯,判刑一年零六个月,关押于吴县江苏省第三监狱。后因他秘密领导绝食斗争,被转押镇江监狱。民国19年8月,因叛徒出卖,被押回南京囚禁。同年9月20日被枪杀于雨花台,时年26岁。

## 陆　骧

陆骧(1905~1930),原名家骧,又名克,别名洛克,字轶群。原籍镇江,后迁居东台。中共早期党员,革命烈士。16岁小学毕业后因家境贫寒,进台城德安钱庄为学徒。民国13年(1924年),离家去南通,考入崇敬中学。寒暑假回家,经常与东台早期中共党员黄澄镜(即黄逸峰)接触,开始学习马列主义,追求真理。次年,上海发生"五卅"惨案后,南通工人、学生、市民为声援上海的反帝斗争,在农科大学集会,通电全国,宣布成立南通"五卅"惨案后援会和学生联合会,并举行游行示威、罢工、罢课、罢市。陆骧是崇敬中学学生会骨干和南通学联的中坚。民国15年,陆骧经同学介绍,结识地下党员陆景成,次年经陆介绍加入中国共产党,并当选为崇敬中学学生会主席。

民国16年,蒋介石发动"四一二"反革命政变,中共组织决定陆骧迅速离校到南通东部四甲、余东、包场(今属海门市)和海门东部的常乐、二框、海复等地开展农民运动,并担任中共海门县委委员。是年12月,海门县委派他到海复镇组织临时党小组并任组长。次年春,临时党小组扩建为党支部。随着党员队伍的不断扩大,垦牧地区不久又成立区委。为了工作的需要,海门县委决定由陆骧负责在三茅镇羊元角开办"金星书店",作为秘密联络点。民国18年3月,陆主持海门县委工作时,得知垦牧公司命民工开河而不发工资,民工与公司矛盾日益激化,遂赴海复镇召开党员会议,讨论发动民工开展对资方斗争问题。会后陆到大闸工地向民工说明公司收租就应负担开河费,民工出力做工就应得工钱的道理,要大家齐心协力斗争。最后,这家公司在200多名民工的齐心斗争下,不得不发放工资。

民国19年5月底,陆骧去海门西乡进行革命活动时,因叛徒出卖,被敌保安团逮捕。面对利诱和逼供,他始终不暴露身份。叛徒闻悉后,赶至海门告密,并出庭指证他是中共海门县委书记。陆坚贞不屈,不予承认。是年10月,在押送苏州高等法院途中遭杀害,时年25岁。民国38年1月,苏皖边区第一行政公署通报表彰了陆骧,追认其为革命烈士。

## 黄祥宾

黄祥宾(1905～1930),武进县(今常州市区)湟里镇人。中共早期党员,革命烈士。民国10年(1921年)考入无锡省立第三师范学校,积极参加社会活动,任三师学生会会长。经董亦湘等培养,于民国14年加入中国共产党,从事秘密活动。他利用寒暑假回乡,集结当地青年,组织改进社,创办《改进月刊》,传播革命思想。民国15年考入南京中央大学数理系,曾任该校中共支部书记,积极开展学生运动。次年春,当北伐军进驻沪宁一带时,他回到家乡,发动群众成立农协会、店员工会、缝衣工会、搬运工会等,开展反帝反封建斗争。民国16年"四一二"反革命政变后,仍回校读书。毕业后留校秘密负责党的工作。民国19年7月,南京国民党当局派军警对他严密监视,同志们劝他暂避凶焰,他却认为"怕牺牲不是真革命",坚持地下斗争。8月11日,在中央大学宿舍被捕,遭受酷刑,坚贞不屈,18日被押至雨花台杀害。

## 吕励之

吕励之(1907～1930),女,原名吕国英,字励之,化名何月芬、谷音、芝兰。沛县孟庄乡前吕楼村人。中共党员,革命烈士。民国2年(1913年),入本村私塾,后就读于沛县县立高等女子小学,毕业后考取徐州江苏省立第三女子师范,以才华出众,性格敦厚,被推选为三女师学生会文书。民国13年,加入社会主义青年团,翌年加入国民党。民国15年,三女师毕业后,任海州普爱小学校长。时值国民革命军北伐,吕励之任职一学期,即辞职返徐,专事迎接北伐军的宣传工作。民国16年夏初,受组织委托,任国民党赣榆县县党部妇女部长,积极开展妇女工作。民国17年夏,调任国民党沛县指导委员会训练部部长、指导委员、组织部长。翌年1月,任国民党沛县执监委员会执行委员,积极在机关、学校传播革命理论,宣传革命思想,为国民党右派势力察觉,被视为"思想激变、行动渐趋恶化"的危险人物,欲予"惩戒"。当年5月,她辞职离沛去南京,在大学当旁听生。民国18年秋,考取上海中华艺术大学,在校加入中国共产党,任支部宣传委员,积极参加党的地下活动。从入党至民国19年上半年,她曾3次被国民党反动派逮捕,历经严刑逼供,始终坚贞不屈,严守党的机密,先后被中共上海地下党组织营救出狱。

民国19年夏,吕励之等5位同志乔装旅伴去南京、武汉等地布置暴动,途中被国民党密探发觉,他们刚抵南京即被逮捕。她受尽酷刑,威武不屈,怒斥国民党罪行。同年9月4日上午9时,就义于雨花台,时年23岁。

# 李维选

李维选(1908～1930),号公舫,化名李济平、赵亚、王仲斌等。江阴城内北锁巷人。中共早期党员,革命烈士。其父李厚斋是前清秀才,曾任励实中学教员。他在该校就读,民国13年(1924年)初中毕业后,到天章绸缎店当学徒。民国15年加入中国国民党。民国16年初加入中国共产党。"四一二"反革命政变后,组织地下工会。6月,由江阴中共组织派往莫斯科东方劳动者共产主义大学军事政治班学习。民国17年冬回国。翌年1月,任中共扬州特委主要负责人。2月,江都县党组织遭到严重破坏,他暂避上海。6月间回扬州,着手恢复中共江都县委,并整理10个支部。7月,扬州特委撤销,他调至中共江都临时县委担任书记,从事职工运动和农民运动。民国18年12月调至中共江苏省委任巡视员。在南京铁汤池某电影院散发传单时,被国民党当局以共产党嫌疑分子逮捕。在重刑下没有口供,后获释。民国19年4月任中共南京市委委员,5月调镇江负责党的工作,6月调回南京。7月15日,中共江苏省行动委员会主席团会议决定,由李维选任中共南京市行动委员会书记,并指示他组织"八一"大暴动。7月29日,他在下关美华理发店楼上开会时被捕,审讯中坚贞不屈。8月18日被国民党当局杀害于南京雨花台。

## 曹沧洲

曹沧洲(1850~1931),名元恒,字智涵,号沧洲,以字行,晚号兰雪老人,又号兰叟。吴县(今苏州市区)人。名中医。曹家世代业医,专内外科。他幼承家学,宗法黄帝、岐伯灵素的传统医学,认真学习叶天士、薛生白等清代江浙名医的经验,对温病有丰富的治疗经验和精辟见解,治疗烂喉丹痧有独到的方法。他既精内科,又善治外疡。自订"连城散"、"消坚散"两种外敷药方,方便病家。光绪三十三年(1907年),他与青浦名医陈莲舫同被征召入京为皇帝诊治。现存光绪三十四年《御医请脉详志》抄本,即他和陈莲舫为光绪帝诊治的脉案、药方。当年,他因病告归,遂谢绝诊事,颐养天年。遗著有《曹沧洲医案》二卷、《霍乱救急便览》、《戒烟有效无弊法》,后者列有汤、丸四种方剂,对当时戒烟起了一定作用。另有曹氏诊病医案抄本数种,系门人及后人抄录。

## 吴荫培

吴荫培(1851~1931),字树白,号颖芝,一号云庵。辛亥革命后自号平江遗民。吴县(今苏州市区)人。光绪十六年(1890年)进士,一甲三名探花,授翰林院编修。历任京兆试、礼部试、福建乡试考官,翰林院撰文。期间,就沪宁铁路借款、建设国内大学堂截留出洋初级学生等项上疏,力陈其弊,提出改进意见。光绪二十九年简放广东潮州府。以广东沿海对外交涉繁剧,自己不了解国外形势,难于治理为由而不受,呈请赴日本自费考察。3个月后回国,就女子师范、幼稚园、水产农林讲习所和试验场、银行储蓄、戏剧改良等五事上疏,由两江总督端方转奏清廷采纳,次第实行。后历任廉州府、潮州府、镇远府知府。辛亥革命后,吴荫培回苏州,服务桑梓,热心公益,先后募集款项,设男女两厂安置贫民;捐资创立吴中保墓会,使众多文物古迹赖以保护。民国5年(1916年)成立吴县修志局,被推为《吴县志》总纂。民国20年2月16日,于苏州病逝。葬于枫桥白马涧。

## 李 详

　　李详(1859～1931)，字审言，一字慎言，中年号百药生，字龛生、愧生，自号辉叟。兴化人。学者。幼时父母双亡，家境贫寒，但聪颖好学，尤善读《左传》、《昭明文选》。17岁开始授徒。光绪十一年(1885年)考取秀才，光绪二十六年赴南京科考未中，旋应蒯光典之聘，坐馆授其二子学业。翌年，受聘于道台谢元福，为其整理藏书，分别部类，编定目录，得以博览群书，学问大进。光绪三十二年，端方任两江总督，创办江楚编译馆书局，聘李详为帮总纂，协助总纂缪荃孙工作。宣统元年(1909年)，在安庆存古学堂教授史学、文选。宣统三年，江楚编译馆书局改为江苏通志局，聘李详为分纂。民国2年(1913年)初，至上海，在"楚园"校刊《聚学轩丛书》等书。旋回南京，被江苏通志局总纂冯煦聘为协纂，并负责江都、甘泉、仪征三县人物志、儒林、文苑各传等。他还继承章学诚的编志思想，撰写了《江苏通志艺文志商例》，认为地方志中艺文志，不是"文选"和"文征"，应另立一书，仿正史中的艺文志，记一地通代的著作，为当时修志界所肯定。

　　民国12年，李详应聘为南京东南大学中国文学系教授。翌年辞职。民国14年，与友人秦更年等赴上海搜集汪中父子全部著作，汇刊为《江都汪氏丛书》。民国17年，蔡元培任中央研究院院长后，他曾被聘为特约著述员；同年，又主持纂修《兴化县志》。李详擅长骈文，考据、金石、目录亦无所不通。其生平著作，以笺注之学为多，以及札记等。主要著作有《愧生丛录》5卷，《世说新语笺释稿》、《颜氏家训补注》、《文心雕龙补注》、《文选萃精说义》、《学制斋文集》等近20余种，多收入江苏古籍出版社1989年出版的《李审言文集》。另主持编纂《阜宁县志》、《盐城县志》等。民国20年去世。他一生以自学砥砺而成才，以博雅通识而著称。他早年以精研《文选》而显声名，同时又进行文学批评研究，多补前贤之未备，出前人之未论。他还积极投身于方志的编研实践之中，对志书体例和资料搜集工作颇有心得。另外，他的骈文也名重一时，作有《学制斋骈文》及续集共4卷。他的生平著述成果硕然，留存下来的不下一二十种。其中17种著作的手稿由其子李雅甫教授献给国家，藏于北京图书馆，现已整理出版《李审言文选》上下2册，约50万言，由江苏人民出版社出版。

# 廉 泉

廉泉(1868～1931),字惠卿,号南湖,又号岫云、小万柳居士。清同治七年三月十三日(1868年4月5日)生。无锡城内水獭桥人。16岁中秀才,19岁与安徽桐城吴芝瑛结婚。光绪二十年(1894年)中举人。精于诗文、书法、绘画,交游于王公贵人之间。光绪二十二年,得尚书怀塔赏识,任户部主事。次年,任户部郎中。寓京期间,结识苏曼殊、徐锡麟、吴禄贞、李煜瀛、秋瑾等革命党人,后又结识孙中山,倾向变革。戊戌变法失败后,他认为欲发奋图强,必先开民智。因此,他积极资助杨模、裘廷梁、侯鸿鉴在无锡创办竢实学堂、竞志女学等,并将私宅让给女校做校舍。他还托人在崇安寺开设小东洋商店,专售文具用品;派人学习铁木技术,仿制文具仪器,供学校使用。光绪三十年冬,因不满清廷政府统治,辞职南归,移居沪上。翌年,他在上海曹家渡购地筑园,营造别墅,名"小万柳堂"。光绪三十二年,在上海集股创办文明书局,聘无锡俞复、丁宝书、赵鸿雪等知名人士任编辑,编印新式学堂教科书,出版文学艺术译著。他派赵鸿雪去日本学珂罗版、铜版印刷技术,使文明书局成为中国最早使用珂罗版、铜版、锌版印刷出版的书局之一。后因股东分歧,文明书局并入中华书局。光绪三十三年,吴芝瑛好友秋瑾被害,廉泉协助将其遗骨葬于杭州西泠桥畔,请无锡画家吴观岱画《西泠寒食图》,在秋瑾就义处建立"风雨亭",在杭州南湖小万柳堂别墅内建立"悲秋阁",以志哀悼。因而引起清廷不满,欲加害廉泉夫妇,迫于舆论压力,未敢下手。宣统元年(1909年),汪精卫等人谋炸摄政王载沣未成被捕,廉泉以私交向载沣求情,汪等未遭杀害。宣统三年,安徽新军协统顾忠琛因受马炮营起义失败的牵连逃到上海,廉将其藏在文明书局内。辛亥革命后,廉泉隐居北平潭柘寺,对军阀混战,民不聊生,忧愤不满。民国3年(1914年),他去日本,在神户掫取山建造一住所,取名"三十六峰草堂",并在东京开设扇庄,介绍中国书画,与日本文化界名流一起评书画,推敲金石,切磋诗文,颇有影响。民国6年回国,任故宫保管委员。北伐军打到长江沿岸,国民政府任命廉泉为江苏省屠宰税局局长,他坚不就职。蒋介石到北平,示意吴稚晖给廉泉安排重要职位,遭婉言拒绝。

廉泉性情豪侠,轻财重义,乐于助人。曾资遣南京秦淮歌女吕昭入校,20年不通音信。吕感其德,登报寻访,其事始传于世。无锡画家吴观岱未成名时,生活窘迫,他资助其去北京,结识京华名流,临摹宋元名画,终于成名于世。廉泉辞去户部郎中后,继吴汝纶负责编印李鸿章全集。李鸿章之子季皋不肯付印费,并避居青岛勾结英国律师,企图赖掉这笔款。廉泉一面斥责其背信弃义,一面将珍贵的50余幅名画出售,付清印费,并将经过情形专书刊出。民国4年,他将10余幅宋元名画交邹氏装裱,邹为生计,以300元抵押他人。他得知真情后,赠邹300元将画赎回变卖,以解决生活困难。民国19年,廉泉好友黄让之被北平警备司令部以"共产党人"罪名逮捕,廉向司令部头目楚溪春要求释放,"愿以身家性命担保",使黄获释。廉泉晚年生活窘困,将杭州、上海小万柳堂别墅变卖。民国20年,独走北平潭柘寺养病,信佛教出家为僧。同年10月6日在北平协和医院病逝。遗著有《南湖集》《潭柘集》《梦还集》《梦还遗集》等。

## 曾 鲁

曾鲁(1874~1931),字效先。东台安丰人。同盟会会员,抗袁志士,北伐军将领。清保定陆军速成学堂毕业。光绪三十一年(1905年)参加同盟会。宣统三年(1911年)任职于南京新军炮标。他于固镇一炮轰溃张勋"辫子军",名噪军内外。此后,经历二次革命至北伐革命,二十余年戎马生涯,屡立战功。曾鲁历任陆军第三师炮兵团长兼北伐军炮兵指挥官,中华革命党讨逆军湖北总司令部参谋长,中国国民党广州特设办事处干事,非常大总统府、大元帅府大本营上校副官,江汉宣抚使署少将参谋长兼代秘书长,国民政府副官处主任,海陆空军总司令部开封行营咨议兼第十二路总指挥部参议等职。

民国20年(1931年),曾鲁因积劳成疾去世。国民革命军总司令部秘书长邵力子在挽联中写道:"努力革命,垂数十年,忠贞卓绝,矢志不迁,参赞戎机,擘划周全,制胜千里,执锐披坚……"曾鲁生前奔走革命,清廉自矢,身后家无余财,境况萧条,善后事宜均由友人集资矜恤。

## 毛乃庸

毛乃庸(1875~1931),字伯时,后字元征,别号剑客。淮安城人。学者。曾祖父梦文、祖父凤韶皆有懿德,父昌本"诗文精深简炼",医、弈、书、画无不精妙,曾长期充当高级官吏冯煦幕僚,严正廉惠。母杨氏亦通诗书,教子有方。毛乃庸7岁知声律,10岁作《重阳》诗,以"断鸿穿古塔,瘦蝶恋寒芳"句扬名诗坛。光绪十一年(1885年)入县学,后被举荐应拔贡试,署第一人,因父丧而未应廷试。随着家庭的衰落,遂外出谋生,开始课馆,后历任淮扬道江北查赈放赈员、江北师范教务长、江南高等学校教授、浙江旅宁公学教务长兼江南实业学校蚕桑分校监督、两江督练公所总文案、江苏通志局分纂等。辛亥革命后,回乡安居。由于他的学识、经历及其对革命的态度,被公举为山阳县临时议会议长,更新革故,但"不习军旅,惴惴焉以伏莽为虑"。不久就任山东巡警道署秘书长,后代理内务司司长,仍忧心忡忡,进而僭毁官场,故不得志。在工余时间,多方搜集图书资料。民国2年(1913年)后,他辞官返淮著书立说。为生活所迫,又远赴四川,相继担任垫江、梁山、璧山、云阳诸县征收局长和涪陵烟酒分局局长。卸任时,带回的不是金银细软,而是大量书籍和手稿。晚年寄居南京,借贷度日,仍坚持著述,整理旧作、随笔、日记。归里后,贫病交加,不得已贱售藏书以偿债,民国20年12月23日去世。著名学者柳诒徵亲自撰《毛君元征传》,给予很高的评价:"骈散文、诗词遒逸渊懿,淮士无出其右。"刊定《剑客类稿》:凡散文2卷、骈文2卷、诗8卷、词2卷,欻生随笔22卷,墨胵1卷。尤深于史,著有《十国杂事诗》10卷、《十六国杂事诗》16卷、《后梁书》20卷、《北辽书》9卷、《辽进士考》2卷、《季明封爵考》1卷、《檀香山岛国志》19卷、《勺湖志》16卷。译出《安南史》、《朝鲜近代史》、《印度杂事》、《彼得传》、《泰西名家传略》若干卷。钩沉、撮异、撰录,悉有义法。所著《补陈书州郡志》、《西辽纪事》,丁乱稿佚,晚亦未能重辑也。

## 沈卓吾

沈卓吾(1887～1931),初名孔才,后改名为莘,字卓吾,以字行。如皋磨头镇人。幼孤家贫,学习刻苦,成绩优异,被选送江南高等工业学堂深造,毕业后留校任教。因与同学谈论革命,清政府下令通缉,被迫东渡日本。在横滨遇孙中山,加入中国同盟会。回国后,曾为革命党人焦达峰输送枪械至湖南。民国5年(1916年),在上海主办《工商日报》、《中国晚报》,宣传三民主义。自民国13年起,历任孙中山广州大本营参军、上海电报局局长、武汉政府交通部电政司司长、财政部印花税处处长兼江苏印花税局局长、铁道部参事等职。民国18年,孙中山安葬南京,沈卓吾任奉安委员会秘书,主持编纂《奉安实录》。沈卓吾关心家乡人民,对如皋孤幼学堂、育婴堂、游民教养所均有所捐助。他还奔走于南洋华侨之中,募集巨资,赈济河北、山东、河南、陕西、甘肃等省的灾民。民国20年,江北大水,他力主以工代赈,修复堤堰,并携资乘大德轮赴灾区查勘,船毁于火,他落水殒身。

## 邓演达

邓演达(1895~1931),又名策成、仲密,字择生,化名石生登。广东惠阳人。民主革命家。少时加入同盟会,保定军校毕业。历任粤军宪兵连长,粤军第一师参谋、营长、团长,黄埔军校筹备委员、训练部副主任兼学生总队长。民国13年(1924年)冬,赴德国求学。翌年返国,途经莫斯科,参观苏联建设。回国后出席国民党第二次全国代表大会,被选为候补执行委员,就任黄埔军校教育长。民国16年1月,任国民党中央政治会议武汉分会委员、武汉国民政府人民裁判委员会委员;2月和吴玉章等5人在武汉组织行动委员会,同月任中央军校武汉分校代校长;3月,当选国民党二届三中全会中央执行委员、中央政治委员会委员、中央军委会主席团成员。后任中央党部农民部部长,军事委员会总政治部主任,全国农协临时执行委员、常务委员,宣传部部长等。

民国16年4月,"四一二"反革命政变后,他坚持孙中山"联俄、联共、扶助农工"的三大政策,坚决维护国共合作;并先后与宋庆龄、谭平山等提出以国民党左派和共产党人为基础,改组国民党,容纳共产党的纲领。同年8月赴苏联;11月与宋庆龄等在莫斯科发表《对中国及世界革命民众的宣言》。宣言号召在孙中山的精神领导下,团结工人、农民、手工业者、小商人及青年学生,反对帝国主义,推翻封建阶级和少数剥削多数的经济制度。后赴德、法等国考察。民国19年5月回国;8月在上海主持召开有10个省区代表参加的第一次全国干部会议,成立中国国民党临时行动委员会,他任中央干部会总干事,并发行《政治周报》、《革命行动》等刊物,宣传"打倒帝国主义,肃清封建势力,推翻南京官僚独裁统治,建立以农工为重心的平民政权,实行耕者有其田,通过国家资本主义过渡到社会主义"的政治主张。民国20年4月,邓演达发表专文《现时国际及中国底形势与我们斗争底趋向》,系统分析了国际形势和中国国内形势以及取得政权后,实行耕者有其田和从国家资本主义过渡到社会主义的必要性。同年7月,他决定在江西率领国民革命军第十八军起义。后因叛徒出卖,于同年8月17日在上海被捕;11月29日在南京麒麟门外沙子岗被杀害,时年36岁。1957年,江苏省人民政府将其遗骸迁葬于中山陵左侧灵谷寺,重建了陵园,何香凝题写了碑文。著有《北洋军阀与南京统治的前途》。

## 恽代英

恽代英(1895～1931),又名蓬轩、字子毅,幼名育育。清光绪二十一年六月二十二日(1895年8月12日)生于湖北武昌。中国无产阶级革命家,早期著名的青年运动领导人之一,革命烈士。民国2年(1913年)考入武昌中华大学预科班,后转入本科攻读哲学。大学毕业后因成绩优异,受聘担任中华大学中学部主任。民国8年,恽代英和林育南等人一起领导武汉地区青年学生反帝反封建爱国斗争。同年秋加入李大钊在北京创建的少年中国学会。翌年7月1日,在恽代英的倡议下,少年中国学会第二届年会在南京召开。是年冬,辞去中华大学中学部主任职务,和几个进步青年在武昌创办利群书社,作为传播新文化思想的基地。民国10年,他在湖北黄冈创立具有共产主义性质的社团——共存社,同年加入中国共产党,并先后在安徽宣城省立第四师范(宣城师范)、四川泸州川南师范学校、成都高等师范学校任教,传播革命火种。

民国12年8月,恽代英来到南京出席中国社会主义青年团第二次全国代表大会,被选为中央执行委员,担任宣传部长。他一面在上海大学执教,一面主编团中央机关刊物《中国青年》。时《中国青年》共出版156期,他撰稿100多篇,宣传反帝反封建的爱国革命思想,深受广大读者的欢迎和爱戴。在他的帮助下,南通师范成立南通地区第一个党支部。由他介绍入党的王盈朝被推选为支部书记。

民国13年1月,孙中山提出"联俄、联共、扶助农工"三大政策,实行国共合作,准备北伐大革命。恽代英和毛泽东、向警予、邓中夏等人参加国民党上海执行部工作,他任宣传部秘书,主编《新建设》杂志。是年春,恽代英、罗章龙和上海大学附中校长侯绍裘相约到苏南开展建立中共党组织工作。民国14年3月12日,孙中山在北京逝世,国民党上海执行部设立上海治丧所,开展悼念活动。恽代英担任治丧所文牍员。他发表文章,频繁地发表演说,高度评价孙中山伟大奋斗的一生。他还到上海大学、南洋大学、同济大学演讲,到沿江的苏州、无锡、南京、芜湖、镇江、扬州等城市去参加孙中山逝世悼念活动和演讲。当年4月5日,恽代英出席无锡各界5000多人在省第三师范举行的追悼大会。在会上,他介绍孙中山的生平事迹、宣传三民主义和国共合作的重大意义,号召青年奋起救国。黄祥宾(常州人)、秦邦宪(博古)、管文蔚(丹阳人)、薛萼果(孙冶方)等一批青年受恽代英的影响,走上革命道路。民国15年1月,在广州召开的国民党第二次全国代表大会上,当选为国民党中央执行委员。5月,担任黄埔军校政治总教官、中共党团书记。他领导党团员,团结国民党左派人士,同国民党右派进行斗争,在黄埔军校学生中享有崇高威望。翌年1月,恽代英主持中央军校武汉分校的日常工作。蒋介石发动"四一二"反革命政变时,他主持武汉军校师生举行讨蒋大会,愤怒谴责蒋介石叛变革命的罪行。在中共第五次代表大会上,恽代英和瞿秋白、毛泽东、蔡和森等人严厉批评陈独秀的右倾机会主义错误,被选为中央委员。他参加"八一"南昌起义,任党的前敌委员会委员。10月,任广东省委常委、秘书长兼宣传部长。12月,参加广州起义,任广州苏维埃政府秘书长。广州起义失败后,他转道香港,从事党的秘密工作。中共六大以后,调回上海,任中共中央组织部、宣传部秘书长,主编《红旗》。在中共六届二中全会上补选为中央委员。

民国19年2月,恽代英以中央代表的身份,出席中共福建省第二次代表会议,提出党在新的形势下开展武装斗争、反击反动派的斗争任务和要求。此后,在党刊《红旗》杂志上,连续发表文章,支持毛泽东的"以农村包围城市,最后夺取城市"的革命道路,并最早批评当时中央负责人李立三的"左"倾盲动主义错误。为此受到打击和排挤,被撤销中央宣传部秘书长职务,调任上海沪东区行动委员会书记。他在逆境中坚持开展工人运动,鼓舞党团员和革命志士的斗志,对在"左"倾冒险主义的影响下,使革命力量遭到不应有的损失,心情极为沉重。同年5月6日,恽代英在上海被国民党特务逮捕,化名王作霖,被判刑5年,关押在漕河泾监狱。民国20年2月,转押到南京中央军人监狱。他在监狱中,坚持进行秘密宣传工作,鼓舞难友革命斗志。正当党组织多方面营救有希望提前释放时,中共中央政治局委员顾顺章在武汉被捕,出卖恽代英。蒋介石急令军法处长王震南到狱中劝降,遭到严正拒绝。4月29日,恽代英被押到狱中菜园地边,壮烈牺牲。行刑前,他痛骂蒋介石背叛革命,杀害爱国志士,高呼:"打倒国民党!""共产党万岁!"

# 李 林

　　李林(1896~1931)，字智山。湖南宝庆湾泥渡(今邵东县湾泥乡明亮村)人。中共盐阜地区早期领导人，革命烈士。早年父母双亡，经堂兄李笏山的扶持，陆续念完中学课程。中学期间，加入毛泽东组织的新民学会。民国7年(1918年)北上保定，在留法预备班学习时，和李维汉、李富春、张昆弟、贺果等结为同窗好友。一年后，和他们一起赴法勤工俭学。民国9年2月，在法国参加发起成立工学励进社(后改名工学世界社)进步组织。民国11年6月，赵世炎、周恩来、李维汉等发起成立中国社会主义青年团旅欧支部(初名旅欧少年共产党)时，李是第一批发展的团员。期间，他接触马列主义进步书刊，思想进步很快。民国13年9月，李林等27人离巴黎去莫斯科，与聂荣臻一起在苏联东方大学学习军事。期间，加入中国共产党。次年9月，离苏回国，任国民革命军第三混成旅第一团副团长和该旅军事政治学校校长。旋与国民联军总政治部主任刘伯坚取得联系，担任国民联军第五军政治部主任。他主动与党的北方局及各级党组织取得联系，不断扩大革命队伍，先后辗转河北、河南、绥远、陕西等地，沉重地打击了张作霖等反动军阀。民国15年底，中共以国民联军驻陕总指挥部名义，在西安北院门创办类似黄埔军校的中山军事学校，校长史可轩，副校长李林，政治部主任邓希贤(邓小平)。民国16年，受命奔赴上海。大革命失败后，为了尽快恢复党的组织，加强通(南通)、扬(扬州)、淮(淮阴)、盐(盐城)地区农运工作的领导，并指导江北各县的省委特派员的工作，中共江苏省委(时驻上海)于民国16年11月决定组织中共江北特别委员会，指定李林、王剑秋、陈璞、郭杰山、王四5人为委员，李林为书记。抵阜宁后，很快与地下党员黄效白、唐继超、史桂和等接上关系，有效地开展党的地下工作。经过一个多月的组织联络，他们很快秘密发展了一批党员，并在阜宁城厢小学建立了县第一个党支部。至次年1月，阜宁县已有党员60余人，党支部8个，党小组21个。在此基础上，成立了中共阜宁县委，李兼任书记，为盐阜地区党的开辟和建立进行了开拓性的工作。

　　民国17年，李林调任中共上海市闸北区委常委兼组织委员。次年，调至江苏省委工作。民国19年秋，中央调其到闽西苏区担任彭扬军事学校教育长。李恪尽职守，严于治校，既管党的建设，又抓军事训练，还亲自向学员授课,为党和军队培养了一批优秀干部。民国20年9月,为配合江西主力红军粉碎敌人的第三次"围剿",闽粤赣军区组织了一次战役,参战主力为彭扬军事学校的学生和闽粤赣军区直属部队,由肖劲光和李林指挥。战斗打响后,李林身先士卒,亲临前沿阵地组织进攻,击毙敌民团中队长丘午阶,打伤匪首钟绍奎。在战斗中,李林不幸牺牲。1986年5月,湖南省人民政府追认李林为革命烈士。

## 何孟雄

何孟雄(1898～1931),字国正,名坛、纯,笔名静、子静、江囚、之君、周子敬,化名廖慕群、刘元和、小山、白水。湖南省酃县中村乡龙潭村人。中共早期党员,革命烈士。早年父母双亡。16岁至长沙读书,积极参加"反袁(世凯)驱汤(芗铭)"的民主爱国运动,与毛泽东、蔡和森、张昆弟、邓中夏等相识,结下革命友谊。考入湖南省公立工业专门学校读书后,受教师杨昌济影响,阅读进步书刊,启迪了革命思想。在"五四"运动中,何孟雄积极参加反帝反军阀的爱国民主斗争,是北大学生运动重要骨干,曾三次被捕。他参加李大钊创办的北大马克思主义研究会,到长辛店、唐山参加工运活动,较早接受马克思主义思想。民国10年(1921年)7月,中国共产党诞生后,何孟雄成为早期的共产党员之一。他参与创办北方党的机关刊物《工人周刊》。同年底,何孟雄任中共北方区及北京地委委员、社会主义青年团北京地委委员长、京绥铁路特派员。民国13年3月,何孟雄任中共北方区委常委。民国15年初调任中共唐山地委书记,在京、津、唐、张(家口)等地开展国民革命运动,对冯玉祥的国民军做统战工作,动员和组织一批进步青年参加国民军,赴广州黄埔军校学习。次年春,奉调担任中共汉口市委组织部长。民国16年,"四一二"反革命政变后,何孟雄和爱人缪伯英转入地下。"八七"会议后,调江苏省委工作。9月10日,任中共沪西区委书记。民国17年,任中共江苏省临时执行委员、常委,分管农运工作,组织武装反抗国民党屠杀,进行土地革命。他深入大江南北,指导农民运动,发展党的组织,将全省60个县按地区成立6个特委,恢复和建立党组织,党员由3000多人发展到20020人。民国18年1月13日,何孟雄、李富春因反对当时中央兼并江苏省委及上海工作受警告,调离省委到沪东区工作。他在江苏省第二次代表大会四次会议上发言时,批评中央机械运用策略,死守着一个原则,不能根据客观形势发展而及时转变,因而又被扣上许多大帽子。当时,恽代英、何孟雄抵制李立三、向忠发的"左"倾错误,主张"由农村联合起来包围城市,必然可以胜利"。

民国19年6月11日,在李立三主持下,中央政治局通过了《新的革命高潮与一省数省首先胜利》的"左"倾冒险主义决议。何孟雄在省委讨论会上从理论到实践批评了中央"左"倾错误,主张在敌人力量薄弱的省区建立革命根据地,发动群众,扩大力量,配合红军,巩固胜利。9月4日,何孟雄被撤销沪中区委书记职务,责令写检查。9月8日,他写出万言的《政治意见书》,提出:反对把马列主义教条化,把共产国际指示和苏联经验神圣化,强调中国革命不可能"一气呵成";主张根据中国国情和发展不平衡的特征,"以建立农村苏维埃政权为中心,以建立红军为第一等任务,使苏区和白区革命斗争相配合";直率地批评了中央和省委某些领导人只用空洞政治口号,忽视现实经验问题,使用错误斗争策略等。同年12月16日,中共中央在瞿秋白、周恩来主持下,作出《关于何孟雄同志问题的决议》,分清了路线是非,对中央的错误进行公开的自我批评,肯定了何孟雄反对立三路线的正确性,撤销了对何孟雄同志的错误处分决定。但是,由于共产国际代表米夫来华,急于扶持王明上台,掌握中央大权,在中央四中全会上,不仅未能贯彻中央正确决定,反而把坚持真理的何孟雄打成"右派领袖",把何在四中全会上的发言污蔑为"左倾机会主义分子活动的提纲",并开除他的党籍。民国20年1月17日,何孟雄因叛徒告密,被国民党特务逮捕。同年2月7日,被秘密杀害于上海龙华国民党淞沪警备司令部内。他的夫人和一双儿女,也同陷囹圄,下落不明。民国34年4月20日,在毛泽东主持下,通过了中共中央《关于若干历史问题的决议》,给何孟雄平反昭雪,恢复党籍,恢复名誉。

## 朱杏南

朱杏南(1899~1931),又名淦、敬熙,化名黄春涛、郑功。出生于江阴县(今江阴市)夏港镇一个地主家庭。中共早期党员,革命烈士。幼年丧父,15岁入江阴县城礼延高等小学肄业。十六七岁时分得田产200余亩,他同情佃户,不准家人催租。后与人合资开设同丰泰酒坊,由其妻申蕴珍兼理店务。民国10年(1921年),他联络夏港镇旅外知识青年吴文藻等十余人,组织夏港同志会,以启发民智、普及文化为宗旨,自任执行部干事。先后创办阅书报社、补习学校。还被推为夏港镇学董,创办东袁村小学,捐资扩建夏港小学新校舍8间。民国15年,他加入国民党,支持妻子申蕴珍去武汉参加党务训练班、妇女运动训练班并加入中国共产党。民国16年3月中旬,军阀孙传芳部5000余人,从常州逃至夏港,勒索军饷20万,他连夜前往武进焦店(今焦溪),领北伐军抵达夏港,军阀部队闻风逃跑。3月下旬,北伐军进驻江阴城,朱杏南参加国民党江阴县临时党部工作,同时加入共产党。"四一二"反革命政变后,在夏港东袁村、梅阿里等地秘密从事农运工作,参与领导江阴东乡农民武装暴动。民国17年春,任中共江阴县委委员。江阴县公安局局长张品泉率军警数次到夏港搜捕他,在群众掩护下,幸免于难。民国18年春,他调任中共吴县县委书记,化名黄春涛,申蕴珍协助工作。时党内经费极度困难,他每月从家中取款充作活动经费。民国19年9月9日晚,他在寓所被捕。吴县国民党当局严刑逼供,毫无所获,即移送镇江江苏省保安处,又转南京国民政府军政部陆军署军法司。申蕴珍不久亦被捕,与朱杏南在一墙之隔的狱室中,他暗递字条,鼓励申蕴珍"不要害怕,倘有不测,为革命而牺牲,在所不惜"。民国20年5月19日,就义于南京雨花台。

## 吴丽石

吴丽石(1899~1931),原名吴苓生,字松仙。沭阳县颜集乡人。中共早期党员,革命烈士。出身于地主家庭,曾就读于沭阳第一高等小学,后入镇江第十一中学,因闹学潮被校方开除。民国10年(1921年)转入北京俄文专修馆学习,认识了瞿秋白。民国12年2月加入中国社会主义青年团,不久转为中国共产党党员。同年,经李大钊介绍赴莫斯科东方大学学习。民国13年秋回国,在连云港等地宣传苏俄十月革命,介绍马列主义。后他受中共中央的委派,到哈尔滨开展党的工作。民国13年冬,他以小工身份到三十六棚总厂机务段做工,深入工人群众,创办工人夜校,宣传马列主义,建立三十六棚东铁青年协进会,成立了北满第一个党支部,开始中共直接领导下的北满最早的工人运动。同时,他根据李大钊的指示,创办《哈尔滨日报》,在主办该报时,他写了许多文章,揭露帝国主义暴行劣迹、封建军阀的反动统治和官僚政客的卑鄙行径等。民国14年11月,哈尔滨特支成立,民国15年初,中共北满地方委员会成立,他均为书记。民国16年4月初,北满地委遭到破坏,他正在上海参加党的第五次全国代表大会,按照上级指示,他即返回哈尔滨,重组北满地委。同年10月,在哈尔滨召开全东北第一次党员代表大会,组成第一届满州临时省委,统一管理奉(辽)、吉、黑三省党务,陈为人为临时书记,吴丽石任组织部长兼管农运。不久,满州省临委改为满州省委,吴丽石仍任原职。民国17年12月,他与陈为人等12人被捕,在狱中,他虽遭到敌人酷刑拷打,仍坚持斗争,忍痛拒供。由于敌人抓不到证据,他与其他被捕同志于民国18年7月被营救出狱。不久,奉中共中央之命到济南重组山东临时省委,他任书记。他不畏艰险,深入各地,了解情况,恢复和发展中共组织,并与省委其他同志总结经验教训,提出新的斗争任务和策略。民国19年1月,为山东省起草重要历史文献《山东职工运动决议》。同年2月8日,他与共青团员李志英外出租赁房子,被李的同乡、叛徒王明智发现,两人一起被捕,李志英被捕后自首,出卖了他。敌人对他施加种种酷刑,逼他招供,他坚贞不屈,始终未吐露党的机密。

民国20年4月5日,他在济南英勇就义,时年32岁。遗体运回原籍安葬。1962年5月8日,中共沭阳县委、沭阳县人民委员会将其灵柩从颜集迁葬县烈士陵园,立碑勒铭,永志不忘。

## 解慕唐

解慕唐(1899～1931),又名玉华,字步尧。邳县(今邳州市)戴庄乡赵庄村人。中共早期党员,革命烈士。出身于贫苦农民家庭,民国7年(1918年)毕业于县立第一高等小学,后考入省立第七师范。民国8年,"五四"运动爆发,七师率先响应,解慕唐积极参加学生会组织的爱国活动。9月10日,在李大钊帮助下,与陈亚峰、郭子化、苏鸿鉴、张继超、冷其英、徐怀云等建立共产主义小组,同时,发起组织赤潮社,创办《赤潮》旬刊,宣传马列主义。因"讲演劳工",倡议"改革教学内容、撤换守旧派教员",被校方开除学籍。赤潮社组织全校罢课,进步同学数十人赴省请愿。斗争坚持3个月,迫使省教育厅撤去陆裕柟校长职务。民国12年夏,解慕唐于七师毕业,任邳县第一高等小学教员,组织读书会,引导学生阅读进步书刊。民国14年冬,领导学生反对专制顽固校长戴则乾的斗争。民国15年,邳县知事沈贞横征暴敛,他贴出告示警告:"如不为民除苦,小心祖坟!"迫使沈贞收敛。民国

16年6月,联络各界人士集会,欢迎北伐军抵邳。国民党邳县党部成立,他被选为党部委员。不久,随北伐军去南京。北伐军二次克邳后,任教育局长。"八七"会议后,中共邳县特支决定:在国民党政府任职的共产党员,除军事、教育部门外,一律退出,到农村去领导土地革命。他利用职权将退出的同志安排到乡村小学任教,为党组织的建设和土地革命的开展创造条件。

民国18年1月,国民党在邳县"清党",他奉调去睢宁中学任教。夏,奉徐海蚌特委派遣,到沛县青墩小学任训育主任。在师生中发展党、团员,建立学生会,发动反对教育局长张平甫的学潮。组织微山湖船工罢渡,拟定"农民协会组织章程"。民国19年4月,参与指挥中共沛县县委领导的全县117所学校教职员工要求增薪的斗争。国民党沛县当局密谋逮捕他,他获悉后去丰县赵庄集小学隐蔽。7月奉命来邳策划"旧州暴动",被通缉。10月被捕,押送镇江军法处。在狱中受尽严刑拷打,他冷对威胁利诱,矢志不渝。民国20年4月25日,就义于镇江北固山下,时年32岁。

## 杨光銮

杨光銮(1901~1931),字真梧,又号若吾。灌云县南城镇人。中共早期党员,革命烈士。在武昌高等师范学校接受马列主义,并加入中国共产党。民国16年(1927年),他受党组织派遣,在海州报馆任主笔,后受聘入东海中学任教,积极在学生中传播共产主义思想。民国17年秋,中共江苏省委派李超时到海州,建立中共东海特别支部,不久改为东海中心县委,杨光銮任组织部长兼秘书。中心县委积极在学生、工人、农民中宣传革命思想,发展党员,先后在东海中学、新浦、郁圩、白塔埠、大浦等地建立起党支部。

东海中学的进步学生活动,引起国民党当局的注意,他们制造种种借口,将思想进步的董淮校长辞退,由江苏省教育厅派来的谷延隽任校长,推行法西斯奴化教育,排斥进步师生,压制民主,严格"校规",限制学生活动。民国18年3月12日,在纪念孙中山先生逝世4周年之际,杨光銮亲自写了《中国共产党东海县委员会与东海人民首次见面献辞》、《告东海各界人民书》和大批标语、传单,让同学们在海州城内张贴散发,鼓舞了群众,也震动了国民党当局。东海县政府出动警察,到学校逮捕了4名学生。为了营救学生,杨光銮等挺身而出,争取社会各界的支持,使4名同学安然获释。

民国18年5月初,学校当局因压制学生引起师生不满。杨光銮与中心县委研究,决定举行抗议活动。他亲自召集学生中的党、团员开会,传达中心县委决定,布置行动方案。5月6日,在孙中山纪念周集会时,训育主任陆秋斋宣布要"处理"一批"违反校规"的学生,引起了学生愤怒。学生们要求驱逐谷延隽、陆秋斋,实现学生自治。杨光銮联合进步教师,向省教育厅来人力陈事件经过,为学生辩护,继之以学生会名义,致函社会各界斥责校方欺压教工、处罚学生的无理行为,指出责任不在学生,而在校方。这次斗争扩大了党的影响。

不久,国民党江苏省党部派人会同灌云、东海县党部出动一批军警在海州、南城、大村等地,大肆逮捕共产党员和进步师生,海州等地处于一片白色恐怖之下。中共江苏省委鉴于海州地区革命力量暴露,决定将他们调离,杨光銮秘密赴上海,经杨锦堂介绍去广东岭南大学附中教学。一年后,杨光銮又返回上海,继续进行革命活动,民国20年被国民党特务逮捕,惨遭杀害,时年30岁。

## 季子莞

季子莞(生卒年不详),武进(今常州市区)人。以擅长微雕、捏像、焦纹画三种绝艺,名噪京师。民国初年,与京师微刻治印名家于小轩交往,切磋技艺。书画雕刻都能刻意创新,不落前人窠臼。所作象牙微雕,乍看似一片黑点,用放大镜观察,山水、人物、走兽、飞禽、线条清晰,富有神韵,上下款、题诗字迹秀丽,印章鲜红,逗人珍爱。为人捏像,只见一面,就能立即捏成,形体丝毫不爽,神态栩栩如生,为北洋政府财政部长张寿龄器重。因不愿为达官贵人捏像而避往天津,品格非一般趋炎附势者可比拟。另一绝为焦纹画。即用棒香点燃后当笔,在纸上写字或作画。因重则燃纸,轻则无痕,技艺极难掌握,而他得心应手,写出多体字,画出各种景物。因所费功力大,技艺艰深,生平所作不满10件,已成稀世之宝。他生性怪僻,不轻易为人献艺。20世纪30年代客死他乡,无子女。

## 恽雨棠　李　文

恽雨棠(1902~1931),武进县(今常州市区)西夏墅镇人。中共早期党员,革命烈士。父母早亡,家境贫困,高小毕业即外出谋生。初在镇江一皮蛋厂当学徒,后回乡开小酒店。民国8年(1919年)考入上海商务印书馆发行所当练习生。"五四"运动激发了他的反帝爱国热情,开始阅读马列主义书刊,积极投身变革社会的潮流。后来,商务印书馆成为中共上海地方组织推动工人运动的重要据点,在党的教育下,他觉悟不断提高。民国13年底,经商务印书馆中共支部书记董亦湘介绍,加入中国共产党。入党后积极工作,介绍同所的陈云、薛兆圣等入党,参加"五卅"运动和商务印书馆第一次罢工斗争。民国14年10月,奉命赴莫斯科中山大学学习。一年后回国。大革命失败后,再度去莫斯科中山大学学习,兼任"中国革命问题"的文字翻译。这期间,他与王明宗派集团进行激烈的斗争,受到排挤和打击。民国18年8月底回国,不久任中共中央宣传部《红旗》报发行部主任。是年冬,和李文结婚。

　　李文(1910~1931),女,原名萱,又名文婉。武进县湟里镇人,革命烈士。小学毕业后进武进县城(今常州市区)芳晖女中读书。民国16年(1927年)秋参加中国共产主义青年团,因积极参加学生运动被开除回乡。在中共组织的领导下,发动湟里镇女缝工的罢工斗争,并组织农民协会开展抗捐、抗租、抗债等革命活动。后转回县城(常州),做女工工作,并参加中国共产党。民国18年冬调上海,分配在《红旗》报机关工作,旋与恽雨棠结婚。不久,遭王明迫害,恽雨堂被撤职,李文也被停止工作。夫妇失业,经济拮据,生活艰困,赖恽雨棠翻译俄文稿微薄的收入过日子,忍痛将刚生下的孩子送给育婴堂。

　　民国19年8月10日,中共领导的上海市总工会成立,恽雨棠任所属市政工会负责人,李文担负市政工会机要工作。9月15日,恽雨棠任新成立的黄包车夫总罢工委员会主席。为有利于发动群众,亲自上街拉黄包车,常以大饼、馒头充饥。当年冬,恽雨棠调任中共南京市委书记,时值南京中共组织遭到第六次大破坏,白色恐怖严重。他不怕艰险,不计安危,毅然告别妻子,离沪赴宁,着手恢复组织。短期内,工作就有很大起色。民国20年1月16日,恽雨棠到上海参加党的秘密会议。当天晚上由于叛徒告密,一批密探闯进他家,夫妻同时被捕,关押在上海英租界新闸路巡捕房,不久被移解到龙华。2月7日晚,夫妻俩壮烈牺牲。

## 高小生

高小生(1903～1931)，江阴璜土乡焦家头人。中共早期党员，革命烈士。民国16年(1927年)在当地参加农民自卫军，加入中国共产党。翌年春，为江阴红军游击队支队长，活动在澄、武交界地区，打击土豪劣绅。民国18年2月，茅学勤、高大生等牺牲后，成为澄、武、丹地区红军游击队主要负责人，进行英勇顽强的斗争，力挫武进县县长、"剿匪"司令张鹏翥为首的多次"围剿"。民国19年12月22日，率领队员四五十人奔袭上圳村，遭大刀会反击，败退篁村。一次，集中所部在璜土邱家头观音堂(圆通庵)开会，因内奸告密，被敌包围，战斗失利，损失惨重。但他仍坚持斗争，被国民党当局视为大患，通缉告示贴遍澄、武城乡。民国20年2月27日，高小生率警卫员等乘小船转移至前周桥附近的三官殿，中埋伏被俘，当场被割下一只耳朵，以铁丝穿琵琶骨，连同警卫员一起被押往羊头桥省警卫队驻地。第二天被剥去上衣，拉直双臂，缚紧在扁担上，强制站上长凳"示众"。敌人还用蜡烛火烧其胳肢窝。他忍住疼痛，对围观的群众说："给国民党反动派抓住，大不了杀头，共产党员不怕杀头的。"他惨遭酷刑，坚贞不屈，于3月18日被杀害于常州北门凤尾墩。

## 武同儒

武同儒(1904～1931)。连云港市云台区武庄人。革命烈士。幼年在云台新县祠堂小学读书，后考入江苏省立第八师范学校。在进步教师的启迪和"五四"运动的影响下，思想进步，曾以漫画讽刺云台山山霸仇东山及县长徐伯堂搜刮民财的劣迹。此时，连年灾荒，民不聊生，而云台山的山林又被树艺公司霸占，山民不得进山砍柴，生活十分困难。武同儒团结青年，组织以范培林为首的穷人会会员300多人，加上贫苦山民上千人，手持刀斧扁担高喊"还我山林"、"反对封山"等口号，砍去树艺公司为霸占山地栽的树苗300多亩。树艺公司经理告到灌云县政府，县政府逮捕了范培林。武同儒亲自上堂，与县长徐伯堂据理力争，阐述山民祖祖辈辈以砍柴种田为生，树艺公司霸占山林，断绝山民生路，实乃逼迫山民造反，并阐明孙中山主张耕者有其田的道理，要求立即释放范培林。县长怕事闹大，释放范培林，取消禁止山民上山砍柴的命令。民国17年(1928年)秋,武同儒在东海中学参加中国共产党,并以个人名义加入中国国民党,取得合法身份,被选为国民党灌云县党部执委、宣传部长。在大村一带,与海宁小学教师毛汝南等在学生和农民中发展共产党员,建立党支部,开办平民学校,提倡男女平等,反对女子缠足,砸土地庙,破除迷信。民国18年5月,中共东海中心县委在云台山三元宫召开海属地区骨干会议,中心县委书记李超时在会上传达党的六大会议精神,部署工作。会后,武同儒、毛汝南等总结穷人会斗争经验,决定成立扁担会,发动暴动。6月,武同儒被捕入狱,不久,被国民党开除党籍后释放。出狱后,武同儒回乡继续领导农民斗争。民国19年6月14日,大村爆发了以扁担会会员为主的千余人参加的农民暴动。参加暴动的农民挥舞扁担、镰刀,高呼"创共产,救穷人,除山霸,还山林"的口号,捣毁南北两个办公大楼。并决定以云台山为根据地,以扁担会会员为骨干,建立海属地区第一支农民武装。不久,这支武装被国民党反动派镇压下去。民国19年底,武同儒调沭阳,任城区区委书记,深入发动群众,秘密发展党的组织,准备发动武装暴动。一次在沭阳闸庄开会时,被敌人逮捕,国民党反动派威逼利诱,武同儒坚贞不屈,惨遭杀害。

## 吴长来

吴长来(1905~1931),字敦福。涟水县大东镇镇南村人。中共党员,革命烈士。少时就读于县第三高小,毕业后,即考入江苏省师范学校。民国16年(1927年)12月,由学友万金培介绍加入中国共产党。

民国17年春,吴长来转学至涟水县立师范学校学习,和万金培、嵇荫根等人成立中共涟水县立师范党支部,在学生中组织读书会,进行反帝、反封建、反奴化教育活动。9月,师范毕业,担任中共涟水县委委员,以教师身份,从事革命活动,办贫农夜校,组织农民协会。民国18年3月,担任中共涟水县委书记。在他领导下,充实了涟水城区区委的领导力量,发动城区工人、学生、教师为保障自身利益进行斗争。同时,将工作重点转向农村,开办涟东、涟西2个农民骨干训练班,发动农民抗捐抗税,并在大程集组织佃户驱逐反动军官顾德扬,在全县发动群众逼迫国民党当局缉拿无故残杀佃农的恶霸地主王乐山。通过一系列革命斗争,建立城区、五港、程集3个模范党支部,发展大量农民党员。民国19年,根据上级统一部署,中共涟水县委决定把党团组织与群众组织合并,成立涟水县土地革命行动委员会,吴长来任总指挥。8月1日,武装暴动在全县各地开始,他亲自领导金城庵地区暴动群众收枪数十支,组织70多人的暴动队伍,逮捕了反动地主冯中尧。后来,由于遭到县警备队及各地地主武装的疯狂镇压,全县暴动失败。8月3日晚,他遇到地主金中大的联庄会武装,当即被捕。10月被转送江苏省临时军法会审处,关押在镇江看守所。关押期间,在敌人的严刑拷逼利诱下,他始终正气凛然,毫不动摇。民国20年2月11日清晨被杀害,时年26岁。

## 李超时

李超时(1906~1931),原名振华。邳县(今邳州市)岱山乡柴庄村人。红十四军军长、政委,革命烈士。出身于农民家庭。13岁考入铜山县姜集高等小学。"五四"运动爆发,他积极参加罢课、张贴标语等活动。民国14年(1925年),考入徐州省立第十中学。在校期间,阅读《共产党宣言》、《国家与革命》、《新青年》等进步书刊,接受马克思主义。在此期间,加入中国共产主义青年团。民国15年,他担任共青团徐州地委学运会委员、书记。同年冬,考入国民党中央军事政治学校武汉分校,不久,加入中国共产党。民国16年5月,参加了叶挺指挥的讨伐叛军夏斗寅战斗,7月回原籍从事革命活动。民国17年4月,成立中共邳县特别支部,李超时任书记兼工会委员长,7月奉中共江苏省委指示去海州,与东海中学学生惠美琬(惠浴宇)组建东海特别支部;年底,经省委批准改建为东海中心县委(领导赣榆、沭阳、灌云等县党的工作),李任书记。先后发动新浦、海州、大浦、板浦、南城等地1000多名黄包车夫与汽车公司资本家的斗争,发动云台山贫苦农民千余人组织扁担会与山霸作斗争,并很快建立起1000多人的武装,对国民党当局震动很大。

民国18年6月1日,国民党出动大批军警在海灌地区进行大逮捕,数十名革命志士遇害。李超时奉命去通(南通)海(海门)如(如皋)泰(泰兴)地区开展工作。同年秋,省委决定成立通海特委,他任书记;冬,兼任红十四军政治委员。民国19年4月,红十四军在进攻如皋老户庄国民党保安团团部的战斗中受挫,军长何坤牺牲,李超时任军长兼政治委员。5月20日,南通汤家苴战斗告捷。6月14日,国民政府主力军及地方军警民团数千人,对红十四军第一师驻地如西一带分路"围剿"。李超时集中优势兵力,利用大雾展开伏击战,创造红十四军在平原地区以劣势胜优势的范例。8月3日,红军主力与农民武装数万人配合作战。由于敌众我寡,内奸破坏,屡次受挫。红十四军被迫分散活动,革命转入低潮。冬,奉调任中共江苏省委外县工作委员会委员,后任江苏省委巡视员。民国20年6月27日,他奉命赴徐海蚌特区巡视工作,在镇江车站和爱人张维霞同时被捕,押于镇江公安局看守所。在狱中3个月的时间里,历经严刑逼供,但他坚贞不屈。临刑前,鼓励怀孕的妻子"要坚强活下去,孩子生下来,要好好抚养,长大了交给党"。同年9月19日,李超时被杀害于镇江北固山,时年25岁。

## 曹起溍

曹起溍(1906～1931),字建虞,曾化名鲁士英、鲁隐仕、陈君豪。江都县城(今扬州市区)人。扬州地区中共组织早期领导人,革命烈士。在江苏省第八中学读书时,阅读了《新青年》、《共产党宣言》、《唯物史观》和鲁迅及高尔基小说等书刊,孕育了反帝反军阀的革命思想。民国14年(1925年),上海发生"五卅"惨案,他和同学们一起推动成立扬州"五卅"后援会和学生联合会,支援上海工人的反帝爱国斗争。他还参与创办《卧薪尝胆》周刊,提出"帝国主义要打倒"的战斗口号,有力批判了当时在知识界颇有影响的国家主义派的思想观念。同年5月,恽代英到扬州开展党的工作,在恽的指导和帮助下,他逐渐由一个单纯的热血青年成长为无产阶级革命的先锋战士,参加了当时扬州处于秘密状态的国民党左派。民国15年,负责领导第八中学的国民党左派组织,使之成为国民党左派扬州地方组织的核心。中学毕业后,他以优异成绩考取上海南洋公学(交通大学前身)。这时,北伐战争开始,他毅然放弃上大学的机会,留在扬州坚持斗争。民国16年3月,北伐军进驻扬州。扬州国民党左派建立了江都县党部,他任组织部长。

"四一二"反革命政变后,他于民国16年10月加入中国共产党,配合扬州独立支部书记王寿荃发展党的组织。同年12月,独立支部改称特别支部,他于次年5月,代理特别支部书记。7月改任特支干事会组织干事,负责指导青年运动,深入到工厂、学校、商店,唤起民众为争取自由解放而斗争,建立和扩大了党的基层组织,组织工会、工人习武团、救国十人团等党的外围组织,又领导了地下赤卫队、恐怖团,以对付反革命军事组织的破坏。8月,扬州临时县委成立,任县委书记,开展工人运动。10月,临时县委撤销,他改任城区区委书记和特委东乡特派员。他深入到江都东乡的高汉庄、李家桥、孙家墩等地,以组织穷人会名义,发动数千农民投入抗租抗债斗争,并建立了高汉庄、李家桥、孙家墩3个支部。民国18年2月,江都东乡党组织遭受敌人破坏,他在当地群众掩护下脱险,潜赴泰州,转回扬州。后又遭追捕,其父和二弟被军警抓走,他被安排到泰县负责党的工作。是年4月,化名陈君豪进入泰州,首先在城里建立了以木匠为主的城乡党支部,发动鱼贩子成立鱼贩子工会,同警察的敲诈勒索作斗争;又在农村组织农民协会,组织和武装农民开展抗租、抗债、抗捐,与如(皋)泰地区的武装斗争相呼应。他注意斗争策略,关心群众切身利益,为恢复和发展扬州党组织作了艰苦细致的工作,并促进了扬州地区的农民运动的发展。

民国18年8月16日,他在北阮家巷漆匠胡桂芝家(县委机关所在地)接待省交通员吴守益时,被发现而被捕。先被关在泰县县政府内,判刑后被关押在苏州、镇江监狱。在狱中,他领导共产党的秘密组织和犯人组织自治委员会,发动难友开展斗争。他说:"失去自由的人,更要为自由而斗争。"他还坚持组织发展工作,把经过斗争考验的同志发展入党,以加强党组织的力量。翌年,因组织越狱未遂被加刑关押。其间,敌人多方诱降收买他,他始终坚贞不屈,吟诗道:"血迹斑斑何足伤,铁肩道义自担当。一人前仆千人继,心拥红旗在展扬。"民国20年2月25日,国民党反动派将他杀害于镇江北固山下。牺牲时年方25岁。

## 颜 辉

颜辉(1906~1931),原名颜润高,又名周佩莲,化名周道。丹阳市前艾乡颜巷村人。中共早期党员,革命烈士。幼年在本村读私塾。民国13年(1924年)考入丹阳师范讲习所,学习勤奋,成绩优异。读书期间,结识共产党员夏霖、黄竞西等人,阅读进步书报,参加农民运动工作,民国15年冬参加中国共产党。颜辉入党后,担任丹阳农民协会农校教师,积极进行革命宣传,开展农运活动,动员农民群众支援北伐战争。反动当局发现后,派重兵包围农协,搜捕共产党人。颜辉等4人遭逮捕,农协委员40余人亦被关押。后经丹阳党组织和社会人士营救获释。颜辉出狱后,更加坚定了对土豪劣绅斗争的决心。组织群众锄奸除暴,解除人民疾苦。他根据县委指示,带领李志明、陈蔚如等人,携带武器,深夜冲进丹阳北门胡家桥一恶霸财主家,将其处决,为民除了害。丹阳陵口恶霸郦小龙,横行乡里,作恶多端。颜辉和郦小琴、郦大炳,乘郦小龙在窦庄周群茶馆聚赌机会,当场将其击毙。民国18年9月,丹阳党组织遭到严重破坏。颜辉在这危难时刻就任中共丹阳县委书记。他积极整顿和建立党组织,教育党员提高警惕,严守秘密,保存力量,开展隐蔽斗争。他以进步教师为主体组织公益社,以此为掩护向广大群众开展宣传教育活动。民国20年1月8日,颜辉组织领导路家桥农民暴动。他带领300多名武装农民,攻打解家祠堂,打死2名警察,缴获一些枪支。暴动后,反动当局十分恐惧,调集军警,前往镇压,搜捕共产党员和积极分子。省委根据暴动后形势,认为颜辉已不宜久留丹阳,派他去常熟工作。他临行前,将100多件秘密文件交给可靠群众颜金生,埋藏在猪圈底下20多年,直至1957年7月才挖出交给党组织。颜辉到常熟后,以省委特派员身份整顿党组织,将合并的党团组织分开,撤销县行动委员会,成立中共常熟县委,他任县委书记。他深入工农群众开展活动,建立群众互济组织。是年4月,国民党政府征工修筑锡沪公路,强迫农民无偿拆屋、铲除田里庄稼,官吏工头又层层克扣民工工钱,每天200文钱只给120文钱,引起公愤。颜辉组织领导群众向当局要铲青苗费,增加工钱,进行罢工斗争。反动当局被迫答应群众要求,取得了罢工斗争的胜利。民国20年6月23日凌晨,颜辉在组织散发中共江苏省委为纪念"六二三"沙基惨案告同胞书后,在天碑楼祝剑英家被捕。被捕后,关押在常熟,半月后转押镇江国民党江苏省临时军法处。不久,被秘密杀害,时年25岁。

## 于 咸

于咸(1907～1931),原名于思道,号敬之。如皋县(今如皋市)九华乡福兴庄人。中共早期党员,革命烈士。民国13年(1924年)考入上海美术专科学校。民国15年因参加学潮被开除,但仍在中共组织领导下绘制漫画、写标语进行革命宣传。后在杨树浦张贴标语时被捕,判刑2年,关押在徐家汇漕河泾国民政府江苏第二监狱。后被营救出狱。民国16年"四一二"反革命政变后,于咸回到如皋,在营防港小学任教。6月,加入中国共产党。次年12月,担任中共如皋县委军事委员,组织群众除奸惩霸,发展革命武装。民国18年4月11日,他带领红军游击队冲进长脚圩地主李昌泰家,缴获德国造短枪4支。8月,担任如泰工农红军一分队队长。次年春,于咸担任中共如皋县委书记,当时如皋西乡春荒严重,大批穷苦农民靠吃树皮草根度日,于咸派人到鄂家埭李同山(绰号"同山虎")家借粮,李同山顽固拒绝,并暗中与老户庄保卫团、搬经公安分局警察队勾结。3月10日夜,于咸率领50余名红军,发动鄂家埭周围千余穷苦农民涌向李同山家,打开仓库,发放200多担粮食。这年秋,红十四军失利,于咸在完成隐蔽战友和埋藏枪支等善后工作后,只身赴沪向省委汇报。后在斗争形势极端严峻情况下,数次回如皋搞恢复工作。民国20年7月26日,于咸带着8人来到原革命中心区东燕庄。这一带敌人据点林立,于咸等人隐蔽在青纱帐里,深夜分散活动。他们先后集中18支长枪、4枝短枪,将分散的红军战士秘密组成3~5人的战斗小组,并逐步恢复党团组织、农民协会和赤卫队。8月21日夜,连续出击小燕庄和朝西庄,处决叛徒和反动地主多人。28日,于咸和尤老三、孙玉才等3人在朝西庄缪永文家,等待泰兴游击小组的同志开会,被地主发觉告密。驻东燕庄的敌警察队倾巢而出,并纠集周围各庄保卫团,包围缪永文家。战斗从下午3点一直打到傍晚,于咸等在屋内沉着应战,毙伤敌30余人。敌人纵火烧房,突围时于咸腿部中弹,倒在墒沟里。敌人为了争功,抢着上前缴枪,走在最前面的敌人刚一弯腰,被于咸抬手一枪打中帽子,吓得敌人连忙趴下,乱枪齐发。于咸、尤老三、孙玉才全部壮烈牺牲。当地群众作歌缅怀忠烈:"三英浴血战千狗,于虾儿(群众对于咸的爱称)威名天下扬。"

## 夏凤山

夏凤山(1907~1931),原名桢聚,号奉三。宝应人。中共早期党员,烈士。15岁就读于高邮县立初级师范学校。毕业后,先后在郑渡、临泽小学任教。民国15年(1926年)加入中国国民党。次年任高邮国民党独立第二区分部党务委员,积极宣传孙中山的新三民主义,号召民众打倒土豪劣绅,除暴安良,兴利除弊。民国17年加入中国共产党,任中共东台县溱潼(今属泰县)特别支部书记,他以教师身份作掩护,从事共产党的地下工作,先后发展60多名党员和一批共青团员。次年9月,任高邮县委常委。以萧陵乡上下村团董的公开身份,从事党的活动,鼓励当地农民打土豪、斗劣绅,同时大力兴办地方事业,建桥梁、设路灯、禁赌博,进行反帝、反封建、反迷信的宣传活动。

民国19年秋,夏凤山于家乡宝应柳堡筹款购买枪支、组建红军时,暴露了身份,被迫转移去沪,任中共上海浦东区委宣传科长,化名王络丹,从事工人运动。同年8月11日,因浦东区委遭破坏而被捕。狱中,他坚持斗争,并写了《狱中黑暗记》和《苦刑世人莫知道》等诗歌,揭露国民党反动派的罪行,鼓动难友绝食斗争,因而受到严刑拷打,致使大量咯血。次年11月18日牺牲于狱中,时年24岁。亲友收殓遗体时,发现衣袋中有一纸条,上写:"死有重于泰山,死有轻于鸿毛。死得其所,死有何妨!"

## 孙耀宗

孙耀宗(1910～1931),字旭光。泗阳县棉花原种场人。中共早期党员,烈士。幼年随父在清江读书,民国12年(1923年)父殁,随母回乡,转入泗阳县立高等小学读书。上海"五卅"惨案发生后,他在县城带头和青年学生一起抵制日货,募集资金,声援上海罢工工人。是年暑假,由高方正介绍加入中国国民党,并与黄怀义、魏斗英等3人组成国民党泗阳县第一区分部。暑假后,入扬州私立中学读书。民国15年暑假,孙耀宗与黄怀义、王东野等3人弃学赴粤,途经上海,由侯绍裘介绍到黄埔军校为入伍生,后入第五期步兵科,积极参加左派军人组织的青年军人联合会,被军校中共党组织吸收为党员。"四一二"反革命政变后,他离开黄埔返乡,向群众揭露国民党右派叛变革命的真相,并组织青年学生王凤楼、魏翘南(其楚)、徐钟彦等前往武汉。途中获悉武汉政府汪精卫等叛变革命,又先后返回泗阳。民国16年12月,他发展袁恒升、祝名山等人为中共党员,建立泗阳城里第一个党小组,任组长。后入泗阳中学,以读书作掩护,在青年学生中组织反蒋同盟,作为党的外围组织,开展革命活动。民国17年1月,何孟雄、陈资始到泗,将泗阳党、团组织合并,建立中共泗阳县委员会,孙耀宗任书记。时白色恐怖严重,他们白天隐蔽,晚上活动,大都由孙耀宗家供给食宿。他还变卖家产,为党的活动提供经费。是年底,奉调到淮盐特委任军事书记,不久,又被调到中共江苏省委工作。民国18年11月,被泗阳党组织推选为代表,出席中共江苏省委召开的第二次代表大会。会后,与上海学生、工人一起,参加反对帝国主义的示威游行。行经霞飞路口,被法国巡捕逮捕,关押6个月。出狱后,被中共江苏省委派到淮盐特委任特派员,先后参加泗洪金锁镇、宿迁县汤家群墙农民暴动。

民国20年初,孙耀宗被任命为中共海州中心县委宣传委员。同年4月,因做国民党军第十二师的士兵工作,身份暴露被捕,被押解到镇江国民党军法处受审。10月24日,被秘密杀害于镇江火车站附近。时年21岁。

## 段鸿谟

段鸿谟(1853～1932),字孟陶。阳湖县(今武进)潘家乡牌楼下村人。农学家,教育家。少年好学,常研读对偶声律律文,稍长创业思想剧增,集资去台湾开设作坊,炼制樟脑。后弃商从政,历任台北府、台湾巡抚署文案。因办事踏实,深为巡抚唐景崧器重,破格提拔为代理台湾学政,并为院试(考秀才)阅卷官。光绪二十年(1894年)甲午战争失败,台湾割让日本,他被迫回到大陆。回乡后在当地创办两等小学堂,后利用家祠创办启秀小学,免费招收贫困学生入学。义和团运动失败后,愤于八国联军入侵,毅然决定担负提倡育人之职。当时虽年过半百,决意进上海入日本人宫琦等创办的理论专门学堂,攻读数理化课程,研习英文、日文,而以最优等成绩肄业。于光绪三十一年秘密加入中国同盟会。与叶楚伧、钮永建、吴敬恒等人借承包厘卡与经营地产作掩护,秘密联络柳亚子、张静江等人,往来沪宁之间,鼓吹资产阶级民主革命。辛亥革命前夕回到常州,与屠宽、朱稚竹联系,组织16人秘密结社,参加常州"光复"活动;并与屠元博等组织成立常州军政分府,曾任武进四乡公所总董和武进县议会议长,支持讨袁护法,反对军阀混战。为了振兴实业,培养人才,于民国元年(1912年)4月在常州府中学堂开办高等实业班,内设农科、土木工程和应用化学等课程。一年后,因经费困难停办。他为了不致使这些学生中途辍学,向县署请命支拨款项,资助部分学生到日本工科大学留学。以后,他们多数成了中国实业建设人才。民国16年,北伐军到达常州后,地方人士一致推荐他任武进县长,但被驻常的第十七军军长曹万顺拒绝。他从此引退乡居,自己投资,从事农副业的科学实验活动。如试种蚕豆、大蒜、西瓜、葡萄、核桃、板栗、枣树、无花果等;在秦皇山等处营造美国梓、苦楝、乌桕、刺槐树林进行比较;试养长毛兔、绵羊、来克亨鸡,培养口蘑(张家口外良种蘑菇)等;并将早年搜集引种的深州、肥城、郑州、松江、太仓、吴江等地与美国的水蜜桃、蟠桃、黄桃、番瓜桃、李光桃、绿林桃、雪桃等桃苗,辟地10亩开办以桃园为主的宝成农场,进行科学试验。现在盛产于武进、无锡、宜兴一带的水蜜桃品种,就是经他实验成功并推广的。

他毫不吝惜地将家产资助亲友奔走革命,兴办学堂培育乡人子弟,从事农业科学实验,因没有经验和某些品种与当地土质不适,很多尝试均以失败告终,使比较富裕的家庭日趋衰落。人们不理解,背后称他为"疯子"和"痴孟陶"。段鸿谟一生乐善好施,嫉恶如仇。在台湾主持学政院时,有林姓富豪深夜赠送巨金,想为儿子贿买秀才,被他严词拒绝。种植桃园,附近贫民凡想引种嫁接,毫无保留地义务传授。任县议会议长兼管县红十字会工作时,热心救灾,施药、赠物。平时家中常备十滴水、金鸡纳霜丸及治外伤、蛇咬伤等药,供左邻右舍应急。

# 黄以霖

黄以霖(1857~1932),字伯雨。宿迁宿城镇人。他于光绪十七年(1891年)中举。历任湖北郧阳知府、候补道、署湖南提学使,兼署布政使等职。为官清正,曾在湖北创办武备学堂。辛亥革命时,长沙民军起义成功,推其为领袖,他坚辞不就,转推谭延闿。

黄以霖热心民族实业。光绪二十九年,与著名实业家南通张謇及赣榆许九香等,奏准清廷,集股金50万两,于宿迁六塘河北岸井儿头创办耀徐玻璃有限公司。该处蕴藏大量的石英砂。该公司有砂地近万亩,职工超千人。同时,从英国、奥地利、比利时等国聘请十多名工程技术人员。光绪三十二年开始生产平板玻璃及玻璃器皿,为当时中国最早的玻璃生产基地之一。宣统二年(1910年),黄以霖又与张謇、许九香等集股金30万两,在耀徐玻璃有限公司东首创建永丰面粉厂。后来,耀徐玻璃有限公司和永丰面粉厂先后倒闭,但黄以霖致力地方公益事业功不可没。民国元年(1912年)他在上海创办职业中学,黄以霖、黄炎培分任正副董事长。他还与上海各界名流发起赈灾动员会,成立华洋义赈会(后改为江苏义赈会),并与杨慕时等募款资助宿迁慈幼局(后改名保婴堂)。仅民国3年、6年、15年三年中,就由华洋义赈会拨款22万银元赈济灾民。宿迁民众对其感恩戴德,于今人民商场附近为其撰文勒碑纪功。他平生谦恭谨严,平易近人,服官多年,未曾购置私产。晚年曾作为主要撰稿人之一,协纂《宿迁县志》。民国21年12月,在上海病逝,葬于镇江南门外竹林寺侧。

## 方 还

方还(1866～1932),初名张方舟,又称张方中,字惟一,自署蠙庵。昆山蓬朗人。光绪十二年(1886年)入县学,成为秀才。好为古文辞,尤工词擅墨,《中国书法大全》收其墨宝。光绪二十七年集昆山才隽,创立昆山县第一所新式学堂——樾阁学堂。当年创立亭林学会。仿效明末复社以讲学为名,呼吁推行改革地方政治。光绪二十九年至三十一年,英人投资修筑沪宁铁路,英总工程师格林森故意歪曲线路,将昆山车站定在马鞍山车站东南麓,并欲占有马鞍山荒地500余亩建私人别墅,激起民愤。他星夜集同人于亭林学会,议决电请南京两江总督制止此事,并召邑人集资在马鞍山南麓创立蚕桑场、树艺公司,迫使英人改变初衷。光绪三十二年,昆新学会(后改称昆新教育会)成立,被推为会长。当年又被推为昆山商会会长。他廉勤任事,为县内士绅所推敬。宣统元年(1909年)被选为江苏省咨议局议员,翌年又当上清廷资政院民选议员。后发起成立学款经理处。宣统三年辛亥革命爆发,在同盟会成员的影响下,树起义旗。九月(1911年11月),方还被推举为昆山军政分府民政长,主县政。当年,昆山患涝,正仪、杨湘泾等地爆发农民抗租风潮,他派枪船勇丁镇压。事情平息后,清丈土地,将政府征收田赋改为按田地类别、等级而定赋率。逾年引退。嗣后北上,任北京师范学校校长,现代文学巨匠老舍得其亲炙。民国6年(1917年),任北京女子师范学校校长(国立北京女子师范大学前身),任内秉承北洋政府旨意办事,为民意所不容。民国8年7月为该校学生所驱。民国10年,受张謇聘,任南通女子师范学校校长,后因与张謇不合,留书径去。不久,任江苏省省长公署机要处秘书。民国12年主持疏浚常熟白茆塘。民国16年,北伐军进驻昆山前夕,盘踞在昆山的军阀部队张宗昌部贺文良旅,以血洗昆城为名要挟勒索地方巨款。方还一面书函邻邑筹措款项,一面巧与周旋。最后,智退张宗昌部。北伐军进驻昆山后,他赴沪。民国17年1月,赴南京任国民政府交通部秘书。民国21年4月卒于南京。

## 魏荫塘

魏荫塘(1866～1932),名树森,以字行。兴化县人。名中医。先悬壶于兴化沙沟镇,后在城东洋楼巷私第开业。其学术思想,重在清灵,以时方轻巧著称于大江南北淮海之间,求医者络绎不绝。上海、南京、镇江等地达官显贵有疾,或登门求医,或延请出诊,淮扬间盐商巨贾,不惜重金礼聘,专船邀请出诊。对乡里贫病求医者,概不受酬,且赠送汤药(家设药店),并于每年暑夏期间,派专人驻县城慈善机构——济急局,设专柜配药,凡用于时令疾病之方剂,概不收费。因其医术精深,先后求其授业者达五六十人,其中有镇江名医王九峰之孙王硕如,高邮蔡敬斋,芜湖王祝三,射阳尹石清,东台王子显、唐于九等人。著有《鹤山堂医案》,《全国名医验案类编》收其《春湿夹痰热案》一则。魏荫塘子羲焱,字绍塘,得荫塘医学之真传,辩证准确,施治独到。曾于民国30年(1941年)开办鹤山堂药店,对药材选购、研制等十分考究,名列同行之首。绍塘子嘉祥,先从医,后舍医从药,经营鹤山堂药店。1952年,嘉祥将家藏2000册医书捐赠兴化医学会,其中有许多善本。

## 庄蕴宽

庄蕴宽(1867~1932),字思缄、抱宏,晚署无碍居士。武进(今常州市区)人。清末民国政界、文化界知名人士。曾就读于江阴南菁书院。光绪十六年(1890年),考取副贡(乡试以外考取的举人),到广西浔阳书院任主讲兼浔阳府记室。后得知府夏敬颐赏识,保举同知,分发桂林,在布政使、按察使、盐务署等部门任职。光绪二十五年至光绪三十三年,庄蕴宽任广西百色厅同知、平同县知县、梧州府知府、太平思顺兵备道兼广西龙州边防督办。两广总督陶模一度调他到广州编练常备军、振新军。他在广西任职期间,重视文化和军事教育,先后创办平南武城学堂、广州武备学堂、梧州府中学堂、中西学堂、龙州陆军测绘学堂、边防初级师范学堂、实业学堂、崇信女子高小学堂、图书社等。派人到上海、日本购置教材,发展教育事业。光绪三十四年,他调离时,当地人民在龙州文昌阁为他竖立"去思碑",以志怀念。庄蕴宽在广西受到民主革命思想影响,办事开明,曾请同盟会会员钮永建、曾汝璟等到龙州学堂、边防法政学堂任监督,对他们在学堂里开展秘密革命活动,佯装不知。被清政府通缉的黄兴,化名张守正逃到龙州,准备从镇南关潜往国外。庄蕴宽知道他是黄兴,即秘密派人将其送出镇南关,并从破获的强盗案中,拨出4000金给黄兴作革命活动费用。直隶总督袁世凯派人南下调查,但未有结果。

光绪三十四年,清廷在广州训练新军,庄蕴宽被调到桂林任巡抚署参议兼督练公所兵备、参谋、教育总办。主张练兵先练将,到任第一件事就创办陆军干部学堂。在去东京参加日本天皇加冕典礼时,走访日本士官学校,邀请将毕业的同盟会员李书城、王孝缜、孔庚、陈之骥等人回国任教官,使陆军干部学堂成为培养革命力量的基地。宣统元年(1909年)他们准备在巡抚张鸣岐到校参加第一期毕业典礼时,将其扣压,宣布起义。因事不密,张鸣岐责他招来革命党人,令其严肃处理。他看到清政府已处强弩之末,不辞而别,回常途中,致函辞职。回到常州后,致力于发展地方教育,对粹华女学、冠英小学(今觅渡桥小学)支持颇多,曾任武阳教育会会长。宣统三年,应上海唐文治邀请,到沪任商船学堂教育长。10月10日武昌起义,他立即与江浙名流汤寿潜、张謇等在赵凤昌私宅惜阴堂商量。会上,鉴于他过去对黄兴有恩,被推为江浙两省代表,去湖北与革命军联系。不久回到上海,传达湖北形势,参与筹划苏沪易帜之事,并取得成功。

民国元年(1912年)1月,南京临时政府成立,庄蕴宽被推任江苏都督(都督府设在苏州)。他协助黄兴料理军务,驻节南京。总统庶务科长缪思敬,贪赃枉法,私封民房,强拿物品,还伪称是总统府所需,激起民怨。他得悉后,微服私访,将缪送交军法处审理。消息传出,为缪求情信函纷至沓来。他认为"民国肇始,出此败类,倘不严惩,有损国威,失掉民心",力拒请托,将缪思敬押赴市曹枪决示众。孙中山赞他"为民国政府办了件大好事"。庄蕴宽在苏州就任江苏都督三个月,颁发数十道政令,严禁赌博、通告剪辫、鼓励农桑、发展民族工业、普及教育、革除社会陋习等,为新政权树立良好形象。当时新政府财政困难,但他力主"不扰民、不增兵、不借债",反对发行"军饷券",增加民众负担。同年4月,民国政府迁都北京,庄蕴宽辞去江苏都督之职,移居上海。袁世凯多次派人劝他到北京任职未允,改任南京浦口商埠筹备处督办。民国2年,他当选为约法会议议员,到京任职。在制宪约法中,主张"责任内阁制",限制总统权力,因票数少未获通过。不久,调任都肃政史,行使监察、检察职权,负责对国务卿、总部总长等高级官吏的违法、受贿、渎职的弹劾。经他审理的津浦铁路局局长赵庆华贪污案、汉军副都统王治馨受贿案,分别受到撤职、枪决的惩处。

民国4年8月,袁世凯为称帝,唆使御用团体制造舆论,庄蕴宽不惧安危,率全体肃政史于9月9日,以"动摇国本罪"提出弹劾。他上书袁世凯,痛陈"帝制不可为,民意不可侮,时代潮流不可拂",并拒收袁世凯为拉拢他赠送的20万元。12月25日,蔡锷在云南树旗讨袁,得到全国响应。庄再次致函国务卿徐世昌转告袁世凯,劝其"取消洪宪年",撤销"大典筹备处",停止"参议院活动",谢罪国人。袁世凯收到劝谏,十分恼火,迫令他辞职,不准外出,派特务监视寓所。庄趁机要局长张一麐看望他时,化装成张的仆人,逃出北京,居住天津租界。民国5年,袁世凯称帝失败,他又回到北京任审计院院长。

民国13年,清帝溥仪被逐出故宫。庄蕴宽任清室善后委员会监察委员兼故宫博物院图书馆长、博物馆馆长、维持会副会长。民国15年,杜锡珪任国务总理,将维持会改为故宫保管委员会,由其负责保护故宫博物院。同年10月,奉系军阀张宗昌入京,令其部队夜闯故宫借宿,庄怕古物被抢,严辞拒绝。张宗昌恨之入骨,密令北京宪兵司令王琦派副官带宪兵夜闯其住所,以"私通南方革命军"为由,欲行加害。北京卫戍司令于珍、警察总监陈亚兴得悉,开车前往解救,见是王琦派人所为,令向庄道歉了事。

民国16年,南京国民政府建立,江苏省政府主席钮永建邀请庄蕴宽任《江苏通志》编委会总纂。历经三年,因经费不足,未能完稿。晚年信奉佛教,在北京创办刻经处、佛教筹赈会。

## 卢瀚荫

卢瀚荫(1868~1932),字蕴章。宿迁皂河镇人。16岁中秀才,25岁中举人,后被委任为大同知县。他辞官未就,于家乡设馆,义务授徒。其弟子遍及宿、邳、睢三县,其中中秀才者40余人,因而蜚声乡里。辛亥革命前,他曾去上海法政学堂深造,秘密参加中国同盟会,受孙中山派遣,任宿、邳、睢、沭、铜五县同盟会组织部长。武昌起义后,在他的带动下,皂河镇首先易帜响应。民国元年(1912年),他将6000亩骆马湖田大部献出,作兴办教育之用,并捐200银元给上海私立复旦中学。在皂河首创崇本小学,自任教师,自编教材。并倡议招女生班,带头让两个女儿上学、不缠足。民国4年,被选为县教育会会长。钟吾书院改为学堂,任堂长,后任县视学及劝学总董等职。民国7年,被选为江苏省第三届参议会参议员,对县、省教育事业多有建议。通过他的努力,在徐州创办省立第三女子师范学校。民国10年起,任皂河乡董及宿迁十七乡镇联合会长。创办平民识字班,编写平民千字文作课本。他关心民众疾苦,常带头捐粮赈济灾民。

他刚正不阿,不事权贵,曾两次被捕:一次是辛亥年冬,海州镇守使白宝山占领皂河镇,将他以"革命党"罪名逮捕欲加杀害,后因多方营救脱险;另一次是民国11年上半年,他任皂河乡董时,查获报恩寺和尚窝匪,罚款用以办学。后该寺法柜和尚买通驻宿直系军阀刘团长,以"栽诬寺僧、贪污受贿"为名,将他骗到县城拘捕。后省府派法官来宿开庭审理,他据理力辩,终获释。获释时,从皂河镇到支河口长约20里的路上,民众鼓乐齐鸣,庆贺他归来。民国16年,曾在家中掩护张厚石等4名共产党员达4个月之久。其子卢家庆在铜山师范求学时参加中共地下党组织被开除回家,他毫不责怪。后他家成为中共的秘密联络点。民国20年大水灾,他动员客商停业将夏粮运出境,平价卖给灾民。不料奸商乘机套购,经他查出,既没收粮食,又处以罚款,全用于赈灾,故灾民称其为"卢青天"。他目睹新旧军阀混战,对国民革命失去信心,而倾向无产阶级革命。他严于律己,以"睁开眼孔观事,立定脚跟做人"为座右铭。晚年隐居在家,从事学术研究。后因战乱,著述散佚。

# 项尧仁

项尧仁(1872～1932),字惠卿,太仓茜泾人。实业家。少年时在沪某花行当学徒。两年间,祖母、父母先后去世,家中剩下姐弟4人需要抚养。为此,他满师后当了棉业居间商,既解决全家的生活费,又熟悉许多工商界人士。民国初,其好友薛文泰在上海创办益泰花厂,他应邀到该厂负责进销工作,营业颇好。接着,在他的建议下,薛文泰以花厂为基础,与席德辉合作,创办振华纱厂,由他担任副经理,负全厂实职。经他努力经营,业务蒸蒸日上。民国5年(1916年),他自办元昌纱号,专营国纱,抵制外纱,销路占了同行的上风。后来,上海成立纱业同业公会,他被推为会长。曾有一英商洋行聘他去担任买办,推销外棉,项尧仁"不肯拿外国人的刀子来杀中国棉农",严词拒绝。民国9年,他为家乡捐资重建"仪桥",费银1万余两,使行人大为方便。有人建议桥名以他的名字命名,他当即谢绝。对于家乡办学、育婴、救济鳏寡孤独、为人介绍职业等,他无不尽力乐成。民国10年,他投入巨资,创办沪太长途汽车公司。当公司在"齐卢交战"中倒闭时,他又垫款4万余元,使公司得以重开营业。民国12年,太仓西部圩区遭水灾,他慨然捐献巨款,并亲往灾区散发,使不少灾民渡过难关。翌年,"齐卢交战"殃及浏河,他在上海设立难民收容所,收容家乡难民。民国21年,"一·二八"淞沪抗战爆发,日本侵略军在浏河、七丫口一带登陆,当地群众惨遭战祸,流离失所。他与唐文治商请崇明商会协助,设立难民所,雇海船数艘,来往于崇明、太仓之间,营救家乡数千难民。

## 朱锡梁

朱锡梁(1873~1932),字梁任,号君仇,又号夬膏。吴县(今苏州市区)人。学者。父永璜(字小汀),以武进士历官至花翎参将,后任苏城五路民团总领。朱锡梁自幼读书学剑。甲午战争后,留学之风日盛,他即东渡日本,进东京弘文学院速成科学习。此时接受革命思想,回国后即鼓吹革命。宣统元年(1909年)他参加南社。辛亥革命后,他参加民军,随军驻清江市。国民党反对袁世凯的"二次革命"失败后,他于民国3年(1914年)去广东参加革命活动。翌年任上海《商务报》社编辑副主任。民国5年任《民国新闻报》社编辑主任。民国9年任持志大学教授。民国10年任苏州《正大日报》社社长。民国13年任南京东南大学教授。民国16年任苏州美术专科学校教授,并任中央古物保管委员会江苏分会委员。民国21年11月12日,朱锡梁与子世隆去甪直参加唐塑罗汉古物馆的开幕典礼,中途舟覆,父子一同遇难。时朱锡梁59岁,朱世隆30岁。陈去病、柳亚子等为之治丧,葬于吴县藏书穹窿山。后金松岑作《五奇人传》,朱锡梁是其一。

朱锡梁不随俗,衣履俭朴,常持10余斤重铁杖行走城厢,人以为怪。他口吃不善谈,然好学深思而负绝学,于天文、乐律、音韵、金石、古文学等自成名家。常于旧书铺购书籍碑版,入夜挑灯校读。他能鉴别安阳甲骨陶片之真伪,识别罗振玉不能识的甲骨文40余文,也为郭沫若对甲骨文之研究订正若干条。著有《甲骨文释》。他还热心于苏州地方文物的研究和保护,曾与叶德辉一起走遍城坊,寻碑访古,并出资请艺人黄慰萱深刻府学《平江图碑》字迹。为保护苏州古迹"夏侯桥"不被拆除,竟抱桥柱痛哭。著有《草书探原》、《词律补体》等书,惜已散失。

## 张　蓁

张蓁(1880~1932),字圣麟,号馨谷。通州(今通州市)金沙镇人。画家,以画菊著称,自题名"菊痴"。他幼时即对绘画发生兴趣,见虫鱼花鸟,往往细心观察,继则席地而坐,用树枝于地上勾画。因爱菊而种菊、画菊,逐渐自学成才。十五六岁正式作画,显露其艺术才华与独特风格。中年专事画菊,细心揣摩,务求形似神似,画艺大进。民国12年(1923年),受聘为私立金沙孙氏小学美术教员,并负责规划校园,建"鞠寿堂",堂前辟菊畦,尽心竭力亲自灌莳培育从国内外觅来的良种。因谙治花之术,所画菊花,茎叶花瓣,品种不乱;设色得体,神韵逼真。张蓁生性耿直,崇尚菊花的高洁品格,富户向他求画,画菊1朵须付银元1块;而对贫寒好学者则不收分文。与权势者接触,从不阿谀奉迎。民国13年左右,作品参加法国巴黎画赛,获一等奖得金牌1枚。民国21年5月病逝于金沙。县人挽为"东篱花神",其作品大多收入《南通书画大观》。

## 萧万才

萧万才(1880～1932),又名志义,阜宁县童营人。中共党员,烈士。家境贫寒,为了维持生计,只身去上海拉人力车挣钱谋生。民国21年(1932年),加入中国共产党。入党后,仍以黄包车夫的公开身份担任地下党组织的秘密交通员。他的家即是中共江苏省委的秘密联络点。不久,他担任闸北区民众反日救国会联合会发行部部长兼南阳肥皂厂党支部书记。他经常和妻子挎着菜篮子,拄着拐杖,走街串巷,把党的秘密刊物送到预约地点。由于配合默契,方法巧妙,他俩从未被国民党特务识破。闸北一带飞行集会或示威游行时的传单、情报都是由萧万才夫妇送出去的。在他的教育和影响下,儿子、女儿相继参加共青团,随父参加抗日救亡活动。

民国21年7月17日,中共江苏省委、上海反帝大同盟与上海民众援助东北义勇军反对停战协定联合会,在上海劳勃生路共舞台(今上海市延安剧院)召开江苏省民众反对淞沪停战协定、援助东北义勇军联合代表大会。国民党上海市党部侦悉后,遂派出大批军警、特务,会同租界巡捕包围会场,当场捕去88人,并押解至南京国民党军政部军法司,交南京警备司令部审讯。在敌人的威逼利诱下,叛徒出卖了萧万才父子。国民党特务迅速赶至上海,从萧家搜出宣传文件39种,并将萧万才及妻子、儿子一起逮捕。民国21年10月1日晨5时许,萧万才第一个从容走出监狱。他昂首挺胸,带头高呼"打倒国民党反动派""中国共产党万岁"等口号,并高唱《国际歌》,与其他13位战友英勇就义于雨花台。萧万才的女儿和儿子也因父亲参与革命而受到牵连,惨遭迫害,分别被反动当局判18年、12年徒刑。其妻因双目失明,虽幸免于难,但孤苦零丁,乞食街头,终成共舞台案件的牺牲者。建国后,南京雨花台烈士纪念馆将搜集的萧万才烈士英勇事迹材料陈列展出。

## 刘天华

刘天华(1895～1932),字寿椿。清光绪二十一年正月初十(1895年2月4日)出生于江阴县(今江阴市)城西横街。民族音乐家。父刘定珊是个寒士。系刘半农之弟,刘北茂之兄。幼时就读于翰墨林小学,酷爱音乐。清宣统元年(1909年),考取常州府中学堂,参加校内军乐队,吹小号、军笛。宣统三年,武昌起义,学堂停办,辍学回家。时江阴"光复",他参加维持地方治安的青年团,掌军号。民国元年(1912年)随刘半农去上海,进开明剧社乐队工作,业余加入万国音乐队学习,掌握各种西洋管弦乐器演奏艺术,并萌生改进国乐的想法。民国3年剧社解散,失业回澄,先后在华士澄华小学和城区澄西小学任音乐教员。曾从顾山丝竹高手周少梅学习二胡、琵琶演奏技艺。民国4年春,父丧,又失业,贫病交迫,每日拉二胡抒发内心的忧愤,形成《病中吟》初稿。当年秋,受聘于常州母校担任音乐教员。后利用暑期外出寻师学艺和采风,向崇明派琵琶演奏家沈肇洲学瀛洲古曲,去河南开封学古琴。民国10年暑假返回江阴,约音乐爱好者组织国乐研究会,切磋江南丝竹和吹打乐;并邀周少梅、董致君、澈尘和尚等国乐名家数十人公开演奏,极一时之盛。民国11年去北京,先后在北京大学音乐传习所、北京女子高等师范和北京艺术专门学校执教。为沟通中西乐理,丰富演奏艺术,发扬祖国民族音乐的特长,于民国16年创办国乐改进社,主编《音乐杂志》(共10期)。以二胡为中心,开展演奏、创作、教学研究活动。他广泛搜集民间乐曲、京昆小曲,请街头杂耍艺人到院中一起吹奏,记下曲调,谱作新声,改进民族器乐二胡、琵琶。借鉴欧洲小提琴的教学方法,创作一批二胡和琵琶练习曲,使二胡、琵琶的教学规范化、科学化,并对中国传统的工尺谱作比较科学的改进。民国19年,曾为京剧艺术大师梅兰芳的《嫦娥奔月》、《天女散花》、《霸王别姬》等10出京剧和《思凡》、《佳期》等9出昆曲记录唱腔曲谱,其中有工尺谱,有五线谱,成《梅兰芳歌曲谱》,开创京剧唱腔固定成谱的先河。民国19年12月,刘天华在北京饭店大厅举行音乐会,把中国民族音乐介绍给中外音乐家和音乐爱好者,演奏代表作二胡曲《良宵》、《光明行》、《空山鸟语》和琵琶曲《十面埋伏》、《霸王卸甲》等。每当一曲终了,全场掌声雷动。民国21年5月31日,在北京天桥听写锣鼓经,不幸染上猩红热,治疗无效,于6月8日去世。其作品辑成《刘天华创作曲集》于1954年出版。

## 孟昭珮

孟昭珮(1902～1932),字纫璜。沛县唐楼乡曹庄人。中共早期党员,烈士。民国13年(1924年)考取北京交通大学。翌年,"五卅"惨案发生,他毅然弃学回沛,任青墩寺小学教师,在师生中宣传反帝爱国思想。民国15年冬,去武汉中央军政学校学习,同年加入中国共产党。翌年秋,受党组织派遣,回乡任青墩寺小学教师,秘密宣传马列主义并从事建党工作。民国17年夏,创建沛县第一个党支部——中共沛县特别支部,他任特支书记。民国18年秋,调任沛县中学校长,与徐海蚌特委派沛中任教的朱菊池、耿允斋、李培楠等人在沛中组成中共沛县第一届委员会。孟昭珮以校长的合法身份积极协助县委开展工作,组织党员学生秘密印发反帝反封建、宣传共产主义的传单,并组建中共沛中支部和共青团沛中特别支部。同年冬,孟昭珮秘密支持沛中师范班学生要求免膳费和全县小学教师要求增薪的斗争,获胜。是年11月,国民党沛县当局加紧镇压共产党在沛中的活动。12月13日,国民党县党部书记长汤同书亲自带警察去沛中搜查。此前,孟昭珮即将进步书籍转移,并安排县委成员朱菊池、耿允斋、李培楠离开沛中,使反动当局一无所获。孟昭珮对反动当局无故搜查学校一事,进行坚决斗争,并借此辞去沛中校长的职务。民国19年2月,去沛北三河尖小学任教,旋去睢宁县师范任教,秘密进行党的工作。翌年春,受组织派遣,到西安国民党西北军杨虎城部新编第十旅任中校参谋主任,从事秘密策反,因事泄被捕。民国21年6月26日,孟昭珮于甘肃省平凉县早胜镇就义。遗体由孟昭珮生前好友捐款运回沛县,葬曹庄孟氏祖茔。

## 蒋 云

蒋云(1903～1932),原名陈流,字宇中,又名陈叔文,化名姜志行。江阴周庄陈家仓人。陈叔璇之弟。中共早期党员,烈士。民国14年(1925年)苏州工业专门学校毕业。民国16年加入中国共产党。北伐军进驻江阴,任国民党江苏省党部特派员办公室主任,实际负责党务工作。"四一二"政变后,和陈叔璇转入农村,秘密联络党内同志,寻求省委指导。是年秋冬,中共江阴县委在后塍举行武装暴动,他负责配制炸药,造土炸弹,书写暴动布告传单,并赴上海购买枪支弹药。民国17年1月上旬,在中共江阴县第一次代表会议上被选为县委书记。2月26日组织领导杨舍暴动。3月30日第三次后塍暴动失败后,奉命转移到上海。是年6月18日至7月11日,蒋云和朱松寿作为正式代表,去苏联莫斯科出席中共第六次全国代表大会。回国后,蒋云任江苏省委巡视员,负责沪宁沿线的巡视工作。8月帮助重建无锡县委。秋,担任徐海蚌特委书记。在津浦、陇海铁路工人和贾汪、枣庄等煤矿矿工中发展党员。民国18年春,徐海蚌特委撤销,调回江苏省委,负责上海郊区淞浦特委的巡视工作。11月在中共江苏省第二次代表大会上,他当选为省委候补委员。民国19年7月,改任省行动委员会委员。8月底陈唯吾牺牲,蒋云根据省委决定回江阴任县委书记,组建红十七军,兼任军长。以陆掌林所率数十人枪为基础,在石牌、三甲里、占文桥、王家埭、秦丁桥等地活动。10月,省行动委员会改为江南省委,他先后任组织委员会负责人、外县工作委员会主任。民国20年1月7日,中共六届四中全会决定王明为江苏省委书记。蒋云参与王克全等公开反对王明,被撤销党内职务。被迫检讨后,担任上海五金工人委员会主席。期间,与淞浦特委交通联络员姜辉麟结为夫妻。12月11日,他因叛徒出卖而被捕。经南京、苏州、上海等地法院10余次审讯和严刑吊打,蒋云坚不承认自己的身份。民国21年7月由江苏高等法院第三分院判刑3年零4个月。9月押南京重新审理,被拘禁在细柳巷4号大叛徒顾顺章的特务机关。他设法避开特务监视,秘密写信给姜辉麟,与在上海的江苏省委取得联系。不久被特务侦悉,姜辉麟亦遭逮捕。是年,蒋云及姜辉麟被顾顺章秘密用绳子勒死。

## 潘家辰

潘家辰(1904~1932),曾名家相、小龙、克鲁。苏州富仁坊巷人。中共早期党员,烈士。曾祖父潘霨曾任清廷湖北、江西、贵州巡抚。父曾留学日本。民国9年(1920年),潘家辰随父到北京,入俄语专修馆学习俄语。他在北京结识不少进步青年,受李大钊创办的马克思主义研究小组影响,接受共产主义思想的启蒙教育。民国12年,经中共组织安排,去苏联莫斯科东方劳动者共产主义大学,边学习边做翻译。在赵世炎、刘伯坚、王若飞的帮助下,加入中国共产党。民国14年,调入共产国际在莫斯科建立的中山大学,教俄语,当翻译。民国15年与庄东晓结婚。潘家辰待人热情,办事认真,性格豪爽,从不趋炎附势。在留苏期间,虽然受到王明及留苏学生中投机分子的排挤和打击,被扣留3个月,但是没有动摇他为共产主义奋斗终生的信念。民国16年,他随第三国际视察团回国,为团长米夫当翻译。次年,在中共中央国际联络处编译文件,为党刊《布尔塞维克》撰稿,著有《目前几个主要策略问题的讨论》、《中国资产阶级大示威》。同年6月,中共第六次全国代表大会在莫斯科召开,潘家辰任翻译。会后,留莫斯科国际列宁学院学习深造。民国19年奉调回国。翌年5月到湘鄂西苏区工作,任省委巡视员。因不同意执行王明"左"倾路线,遭到打击陷害,被逮捕。民国21年9月,被无辜杀害,时年28岁。临刑前他高呼:"拿刀剖开我的心,看看是黑的还是红的。"

贺龙元帅评价潘家辰是"铁打的男子汉,光荣的烈士"。1984年,中共中央给潘家辰平反昭雪,追认为革命烈士。在湖北省洪湖雷家墩青龙庙——烈士殉难处修建烈士墓和纪念碑。

# 李耘生

李耘生(1905~1932),原名李殿龙,字云生,化名李涤尘。光绪三十一年六月二日(1905年7月4日)生。广东省饶县西李村人。中共早期党员,烈士。民国12年(1923年)10月,经王翔千介绍,加入中国社会主义青年团。不久,应王烬美之邀,从广东益都到山东济南工作,开始以革命为职业的生涯。民国13年2月,又经王烬美介绍,加入中国共产党。8月,中国社会主义青年团济南地委成立,李耘生任济南团地委秘书(团"三大"前,书记称秘书)。次年1月,李耘生作为山东团代表出席团三大。会后,留在团中央工作。"五卅"惨案发生后,青岛学运风起云涌,团中央派他任青岛团地委书记兼组织部长。他在中共青岛地委领导下,与邓恩铭、李慰农等人密切配合,组织7000多名学生参加游行示威,控诉英、日帝国主义及军阀罪行。许多市民也群情激愤,参加游行行列,使军阀惊慌,人民振奋。民国14年秋,李耘生奉调到济南负责团的工作。次年2月,调中共山东地委负责组织工作。由于军阀张宗昌在山东各地大肆捕杀共产党人和爱国进步青年,李耘生果断决定将已暴露身份的党的负责人王元盛、龚蔚怀等22名党团员秘密送往广州,到黄埔军校和农民讲习所学习,保存了一批革命力量。民国15年12月,国民政府由广州迁都武汉。为了适应革命形势的发展需要,中共中央决定抽调一批优秀干部到武汉工作。翌年1月,李耘生从山东调武汉,任硚口特区区委书记。李耘生经常深入工厂,秘密发展党员,建立党的组织。区委领导的各级工会、农民协会、妇女协会、共青团、劳动童子军、工人纠察队、农民自卫队等群众组织,都活跃起来,开展工作。民国16年,"四一二"反革命政变后,武汉形势骤趋紧张。5月,夏斗寅率部进攻武汉,许克祥发动"马日事变",革命处于紧急关头。李耘生召开区委会议,分析当前形势,布置党员转移和转入隐蔽斗争。"七一五"汪精卫公开背叛革命,宣布清党,蒋汪宁汉合流。在白色恐怖最严重时刻,李耘生被调任中共武昌市委书记。他在隐蔽斗争中的出色工作,中共长江局书记罗亦农给予高度评价,说他是一个"得力的干部"。民国17年春,李耘生调到中共南京市委工作。他化名李立章,因白色恐怖严重,到南京后未能接上关系。通过亲友帮助在《时事新报》社当记者。4月30日因叛徒告密而被捕,被国民党江苏特种刑庭判刑10个月,关在南京老虎桥监狱。在狱中遇到在中央工作过的难友王井东(王荷波之弟王凯),通过王井东接上组织关系。次年4月出狱后到上海坚持革命斗争。民国19年下半年,由于李立三"左"倾错误的影响,南京地下党受到严重破坏。民国20年2月,中共江苏省委派李耘生回南京重建南京市委,任市委副书记兼组织部长。他以南京贫儿教养院历史教员身份作掩护,开展地下工作,对师生进行爱国思想教育,发展2名教师、5名学生入党,建立了地下党支部。他利用在国民党中央试验所工作的地下党员肖静庵(后脱党)的关系,建立地下党交通站。经过半年多艰苦工作,南京地下党得到了迅速恢复和发展,在和记工厂、京华印书馆、中央大学、国民党无线电台、街道、宪兵部队、陆军军官学校等单位发展了近200名党员,建立10个党支部;还成立了共青团南京特别支部。11月,中共江苏省委决定成立南京特委,李耘生任南京特委书记,专管江宁、江浦、句容、溧阳、宜兴等县党的工作。为了配合苏区红军反"围剿"斗争,李耘生在沪宁线句容、溧阳等地建立了党的特别支部,组织一支近百人的武装游击队,活跃在京沪国道线上。

民国21年初,由于叛徒出卖,李耘生遭敌人通缉。3月一个夜晚,敌特军警闯进李耘生住处,没有搜到李耘生和章蕴,将其14岁妹妹玉梅和两岁儿子小宁抓走。4月初一个夜晚,李耘生到游府西街接头点探消息,被埋伏的特务逮捕,关押在国民党宪兵司令部看守所。李耘生被捕后,化名李涤尘,敌人严刑拷打,他坚不吐实。敌人要叛徒路大奎当场指认,又将小孩带来,小宁见了哭着喊"爸爸"。敌人见李耘生身份已证实,将小孩带走。李耘生在狱中不顾伤痛,鼓励难友,坚持斗争。同年6月8日凌晨牺牲。临刑前,李耘生厉声回答敌人:"我的遗嘱,就是要亲人们与你们斗争到底!"

# 李桂五

李桂五(1905~1932),学名联芳,字桂五。盱眙县西高庙人。中共党员,烈士。民国18年(1929年)秋,受中共徐海蚌特委的派遣,由上海甲种农业学校回到盱眙,建立党小组。民国19年7月,中共盱眙县委成立,李桂五为县委委员;次年4月,接任县委书记。当时盱眙遭遇大水灾、大瘟疫,李桂五和县委组织盱眙近万灾民开展向地主借粮斗争。他首先从自家开始,强使他的父亲拿出500多石粮食,并亲自带领群众到他家砍竹子。民国21年春,中共长淮特委决定李桂五专门负责组建红军游击队。4月16日晚,他带领盱眙西高庙区农民夺取了地方武装,旋即到山圪港的刁营,宣布成立盱眙红军游击大队,并亲任大队长。不久队伍猛增到2000多人,拥有长短枪数百支,整编为中国工农红军徐海蚌地区游击支队,李桂五任副司令。游击队的活动范围不断扩大,迫近浦口,威胁南京。国民党《中央日报》惊呼:"危如垒卵,风鹤频惊。"民国21年7月,蒋介石亲派部队14000多人对游击队发动围剿。李桂五指挥部队,英勇作战,在突围途中不幸被捕。在狱中,他拒绝敌人的利诱,忍受了种种酷刑。敌旅长蒋侃如恼羞成怒,此时,西高庙一带40多家地主豪绅又花3000块大洋,要求买下李桂五人头。民国21年8月30日,李桂五被敌人杀害,时年27岁。

# 施 简

施简(1906~1932),原名施漾旌。崇明外沙黄仓镇(今属启东市)人。中共早期党员,烈士。在中学读书时,他就投身革命活动。20世纪20年代中期加入中国共产党,参加了上海工人的三次武装起义,不避艰险,发传单、作讲演,曾两次被捕,均由党组织营救脱险。民国16年(1927年)春,受中共组织委派去苏联学习,民国19年回国。此时,国民党当局准备对苏维埃根据地大肆"围剿"。闽西根据地连连受挫,局势严峻。中共中央决定将施简派往闽西,组建十二军,配合中央红军粉碎国民党军队的"围剿"。施简于10月7日到达龙岩后,主持由闽西总行委、二十一军军委、闽西红军学校校委参加的联席会议。会上他传达中央指示,并对闽西政治、军事、经济形势实地考察的情况作了分析,指出教训主要是在单纯军事观点支配下,盲目执行向外发展路线,军队与地方苏维埃关系未处理好,以致影响整个根据地的巩固和发展。夺取漳州后,二十军、二十一军改编为新红十二军。改编后的新红十二军有3100多人,1600多支枪,施简任政委,贺沈祥为代军长(后左权为军长)。10月20日,闽西(南)工农革命委员会宣告成立,施简为主席,张鼎丞、左权等人为常委。部队改编后,严格军事训练,军政人员素质有了较大提高。整训结束后,部队在进军途中消灭一股土匪部队,打败国民党军队1个营的兵力。在乘胜前进之际,中共中央指示红十二军执行打通闽粤赣三省边界的任务,以达到三省革命力量汇合的目的。施简等率部回师闽西,在苦竹与龙潭两地打击民团反动武装,然后挥师长汀、连城,在朋口击溃敌人1个团的三路进攻,接着转攻连城,守敌全团千余人弃城逃窜。几个月中,施简率领新红十二军辗转于闽西南地区,连续作战,有力地打击敌人,巩固了闽西根据地,配合中央红军胜利地粉碎了国民党军队的第一次反共"围剿"。施简针对敌强我弱的情况,用心研究斗争策略,提出了很好的主张。施简与左权就闽西的军事问题联合向中共中央、南方局报告,认为闽西红军和整个闽西武装只有4000人,不可能马上远离根据地出击敌人,应以苏区为依托,相机打击敌人这才是正确的方针。

施简与左权正在筹划并指挥新红十二军夺取新胜利的时候,中共六届四中全会精神(比"立三"路线更"左"的王明路线)传达贯彻下来,决定在党政军中开展"肃反"运动。新红十二军"肃反"时,施简被诬陷。民国20年(1931年)11月遭监禁,不久平反。民国21年5月,施简率领新红十二军去龙岩接防,在攻打眼石镇时不幸头部中弹牺牲,时年26岁。

## 孙小宝

孙小宝(1907~1932),阜宁县人。中共早期党员,烈士。出身贫苦,童年时即到上海同兴一厂当童工。民国14年(1925年),积极投入"五卅"运动,领导同兴一厂工人罢工,并在斗争中加入中国共产党。次年,因组织罢工而被捕。出狱后,没有固定职业,靠拉人力车维持生计。民国15年10月至次年3月,上海工人连续3次举行武装起义,孙冲锋在前。"四一二"反革命政变后,孙因身份已经暴露,无法在上海立足。7月,受中共党组织派遣至莫斯科东方大学学习军事,后又转入共产主义劳动大学学习。民国19年回国,在中共中央军委工作。

民国21年,孙小宝参加"一·二八"淞沪抗战。期间,他担任上海民众救国义勇军指导员,组织上海民众支援、配合十九路军,英勇抵抗日军。3月2日,上海守军被迫放弃庙行、江湾、闸北阵地,撤至昆山到福山一线。当天下午,孙小宝在闸北召开的群众反日集会上发表演说,号召群众行动起来,组织和扩大义勇军,参加民族革命战争。暗藏在群众中的敌特开枪将他杀害,时年25岁。同时遇害的还有傅维钰等3人。民国26年5月,中国共产党在延安召开苏区代表会议,将革命斗争10年来牺牲的61名共产党领袖人物列名纪念,孙小宝列名其中。

## 朱虞生

朱虞生(?~1932),又名邦献。淮安县(今属淮安市)人。早年曾任职于大清银行。民国3年(1914年)10月北洋政府筹办盐业银行,原定官商合办,后政府未出资,主要由张勋部将、曾任长芦盐运使的张镇芳等集资创办。张不善理财,特邀请朱虞生主持操办。张挂名任总经理,朱虞生为副经理。该行于民国4年初开业。

民国6年张镇芳被投入狱中,段祺瑞当权,命天津造币厂厂长吴鼎昌接收盐业银行,并任总经理。为了削弱张镇芳股权,吴鼎昌通告银行各股东,凡认股未交足者,限期交足,否则另招他人入股。不久,张案了结,但大权已落吴手。张镇芳遂利用与张作霖的故旧关系,请张作霖转购盐业银行股票5万元,并遣人责问吴并非股东,没有资格出任总经理。吴听后非常害怕,托朱虞生出面调停。朱乃极力斡旋,结果建立董事会,推张镇芳为董事长,吴为总经理,张镇芳之子伯驹为总稽核,以相互制约,从而使银行避免了一次挫折。南京政府成立后,吴以浙江籍贯,又夤缘蒋介石亲信,成为蒋的嫡系人物。朱虞生深恐银行又有被纳入浙江财阀轨道的危险,极力主张联合金城、大陆、中南银行,成立四行准备库,由中南银行出面印制钞票,成为独立的经济体系,被称为"北四行",与"浙江兴业"、"浙江实业"、"四明"、"中国通商"等"南四行"相抗衡。此后又成立"四行储蓄会",吸收社会上闲散资金加以经营,使之日益壮大。

朱虞生德高望重,平易近人,待人接物极真诚,特别是关怀桑梓、造福家乡实堪称表率。民国10年淮安遭特大水灾,他在旅京同乡中登高一呼,捐得巨款进行赈济,活人无算。赈事结束后犹有余款,又提议移办慈幼事业,为乡里抚育贫苦儿童,江北慈幼院因此得以建立。平时故旧子弟得其提携就业者甚众。民国16年,朱虞生调任上海分行经理,民国18年复调任天津分行经理。

## 杨葆寅

杨葆寅(1858~1933),字恭甫,号避庵。东台台城人。出身医学世家。医学专家。青年时代在常州费绳甫先生处学医,学成后经费先生介绍到汉口招商局行医。光绪二十年(1894年),清政府派龚照瑗出使欧洲。龚出国路经汉口时,突然患病,经杨葆寅诊治,病情很快好转。于是,杨得以录用为随从医官,随龚前往欧洲。在英、法、意、比等国4年之中,杨利用工作之余,曾翻译《铁路章程》、《印花税章程》,并绘制了《西欧航海图》。他还特别注意考察外国医学方面的先进设备与管理方法,深感祖国医学落后,急需学习借鉴。龚任期满,杨随同回国。龚本欲荐其为县令,因杨感于戊戌、庚子之变已绝意仕途,遂又回汉口重操医业;同时与吴趼人、沈席之等创办《汉口日报》评议时政,主张改良。

辛亥革命武昌起义后,杨葆寅回到故乡东台。东台"光复"后,杨被推任东台第一任民政长。到任后,通过调查、磋商,采取一系列兴利除弊措施。共和伊始,地方封建势力十分顽固,新政制度难以推行。杨任职1年后,便怀着沉痛的心情离东台再去汉口行医,著有《东台县民政事略》一书。

民国5年(1916年),汉口慈善会创办中西医院,公推"博通内经之书,兼明西医之说"的杨葆寅为院长。他认为要办好医院，须排除门户之见，擢用真材。汉口天主堂医院外科医生王奇峰医术精湛，但医院的"洋"院长对王等华籍医生百般歧视。杨为了不使人材埋没，毅然聘王为中西医院副院长，最后教会医院不得不同时聘王为天主堂医院院长。一名"土"医生同时兼任两院长，一时在医界传为佳话。杨不仅重视医疗人才，对护理人员也极为重视。在武汉，他首创了中西医结合的护士学校，为医院培养了一批训练有素的护理人员。民国15年，杨被公推为汉口中医检定委员会委员。后因年事已高辞职，寄情山水，吟诗作画。

## 张相文

张相文(1867～1933)，字蔚西，号沌谷。泗阳县人。地理学科创立者。幼时在贫寒的家境中坚持刻苦学习，加之天资聪颖，年轻时便名闻乡里，中秀才后执教于县城淮滨书院。光绪二十五年(1899年)入上海南洋公学主攻历史、地理。光绪二十七年，他的《初等地学教科书》、《中国本国地理教科书》出版，这是中国第一批地理教科书。同年，从日文翻译法国孟德斯鸠《论法的精神》，这是该书的第一个中译本。此间，还经常为章太炎办的《苏报》、蔡元培办的《警钟报》撰文鼓吹革命。不久加入中国同盟会。光绪三十二年，张相文就淮阴江北高等学堂旧址创办江北师范学堂。翌年至天津任北洋女子高等学校教务长、校长。光绪三十四年，其《地文学》出版，这是中国最早的一本自然地理书。次年，约同张伯苓、韩怀礼、白雅雨等成立中国第一个自然地理学术团体——中国地学会，并任会长；创办了中国第一本地理学刊物——《地学杂志》。辛亥革命期间，与白雅雨组织天津共和会，策划滦州起义，后失败。还对全国大部地区进行实地考察，写出《成吉思汗陵寝辩证书》、《河套与治河之关系》、《长城考》、《导淮不宜全淮入江》等地理学专著。还和张謇组织西通垦牧公司，积极筹划开垦河套地区。民国2年(1913年)当选为国会众议院议员，后由中国同盟会会员转入中国国民党，反对袁世凯称帝，参加护法运动，面对威逼利诱，拒绝曹锟贿选，表现了爱国主义者富贵不淫、威武不屈的高风亮节。

民国6年，任北京大学史学教授，讲授《中国地理沿革史》，写下了《西游录今释》等学术著作。同年，任护法国会众议院议员。他参加了民国史的编纂，还撰写了数十篇辛亥革命烈士和民初人物传记。民国9年，回泗阳主编《泗阳县志》。民国11年,再任众议院议员。民国14年,任辅仁大学教授,民国20年,应聘编纂《江苏通志》。

## 陈去病

陈去病(1874～1933),原名庆林,字佩忍,号巢南,别号垂虹亭长。吴江县(今吴江市)同里镇人。清同治十三年七月初一(1874年8月12日)生于苏州。南社诗人。早年从周庄诸杏庐学古文。光绪二十一年(1895年)补吴江县学生。甲午战争后,于光绪二十三年和金松岑等组织雪耻会,拥护维新变法,在吴江发行《新民丛报》。光绪二十八年赴沪参加中国教育会,回同里成立该会同里支部。翌年春,东渡日本留学。四月,因参加拒俄义勇队遭迫害。夏秋间束装回国,主办上海爱国学社。光绪三十年起先后在沪创办和编辑《警钟日报》、《二十世纪大舞台》、《民报》,用诗文、政论、传记、史论和戏剧形式宣传革命。先后任教于苏州高等学堂、东江国民学校、徽州府中学堂、绍兴府学堂。光绪三十二年加入同盟会,在安徽和黄宾虹一起组织黄社,与光复会秋瑾、徐锡麟过从甚密。在保卫苏杭甬铁路路权的斗争中,参与组织江苏铁路协会,发动苏州绅商士庶认股。光绪三十三年在沪成立神交社。当年秋瑾在绍兴起义失败牺牲。他和徐自华护送秋瑾灵柩至杭州西湖安葬。后组织秋社、匡社,并创竞雄女学,筹划在光绪三十四年六月秋瑾忌日组织秋社同志祭奠,因事泄于光绪三十四年南走汕头,参加《中华新报》编辑工作,并去香港与革命党人会商组织起义。翌年,至苏州任家庭教师。十月与柳亚子、高天梅在苏州虎丘成立南社,继续鼓吹革命。宣统三年九月(1911年11月)苏州响应武昌起义,他在苏参与创办《大汉报》。民国元年(1912年)初,在绍兴主编《越铎日报》,后又至杭州主编《平民日报》。民国2年,"二次革命"时任江苏讨袁军黄兴秘书,许多讨袁文告,均出自其手。民国5年为反对袁世凯称帝,陈去病与徐自华在苏州指挥策动武装起义未成。民国6年护法战争开始,他计划在浙东举兵响应,未成,几遭不测,转去广东。时孙中山在广州召开非常国会,组织护法军政府,他任非常国会秘书长又任参议院秘书长。民国11年,孙中山在韶关誓师北伐,他又任大本营前敌宣传主任。不久,孙中山蒙难离粤,他遂至南京任东南大学教授,又组织岁寒社。民国13年,中国国民党改组,陈去病出任江苏临时省党部委员,并在沪创办江苏民治建设会。11月,随孙中山北上,任清理清宫故物委员。民国14年,孙中山逝世,他参与治丧,任葬事筹备会委员。后被国民党举为中央监察委员。南京国民政府时期,陈去病曾任国民党江苏省党部临时监察委员、江苏革命博物馆馆长、古物保管委员会江苏分会主任、《江苏通志》编纂委员会常务委员、内政部参事、国民党中央党部党史编纂委员会编纂、考试院考选委员会专门委员、上海持志大学国文系主任等职。民国20年起陆续辞去各项职务,回乡休养,曾在苏州报恩寺受戒。民国22年10月4日(中秋节)在同里病逝。葬于苏州虎丘山麓冷香阁。翌年,南社同仁为其举行公葬仪式。陈去病故居现为县级文物保护单位。陈去病著述主要有《浩歌堂诗钞》、《续钞》、《近谭》、《雅谭》、《诗学纲要》、《辞赋学纲要》、《巢南杂著》、《垂虹雅奏》、《百尺楼脞录》、《五石脂》、《明遗民录》、《明清最初交涉史》、《孙中山先生世系表》等。

## 赵 石

赵石(1874~1933),又名古愚,字石农,号古泥,别署泥道人。常熟西塘市(今张家港市)人。篆刻家。其父系药农,在塘市设小药肆。赵石仅读3年私塾,即在药铺习业,不久往金村药店当学徒。他白天依药柜读书习字,入晚学习治印。他初师常熟李钟,窥篆刻门径。后被李钟高师吴昌硕赏识,荐至收藏家沈石友处深造,在书文诗画、治印方面都打下很好的基础。论者谓其治印,苍劲古朴,雄厚奔放,章法精当,用力刚劲,自具面目。后从学者众多,称为"赵派"。他治印40余年,所作万计,自钤《拜缶庐印存》40卷,著有《泥道人诗草》2卷。其书法筑基颜体,骨力遒健,雄浑开张,神似翁同龢。曾为翁代笔,以应四方求书者。翁暮年以所用印赠赵石,说:"只有你可以继我。"赵石为人亢直,嫉恶如仇,素敦信重义,乐意助人。其弟早亡,遗下妻室及5个子女,他抚育20年。他立下遗言,不立后嗣,死后俭丧薄葬,并自己题写墓名为"金石龛"。民国22年4月14日病逝。

## 汪荣宝

汪荣宝(1878~1933),字衮甫,号太玄。元和县(今苏州市区)人。早年就读于江阴南菁书院。光绪二十三年(1897年)选为拔贡,翌年经朝考,签分到兵部任职。光绪二十六年经八国联军入侵变乱后,入南洋公学特别班学习。翌年赴日本早稻田大学攻读政治、法律、史学。在日本曾参加革命党人组织的国民义勇军。回国后仍任职兵部,并任京师译学馆(北京大学前身)教员。光绪三十四年任民政部右参议,后迁左参议、左丞。宣统二年(1910年),任资政院敕选议员。次年,任协纂宪法大臣、《法令全书》总纂,与李家驹起草中国第一部宪法草案《钦定宪法大纲》。

辛亥革命后,汪荣宝任中华民国临时参议院议员、国会众议员。袁世凯窃取大总统后,南北对立,汪荣宝为袁世凯起草南北媾和条款及各种交涉文电。民国3年(1914年),任驻比利时公使。次年,任中华民国宪法"天坛宪法"起草委员。民国7年复出任驻瑞士公使。民国11年转任驻日本公使。"九一八"事变前夕,他电告国内政府,日本人即将挑起事端,并迅即回到国内。事变发生后,他力主积极抵抗。先后任陆海空副司令部行营参议、外交委员会委员长。东北三省失陷后,他愤然不参议国是。民国22年7月,在北京病逝。著作有《清史讲义》、《法言疏证》、《法言义证》、《汪荣宝日记》等。

## 叶玉森

叶玉森(1880~1933),字镕虹,一字荇杉,号中泠,别署驹渔、滇渔、五凤楼主、梦颉庵主、瘦叶、袖东等。镇江人。学者。少秉性聪颖,刻苦好学,诗文才气横溢。与丁传靖、吴庠并称"铁瓮之子",又为南社成员。取优贡后,因慕江阴缪荃孙之名,从镇江转读于南菁书院,深得缪之赏识。后赴日本留学,希望找到振兴中华的出路。他先后在日本早稻田大学和明治大学攻读法律,并在读书期间加入同盟会。宣统三年(1911年)回国任南京宁属师范教师。民国元年(1912年)在镇江担任县议会议员,不久调任苏州高等法院推事兼检察庭长,后因反对袁世凯搞暗杀活动而罢官。次年担任过和县和舒城的税务局长。民国5年经柳亚子介绍,到蚌埠充任安徽督军倪嗣冲、马联甲的文学秘书。民国7年始历任滁县、颍上、当涂、铜陵等县县长。民国14年转任芜湖市政军备处秘书。民国19年秋,在上海交通银行总管理处任文学秘书兼任上海大学文学系教授。

叶玉森多才多艺,能诗会文善书画,还深通数学、音乐等,尤工甲骨文。他从20世纪20年代开始研究甲骨文,释字设想大胆,颇有创获,编著出版了《殷契钩沉》、《说契》、《殷墟书契前后编集释》、《铁云藏龟拾遗》等学术著作。柳诒徵称其"精摹殷契,所著释例,远轶时贤"。民国14年春,又竭己力之所及购得刘鹗的遗物甲骨1300片,经过反复考证和分析研究,造诣日深。叶玉森的诗文"诡丽雄奇,不可方物",有《中泠诗钞》、《樱海词》、《中泠曲》、《和东山乐府》等诗词集行世。

## 谈荔孙

谈荔孙(1880～1933),字丹崖。淮安人,祖籍无锡。民国金融家。祖父谈静山曾在淮安做官,后定居淮安。光绪二十二年(1896年)入江南高等学堂学习。光绪二十六年考取留学日本的官费生,就读于东京高等商业学校银行经济专业。光绪三十二年,学成回国,任南京高中两等商业学堂教务长兼银行主任教习,培养了一批中国银行界的早期业务骨干。后调任大清银行稽核。民国元年(1912年)2月,大清银行改组为中国银行,他任中国银行总行计算局局长,为该行创建新式会计制度;后转任国库局局长,负责拟订国库管理制度。民国4年,中国银行行使国家银行职权,派他去南京筹建分行,任行长,相继在汉口、九江、安庆、芜湖、镇江、无锡、徐州、苏州、常熟、杭州、淮阴等地设立分支行。民国5年,袁世凯为复辟筹集军饷,由津、京两地中国、交通两行滥发纸币,因而发生挤兑风潮。他联合上海分行,拒不执行停兑决定,使风潮逐渐平息,显示了高明的理财技能。

民国7年,谈荔孙出任中国银行行长。次年3月,渴望创办商业银行的谈荔孙,出任大陆银行董事长。时有人指责谈身兼二职,公私不分,遂辞去中国银行行长职务,专任大陆银行董事长兼总经理,从此专心致力于大陆银行经营管理业务达十四年之久。民国9年3月,大陆银行在上海设立分行,其北京分行又首创保管箱业务。民国11年又增设多种储蓄业务,同时在一些大城市设分行。为便利客户,扩大吸蓄能力,又陆续在各分行下设立一批支行、办事处,使大陆银行的存款总额经常保持在2000万元以上。大陆银行又将吸收来的存款,投放给工商企业,扶植民族工商业的发展。他作为大陆银行的总经理,还积极与中南、金城、盐业等商业银行合作,创设"四行准备库",以四行资金支持保障中南银行纸币的发行;后又合办"四行储蓄会",并在上海共建24层的国际饭店。民国14年,大陆天津分行为了与垄断当地进出口业务而设有四大仓库的英商平和洋行竞争,经营仓库业务。由于经营有方,迅速击败了平和洋行。嗣后大陆上海分行也开始经营仓库业务。民国20年,他又倡议大陆与金城、中南、交通、国华等银行合资创办太平保险公司,主要承保本身押款的保险业务。此外,还在天津设立大陆商业公司,经营进出口业务。

民国20年春,已患高血压病的谈荔孙,仍积极谋求在东北创办大型榨油厂,旋因日本加紧侵占东北而中止。民国21年后,又筹建绥远毛纺厂,为内蒙古毛纺工业奠定基础。民国22年2月,因脑溢血去世于北平。

## 王无能

王无能(1893~1933),本名王念祖。苏州人。滑稽演员。从小爱好戏曲,清末在上海读书时,常到天后宫听小得利、小得发唱"小热昏"。他天资聪颖,思维敏捷,摹仿力极强,能过目不忘,效法他们的演唱几能逼真传神。初为新剧业余剧团琴社社员,后经苏石痴介绍进入新剧界,在民兴社当滑稽演员,以演马甲滑稽著称。有一次在江苏都督程德全家唱堂会,因能即兴发挥引人大笑而崭露头角。他细心琢磨表演技巧和各地方言,尤以学香山人哭亲人的腔调惟妙惟肖。自编的"哭妙根笃爷"唱段,不胫而走,风行一时,滑稽界群起效尤,被称谓"哭调"。其外貌滑稽,动作含蓄,擅长表演下层人物而无矫柔造作之势,令人为之忍俊不禁。民国15年(1926年),王无能开始演独脚戏,拿手好戏有《吃看》、《各地堂馆》、《外国硃砂痣》、《广东上海话》、《南腔北调》、《宁波空城计》等,均被灌成唱片。还拍过电影片《曹参谋说案》、《到上海去》等。民国20年,王无能联合江笑笑、刘春山、丁怪怪、陆奇奇四档独脚戏合组成五福团,这是独脚戏从说唱形式走向集体表现的开端。

## 张腾龙

张腾龙(1898~1933),字伯升,号衢九。沭阳县青伊湖乡口头庄人。中共早期党员,烈士。幼年聪颖勇毅,但因家境贫寒,不能上学。族人集资供给他上学读书,对他寄于厚望。在金陵军官学校毕业后,到国民革命军中任职。民国15年(1926年),他加入中国共产党,投身革命。"四一二"反革命政变后,面对白色恐怖,张腾龙没有动摇。由于他身份没有暴露,继续留在国民党军队中秘密发展共产党的党、团组织,团结左翼力量。民国19

年,任国民党第37军某团二营某连连长,驻扎在安徽六安。他与一营营长魏兆成率众300余人举事,击毙国民党团长杨梦明,打伤旅长陈仲孚。由于起义军孤立无援,力量单薄,遂为国民党军队镇压下去。张腾龙幸免于难,后辗转回到家乡。他多方筹金,创办滥洪小学,自任校长。他以学校为阵地,组织文艺宣传队演出,宣传革命。民国21年,赴江西苏区,担任工农红军团长。民国22年在第四次反"围剿"中牺牲,时年35岁。

## 刘煜生

刘煜生(1900～1933),江西人。幼年随母居镇江舅家。民国新闻记者。民国13年(1924年)开设《江声日报》报馆,自任经理及总编辑。刘煜生受"五四"、"五卅"运动的教育和北伐战争时期大革命的影响,有强烈的爱国主义思想,同情劳苦大众。民国16年3月30日,因组织人力车工会、支持车夫罢工而被捕。民国20年,永济洲佃农因灾荒无法向焦山寺庙交租,镇江县政府为强迫农民交租,关押了几个农民。刘煜生以记者身份指责镇江县政府关押农民多日,有违法律,并请全国律师代表张迈出面弹劾县长,迫使县政府释放被关押农民。"九一八"事变发生后,刘煜生积极参加抗日救亡运动,在全国大中学生赴京请愿的影响下,于是年12月13日,以镇江各界民众代表请愿团团长的身份率领百人赴京请愿。民国21年,《江声日报》设"铁犁"副刊,刘煜生在副刊中写了一封致读者与投稿者的公开信,说明办"铁犁"副刊的宗旨是"需要斗的记述,爱的素描,是大众的呼声,是不平的呐喊"。由于《江声日报》发表一些贬斥时政、为人民大众呼吁的文章,7月26日,国民党江苏省政府以"宣传共党,意欲颠覆政府"的罪名将刘煜生逮捕。全国新闻界为之呼吁,但江苏省政府不顾各界人士之抗议及监察院之弹劾,不经任何法律程序,于民国22年1月21日将刘煜生杀害。刘时年33岁。以蔡元培、宋庆龄、鲁迅为主要成员的中国保障人权大同盟为此召开大会,愤怒谴责国民政府践踏人权,残害刘煜生的罪行,并号召全国报纸停刊一天。京沪线新闻界人士一致认为,刘煜生是"为新闻而生,为新闻而死,是为新闻而殉节"。

# 陈原道

陈原道(1901~1933),安徽省巢县人。中共早期党员,烈士。民国12年(1923年),经同学薛卓汉、周范文介绍,加入中国社会主义青年团。陈原道入团后,积极参加革命活动,与薛卓汉等人组织领导芜湖市学生联合会,开展反帝反封建斗争。他们举办工人义务识字班、职工义务夜校、工人子弟小学等,学习文化知识,宣传革命思想,培养积极分子。为反对帝国主义经济侵略,组织一千多名学生到芜湖商会请愿,要求抵制日货。商会会长汤善福打电话要驻军派兵镇压。愤怒的学生推翻商会办公桌,痛打汤善福。军警赶到后,学生们高呼口号,宣传反帝爱国道理,有些爱国士兵自动撤离包围。商会会长汤善福被迫签署抵制日货的决定。"五卅"惨案发生后,陈原道以芜湖工会、学生联合会、教员联合会为基础,联合各界人士和社会团体,成立芜湖各界"五卅"惨案后援会,连续举行群众集会和游行示威,查禁销售日货、英货。6月26日,在上海召开第七次全国学生代表大会,陈原道作为芜湖学联代表出席会议。10月,陈原道和汪菊英、廖麟、陈维琪、贾斯干等5人被党组织派往苏联莫斯科中国劳动者孙逸仙大学(即中山大学)学习。陈原道被编入俄文班,俄文名字为斯特洛夫。民国16年毕业前夕,转为中共党员。因工作需要,被留校担任教员。民国18年3月,陈原道奉调由苏联回国,任中共江苏省委宣传部秘书。他深受任弼时信任,部里日常工作由他具体负责。翌年2月,陈原道调任中共河南省委常委、组织部长兼秘书长。由于坚持正确主张,抵制李立三盲动主义错误,受到留党察看处分。

民国20年1月,中共六届四中全会决定,撤销这一处分,并让其列席会议。会后,中共中央派他率领中央工作组到天津,负责处理中共北方局撤销后顺直省委内部的分裂问题。陈原道根据中央指示,果断决定另组临时省委,成立北平、天津、唐山三个市委和直南、保属、冀东三个特委,健全组织系统。经中共中央批准成立的中共顺直省委(亦称河北省委)实际由陈原道主持工作。他的妻子刘亚雄任省委秘书长。他利用其岳父在北平虎坊桥的公馆作为省委秘密机关和经费转运站,重新打开党在北方的工作局面。4月8日,由于原顺直省委委员张开运叛变投敌,充当国民党天津市警察局侦缉队长,使顺直省委和天津市委机关遭到严重破坏。陈原道、刘亚雄、徐芝兰等30多位省、市领导人被捕,转解北平军分会军法处,关押在草岚子监狱。次年3月,草岚子监狱改名为北平军人反省分院,用所谓"感化"、"诱降"的"反省政策",妄图使他们放弃政治信仰。为对付敌人的"反省政策",陈原道组建狱中党支部,孔祥桢、薄一波、赵镈先后担任支部书记,使狱中斗争有了坚强的领导核心。他鼓励和教育难友经受各种考验,保持革命气节,争取"红旗出狱"。6月,蒋介石发动第四次"围剿"中央苏区遭到失败。监狱当局要政治犯每人写一篇文章,为蒋介石"围剿"苏区献策。陈原道分析了形势,揭穿了敌人阴谋,动员难友都交了白卷。"九一八"事变后,国内政治形势有了缓和。在全国人民强烈要求团结抗日的呼声下,国民党政府被迫颁布了"大赦令"。9月,陈原道等人获释出狱。陈原道出狱后,奉调担任中共江苏省委常委、宣传部长,兼任上海工会联合会党团书记。他深入工厂进行宣传教育,发展党团员和工会会员,使上海工运出现了新的转机。民国22年1月8日,在陈原道组织领导下,举行了上海失业工人示威请愿,包围上海市社会局,要求维持工人生存,反对失业,遭到反动军警镇压。敌人利用叛徒在上海唐山路颐乐里14号逮捕了陈原道,转押南京宪兵司令部看守所。敌人利用叛徒劝降,遇到痛斥。经过多次审讯,威胁利诱,毒刑拷打,他仍正气凛然,坚贞不屈。4月10日拂晓,国民党宪兵队将陈原道等19人押赴雨花台杀害。临刑时,陈原道高呼:"打倒国民党!""红军万岁!""共产党万岁!"

## 李耀晶

李耀晶(1904~1933),又名奭,字镜溪。沭阳县汤涧乡前李庄人。中共早期党员,烈士。民国12年(1923年),考入东海省立第十一中学,学习之余,偷阅《新青年》,购买进步读物。民国16年,游兵散勇骚扰乡民,他联络乡亲,组织自卫队,保护家乡免遭洗劫。从此决心:"愿提三尺剑,灭尽天下害人虫!"高中毕业后,考入上海中国公学,研读马列著作,参加学生运动,并出面邀请鲁迅到校演讲。是年加入中国共产党。民国19年,他发动龙华兵工厂暴动,失败被捕。敌人严刑讯问,他威武不屈。经党组织营救及家庭花钱托人,才获释出狱。不久,担任中共浦东区委书记、江苏省执委。他以海员身份作掩护,化名赵青云,从事工人运动。翌年底,由罗章龙介绍,与张文秋伪装"夫妻",共同开展白区工作。时中央苏区被封锁,白区党内经济拮据,工作陷于停顿。他在家书中谎称要办所小学,解决"夫妻"生活问题。兄长李耀暄变卖家产,汇去600元。他将这笔款悉数交给组织,以解燃眉之急。

民国21年底,李耀晶因叛徒出卖被捕。敌人用拷打、"感化"等手段,轮番折磨,却只字未吐党的机密。次年5月,李耀晶惨死于狱中,时年29岁。由于当时斗争环境恶劣,对李耀晶狱中表现不清楚。新中国成立以后,仍长期不作结论。1984年底,江苏省政府经认真审查,追认李耀晶为烈士,并于南京举行追悼会。

## 徐 德

徐德(1904~1933),原名世辅,字天齐。四川省大竹县人。中共早期党员,烈士。民国14年(1925年)冬赴广州考入黄埔军校,期间加入中国共产党。次年5月,参加北伐,转战湖南、湖北。"七一五"汪精卫叛变,徐德返回故里,联络家乡和从武汉等地回来的共产党员、共青团员,建立中国共产党四川省大竹县特别支部。9月,经四川省临时省委同意,正式建立中共大竹县委,徐德任书记。后因组织暴动,遭到国民党通缉,撤离大竹县境。徐德在重庆被捕,经营救出狱。民国17年7月,辗转到上海,在中共江苏省委宣传部长李富春的领导下,从事宣传工作。民国18年冬,刚成立的中国工农红军第十四军内部出现腐败分子,亟待整顿。江苏省委军委命令徐德以军事特派员的身份到如泰地区,协同新任红十四军军长兼政委李超时、通海特委书记刘瑞龙整顿红军,开展武装斗争。他首先帮助扩大红十四军第三师,同时发动广大贫雇农参加武装斗争,扩大赤卫军,使赤卫军发展到四五万人。民国19年7月29日,徐德与李超时召集如泰地区红军干部开会,布置以黄桥为中心的暴动。8月3日,黄桥暴动打响,徐德和李超时指挥主攻部队分四路突击,迅速接近黄桥守敌。正当攻城部队向纵深发展的时刻,内奸李吉根、李治平突然分别从南路、东路撤军,并把敌李长江部暗引到红军背面,守城之敌乘机反扑,红军腹背受敌,伤亡很大,被迫撤离。9月8日,徐德草拟了《今后的策略路线和工作布置》,制订了《赤卫军条例》,对赤卫军的成分、任务、组织、纪律等,提出了详尽的设想和周密的实施细则。他把书面计划连夜报送刘伯承,并携带一笔款子去上海购买枪支弹药。但当他离开如泰地区后,红十四军已完全解体。他只得将购买的枪支弹药运往江西苏区,转交中共中央。

年底,徐德偕同妻子裴韵文到达香港,和蔡和森、李富春、蔡畅一起,在中共香港特委工作。民国20年又返回上海,在秦邦宪、刘伯承领导下工作。民国21年底,徐德告别妻子儿女,离开上海,前往江西苏区。民国22年在安徽苏区遇难,时年29岁。

## 葛耀山

葛耀山(1904~1933)。高邮县(今高邮市)甘垛乡新庄村人。中共早期党员。6岁那年,其父葛学高因田地产纠纷官司打输,携全家五口逃难到上海。为了维持生活,年仅8岁的葛耀山在日商内外棉八厂当童工。民国13年(1924年)春,进入沪西工人补习学校学习,在共产党员嵇直、邓中夏、李立三、恽代英等的启发教育下,阶级觉悟大为提高。此时,各厂成立工会、纠察队等组织,他被选为工人代表,在沪西中共组织负责人刘华领导下,组织工人罢工,向帝国主义、资本家、军阀进行斗争。次年1月,经蔡三介绍加入中国共产党。"五卅惨案"发生后,帝国主义和军阀万分恐惧,千方百计迫害工人领袖。刘华被害,他也被捕并关押在提篮桥监狱。四个月后出狱,被逐出租界。民国16年"四一二"政变以后的4月16日,再次被捕,在枫林桥监狱受尽各种酷刑,仍坚贞不屈,后经多方营救出狱。在党组织的安排下,当年7月与黄浩等200多人乘苏联货船去苏联学习,9月到达莫斯科孙逸仙大学。民国19年8月,从苏联回国,在上海闸北区负责工人运动。次年4月,被中央派往苏区工作。5月14日,任红七军政治委员、前委委员。民国20年秋,第三次反"围剿"胜利后,率红七军到江西于都县小密镇一带,发动群众打土豪分田地,帮助地方巩固和发展革命政权。这时,由于执行王明"左"倾错误路线,秘密组织肃反委员会,在红七军中开展肃反,造成红七军严重损失。民国20年11月7日至20日,在瑞金召开的中华苏维埃共和国第一次全国代表大会上,被选为中央执行委员。民国21年初调任红三军政治委员,同年任中央苏维埃政府保卫局局长。在苏区工作期间,写成《怎样来保护我们的武器》、《发展党的两条路线的斗争》、《目前肃反工作中的战斗任务》等文章。民国22年,在江西都港一次战斗中不幸溺水身亡,时年29岁。

## 王世元

王世元(1906~1933),原名王朋成,一名王四元。如皋郭园陈市村人。烈士。民国17年(1928年)冬,加入中国共产党,同时参加镇涛游击小组,开展武装斗争。11月16日,游击小组夜袭郑庄恶霸地主郭忆东庄园,他率先翻墙入院,冲进内室把郭忆东击毙。次年4月7日,镇涛红军游击队成立,全队60余人,王世元任队长。月底,江苏省警察总队队长李长江亲率省警数百人,加上如皋县警察队,兵分3路进攻镇涛,企图一举消灭镇涛游击队。王世元认为敌强我弱不可硬拼,决定分散隐蔽,一路驾船下江,一路与敌人周旋于平潮附近,另一路则由王世元带领避入鲤鱼荡。该草荡有4平方公里,沟港纵横,荒无人烟。敌人在镇涛区折腾了5天,一无所获,只好悻悻离去。敌人一走,王世元又带领游击队四处活动起来。8月28日,如泰工农红军建立,他先后率领队员参加攻打申家埭、野吴庄、马家坪等战斗。

民国19年2月后历任中国工农红军第十四军一师连长、营长。红十四军失利后,他撤往上海。民国20年7月,与中共如皋县委书记于咸一起回到镇涛开展恢复工作,亲手镇压了恶霸地主沙成道等及下驾原公安分局长李伯谦。8月,于咸牺牲,王世元再次撤往上海。民国22年3月,随新任如皋县委书记吴汝连回江北开展恢复工作,不幸在新港被捕,经苏州、南京监狱审讯,坚贞不屈。同年5月在南京雨花台遇难。时年27岁。

## 孙秉焘

孙秉焘(1908~1933),又名希平,号鲁轩,化名炳义、达之。东海县牛山乡贯庄村人。烈士。民国17年(1928年)春在石峰市(白塔埠)小学任教,其间,加入中国共产党。同年秋,中共白塔埠支部建立,孙秉焘任支部书记。他以石峰市小学为中心,积极发展共产党员,开展革命活动,经常利用白塔埠集日,组织师生上街宣传,张贴和散发反帝反封建的标语传单,斗争十分活跃,影响很大。是年冬,组织和领导了全县小学教员的索薪斗争。在堂兄孙挹清(当时在教育局任职)的配合下,串联各小学,组织教员联合会,索取欠薪,取得了胜利。民国18年,任中共白塔埠区委书记。麦收前,领导郇圩支部发动农协会员,抗捐抗税,赶走县钱粮差,当地穷苦百姓始免交钱粮。是年6月13日，军警包围白塔埠捕走冯菊芬父女等人，孙秉焘等人转移到贯庄。军警追到贯庄，他被迫撤离东海县，赴省委所在地上海，旋被中共江苏省委派往徐州，任徐州特委委员、特委联络员。民国21年春节前夕，海州特委酝酿举行暴动，他在贯庄老家参与筹划组建中国工农红军游击队。贯庄暴动失败后，国民党军警包围了大贯庄村，烧毁了孙秉焘、孙抱清弟兄几家所有房屋，几家男女老少全部逃避他乡。孙秉焘携6岁女，抱周岁儿，连夜逃出，幼儿受惊吓而夭折。同年8月，任中共宿县中心县委书记。时古饶"抗烟捐"暴动失利，中心县委书记任训常牺牲，宿县笼罩在白色恐怖中。他以卖香油作掩护，四处活动，联络同志，对烈山特支进行了整顿，很快恢复了县委组织。他扎根矿上，在矿工中发展党员，建立秘密工会，开展斗争，并扩大到四周农村，以工运支持农运，取得一次又一次胜利。

民国22年初，烈山煤矿当局借口各地暴动罢工，煤炭滞销，拖欠工人数月工资。他发动了索要欠薪的斗争。在斗争中发展20名党员，为恢复和发展宿县农村党组织奠定了基础。矿山工人斗争不断争得胜利，他又挑着油挑子走乡串户，恢复矿区周围乡村的党组织。9月，由于叛徒出卖而被捕，旋即关押徐州监狱。反动派极力想从他口中得到共产党的秘密，先是他的入党介绍人、叛徒张鉴堂来当说客，大谈同乡、亲戚、好友之谊，劝孙秉焘悔过自首，孙秉焘坚定不移。继而女叛徒出面，三句话没说完，孙秉焘抓起桌上的砚台砸去，女叛徒狼狈逃窜。软的不行，又施以重刑，他宁死不屈。是年10月，孙秉焘壮烈牺牲于徐州故黄河滩上，时年25岁。

## 黄家骏

黄家骏（1909~1933），又名黄骏声、黄叶声，化名木冬。海门县（今海门市）三和镇人。中共早期党员，烈士。民国14年（1925年），黄家骏在海门读书时，参加当地学生组织的上海"五卅"惨案后援活动。不久加入中国共产党。民国18年3月，他离开学校，担任中共海门县委委员。次年10月，任中共海门县委书记。秋，南通东乡农民暴动失败，党组织遭到极大破坏。民国20年初，黄家骏受中共江苏省委的派遣来到南通，建立中共南通中心县委，恢复中共南通县委并担任中心县委书记兼南通县委书记。民国21年夏，黄家骏奉调去上海任中共江苏省委巡视员。次年初，仍回南通从事革命活动。2月上旬的一天，他同中心县委军委负责人顾庆龙等在南通县十总店东南柏树墩遭国民党特务跟踪追击,寡不敌众,被捕。在秘密审讯中,敌人施用种种酷刑,黄家骏始终坚贞不屈。11日下午,黄家骏高唱《国际歌》,英勇就义。

## 王谢长达

王谢长达(1848~1934),女,字铭才,婚后从夫姓。祖籍安徽,迁居苏州。她早年随夫内阁侍读学士王颂蔚(芾卿)在北京居住多年,夫殁,乃南归。光绪三十一年(1905年)她与友人陈星昭、蒋振懦等人捐募千余元创办女子两等小学,以"振兴中华"为办学目的,定校名为振华女校。次年添设简易师范科,培养小学师资。民国元年(1912年)因经费故,简易师范科并入省立第二师范,另增设幼儿园一所。民国6年,她因年事已高,乃将校长一职交由刚从美国学成归来的三女季玉担任。民国7年七十寿辰,她将亲友所赠寿仪悉数捐作学校基金。

王谢长达除办学外,还积极从事社会活动。光绪二十七年在苏州发起成立放足会(亦称天足会),自任总理,亲制章程,带头放足,并研究放足方法,印成"说帖",至四乡及邻近省县广为宣传。辛亥革命武昌起义,沪、苏等地组织女子北伐队,她出任苏属队长,亲率女学生百余人积极参加筹募工作。民国4年,她与杨达权、卫更新、李师德等人发起成立女子公益团,她任德行部长。虽年迈多病,但每遇公益事,仍不辞辛劳,热心相助。

民国23年12月25日晚,王谢长达患脑溢血不治去世,享年86岁。次年1月19日,由张一麐等人发起,在振华女校举行追悼会,遵照王谢长达遗愿,所送礼金,悉数充作长达清寒奖学基金。

## 韩志正

韩志正(1865~1934),字元方,笔名燕石、石隐。铜山县人。光绪十三年(1887年)中秀才,光绪二十九年癸卯科顺天乡试,中举人。中日甲午战争和戊戌变法的发生及失败,对青年时代的韩志正的思想发展产生深刻影响。后在孙中山民主革命思想影响下,决心走革新之路。光绪三十年,倡立不缠足会。为推进放足的开展,韩志正当即令其妻张氏,其女中英、夏英等首先放足。在她们的带动下,放足浪潮由县城遍及乡村。同时,韩志正号召全县人民剪掉"清辫子",并采取进城者先剪辫子的措施。这一运动很快波及全县广大乡村及苏、鲁、豫、皖交界地区。

为寻求救国之路,韩志正于光绪三十二年春携长女中英游学日本,入宏文学院学师范,后又入东洋大学学习政法。同年,在东京加入中国同盟会,并聆听过孙中山的长篇演讲。翌年冬回国,任徐州师范学堂督学兼国文教员。宣统元年(1909年),英、法、日等帝国主义列强妄图瓜分中国,韩志正当即发表《瓜分告哀书》,大声疾呼,揭露帝国主义的罪恶阴谋,以期唤起民众,并主张全国人民武装起来。在他的呼吁下,铜山县各中小学堂先后聘请教官,上军事课,学兵操,对学生进行爱国教育。徐州府、道和铜山县署封建官吏为之震惊,秉报清廷,朝廷勒令禁止。同年,韩志正领导创办县内第一所女学堂——铜山县坤成女学堂,堂长由其女韩中英担任。韩志正积极从事革命活动,在县城组织铜山县同志会。同志会会员经常到街头巷尾宣讲时政及救国道理,又邀请著名教育家黄炎培、陈鹤琴来县演讲,促进革命声势高涨。当革命军前锋抵达铜山县三堡时,韩志正、王少华等人代表铜山县各界爱国人士前往迎接,汇报有关军事情报,自告奋勇做革命军的向导。张勋率部逃窜,铜山县遂告"光复"。韩志正被推举为铜山县首任民政长(县长)。上任后,他立即宣布废除铜山封建政体,建立民主共和制,并废除苛捐杂税。张勋复辟后,韩志正"避仇居京",改名石隐,在正志中学任教。在北京时,他不与封建余孽同流合污,编著《北京女伶百咏》一书,有力抨击反动当局的腐朽,在社会上引起很大反响。民国6年(1917年)7月,返回铜山。次年秋,以众议员身份到达广州,不久被选为国会议员,并参加孙中山先生组织的护法政府。此间历尽艰辛,出生入死,为护法奔走南方各省,历时5年。护法运动失败后返回故里。回乡后,他积极发展铜山教育事业。铜山县劝学所改称铜山县教育局后,他出任第一任局长。后因年迈多病去职,专事教学和编纂事宜。民国19年任铜山县古物征集委员会委员,参加《徐州续诗征》的编纂工作。民国23年3月19日辞世。著有诗集20余本,但大都散佚,仅有《北京女伶百咏》、《韩元方先生六十感旧诗》存世。

## 韩达哉

韩达哉(1867～1934),字达卿,号永璋,又号淮阴道人。淮安县(今属淮安市)淮城镇人。清廷太医,《医学摘瑜》作者。幼读经书,攻举子业,业余阅读"家藏医籍数十种,读至深夜无倦容"。父淮安名医,初承父教。继又拜淮安名医李厚坤为师。他勤奋好学,加之父亲要求甚严,医学大进。22岁弃儒就医,一边看病,一边研读医书,"自《素问》、《难经》之说,《肘后》、《千金》之方,莫不探幽发微,邃密底蕴,结合朝夕侍诊,耳濡目染,尽得其家传师授之秘"。光绪十八年(1892年)春,韩达哉随父去北京侨居候选,与京城医家陆宣、林鸿年、李梓慕等结识为友。是年夏,北京暑瘟大流行,死者不可胜数。他目睹惨状,开始施诊,疗治颇应手,"都中人士交口揄扬"。次年春,太医局选拔医官,他前去应试,名列榜首,被授予太医院医士。以后历任医官局提调、禁烟公所检察员、玉牒馆誊录等职。光绪二十八年夏,京畿流行霍乱,贫苦无力医治者转瞬毙命。为此,他特创治霍乱灵验方一则,患者每用此方一二剂,立刻见效,有起死回生之妙。所以,求医者门庭若市,遂"广为刊布,聊救当时之急"。光绪三十年春,他女儿坤哥种痘后,喜食瓜果,又因雨后受凉,致吐泻月余,形瘦腹胀,烧热口干。他拟附子理中汤两剂,服一剂就痊愈了。住京城20余年,他的经验良方救活许多人,"术噪京邑"。光绪三十二年,将十多年临床医案、治疗验方以及师授家传之秘方,著成《医学摘瑜》一书。《医学摘瑜》分上、下2卷:上卷收集韩氏医案48案,分外感、内伤、妇科、幼科四类;下卷有家传《伤寒分经赋》和妇科加减生化汤,有李厚坤的《温病条辨三焦篇汤头歌诀》和《治诊西江月》八首,以及韩氏临证心得《寒温大要论》、《白喉未尽感表论》、《伤寒舌鉴赋》等。该书从民国初年刊行以来,在国内颇有影响,辗转抄藏者很多。

## 吴芝瑛

吴芝瑛(1868~1934),女,字紫英,别号万柳夫人。安徽桐城人。义士才女,诗人。其父吴康之,号鞠隐,历任山东宁阳、禹城等县知县,工书善诗,有《鞠隐山庄诗集》传世。堂叔吴汝纶系清末桐城派文学家。吴芝瑛自幼聪慧异常,及长,博览群书,尤嗜唐宋诸大家诗文和各家法帖,虽严寒酷暑未尝释卷。她承家学,工文章,娴诗词,尤擅书法。早年在家乡有"诗、文、书"三绝之誉。光绪十一年(1885年),出嫁到无锡。与江南名士廉泉结为夫妇。光绪二十四年随夫移居北京,未几即闻名京师,慈禧太后亦曾召见。光绪二十六年的庚子之役后,清政府为补偿巨额赔款而横征暴敛,百姓受苦。吴芝瑛上书清廷,倡导"国民捐","产多则多捐,产少则少捐,无产则不捐"。

此举刺痛达官贵人,招来非议。光绪二十九年,她在京结识与之为邻的女侠秋瑾,并结为金兰之交。光绪三十年,她力劝丈夫不屈事朝廷,辞职南归。于上海曹家渡小万柳堂隐居,自号"万柳夫人"。光绪三十三年六月初六日,秋瑾在绍兴轩亭口就义。秋瑾牺牲后10天,她愤笔写《秋女士传》,又撰述《记秋女士遗事》,并表示愿以身家性命保秋氏家族。在丈夫廉泉的协助下,她和徐自华一起,葬秋瑾于杭州西泠桥堍,亲书墓表,勒石竖碑。她义葬秋瑾之举,朝廷欲加严惩。她毫不畏惧,给两江总督端方写信说:"是非纵有公论,处理则在朝廷,芝瑛不敢逃罪。"消息传出,国内外舆论都声援吴芝瑛义举,迫使朝廷未敢贸然加害于她。宣统三年(1911年),武昌起义告捷。不久上海民军组成,吴芝瑛慷慨疏财,资以粮饷,并致书上海女子北伐队司令陈也月请缨,继而写了《从军乐》六章,气势磅礴,传诵一时。清朝覆灭,民国肇始。未久,袁世凯当了总统。她于江苏独立后的第七天即投入反袁斗争。在致袁世凯的《上袁氏万言书》中发出警告:"公朝去,而吾民早安;公夕去,而吾民晚息;公不去,而吾民永无宁日。"吴芝瑛生前即被人视为奇女子。她毅然全部捐赠在原籍桐城拥有极多的田地、房舍遗产,在家乡办以父名命名的鞠隐学堂(后改称鞠隐小学)。她还不惜变卖家藏董其昌手书《史记》真迹全部,以数千金赎出误入妓院为娼的良家女子李频香,并结为诗友。她对救济妇孺的慈善单位的捐助,亦不在少数。她晚年为沉疴所困,家境甚窘,因沪上小万柳堂变卖易主,仍回无锡城中故居栖身。民国23年(1934年)3月1日,病逝于无锡。编著有《小万柳堂丛刊》、《剪淞留影集》、《俗语注释小学古文读本》、《鞠隐山庄遗诗题跋》、《帆影楼藏画目》、《吴芝瑛诗文集》等。

## 张少南

张少南(1870~1934),清同治九年(1870年)出生于泰州曲塘镇(今属海安县),民间评话艺人。本姓陈,幼年过继给评话艺人张炳南为义子,遂取名张少南。自幼酷爱评话艺术,乃翁进场演出,他均跟场听书,曲塘三家书场每有艺人登台,他都日夜赶场学艺。张少南平生爱好武术,他将武术中的招式,运用至《隋唐》书中对各战将的描写和战争场面的渲染,引人入境,令人折服,为《隋唐》这部评书增添了色彩,赢得了听众,评话界誉称之为"刀马隋唐"。张少南的书艺特色有四:一是说口取介乎"方口"、"圆口"之间的"平口",行如流水,涓涓不断;二是说表,书情"说到就到"、"开口便到",很少"转弯抹角",必要的"未来先说"、"过去重谈"均一表而过;三是书目结构重于剪裁,善于铺排,情节跌宕起伏,辅以风趣的对话,幽默的说表,又长于人物形象的刻画和所谓刀、马、炮、哭、笑、躁,都能恰如其分地表现,更受听众喜爱;四是取江淮语音,除"入角"表演程咬金用"浊声"外,余无其他音调,为江淮听众青睐。张少南台品端正,上台如"头顶磨盘",左右传神,亦不晃肩扭腰,神态自若,端庄文雅。从无油腔滑调,更无淫词秽语,善以"尖、秃、毛、光"来区分"生、旦、净、丑",观众即便闭目听书,亦能分清书中角色。其书因质朴无华,被行家誉为"水墨画"。在江淮、盐阜及上海浦东、闸北一带,张少南拥有众多听众。且一生传人颇多,著名评话艺人余少春亦曾慕名拜张少南为师。张少南所说书目,除《隋唐》外,亦承丁寿亭的《清风闸》、《济公传》等。

## 杨瑞文

杨瑞文(1870～1934),字少彭。建湖县草堰口镇人。少时爱习武,26岁考中武秀才,以庠生入伍。后与新兴、庙湾等盐场的盐枭结伙贩盐,继为青帮"大"字辈开山收徒,广罗党羽,成为里下河一带盐枭团伙首领。因经常走私于扬子江一带,为求庇护,杨又拜长江走私巨魁洪帮首领徐宝山为师。徐后来接受两江总督刘坤一的招抚,先充缉私"虎"字营管带,进而升任扬州游缉统领,负责两淮缉私。于是,杨瑞文先后在徐部任"虎"字营和南洋水师续备新胜营管带、帮统等职。辛亥革命爆发,驻清江浦新军江北提标十三协惊变索饷,掠至建阳、湖垛;驻上冈的缉私定字营耿华堂部亦趁机扰乱新兴场,欲劫盐城。此时,杨瑞文应盐城知县周光熊及地方绅商之请,协同盐城守备马立朝劝耿华堂退回上冈。盐城"光复",杨为盐城县卫安队管带,后由扬州军政分府委为盐城营游击兼军政支部长,继任陆军二十三旅旅长、徐淮游击统领、定武军第八路军统领、新安武军第七路军统领等职,晋授陆军中将。民国3年(1914年)7月,杨瑞文为巴结袁世凯,派人以同乡身份诱捕江北讨袁军总司令刘天恨并解送张勋处杀害。民国13年,杨解甲归里,后从商寓居上海,与盐城、阜宁、淮安、涟水人士组建导淮促进会,并募集慈善资金,疏浚大团口下游工程。

## 陶懋立

陶懋立(1870~1934)，字卓如。泗阳县城厢陶庄人。他于光绪二十九年(1903年)至上海，充文明书局编纂员，编有《世界读本》，风行一时。光绪三十年，与张相文创立桃源县教育会，为泗阳第一个教育研究团体。次年，与王聿望创办公立集义学堂(后改为第一区第一国民学校，为泗阳县最早的一所公立小学)，亲自任课，不取报酬。光绪三十二年，任淮阴江北师范学堂地理教员。宣统元年(1909年)，任天津北洋女子高等学堂地理教员，并加入中国同盟会。同年，与张相文、白雅雨等在天津创办中国地学会，并继白雅雨之后，长期担任地学会编辑部长，编辑出版《地学杂志》月刊。所著《中国地图学》，颇受地图学界的重视。辛亥武昌起义爆发后，张相文与白雅雨组织滦州起义，他积极参与。曾随张相文南下，请求黄兴派海军北上支援，并提出光复河北的规划。滦州起义失败后，随张相文在北京，专办中国地学会。民国3年(1914年)，应福建督军之邀赴福州，先后任陆军被服厂厂长、工艺传习所所长、商品陈列所所长、督军署秘书等职。回乡时，两袖清风。民国9年，和王聿望一起，协助张相文编修《泗阳县志》。继又应聘任《江苏通志》编纂。《江苏通志》因故中止后，陶懋立回乡，一度出任泗阳县政府科长。不久辞职，从事地方公益事业，筹办因利局，扶助贫困，赈济灾荒，深受邑人尊重。民国23年3月18日，陶懋立暴病去世。遗著有《素墨堂存稿》。

## 蔡 寅

蔡寅(1873~1934)，字冶民，别号壮怀。吴江黎里镇人。少年时有神童之称，12岁就能书径尺大字。光绪二十九年(1903年)，在上海参加中国教育会，与章太炎、邹容游。《苏报》案发，与金松岑等延请英国律师琼斯为章太炎、邹容辩护。未果，避祸赴日本入早稻田大学学政法。光绪三十一年，加入中国同盟会，结识孙中山、黄兴。辛亥革命前夕回国，初任浙江宁波地方检察厅检察官，旋即辞职。辛亥革命爆发，任临时大总统府秘书。宋教仁遇刺后，他协助程德全追查凶手，遭袁世凯忌恨。"二次革命"时担任代理江苏省都督，协助黄兴指挥军队与袁世凯的亲信在南京城外天堡城展开激战。至事不可为,出走北京,从事法律编辑工作。国民政府定都南京后,蔡寅出任浙江高等法院温州分院院长。

## 史量才

　　史量才(1880~1934),原名家修。江宁县人。报业资本家。清光绪二十七年(1901年)考入杭州蚕学馆,毕业后相继在上海王氏育才学堂、兵工学堂、务本女学、南洋中学任教。光绪三十年在上海创办女子蚕桑学堂,受到上海商学各界的重视。次年参加上海学界组织的宪政研究会,并与黄炎培等发起创立江苏学务总会。光绪三十三年参加江浙两省绅商拒借外资保护路权的运动,被举为江苏铁路公司董事。后曾一度任上海《时报》主笔,这是他从事新闻事业的开始。民国2年(1913年)他借助张季直、应季中等人的资金合作,从席子眉、席子佩兄弟手中,购进中国出版最早的报纸之一《申报》,被推为总经理,接办了《申报》。从此,他抱着新闻救国的理想,以办好《申报》作为终生事业。他接办时日销7000份,民国6年增加到2万份,民国21年增加到15万份。其间还先后增出多种专刊。随着销量的增加和各种业务的发展,《申报》的社会影响日益扩大,史量才的声望日益提高。民国10年与南洋侨商创办中南银行。民国18年,又从美商福开森手中购进《新闻报》的大部分股份。《申报》和《新闻报》成为当时全国发行量最大的两家报纸。史量才也成为上海乃至全国最大的报业企业家和著名的新闻事业家。"九一八"事变后,在全国人民抗日救亡高潮的影响下,特别在与宋庆龄、杨杏佛、陶行知等人士的频繁接触中,原以新闻救国为职志的史量才,思想得到升华,认识到只有坚决抗日,才是救国的唯一出路。他以《申报》为阵地,大力宣传抗日救国,反对妥协退让,反对内战,反对蒋介石的独裁政治。民国21年1月,他被聘为国难会议会员。"一·二八"淞沪抗战爆发时,他曾捐巨款支援抗战,被推为上海地方维持会(后改称上海地方协会)会长。嗣后又任农村复兴委员会委员、中山文化教育馆常务理事、红十字会名誉会长等职。同年12月,宋庆龄、杨杏佛等在上海组织中国民权保障同盟,史量才曾积极支持该同盟的活动,同时,《申报》又经常发表抨击时政的文章,引起当局的仇视。国民党政府先是拉拢史量才,给他以上海临时参议会议长等荣名高位,但他坚持正义不为利用。后又以"禁止邮递"、"查禁稿件"和特务恐吓等手段威胁他,但他铮铮铁骨,不屈服于高压。

最后，蒋介石指示戴笠派特务于民国23年11月在沪杭公路上刺杀了他，终年54岁。葬于杭州。著有《申报六十年发行年鉴之旨趣》等。

## 蒋汝坊

蒋汝坊（1880～1934），字伯言。太仓人。清光绪生员。在陕西、山西办赈灾时，捐官知事，升员外郎。后奉父命，归里持家。他热心发展家乡教育事业，先后由他主持创办的学校，有思益学堂、太镇小学、普通小学、正则女校、四路小学、高等小学、毓娄女校、师范讲习所等；并与沪电报局总办俞隶云（太仓人）商定，于光绪二十四年（1898年），由蒋汝坊独资创办思益电报学塾，聘中外教师4人，以"中学为体，西学为用"进行教学，学生出路与上海电报局挂钩。毕业后，可安排到上海电报局任用，先后送沪电报生数十人。光绪二十九年二月，沪电报局改为官办，该校停办。他认为要发展太仓经济，非兴办工业不可。在他筹划下，于光绪三十二年创办济泰纱厂（后来的利泰纱厂）。唐文治在清廷农工商部任职时，聘他担任商务议员，历时10多年，在管理财政、减轻赋税及支持故乡疏浚浏河、七浦、杨林等河道方面，做了许多工作。民国23年（1934年）10月病逝。

## 刘半农

刘半农（1891～1934），原名寿彭、刘复，字半农，号曲庵。祖籍江阴南沙（今属张家港市），出生于江阴城内西横街。语言学家。11岁至本城翰墨林小学读书，15岁入常州府中学堂就读。宣统三年（1911年），回翰墨林小学任教，并与吴研因等编辑《江阴杂志》。民国元年（1912年）2月在上海任开明剧社编辑、《中华新报》特约编译员，发表过《玉簪花》、《髯侠复仇记》等小说。民国6年参加新文化运动，在《新青年》上发表《我之文学改良观》、《诗与小说精神上之革新》，主张白话文。同年，受北大校长蔡元培之邀，出任北大预科国文教员，提倡白话文，反对八股程式，重视实用。发表《应用文教授》、《中国文法通论》及《学徒苦》、《卖萝卜人》、《叫我如何不想她》等白话文和诗；并征集歌谣几千首，整理发表140多首，开创研究民间文艺先河。民国8年4月，被选为国语统一筹委会会员，起草《国语统一进行方法案》，提出改国文为国语及编纂辞典主张。翌年5月，被选为国语辞典委员会委员,9月被派往英国伦敦大学、法国巴黎大学主攻实验语言学。民国12年,撰写《守温三十六字母排列法之研究》等文章。次年出版《四声实验录》,介绍语言知识、实验方法、四声本质等。民国14年,写法文《汉语字声实验录》、《国语运动略史》博士试论文,发明"刘代音鼓甲种"、"声调推断尺"(刘氏尺)等测算语言乐律的仪器,获法国国家文学博士学位,被推为巴黎语言学会会员,并获法兰西研究院伏尔内语言学专奖。是年秋回国,任北京大学国文系教授、研究所国学门导师,致力于语言学研究。民国15年,译《茶花女》出版。翌年,奉系军阀控制北京政府,因对教育部长刘哲不满而辞职。南京国民政府任命他为特约著述员、中央研究院历史语言研究所特约研究员。民国18年,复任北大国文系教授,兼辅仁大学教务长。次年5月,兼任北平大学女子文理学院院长。任教期间,调查方言二三百种,编成《调查中国方言音标总表》一册,出版《宋元以来俗字谱》一书。民国20年,刘半农任北大文学院教授,主管研究院文史部事,从事语言音乐研究和大辞典编纂工作,发表《释吃》、《释来去》诸文。"九一八"事变后,他撰写《反日救国的一条正路》等文章力主抗日。民国22年,编成《中小词典》,附"点直曲检字法"。是年4月,不怕白色恐怖,与钱玄同等12人联名发出为李大钊烈士举行公葬的募款书,并写墓志和墓碑。暑期,他走访河南,亲测古乐器音律,在巩县石窟市、洛阳龙门发现北朝、唐代的乐舞造象。次年,发表《西汉时代的日晷》等文章。暑假,他带领白涤洲等4人沿平绥线调查西北地区方言,染回归热,医治无效,于7月14日在北平去世。蔡元培为其撰写碑文。刘半农自编的《半农杂文集》,收集了他的主要作品。

## 陈阿金

陈阿金(1898~1934),原名建金。阜宁县新沟人。红军将领,烈士。7岁时,因家乡遭水灾,随父母逃荒到上海谋生。宣统三年(1911年),进日本资本家开办的同兴纱厂做童工。民国10年(1921年),成为同兴纱厂的工人代表。"五卅"惨案发生后,积极从事工人运动,被发展为中国共产党党员。民国15年10月至次年3月,先后参加了上海工人3次武装起义。"四一二"反革命政变后,陈以卖藕粉、修钟表作掩护,转入地下活动。民国16年夏,被中共中央派至莫斯科东方大学军事班学习,成绩列全班之首。伍修权称:"他是以双倍的努力,双倍的时间在学习,简直可以说在战斗。"民国

19年7月,毕业回国,秘密进入苏区,任红军学校军事教员,先后兼任军事连指导员、工兵连指导员和机炮大队政治委员。在两年时间内,他同其他教官一起,培养了6200多名连以上红军军政干部。民国22年初,奉令赴江西反"围剿"前线任团政委,不久又调任第三军团第六师政委。在他和师长洪超的带领下,六师的战斗力特别出色,被誉之为"铁的六师"。

民国23年1月,陈阿金在江西瑞金举行的中华苏维埃共和国第二次全国代表大会上,当选为中华苏维埃共和国中央执行委员。是年春,调任第三军团第五师政治委员。在第五次反"围剿"斗争中,和师长李天佑率部参加了广昌保卫战,在战役关键时刻担任高虎脑、王土寨、万年亭一带正面防守任务。5月,高虎脑阻击战打响,他和李天佑亲临前线,指挥红五师击退敌人一次次进攻,击毙敌军长等官兵4000余人。高虎脑战斗是第五次反"围剿"斗争中最激烈的一次战斗,是红军守备战打得最出色、给国民党主力部队打击最沉重的一次战斗。8月14日,陈率红五师于万年亭再次毙伤敌军1000余人。《红星报》为此发表文章,赞扬红五师"百战百胜",是"红军的模范"。8月28日,敌人集中7个师的兵力,在数十门大炮、十几架飞机掩护下,猛攻万年亭红军阵地。五师指战员英勇阻击,不时组织反冲锋,与敌人进行肉搏战。陈阿金和师长李天佑在前沿阵地指挥战斗时,不幸遭敌机袭击,师长李天佑手被炸伤,陈阿金壮烈牺牲,时年36岁。

1986年,原中国人民解放军副总参谋长、全国政协副主席伍修权为《陈阿金传》题词,赞颂陈阿金是"战斗中的英雄,工人中的楷模"。

## 何复生

何复生(1902～1934),镇江市人。中共早期党员,烈士。幼随父在湖北汉口读书,攻读医学。民国15年(1926年)加入中国共产党,参加第一次国内革命战争。蒋介石、汪精卫先后叛变革命后,何复生逃出汉口,进入大冶县英国人办的普爱医院工作。他利用普爱医院的"普爱"口号,组织医护人员,悉心治疗红军伤病员。民国19年6月,彭德怀率领红三军团攻克大冶县城后,何复生等人进入红三军团,受命创建红三军团总医院,后改为红三军团卫生部,何复生任总医院院长、卫生部长。他在任职期间,举办看护训练班、医务训练班,亲自授课,指导实习,培养一百多名军医、数百名看护员和卫生员。红军打仗时,他亲自安排救护工作,深入前沿阵地救护伤员,不分昼夜亲自做手术,救治重伤员。为克服药品器材困难,他一面教育医护人员爱护器材,节约药物;一面又组织搜集民间散方,采集中草药,挽救了许多干部、战士的生命。民国22年8月荣获三等红军奖章。民国23年8月,在中央苏区第五次反"围剿"的高虎脑、万年亭战斗中,何复生在前线军团指挥所抢救伤员时,遭敌机轰炸,不幸牺牲,时年32岁。

## 吴静焘

吴静焘(1904～1934),女,原名蕃葆。武进县(今常州市区)嘉泽镇人。中共早期党员,烈士。民国14年(1925年),其父吴卓如要她与一个钱庄老板结婚。吴静焘强烈反对封建包办婚姻。在其二哥吴维中(中共党员)帮助下,出走上海。翌年初,吴静焘进上海大学社会学系学习。她在《中国妇女》杂志第6期上,发表《旧婚制下的一个逃生女子》,以自己的亲身经历揭露不合理的封建婚姻制度,呼吁20世纪的青年人要为争取男女平等、婚姻自由而奋斗。她在上海大学读书时,有机会阅读《共产党宣言》、《国家与革命》等马列主义著作,经常阅读《新青年》、《向导》等进步刊物,积极参加社会活动。同年夏,加入中国共产党。10月,中共上海区委妇女运动委员会成立,她是12名委员之一。在此期间,她与地下党员余泽鸿结为夫妇。

"四一二"反革命政变后,吴静焘、余泽鸿转移到武汉。余任中共湖北省委秘书长,她在省委机关做内勤工作。民国17年秋,他们被调到中共中央组织部,余泽鸿任秘书,主编《组织通讯》、《沪潮》、《政治通讯》等党内刊物。她在机关做内勤工作,是余的得力助手。次年初,他们又一起调中共中央秘书处,余任秘书长,她协助工作。民国19年5月17日,吴静焘在中直内部刊物《支部生活》(出版时用"志夫新话"的谐音作掩护)26期发表题为《怎样读"沪潮"》的文章,分析当时的思想倾向,呼吁党内同志联系斗争形势、策略、方法、群众路线、自我思想锻炼等,熟读《沪潮》,"指导思想行动,夺取斗争胜利"。次年夏,余泽鸿、吴静焘调中共北方局工作。他们将女儿妙妙、儿子阿兴送到武进亲戚家中寄养,并将阿兴改名虞蜀江,以防亲戚受株连。然后,经上海到达天津。余泽鸿任中共北方局宣传部长,吴静焘协助工作。民国20年秋,他们奉命进入中央苏区,余泽鸿任宁都中心县委书记,吴静焘任妇女部长。不久,又调到南(丰)广(昌)中心县委工作。

在中央红军重新打开建宁、泰宁、黎川县的局面后,于民国22年1月成立建宁中心县委,余泽鸿任中心县委书记,吴静焘任常委、宣传部长、妇委书记。民国23年4月,吴静焘和妇女部长刘志敏在出席中共闽赣省委扩大红军会议后返回建宁县途中,行至闽西武夷山下里心镇双溪村黄泥潭时,遇上反动武装保卫团正在包围袭击赶集的群众,她和同行的刘志敏一起立即向敌人开枪,毙伤敌多人,解救了群众。当敌人发现仅两个女红军时便疯狂反扑。刘志敏身负重伤,吴静焘壮烈牺牲,时年30岁。

## 张绩之

张绩之(1905~1934),幼名张十成。滨海县东坎镇人。出身于贫苦农民家庭。中共早期党员,烈士。早年因生活所迫,15岁去上海做杂工度日。不久,与在上海的中共早期党员接触,并接受共产主义思想。民国14年(1925年),加入中国共产主义青年团,后转为中国共产党党员,具体从事上海的青年与学生运动。民国15年10月至16年3月,参加上海工人3次武装起义。北伐战争失败后,他被派赴苏联学习。民国19年回国,任共青团上海法南区委书记。民国20年进入中央苏区,先后出任少共(共青团)闽粤赣省委组织部长、少共中央宣传部长、少共江西省委书记、中共江西省委委员等职。民国21年,当选为中华苏维埃第二届中央执行委员会委员,参加中央苏区第三次至第五次反"围剿"斗争。民国23年10月,他随中央红军参加举世闻名的长征,任中国工农红军一军团政治部地方工作团主任。是年12月30日,在贵州剑河作战时不幸牺牲,时年29岁。1955年,张绩之被中央人民政府追认为革命烈士。

## 宗益寿

宗益寿(1907~1934),又名宗颖、吴丹枫、宗文斌、宗孟平。荆溪(今宜兴)徐舍人。中共早期党员,烈士。民国15年(1926年)1月,宗益寿加入中国国民党,负责宜兴县党部农工部工作。同年夏,由宗盘林介绍加入中国共产党,组织青年协进会、农民夜校,向群众宣传革命思想。"四一二"反革命政变后,国民党右派实行"清党"运动,宗益寿等共产党员依靠农民、工人,团结国民党左派,掌握国民党宜兴县党部清党委员会实权,使宜兴共产党的力量免遭损失。翌年9月,中共宜兴县委成立,宗益寿为县委委员。在贯彻中共"八七"会议精神，发动宜兴农民暴动的过程中，他和万益等深入农村秘密组织和训练农军，并作为暴动负责人之一，领导11月1日宜兴农民暴动。暴动失败后，他辗转赴上海向省委汇报，后被省委派任如皋济难会负责人、江北特委青年委员等职。民国17年春，宗益寿回宜兴恢复中共宜兴县委，任县委书记。7月，他任中共沪宁特委委员，后调上海中共沪淞区委工作。翌年，省委决定陈云、宗益寿等4人组成省农会。10月省委派他以巡视员身份到常州帮助建立县委。民国19年他调沪西区委，在陈云领导下搞工人运动。民国20年调法南区委工作期间被捕。他随机应变吞下党内同志名单，保护党组织和同志们的安全。后化名宗文斌，建立狱中党支部，任支部书记。他对探监的妹妹说："革命者头可断，血可流，革命气节不可丢！"后被营救出狱。民国21年上海中共临时中央派宗益寿和其弟弟宗益茂打入国民党特务机关，经中共组织允许登报脱党。在这期间，他曾营救过敌人抓获的几名共产党员。兄弟俩经中共组织决定撤出国民党特务机关后，转移到江西苏区，宗益寿任全国总工会执行局白区工作部部长。民国23年7月，他任北上抗日先遣队地方工作部部长。民国23年在长征途中牺牲，时年27岁。

1977年，中共中央领导人陈云亲笔写信称："宗孟平同志和他的弟弟小宗都是中国共产党的忠实党员，英勇奋斗为革命献出了自己的一生，他们都是革命烈士。"

## 魏云岭

魏云岭(1909~1934)，字超凡。邳县陆井乡甘山村沟南人。中共早期党员，烈士。出身于贫苦农民家庭。在占城小学读书时，与进步同学组织赤潮社宣传队，到周围村庄宣传革命，配合当地农民组织红枪党、红枪会，捣毁恶霸李占魁的粮行、牛行。

民国15年(1926年)夏，他考入睢宁中学。同年，加入中国共产党，任支部委员。民国17年春，他被任命为中共徐海蚌特委巡视员，曾参加刘少奇主持召开的泗、灵、宿等县特委紧急会议。赴宿县花庄、任桥一带，联系灵璧、泗县农民武装，组织与指挥宿县水池铺、东三堡暴动，击毙国民党团防局长张实之，夺取枪支、弹药。起义队伍开至蔡桥老窑会师，成立工农红军十三师，魏云岭任政委。28日，他率领部队到达泗县，参加中共泗县行动委员会领导的石梁河暴动。8月初,合编宿、泗县农民武装,在黑塔、唐沟被敌人包围,激战三天两夜。突围后,他到半城、洪泽湖一带从事游击战争。民国20年,任中共长淮特委军委负责人。翌年秋返邳,在占城、石匣一带秘密组织部队,事泄被通缉。民国22年,他复任红十三师政委,奉中共中央指示由淮阴南下转战浙江、闽北,到达赣东北地区与方志敏会师。不久,与地方赤色警卫师独立团合并组建新七军团,魏任政委。新七军团整编为新十军后,任八十七团政委。新十军开赴贵溪崇光地区集训,遭国民党七十九师袭击。为扫除敌人骚扰,八十七团担任主攻任务,取得老虎岗战斗的胜利。此后,在方志敏的统一指挥下,乘胜南下,粉碎敌人第四次"围剿"。在第五次反"围剿"中,为攻克敌人在"三县岭"(弋阳、万年、贵溪三县交界处)所筑碉堡,八十七团官兵浴血奋战,魏云岭身先士卒,在战斗中负伤。民国23年10月,在弋阳响山庙红军医院养伤时,敌人包围江西工农民主政府所在地葛源,方志敏几次组织突围未获成功。他命令守护医院的部队前往援救。敌五十七师乘机围攻医院,他率领住院官兵奋勇反击,因寡不敌众,全部壮烈牺牲。魏云岭时年25岁。

## 吴双热

吴双热(1884~?),名恤,别署双热、一寒、汉魂、光熊等。常熟人。小说家。出身书香门第,祖传有三声书屋,藏书甚富,故早年曾博览群书。又与同邑徐天啸、徐枕亚结为金兰之契,并撰征盟文曰:"海虞市上,同时发现三奇人:其一善笑,其一善哭,其一则善噤其口如哑。笑者之心热,哭者之心悲,哑者之心冷。……世事日非,国事日恶,人事日不轨,肠断矣,乌得不哭?哭不得,乌得不笑?哭即无益,笑亦无益,又乌得不哑?……三人者非他,哑者徐子天啸,哭者徐子枕亚,而笑者则双热。"虽为游戏之味,却也足见其忧心国事,且又形容得当。双热后来确以滑稽著称于世。初应常熟《吴声》之约,开始写短篇小说。民国元年(1912年)应上海《民权报》之招,与徐天啸、徐枕亚同为该报编辑,以长篇小说《兰娘哀史》和《孽冤镜》刊于该报副刊,一鸣惊人,骤享大名。《孽冤镜》被上海民鸣社改编为新剧,搬上舞台,盛极一时。《民权报》被袁世凯迫令停刊后,他又与徐枕亚等创办小说丛报社,创刊《小说丛报》杂志。应广州《大同日报》之招,担任编辑。晚年执教于南京正谊中学,以暴疾卒,终年50余岁。吴双热是鸳鸯蝴蝶派的代表作者之一,与徐枕亚、李定夷齐名。他的作品风格多样,既有骈四俪六的文言体,也有通俗易懂的白话体,长篇小说除上述提到者外,还有《孽冤镜别录》、《断肠花》、《无边风月传》、《鹃娘香史》、《花开花落》、《女儿红》、《一零八》、《快活夫妻》、《蘸些儿麻上来》等;短篇有《小说集锦》、《双热嚼墨》、《双热新嚼墨》等。

## 陆文椿

陆文椿(1861~1935),字寿山。新沂县(今新沂市)窑湾镇人。晚清参与"公车上书",力主维新。清光绪二十一年(1895年)赴京会试,参与康有为领导的"公车上书",极力主张维新。后又先后参加兴中会、同盟会以及中华革命党。光绪二十四年,沂河洪水为患,骆马湖水灾尤甚,陆文椿向宿迁县官陈航建议减免湖租,陈不允,引起湖民抗缴湖税。陈即对陆文椿进行迫害,他被迫流亡在外。民国3年(1914年),沂沭河发洪水,窑湾北门外沂河堤决口,骆马湖地区尽为泽国,房屋倒塌,人畜伤亡。邳县名士窦鸿年以邻为壑,向省提议掘开苏塘格堤,使洪水窜入黄墩、骆马两湖,加剧洪水危害。陆文椿愤而领导两湖人民群起抗拒,并印《驳窦鸿年建议书》散发两县各界,呼吁评论曲直,省方怕激起民变,急忙收回决议。两湖人民对陆文椿深为感激。民国5年,陆文椿受聘担任宿迁县办甲种师范讲习所国文教师,后辍教家居读书,不复外事。民国24年病逝,终年74岁。

## 陆尔奎

陆尔奎(1862~1935),字浦生,号炜士。阳湖县(今常州武进)雪堰乡雅浦村人。清末民初《新字典》、《辞源》主编。光绪十七年(1891年)中举人。历任北洋学堂、南洋公学等校教师,广西浔阳书院山长。他学问广博,贯通新旧学说。广州知府龚心湛聘请他主持广州府中学堂监督,因管教有方,师生都很钦佩。两次被派往日本考察,回国后在广州创办两广游学预备科,任教务长,曾为两广输送和培养大批实用人才。后入两广总督岑春煊幕佐助政事。光绪三十年回武进。不久,出任江苏学务公所议绅兼抚署顾问。后随同岑春煊到上海,由蒋维乔介绍进商务印书馆,主持编纂法政书籍。这时学风渐开,全国正处在新教育的启蒙时期,随着外来科学文化的输入,一些新科学新名词逐渐增多。他认为陈旧的《康熙字典》已不适应社会发展的需要。"欲求文化之普及,亟应创编辞书"。这一建议立即被商务印书馆经理张元济采纳,委他任字典部主任。光绪三十四年春,召集傅运森、方毅、殷维龢等五六位同仁,正式开始编纂《新字典》和《辞源》。《新字典》因有例可循,只需增加一些新字图,比较容易,于民国2年(1913年)编成,全书6册。蔡元培作序,对该书给予高度评价,认为"于民国成立之始,得此适用之新字典,对于国民之语言及思想,不无革新之影响"。陆尔奎力主创编一种新型的辞书。认为中国原有的各种辞书,只有单个字注释,应在每个单字之下,凡是有这个单字所联缀成的两个或几个字构成的通用词语,都要一律采集进去,成为各种专门辞典的基础。他拟订的编纂原则是以"中学为体、西学为用",辞书除了有成语、掌故、典章制度、天文、地理、人名、物名、音乐、技术等词语外,还应有反映科学、民主、政治等外来科学的用语。于是,组织数十个编辑人员搜罗诸子百家的著述,采辑各种科学知识,邀请国内几十位专家在一起,经过反复改正、查核、探讨、商议,终于主持编纂成400多万字的《辞源》。这是近代中国编纂百科辞书的首创。《辞源》的编成,受到社会知识界的普遍欢迎,对于中国文化、学术的发展起着一定的推动作用。以后,他又负责商务印书馆辞典部的编纂工作,编成《学生字典》。他还准备编纂一部《中国历史人名大辞典》,但由于长期积劳,造成目疾,不能看书,改由臧励龢接任主编。

## 曾 朴

曾朴(1872~1935),字孟朴,又字小木、籀斋,笔名东亚病夫。小说《孽海花》作者之一。常熟城区人。光绪十七年(1891年)举人,光绪十八年会试未中,捐官内阁中书。宣统元年(1909年),为两江总督端方幕僚;翌年捐候补知府,分发浙江。民国初,参加共和党,为江苏省议会议员。后任江苏省官产处处长、财政厅长、政务厅长等职。于民国15年(1926年)秋去职。后返里,居虚廓园。

曾朴才名颇著,学识赡博,翁同龢尝称为异才。光绪二十一年进同文馆,始学法文,后交陈季同,从探讨法国文学的源流中,深刻认识小说在文学中的地位。光绪二十二年拟应总理衙门章京之试,因内阁不予保举,愤而离京赴沪,与谭嗣同力谋变法大计。戊戌变法失败后,返乡,致力于新式教育。

曾先后在上海创设小说林、真善美书店,发行杂志,刊布中外小说。光绪三十年,他接过金天翮初作《孽海花》6回,几经修改续作,成35回;后改编30回本刊行。鲁迅评为"结构工巧,文采斐然",为晚清著名谴责小说之一。同时,他在光绪二十八年起,凡30余年中,陆续翻译发表较多的法国文学名著,包括雨果、左拉、莫利哀、福楼拜等人作品。另著有《补后汉书艺文志并考证》、《雪昙梦院本》、《鲁男子》第一部《恋》、《论法兰西悲剧源流》等,并有《病夫日记》及诗文若干篇行世。

## 孙德谦

孙德谦(1873~1935),字受之,又字寿芝,号益葊,晚号隘堪居士。元和县(今苏州市区)人。清末民初学者。少时爱好读书,13岁读毕五经,19岁补诸生。从同里雷甘溪治经,继又治声韵、训诂。后交钱塘张尔田,经常往复讨论。又研读先秦诸子,认真考其源流,观其会通,造就他的学术根基。对清代儒学,他独事会稽章学诚,习章氏的《文史通义》而有名气。29岁时北游天津,后至永年,就聘于长紫山书院,援例叙职训导。光绪二十六年(1900年)南归,往来于赣浙之间。曾任江苏通志局编纂、浙江通志局编纂。又请准当局办江苏存古学堂,前后任教3年。辛亥革命后,他移居上海,历任上海政治大学、大夏大学教授。循循善诱,成才甚众。孙德谦治学,以"诸子最为专家,造述独富",余为骈偶文。"其骈文与李详并称,诸子之学尤为世重"。他晚年著成《太史公书义法》一书,2卷50篇。这是他毕生的力作。学者评论说:"好学深思,心知其意。"他还著有《汉书艺文志举例》1卷,《刘向校雠学纂微》1卷,《六朝丽指》、《稷山段氏二妙年谱》、《古书读法略例》等书,计已刊、未刊或成而已佚者共28种,其骈文专著有《四益宦骈文稿》。民国24年(1935年)11月7日病逝。

## 赵锡蕃

赵锡蕃(1873~1935),字晋三。沛县鹿湾乡赵圈村人。清末拔贡。民国元年(1912年),土匪犯沛城,赵锡蕃星夜赴徐州请来革命军平定匪患。同年,被群众公推为沛县民政长。民国4年,任山西省稷山县知事,政声卓著。不久,辞官归里,自筹资金,兴办光明学堂,为地方造就人才。民国9年冬,应沛县知事于书云之邀,主纂《沛县志》。广征博采,补缀编修,为沛县仅存的最完整的一部志书。同年,任沛县公立处处长,杜贪污,树廉风,一尘不染。民国14年,任沛县警备营长,抚境安民,勋绩颇著,地方献"梓里长城"匾额,以颂其德。

赵锡蕃家道充裕,乐善好施,恤老怜贫,为里人称颂。一日村中大火,83户受灾,赵主动捐房料,赠米粮,助灾民重建家园。卒后,里人竖碑纪念。

## 袁励准

袁励准(1877~1935),字珏生,号中州,别署恐高寒斋生。武进县城(今常州市区)人。书画家。光绪二十四年(1898年)中进士,授翰林院编修,被命为南书房行走。他同情康有为的维新变法。光绪二十八年任京师大学堂监督。光绪三十一年负责创办实业学堂(北大工学院前身),任监督。在此期间曾任甲辰科会试同考官。民国建立后历任清史馆编纂、辅仁大学美术系教授。袁世凯当政后,曾聘其任职,他拒绝后,以鬻书画为生。在荣斋、清秘阁等书画店挂有笔单。袁励准擅诗文,嗜书画,对宋代米芾的字特别欣赏。行、楷宗米芾,劲利奔放,潇洒自如;篆学李阳冰,文静曲雅,甚行时誉。现中共中央、国务院所在地的正门"新华门"3字匾额苍劲雄浑,引人注目,系袁励准在民国初年手书。至今故宫、颐和园内尚存他的墨迹。画学马远,亦有高致。喜欢蓄墨,颇多珍品。

## 恽铁樵

恽铁樵(1878~1935),名树珏,别署黄山、焦木。武进西夏墅人。小说家,中医理论家。父母早丧,赖叔父抚养。16岁中秀才,后设塾授徒,并努力学习新旧知识。在略有积蓄后,入上海南洋公学。学习成绩优异,毕业后,先后在湖南长沙、上海浦东中学任教。爱好文学,教学之余,便仿效林纾以章回形式翻译西洋小说,如《豆蔻葩》、《黑衣娘》、《波痕夷因》、《奇怪之旅行》等,创作文字短篇小说《造象毁象》,均在包天笑主编的《小说时报》上发表,博得一致好评。民国元年(1912年),因商务印书馆经理张元济赏识,受聘担任《小说月报》首任主编。他既当编辑,又创作和翻译小说,先后创作、翻译《欧蓼乳瓶》、《文字姻缘》、《赣榆奇案》、《聊斋志异》、《工人小史》

等20余篇作品。还与成舍我合译《金钱与爱情》，撰写《南北史演义》。在民国初期的文坛上，恽铁樵有"大说家"之誉。这一时期，他慧眼识英才，培养一批文学人才。民国2年，在《小说月报》上刊登鲁迅（周树人）的第一篇小说《怀旧》。当时鲁迅在国内尚未露头角，他不仅把这篇文章放在卷首突出位置，还在小说篇末加按语："曾见青年人，才解握管，便讲词章，卒至满纸饾饤，无有是处，辄宜以此等文字药之。"作很有分量的评赞，并复信大加称赞。他还发现培养程瞻庐、程小青、许堇父等人。

恽铁樵中年以后，因3个儿子均死于伤寒，遂决定弃文从医。于是发奋遍览古今医书，旁及西洋译本，并向当时名医汪莲石请教，深入钻研《内经》、《伤寒》之学，对论治温病有独特之见，辨证用药，胆识过人，名重于时。在亲友的鼓励下，辞去编辑职务，在上海创设铁樵医学事务所，挂牌行医。他对中西医进行过比较系统、全面的研究，成为当时中西医汇通派的著名代表。民国14年，创办《铁樵医学》月刊、铁樵中医函授学校，把钻研医学的体会和临床经验公之于众。通函受业的海内外学生达400多人。著作有《九经见智录》、《伤寒论研究》、《伤寒论辑义按》、《保赤新书》、《温病明理》、《病理概论》等20多篇，统称《药庵医学丛书》。他的"融会新知，促图医之改进"的观点，成为中国最早提倡中西结合的医学理论。他反对否定中医，为中医发展作出显著贡献。民国24年6月26日病逝于上海。

## 葛节支

葛节支（1879～1935），又名永和，字浚。宝应县西湖新集乡（今洪泽县共和乡戚庄村）人。光绪二十五年（1899年）考中秀才，后回乡办私塾。时宝应县设三十六图，负责催粮并可随意抓人。他对此十分愤慨，状呈县衙，反被官府冠以"反清"之罪而遭通缉。葛被迫离家避难，并入两江法政学堂就读。期间，再次控告宝应县三十六图不法行为，恳请政府取消这种组织。后经勘查，认定葛反映情况属实，遂撤销三十六图，建立地方粮董制，钱粮国税由老百姓直接向县交纳，减少中间盘剥，减轻农民负担。对此，河东各图大小绅士怀恨在心，便纠集歹徒，对葛围殴毒打，幸被一旅馆老板将其装入空棺，运出城外，才幸免于难。民国初年，他被推举为宝应县第二市议长；民国10年（1921年），又被选为江苏省众议员。民国20年夏，他坐船去涂沟办事，遇一匪船拦劫。土匪发现是一带枪官船时，躲避不及，匪徒中有其堂弟葛永新,见其堂兄便连呼饶命。他声色俱厉,激愤地说:"我决没你这当土匪的兄弟。"遂下令将其和众匪徒一起击毙。在赵集训办民团,极具战斗力,加之他本人威望很高,使周围土匪和过路军队皆不敢犯境。他任省议员后,常向上反映群众要求,为民办事。宝应县教育科长芮绍武要求各地一律按南京的模式大办"洋学堂",并以此为由向家长增收大量教育附加费,民怨沸腾。他为此先后奔波六个月调查访问,专门写一本小册子陈述利弊,指出宝应不是南京,应量力而行,切不可加重人民负担,终使县教育科取消原来决定。宝应湖、西河湖相连,渡船既少且小,交通不便,每遇洪水,常船翻人亡。经葛节支力倡,用政府资助和群众自筹的办法,办起11条义渡船,并先后开辟宝应至黎城、涂沟、仁和、岔河、高良涧5条长途客运线。每遇灾荒,便下乡查看灾情,呼吁各界捐款赈济,并带头解囊。他一生募捐救济贫苦农民之衣物钱粮,难以统计。民国24年,葛节支病逝。临终时,前庭院里跪满老百姓,为他祈祷。

## 李竟成

李竟成(1880～1935),原名良波。丹徒县(今镇江市)大路乡小桥头人。辛亥革命将领。父漆工,曾任太平军旗官。年少时,因贫一度辍学务农。后得名儒赵蓉曾赏识,免费收读,与其子赵声同窗交好。清光绪三十一年(1905年),南洋第九镇新军在宁镇征兵,李应征入新军三十三标,为宪兵队正目,追随标统赵声从事革命活动加入中国同盟会。继又考入南洋陆师学堂。广州黄花岗起义前奉召赴粤,潜居香港,被派策动新军反戈,奔走于省港之间。宣统三年(1911年)农历三月二十九日起义失败后,潜至上海,参加同盟会上海地区的革命活动。武昌起义后,李受同盟会中部总会之命,与洪承点、赵念伯、赵光等在沪宁线策动革命,召集有志革命的退伍兵士,组织敢死队,暗藏武器,分批潜入镇江待机。他以三益栈旅馆作为起义总指挥部,一面与新军管带林述庆相互配合,争取巡防营统陆如仙中立,赢得要塞及海军官兵的支持;一面又派人联络炮台和兵舰,筹集为起义准备的粮饷巨款;同时又和地方人士联系,争取他们做清方官吏的工作,迫使副都统载穆缴械投降,终于兵不血刃而"光复"镇江。镇江军政府成立后,他任参谋总长,接着又改任军务部长。苏浙联军西取南京时,他与徐宝山分兵渡江组成江北支队,经仪征与柏文蔚所率镇军支队一起进攻浦口,完成对顽敌张勋部队的夹击,切断南京守敌北逃的归路。在高家洼一役中,他因连日临阵督战,劳累过度,为山炮震昏,口吐鲜血。经抢救苏醒后,仍坚持在前线继续指挥作战,官兵深受感动,士气大振,终于攻克浦口。南京"光复"后,历任江北支队司令、陆军第十六师参谋长和镇江卫戍司令等职。任职期间,致力于整顿社会秩序,镇压民愤极大的恶棍以儆效尤,并倡议修筑京畿路。

民国4年(1915年),袁世凯谋复帝制,他与黄兴、赵念伯、马贡芳等联名通电讨袁,遭到袁的通缉,被迫匿居上海租界。袁垮台后返里。此后,中国大小新旧军阀争战不休,辛亥革命果实已被葬送。他痛悼林述庆之遇害,又因受内部排挤,隐于故里耕田、开窑坊度日,以书法、诵经念佛自娱,喜与和尚往来。邻里每有不平事,则为调处,遇欺压乡民的地霸豪绅则不稍让。尝书对联两轴明志:一为"早岁从戎,誓复润州铁瓮;近年养晦,每思梓里山河";一为"一轮明月,两袖清风"。

## 刘永康

刘永康(1883~1935),江阴县(今江阴市)青阳镇人。中国橡胶工业开拓者。早年在上海开设正泰百货号,专一贩卖日本产橡胶日用品,见橡胶制品用途日广而国内尚无人设厂制造,遂有心创业。民国16年(1927年)集资银1万两创办上海义昌橡皮物品制造厂,不久改名正泰橡胶厂,在家乡江阴招工百余名,用日本技术,日产套鞋200双,是为中国首家民族橡胶厂。民国18年,世界经济危机爆发,并波及中国,至年终,正泰发生巨额亏损,部分股东要求拆股,工厂停工。刘永康认为萧条之后必有景气,橡胶工业是新兴产业,更有前途,于次年初追加投资银12万两添置设备,恢复生产。为解决套鞋表面光洁度不高的问题,他于6月又集银6万两,添置蒸缸1只及有关附属设备,终于使产品在市场上站稳脚跟,工厂发展到日产胶鞋2000双、年耗胶200吨的规模。至民国20年底,正泰获利银30万两,着手扩建第二厂。"九一八"事变和"一·二八"淞沪抗战爆发后,中国人民爱国热情空前高涨,"抵制日货,倡用国货"成为一时社会风尚,正泰适逢其时,获得空前发展而成为上海橡胶业两大厂之一。

民国22年2月21日,正泰厂硫化缸发生大爆炸事故,造成死81人、伤120余人的惨剧,震动全上海。刘永康一时间成为众矢之的,受到社会舆论的严厉谴责;生产停顿,工厂一度陷入极其困难的境地,部分股东拆股而去。

刘永康自有资金比例上升到70%,承担全部责任和损失。但他并不气馁,仍决心待机再起。另一方面,刘永康也从事件中看到了正泰各方面的缺陷。次年,他再次投资15万银元,提拔学徒出身的得意门生杨少振负正泰内外总责,实施全面的正规化改革。在销售经营方面,刘永康提出"等价我货好,等质我价低"的口号,抢占尚未为人注意的帆布高帮运动球鞋市场,推出"回力牌",并积极参与体育运动等社会活动以扩大影响。在生产管理方面,他创建球鞋生产流水线以改变原先作坊式的"独工"操作法;实施新财会制度,明确管理人员的职务职责;调整工资计算法,增加工人收入。在1年多的时间里,正泰迅速创出名牌"回力"鞋,进入了长期稳定发展的新阶段。民国24年12月17日,刘永康因积劳成疾而去逝,终年52岁。他遗下的事业,在门生杨氏、亲戚洪氏的鼎力合作下,又获得进一步发展,终成为中国民族橡胶工业两大支柱之一而闻名于世。

## 戈公振

戈公振(1890~1935),名绍发,字春霆,号公振。新闻记者,学者。东台市东台镇人。光绪二十九年(1903年),以第一名成绩考入东台高等学堂。民国2年(1913年)考入南通师范,因经济困难未去。同年冬,由名绅夏寅官推荐去上海狄楚青处。狄是《时报》和有正书局创办人。戈进书局图画部当学徒。因为他编的一本学生习字帖,很得狄赏识,不久便升为出版部主任。次年调《时报》编辑部,从校对、助编、编辑到任总编辑。在《时报》工作15年,在革新报纸、创办副刊、文化教育、文学艺术和体育新闻报导等方面做了大量工作,使《时报》成为当时知识分子最爱读的报纸。民国9年,他首创的《图画时报》,揭开中国画报史上新的一页。戈公振在《时报》工作期间,潜心研究新闻学、中国新闻事业史,称之为"报学"和"报学史"。他根据美国新闻学者开乐凯著的《新闻学手册》编译成《新闻学撮要》一书,民国14年2月由上海新闻记者联欢会出版。梁启超写的序言中说:"戈君从事《时报》十有四年,独能虚心研究及此。予喜其能重视其职业,与此书之有裨后来者也,爰为之序。"之后,戈又写成中国第一部报刊史研究专著《中国报学史》。该书概述了从汉唐到"五四"运动前中国报刊的产生和发展过程,代表了中国报刊史研究的最高学术水平。该书译成日文在东京出版。他还热心于新闻教育工作,从民国14年起,先后在上海国民大学、南方大学、大夏大学、复旦大学新闻系,讲授新闻学和中国报学史,举办各种新闻讲习班,培养新闻人才。民国16年初,戈公振出访欧美、日本等国,考察各国新闻事业。8月,出席在日内瓦召开的国际新闻专家会议。年底到大英博物馆图书室读书,后撰写《英京读书记》一文,介绍清嘉庆、道光、同治年间外国人用中文出版的报刊。民国17年底回国,任《申报》馆设计部副主任。翌年创办《申报星期画刊》,任主编,并开始研究世界新闻事业。"九一八"事变后,开始系统阅读并研究马列著作。民国21年"一·二八"淞沪战争期间,参加上海文艺界抗日救国运动,同邹韬奋、胡愈之、杜重远、李公朴、毕云程等人商谈创办《生活日报》。3月,国际联盟派李顿调查团到中国了解"九一八"、"一·二八"事变真相。戈以记者身份随团往东北,在沈阳北大营现场调查时,被日伪宪警拘捕,后经调查团交涉获释。回上海后,写了《到东北调查后》一文,发表在邹韬奋主编的《生活》周刊上。他认为"除非举国一致,背水一战,不但东北收回无望,华北也陷于极大危险境地"。同年9月,戈公振以特派员专员身份随顾维钧赴日内瓦,参加国际联盟召开的讨论日本侵略中国的特别大会。翌年3月,戈随中国驻苏大使颜惠庆赴莫斯科,并研究苏联社会情况。在苏联三年,他到列宁格勒、乌克兰、高加索、乌拉尔、中亚西亚等地考察访问,撰写了介绍苏联的文章。他还访问了《真理报》、《消息报》、苏联共产主义新闻学院,专心研究苏联新闻事业。民国24年夏,邹韬奋打电报催他回国筹办《生活日报》。10月15日到达上海。不久,因阑尾炎住院。手术后,于22日病逝,时年45岁。戈公振死因之谜未解,有说是遭敌人暗害。遗著《从东北到庶联》("庶联"为苏联异译)、《新闻学》等,民国29年由商务印书馆出版。《中国报学史》经戈宝权整理,于1955年由三联书店出版。

## 陈半亭

陈半亭(1892~1935),原名陈殿荣,别号半亭、恬荣、子颖、听雨轩主等。溧阳县(今溧阳市)前马乡前马村人。画家。七八岁在私塾读书时,就喜欢临摹香烟盒上的画片、残缺的《聊斋》绣像。后来得到《芥子园画传》作为范本,画艺大进。年稍长,着重学习山阴二任(伯年、渭长),又钻研岭南二高(奇峰、剑父),颇多心得,以熟宣纸画走兽,彩墨晕染,清新有致,所作狮、虎、猴、鹿、狐狸、松鼠等动物,无不栩栩如生,逗人喜爱。年纪虽轻,已全县闻名。他25岁后,游历大江南北,到处观摩交流。民国13年(1924年)左右,经同乡许闻天介绍,赴上海参加郭沫若等发起的东方艺术研究会,专门研究国画。在此期间,他与同乡姜丹书、狄年子等经常会晤,并结识王一亭、金寿石、程瑶生等名家。狄、王书画收藏颇丰,他得以尽量观赏。还研究日本画和西洋画,开拓了视野。他主张博采众长,融为己有,反对泥古不化,终于形成自己独特的风格。在研究会举办的国画展览会上,他展出很多有个性的、题材新颖的作品,博得好评。民国15年春节,徐悲鸿来溧阳探陈,与陈半亭在县城程沄家中合作作画两日。民国18年春,全国第一次美展在上海举行,他的《月下野狼》画作被选在会刊《美展》第二期发表,并作文字介绍,引起大家的重视。陈半亭作画做到"画外有画",更能耐心寻味。如他曾画过一幅《钟馗》,图中钟馗一手斜打破伞,一手提个灯笼,袍的下摆塞入腰带,靴上拖泥带水,蹀步而行,回头凝视。题七绝一首:"破伞孤灯两足泥,卖符南北与东西。贪杯不觉归来晚,战战兢兢怕鬼迷。"这些题句真是入木三分!他一生除爱好绘画外,还十分关心家乡的教育和水利事业。他曾率先废除村上的私塾,创办新式小学校。还先后倡导民间开挖大滩头河、埠茅蓬河和小沟头河,民国19年前后倡导兴建前王圩水垛,民国23年建月牙水垛,使千顷贫瘠土地变成排灌两利、水旱皆宜、稻麦保收的良田。

## 瞿秋白

瞿秋白(1899~1935),学名瞿双,自改名霜后由"霜"引申"秋白"。清光绪二十四年十二月十八日(1899年1月29日)生于阳湖县(今常州市区)青果巷八桂堂。中国无产阶级革命家,中国共产党早期领导人之一。出身于破落的封建官僚家庭。宣统元年(1909年)考入常州府中学堂(今江苏省常州高级中学),将毕业时,因家境困难辍学,到无锡江溪桥江陂国民学校任小学教师。民国6年(1917年)秋,考进北京俄文专修馆学习。"五四"运动期间,他是俄文专修馆学生运动领导人之一。民国9年参加李大钊组织的马克思学说研究会,开始学习和接受共产主义思想理论。在《晨报》、《新中国》、《新社会》等杂志上发表《不签字后之办法》等政治论文,译载俄国优秀文学作品,介绍和宣传马克思主义学说。民国9年10月,受北京《晨报》馆聘请,以特约记者身份去苏俄莫斯科工作,出席共产国际第三、四次代表大会,远东各国共产党和民族革命团体第一次代表大会,向国内介绍俄国十月革命后的真实情况,并会见过列宁。他还在莫斯科劳动大学中国班任教。民国11年2月,经张太雷、张国焘介绍,加入中国共产党。他在苏俄期间,因肺病两次住院,但仍抱病坚持工作,撰写五六十篇通讯报道,在《晨报》上发表的有35篇、16万多字。还写了《俄罗斯革命论》、《饿乡纪程》、《赤都心史》等社会科学论著和散文集。民国11年12月,从莫斯科回国,主编《新青年》季刊,在第一期上刊载由他新译的《国际歌》词,并配有曲谱。同时,主编《前锋》,参加编辑《向导》。同年,参加中共第三次代表大会,主持起草党纲草案和"三大"宣言。秋,任上海大学教务长兼社会学系主任,主讲社会科学概论、社会哲学等课程。民国13年1月,根据中共中央决定出席国民党一大,被选为国民党中央候补执行委员。民国14年1月,参加中共四大,被选为中央委员,并为中共中央局五人成员之一。"五卅"惨案后,兼任《热血日报》主编。民国15年,中共中央决定组织上海工人武装起义,他参与第三次武装起义的领导工作。民国16年4月,出席中共五大,被选为中央委员、政治局常委。同年8月7日,在汉口主持召开中共中央紧急会议(即"八七"会议),批评和纠正陈独秀右倾机会主义错误,确定武装反抗国民党反动派进攻、进行土地革命的总方针。会议选出以他为首的中央临时政治局。"八七"会议在党的历史上具有十分重要的意义。1927年冬至1928年春,他在担任中央领导工作期间,犯有"左"倾盲动主义错误。

民国17年6月,他在中共六大会议上所作的政治报告中,批判陈独秀右倾机会主义错误,对自己的"左"倾盲动主义错误也作了自我批评,提出开展游击战争和武装割据的思想。继续被选为中央委员、政治局委员。会后,他作为中共驻共产国际代表团团长,留在莫斯科工作。在共产国际六大上,当选为共产国际执行委员、主席团委员、政治局书记处成员,参与共产国际的领导工作。民国18年下半年,在联共发动反对托洛斯基、布哈林分子的清党运动后,他受到共产国际东方部副部长米夫及王明一伙人的诬陷,被撤销中共代表团团长职务。

民国19年9月,他受共产国际委托,与周恩来共同主持中共六届三中全会,批评和纠正李立三"左"倾冒险主义错误。两个月后,共产国际突然来信,指责三中全会犯有调和主义错误。民国20年1月,在共产国际新任驻中国代表米夫的操纵下,召开中共六届四中全会。会上对瞿秋白进行残酷斗争,无情打击,撤销他中央政治局委员职务,排除于中央领导机关之外。

他在上海白色恐怖的险恶环境中,和鲁迅共同领导左翼革命文化运动,摆脱"左"倾错误的束缚,使新文化事业得到蓬勃发展,也和鲁迅结下深厚友谊。民国22年底,奉命去中央苏区,任中华苏维埃共和国人民教育委员、苏维埃大学校长、《红色中华》报社社长兼主编。民国23年10月,中央红军开始长征,他被留下坚持斗争。因肺病严重,中央分局决定送他经香港转上海治疗。民国24年2月24日拂晓,途经福建省长汀县水口镇小径村附近时不幸被俘。敌人严刑逼供,他化名林祺祥,坚不吐实,以求脱离。后被转押长汀国民党军三十六师部,被叛徒指认,他坦然承认自己身份。他在国民党狱中写下《多余的话》,坦率地反省自己的非无产阶级意识,直面自己的弱点和错误。国民党当局和蒋介石使尽各种手段,妄图劝降,他坚贞不移。他曾说:"我们的不自由是为了群众的自由,我们的死是为了群众的生。"面对敌人的威逼利诱,他说:"人爱自己的历史,比爱自己的翅膀更厉害,请勿撕破我的历史。"表示自己"情愿作一个不识时务的笨拙人,不愿作出卖灵魂的识时务者"。6月18日,他被带出监房,沿途高唱《红军歌》,用俄语唱《国际歌》,高呼"中国共产党万岁"!"中国革命胜利万岁"!到达刑场后,盘坐在草地上,对刽子手点头说:"此地很好!"从容就义,时年36岁。瞿秋白编著和译著有500余万字。毛泽东称赞他"这个临难不屈的意志和他在文字中保存下来的思想,将永远活着,不会死去的"。

# 曾中生

曾中生(1900～1935),原名钟圣。湖南省资兴县人。中共早期党员,烈士。民国11年(1922年)到沈鸿英部当参谋。因感军纪败坏,遂于第二年离开沈部,寻找新的救国之路。民国14年,考入黄埔军官学校,并参加中共领导的青年军人联合会,同年加入中国共产党。翌年受党的指派,到第八军唐生智部任前敌总指挥部政治部组织科长。10月,北伐军攻占武汉,他担任《武汉民报》主笔。民国16年初,他参加国民党湖北省党部工作,被选为湖北省党部候补委员。7月15日,汪精卫公开背叛革命,曾中生被迫转移到上海。9月,被派往莫斯科中山大学学习,同时参加在莫斯科召开的中共第六次代表大会。回国后被分配到上海中央军委工作。民国19年,反对坚持实行"南京暴动"的"左"倾冒险主张。7月14日,主持党中央工作的李立三亲自兼任江苏省行动委员会书记,并任命曾中生为起义总指挥。

曾中生到南京了解情况后,即向在南京的中央总行委代表反映不同意见,遭到否决,并被斥之为严重右倾。曾中生表现出高度的组织纪律性,冒着生命危险执行起义计划。后因叛徒告密,起义未成,党组织遭到严重破坏,近百名党员被捕,市行委书记等一批干部牺牲。民国19年9月6日,中共江苏省委任命曾中生为南京市委书记。其间,他还以中央特派员身份被派往鄂豫皖区工作,并于次年3月被任命为鄂豫皖特委书记和军委主席。后又担任鄂豫皖中央分局委员、军委副主席。民国20年7月调任红四军政委。因多次抵制张国焘的错误路线,张国焘于是年9月以所谓与"AB团"案情有牵连为借口,撤销曾中生红四军政委职务。民国11年秋,曾中生任西北革命军事委员会参谋长。次年2月任川陕省委委员。8月在张国焘发动的"肃反"、"反右"斗争中,被诬陷为"右派首领"遭逮捕。民国24年3月,红四军西渡嘉陵江,曾随军而行。8月中旬,在四川西北卓克基以北森林里遭秘密杀害,时年35岁。民国34年在中共第七次代表大会上,中共中央为曾中生平反昭雪,并追认为烈士。

## 许包野

许包野(1900~1935),祖籍广东省澄海县。光绪二十六年(1990年)生于泰国一个华侨家庭,7岁回到祖国。民国9年(1920年)赴法国勤工俭学,先后在法国、德国和奥地利攻读哲学,并获得博士学位。民国12年2月经朱德介绍加入中国共产党。旅欧期间,他一面钻研马克思主义,一面在中共旅欧支部的领导下参加实际斗争。民国15年,许包野被派往苏联莫斯科东方大学任教。

"九一八"事变后,许包野受共产国际的派遣,从苏联秘密回国,于民国20年底到上海向中共临时中央报告共产国际情况。民国21年3月抵达厦门。同年5月,受中共厦门中心市委的派遣,他先后到安溪、惠安、泉州、莆田等地巡视工作,了解情况,发动群众,健全农会组织,建立农民武装,协助整顿游击队,巩固红色根据地。

民国21年10月,中共中央任命许包野为厦门中心市委书记。民国23年7月,中共江苏省委连遭敌人破坏,党中央调许包野任江苏省委书记,领导恢复和重建江苏省委机关。同年10月,中共河南省委遭敌人破坏,党中央又调许包野任河南省委书记,在处境十分危险的环境中领导河南省委坚持斗争。

民国24年2月,由于叛徒出卖,许包野在河南郑州被捕,随即被押解到南京国民党中央军人监狱,同年在南京英勇就义,时年35岁。

## 戴蔚霞

戴蔚霞(1904~1935),又名蔚侠。邳县红旗乡戴圩村人。烈士。14岁毕业于县立第一高等小学,考入省立第七师范。"五四"运动爆发后,他积极宣传爱国救国,查禁日货。民国9年(1920年)与郭子化、解慕唐等组织读书会,探求革命真理。翌年参加陈亚峰等组织的赤潮社,创办《赤潮》旬刊,宣传马列主义。他于民国12年师范毕业,先后任教于山东省夏镇小学、邳县第一高等小学。校长戴则乾禁止学生阅读进步书刊,反对组织读书会,戴蔚霞等发动师生罢课,并将其逐出学校。民国14年加入国民党,任县党部委员。民国16年随北伐军南下,任南京警察训练所中队长。北伐军再次克邳后,任戴圩乡乡政局长。民国17年任县督学、代理教育局长等职。期间,他任用共产党员担任学校领导职务,聘请进步教师任教,革除积弊,更新教学内容,推动全县教育事业发展。是年,加入中国共产党。国民党在邳县"清党"时,他秘密通知党内主要领导人转移脱险。民国18年7月被捕,关押在苏州高等法院7个月。出狱后去上海,先后在中共沪东区委、红十四军驻沪办事处任职,参加中共六届三中全会的保卫工作。不久奉调江苏省委,被派往南通工作,因党组织遭受破坏重回上海。民国20年冬,他与夫人刘素平奉调去瑞金中央根据地,先后任中央发行部主任、保卫局局长,参加第四次反"围剿"斗争。民国23年,中央红军独立师建立,毛泽覃任师长,他任政委。中央红军主力长征后,独立师奉命在江西革命根据地坚持游击战争。

民国24年4月,在腊子口分水坳,独立师全部陷入敌人包围。毛泽覃带领一部分人掩护,戴蔚霞率大部突围,终因寡不敌众,陷入绝境,全师覆没。戴蔚霞当场壮烈牺牲,时年31岁。

## 孙凤鸣　崔正瑶

孙凤鸣(1905~1935),原名凤海。清光绪三十一年(1905年)十一月二日生,铜山县黄集乡小合子村人。烈士。他只上过几个月冬学。在军阀混战时期,当过兵,练得一手绝好枪法。

崔正瑶(约1911～1935),女。仪征县城(今仪征市)人。早期革命者,孙凤鸣妻。

民国19年(1930年)底,孙凤鸣偕夫人崔正瑶到上海,与中共地下党组织建立联系,对他影响较大的有陈惘子等人。崔正瑶也经常参加孙凤鸣与爱国志士华克之、陈处泰、李怀诚等人的聚会。中共党员陈处泰还与她长谈,宣传马列主义。华克之等为"九一八"事变以来一系列丧权辱国事件义愤填膺。孙凤鸣提出刺杀蒋介石,刺蒋计划报告给中共地下党组织后,未获批准。但孙凤鸣、华克之、张维等人决心已定,于是便筹划具体行动方案,密谋刺杀蒋介石。为行动方便,由华克之出面于民国23年11月在南京组建《晨光》通讯社,华任社长,孙凤鸣为记者。孙凤鸣自告奋勇承担"五步流血"铲除国贼。其妻鼓励孙凤鸣:"你刺杀蒋介石,我加入共产党,我俩殊途回归。"

民国24年11月1日,国民党四届六中全会在南京召开。开幕式结束后,孙凤鸣以记者身份进入全体中委摄影现场。中央委员们集中到会议厅前等候摄影。蒋介石迟迟不到,未及列队,摄影师动手拍照,9时30分摄影完毕。眼看刺蒋不成,孙凤鸣便临时决定刺杀汪精卫。此时,孙凤鸣突然从记者群中闪出,从大衣口袋里掏出五响左轮手枪,高呼"打倒卖国贼",向站在第一排正中正要转身的汪精卫连放3枪,汪应声到地。现场秩序顿时大乱。慌乱中,汪精卫的卫士还击两枪,孙凤鸣胸部中弹倒地。在医院里,南京国民党当局逼孙凤鸣讲出行刺的政治背景,追究受何人指使。孙凤鸣忍着剧痛说:"要我刺汪的主使人就是我的良心!"始终没有供出任何人来。次日凌晨去世,时年30岁。刺汪消息传开后,全国轰动。因晨光社庶务谷紫峰被捕招供,崔正瑶、陈处泰、王仁山在新亚酒店被捕。戴笠亲自审讯,遍使酷刑,崔正瑶坚不吐实,始终只说刺汪是孙凤鸣个人行动,是孙"爱护民族、国家,不愿做亡国奴","并无他人指使,和他人无关",行刺目的在于"警告当局","唤起全国同胞觉悟","警告日本侵略者,亡中国是不可能的",要"使全世界知道,中国人民是爱国的"。夜里,崔正瑶撞狱墙而死,时年约24岁。

民国28年,冯玉祥将军在国民党中央委员团拜后的一次会议上曾感慨地说:"姓孙的青年真可佩服,那青年有先见之明。可是,我们把人家弄死的弄死,下监的下监,我们又把汪精卫弄成国民党的副总裁。到如今汪精卫飞跑了,要到南京去组织汉奸政府。""我们应当为姓孙的铸一个铜像来纪念他。"

## 娄培儒

娄培儒(1905~1935),又名子征、子珍,字梦侠。邳县薛集乡娄楼村人。烈士。出身于富裕农民家庭。15岁考入县立第二高等小学,毕业后考入邳县甲种师范学校。受进步思潮影响,经常参加反帝反封建宣传活动。民国16年(1927年)秋,随北伐军南下,考入南京警察训练所。同年,加入中国共产党。翌年4月毕业后回邳县,任土山市公安局局长。期间,积极宣传进步思想,反对封建势力,对劣绅陈尹丰、陈士耄抄家封门,没收他们的房屋、粮食,分给贫苦农民。民国20年,被列入国民党当局邳县"清党"名单,遂由中共徐海蚌特委调遣去东灌沭(东海、灌云、沭阳)联合县委工作。初在白塔埠搞农运,组织短工会与地主展开斗争;后在灌云大村以教书为掩护发展党员,建立支部,组织农民武装暴动,参与灌云县委领导工作。因身份暴露奉调去上海,从事工人运动,不久调到中央保卫局,参与中共六届三中全会的保卫工作。民国21年,奉调去中央苏区,任江西省苏维埃政府保卫局侦察部长。翌年8月任保卫局长,10月当选为中共江西省委常委,12月被选为江西省苏维埃执行委员和主席团委员。民国23年,在第二届全苏大会上,被选为中央执行委员会委员、主席团委员。为了更好地与敌人周旋和斗争,他和妻子丁曼君忍痛将长女寄养在群众家里(其后无下落)。民国24年初,中央红军主力长征后,他奉命留守江西革命根据地。同年3月,他在赣南被捕,关押在国民党南昌行营军法处。在狱中,他意志坚强,坚贞不屈。民国24年6月9日晨,娄培儒与苏维埃中央土地部部长胡海、兴国县县委书记谢名仁一同就义。

## 潘洪烈

潘洪烈(1908~1935),涟水县余圩乡官庄村人。民国14年(1925年)考入涟水县立师范学校。民国16年10月,在陈治平、张际高等人开办的党务训练班中加入中国共产党。民国18年2月,中共涟水县委成立,潘洪烈任县委委员。同年,他深入农村发动农民抗捐抗税、抗租抗债。10月,他和张永亮等人领导南集朱范庄贫雇农200多人,将地主朱二乱家土地用犁耕成一条条、一块块,分给大家耕种。后因反动势力强大,斗争失败。

民国19年5月,涟水县土地革命行动委员会成立,潘洪烈任委员。"八一"暴动时,他和嵇荫根在涟水西区和浅集组织暴动失败。民国20年后,他先后任中共淮盐中心县委、淮盐特委宣传部长,并兼任泗阳县委书记。民国22年6月因叛徒出卖被捕,在办理自首手续后充任国民党淮安县特务室主任,但仍与中共淮盐特委保持联系,并暗中为共产党办事。后来,他曾协助淮盐特委除掉叛变后大力破坏组织的叛徒李步雅、杨志发。他还参与涟水地下党在时码一带建立秘密根据地,计划组织苏维埃政府,成立赤卫队。民国23年11月,潘洪烈因"通共"事实被揭发,在涟水第二次被捕,关押于江苏省保安处看守所。次年8月,在镇江北固山被枪杀。

# 裴义理

裴义理(Joseph Bailie)(? ~1935),加拿大籍美国人。林业学家。清光绪十六年(1890年)来华,就职于苏州长老会。后因发起拒毒会,进行拒毒宣传,为旅华西侨所不满,愤而离职,改就京师大学堂任英文教习。此时他开始学习中国文化与古典哲学。宣统二年(1910年),应金陵大学之聘,担任数学教授。次年,农商部长张謇接受裴义理倡议,安置受长江水患流落在南京的灾民垦荒造林,承办以工代赈工作,并联合江苏、安徽省士绅,发起组织义农会,极力向各方呼吁,集资救济灾民,并得到孙中山等人的赞许,由政府拨给紫金山的官荒地4000亩,为垦荒造林之用,专门纳集贫民垦荒、筑路、烧窑、辟苗圃、营造垦民住宅,均亲自指导,还创设灾民子弟学校。

民国3年(1914年),金陵大学在裴义理倡议下,创办国内第一所私立农科大学,采用半工半读制度,造就实用人才。此时正值北京农商部设立的农业学校解散,遂由农商部与金大农科商定,将该校学生转送金大农科肄业,并补助经费3000元,以资发展。当时国内大学设有农林科的只有金大,因此,鲁、皖、滇、赣四省均派送官费生到金陵大学就读,学生日益增多。民国5年,裴义理任林科科长,这是当时中国历史上独一无二的农林专业,开中国农林教育之先河。创办初期由于经费仅5000元,要求教员精打细算,节约开支,制定周密的教学计划,奠定了金大农学院办学基础。民国14年由农林科建立独立的金大农学院(今南京大学西大楼),后为纪念裴义理创小农林科的功绩,该楼题名"裴义理堂"。

民国4年,紫金山起火,烧毁林木甚多,裴义理甚感痛心,旋函农商总长张謇,建议定清明日为植树节,被政府采纳。自此,中国各地年年举行植树典礼,开展造林活动,虽规模甚小,但成惯例,中国植树节实来源于此。民国6年,黄河泛滥成灾,裴义理离开金大农学院去河北,参加华北义赈会,用以工代赈的办法救济灾民,组织民工完成筑堤300余里,次年又提出移民垦荒的主张,均被政府采纳。民国8年,裴义理去东北,日本侵略者见他有碍"吉边计划"实现,授意匪兵,想置裴义理于死地,幸有人曾受惠于裴义理,挺身而出,得以保护。民国14年,裴义理闻悉中国政府设立了农村复兴委员会,甚欣,翌年即到江苏南京、安徽和县,建苗圃,育苗300余万株,组织保林合作社,推行造林、护林计划,使江苏、安徽林业有所发展。民国23年因病离华,翌年去世。

# 徐绍桢

徐绍桢(1861~1936),字固卿。祖籍浙江钱塘(今杭州),寄籍广东番禺。幼承家学。光绪二十年(1894年)中举。历任广西藩署幕僚、江苏候补道员,旋奉派赴日本考察军事。光绪三十年,任两江兵备处总办,负责新军训练。后成立江南第九镇,任统制(相当于师长),驻军江宁城关。后简授江南绿营总兵官,仍兼统制,并兼江北提督。他反对清廷统治,倾向孙中山的革命思想,因而擢拔、重用赵声、陶骏保、林之夏等具有革命思想的官佐,让他们在扩军时尽收苏皖广大革命青年入伍,让孙中山的革命学说在他们中间秘密流传,使第九镇充满革命力量,为当时新军之冠。武昌起义后,徐绍桢在第九镇革命官兵大力促动下,审时度势,毅然率部起义,便以"打秋操"为名,请求出防江宁县秣陵关。九月二十二日出防抵秣陵关后,清廷疑其有变,绝其弹药供应。徐绍桢当即在秣陵起义,率第九镇官兵直奔城南雨花台。但由于行动仓促,上海同盟会接济的弹药尚未运到,又遭到雨花台清军炮火猛烈阻击,伤亡甚众。徐绍桢当机立断,下令撤军秣陵。稍事休整后转移镇江,在上海同盟会主持、组织下,与浙军、苏军等起义军会合,组成江浙联军,徐绍桢被公推为总司令,旋即分兵两路直取江宁城。

攻城战打响后,徐绍桢亲临前线指挥、督战,全军士气大振。江宁城遂告"光复"。孙中山在南京就任临时大总统后,以徐绍桢在"光复"战中功勋卓著,任命他为南京卫戍总督。以后,又跟随孙中山,历任广州卫戍司令、援粤总司令、广东省长、内政部长等职。民国25年(1936年)9月在上海病逝。翌年春,国民政府将其公葬于南京东郊麒麟门内的小白龙山麓。

## 唐保谦

唐保谦(1866~1936),又名滋镇、字行。实业家。无锡县(今无锡市)羊尖严家桥人。祖父唐懋勋在无锡北塘创立恒升(后名唐时常)布庄。咸丰十年(1860年)太平军攻克无锡,唐家迁至东北乡严家桥,在双板桥开设春源布庄。由于善经营,获厚利,造唐氏仓厅,设同济典当、德仁兴茧行、同兴木行。唐保谦排行第二,帮父经营春源布庄。宣统二年(1910年),唐保谦等集资10万两,在无锡城北蓉湖庄创办九丰面粉厂,日产2500包,所产"山鹿"牌面粉,畅销苏锡杭地区。第一次世界大战期间,交战国向中国采购军用面粉,价格暴涨,几年内九丰盈利达70万元。民国7年(1918年)九丰增建第二主厂房,日产面粉8000包。还经营益源堆栈,附设碾米厂、麸皮门市部等,年盈利5万余元。民国9年3月,唐保谦等集资100万元,在无锡周山浜创办庆丰纺织厂,次年成立庆丰纺织股份有限公司董事会,自任经理。庆丰厂建成后有纱锭1.48万枚,织机250台,1000千瓦汽轮发电机组一座。民国15年,唐保谦之子唐星海接任厂长。他将从美国学到的技术和管理知识用于厂务改革,生产更为好转。民国23年,庆丰厂增建漂染工场,所产"双鱼吉庆"牌棉纱,"双鱼"、"牧童"牌平布,很受市场欢迎。至次年,庆丰盈利285万元,资本增至300万元。到抗日战争前夕,已拥有纱锭6.47万枚,线锭4024枚,织机725台,发电机装容量达6600千瓦,成为无锡七大纺织企业之一。唐保谦曾多次资助无锡国学专修学校,对当地慈善机构也有捐助。民国25年12月9日病逝。

## 章太炎

章太炎(1869~1936),名炳麟,初名学乘,后改名绛,字枚叔,号太炎。浙江省余杭县人。近代民主革命家,思想家。光绪十六年(1890年)入杭州诂经精舍,受教于俞樾。光绪二十三年到上海任《时务报》撰述,后去杭州编《经世报》。因参加维新运动被通缉,避往台湾,转往日本。光绪二十六年,到上海参与唐才常等人组织的"中国议会"活动。唐组织自立军起义失败后,章太炎受牵连又遭通缉,避居家乡余杭。翌年,经友人介绍,到苏州东吴大学堂任中文教员。因以民族大义启迪学生,触犯清政府,江苏巡抚恩铭拟加逮捕,章闻警再避日本。光绪二十九年在上海参与主持教育会,任《国粹学报》撰述,并支持南洋公学学潮,组织爱国学社。因在《苏报》发表《驳康有为论革命书》,为邹容《革命军》作序,清政府勾结帝国主义,将章、邹逮捕,租界当局判处3年监禁。出狱后再赴日本,参加同盟会,任《民报》主编,与改良派论战。同时,在日本东京设章氏国学讲习会,进行讲学,发表学术论著。

宣统二年(1910年),与陶成章等组织光复会,在东京设立本部。翌年,辛亥革命武昌起义后,章太炎由日本回到上海,主编《大共和日报》,任孙中山秘密顾问。曾受张謇拉拢,参加统一党,散布"革命军起,革命党消"的言论。袁世凯窃取大总统职位后,章太炎任总统府高级顾问。民国2年(1913年)3月,宋教仁被袁世凯派人杀害后,他离京南下,发表反袁文章。8月,由共和党总部电催回京,被袁世凯软禁。民国5年,袁世凯死后获释,于7月到上海,继而参加护法运动,任护法军政府秘书长。民国7年,护法运动失败,留居上海,潜心著述。民国13年脱离孙中山改组的国民党,在苏州设章氏国学讲习会,以讲学为业,致力"研究固有文化,造就国学人才"。还主编《制言》半月刊。章太炎在苏州讲学期间,坚持爱国抗日,反对投降。"九一八"、"一·二八"事变发生后,他多次通电抵抗,北上面见张学良,促其出兵抗日,收复东北三省。在北京讲演,号召青年拯救国家于危亡。他参与发起将十九路军阵亡将士从上海迁葬广州黄花岗烈士墓附近,撰写《十九路军死难将士墓表》。民国24年12月,上海爱国学生赴宁请愿抗日,他派人到苏州火车站慰问,嘱吴县县长馈赠物品。民国25年6月14日,章太炎在苏州病逝。葬于锦帆路50号寓所后院。1955年4月移葬于杭州南屏山荔枝峰下。

章太炎早期哲学思想具有唯物主义倾向,主要表现在《訄书》中。认为"精气为物","其智虑非气",较正确地表达了物质与精神的关系;宣称"若夫天与上帝,则未尝有唉",否定了天命论的说教。但他的思想受有佛教唯识宗和近代资产阶级主观唯心主义的影响。随着旧民主主义革命的失败,思想上的唯心主义也有发展。在文学、历史学、语言学等方面,也都有所贡献。鼓吹革命的诗文,影响很大,但文字古奥难解。所著《新方言》、《文始》、《小考答问》,上探语源,下明流变,颇多创获。其著作汇编于《章氏丛书》,20世纪80年代由上海人民出版社辑集为《章太炎全集》。

## 杨殿玉

杨殿玉(1874～1936),又名杨择,字秉铨,号适士。清同治十三年十月九日(1874年11月17日),生于阳湖县(今常州武进)鸣凰镇坝头村。幼年好学,刻苦自励。清光绪十二年(1886年)列入优廪生。光绪二十三年举人,被任为一等同知衔、云南候补知县。因见清政府腐败无能,无意仕进,弃官回乡,参加孙中山领导的兴中会。在沪创办人滨泽社,并参与《民报》、《苏报》、《中华新报》的工作。中华民国建立后,任中华民国参议员、宪法起草委员、国务院咨议、财政部顾问、护法军政府政务会秘书。北伐战争前后,历任江苏省民政厅秘书,国民政府财政部秘书长,财政部驻洛阳办事处处长,财政部参事,行政院整理法规委员会委员、副主任委员等职。后因政见不同回乡,民国25年7月11日去世。生前曾获中华民国护法军政府授予的三等嘉禾奖、二等大绶嘉禾章。孙中山、黎元洪等对他给予高度评价,赠予匾额,悬挂在坝头村杨氏宗祠。

## 董永成

董永成(1876～1936),字冠吾。滨海县东坎镇人。清光绪二十七年(1901年),在自己宅内自办义学,时有学生40多人。辛亥革命后,阜宁县知事聘其任县劝学所总董事兼视学。民国3年至5年(1914～1916年),任阜宁县教育经理处总董。民国5年至7年,当选为江苏省候补议员、议员,并任省水利协会会计员和工程处负责人。民国13年至16年,任六合县知事。大革命后辞官隐居南京、六合和故乡东坎,仍热心地方公益。

董永成任六合县知事时,做事平和,审理案件勤于查访,开堂断案允许旁听,为民众赞扬。六合东乡张氏兄弟因祖业界址不明,造成诉讼纠纷,原告、被告都在送礼花钱,历任知县搪塞了事,久拖不决。董永成到任接案后,青衣便帽,走访乡邻,查清事实。开堂时,他当场退还双方礼款,然后向双方晓以手足大义,告知久讼必然破家的道理,最后通过调解劝其平分,并当堂给以官契为证。张氏兄弟心悦诚服。董永成断案审慎,从不草率枉断。一天,镇上李二姑娘的姐姐、姐夫突然同时被害。李到衙门告状:对门王相公与其姐私通,夜间常攀窗入户奸宿,肯定是他所为。王到堂后拒不承认,大喊"冤枉"。经过董永成细致调查核实,发现王相公并无作案时间。凶手是通过窗下一个石狮子进出的,在石狮子身上还留有血迹。董永成决定开堂审案,以审石狮子上的血迹为突破口,终于找到凶手,免除了一桩冤案。全城百姓拍手赞誉。

民国16年,董永成辞官离任时,依然是两袖清风地提着上任带来的一只藤包告退。地方百姓十分留恋这位清官,曾自发地给他送了一块刻有"万民伞"的匾额,以彰其政绩和仁德。民国24年,是董永成虚龄60寿辰,江苏省省长韩国钧感其一生清廉,特书赠一副对联祝贺:"强项一官留清白,折腰五斗书楷模。"民国25年,董永成病故于家乡东坎。

## 丁文江

丁文江(1887~1936),字在君,笔名宗淹。通州泰兴县(今泰兴市)人。地质学家。丁文江天资聪颖,自幼在古典文学、历史方面打下了坚实的基础。光绪二十八年(1902年)东渡日本求学。光绪三十二年考入英国剑桥大学,半年后辍学。光绪三十四年入格拉斯哥大学,攻读地质学和动物学,获博士学位。宣统三年(1911年),学成回国。回国时不直接回离家近的上海,而是在越南海防登岸,乘滇越铁路火车入云南,开始在祖国大西南的徒步旅行。这次旅行历时2月多,行程约万里,他饱览了祖国壮丽河山,熟悉了各地风土人情,为他以后几次西南地质考察打下了基础。民国元年(1912年),到上海南洋公学任教。次年任北洋政府工商部矿政司地质科科长,与章鸿钊创办中国第一个培养地质学人才的工商部地质研究所,后任工商部秘书,赴云南、四川考察矿藏。民国5年任农商部地质调查所第一任所长。

民国7年,丁文江随梁启超赴欧洲考察,并兼任中国出席巴黎和会的会外顾问。民国11年与翁文灏等人发起成立中国地质学会,后任热河北票煤矿公司总经理。民国20年任北京大学地质学教授。民国23年任民国政府中央研究院总干事。民国24年12月,丁文江在野外考察时住衡阳客栈煤气中毒。翌年1月在长沙去世,时年49岁。安葬在岳麓山下。丁文江曾主编《中国古生物志》、《中国分省新图》、《中华民国新地图》等。主要著作有《徐霞客年谱》、《中国官办矿业史略》、《扬子江下流之地质》(英文)、《矿政管见附修改矿业条例意见书》(与翁文灏合著)、《外国矿权史资料》等。

## 俞 锷

俞锷(1887~1936),字剑华,又字则人,别号太仓一粟、江东老虬。清光绪十三年十一月初七(1887年12月21日)生于太仓城内南牌楼大街。童年习剑骑马,日以为常。15岁考试未取,后赴日本求学,经陈其美介绍,参加孙中山领导的同盟会。光绪三十二年归国。宣统元年(1909年),参加由柳亚子发起的南社在苏州虎丘举行的成立大会。他与傅君剑(屯艮)、高纯剑(天梅)、潘剑士(飞声)合称南社"四剑"。辛亥革命时,他受上海革命总部委派,回乡协助"光复"太仓。后中华民国南京临时政府成立,任秘书处秘书。"二次革命"失败后,曾任《民国日报》、《民国新闻》编辑。后奉孙中山之命,与雷铁崖同往印尼爪哇执教于华侨中学,仍利用报纸宣传革命。归国后,历任福建省图书馆馆长、教育局长,东南大学图书馆代馆长、暨南大学南京分校文史系教授等职。民国16年(1927年),蒋介石叛变革命,他坚信孙中山联俄、联共、扶助农工的宗旨,拒绝蒋介石的一再聘任,归隐家园,遂不复出。在家联络进步青年,筹组青年俱乐部,经常探讨孙中山的革命理论。后久病卧床不起,于民国25年5月病故。遗著有《翩鸿记传奇》、《考古学通论》等,都在兵灾中散失。今由其子成辉辑成《娄东俞剑华诗词选》一册,以油印本刊行。

## 于以振

于以振(1904~1936),原名晓东,又名啸冬,化名俞以振、肖炳生。清光绪三十年十一月二十二日(1904年12月28日)生于金坛县城(今金坛市)金城镇。中共早期党员,烈士。民国10年(1921年),他从金坛县立初中毕业后,考入上海水产学校。民国11年8月在沪江大学聆听孙中山演讲,深受教育。从此,常与进步同学探讨中国革命问题。后因参加声援上海海员大罢工遭逮捕,被校方开除。民国12年春,赴武汉参加武汉工人纠察队,不久任队长。次年,被选调黄埔军校学习,任学生军连长。民国14年5

月加入中国共产党。8月任国民革命军第一军的团党代表。翌年7月奉命率部北伐,挺进闽浙苏,参与击垮孙传芳部的战斗。民国16年,率领部分战士从上海出发,参加"八一"南昌起义。起义胜利后,在叶挺部任团长,奉命南下广州,途中多次与国民党政府军作战。后遭钱大钧部袭击而失利,即率部转移海陆丰地区,与农民自卫军会合,参加第三次海陆丰农民武装起义。民国17年春,国民政府军大举进攻海陆丰革命老区,他率部分战士突出重围,至上海;中共上海组织安排其在法租界开展革命活动。12月17日,遭法租界巡捕房逮捕,由上海公安局引渡。在多次审讯中,拒不供认身份,后被组织营救脱险。民国18年2月,他被派送莫斯科东方劳动者共产主义大学学习。民国20年初,回国返沪工作,改名肖炳生,先后任中共法南区、南市区区委书记。他经常深入群众演讲,创建了一支机动灵活、行动迅速的"粉笔队",用粉笔直接在大街小巷书写标语,宣传革命。他主编的区委机关刊物《工报》,有力地指导工人运动和学生运动。他领导上海电车公司工人开展罢工斗争,取得"收回被开除的工人,增加二成工资,实行八小时工作制"的胜利。民国22年2月12日,他与4名区委干部外出工作,突然发现暗探跟踪。他急令大家分散隐蔽,自己却镇静地走进公共体育场,终于被便衣警察逮捕,送国民党淞沪警备司令部受审。敌人用高官厚禄诱其投降,他严词痛斥;严刑逼供,他坚贞不屈。后转押南京宪兵司令部受审,被判刑14年,关押于苏州国民党军人监狱。在狱中,他联系11名中共党员,建立党支部,被推为支部书记。他带领难友开展争取读报、吃饭、用水等斗争,后因叛徒出卖,狱中中共组织遭到彻底破坏。他被加刑8年2个月,并转押到南京国民党中央军人监狱。民国25年4月11日,他在狱中遭受毒刑而牺牲,葬雨花台。

## 张春帆

张春帆(? ~1936),名炎,别署潄六山房。武进县城(今常州市区)人。鸳鸯蝴蝶派小说家。出身名门世家。幼承名师教导,考取秀才。科举废止后,弃制举文,转读法律、政治之学。后任广东法政学堂教员。辛亥革命后,历任江北都督、湖北巡按使署秘书和上海商业储蓄银行秘书。生前大部分时间,在苏州、上海等地卖文为业。他擅长诗、古文辞,在文学领域颇有影响。他的作品大多属于鸳鸯蝴蝶派一类。因常出没于烟花之中,寻欢作乐,闻见甚多。他先后在《十日小说》、《社会日报》、《万岁》、《明星快报》、《新上海》、《晶报》、《上海画报》上发表的作品有《宦海》、《上海青楼之今昔观》、《政海》、《画眉浅说》、《髻之沿革史》、《情毒》、《摩登女侠》、《摩登婬女》、《秋星泪语》、《烟花女侠》、《新桃花源》、《反倭袍》、《情网球》、《风尘剑侠正续集》、《球龙》、《天王老子》、《魔海》、《嵩山拳叟》、《虎穴情波》、《中语》、《漱六山房日记》等。有些长篇小说连载后又出单行本。其中《九尾龟》影响较大，风行一时，版本达数十种之多。自此他的名声大噪。主持《上海画报》的钱芥尘等立约他撰写新作。于是，先后又有《续九尾龟》、《最新九尾龟》等作品问世。另外，他的小说《黑狱》(24回)，影响也较大。民国17年(1928年)，张春帆在上海云南路育红里创办《平报》(三日刊)，并自任主编。特约范烟桥、赵眠云、平襟亚、郑逸梅、徐葭园、张超等撰稿，自己也有一些作品在该刊上发表。该报出至民国21年"一·二八"沪战爆发停刊。

## 邓星伯

邓星伯(1862～1937)，名福溶，号润生，以字行。清咸丰十一年十二月十七日(1862年1月16日)生，金匮县(今无锡市城郊)江溪桥邓巷人。中医，"邓派"创始人。出身中医世家。幼年读书勤勉，21岁承家业，崭露头角。27岁又从当时誉为"江南第一圣手"的武进孟河马培之学医，手录其师藏书400余卷。白天随师从诊，晚上博览经典，严冬酷夏，研读不辍，深得业师诊治之精粹。33岁时为侍奉多病老母回无锡行医。同时有堂弟、堂侄和儿子等参与，集内、外、妇、儿科于一堂，诊务繁忙，求医者日以百计，并常邀至闽、粤、皖、鄂、鲁、豫、浙、沪等地应诊。时人评为："揆阴阳，辨五色，施方术，一锤定音，着手成春。"曾为清摄政王载沣治愈湿温伤寒，闻名内宫，传为妙手。后又经推荐赴鲁为田中玉将军看病，旬日即愈。临行，田赠一年轻婢女给他作妾，归途中邓星伯问悉婢女原籍淮阴，因家贫被售至山东为婢，怜其遭遇，即取道江北，将婢女送还其父母，并赠银接济，嘱其另择伴侣。邓星伯十分重视历代医家的经典著作，崇古而不泥于古，善于吸取各家之长。对时病，常按三焦辨证，尤喜参用河间三焦同治法进治，医案简洁，每例必出治则，药物轻清畅。尤擅长外科，对《外科正宗》及《疡科心得集》颇有心得。在外科治疗中，重视《内经》中关于有胃气则生，无胃气则死之说，对虚弱患者,常以养胃阳、理胃气之法,便能调治而愈。生平喜以和、缓、平三法诊治,认为刘虚弱者更为适宜。他行医乡里50多年,医德高尚,常对子侄晚辈说:"为医者应仁慈为怀。贫者已苦,患病则更苦,对此必尽力拯救,不能以无利而拒之门外,更不能乘人之危索取钱财、败坏医德医风,吾最痛恨之。"民国26年(1937年)10月15日,日本侵略军飞机轰炸无锡,邓星伯受惊而死,终年75岁。所作《临症医案》4册,惜已遗失。1985年整理成《邓星伯医案八百例》一册。

## 洪承点

洪承点(生卒年不详),字醒黄。仪征人。清末投笔从戎,应征至安庆,任新军炮兵营排长,结交炮营右队队官熊成基,秘密参加反清革命活动。光绪三十四年十月二十六日(1908年11月19日),熊成基、范传甲、洪承点等10余人集会,公推熊为总司令,于当晚率马、炮两营士兵起义。洪承点率全排士兵投入攻打安庆北门的战斗,并连续发炮猛轰抚署和督练公所。起义失败后,南下香港,以图再举。在香港结识黄兴、陈其美等革命党人,加入同盟会。宣统三年(1911年)春,与同盟会革命军统筹部负责人黄兴、赵声等人准备广州起义。洪与巴泽宪等往来上海、香港,接应从日本秘密购买的军火。当年三月十日,统筹部在香港开会,决定分10路攻打广州清朝军政机关,其中决定由洪承点率敢死队50名壮士攻打西槐二巷炮营。后机密外泄,清军防范。三月二十九日,义军仓促行动,与清军展开殊死战斗。终因寡不敌众,起义失败,撤往香港。为惩治叛变泄密的陈敬波,洪在九龙乡间刺杀了陈,后乘轮抵沪转赴日本。武昌起义爆发后,洪承点经香港赴上海。九月十三日,随陈英士、李燮和等领导起义,攻打上海江南制造局。一批仪征籍新军战士随洪承点参加战斗,于次日晨攻克制造局。

上海军政府成立后,洪承点受命组建沪军,与黄一欧分任正副司令,率部队赴苏州阊门外训练,随后参加江浙联军攻打南京的战役。民国成立后,沪军扩编为第七师,洪承点为师长。在民国2年(1913年)的讨袁战役中,他与第一师一同布防淮扬,扼守长江,阻遏张勋南下。二次革命失败后,他退出军界。曾受聘为临时稽勋局名誉审议,寓居上海,后隐居扬州,于抗日战争前去世。

## 巴泽宪

巴泽宪(生卒年不详),字也门。仪征人。辛亥革命将领。15岁应童子试失利,投笔从戎,考入安徽练军武备学堂。毕业后,任南洋第三十三标军官。他结交标统赵声,秘密从事革命活动,参加同盟会,并随赵声到广州,在新军中发展革命组织,为赵所器重。宣统三年(1911年)广州起义中,巴浴血搏战。起义失败后,与黄兴等避至香港。赵声病故,巴靠卖报维持生计,后只身赴南洋,在泗水埠办报纸,积极倡导革命。

武昌起义爆发,巴闻讯返港,与黄一欧等同赴上海。他负责陈其美在上海牯岭路秘密设立的炸弹制造厂,3天内制成炸弹1200枚,交给柏文蔚所率敢死队携往南京备用,后参加攻打上海制造局的战斗。上海军政府成立后,他任沪军司令部军需长。后任南京临时政府总统府顾问、留守府参议、江苏都督府军需课长等职。讨袁战役中,他担任兵站总监。民国5年(1916年),充潍军司令部参谋。后离开军界,出居庸关。抗日战争前逝于察哈尔。

## 章　钰

章钰(1865~1937),字式之,又字坚孟、茗理,别署蛰存、负翁、晦翁,晚年自号霜根老人。生于清同治四年五月二十一日(1865年6月14日),长洲县(今苏州市区)人。学者。幼即嗜学。年弱冠,补博士弟子员,肄业于紫阳书院学古堂,称高材生。光绪十四年(1888年)聘为学古堂斋长,翌年恩科举人。光绪二十六年中进士,以主事用,签分刑部湖广清吏司行走。旋告假归里,办理学务,任苏州学务处监督,筹划兴学,次第创设初等学堂40余所。后入南洋、北洋大臣幕,以劳保加四品衔,调外务部,充一等秘书,兼京师图书馆编修。辛亥革命后弃官,移居天津、北京两地,不复问政事。自以为对国事无所裨益,而文献不可以无传,于是发愤遍校群书,丹铅不离手,奇僻之书,必辗转传录。尤精《资治通鉴》,致力校勘。撰出《胡刻通鉴》校记七千数百条,编定为《胡刻通鉴正文校宋记》30卷。民国3年(1914年)聘为清史馆纂修,主纂乾隆朝《大臣传》、《忠义传》、《艺文志》等。他一生校勘著述甚丰,曾校《钱遵王读书敏求记校证》、《五代史》、《契丹国志》、

《大金国志》、《三朝北盟会编》等,著有《四当斋集》14卷。家有藏书3368部,计7.2万余卷。民国26年5月9日病逝于北平(今北京)。

## 蔡缄三

蔡缄三(1868~1937),名文鑫,又字兼三,以字行。清同治七年九月初一(1868年10月16日)生于无锡城内田基浜。实业家。祖上在北塘拥有大量房产,有"蔡半塘"之称。自幼勤读。光绪十六年(1890年),经营祖传之复生堆栈。光绪二十七年,与唐子良在三里桥合资开设永源生米行。光绪三十一年,锡金商会成立,蔡缄三主力庶务。当年,应邑人周舜卿之邀,赴日本考察实业和金融业务。回国后,协助周于上海创办伦成商业储蓄银行。光绪三十三年,任该行无锡分行经理,吸储近百万元。宣统元年(1909年),任锡金商会协理。当年6月,与孙鹤卿、薛南溟等创办无锡耀明电灯股份有限公司,任董事。宣统二年,集银10万两,与唐保谦等于蓉湖庄合办九丰面粉厂,任经理,获利甚丰。民国元年(1912年),应农工商部邀请,出席第一次全国工商会议。民国9年与唐保谦等集资80余万元,于周山浜创办庆丰纱厂。从民国13年起,他先后被推选为苏、浙、皖内地面粉厂联合会主席,无锡棉纺织厂联合会主席、粮食储栈业公会会长,南通、崇明、太仓、苏州、常州、江阴内地纺织厂联合会主席等职。他为人处事恪守信用,在实业界声誉日隆,各个时期的政府当局均委以公职或予以嘉奖。民国19年应南京国民政府之邀,出席第二次全国工商会议。

蔡缄三热心社会公益事业,他曾说:"居今之世,强为善而已矣。"对宣统年间山东济宁、江苏溧阳遭受旱、涝灾害的灾民,他均先后发起募捐巨款赈济。因功授候补道衔。后历任无锡县救火会会长、普济堂董事、救济院副院长、平民习艺所董事等职。他十分关心地方教育事业。早年主持蔡氏义塾(后改为蔡氏小学)。在锡金商会任职期间,与人合办半日制商业补习学校和簿记学校。此后,长期担任无锡国学专修学校经济校董。在他60岁时,曾出资在鼋头渚购地建屋数间,名曰"退庐",作为游客休息或病人休养场所。民国26年11月11日病逝于上海。

## 曹亚伯

曹亚伯(1875～1937),原名庆瑞,字凌云,别名工丞。基督徒,礼名亚伯。湖北兴国(今阳新)人,寓居昆山。光绪二十六年(1900年)考入两湖书院,与黄兴同学。光绪二十八年到湖南新北办中学,当年冬去日本。翌年回国,受聘赴长沙执教,为掩护革命,曾加入基督教。与黄兴、宋教仁、陈天华、章士钊等人,先后在湘、鄂两省发起组织华兴会、日知会、科学补习所等革命团体。光绪三十年赴长沙帮助黄兴等准备武装起义,事泄,营救并护送黄兴脱险,又资助宋教仁远走避难。不久,假武昌圣公会阅览室为日知会革命机关,联络革命党人。次年,在日本加入同盟会,被推为湖北主盟员。光绪三十二年留学英国,宣传革命。宣统二年(1910年)毕业于牛津大学。民国元年(1912年)回国,入黎元洪幕府,赞襄机要。民国2年东渡日本,会见孙中山。民国3年加入中华革命党,旋由孙中山派往美国主持美洲党务。同年,又由孙中山派往南洋各埠宣传该党宗旨。后又筹资参加护法运动。民国10年秋转道香港去广州,被孙中山聘为大元帅府参议。后辞职赴上海,在沪创办亚林药厂。民国14年起定居昆山。筑屋数椽于前浜的"山高水长",名曰"平居"。翌年他在昆山号召乡民起义,响应国民革命军北伐。自此,皈依释伽,杜门修禅,不再过问政事。为了重建昆山的马鞍山华藏寺凌霄塔,年届花甲的曹亚伯与柏文蔚、王慰伯等到处奔走募捐得银元2000多元,其中冯玉祥捐款1000元为最。后因日军侵华战争爆发而未竣工。他待人和蔼,有正义感,常急人所难。昆山人有蒙冤屈者,求之每得以平反,深得民众敬仰。善篆隶,得汉魏之神韵。著有《武昌革命真史》、《第一次欧战世界旅行记》。

## 秦毓鎏

秦毓鎏(1880～1937),字晃甫,号效鲁,晚号天徒,坐忘。清光绪五年十二月初五日(1880年1月16日)生,无锡城内小娄巷人。17岁入东林书院。光绪二十四年考取上海南洋公学。后停学返锡,在胡氏学馆授课,研读诸子百家、宋明理学。光绪二十七年,入江南水师学堂。翌年留学日本早稻田大学政治科,加入兴中会,与张继、苏曼殊等"以鼓吹民族主义为宗旨",

组织青年会,接任《江苏》杂志总编。为反对沙俄侵占东北,发起组织拒俄义勇队,继而从事反清活动。光绪三十年回国,在上海创小国学社,编译革命书籍。后赴湖南,与黄兴等在长沙成立华兴会,任副会长。原准备于十月初四慈禧生日时起事,事败后被迫离湘,辗转各地,先后任上海文明书局编辑、安徽高等学堂教习、广西浔州中学堂监督等职务。光绪三十三年追随黄兴参加镇南关起义,事败赴上海,任《神州日报》编辑。不久回无锡养病,在城区暗中发展同盟会员10余人。宣统二年(1910年),无锡实行地方自治,他当选为无锡市(城区)议事会的副议长。翌年九月十六日,在无锡发动起义,"光复"无锡。十七日,任锡金军政分府总理,并建立锡军,下令剪辫,采取一些革新措施。但以"维持秩序为第一要政",多次出动锡军到四乡,配合各市乡绅董的地主武装严厉镇压农民的反抗斗争。民国元年(1912年)1月,奉召赴南京任总统府秘书,仍遥领锡金军政分府司令长。无锡同盟会支部(后改国民党支部)成立后,又被推选为支部长。同年5月,锡军军政分府奉命撤销,他回籍任无锡县民政署民政长。任内,他主持开辟光复门,筹设图书馆,扩大公花园,开办小菜场,修筑从火车站到城中心崇安寺的马路等市政建设工程。11月去职。民国2年,国民党发起反袁"二次革命",他被黄兴任为江苏筹饷处处长。他带人回无锡逐走县知事严伟,自任县知事。"二次革命"失败后被捕,以"附和内乱"罪判刑9年,关押于苏州陆军监狱,在狱中研读《庄子》,著成《读庄穷年录》2卷。民国5年10月,经孙中山营救出狱,特赴沪谒谢孙中山,并访黄兴。民国13年,任国民党江苏省党部执行委员。民国16年3月,北伐军抵锡,任无锡县行政委员会委员长,裁撤追租所,惩办土豪劣绅。"四一二"反革命政变后,出任无锡县县长,颁布《制止四乡暴动办法》,成立"清党委员会",参与反共活动。民国19年任国民党江苏省民政厅厅长,不久即去职,从此在家闲居。除在国民党党史编纂委员会、无锡县修志局等机构挂个空名外,不再参加政治活动。他晚年笃信佛学,成为无锡佛教莲社的负责人之一。民国26年4月5日病故。

## 脱希曾

脱希曾(1881~1937),江都县(今扬州市)人,为扬州中医妇科"曾"字门第一代传人。早年从扬州中医妇科"曾"字门创始人陶世曾学医,满师开业行医。脱希曾与督军徐宝山相处至深,建议徐在扬州设救济院给贫民施诊送药，徐欣然同意。曾任江都县中医协会执行委员兼研究部部长。脱希曾学验俱丰，长于治疗妇科疑难杂症，擅治崩漏、痛经，尤其对气滞血瘀痛经、寒湿凝滞痛经、气血虚弱或肝肾不足痛经有独特的诊治经验。著有《脱希曾医案》及《厥症之研究》、《眩晕治则》、《胎产方论》等文。

## 张栋梁

张栋梁(1887～1937)，号仲庵。江宁县人。中医。祖父张一峰，曾被清乾隆皇帝派往阿富汗为王子治病，载誉回国，封太医院御医。其父张少鸿长年在摄山行医，后因房屋毁于兵燹，全家迁回江宁湖熟镇。张栋梁少随其父习医，得父真传。父死后，进而发奋攻读医书，又拜湖熟潘岗头李开基为师，潜心学习。开业行医后，由于医术日趋成熟，诊断用药得心应手。民国初年，曾医愈江苏省长王瑚，赠以金字大匾"救恤灾黎"。江苏督军李纯患痢疾，南京鼓楼医院医治无效，经他治愈。他还曾多次被邀请到安庆、汉口、上海、北京等地医病，备受赞誉。红十字会在天津召开会议，他应邀参加并捐赠巨款，被授予荣誉会员称号和金质会章。民国16年(1927年)张栋梁迁至南京城南磨盘街行医。前后10年，挽救沉疴痼疾不计其数，远近慕名前往就医者络绎不绝。民国21年，宁夏省主席马鸿奎病危，他治疗1个月痊愈，赠酬金1000元，他不收，转送南京城北诊所作基金。马氏还送"医中国手"银匾一块，"再生卢匾"银盾一座。经他治愈的名门望族所送金匾银盾，在他寓所比比皆是。张栋梁为人治病，对贫苦无靠者，常送诊送药，不取分文。对路远经济拮据者不收诊费，甚至出钱接济路费。他还热心带徒传艺，培养中医人才。他在南京每周到中医传习所讲课，听者挤满课堂。民国26年病逝南京。中央国医馆所赠横匾题曰"国医泰斗"。

## 徐枕亚

徐枕亚(1889～1937)，原名觉，别署泣珠生、东海三郎、青陵一蝶。常熟城区人。鸳鸯蝴蝶派小说家。曾读师范学堂，后执教于无锡。民国元年(1912年)赴沪，任《民权报》编辑。遂撰长篇文言小说《玉梨魂》，在报端连载。以情节缠绵、文辞丽婉为当时市民阶层、青年所欢迎，风行一时。后又撰言情小说十余部，并将《玉梨魂》充实整理，改名《雪鸿泪史》刊行。民国

11年,妻蔡蕊珠殁,极悲痛,撰《悼亡词》一百首。清末状元刘春霖之女沅颖,读《玉梨魂》及《悼亡词》,深致倾慕,后成眷属。但久溺烟酒,身心日颓,作品锐减。民国23年归里,民国26年9月27日贫病卒。20世纪20年代,中国文坛有鸳鸯蝴蝶派,论者称常熟徐枕亚、吴双热,武进李定夷三人导其先声。

## 萧山令

萧山令(1892~1937),字铁侬。湖南益阳县人。民国2年(1913年),考入湖南陆军小学研习军事。翌年考入保定军校第三期学习,毕业后分发回湘,在湘军蔡钜猷部任排长、连长。民国15年他随贺耀祖部参加北伐战争,任营长、副团长、参谋等职。民国17年回到家乡益阳担任县长,时间虽不长,但尽心尽力桑梓建设,颇有治绩。后应同学之邀,赴南京首都卫戍司令部任中校参谋,后又升参谋处长、少将参谋长。抗日战争爆发后,萧山令升任宪兵司令部副司令及南京卫戍司令部副长官、南京市长等职。在南京卫戍司令长官唐生智领导下,参与指挥南京保卫战,亲率宪兵5个团及军警人员共3万多人固守南京。

民国26年12月初,南京战区防线陆续被日军突破,南京已成为一座孤城,剩余的部队只有他带的宪兵部队和陆军2个步兵师,处境窘迫。12月8日晚,同乡陈楫川劝他度势应变,他默然良久,喟然叹道:"受命拱卫首都,防守无方,无以对党国;杀贼不力,无以对人民。"并表示决意留守,矢志与城共存亡。11日晚,日军长驱直入,南京城被攻陷。萧率部分军警于12日上午8时左右离开指挥部,午后7时驰抵城外,江面无船,急命扎筏渡江,而日军猝至,水陆夹击,在江边又同敌激战5小时,弹尽援绝,兵单力穷,他以身殉职,时年45岁。后国民政府追认他为陆军中将,南京雨花台抗日军人忠烈碑上刻名纪念,侵华日军南京大屠杀遇难同胞纪念馆陈列他的遗像供人瞻仰。1984年,湖南省人民政府追认他为革命烈士。

## 薛福基

薛福基(1894~1937),江阴青阳塘头桥人。13岁去上海和昌盛商号当学徒。15岁至旅日华侨余芝卿在大阪经营的鸿茂祥进出口商号工作,后升任经理。他抱着实业救国的宏愿,向余芝卿进言投资国内建设橡胶工业,得到赞赏并委以重任。民国17年(1928年)回国,在上海创办大中华橡胶厂。民国24年开始生产双钱牌汽车轮胎,这是中国橡胶汽车轮胎工业首创企业。初期聘用日本技师辅导生产,后分派职工赴日实地学习,归而改进技术,使产品质量日益提高,为国人所欢迎。在大中华橡胶厂的影响和推动下,上海先后建立大中小型橡胶厂达80多家,形成中国一项新兴的工业。薛关心故乡教育事业,瞻念农村青年求学困难,捐助约10万银元在塘头桥创建尚仁初级商业职业学校。购地18亩,建5楼5底楼房2幢及平房42间,除教室、办公室、学生、教职员工宿舍外,有图书馆、实习室、小商场,体育场等,各项设备俱称完善,薛自任校董会主席。民国24年正式开学。民国26年,"七七"事变后,日本侵略军空袭上海,薛在"大世界"附近被弹片击中头部,不幸遇难。

## 路景荣

路景荣(1902~1937),原名精荣,字静吾。阳湖县(今常州市天宁区)青龙乡丁庄村人。抗日烈士。民国14年(1925年)投奔广州考进黄埔军校,以第四期第一名毕业,被留校工作。随后参加北伐军,历任排、连、营长、副团长、处长、团长、师少将参谋长。

民国26年淞沪抗日之战前夕,路景荣任国民党第十八军九十八师五八三团上校团长,部队驻武汉桥口。因日本侵略军在上海吴淞口一带不断增兵,他在当年8月4日午夜,接到紧急命令,连夜进行军事部署,率部乘轮船直驶上海。五八三团作为九十八师的主力团,奉命担任月浦、宝山一线防务。路景荣和旅长商量后,即派第三营驻守宝山,一、二营守月浦,团部指挥所设在月浦。日军扬言在一个月内攻占南京,宝山虽然地僻人稀,却是日军进攻最主要阵地;又因宝山地处吴淞江口,为长江口日舰炮火射程所及,更加首当其冲。从当年9月1日起,日军向宝山发动进攻。一日之间城垣雉堞屡坍屡修,竟达十余次。同时日军2000余人突破吴淞镇猛扑宝山。路景荣在月浦团部指挥第三营乘敌立足未稳,指挥敢死队进行突然袭击,与日军短兵相接,奋力搏杀;城内守军利用城墙掩体猛烈射击,毙日军200多人。第二天黎明,日军加强进攻,争夺异常激烈。延至4日凌晨3时,日军2000余人和川沙口方面的日军联合,夹击宝山。三营营长姚子青以白刃冲锋,喊声冲天,日军为之震慑。当晚日军一部由炮台湾登陆,血战通宵,双方死亡惨重。日军无奈,于9月5日集结战舰30余艘,飞机20余架,坦克20余辆,集中围攻宝山。团长路景荣面对宝山严重局势,又无援兵,只得严令死守。第三营凭城抗敌,给攻城日军重创,相持到7日早晨,日舰炮轰城东南工事,日步兵蜂拥而至,姚子青率预备队拼死苦战,用断栋折梁和瓦砾中的缸瓮桌椅等物,填补东南角缺口,不幸遭日军炮弹击中肚腹,至此第三营全体600余官兵均壮烈殉国。宝山失守,日军从宝山、罗店夹击月浦。日军利用炮火以及飞机投弹的优势,猖狂进攻,阵地失而复得。路景荣亲临前沿阵地指挥督战,战斗非常激烈,月浦镇已是炮弹横飞,一片火海,房屋轰塌,居民逃离。师长命令:援兵接不上,饭菜送不进,阵地要坚守。路景荣在电话中向师长夏楚中表示:我在阵地在,决心与阵地共存亡。经军长罗卓英、师长夏楚中共同商量,呈请提名路景荣为第九十八师少将参谋长。9月10日,日军集中海空炮火,对月浦轮番轰炸,在战车配合下,不断向月浦发动猛烈进攻。五八三团官兵伤亡惨重,月浦前线一片火海。在如此危急时刻,路景荣虽然接到任师少将参谋长的任命书,但仍在月浦指挥所,沉着指挥作战,协助新任团长、副团长,力挽危局。不幸被敌炮火击中,牺牲阵前,时年35岁。

路景荣牺牲后,师部将其遗体送苏州入殓。灵柩从苏州运回常州,武进县政府及家乡各界人士举行隆重公祭大会,随后安葬常州公墓。其妻张瑞华为纪念他抗日牺牲在月浦,将其儿子路永翔更名为路月浦,以示思念,不忘抗日战争。1983年7月,经中华人民共和国民政部批准,路景荣为革命烈士。其抗日事迹陈列在武进革命烈士纪念馆、上海淞沪抗战纪念馆。在中国台湾台北市国民革命忠烈祠中也存放着烈士的入祀牌记:"武抗百人88牌记路景荣。"海峡两岸共同追认路景荣为烈士。

## 吴继光

吴继光(1903~1937)。盱眙县人。抗日烈士。民国13年(1924年),吴继光赴广州,考入黄埔军官学校第二期学习。毕业后,在北伐军见习,逐步升为排长、连长、营长、团长等职。民国26年"七七"事变后,日本帝国主义发动全面侵华战争。此时,吴继光任陆军第五十八师第一七四旅少将旅长。民国26年8月,日军大举进攻上海。吴继光奉命率部开往上海,参加

"八一三"淞沪会战。15日,日军又增加两个师团兵力猛攻上海。中国爱国官兵冒着日军猛烈的陆、海、空炮火轰击,狠狠地打击日本侵略者,使日军无法突破防线。日军于8月23日改从张华浜、川沙口登陆,妄图从侧翼包抄上海。双方军队在这一线激战多日,其中以罗店争夺战最为激烈。吴继光率部参加了罗店战役,他身先士卒,指挥官兵奋力拼杀,攻入罗店镇,消灭大量日军。10月下旬,日军依仗猛烈炮火给坚守的抗战军队造成重大伤亡,并乘势占领大场,从而严重威胁在闸北、江湾、庙行一线守军的侧背。驻军指挥部为保存实力,坚持长期抗战,令部队撤出上海。在战局危急时刻,吴继光临危受命,率部担任掩护大军转移的艰巨任务。吴继光受命后立即率领一七四旅转移到青浦占领阵地,作好一切战斗准备,严阵以待。11月5日,日军主力再次在杭州湾金山卫、全公亭登陆,兵分两路,从两翼包抄上海,与坚守青浦的一七四旅官兵发生激战。吴继光临危不惧,亲临前线指挥部队顽强抗击敌人,多次打退敌人的猖狂进攻,血战四昼夜,双方都损失惨重。11月8日,吴继光奉令退守白鹤港继续阻击日军,掩护主力转移。11月9日,日军主力继续逼进,并在陆、空猛烈火力掩护下,架浮桥渡河西进。为阻止日军渡河,吴继光率部全力阻击敌人,双方展开激烈的争夺战。在激战中,吴继光不幸被敌弹击中要害,壮烈殉国,时年34岁。

## 尹 杰

尹杰(1908～1937),字孟豪,别名尹振,外号尹大刀。宿迁三棵树乡人。抗日烈士。民国26年(1937年)淞沪会战时,他在陆军第五十七师补充团任代理团长,奉令收复日军攻占的浦东日华纱厂。进攻开始,在炮火掩护下,尹杰率全团官兵,趁着烟雾,挥舞大刀,像一群猛虎,冲入敌阵,大部敌人被砍死,余溃逃,失地复得。"尹大刀"之名始传。收复日华纱厂后,尹团稍事休整补充,调宝山县张宅。日酋鹰森率部猛攻。尹杰待敌相距只有二三十米时,令战士投出一排手榴弹,跃出战壕,杀向敌人。日军被炸死、砍死的尸体遍布阵地。这时,增援尹团的部队抵达张宅外围。鹰森令副指挥森田率部阻援,又亲率敢死队再次进攻尹团阵地。尹团又重创日军,鹰森被尹杰刀劈两段,副指挥森田也被击毙。上海各报报道了这一胜利。张宅战斗中,尹杰两处负伤,坚持到胜利才让战士抬下火线,并坚持不肯离开部队。日军为挽回败局,增调精锐久留米师团,企图侧击浏河,断上海守军补给线。

尹团和另一个旅奉令增援浏河,尹杰带伤率部驻守浏河。这时,日军逼近,大战即将展开。尹杰撕下一块衣襟,咬破右手中指,用血写下:"男儿誓在阵前死,杀完日寇好收兵",以鼓舞全团官兵士气。战斗开始,日军飞机、大炮齐向尹团阵地狂轰滥炸。尹团隐蔽不动,等敌人接近时,尹杰一声令下,全团战士迅猛冲杀,杀得日军遗尸遍野,狼狈溃逃。另外,友邻部队也重创日军。浏河保卫战的胜利,给日军精锐师团以歼灭性打击,是沪战的一次重大胜利。

浏河战斗中,尹杰又负重伤,因流血过多,医治无效,于民国 26 年 11 月 21 日夜去世,时年 29 岁。上海报纸纷纷刊载尹杰奋勇抗日的英雄事迹。其灵柩运回宿迁,境内各界数千人在马陵公园举行追悼大会。

## 王洁予

王洁予(1909~1937),一名远,字哲羽,号白水。沭阳县沭城镇人。左联作家。王洁予思想活跃,嫉恶如仇,擅长写作。13 岁时以优异成绩考进县立初级师范学校。他初师毕业后,到小学任教。与城内进步青年李祥麟等一起组织共进学社,创办《共进周刊》。他们读进步书籍,宣传反封建,鼓吹革命思想。这引起县府恐惧,遂查封刊物,解散学社。王洁予、李祥麟等因此而名闻全县。沭城豪绅程肇湜财大名隆,且为北洋政府议员,横行县城,官民侧目而视。王洁予却写出署名文章《告程肇湜书》,张贴城内,揭露其劣迹。民国 16 年(1927 年)冬,王洁予加入国民党,任县党部委员。次年元月,沭阳汪、孙两派国民党势力爆发争夺县印事件。孙派联络宿迁驻军第二十六军,取得支持,王洁予等一批青年和县南两支地主武装站在汪系一边。经过一场血战,汪系武装被击溃。王洁予等人被捕,关进清江监狱。江苏省党部汪派势力旋将他们营救出狱。是年 5 月,王洁予、李祥麟等支持县党务整理委员会,赶走法国传教士,把天主教堂改作办公室。7 月,他们捣毁城隍庙,向封建迷信宣战。他认清了宁汉合流,乃一丘之貉,所以,江苏省党部重新委任他为沭阳县党部委员时,他愤然将委任状投入扬子江,与国民党一刀两断。

民国 18 年秋,王洁予考入上海艺术大学,不久转入中华艺术大学,在学校加入中国共产党,并担任支部委员。次年 3 月,加入左联,6 月,担任浦东区共青团书记。民国 21 年秋,王洁予被捕,在苏州监狱传染上肺病,形容枯稿,加上狱吏残酷折磨,又无缘就医,性命朝不虑夕。民国23年,国民党当局同意王洁予取保释放,回家养病。他回乡后,加入沭阳东乡读书会,钻研马列主义,撰写论文,创作小说,宣传革命。民国25年,钱文辉诬告读书会是共产党组织,王洁予、钱序烈等6人被沭阳县政府拘捕。他们在狱中串供,要求与钱文辉对质。钱手无证据,又惧事后遭暗算,遂撤回状词。王洁予等遂得开释。次年抗日战争爆发,王洁予等组织抗日援绥会,动员各界人士参加抗日救亡运动。王洁予贫病交加,生活无来源。葛绍亮介绍他到补习班代课,补习班仅维持两个月,便被迫停办,王洁予再次陷入绝境。他唯一的精神支柱是创作长篇小说《牧羊城》。民国26年秋,沭阳县长祁伦捷怀疑王洁予有非法活动,公然抄查他的住所,搜去所有文稿。王洁予据理抗争,要求发还,结果被县府付诸一炬。《牧羊城》(亦名《蔷薇河》)是王洁予多年呕心沥血的结晶,稿本焚毁,他痛心疾首,病情转笃,终于含恨而终,时年28岁。

## 郭纲琳

郭纲琳(1909~1937),女,化名张英、刘英、郭英。句容县人。商家子女。烈士。民国17年(1928年)转入南京五卅公学。翌年春,考入上海中国公学预科。民国20年秋入大学部学习,并加入中国左翼文学研究会。"九一八"事变后,她带领学生接管旧学生会,同时与压制抗日的副校长展开说理斗争,并成立抗日救国会。同年10月加入中国共产主义青年团。在11月、12月间,曾3次参加上海学生请愿团去南京请愿示威。经过斗争考验,于年底转为中共党员,"一·二八"事变后离开学校,先后在共青团上海法南区委、沪西区委和团江苏省委从事地下活动。民国22年8月,郭纲琳任共青团无锡中心县委书记,领导无锡及相邻8县的共青团工作。她刚到无锡即发动全县人力车工人总罢工,取得胜利。后又带领学生中的团员去工厂宣传,在工人中发展团组织。11月6日晚,在她的统一指挥下,无锡、苏州、宜兴等地团组织同时开展纪念俄国十月革命的宣传活动。一夜之间,无锡城楼上、闹市区及公共体育场等处出现许多红旗和传单,在群众中造成极大影响。当年底,因叛徒出卖,团组织遭到破坏,不少同志被捕。在危急中,她迅速布置其他同志转移隐蔽,自己化装脱险。民国23年初,她调任共青团上海闸北区委书记。1月12日晚,在海宁路祥麟里郑子仪家开会,布置罢工斗争。由于坏人告密被逮捕,不久,即引渡到国民党上海市公安局,后转押至南京国民党宪兵司令部看守所,被判刑8年。5月押送南京老虎桥第一模范监狱。在狱中组织领导30多位女难友,声援要求释放赤色职工国际书记米兰夫妇;抗议克扣囚粮;要求改善伙食。进行3次集体绝食斗争,迫使敌人答应条件。在关押期间,其兄郭纲伦多次劝她悔过,早日出狱。国民党中央民训部视察专员巫兰溪以老师身份劝她不要断送年轻生命,遭她严词拒绝。民国25年9月,郭纲琳被关押首都反省院(燕子矶晓庄附近)进行"政治感化"。她带头拒绝上"三民主义课"、"批判马列主义课"。为此被关入禁闭室,后又被押回宪兵司令部看守所。翌年7月在雨花台英勇就义。临刑前,她大义凛然地对国民党凶手说:"你们一定会被消灭,中国人民的革命一定要胜利。"

## 陈处泰

陈处泰(1910～1937),又名悯子、舒迟、开泰等。宝应县城人。烈士。民国17年(1928年),就读于安徽大学,和王金林、刘丹等人秘密组织马克思主义研究会,参加安庆市大、中学生联合罢课和游行请愿活动,被学校开除,遭通缉,后转回宝应暂避。次年冬,入上海政法学院读书,不久参加了社会科学家联盟(以下简称"社联"),与陶白一起在沪东搞工人运动。"一·二八"事变后,他设法筹集资金,开办春申书店,出版《国际关系之现状》、《经济学大纲》等进步书籍;开办公道印刷厂,秘密印刷共产党的刊物《红旗》。不久,书店、印刷厂被强令封闭,他和陶白于民国22年被捕,后因证据不足被释放。民国23年夏,参加中国共产党。不久,担任"社联"联络员。次年2月,任"社联"党团书记,并任上海左翼文化界总同盟(以下简称"文总")书记,与周扬、夏衍等人共同宣传马列主义,开展抗日救亡活动。不久,他提出解散"文总",建立广泛性群众团体,以迎接抗日高潮的建议,促进了上海各界救国会等群众组织的建立。同年11月1日,他于上海再次被捕。当敌人得知他是共产党要员后,立即对他多次进行严刑逼供。他被打得体无完肤,两腿折断,仍守口如瓶,保护组织和同志。民国26年被秘密杀害于南京,时年27岁。1980年冬,中共中央书记处书记胡乔木为陈处泰烈士题词:"为革命而生,英名永在!为革命而死,浩气长存!"

## 陈志正

陈志正(1910～1937)，又名陈述，笔名陈殖，化名陈福生。武进县(今常州市区)卜弋桥镇人。中共早期党员，烈士。民国15年(1926年)考入上海政治大学，后转入上海劳动大学读书。在白色恐怖严重时刻，毅然加入中国共产党，并一度担任劳动大学党支部书记。他积极投身于党领导的学生运动和工人运动，曾两次被捕，一次装哑巴，一次坚不承认革命活动，因证据不足获释。民国19年，先在中共江苏省委宣传部工作，后任共青团江苏省委秘书长。民国20年去北京工作，并钻研政治经济理论。民国21年回上海工作，7月17日被捕，被判无期徒刑，先后关押在苏州和南京监狱。在监狱生活折磨下，肺病复发。但他满怀革命乐观主义，加紧学习，释译日文版《财政学大纲》、黑格尔的《大逻辑学》等著作。参加编写狱中秘密刊物和要求改善生活的"罢饭"斗争。虽被毒打，加上两副重镣，但毫不动摇，仍坚持斗争。在这期间，亲属多方营救，需本人写"悔过书"方可出狱。亲属劝他说："留得青山在，不怕没柴烧。"他回答说："我无过可悔，写什么悔过书！"虽然肺病十分严重，身体非常虚弱，但意志坚定，保持共产党员的崇高品质。民国26年5月，病逝狱中。遗书说："我生无内疚，死无怨尤，愿弟妹们为人类的幸福而努力。"

## 韩师愈

韩师愈(1911～1937)，字仲文，号英一。泰州人。空军飞行员，烈士。民国18年(1929年)，考入上海国立暨南大学。民国23年，考入杭州笕桥国民党中央航空学校。民国25年毕业，留校任侦察飞行高级教官。"七七"事变后，他多次要求参战，"不负入空军初志"。他的祖母嘱他早日择偶成家，他回禀道："强虏未灭，何以为家？不打败日本侵略者，我是不成家的！"

民国26年7月15日，韩师愈任国民政府空军第七大队第十六队队副，先后在西安、滁县、南京、开封、太原、洛阳等机场执行侦察、警戒和作战任务。淞沪抗战中，他曾连续3天驾机到上海轰炸日军，重创敌舰"出云号"。同年10月25日，他从洛阳机场飞往黄河北岸侦察。在当天第三次出机中，于下午3时在安阳上空遭遇日机多架,与同机丁家贤(航校第八期生)奋勇迎战,不幸在安阳水冶镇上空座机中弹起火,为国捐躯,时年26岁。

## 赵凤昌

赵凤昌(1856～1938),字竹君,号惜阴。武进县城(今常州市区)人。靠人捐助得一小官,发往广东候补,开始宦途生涯。最初在按察使姚觐元、总督曾国荃幕中任记室、幕僚。光绪十年(1884年),任两广总督张之洞幕中侍从。不久,因办事机灵、勤快,被张之洞赏识,拔充总文案参与机要。光绪十五年,随张之洞到武昌,继擢总文案,深得张之洞信赖。长期相处,他对张之洞一言一行了如指掌,后来竟然能够揣测张之洞心理,代他拟订公牍,居然符合张意。他摹仿张的书法,几可乱真。光绪十九年,有人弹劾张之洞。在查办中,发觉赵凤昌有揽权行为,被革职永不叙用。张之洞为他在武昌电报局谋得一个挂名领薪差使,常驻上海,同时为张之洞在沪的耳目。他移居上海后,很快结识盛宣怀、张謇、唐绍仪等。光绪二十八年,义和团运动起,八国联军入侵北京,他应盛宣怀之托,联络张之洞搞"东南互保"。接着与张謇等呼吁立宪,合刻《日本宪法》,在沪组织预备立宪公会。清宣统三年(1911年)武昌起义,他通过汉口电报局长朱文学,迅速获得武汉的消息,传给江、浙、沪名流。然后在他家惜阴堂集会,研究应变措施,推庄蕴宽代表江浙去湖北与革命党联系。江、浙、沪"光复"后,又在他家商议成立临时政府事宜。这时他既与革命军黄兴、洪承点联系,又与北京袁世凯派来的代表接触,传达南北两方意图。南京临时政府成立前后,南北议和会议很多在他家进行,他作为中间人参与。当时两方争论的焦点之一,是中华民国成立后的第一任内阁总理人选问题。南方坚决要求,袁世凯如任大总统,内阁总理一定要由同盟会成员担任。北方不同意。在双方争持不下之际,他建议唐绍仪加入中国同盟会,然后任总理。这个建议,得到孙中山、黄兴赞成,南北议和始告成功。南京临时政府成立后,盛宣怀因逃至日本,汉冶萍煤炭总公司无人负责,他被孙中山派任董事长,主持公司工作。后因不愿政府以矿产权押借日款,与人意见不合辞职。民国初他曾与张謇、唐文治、熊希龄、汤寿潜等发起成立统一党,任基金监事。南北统一,党部北迁后辞职,被袁世凯聘任顾问。从此,息隐上海,直至民国27年(1938年)病逝。

## 金兰升

金兰升(1865~1938),字清桂,号石如,晚号冬青老人。常熟妙桥乡金村(今张家港市)人。中医。他聪颖豪爽,能诗文,擅书画、金石。光绪二十二年至光绪二十六年(1896~1900年),受业于江阴周庄内科名医柳宝诒(冠群)门下,学成后始业于金村镇。经刻苦钻研,上窥《内》、《难》、《伤寒》、《金匮》医典精要,下究历代医家学说,继承柳氏,卓然成家。擅长中医内科杂病、风痨、臌膈、伤寒温病、内妇科等。且胆识过人,认为"温病下不厌早",每用"承气汤"攻邪,治愈很多危重病人。当时常熟南乡病多膨胀,北乡病多黄疸。他经悉心研究,创制多种丸散,治钩虫、贫血为"铁霜丸",治膨胀为"运脾丸",治黄疸为"参珠犀珀散",治胃病有"如意丸"等等,均著疗效。后迁常熟城内中巷行医,与名医王宗锡、章成器齐名,人称"三鼎甲"。金兰升重医德,豪侠尚义。数十年行医惜贫悯苦,遇穷苦病者送诊给药;遇远来求医者,则留饭,给盘缠。邻近农家相请,常徒步以往。晚年一次行医,突然昏倒路旁,醒来继续前往,旁人劝他休息,他说:"无妨,病者在,不可使其久待。"他诊病必审询周详,屡起沉疴,驰名于苏南地区。他还破除秘方不传之习,所制丸剂,药方公开,药店可自配出售。其著作有《历代名医表》1卷、《补缺山房医案》数十卷、《石龛医学丛俎》2卷、《金氏丸散验方》、续柳冠群《惜余医案》若干卷等。惜多散失,遗世不多。

## 姚承祖

姚承祖(1866~1938),字汉庭,号补云。吴县(今苏州市区)胥口香山墅里村人。能工巧匠。清同治五年三月十八日(1866年5月2日)生于木匠世家。祖父姚灿庭著有《梓业遗书》。他11岁随叔父姚开盛在苏州习木作,终岁营建于乡郡间,后在城内开设姚开泰建筑处。一生设计建筑的屋舍庭宇,不下千幢。苏州怡园的藕香榭、木渎灵岩寺的大雄宝殿、光福吾家山的梅花亭等著名建筑均出自其手。他年幼失学,深知无文化之工匠墨守成规,有碍事业发展,故发愤自学,大有长进,并在城内及故里创设梓义小学及墅峰小学,免费招收建筑工匠子弟。苏州工业专科学校成立后,姚承祖被破格聘请讲授中国建筑学。期间撰写成《营造法原》一书,建国后经其弟子增补整理再版,被世人誉为"中国南方建筑之宝典"。还著有《姚承祖营造原图》。他曾担任苏州鲁班协会会长。民国27年(1938年)6月18日病逝于上海,归葬故里法华山,1982年迁葬阴山麓。

## 孟　森

孟森(1868～1938),字莼生、号心史。武进(今常州市区)人。史学家。清秀才,屡试举不中,以授学为业。秉性耿直,负才不羁,有"清狂之名"。清光绪二十三年(1897年),孟森应同邑何嗣焜之邀,任上海南洋公学教员。因好议论,指责校方课程安排不当,引起教务长不满,调译学馆任职。在主持译务工作时,聘请日本学者当助手,学习和掌握日文。光绪二十七年,就读于江阴南菁高等学堂,因不守校规被除名,赴广西龙州督办郑孝胥幕中任记室。余暇,收集广西边防资料,撰写《广西边事旁记》一书,为郑赞赏。次年,被送往日本东京法政大学攻读法政专业。从此,一改习性,刻苦学习,与谢霖合译《薄记学》,成为中国早期财会人员借鉴日本经验的著作。

光绪三十一年,孟森从日本学成回国。当时,清政府下诏预备立宪。他和郑孝胥、张謇等人到上海创办预备立宪公会,主张全国立宪,效法日本内阁制度,进行政治改良。随后,为倡导立宪,寻找理论阵地,进商务印书馆办的《东方杂志》编辑部任主编。开辟《宪政篇》专栏,刊载介绍西方国家的立宪制度、论述中国必走立宪之路的文章。同时,把全国各地发生的大事件,列成大事记,在刊物上发表,引起世人重视。由于宪政取得进展,他辞去主编职务,任江苏咨议局书记长,制订《地方自治章程》,负责在全省推广。宣统二年九月(1910年10月),孟森被派往奉天、黑龙江、直隶、山东等地考察,联合各省咨议局上书清廷,要求成立立宪政府。次年,他陪同张謇再次北上,联合各省咨议局向清政府请愿,敦促清廷召开国会会议。

辛亥革命爆发后,孟森目睹清政府腐败,垮台已成定局,放弃宪政立场,响应革命,成为江苏、浙江上流名士的代表,与革命军取得联系,疏通关系。苏州"光复"后,他被推选为江苏省临时参议员代表,为江浙沪联军攻打张勋在南京的"辫子军"起草宣言。民国元年(1912年),中华民国临时政府成立,孟森加入统一党,后任共和党执行书记。民国2年,当选为国会众议院议员、宪法起草委员会委员,参与起草《中华民国临时约法》,主张实行责任内阁制,限制总统权力。因袁世凯买通多数议员,通过"总统制"议案。

同年,"二次革命"爆发,袁世凯解散有国民党员身份的议员,使国会瘫痪。他气愤之下离开北京,回到上海,继续从事商务印书馆工作,开始研究明清史。民国6年,孟森回到常州,主编《武进月报》,搭股开设常州商业银行、常州纱厂,从事商务活动。北伐大革命后,一度任江苏省政府秘书。不久辞职,任中央大学历史系副教授。民国19年,任北大历史系教授,有更多机会查阅明清历史档案,为撰写明清史著作提供有利条件。

孟森撰写的史学著作,主要有史料、教材、史事疑案考证三大类。史料著述,有《心史史料》4册、《八旗制度考实》、《心史丛刊》3册、《心史笔记》、《明元清系通纪》15册。《通纪》采用编年体,以明代纪元叙清代世系,详述1371～1524年满族兴起及其对明朝的影响,纠正日本学者著《清太祖武皇帝实录》和国内书籍解释上的误差,是研究清朝在关外活动的重要著作。教材著述有《明清史讲义》,长期被各大学用作历史课教材。再版时修订成《明代史》、《清史讲义》。这两部书,新中国成立后,大陆和台湾都曾再版使用。历史疑案考证,是孟森从事史学研究的特长,对众说纷纭的清朝四大奇案,潜心考证,撰有《太后下嫁》、《顺治出家》、《雍正承统》、《海宁陈家》等。他还著有《董小宛》、《横波夫人》、《孔四贞事考》、《乾隆香妃》、《丁香花》、《朱三太子史说》、《永乐皇帝传位》、《科场案》、《奏销案》、《字贯案》、《闲闲录案》、《金圣叹》、《西楼传奇考证》、《袁了凡斩蛟记考》等考证文章。这些论著和文章,以实事求是的史学观,澄清历史疑案。他在研究明清史过程中,发表100多篇明清史论文,后来由他的学生、著名史学家商鸿逵搜集出版《明清史论集集刊》、《明清史论著续编》。

## 管凤龢

管凤龢(1868～1938),字洛声。阳湖县从政乡九都二图(今常州武进政平乡)华渡桥大三房村人。清末民初地方官,学者。光绪二十年(1894年),在营口道善联幕中任事。日军入侵,紧逼营口,形势危急,他坚持职守,得到善联赏识。光绪二十八年到直隶任知县,办事干练有卓见,后至军政司助理政务。光绪三十一年到边疆军事要地海城任知县。他据理交涉,使日、俄驻军撤退,妥善接管政权。为振兴教育,创办师范,兴建小学堂,将庙宇改成校舍。还陆续办起自学会、商会、地方银行、劝学所、图书馆、森林公园、农业试验场、卫生医院、戒烟局等。为改革吏治,亲自接受群众呈词,及时处理,平反许多冤狱。亲自编辑《海城旬报》,为推行新政而宣传。在海城任职3年,政绩卓著,社会安宁。光绪三十四年升任新民府知府,编纂成《新民府志》。宣统二年(1910年),任奉天高等审判厅厅丞,曾去日本考察司法,著述《四十日万八千里游记》。东北发生鼠疫,他主持防疫事务,采取有效措施,防止鼠疫蔓延。事后,晋升为道员,加二品官衔。次年任劝业道官职。因蒲河连年泛滥,为此设立水利局,引水入运河,开辟沿河低洼荒地为水田,指导当地农民种稻,著《蒲河种稻概要》一书。辛亥革命后,主持天津造币厂,他考订古今中外币制沿革,写有专著。又主持顺直河工程,开辟沿海土地3万亩,种植棉花,水稻,使群众长远受益。他还在天津西郊吴窑村修筑"新农园",种植花卉、树木、蔬菜、果树,养蜂和鸡兔,研究技术,编印《新农园月刊》,并编纂《北戴河志》。他学识宏博,办事果断。每办一事都写成专著,广为传播。勤于学习,操守廉洁。诗文书法造诣都很深。

## 马锡簪

马锡簪(1870~1938),字子缨。泗洪县朱湖乡马宅村人。泗洪善人。早年家贫,成人后,务农力田,苦心经营,家道稍丰。他待人有同情心,平生以助人为乐。因幼贫失学,毕生引以为憾。家境既裕,即捐地出资,建房延师,创办安河镇小学,使乡里儿女免蹈失学之苦。其诸子也令入学诵读,稍长,又使求学四方。每年收入大半耗于办学、诸子读书,在所不惜。乡邻戚族告贷即应;年终腊尾,对困难尤甚者,又常送粮送肉上门。乡邻感激,称道他积有善行,必得善报,他则说:"我家过去贫穷,现在有幸解决温饱,也希望家家温饱。正羞于力弱,为父老所做太少,怎敢望报?"民国20年(1931年)水灾,哀鸿嗷嗷,他及时济粮赈款,拯救饥寒,安度荒歉。乡邻愈加感动,遂于其60岁生日时赠以匾联。匾题:"指使咸尊。"联为:"节届花周,预感同人齐上祝;恩推梓里,疮痍满地独能医。"

马锡簪于民国27年2月9日卒于家,终年68岁。清翰林院编修、泗县张启后为撰墓表,比之东汉马少游,以"善人"相推许。

## 庄曜孚

庄曜孚(1870~1938),女。字莒史,号六梅室主人。武进(今常州市区)人。

庄曜孚曾从师袁毓卿学画,嫡传恽南田没骨花卉。嫁湖南人陈季略为妻。光绪三十一年(1905年),陈季略到四川省乐至县任知县,庄随夫填任,创办女学,任监督。她针对乐至县地处偏僻,交通不便,大力提倡妇女放足。中华民国成立前夕,回到常州。任武进女子师范学校图画教师。后寓居北京。一生作卷、轴、册页、斗方、扇面画数千件,其中有对菊写生一册共12张,每张画菊3种,计36种,堪称精品。还有小斗方数十页,名《百花图》。

## 唐　驼

唐驼(1871~1938),原名守衡,字孜权。武进县城(今常州市区)人。出身书香门第。从小喜爱书法,习字刻苦用功,每天黎明即起,寒暑不止,临摹柳、颜、欧等书。因习字过勤曲背,人呼为"唐驼子"。于是,他便更名唐驼,字曲人。他书法学成后赴沪谋生。在澄衷学堂缮定《字课图说》,因字迹刚劲透逸,名噪沪滨,受到各方赞赏,后被文明书局、商务印书馆聘去书写教科书。从此,他一面写书,一面在沪卖字。中年以后,致力于印刷出版事业,曾自费至日本研究印刷术3年。回国后,中国图书公司经理林康侯立即以高薪聘他任副经理,力挽经营危局。经唐驼全力整顿,采取增设外销公司等措施,使图书公司扭亏为盈。辛亥革命后,公司并入商务印书馆,他到中华书局任印刷所副所长,直至去世。当时他一直把卖字当作最大爱好,所写正楷骨肉停匀,四平八稳,用于市招联额,深受厂、商欢迎,登门求书者络绎不绝。中华书局等招牌,均出于他之手,有"写市招的圣手"之殊誉。他将卖字所得款项逐年存积,于民国21年(1932年)在常州西郊创办安邦小学(今常州拖拉机职业中学),吸收贫寒子弟,免费入学。平生喜爱兰花,著有《兰蕙小史》3卷。

## 顾述之

顾述之(1872~1938),名倬,以字行,别号云窝。清同治十年十二月十八日(1872年1月27日)生于无锡县城凤光桥(今无锡市区三凤桥)顾家弄。近代中国中等师范教育家。21岁考中秀才,后肄业于东林书院、南菁书院。光绪二十八年(1902年),和侯鸿鉴一起由学校资送留学日本弘文学院师范科学习一年。归国后历任东林学堂校长、上海中国图书公司编辑、直隶提学使署教育科长等职。光绪三十一年自办新民小学。宣统元年（1909年），与友人合作创办女子职业学校。宣统三年正月，任官立江苏省第三师范学堂（今江苏师范前身）监督（校长）。"三师"先以新民小学基础筹建。于当年七月二十五日开学。顾述之创建与治理"三师"，以日本教育为典范。他曾率领教职员4次赴日本参观学习，仿效日本东京师范学校，并花5年时间建造校舍400余间。民国6年（1917年）后，又增建大礼堂和博物馆。制订学校管理方面的规章制度5章47节，又在民国2年增设附属小学，作为师范生的实习场所。他任"三师"校长达10年，以办好教育、教好国民、移风易俗、挽救危亡为办学宗旨。在教育救国思想指导下，他认为"培养师资是立国根本之根本"，师范生是"第二代国民之母"，"小学教师的天职是改良社会"。定"弘毅"为校训。其品德教育大纲是"淡荣利，耐劳苦，守纪律"；其教育原则为"以身作则"。"其言者必其所以能行者，其能行者始能以此教学生"。在教育方法上，力倡学生自治，注重学生个人学行之修养；在知识教学上，要求学生各科全能，而兼有一科之长。他特别重视直观教学，要求各科进行校外观察采集、教具制作、举行展览会，并创办小学教育博物馆。他对学生的体育运动也十分重视，认为"凡我青年，非有强固之体魄，耐饥寒、忍劳苦……才能应今后之变"。他还提倡职业教育，认为职业教育是解决国民生计之根本途径。先后增设商业补习科及贩卖部、职业部、工业补习科（内分木工、铁工两部）、农业补习科及初级班、附设农场等，供学生学习或实习。他十分重视延聘良师，谢绝官厅介绍，不受亲友委托，就中小学优良教师与积学敦品之人士中选取。顾述之因主张"学生不应涉及政治"，跟不上革命形势之发展，于民国11年春辞职告退。回家后写成《学潮研究》，不久又主编《小学教育月刊》。民国18年冬，应聘任江苏农民银行无锡分行经理。三子顾衡为中共党员，被国民党当局杀害。他才感到仅谈教育，不问政治为非计，为无胆识。抗日战争全面爆发后，他避居长沙，与人合作筹办商业专科学校。民国27年7月7日病逝。

## 荣宗敬

荣宗敬（1873～1938），名宗锦。无锡城郊荣巷人。和荣德生兄弟俩都为无锡著名实业家。荣氏兄弟幼时就读于私塾，十四五岁去上海钱庄习业。

光绪十九年(1893年)二月,荣德生随父荣熙泰去广东三水县厘金局帮理账务。光绪二十二年回锡后与人合资在上海开设广生钱庄,荣宗敬任经理,荣德生管正账。两年后,该钱庄由荣家独资经营。光绪二十五年十月,荣德生经广东税官朱仲甫之邀,任广东河补抽税局总账房。次年,经香港回无锡,与荣宗敬合办保兴面粉厂,后又和怡和洋行买办祝兰舫等合股增银5万两,改保兴为茂新,荣德生任经理,荣宗敬任批发经理。光绪三十年,日俄爆发战争,东北面粉畅销,茂新厂向英商购买钢磨6部,于次年投产,五个多月盈利6.5万两。光绪三十二年七月,荣氏兄弟又与张石君、荣瑞馨(丰泰洋行买办)等7人发起,集股在无锡创办振新纱厂,光绪三十三年投产。清光绪三十二年开始,荣氏兄弟先后创办公益学堂、竞化女子小学等4所学校,并在荣巷创办大公图书馆,至民国5年(1916年)建成,藏书18万多卷。民国8年又在荣巷创办公益工商中学,后改为公益中学。民国元年,荣氏兄弟与王禹卿等人集股4万元,在上海创办福新面粉厂。后又开办福新二厂、福新三厂。民国3年第一次世界大战爆发,帝国主义国家忙于欧战,无暇东顾,中国民族工业迅速发展。荣氏兄弟经营的面粉工业远销南洋和英国,至民国11年已拥有面粉厂12家,日产面粉8.6万包,占全国面粉生产总量三分之一,有中国"面粉大王"之称。民国6年3月,买下上海日商恒昌源纱厂,改建为申新二厂。民国8年又与王禹卿、王尧臣等集资,在无锡创办申新三厂,拥有5万枚纱锭、500台布机,电机3200千瓦,为国内最大纱纺厂。民国10年,荣氏兄弟在上海设立茂新、福新、申新总公司,荣宗敬任总经理,统一管理、协调各面粉厂、纺织厂的生产经营,在苏、浙、皖等地设棉、麦采购,纱、粉经销机构19处。在南京设立农作物试验场,提高原料质量。第一次世界大战结束后,外国资本卷土重来,英国大量倾销廉价纺织品,国内不少纺织厂倒闭,申新纱厂也负债累累。民国14年,因"五卅"惨案和大规模抵制外国货,申新各厂又绝处逢生。荣宗敬又在日汇套购中获利,便抓住机遇,大力发展纺织工业,至民国20年,在上海创建申新五、六、七、八、九厂。申新九个厂,拥有纱锭52万多枚,布机5300多台,纱布产量占全国五分之一,有中国"纱布大王"之称。民国16年,荣宗敬因反对国民政府派购"二五库券",蒋介石下令通缉他,借口其依附孙传芳,密令无锡县政府查封其财产。经吴稚晖疏通,又被迫订购"二五库券",才取消通缉令。此后,荣宗敬还担任国民政府工商部参议、中央银行理事、全国经委委员、招商局监事、棉花改进委员、农村复兴委员等职务。民国18年,荣德生发起成立百桥公司,集资建造桥梁,发展交通事业。翌年建造蠡桥、鸿桥、大公桥等10余座。至抗日战争开始时,共建筑大小桥梁88座,其中无锡57座,常州27座。以横卧五里湖上的宝界桥最为宏伟,桥长377.54米,宽7.6米,有桥洞60个,为江南第一大桥,荣德生投资20多万元。

20世纪30年代初,资本主义世界出现严重经济危机,国民政府苛捐杂税厉增,荣氏企业受到冲击,各厂大部被抵押。国民政府农工部长陈公博企图乘人之危,侵吞申新;英国汇丰银行企图以低价250万元,又以500万元将申新七厂拍卖给日商。荣氏兄弟为求生存,奔走呼吁,得到上海各界支持,侵吞、拍卖被迫中止。民国25年,中国银行董事长宋子文又企图利用债权鲸吞申新,迫于舆论压力而敛手。抗日战争爆发后,上海、无锡、武汉等城市相继失陷,荣家企业部分设备运往重庆、成都、宝鸡、广州设立6个工厂,有三分之二企业被日军破坏或强占。荣宗敬留居上海,利用租界内各厂加紧生产,拒绝与日伪合作。民国27年1月4日他带病避走香港。是年2月10日在香港病逝,终年65岁。

## 秦仁金

秦仁金(1879～1938)。无锡惠山人。无锡惠山泥塑艺人。早年得前辈艺人高阿福传授泥人捏塑技艺,擅长手捏京班戏文。他刻意创新,在继承清末以昆曲为主要内容的"手捏戏文"传统的基础上,致力于创作以京剧题材为主要内容的戏曲泥人,拓宽了手捏泥人的表现领域。他捏制的京剧戏文有文有武,生动凝练,富有艺术内涵。在人物形态塑造方面特别研究"功架",突出京剧的艺术特色。他创作的花旦头型小巧秀丽,衣纹飘逸,在同行中享有美誉。他第一个将无锡泥塑传统的圆底座改成方底座,因为方座的直线更能衬托武将的英姿。他还与同辈泥人共同创制形体较大的戏曲艺人,表现手法粗犷遒劲,色彩富丽庄重。代表作为《空城计》、《伐子都》、《二进宫》、《芦花荡》、《白蛇传》、《八仙过海》、《水漫金山》、《一百零八将》等。秦仁金还常捕捉现实生活中的各类人物形象,创作富有生活情趣的泥塑艺术品。20世纪30年代,他曾捏制一套反映惠山民间庙会盛况的大型泥塑作品,共有100多个人物组成,气势宏大,进香行列里扮作"三百六十行"各种人物的装束、面貌、神情、动态皆栩栩如生。

## 胡笔江

胡笔江(1881~1938),原名敏贤,字筼,号笔江,以号行,亦署辟疆。江都县中兴洲(今扬州邗江区沙头乡胡墩村)人。金融家。18岁时到泰县姜堰镇一家小钱庄学徒。3年满师后到江都仙女庙义善源银号当职员。宣统二年(1910年)与友人相约去北京,先在公益银行当职员,不久进北京交通银行当行员。他善于言辞,尤熟悉银行业务,得到交通银行经理梁士诒的赏识,不久晋升为总行稽核、分行副经理、经理等职。民国5年(1916年),北京政局动荡,他辞去交通银行职务,遂挟资抵沪。

民国8年,印尼华侨富商黄奕柱回国抵沪创办金融事业,经《申报》老板史量才荐举,邀胡合股筹组中南银行。民国10年6月中南银行正式开业,黄任董事长,胡任总经理。总行设上海,分设天津分行及北京办事处、厦门分行及鼓浪屿办事处。胡笔江以高薪聘用英籍雇员,在银行界率先开办对外汇兑业务。此后,中南银行在胡笔江的筹划下,分别在汉口、广州、南京、杭州、苏州、无锡、重庆、香港等地增设分行、支行。同年冬,中南银行与金城、盐业、大陆三家银行组成四行联合营业事务所。翌年成立四行联合准备库和四行储蓄会,胡任总监。他积极经营吸纳资金,投资地产证券,使营业扶摇直上,信用和声誉大著。其后,胡在镇江创办蚕丝和桐油的专门学校以培养工商人才,还陆续投资被挤垮的两个纱厂,扶持了民族工商业的发展。民国21年春,由四行储蓄会出资500万元建造了高24层的上海国际饭店。民国22年,上海交通银行改组,胡接任该行董事长,着手准备国防财政和战时经济,把流动资产分散到各地交通银行分行。民国24年,中国建设银行联合中国、交通、金城、上海等银行,投资成立中国棉业公司。宋子文任董事长,胡兼任常务董事,并任新华、金城等银行董事。

抗日战争爆发后,胡将交通等行的资金和业务转至香港、重庆和昆明等地,支持抗战,并积极协助当局筹划抗战经费。民国27年8月24日,胡应国民政府财政部电邀,从香港乘"桂林号"飞机赴重庆,欲商讨筹款购买飞机事宜,在广东中山县(原香山县)上空突遭日本飞机袭击,坠落于唐家湾海中,不幸遇难,终年57岁。中南银行在武汉总商会召开了隆重的追悼会,宋子文主祭。毛泽东、周恩来送了花圈。彭德怀亲临吊唁,挽联上称胡"金融巨子"。蒋介石电唁其家属,称他为"金融硕彦,劳绩卓然"。胡笔江对家乡有着深厚的感情,举荐大批家乡子弟到钱庄、银行学徒或任职。民国8年,出资在沙头30余里的江堤上,建筑防洪水闸7道半(其半道与别人合建),并加宽加高河岸江堤;为发展家乡蚕桑事业,民国21年冬,购买湖桑苗数十万株,免费供给家乡农户发展蚕桑事业。同年又出资10多万元,创办私立竞生小学(今邗江沙头乡北三小学),且设五圩、六圩两个分校,有学生800多人,颇负盛名;面对旧中国缺医少药的状况,又在二圩头集镇设立施药局,高薪聘请镇江丹徒名医何叶香来施药局主持门诊,并扶持沙头集镇天和堂中药店,为患病的贫苦乡民免费治疗、供药。

## 朱文鑫

朱文鑫(1883~1938),号槃亭,字贡三。昆山陈墓人。天文学家。21岁入江苏高等学堂,毕业后被派赴美国,考入威斯康星大学,攻读天文数理学。留美期间著有《中国教育史》、《攀巴司(pappas)切圆奇题解》两书。曾任留美中国学生会会长。宣统二年(1910年)获美国威斯康星大学理学士学位。宣统三年回国,主持上海南洋路矿学校教务,兼任南洋大学(今上海交通大学)、复旦大学教授和上海《太平洋日报》编辑;参加爱国学社,和蔡元培、章太炎、邹容等人一起鼓吹革命,并加入中国同盟会,参与孙中山号召的讨袁"二次革命"。在此期间,他即开始利用现代天文学理论研究中国古代天文学。民国2年(1913年),在沪创设东华大学,兼任裕丰轮船公司秘书长。曾与任鸿隽等发起组织中国最早的近代科学团体——中国科学社和创办最早的科学期刊——《科学》杂志。至20世纪20年代,他已成为中国知名的天文学家,为中国天文学会会员、美国天文学会会员。他在南洋路矿学校主持教务时期,为中国培养一批早期的土木建筑和采矿科技人才,现代建筑界声望颇高的秦轶欧等人便是他的学生。由于该校办学成绩卓著,曾得到孙中山的亲笔题词"造路救国"(原件现存于中国革命历史博物馆),其间加入新南社。民国19年6月至23年8月任江苏省政府土地局长,曾培训江苏省第一批土地测量技术员,并首先用天文测量的现代科学技术应用于土地测量中。民国27年3月26日病逝。民国35年,陈墓乡民为纪念朱文鑫,创办以其号命名的"槃亭中学"。他的著作甚丰,主要的有《微分方程式》、《算式集要》、《天文考古录》、《史记天官书恒星图考》、《历代日食考》、《历法通志》、《星团星云实测录》、《十七史天文诸志之研究》、《中国历法史》、《淮南天文训补注》、《槃亭文稿》等。

## 刘仁航

刘仁航(1884～1938)，又名登瀛，字镜机，号灵华。邳县官湖镇西坊村人。佛学家。9岁应童子试，补廪膳生。后就读于徐州中学堂、南京高等学堂、上海广方言馆、两江师范学堂。毕业后，任邳县劝学所总董兼视学，致力倡导创建文明新村、农民夜校。光绪三十四年(1908年)离邳，先后在苏州、上海、南京、徐州等地任教。任省立第七师范校长时，支持学生反帝反军阀，张勋派军警逮捕他，他闻讯脱逃，潜往日本。留日期间，悉心研究日本文化与历史，翻译《粗粮猛进法》等书。民国6年(1917年)，回国任江苏省视学。山西军阀阎锡山慕其才华，聘为督军府参议，他因不满阎之为人，怫然离去。北伐战争时期，顾祝同荐他为苏鲁特派员。南京国民政府成立，林森委以中将参议，因无心于政事未到任。中年信佛，去印度探求佛学旨义，遍游佛教圣地，广结高僧及佛界领袖。归国时，印度佛教界赠予3尊金佛及大量经典书籍。后定居上海，自号"昆化博士"。他在乐天修养馆闭门著书，研究佛学和诗文，时人称为"北方学者"。有《印度游记》、《东方大同学案》、《天下太平书》、《比翼集》、《佛教理论学丛书》、《孔教辩惑》、《乐天妙味》、《自然学课余谈》、《身心强健法》等著作30多部行世。《东方大同学案》由《申报》连载，读者争相传阅。他早期倾向于康梁维新，任七师校长时，向学生灌输变法维新思想。奉佛后，宣扬佛教社会主义，《东方大同学案》中有较多论述。他认为，俄国十月革命为人民争得平权自由，是其可取的一面；但杀伐过重，流血过多，则不可取。民国26年，淞沪抗战爆发后，他忧国恤民，关心抗日救亡大事，是年底到达武汉，在八路军办事处受到周恩来、董必武接见，他以《东方大同学案》相赠。民国27年初，回到邳县，卖掉家中仅有的11亩地，将钱全部散给沿街乞讨的穷苦百姓。台儿庄会战开始后返武汉。是年秋，离武汉赴重庆，从事抗日救亡工作。船至宜昌江面遭日机轰炸遇难，终年54岁。

## 胡文臣

胡文臣(1888～1938)，字相卿。清直隶静海县(今属天津市)人。抗日烈士。历任国民政府财政部两淮盐务管理局盐警大队排长、连长。民国18年(1929年)任税警第二区中校区长。民国27年任由税警团改编的陆军第八军三十三师游击第三团团长,驻防东陬山。当时日军已逼近其防地,为勉励部属抗战士气,胡题诗"倭寇犯我边疆,飞机到处逞强,为免轰炸殃及,依山筑室壁将",刻于防空洞石壁。9月,率部镇守云台山。24日上午,日军在4架飞机掩护下从高公岛一带分三路进攻胡的防地,胡文臣与士兵生死与共,固守阵地,激战中日军伤亡惨重。战后,胡晋升为少将。民国27年底,胡文臣奉命率部开赴泗阳县洋河镇增援被日军包围的三十三师,解围后奉调宿迁县城,堵击由徐州进犯之敌。当部队刚到仰化时,遭到敌机低空扫射,因掩蔽及时,未遭伤亡。临近宿迁时,军械官徐本鼎惧敌怯阵,当场被胡文臣处决,为怯阵者戒。胡率部进宿迁县城后,被敌军层层包围。激战数小时,胡负重伤,仍手持大刀,奋力指挥部队突围,突出县城后遭敌伏击,与敌人展开肉搏战,杀敌百余,并击落低空扫射的敌机一架。战斗到下午,终因敌众我寡,伤亡惨重。胡文臣壮烈牺牲。

## 阎海如

阎海如(1889~1938),法名恒海、清华法师。河北涞水县人。保定军官学校第二期毕业,参加辛亥革命,曾任革命军大队长。军阀混战中,提升旅长。后见国事不可为,出家为僧。曾任常州天宁寺监院之职。民国26年(1937年)抗日战争爆发时,他在宜兴龙池山澄光寺任方丈。深感"国家兴亡,匹夫有责",次年初,动员学僧组织抗日游击武装,自任队长,附近爱国青年纷纷来归。这支武装被国民党第三战区苏浙皖边区游击司令谢昇收编,海如被委任为司令部参谋,曾率部在宜兴太华山区诱日军深入,予以痛歼,声威大震。3月初,亲率抗日游击队奔赴和桥袭击日军,因寡不敌众,队长张锡林阵亡,便率残部退入太湖。时国民党残军田文龙部盘踞武进太湖马迹山(今属无锡)为害人民,阎海如上山劝说田共同抗日。3月12日,马迹山遭千余日军侵袭,他壮烈牺牲。

## 释常惺

释常惺(1896~1938),俗姓朱,名寂祥,又名优祥。法名常惺,自署雉水沙门。如皋柴湾人。中国佛教会秘书长。清光绪三十四年(1908年)由福成寺自成和尚剃度出家。民国2年(1913年)毕业于如皋县立师范学校,后入上海华严大学,习禅于常州天宁寺,至浙江四明观宗寺随谛闲法师研习天台教观,入观宗社继续深造。民国8年,协助常熟虞山兴福寺筹办华严大学预科班。民国10年,于安庆迎江寺举办佛教学校。民国13年,赴庐山出席第一次世界佛教联合会会议。次年,应邀至福建厦门南普陀寺协助太虚法师创办闽南佛学院,后赴云南讲学。民国17年,从持松法师修习密法,受密教灌顶。次年,于杭州昭庆寺主持僧侣师范学院。民国19年,于北平主办柏林教理研究院,任教务主任,兼任世界佛学苑常备委员、北平万寿寺住持及锡南留学团团长。民国20年,任泰州光孝寺住持,收容1000余人。旋赴厦门继太虚法师任南普陀寺住持,兼闽南佛学院院长。"九一八"事变后,针对中国佛教徒国家观点淡薄、忽视国家利益的情况,于中国佛教徒护国和平会议讲演中提出"我人为求身家安宁、法运兴隆,实不能不爱国家,以求佛法有所寄托"的主张。民国24年,辞职养病于上海。民国25年,任中国佛教会秘书长。释常惺于民国27年11月圆寂。著有《因明论要解》、《圆觉经讲义》、《佛学概念》、《贤首概要》、《大乘起信论亲闻记》等。有《常惺法师集》行世。

# 郁仁治

郁仁治(1905~1938),海门(今海门市)人。民国13年(1924年)毕业于私立海门中学。后经旧日同学山西省督军李烈钧推荐,自费去日本东京陆军士官学校工兵科学习。民国18年夏,学成回国,被任命为国民革命军教导第一师上尉教官。翌年5月,调任宁、镇、澄、淞四路要塞司令部工兵训练处少校连长,后又奉命调陕西刘茂恩部任职。不久,复调南京筹建工兵学校。该校建成后,任中校、上校教官。

民国21年,"一·二八"日军挑起侵略战争,郁仁治奉命赴上海,在国民革命军十九路军翁照垣旅指挥部任参谋,负责设计构筑上海市区防御工程。战争结束后,复回南京工兵学校任职。民国26年抗日战争全面爆发,郁仁治调往青岛任工程处处长兼军警督察处长,后因日军逼近,奉命撤退。撤退前,郁下令将青岛几家日商纱厂焚毁。尽管日商事先曾托人贿以巨款,请求保住纱厂,还是被他严辞拒绝。民国27年1月,郁仁治又被派往山东前线,任山东省第一区专员兼军事特派员,授少将军衔,在肥城、长清、东阿、平阳等县组建抗日武装,与日军周旋。同年11月27日,他率领一个团,驻在肥城西南演马庄,拂晓前忽遭日军步、骑、炮、空联合部队千余人袭击,激战数小时,予敌重创。终因敌大举增援,腹背受敌,陷入重围。郁仁治在突围中身负重伤,抢救无效,壮烈殉国,时年33岁。12月23日,山东旅外同乡战地服务团在重庆举行山东抗日殉国诸先生追悼大会,国民政府行政院长孔祥熙等600余人出席,国共两党领导人蒋介石、朱德等送了挽联。郁仁治殉国后,被追授中将军衔。1952年,海门县人民政府追认其为烈士。

## 陈怀民

陈怀民(1916~1938),原名天民。镇江市人。民国空军飞行员,抗日烈士。其父陈子祥精通武术,入日本陆军士官学校,参加同盟会,在起义军中工作过。陈怀民受父熏陶,酷爱武术,崇敬在甲午战争中牺牲的邓世昌等英雄形象。民国21年(1932年),陈怀民在常州工业专科学校读书时,对日本帝国主义侵略中国十分愤慨,激于爱国抗日热情,参加十九路军。淞沪停战后,曾随翁照垣旅到过福建、江西,后又复读于常州工业专科学校。

民国22年,陈怀民考取笕桥航空学校,攻读航空专业。民国25年毕业,在南昌空军教导大队任少尉飞行员。民国26年9月19日,日军飞机空袭南京,中国空军驾机迎战。他驾驶的飞机在击落两敌机后,自己机身中弹,面部受伤,忍痛跳伞,经救护送到芜湖野鸡山医院治疗。民国27年1月,陈怀民伤好后归队,在河南归德上空与敌机激战,击落敌机三架,因机翼与敌机对撞折损,急剧下降,飞机得以保存,自己腿部中弹受伤。经治疗恢复后,又重新归队。同年4月29日,大批敌机侵入武汉上空,陈怀民驾机迎战,击落敌机一架后,自己飞机油箱中弹起火。他迅速向敌主机猛冲过去,同被日本吹嘘为"红武士"的高桥宪一飞机相撞,同归于尽。时年22岁。陈怀民英勇牺牲后,武汉各界举行追悼大会,将汉口上小街改名怀民路,以资纪念。

## 孙世实

孙世实(1918~1938),又名孙方。吴江县(今吴江市)七都乡人。著名社会学家,烈士。民国24年(1935年),考入清华大学,参加"一二·九"运动。民国25年,他与黄华、蒋南翔等参加中华民族解放先锋队,被国民党当局逮捕三月余。出狱后,他作为清华大学学生代表,出席北平学联大会,被选为北平学联常委;下半年加入中国共产党。抗日战争爆发,孙世实由上海至南京,再到武汉,参加抗日救亡运动。在宜昌,他与张清华等组织中共宜昌特别支部,后又建立宜昌区委,他任区委书记,领导宜昌、枝江、宜都、公安、石首等县中共组织的开辟工作。民国27年夏,他调入中共湖北省委任青年工作委员会委员、中华民族解放先锋队湖北省队部训练部长,不久又任省队代理队长。当年10月,日本侵略军包围进攻武汉,孙世实随同《新华日报》和八路军办事处人员乘坐新升隆轮,于22日撤离武汉。23日,该船行至湖北嘉鱼县燕子窝江面,遭日飞机轰炸起火。他为抢救落水同志而牺牲。12月5日,中共组织为孙世实等25位同志举行追悼会,重庆《新华日报》为悼念死难烈士出版特刊。

## 马相伯

马相伯(1840~1939),原名建常,后改名良,字相伯,以字行,别号华封老人。祖籍丹阳,出生于镇江。家庭殷实,信仰天主教。他幼年受洗礼,教名"若瑟"。12岁在上海到法国传教士主办的依纳爵公学(今徐汇中学)读书,成绩优异,尤以自然、数学、拉丁文成绩更为突出。毕业后,先后在山东布政使佘紫坦、驻日公使黎庶昌、北洋大臣李鸿章、两广总督张之洞、台湾巡抚刘铭传幕府办理洋务和外交。由于他看到清政府腐败现实,退出政界,从事教育事业。

光绪二十六年(1900年),他把家产良田3000亩捐献给教会办学,因教会拖延未办。光绪二十八年,他在上海创办震旦学院,提倡以科学为主,注重拉丁文。光绪三十一年,法国教会攫夺震旦学院领导权,"尽改旧章",引起师生公愤,全体退学。他又筹复旦公学,自任校长。光绪三十四年,复旦在法租界建设新校舍,他又捐助10余万元。他还办过大同大学,赞助过辅仁大学和启明女中。

辛亥革命爆发后,曾代表镇军都督林述庆去上海参加各省军政府筹备组织联合机构的会议。江浙联军总司令部在镇江成立后,他担任外交部长。民国初年,曾代理北京大学校长。中华民国政府成立后,他虽年逾古稀,仍不断呼吁民主,反对封建礼教,抨击袁世凯复辟帝制。他不再担任实职后,从事整理书稿和译著。

民国20年(1931年)"九一八"事变后,他年逾九十,但仍作演说,写文章,宣传团结抗日,同章太炎联名通电全国,要求"立息内争,共御外侮"。他发起组织中国民治促进会、江苏国难会、不忍人会、中国国难救济会等组织,号召抗日与民主。

民国26年,上海文化界人士组织上海救国会,后又成立全国各界救国会,一切文件、通电均由他领衔。七君子被捕后,他亲到南京营救,"拿我头颅担保"。人民称他为"爱国老人"。南京被日军侵占后,他撤退到大后方。民国27年冬,在由广西转移途中,因病留居越南谅山。民国28年4月,马相伯百岁诞辰,国民政府颁发褒奖令,中共中央致电祝贺,称他为"国家之光,人类之瑞"。同年11月,在谅山去世。著作有《马相伯先生文集》、《马相伯先生国难言论集》、《一日一谈》、《马相伯备忘录》等。还有数学著作《席数大全》(已散失)。

# 邓邦述

邓邦述(1868~1939),字正闇,号孝先。祖籍吴县洞庭东山,江宁(今南京市区)人。著名藏书家。22岁,与其舅父、藏书家赵能静女儿结婚,并受其岳父影响,亦立志收藏书籍。光绪二十五年(1899年)中进士,授翰林院编修。光绪二十七年入湖北巡抚端方幕后,更深受端方的影响,喜收藏。光绪三十年,他居住吴县时,将所剩余的钱全部买书。光绪三十一年奉派出国考察,翌年回国后居北京,期间不惜高价搜购善本,所购宋、元刊本、抄本达万余卷。光绪三十三年任吉林民政使,时藏书达4万卷,多为珍本,其中1000余卷为宋刻本。辛亥革命后,居北京、天津。民国建立,先后任牛庄、芜关湖监督。民国10年(1921年)夏迁家苏州,民国15年辞官居苏州侍其巷,专事著述。先后编著注录收藏目录4部,《双沤居藏书书目初编》、《群碧楼书目》、《群碧楼善本书录》、《寒瘦山房鬻存善本书目》,以及《书衣题识》等。所藏书中较为著名的有清初季振宜所纂《全唐诗》稿本等。后因生活穷困,经蔡元培介绍将大部分藏书卖给当时的中央研究院,以还巨债,并改群碧楼为寒瘦山房。民国28年病逝于苏州。后其家眷将所藏书卖给苏州集宝斋,北京景字阁、东来阁及文殿阁。

## 胡石予

胡石予（1868～1939），名蕴，字介生，以号行，别署石翁、萱伯、瘦鹤、布衣、丹砾、老跛、闲主人。昆山蓬朗人。生于清同治七年三月十六日（1868年4月8日）。诗人，与武进钱名山、金山高吹万并称"江南三大儒"。晚清庠生（秀才）。早年在家乡设馆课徒。光绪三十三年（1907年）起执教苏州省立第二中学（俗称"草桥中学"，今苏州市一中）达20余年。门生弟子极多，其中出类拔萃者甚多，如叶圣陶、顾颉刚、郑逸梅、顾廷龙等一代硕彦，均沐受他的教泽。民国元年（1912年）加入南社，为耆宿之一。他诗才极敏捷，柳亚子谓其"八叉七步"（八叉，指温庭筠八叉手成八韵；七步，言曹植七步成诗）。南社社刊《南社丛刻》中收有他的许多诗文。他的《秋风诗》数十首，讴歌辛亥革命英雄，有较大影响。又善绘梅，也能绘松竹和兰，但不轻作。然作画必自撰题句，自然佳妙，珠联璧合，堪称"双绝"。南社著名诗人傅屯艮赠诗盛赞其"载画满囊诗一肩"。他自奉甚俭，常告诫家人，"习奢非治家之道"。但购书却很大方，居苏州数十年，买书近万卷，自嘲为"得书似妾旁人艳"。晚年卜居故里"半兰旧庐"，仍笃学不辍，临池挥毫，撰文吟诗，无一日稍息。民国26年，患丹毒，延医施及手术，不幸反致下肢残废。时适日军侵华战争爆发，蓬朗频惊风鹤，遂由家人扶持避居陈墓镇，后又辗转到安徽铜陵章村。民国27年日军侵占铜陵后，他因染菌痢无医药治疗，于民国28年8月28日在章村去世。所写诗文极富，汇编成帙的有《半兰旧庐文集》、《半兰旧庐诗集》、《半兰旧庐诗话》、《半兰旧庐杂抄》、《秋风诗》、《炙蚬诗话》、《蓬阆诗存》、《锦溪集》、《章村诗存》、《梅花百绝》、《后梅花百绝》、《画梅赘语》、《诗学大义》、《四史要略》、《读左绎谊》、《岳家军》、《缥渺史》等。

## 华 璂

华璂（1869～1939），女，字图珊，号迦俊馆主。生于金匮县（今无锡）荡口镇。著名刺绣家。父亲华荻秋是颇有名望的山水画家。她自幼喜爱书画和刺绣。及长，以刺绣山水风景、翎毛、走兽见长。与安徽籍金石家张守彝结为伉俪。其夫亦擅画山水，对她帮助颇多。光绪三十二年（1906年），在荡口鹅湖女校教授刺绣。宣统二年(1910年)，在南京举办的南洋劝业会上，她的作品《山水绣件》获金牌奖。民国元年(1912年)，华璂夫妇在沪开办刺绣传习所。民国4年，她所绣《蹲在稻草堆的公鸡》(简称"公鸡图")得巴拿马太平洋万国博览会金牌奖。华璂的刺绣艺术成就主要是以风景为题材的仿真绣技法，突破了一贯以中国画为稿本的传统刺绣做法，大胆采用以西洋水粉画、油画为稿本，在内容上引进现代绘画的写实风格，在刺绣针法上亦进行大胆的创新，运用具有自己的独特风格的列针和锁针法，打破传统刺绣一味追求平、匀、细、密的呆板做法。她放针自由，线条活泼而多变。所用绣线，也是多色绞合。粗犷而不失缜密，显得分外洒脱奔放。在色彩方面，她特别讲究明暗层次的安排，巧妙地将数百种色线安排在一个画面之中，利用丝线的色光，反映大自然中的天光云色、林荫草丛，层次分明，具有油画的艺术效果，给人以和谐的美感。她的这种自由运针方法，成为现今盛行的乱针绣法的先导。民国27年，商务印书馆出版华璂与人合著的《刺绣术》一书。该书总结了仿真绣技法，在画绣结合的理论上具有独到见解。《刺绣术》经职业教科书委员会审查通过，自第一版起，10年内共再版3次。"八一三"事变，华璂复返荡口避难。民国28年病逝。

## 祝丹卿

祝丹卿(1871～1939)，名延华，号毅丞。生于江阴城内刘伶巷望族世家。地方实业家。13岁读完经书，19岁取秀才，曾设帐授徒。光绪二十八年(1902年)乡试中举，翌年登进士，选为吏部文选司主事兼验封司行走。因目睹朝廷腐败，时局维艰，仅半年即以祖母病乞归。祖母死，遂不复出。光绪三十三年任江阴劝学所长。他多方筹措教育经费，兴办各类学堂。曾兼礼延学堂堂长、县师范传习所所长、县教育会会长及南菁中学校董。民国元年(1912年)县劝学所改为县教育款产处，被推为总董。辛亥革命前参加同盟会。民国元年夏，江阴同盟会分部成立，任分部部长，8月改组为国民党，遂摆脱党务，致力于兴办地方实业和文教事业。早在清末即与人合作集资创办华澄染织公司。后又与人合资开设祝保丰茧行、布庄和同丰布厂，参与筹办利用纱厂。民国6年得红利12万两，以半数扩办裕澄布厂和其他工商业；以半数在刘伶巷购地20亩，建造亭台阁榭、假山曲水俱全的祝氏怡园。在园内辟设旅社、剧场、菜馆、茶室，豢养珍奇动物，成为邑人游乐之地。

民国6年编纂《江阴县续志》，任协修。民国7年劝学所恢复，再次委为所长，直至民国12年卸任，主持江阴学务十六载，城乡学校从40余所发展到280余所。民国13年，发起在怡园成立陶社，结社联吟，自任社长。又出资数万元，搜集整理本邑自唐至清数百家诗作，于怡园设印局，刊印《江上诗钞》、《陶社丛书》、《江阴先哲遗书》等30余种。其墨迹在江浙一带多有流传，江阴中山公园题额及孙中山先生纪念塔碑文均为其书写。抗日战争初，日军轰炸江阴，怡园中弹，刊印之书，损失过半。民国26年冬，举家避居苏北泰州，日伪威胁利诱，要他返澄主持"维持会"，均遭严词拒绝。民国28年5月母病故，他因悲哀过度于6月13日去世。

## 马锦春

马锦春（1874～1939），字贡芳。镇江人。辛亥革命将领。父亲马益三，曾参加过太平天国革命。幼年从举人鲍恩暄读书，后曾任镇江府中学堂教习。20多岁弃文习武，先后入南京武备学堂、炮兵学堂，期间结识倪映典、熊成基等革命志士。后又到日本学习并参加同盟会。

回国后，任广东新军第二标第二营管带，在第一标标统赵声领导下从事革命活动。先后参加了宣统二年（1910年）和宣统三年的两次广州起义。曾被捕入狱，经革命党人运动清水师提督李准营救获释。

武昌起义爆发后，他和陈炯明、姚雨平等策动广东独立，接着担任北伐军副总司令兼第一支队统领，率领粤军先头部队北上，最早到达上海、南京。由于南北议和，北伐中止。民国2年（1913年），他在南京参加江苏独立讨袁，任宁镇澄淞四路要塞总司令。

民国14年，他担任镇江警察厅厅长。美国人包华德违背警章，马锦春将他拘留，并不顾驻南京美国领事的威胁，令包华德等遵照中国法律写下悔过书了案。北伐后，他挂一些视察、参事之类虚衔，拿干俸为生。晚年信佛，任江苏佛教会常委。镇江沦陷后，他拒绝敌伪笼络，与赵玉森等组织梦溪诗社，以诗酒遣愤懑。民国28年去世。他能诗善画，又好围棋，著有《黄花梦影》、《思咏楼忆语》、《六十年之草字帐》等书。

## 王家驹

王家驹(1878～1939),字维白。丹徒(今镇江市区)人。名教授。幼就读于赵蓉曾,曾在乡里教过私塾,后东渡日本,毕业于早稻田大学。归国后,授职内阁中书。民国期间,历任教育部教育佥事、司长,安徽省教育厅长,北京政法学校校长,中英庚子赔款文化基金委员会委员,北京大学、朝阳大学、天津法商学院讲师、教授。负责起草中国银行章程时,曾拒绝两千块银元贿赂,坚持不改章程中一字。住北京期间,常年以"百效膏"、"一贴膏"周济贫病民众。北平沦陷后,伪华北政务委员会委员长王克敏、教育总长汤尔和多次劝逼其出任伪职,均遭拒绝。后忧愤成疾,于民国28年(1939年)6月10日病逝于北平,终年61岁。著有《比较教育法论》、《破产法》等。

## 吴光新

吴光新(1881～1939),字自堂,又作植堂、志堂。宿迁人。段祺瑞妻弟。早年曾入随营学堂学习。光绪二十九年(1903年)六月赴日本,入日本陆军士官学校第三期炮兵科学习,次年11月毕业,历任北洋第三镇炮兵第三标管带、奉天混成协标统。

宣统二年(1910年)任第十三混成协炮标标统,次年任第二军参议官。民国3年(1914年)任陆军第二十师师长。民国7年任长江上游总司令部司令。同年夏改任四川查办使,率第八师入川。民国9年6月任湖北督军,因乡人反对未就职。同年直皖战争时,被直系王占元捕俘,并作为安福系祸首之一被拘禁。次年释出。民国13年9月,第二次直奉战争时,任奉军第六军副军长。同年11月,任段祺瑞内阁的陆军总长和陆军训练总监。民国14年2月,任善后会议议员;同年12月,段祺瑞下野,吴亦下台。民国22年,随段祺瑞居上海。民国28年在香港去世。

## 吴 梅

吴梅(1884～1939),字瞿安,一字灵𪾢,晚号霜厓。长洲县(今苏州市区)人,生于清光绪十年七月二十二日(1884年9月11日)。曲学大师。父母早逝,由嗣叔祖抚养长大。幼承家学,12岁从师潘少霞,光绪二十七年县考以第一名补长洲县学生员。后连续两年应江南乡试,均不中,遂赴上海东文学社习日文。光绪三十一年由黄慕韩介绍至东吴大学堂任教。宣统元年(1909年)加入神交社、南社,宣统二年到存古学堂任事。民国元年(1912年)起,先后在南京第四师范、上海民立中学、北京大学、北京高等师范、东南大学、广州中山大学、上海光华大学、中央大学、金陵大学任教,主讲词曲,教授古乐曲。民国26年日军侵华战争爆发,8月,吴梅避难木渎,10月举家赴汉口,辗转至湘潭、桂林。民国27年12月上旬应门生李一平之邀,由桂林乘飞机抵昆明。民国28年1月14日至大姚县李旗屯,寓李氏宗祠。3月17日病逝。

  吴梅早年曾受教于江南昆曲大师俞粟庐、诗人陈三立,词家朱祖谋、郑文焯,诗、词、歌、赋、散文、戏剧等造诣精深,尤谙音律,精词曲。一生从事大学的词曲教学与研究,培养一批国内外有声望的专家、教授。创作剧本17部和众多词曲,撰写很多学术著作,为影响深远的一代曲学大师。他早年剧作多反映重大历史题材。光绪二十七年所作《风洞山传奇》,是他最早的剧作。光绪三十一年为戊戌政变死难六君子作《血花飞传奇》(后称《苌宏血传奇》),其后写了以秋瑾烈士事迹为题材的《轩亭秋杂剧》。后来剧作多历史题材的个人悲剧和关于妇女问题的剧目。吴梅重视戏曲的实践,他在苏州、上海、南京、北京期间,先后参加道和曲社,组织潜社、如社、紫霞曲社,经常与曲友抆笛、拍曲。20世纪20年代苏州成立昆曲传习所,他是积极倡导者。后每次回苏,常去传习所拜访老艺人,磋商曲谱和唱法,并为传字辈艺人讲课,下海示范。著名的表演艺术家梅兰芳和韩世昌、白云生、鲜灵芝等,都得到他的指点,或指导排练、唱法,或修改剧本。他不仅将词学、曲学、戏曲理论推上高等学府的讲堂,还指导学生填词、谱曲、度曲,排演昆曲。为整理词曲和戏曲遗产,他节衣缩食寻求前代珍秘戏曲图书,多年所获达4万余部(册),藏之"奢摩他室"。民国17年又在苏州双林巷住所辟"百嘉室",藏唐宋以来至清嘉庆间的善本和珍本戏曲图书600余种。他的著述甚多,生前自己编定和身后由他学生编校刊行的有《霜厓文录》、《霜厓诗录》、《霜厓词录》、《霜厓曲录》、《霜厓三剧》、《顾曲麈谈》、《奢摩他室曲话》、《曲学通论》、《词学通论》、《南北词简谱》、《中国戏曲史》、《中国戏曲概论》、《辽金元文学史》、《元剧研究ABC》。他编选、考订、校刻的孤本、抄本及前人优秀著作有《奢摩他室曲丛》、《曲选》、《词选》等。建国后,江苏古籍出版社出版《吴梅全集》《吴梅日记》。

## 王陶民

王陶民(1894~1939),名珍,后改甄,又名聘之,别号兆名、逸摩、高邮王四(兄弟中排行第四)。高邮城人。画家。19岁时,去北京大哥王荫之家,从荫之学习诗书,自学刻印。大哥又另延请一位曾为清宫画院的画师辅导他学绘工笔花鸟。两年后回邮,改作写意画。又从兴化姚公梁学写意花鸟,一年后独立创作。他重视取法古人和体验生活,作品富有生活气息。28岁,任县民教馆画师。30岁,在县教馆公园阅览室举行首次画展,展画作品数十幅,以《百燕图》为最精,引起艺术界重视。此后8年,旅居上海。32岁,任上海新华艺专国画系主任及上海美专(校长刘海粟)国画系教授,兼上海《美术生活》期刊特约编辑,得与徐悲鸿、黄宾虹等名家共事。曾卖画资助新华艺专办学,被校董会聘为董事。又自费在朵云轩二楼及大新公司(今上海第一百货公司)三楼举办个人画展。画坛巨匠吴昌硕、张大千亲临参观,欣然赞许。

39岁时,辞去教务,离沪返邮。此时作画已臻精妙。他精益求精,每幅画如稍有瑕疵,立即重作。作《狸猫扑蝶图》一画时,作前反复观察家中猫扑花蝴蝶的动作神态,两易其稿。画成悬壁不久,竟被家养之猫与画中猫争扑蝴蝶撕坏。

王陶民择友有所取,在邮至好有二人:一是中医师夏宗彝,他揭露黑暗胆大,工诗擅画;另一人是卖水果的陈宝贵,他爱画、识画,具有鉴赏力。

他不谋官职,以卖画为生。一般群众按润格付款,有求必应。但如果豪绅权贵,大多置之不理,有时出于讽世泄愤的需要,也作过画。如为刘建三画一棵身缠枯藤的芬松,题诗中有"今日陶民逃不脱,枯藤缠住老龙麟"之句,譬比分明。又如为国民党军驻军某团长画了一幅《菊蟹图》,菊花显示作者蔑视权贵的品格,螃蟹则暗喻团长能横行几时。一天,省保安三旅一名品行不端的军官求画。他早知该旅抗日无能,虐民有术,托病拒绝。该军官扬言欲加迫害,他遂率全家迁住城东钱家伙圩宋大庄,以避凶祸。民国28年10月2日拂晓,日军侵陷邮城。王陶民卧病在床,面对破碎山河,耳闻日军种种暴行,满腔忧愤,病势转重,未近一月,即肺部大出血去世,时年45岁。遗作有西泠印社于民国14年4月出版的《三十六湖草堂墨妙》第一集,计收画24幅。另有彩笔《百菊图》1集,共画菊百张,吴昌硕曾为该集题诗,惜未付印。

## 朱文中

朱文中(1894~1939),号佛公。武进县城(今常州市区)人。清末毕业于江苏第一师范学校。宣统三年(1911年)10月,武昌起义后,参加革命,在宁与师友秘密筹划响应"光复"事宜。组织学团,任军事分队长,配合革命军,将张勋逐出南京。接着率学生军赴沪驻守。民国2年(1913年)"二次革命"失败后脱离军界,从事教育、新闻工作,并组织沪社,反对军阀混战。"五四"运动期间,他组织国货研究会,提倡国货,发展民族工业。后与钮永建、叶楚伧、邵力子、柳亚子等结识,于民国13年在上海莫爱路孙中山的住所,秘密发起组织江苏民治建设会,提出自治,欲与盘踞东南的孙传芳军阀抗衡。后又当选江苏省立宪起草委员会委员。民国15年初,受江苏各革命民众团体推荐,赴广东要求国民革命军北伐。这时适逢国民党中央培养训政人员,设学术院,挑选国内外大学毕业专门人才入院研究政治、法律、经济、农工、教学、哲学等,朱文中便进该院学习。当年下半年,随国民革命军北伐,任东路军前敌政治部新闻委员,历经江西、湖北、安徽、浙江等省,负责新闻报道。民国16年3月到达上海,与叶楚伧、邵力子等发起成立迁都南京促成会,力主将武汉国民政府迁往南京。不久,赴宁出任东路军总政治部宣传委员会主席,负责创办南京《钟山报》和首都《国民日报》。当年4月18日,南京国民政府成立,任国民党中央特别委员会秘书和国民政府文管处秘书,兼任江苏水陆公安队教导团政治部主任。朱文中曾任江苏省县长考试襄试委员、国民会议选举总务所参事,中央第一、二届高等考试襄试委员,国民政府政务官惩戒委员会主任秘书、文官处职员补习教育教务委员会常务委员、新生活运动委员会常务委员、亚细亚学会监察委员,节约救国会常务理事、首都各界建立总理铜像委员会常务委员等职。抗日战争全面爆发后,随迁重庆。民国28年12月18日去世。

## 江小鹣

江小鹣(1894~1939),名颖年,又名新,字小鹣,以字行。吴县(今苏州市区)人。雕塑家。其父江标翰林出身,工诗文篆刻,富收藏、善书画。江小鹣早年毕业于苏州草桥中学,自小从父学习国画,但对画中人物比例,远近透视,常有质疑,喜用西洋画之法用于国画之中。民国6年(1917年)去日本,对西洋画特点与风格倍加关注。翌年到法国留学,在巴黎攻读西画,又习雕塑。民国13年回国,居住上海,任新华艺术专科学校雕塑教授,与刘海粟等同为天马画会的发起人,并在虹桥路建造雕塑工作室,从事雕塑创作。后又在闸北创设美术工艺厂(即美丰铸金厂),仿铸古董锈绿斑驳,几可乱真。民国16年,与张辰伯在沪发起组织艺苑油画研究会。与李祖韩、陈小蝶等均为中国画会的中坚分子。江小鹣为中国人自造铜像的第一人,作品有《李平书像》、《谭延闿像》、《陈嘉庚像》、《画家陈师曾半身像》及《陈英士烈士骑马像》等。民国17年,叶恭绰、蒋梦麟、马叙伦等发起组织保存角直唐塑委员会,他被聘为总技师,亲自去角直二次,后与徐悲鸿商定,由滑田友担任江小鹣助手。历时半年余,终将保圣寺内9尊罗汉像整修完毕,恢复原状,陈列至今。其塑像神形兼备,造型严谨,意境深邃,手法洗炼,具有中国民族特色。抗日战争爆发,他应龙云之招,远赴昆明,民国28年病逝于昆明。

# 董亦湘

董亦湘(1896~1939),原名椿寿,在苏联学习和工作时名奥林斯基·列夫·米哈依洛维奇。阳湖县(今常州武进)潘家乡董家宅人。中共早期党员,烈士。他读了七八年私塾,因天资聪明,学习勤奋,19岁时即在本地任塾师,教学严谨,颇得学生爱戴。虽身居闭塞乡间,但心系国家兴亡,在笔筒上刻"大丈夫以身许国,好男儿志在四方"誓言放置案头。民国7年(1918年)秋,任上海商务印书馆编译所字典部助理编辑。业余自学英语、俄语,阅读马列著作,研究社会主义学说,并常与陈独秀、邓中夏、俞秀松、沈雁冰等早期共产党人相往还。民国11年初,由沈雁冰介绍加入中国共产党,任中共上海商务印书馆党小组组长及第一任党支部书记。翌年,中共上海地委兼区执委会决定设立国民运动委员会,他与沈雁冰、林伯渠、张太雷、张国焘、杨贤江等任委员。他为促进国共合作的迅速实现,为动员和组织江浙人民反帝、反封建的斗争,做了大量有益的工作。在上海、无锡等地陆续发展恽雨棠、廖陈云、张闻天、孙冶方等一批同志入党。民国13年创建无锡

第一个中共支部。第一次国共合作时期,以个人名义加入中国国民党,先后任国民党上海执行部教育运动委员会委员、国民党江苏省党部执行委员等职。他频繁往来于上海、无锡、苏州、吴江、丹阳、镇江等地,作演讲,写文章,传播进步思想,宣传革命道理,广泛开展革命运动。他和恽代英介绍管文蔚参加革命(加入国民党)。他参与中共领导的"五卅"运动,和侯绍裘等密切配合,领导群众反帝斗争,并与沈雁冰、杨贤江等发起成立上海教职员救国同志会,还参与领导上海商务印书馆第一次罢工斗争。

民国14年10月,中共组织派他和俞秀松等赴莫斯科中山大学学习,在同校学生中威信很高,参加中大教务处工作,后受到王明宗派集团的诬陷打击。民国17年瞿秋白、周恩来参加由第三国际监委、联共监委和中共代表团组成的三方联合审查,推翻王明等妄加于董亦湘等人的诬陷不实之辞。后王明等在联共清党中又散布流言,说董亦湘是"托派嫌疑分子"。民国20年1月,中共六届四中全会上王明夺取中共中央的领导权。当年秋,王明以中共驻共产国际代表身份回到莫斯科,进一步迫害董亦湘。民国22年初,联共调董亦湘到苏联哈巴罗夫斯克(伯力)工作,任远东苏联内务部政治保卫局全权军事代表。民国26年联共进行又一次大清党,因王明之流谗言陷害,联共当局将他逮捕入狱。翌年,康生在中共中央机关刊物《解放》第29期和30期上发表《铲除日寇侦探民族公敌的托洛斯基匪徒》的文章,公然诬蔑董亦湘等人是"在苏联的中国托洛斯基匪徒"。接着,苏联的《真理报》和巴黎的《救国时报》也发文随声附和,谬种流传。民国28年5月19日,董亦湘被迫害含冤而死。1959年1月17日苏联远东军区军事法庭复查,认为董亦湘"没有罪行","死后亦应完全恢复名誉"。1984年5月,中共中央组织部发出通知,为董亦湘平反昭雪,恢复名誉。1987年3月经国家民政部批准为革命烈士。4月,中共武进县委和潘家乡党委在董亦湘家乡建立纪念碑,陈云为纪念碑题写碑名。

## 李旸谷

李旸谷(1899~1939),又名李苍江。荆溪县(今宜兴)湖㳇乡人。中共早期党员,烈士。学生时代受"五四"运动影响,和同学们一起上街游行,宣传新文化新思想。民国10年(1921年),他在县城阳羡女子小学任教时,参加进步青年组织宜兴评论社,在《宜兴评论》上连续撰文论述"革命与宜兴",呼喊"宜兴社会不得不革命,不容不革命",断言"革命是人群进化必由之轨辙"。他经常向学生传播革命思想,因此遭军阀缉捕,只得离宜赴沪。民国15年,在上海加入中国共产党。次年2月,以国共两党党员双重身份秘密组建国民党宜兴县党部,他负责组织工作。"四一二"政变后,潘梓年、李旸谷受命于中共上海区委,组建中共宜兴特别支部。同年9月,中共宜兴县委成立,他主持县委工作,领导群众开展反粪捐和驱逐国民党县长的斗争,并参加组织发动震惊江南的宜兴农民暴动。暴动失败后,李旸谷等人潜往如皋。民国18年他在上海中央研究院工作期间,组建共产党支部。民国21年,他返宜,以教师身份为掩护,积极开展党组织的恢复工作。民国24年,李旸谷等人集资创办《义报》社、大会印刷所及煤球厂,安排许多同志的生计。抗日战争爆发后,他到武汉,在中共中央长江局(八路军办事处)机关报《新华日报》社工作。日军侵占武汉后,他随新四军五师挺进鄂豫山区。民国28年7月,任鄂豫边区党委机关报《七七报》社长兼主编。当时,部队处在敌人的包围中,他们晚上编稿,天亮前印好,战斗一打响,立即背起稿件袋和油印机,上前线采访编稿。12月25日,部队在孝感地区被日伪军包围,报社同志随以李先念为首的司令部突围。26日,他们越过敌人封锁线宋(河)应(城)公路时,被敌人发现,李旸谷在掩护同志们冲过封锁线时英勇牺牲。

## 冷启英

冷启英(1901~1939),字实秋。睢宁县张圩乡小魏庄人。中共早期党员。民国8年(1919年)考入徐州省立第七师范学校。在校期间,与郭子化等人组织赤潮社,并创办《赤潮旬刊》,宣传反帝、反封建思想。民国12年受聘到睢宁中师校任教。民国13年考入黄埔陆军学校。民国14年加入中国共产党。

民国16年"四一二"反革命政变后,冷启英受组织安排,避居香港,后到上海、苏州做地下工作,并任中共江苏省委军事委员。民国18年调回家乡,任中共邳县邳南区委书记兼古邳峰阳小学党支部书记。民国22年春中共徐州特委遭受破坏,冷启英出任中共徐州特委书记。同年8月被捕,在狱中严守党的秘密,坚贞不屈。

民国26年秋,冷启英出狱后,回到家乡继续从事革命工作。民国27年

4月任中共徐南区委领导的睢宁独立大队政训处主任。冷启英的积极活动,受到国民党邳县县长王化云的仇视,民国28年10月25日,被王化云派人刺杀牺牲,时年38岁。

# 陈 文

陈文(1902～1939),原名陈正文,字焕章。安徽省郎溪县毕桥镇人。民国10年(1921年),在安徽省立宣城第四师范学校毕业后,在其家乡创办女子学堂和毕桥小学,后因阻于封建势力而停办。民国15年,陈文因诸多原因,成为一支打富济贫武装的首领。次年,这支队伍改编为宣城县自卫团,陈文为团长。不久,陈部接受中共郎溪县特支的整编,组成500多人的农民自卫团,陈文任团长。民国17年5月,在特支领导下,举行暴动,攻占郎溪县城。国民党当局调兵围剿,陈部因寡不敌众,惨遭失败。陈文等人杀开血路,辗转到高邮湖西送驾桥闵寿松家居住,并易名为闵寿龄。

抗日战争爆发后,陈文在镇江密集抗日志士,组织抗日义勇团,并自任团长。不久陈部发展到300多人。扬州失陷后,他将部队开往高邮湖西横桥。民国27年春节后,陈文率部夜袭公道桥镇,赶走驻防日伪军。2月,他率200余人袭击扬州日军飞机场,击毙日军10余人;3月,陈团击溃二次侵犯公道桥的日伪军,毙敌100余人,并将多具日军尸体运往扬州北门外示警;4月,在日军三犯公道桥的同时,他派便衣队徐三元部潜入扬州城内张贴标语布告,并砍伤伪警察局长吴孝侯,炸死炸伤日伪军10余人。一时,陈团名声大振,不到3个月,发展到3000人。是年7月,陈文率军分别在大仪、仪征、天长一带,与企图全歼陈团的1000多名日伪军进行大战,毙伤日、伪军400余人,陈团亦伤亡多人。陈团抗击日军的多次胜利,使扬州日军一度龟缩在市区。民国27年夏,国民党仪征县县长戴致祥组织地方武装袭击陈团,被陈团击溃。是年8月,为求生存和发展,陈文名义上接受国民党李明扬部的改编,将部队编为苏鲁皖第五战区游击总指挥部第三路军第二团,对外仍用抗日义勇团印信。接着,他将部队编为3个支队,分别向宝应、淮安、盱眙和安徽天长等方向发展。同时,还派宣传队员与地方青年建立抗日联谊会,共同开展抗日活动。民国28年春,中共苏北地方工作委员会应陈文邀请,派吕镇中、陈淦协助陈文举办干部训练班,以提高部队的军事和政治素质。吕、陈二人在干训班中秘密吸收一批共产党员,建立中共陈文部队支部。陈文对他们的政治身份和活动充分理解并严格保密。国民党江苏省政府主席韩德勤见陈团有倾向共产党的迹象,便于民国28年8月,调集10个团兵力,对陈部进行"围剿"。陈文在率部突围时发现四面受敌,遂从容地走向敌人。不久遇害,时年37岁。

## 吴志骞

吴志骞(1904~1939),原名嘉隆。通州三圩镇(今通州市先锋乡)人。烈士。读中学期间,因家庭经济困难数度辍学,后以半工半读坚持读完高中,入上海大夏大学教育行政系深造。民国19年(1930年)毕业后创办沪南小学。不久,任江苏太仓县立职业中学校长。翌年辞职,至沪创办上海女子中学,从事女子教育,并先后兼管振华、大光、大陆、天华等4所小学。民国20年"九一八"事变发生后,参加抗日救国会,带领学生宣传抗日救国,同时带头捐款、捐军衣送往前线,还亲自至上海各大戏院发表抗日演说。民国23年3月,随中华儿童教育社赴日考察教育。翌年2月,至意大利罗马皇家大学留学,7月归国。民国25年10月再度去意大利,专攻女子教育,并从事哲学研究。次年7月获哲学博士学位。回国前,历经英、德、法、奥及丹麦诸国考察西方女子教育。

民国26年"八一三"事变中,上海女中校舍毁于战火,乃辗转借租界校舍上课。当时,上海女子大学也已创办,由他出任校长,四方学女慕名而来。为关怀因战事纷纷逃入租界的难民,吴志骞于民国28年5月7日亲率学生20余人,携衣服1000余件前往慰问,并于8月30日在《中美日报》等报纸发表启事,痛斥汪精卫投敌卖国行径。由此受到汪伪"中国国民党铲共救国总部"的监视。9月4日上午8时40分,被该组织派遣的暴徒枪杀于上海女子大学教员休息室内,时年35岁。

## 胡发坚

胡发坚(1906~1939),江西吉安县富田乡陂下村人。烈士。小时当过放牛娃。民国16年(1927年)参加中国共产主义青年团。民国18年加入中国共产党。同年,在家乡参加吉太游击队。民国19年编入红四军十一师第二团,转战赣西南地区,屡建战功,由战士升任班、排、连、营长和团政治委员。民国23年10月,红军主力开始长征时,调先遣团红一军团一师一团任参谋长,协助团长杨得志指挥战斗。长征途中,历尽艰险,几度负伤。10月16日,红一团全体指战员夜渡于都河。17日上午8时多,便和国民党"王牌"军余汉谋部接火。杨得志、胡发坚等指挥红一团猛烈反击,激战3小时,消灭敌军600余人,突破敌人第一道防线。红一团由前导改为后卫,在左翼掩护中央纵队通过敌人的第二、第三道防线。民国24年1月2日,红一团奉命从余庆赶到乌江渡口龙溪,准备强渡乌江。胡发坚协助杨得志指挥,突破乌江天险。1月3日,红一团攻占遵义城。红军长征抵达陕北后,胡发坚升任红一军团一师参谋长,参加著名的东征和西征战役。

民国26年,胡发坚进延安抗日军政大学学习。民国27年春,调任新四军一支队参谋长。在支队司令员陈毅领导下,于同年5月,率部挺进苏南,开辟抗日游击根据地。民国28年1月,胡发坚奉陈毅之命,赴江南抗日义勇军第三路军(简称"江抗三路")加强领导(司令梅光迪是争取过来的地方实力派)。他率部在武进南部、无锡西部开辟新的抗日游击根据地。当时,武进东南部的洛阳乡一带,有个大刀会侯人雄部,在地方上作恶多端,并扬言要杀共产党人。3月15日,"江抗三路"司令部通知侯人雄到谈家头开会。侯部大刀会60余人来后,由梅光迪主持会议,胡发坚讲话。他对侯部进行爱国抗日的教育,并严肃批评他们在地方上的作恶行为,命令他们立即放下武器,解散组织。侯部人员慑于"江抗三路"人员多,火力强,多数缴械投降,但也有少数人夺路向村外逃跑。这时,胡发坚拔出手枪,朝天打了3发子弹,埋伏在村旁的部队听到信号,立即从四面进行包围。胡发坚手持短枪,跟踪追捕,被流弹击中胸部,抢救无效,不幸牺牲。1985年3月,中共武进县委、县人民政府在洛阳乡谈家头村隆重立碑纪念。

## 吴 焜

吴焜(1910~1939),四川万县人。新四军抗日阵亡将领。父母早亡,少年时在嘉陵江上当船工和地主家当看牛郎。16岁逃出地主庄园,在军阀杨森部队当号兵。中国工农红军第四方面军来到四川,他掩护一位被俘红军混出警戒线,投奔川东游击队。不久参加中国共产党,从号兵、号长,提为连、营干部。后川东游击队改编为红四方面军三十三军。民国23年(1934年)10月,与进入川黔湘边界的红六军团汇合开始长征,吴焜任十七师五团团长。民国27年初,吴焜从延安抗日军政大学调往新四军,到皖南任三支队六团副团长。民国28年3月,随团长叶飞率六团进入茅山地区,与新四军一支队会合,归陈毅指挥。5月,六团奉命以"江南抗日义勇军"名义从武进戴溪桥瞿家巷出发东进。吴焜化名吴克刚,任副总指挥兼二路司令,率部为前导,从锡东梅村奔袭常熟阳澄湖地区日伪据点。5月底,抵达锡澄交界的黄土塘与日军遭遇,在况山桥毙、伤日军30余名。7月,"江抗"东进抵达上海青浦观音堂地区。8月13日,日军分4路合围"江抗"驻地,吴焜率部分兵阻击,使主力及时转移,取得反"扫荡"的胜利。9月,"江抗"回师江阴。24日,忠义救国军五支队袁亚承部抢占顾山并袭击"江抗"营地。吴焜亲率部反击,直逼"忠救军"指挥部,溃击袁部。吴焜率二路一支队乘胜进入江阴马镇湖塘里时,不幸被"忠救军"章晓光残部冷枪击中牺牲。遗体被安葬在周庄定山东麓。1958年5月移葬南京雨花台西侧望江矶。

## 王文彬

王文彬(1911~1939),丰县顺河乡王寨村人。烈士。出身于破落地主家庭。先后在江苏省立徐州中学、江苏省立苏州高级中学读书。参加过徐州的查禁日货、驱赶反动校长、救亡演讲和苏州的学生界赴宁呼请当局出兵抗日等进步学生运动。

民国24年(1935年)8月,考入北平师范文学院历史系后,参加了共产党领导下的进步文艺团体左翼作家联合会。12月9日北平爆发了"一二·九"运动,北平的大、中学生在北平市学联的指导下,向何应钦请愿。游行开始时,王文彬主动担任组织者,游行结束后,他被同学们推选为历史系的代表,参加学校自治会的领导工作。后和其他同志一起领导了文学院的罢课运动。民国25年6月加入中国共产党。为了加强对北平学生运动的领导,党组织派他到北平市担任学联常委兼宣传部长。他先后发展了邵子言、徐静贞等人为中国共产党员。12月,王文彬被捕,敌人多次审讯,但他始终没有暴露党的任何情况。经过党组织营救获释,后又继续领导北平的学生救亡运动。

民国26年"七七"事变后,他被派往南方,由天津、青岛到达济南,当时大批流亡学生由华北、东北云集济南,生活没有保障,行动又无经费,王文彬接受党组织委托,与山东省主席韩复榘交涉,迫使韩答应输送学生到各地的要求。不久,许多天津学生流亡到南京,在中共南京市委领导下,王文彬和蒋南翔、丁秀等原北平市学联的负责人共同领导了南京市平津流亡同学会,并担任同学会党团负责人。9月,为支援前方抗日将士,王文彬等人在南京发动募捐活动,组织纪念"九一八"事变的集会游行,激发群众的爱国热情,使抗日救亡运动在南京形成新的高潮。10月8日,南京当局派出军警包围平津流亡同学会,当即宣布解散同学会,并以闹事罪名逮捕了王文彬等同学会领导人。中共中央代表团直接同国民党政府谈判,王文彬等人被无罪释放。10月,王文彬受中共长江局派遣,回到家乡苏北,从事开展抗日救亡运动、开辟和建立湖西抗日根据地的工作。11月,首先重建了中共丰县县委,他任书记。在丰、沛县,他举办了农民游击训练班、妇女工作训练班,培训了一批青年农民和学生、进步教师作为抗日骨干。同时在积极分子中发展了一批党员,为后来开展敌后抗日斗争、开辟敌后抗日根据地准备了骨干力量。

民国27年三四月间,王文彬担任中共徐州西北区委书记,直接领导丰县、沛县、铜山县、萧县、砀山县等地区的工作。5月,日军占领徐州,徐西北地区相继沦陷。根据中国共产党的指示,他发动武装起义。6月中旬,先后在丰县城南、华山尹小楼两地与其他起义队伍会师,成立湖西人民抗日义勇队第二总队(简称"义勇队")。时有5个大队、1000多人,他担任总队政委。8月初,由于抗日根据地的不断发展扩大,上级组织决定中共徐西北区委和鲁南工委合并为中共苏鲁豫特委,王文彬先后担任特委组织部长、书记。他和特委的同志一起,在各县、区、乡普遍建立了农救会、妇救会、青救会、儿童团等抗日团体,建立健全了所辖地区的中共县委、区委,并在一些村庄建立支部,使边区的抗日形势发生很大变化,湖西抗日根据地也日益发展巩固。民国28年5月,中共苏鲁豫特委根据上级指示,改为中共苏鲁豫区党委,王文彬任区党委统战部长,主持和领导全区的统战工作。湖西抗日统一战线出现了较好的形势。同年9月,由于湖西发生错误的"肃清托洛茨基分子"事件,王文彬不幸遇害,时年28岁。

民国30年2月,中共中央文件指出:王文彬同志是党的"忠实的干部,在群众中有威信的干部",并宣布王文彬等同志为革命烈士。1980年4月,中共江苏省丰县县委和丰县人民政府为王文彬烈士举行了迁葬仪式,将烈士的遗骨安放在丰县烈士陵园。

# 江上青

江上青(1911～1939),原名世侯,又名藩臣。祖籍安徽,生于江都县仙女镇(今江都镇)。烈士。中学时代,积极投身反对帝国主义列强和军阀的进步学生运动,并于民国16年(1927年)秘密加入中国共产主义青年团,正式走上革命道路。民国18年秋,又考入上海艺术大学文学系,秘密加入中国共产党。后担任中国上海艺大党支部书记,积极参加和领导学生运动。民国20年"九一八"事变前后,受中共组织派遣,转到上海暨南大学社会学系学习,师从李达、邓初民等,继续秘密从事学生运动。其间他结识了"左联"作家郁达夫、蒋光慈等,创作了新诗《新世界底贺仪》《十月底旗帜》等,讴歌革命,鞭挞黑暗现实。他曾两度入狱。民国17年12月,因宣传革命而被捕,关押于苏州监狱3个月。次年冬,在参加中共江苏省委召开的活动分子会议时遭特务逮捕,关押在上海提篮桥监狱。在狱中由于备受折磨而身患多种疾病,但他自始至终坚贞不屈地对敌斗争。写下了《饿是武器》等战斗诗篇,集为《提篮曲》。次年冬,经父亲好友胡显伯律师辩护和营救乃被释放。民国22年,他先后在仪征、扬州、淮阴等地中学和师范任教,继续致力于学运,向青年学生传播革命思想。次年8月,到东海民众教育馆从事民众教育调研工作。民国25年创办《写作与阅读》月刊,以辅导国文教学为名,宣传中国共产党的团结抗日主张,在社会青年和群众中传播革命火种。不久受上海新知书店特邀,赴沪专任刊物编辑。翌年,与扬州中学历史教师陈素合办《抗敌周刊》。

民国26年"七七"事变爆发后,日军相继侵占沪、苏。他与陈素、莫朴等发起成立江都县文化界救亡协会。他们团结各党派、各阶层和各群众团体,对扬州地区抗日活动产生了积极影响。日军侵占扬州前夕,他组织动员23名进步人士,组成江都县文化界救亡协会流动宣传团,溯江西上,奔赴延安。沿途用各种形式控诉日军罪行、宣传抗日。一度与中共组织失去联系。民国27年暮春,在武汉恢复党组织关系,率领救亡宣传团前往安徽大别山区一带开展工作,后在六安、寿县、麻城等地进行抗日宣传活动。是年夏,他遵中共组织指示,考入第八集团军总司令部学生军团,受训3月后留团任教官。不久,和赵敏、吕振球等秘密组成中共皖东北特别支部,他任特支书记。后受中共鄂豫皖省委派遣,赴安徽省第六行政督察专署驻地管镇盛子瑾部工作,任专署文化科科长秘书等职。江上青利用盛主张抗日的一面积极开展敌后工作。推动盛创办皖东北军事政治干部学校,他任副校长。同时经他努力,先后又开办行政干部、青年干部和财经干部训练班,吸收有志抗日的青年参加学习,并在学员中秘密发展党员,为根据地的开辟培养了数百名军政干部。他还促成盛创办《皖东北日报》,印发毛泽东的《论持久战》等重要著作。民国28年1月,派中共地下党员分别到宿县、灵璧等地联系当地抗日青年和抗日武装队伍。同年4月,征得盛同意,先后组建由中共党员赵江川、徐崇富分别领导的"六抗"第三支队和特务支队,建立了中共在皖东北地区直接控制的抗日武装力量。5月,中共皖东北特委组建,他成为特委委员,继续在盛所统辖的武装部队和主要县、区发展党员,建立党的基层组织和抗日武装,还委派了一些党员任乡长、镇长,为独立创建苏皖边区抗日民主根据地积蓄了必要的革命力量。他还重视抗日民族统一战线工作。民国28年春,他针对盛在国民党派系斗争中势孤力单,急于寻救援军的心理,促成其派人与中共党员张爱萍、彭雪枫等联系、会谈,顺利打开团结抗日的政治局面。然而,面对抗日热潮,皖东北的地方豪绅惊恐万状,竭力挑起武装冲突。当年7月29日,为维护统战的大好局面,他随盛在灵璧县北张大路抗日武装驻地与国民党灵璧县县长许志远谈判。谈判结束返回专署经泗县小湾村附近的王圩子时,遭柏逸荪和王铸九等地主武装的突然袭击,不幸中弹牺牲,时年28岁。

1982年冬,江上青的遗骨迁葬泗洪县烈士陵园。

## 吴甲寅

吴甲寅(1911～1939),金坛县(今金坛市)白塔乡人。19岁于常州辅华中学毕业后,即回庄城初级小学执教。后被校董事会推为校长。不久将初级小学扩建成高级小学。民国26年(1937年)冬,为防止土匪骚扰,他倡议建立自卫团,被推为首领,不久发展到20多人枪。同年6月下旬,陈毅率新四军一支队到达延陵地区,邀吴甲寅共商抗日大计。他当即表示接受新四军领导。7月底,他根据陈毅的意见,将自卫团更名为金坛西北抗日游击支队,陈毅委任他为司令。不到半年,该支队扩展到百余人枪。8月16日上午,日军分3路包围庄城桥,他及时率部转移,日军扑空,即屠杀人民,焚烧房屋。23日,他率部与新四军二团3营在珥陵港口伏击日军小分队,击毙日军官兵49人，生俘1人。日军疯狂报复，3次包围庄城桥，枪杀庄城桥百姓50多人，并焚烧居民房屋。他安抚乡亲，并倾其财产，救济群众。日军连连扑空便改变策略，令伪金坛县长马荫棠出面诱劝他归顺"皇军"，他严词痛斥。民国28年3月，西南区抗日游击大队和西北抗日游击支队合编为金坛县抗日游击纵队，他任司令。下旬，他奉命率领游击纵队烧毁丹金公路上的三里桥，阻止敌人车辆通行。5月，新四军一支队又将该纵队的一部编入2团，另一部编入一支队特务队，他被派往新四军军部教导队学习。临行前，陈毅赠送照片，鼓励他好好学习。在教导队，他受到叶挺军长和项英副军长的热情接见。学习结束后，新四军军部教导队误认为他开小差而将他枪杀。1984年10月4日，中国人民解放军南京军区政治部为其正名。1986年3月，金坛县人民政府在花山公墓为其建立墓碑。

## 龙树林

龙树林(1911~1939)，原名龚盈炳。江西上饶人。中国共产党党员。民国19年(1930年)参加革命，同年加入中国共产主义青年团。民国20年2月参加中国工农红军第十军。后入彭杨军事政治学校学习，毕业后任红十军炮团连长。红军北上抗日后，留在根据地坚持游击斗争，直到部队打散。后历尽艰辛，辗转到上海。

民国25年到苏联伏龙芝军事学院学习。民国26年冬回国，到达南昌新四军军部，历任新四军教导营政治委员、新四军教导总队训练处主任、新四军丹北挺进纵队政治部主任、新四军江南指挥部挺进纵队政治部主任等职。民国28年5月，在江苏省江都县大桥镇一次战斗中不幸牺牲，时年28岁。

## 王 赤

王赤(1913~1939)，江西人。烈士。少年时当过雇工。民国19年(1930年)参加红军，在赣南某部工作，并加入中国共产党，历任连指导员、营教导员、团政治处主任、团政治委员等职。民国24年2月，主力红军长征后，随中国工农红军赣南军区司令员蔡会文部突围，独立六团1800多人经艰苦战斗仅存200多人，他是幸存者之一。新组建湘南(湘赣边)游击队，由蔡会文统一领导。下辖两个支队,王赤任一支队政委,并先后任中共湘粤赣特委委员、中共西边山边区委员会委员、中共东边山区委书记、湘粤赣边区人民抗日义勇军二支队政训员等职。民国25年冬,蔡会文率领的30多位指战员,遭到敌人突然袭击,全部壮烈牺牲。湘南游击队在王赤等领导下,艰苦卓绝地进行游击战争。抗日战争爆发后,南方八省红军游击队组建成新四军,王赤率部300余人编入第一支队二团三营。民国27年6月,随陈毅司令员挺进苏南敌后。在丹阳延陵镇改造维持会自卫队,组织延陵常备队(后成为新四军丹阳独立支队)。11月,调任"江抗"三路(江南抗日义勇军第三路)政治部副主任。12月,挺进武进南部、无锡西部地区,开辟新的抗日游击区。民国28年4月某日午后,"江抗三路"驻扎在苏南武进县东南部坂上何墅村。王赤率一、三连200余名战士追击下乡日军,分路包抄。傍晚,追到西王村,击毙日军9人,缴获机枪一挺,他在战斗中壮烈牺牲。战斗结束后,战士和当地群众将王赤遗体抬回驻地,安葬在堰头村河南义冢地。

## 张芳久

张芳久(1913～1939),又名芳九、万春。陕西省西安市郊人。烈士。民国22年(1933年)参加游击队。民国26年8月进入延安抗日军政大学第三期军事大队学习。民国27年初,张芳久和抗大学员谢文秀由西安八路军办事处介绍,到中共苏鲁豫皖特委工作。次年2月开辟淮(阴)涟(水)地区,历任中共徐州东南区委书记、苏皖特委组织部长、淮属中心县委书记、苏皖第三地委副书记、淮阴抗日义勇队参谋长、八路军山东纵队陇海南进游击支队第八团政治委员等职,致力于对淮阴党组织的恢复和发展、人民抗日武装的创建。民国28年7月,张芳久在淮涟地区检查工作,夜宿淮阴县渔沟附近的小潘庄,惨遭顽匪杀害,时年26岁。1955年,杀害张芳久的凶手潘广银等归案伏法。1987年2月,经江苏省人民政府批准,追认张芳久为革命烈士。在张芳久牺牲50周年之际,中共淮阴县委、淮阴县人民政府在刘老庄烈士陵园为张芳久建竖了纪念碑。

## 瞿犊 王进

瞿犊(1914~1939),字墨犀。崇明县(今属上海市)人。烈士。在中学和大学时代,经常资助贫苦同学。民国23年(1934年)大学毕业,在上海创办振德中学。民国26年8月18日,日军侵占上海,毅然弃笔从戎。奔赴海门着手组建游击队。次年4月9日,带领游击队在石陀港伏击日军两艘运输船,缴获大量子弹、自行车、仪器。4月15日,日军经久隆镇撤回海门,瞿犊率领的游击队与抗日义勇军预先埋伏,待日军进入伏击地点,两面夹攻。虽因敌我火力悬殊,未获重大成果,但鼓舞了群众抗日信心,不少青年踊跃参加游击队。不久游击队编为抗日义勇军第四中队,瞿犊被委任为副总指挥。其后,加入国民党第四区保安司令部特务总队,为第一、第四两个大队,瞿犊任四大队长,驻刘桥一带。刘桥是军事要地,瞿犊依靠当地民众,运用巧妙战术,多次粉碎敌人进攻。民国27年6月,瞿犊与特务总队决裂,率部回曹家镇一带休整。这时上海地下党组织派王进以党代表身份来到瞿犊部队。

王进(1920~1939),字玉龙,又名庆余。山西省祁县人。烈士。民国25年毕业于太原平民中学。次年离家去北平求学。"七七"事变后,到上海投入抗日救亡运动。民国27年6月,中共江苏省委派王进到瞿犊部队当政训员,他协助瞿犊改组了抗日义勇军的领导,从多方面帮助瞿犊开展抗日武装斗争。7月的一天,四大队遭到土匪武装袭击,瞿犊、王进率部奋力突围,向南通余西转移,编为南通抗日指挥部独立大队。瞿、王率部参加了克复金沙和保卫海门的战斗,均取得胜利。秋,瞿犊屡遭国民党当局疑忌,遂离开独立大队,去崇明从事抗日活动,留下的部队由王进等领导,继续从事抗日武装斗争。10月,王进离启东赴崇明,与瞿犊再度合作共事。不久,他们连续指挥了堡镇、蚌壳镇、小竖河战斗,在斗争中,部队威信日益提高,得到蓬勃发展。瞿犊在王进的帮助下,加入了中国共产党。

民国28年1月6日,瞿、王率崇明自卫总队3个中队进驻二厂附近,与留在启海的独立大队会合。此时,国民党苏北游击指挥部第三支队长张能忍在合兴镇非法扣留抗日武装的1名干部。1月10日晨,瞿犊为营救战友,前往合兴镇与张交涉并赴汇龙镇办事。王进不见瞿犊回部,率战士赶往汇龙镇,瞿、王等6人离汇龙镇经合兴镇东市梢时,遭张能忍伏击,瞿、王被俘遭杀害。

## 汤曙红

汤曙红(1915~1939),原名宜秀。沭阳县汤沟(今灌南县汤沟镇)人。烈士。先后在家塾、汤沟小学、淮安小学、上海正风中学、东海师范学校学习。民国22年(1933年)毕业,到汤沟小学任教。

在抗日救亡运动的影响下,民国26年,他在汤沟小学办起了读书会,进行抗日宣传。民国28年3月,加入中国共产党,并担任中共沭阳县委军事部长。同月,东灌沭抗日游击总指挥部成立,任总指挥。4月14日,改编为八路军山东纵队陇海南进游击支队第三团,任团长。7月初,率领第三团在盐河、涵养河交汇处的五里槐对日军进行伏击,赢得胜利,打响了淮海民众抗日的第一枪。7月上旬,又消灭土匪37名,除掉人民切齿痛恨的土匪头子贾锡福。汤曙红的抗日爱国行动引起了日军及国民党顽固派的痛恨。7月17日,他被国民党沭阳县常备队第二大队长王叙五以邀请前往处理公务为名,诱骗至汤沟,被国民党沭阳常备队周法乾枪杀。

## 肖国生

肖国生(1917~1939),湖南浏阳人。民国19年(1930年)参加中国工农红军。民国22年加入中国共产党。历任湘鄂赣独立师宣传队长、少年鄂西北特委宣传部长、少年湘鄂赣省委青年部长等职。民国23年10月中央主力红军长征后,留在中央革命根据地坚持游击战争。民国26年抗日战争全面爆发后,任新四军第一团政治宣传股长。不久,调任二团政治处主任。民国28年3月7日,随军参加镇江上、下会战斗。战斗中,所部及新四军一支队为数千名日军包围。他率部抢占制高点阻击敌人,掩护部队主力突围。激战中,英勇牺牲,时年22岁。

## 吴郁生

吴郁生(1854~1940),字蔚若,号钝斋。元和县(今苏州市区)人,居西白子塔巷。清末大臣,书法家。为嘉庆戊辰科状元吴廷琛之孙。光绪三年

(1877年)中进士,授翰林,曾为内阁学士兼礼部尚书、四川督学。主考广东,康有为出其门下。戊戌政变,六君子被戮,西太后因康有为出其门下而不用。及至西太后死,他乃任邮传部尚书、军机大臣。宣统三年(1911年)返归苏州故里。他生性耿直谦和,晚年好行善举。民国19年(1930年)曾以书法旧作数件捐赠苏州冬季书画济贫会和苏州书画赈灾会。民国20年1月书"看云倒海取明月,试以银铺问梅仙"对联捐献苏州孤儿院,以书代资,标价出售,救济孤贫。又嗜电影成癖,无论国产片、舶来片,只凡新映片子,几乎场场必看。

吴郁生善诗文,工书法,在北京故宫内与同僚潘祖荫(苏州人)、翁同龢(常熟人)留有墨迹甚多。他常作正楷、行书。字体初书欧阳率更,后入李北海之室。能参合钟、欧、颜、柳,错综变化,善书擘窠大字,朴茂刚健,浑厚老当,而细滑丰肌,为其书法特色。曾为苏州园林、庙宇、砖刻门楼、匾额题词者众多。如所书"狮子林"三字,综合欧阳询、颜真卿字体,颇有古风。民国29年于青岛去世。

## 胡玉缙

胡玉缙(1859~1940),字绥之。元和县(今苏州市区)人。清咸丰九年七月二十日(1859年8月18日)生。学者。光绪四年(1878年)肄业于苏州正谊书院,后入江阴南菁书院。光绪十一年中举人,次年入福建学幕。光绪十四年聘为苏州学古堂斋长。光绪二十六年任兴化县教谕。光绪二十九年应经济特科试,获一等第六名,遂改委湖北知县,入张之洞幕府。光绪三十年奉两湖、两江会派,东渡日本考察。光绪三十二年学部以治经有法,深明教育,调补主事,升员外郎。光绪三十四年受聘于礼学馆,任纂修。宣统二年(1910年)应京师大学堂之聘,讲授《周礼》。中华民国建立后,曾一度主历史博物馆事,后任北京大学、北京高等师范学校教授,旅京40余年。抗日战争爆发后,痛心国事,遂东归故里,居住在吴县光福虎山桥。仰慕经哲,俯事著述,拥书万卷,闭门谢客,有终焉之志。著有《说文旧音补注》1卷、《补遗》1卷、《续》1卷、《改错》1卷、《释名补疏》、《四库全书总目提要补正》60卷、《四库未收书目提要补正》及《四库未收书目提要续编》24卷、《金石萃编补正》、《群书题跋》、《甲辰东游日记》、《许庼学林》等10余种。民国29年(1940年)7月14日病逝,葬于光福窑上。

## 沈伯溥

沈伯溥(1860~1940),字林森。律师。7岁至20岁,在大丰沈灶楚皋义学读书,后自学法律。清末,扬州三家盐商联合向沈灶海下灶户收取重租,灶民无法缴纳。沈伯溥知道后义愤填膺,自费到北京为灶民上诉,痛陈扬州盐运使包庇盐商的罪行。他毫不畏惧,冲进皇宫告御状,直到撤销重租才回沈灶。扬州盐商和沈灶劣绅见他这样无所顾忌进宫告状,都骂他"疯子"。从此,"大疯子"的绰号便叫开了。

民国年间,沈伯溥历任沈灶市董、江苏省参议员,并在东台、镇江、苏州设立律师事务所,出任律师。民国10年(1921年),大丰一带洪水泛滥,沈伯溥先请命于省长韩紫石、秘书长王湘,继呼吁上海华洋义赈会长冯梦华,面述灾情,声泪俱下。冯梦华后随华洋义赈会救灾物资船队来灾区。3个月后,洪水退尽,几万灾民重返家园。民国12年秋,淮南垦务局严令开征垦务捐,发生了淮南有名的"垦务风潮",灶民们在小海遭到缉私营的镇压,被打死5人,打伤10多人。沈伯溥会同肖联琮等到江苏省参议会请愿,要求严惩淮南垦务局总办吕道象。民国16年,经沈多方呼吁、请愿、上告,吕道象终被撤职,同时也撤销垦务捐。沈伯溥晚年退居沈灶东郊,常与田夫野老闲话。

## 印 光

印光(1862~1940),名圣量,字印光,别号继庐行者、常惭愧僧,俗名赵绍伊。陕西郃阳县(今合阳县)人。生于清咸丰十一年十二月十三日(1862年1月12日)。名僧。幼年曾随兄读儒书,后因病数载,始悟"前非"。光绪七年(1881年)投陕西终南山南五台莲花洞寺,依道纯和尚披剃出家。次年,去陕西兴安县双溪寺印海律师座下受具足戒。在湖北莲花寺充任照客时,于晒经时得读残本龙舒净土文,而知念佛法门。闻北京怀柔红螺资福寺为专修净土道场,遂于光绪十二年辞师前往。次年正月朝五台,又回资福寺,历任上客堂香灯寮元等职,研读大乘经典。光绪十六年,至北京龙泉寺为行堂。次年,住圆广寺。后随普陀山法雨寺化闻和尚南行,安单法雨寺之藏经楼,闭门研读六载。著有《佛法导论》、《学佛浅说》、《净土决疑论》、

《宗教不宜混滥论》等,后汇编成《印光法师文钞》。民国7年(1918年),卓锡上海太平寺。民国9年2月至苏州穿心街报国寺掩关,在关中佛课余暇,修辑四大名山普陀、清凉(一说五台)、峨眉、九华各志。民国26年冬,苏州被日军侵占,避居灵岩山寺。至民国29年12月2日(农历十一月初四日)圆寂前,嘱咐妙真维持道场,弘扬净土,不要学大派头。圆寂后,真达和尚为之举火,得舍利不少。民国36年9月建舍利塔于灵岩山。佛教界尊印光为中国净土宗第十三祖。印光一生自奉甚俭,宽以待人。凡善信香敬,从不入私囊,设弘化社,印刷佛书,流传中外。救灾恤难,施衣施药。维护法门,为恢复灵岩山保全庙产,不遗余力。印光宿誓不作寺主,而杖锡所至,咸成名刹。

## 罗振玉　罗振常

罗振玉(1866~1940),字叔蕴,又字叔言,号雪堂。淮安人,祖籍浙江上虞。学者。父罗树勋曾署江宁县知县。光绪十七年(1891年),罗振玉赴省应试未中。甲午中日战争,中国的战败,促使许多青年探讨强国之道。光绪二十二年,罗振玉和朋友山阳蒋伯斧在上海创办中国最早的农学团体农学社,翻译日本及西方农业书籍。次年创办中国最早的农学定期刊物《农学报》,光绪二十四年出版《农学丛书》。同年,还创办了一所语言学校——东文学社,讲授日语、英语。

罗振玉在上海的工作,使他获得了农学专家和新教育家的声誉。光绪二十四年冬,他应湖广总督张之洞之聘去武昌,为湖北农业局作咨询并任农校教席,同时在江楚编译局任职。光绪二十七年,张之洞派他去日本考察教育制度。回国后,应两广总督岑春煊之请,为两省教育制度的改革作参事。他在广州收购了康家学海楼藏书,从而大大增加了自己的收藏。光绪三十年夏,又应江苏巡抚端方之聘去苏州咨询江苏教育,在苏州办了江苏师范学堂。光绪三十一年,北京新设学部,罗振玉就学部督学之职,全家迁往北京。东文学社乃于次年关闭。此间,他先后去河北、山西、山东、河南、江西、安徽视察。光绪三十四年,他任学部代理和负责考试回国留学生的副考官。次年任京师大学堂农科监督。

辛亥革命后,罗振玉和他在东文学社的学生王国维全家迁居日本。他在京都住了八年,其间于民国4年(1915年)回国,到河南安阳殷墟遗址考察，发表了一批考古文章。他于民国8年回国，定居天津，继续从事研究工作。民国11年12月溥仪结婚，罗振玉和不少满清遗老前去向这位逊帝道贺，次年入溥仪"内廷"。溥仪被冯玉祥逐出紫禁宫，他竭力保护溥仪的安全及其特权。溥仪去天津日租界内居住，他成了三名顾问之一。民国17年底得知日人有恢复溥仪帝位的打算，他乃移居日人所控制的大连。这时，他和郑孝胥之间的不和加深。民国20年底溥仪去旅顺后，日方建议以满洲和蒙古组成一个由溥仪为名的共和国，罗、郑两人遂发生冲突。罗坚持建立日本曾经答应的帝制，而郑则同意接受成立共和国的主意。民国21年3月1日伪满洲国成立，罗振玉很失望。溥仪当上了执政，但并不是皇帝。民国23年3月溥仪终于登上了皇位，日本人大批涌入满洲，成为伪满洲国公民，并担任重要官职。此间他任考试院长，以后退居大连。民国29年6月10日，罗振玉卒于大连。其著述主要为考古和历史两个方面，有《敦煌石窟记》、《殷墟书契简编》、《殷墟文字书契类编》。著作全目载于《罗雪堂著述目录二卷》。他还自行刊刻了一些目录学珍籍，并致力出版由伪满洲国政府在东京印行的《清实录》。

罗振常（1875～1942），原名振铭、振名，字子经、子敬，号心井、邈园。罗振玉弟。古籍目录学家。幼时家境日衰，无力延师，直至10岁始从胞兄罗振玉读书，19岁应县试不中，后捐得候补翰林院待诏。光绪二十七年到上海协助罗振玉编辑出版《教育世界》杂志，并翻译日本农学著作。后随罗振玉赴京，协助搜集和研究甲骨文，以及石磬雕戈等古玩。不久应奉天八旗中学国文教师之聘，奔走关外。清廷解体后，随罗振玉浪迹日本京都2年。返沪以后，于汉口路独资开办"镡隐庐"旧书肆，岁出一目，井井然如藏家之籍，为古籍目录学作出了重要的贡献。他著有《重校订史可法集及别传》、《善本书所见录》、《天一阁藏书所见录》、《洹洛访古游记》、《古调堂集》、《征声集》、《养莠记》等。

## 蔡元培

蔡元培（1868～1940），字鹤卿，号子民。浙江绍兴人。教育家。光绪十八年（1892年）中进士，授职翰林院编修。光绪二十四年，戊戌变法失败后，弃官还乡，就任绍兴中西学堂监督。后因支持新派教员宣传进化论，纠正尊君、卑民、重男轻女的旧习，遭旧派教师和堂董的干涉，愤而辞职。次年受聘任嵊县剡山书院、诸暨丽泽书院院长。光绪二十七年秋,应上海南洋公学之邀,任特班总教习,对学生着重爱国思想教育。光绪二十八年他与叶瀚、蒋志由、章炳麟等在上海组织中国教育会,任会长。同年秋,南洋公学因总办压制学生而引起退学风潮。他同情学生,商同中国教育会募款创设爱国学社,容纳退学学生,并兼任学社总理。此时,他又与黄宗仰等创设爱国女学校。由于学社与《苏报》馆及留日学生界合作,鼓吹反清革命,爆发了轰动一时的"苏报案",被清政府列入逮捕名单。所幸案发时,他在沪外,未遭逮捕。光绪三十年与龚宝铨、陶成章等组织光复会,推为会长。次年七月,由何海樵介绍参加同盟会,并被指定为上海同盟会分部主盟员。光绪三十三年赴德国莱比锡大学攻读哲学、文学和心理学。武昌起义后回国。民国元年(1912年)1月,中华民国南京临时政府建立时,他出任第一任教育总长,开始推动教育改革。他发表《对教育方针之我见》,批判封建教育制度,主张教育应从造成现世幸福出发,提出修改学制、废除读经等改革措施。主持制定普通教育办法,改学堂为学校,监督、堂长通称校长;废止师范,中、小学读经;初小男女同校等。在教育部内创设社会教育司,通令全国推行成人教育与补习教育。主持召开全国临时教育会议,通过教育宗旨与各种教育法令,其中"大学令"就是他去职前亲自起草的。

民国5年(1916年)3月,他在法国巴黎与李石曾、吴玉章等联同法国名流学者组织华法教育会,并任会长。在他的推动下,先后组织约1600名青年以半工半读方式赴法留学。其中周恩来、邓小平、陈毅、李富春、聂荣臻等人都成为中国共产党的领导人。同年12月,蔡元培担任北京大学校长后,立即对这所清末的京师学堂进行全面改革。为建立一支好的教师队伍,聘请陈独秀、李大钊、马寅初、李四光等著名学者任教;调整系科及课程设置,打破文理界限,创设研究所,采用选科制;实行教授治校,民主管理。他还发起组织道德会,培养个人的道德修养;设立体育会、音乐会及研究书画的会社,提供师生正当娱乐场所。为鼓励学术研究,他循思想自由,倡百家争鸣之原则,组织新闻学、哲学、教育学、史学、经济学、数学、化学、生物学、地质学等研究会,使这所古老的学堂更接近于现代大学的雏形。他不仅支持、参与新文化运动,而且促请陈独秀将原在上海编印出版的《新青年》杂志移址北京。从此,北京成为以《新青年》杂志为先导的新文化运动的中心。

在"五四"运动中,他同情和支持学生运动,带头保释被捕青年。民国

10年他前往欧美各国考察高等教育,同年5月,法国里昂大学授予他文学博士学位。3个月后,美国纽约大学又授予他法学博士学位,并出席在檀香山召开的太平洋各国教育会议。第一次国共合作时,在中国国民党第一次代表大会上,经孙中山提名,当选为候补中央监察委员,后历届被选为中央监察委员。民国16年10月就任管理全国学术及教育最高机关的大学院院长。在大学院任职的几个月中,主持召开全国教育会议,制定一系列教育条例、法令,还创设国立劳动大学、国立西湖艺术学院及国立音乐学院。翌年8月辞去大学院院长和其他职务,专任中央研究院院长。在到任后的半年内,他主持草立国立中央研究院《组织法》、《评议会条例》、《研究所组织规程》、《院士选举规程》等工作法规24个,确立了科研管理体制。同时规划研究结构布局,陆续创建天文、气象、物理、化学、工程、历史语言、心理学、地质、社会科学等一批研究所。到20世纪30年代中期,这批研究所已初具规模,并集中了一批如姜立夫、李四光、竺可桢等著名学者领衔科研工作,为中国近代科学研究事业奠定了基础。民国18年1月,他被选为中华教育文化基金董事会董事长(管理美国等国退还庚子赔款提供中国办教育事业的机构),并决定每年拨巨款给各大学及科研单位作发展经费及奖励基金,以促进科学、教育事业的发展。"九一八"事变后,他又与宋庆龄、鲁迅等人组织中国民权保障同盟,被推为副主席。他还先后担任大同大学、中国公学大学部、南通学院、上海同济大学、上海法学院、美专等校的校董与董事长,兼任国立北平图书馆馆长、上海市图书馆董事长、故宫博物院和中央博物院理事长等职。民国26年抗日战争爆发,上海沦陷,他移居香港治病。民国29年2月,陕甘宁边区自然科学研究会及延安各界宪政促进会成立时,均推举蔡元培为名誉主席团成员。

民国29年在香港病逝。著作收入《蔡元培先生全集》。他一生中曾多次冒着风险,参与营救被国民党迫害的杨开慧、罗隆基、许德珩、廖承志、丁玲、范文澜等社会名流、爱国志士、文化名人、共产党人。毛泽东主席称赞他是"学界泰斗,人世楷模"。

## 刘柏森

刘柏森(1869~1940),原名树森,字柏生。武进县城(今常州市区)人。实业家。早年任塾师。25岁赴沪入德商信义洋行工作。光绪二十四年

(1898年),改入美商茂生洋行,推销机器、军械。光绪二十六年,为闽浙总督许应骙及福州将军善联从国外购进20门大炮,赚得数千两佣金。接着为善联代办进呈慈禧贡品"万年青"号轮船,得善联赏识。他抓住机会,怂恿善联合股开设慎泰恒字号,专门经营烟煤兼营进出口贸易,获得丰厚利润。同时,他在从事股票中又先后获得二三十万两白银。光绪三十年,与盛宣怀合股开设三星香烟公司。后因受英美烟草公司排挤,营业4年停业。光绪三十四年,他与刘问刍等两人组织贸易集团,出资收买怡和轮船股票,意欲从英商手中收回自办,不料计划未成,亏蚀30余万银两,以致慎泰恒号受牵连停业。次年,他重新集资创设宝兴长号,经营燃料、纱布等业务,并在天津设立分号。宣统三年(1911年),与张謇合作,通过湖广总督瑞澂的关系,租办湖北官办纱、布、丝、麻四局,开办大维公司,自任总经理。当年,辛亥革命爆发,他避往上海。该公司由前任租办人韦紫封接办,以后官司打到北京,也未能收回。他只得继续在上海经营宝兴长号。民国2年(1913年),与北京政府交通部订立阳泉白煤经销合约,运沪售给日本用户,获得丰厚利润。积累资金后,于民国4～7年间,先后租办伦章、苏纶(苏州)、裕通纱厂,分别改为宝源造纸厂和宝通、宝丰纱厂。民国8年4月,他利用第一次世界大战洋货中断的机遇,在沪创设宝成纱厂,先后向美商慎昌洋行订购10万锭纺机;接着又办宝成工厂,经营得法,仅一年就获利300余万银两。随后又在天津创办宝成三厂,在沪接办华章造纸厂,改名宝源纸厂东厂,原宝源纸厂改为西厂。至民国12年,他已控制5个棉纺织厂和2个造纸厂,一跃成为上海颇有实力的资本家。他花10余万银两买下上海有名的愚园作为住宅,同时在北京香山建造玉华山庄作为行署,达到他一生中的全盛时期。

但灾难接踵而至,宝丰纱厂和宝源东厂相继失火被毁,天津宝成三厂遇战后英镑汇价大幅度回升,损失200余万元。民国11年,长江南北遭大风暴雨袭击,棉花歉收,形成花贵纱贱,造成宝成纱厂经营十分困难。加上向他提供贷款的日商东亚株式会社,要他将500万日元滚息到530万日元的总款立即偿还,迫使他将宝成一、二两厂拍卖抵债。随后,天津宝成三厂、苏州宝通纱厂也无力经营,到民国15年,他所经营的棉纺织厂几乎全部丧失。在"九一八"事变后,东北销售市场完全丧失,几经冲击,仅剩森记纸厂维持生计。民国29年(1940年)患病去世。

## 郭坚忍

郭坚忍(1869~1940)，女，原名玉珠，字韵笙。扬州人。18岁时和绍兴人陆芷渔结婚，居常州姑母家。经常阅读上海报刊，与秋瑾常有诗函往来，结成挚友。秋瑾遇害后，十分悲愤，改名延秋，以承瑾志。光绪二十八年(1902年)左右，因翁姑双亡，携儿女回到扬州，改名坚忍。她在扬州首创幼女学堂，后将学堂扩大为扬州私立女子公堂，培养女子人才。她发动成立扬州女子不缠足会，自任会长，冲击封建礼教，提倡妇女解放。民国2年(1913年)，她接受黄兴密令，赴北方运动军队讨伐袁世凯。民国4年，袁世凯与日本秘密签订卖国协定"二十一条"，激起公愤。她率领学生上街游行示威，刺破手指，书写"抵制日货"标语，在扬州掀起罢课、罢市的反袁热潮。民国7年，孙中山发动"护法运动"受挫后回到上海，郭坚忍赶到上海参加在远东饭店举行的欢迎大会。在会上，即席发言，痛斥军阀背叛革命，号召继续开展反军阀斗争。次年，北平学生爆发"五四"运动，她积极响应，带领女子公学师生罢课和游行示威，声讨军阀和卖国贼。民国12年，曹锟贿选当上了北洋总统。郭坚忍应邀赴上海参加声讨大会，继孙中山讲话之后，登台发表了演说，演说词被上海各大报刊登载。翌年，她兼任上海女子参政会宣传部编辑。民国15年，北伐军进驻扬州，在大汪边召开军民庆祝大会，她代表妇女界发表演说。其后孙传芳部队反扑入城，悬赏3000块大洋捉拿郭坚忍。她避居扬州西山。孙传芳败走后始返城。因女子公学被军阀捣毁，又筹办女子职业学校任校长，蝉任江都县妇女会长。民国17年，郭坚忍任国民党上海特别市党部第三区党部女子部部长、党务指导员。民国23年，江苏省教育厅编审室主任易君左编写了《闲话扬州》一书，有辱及扬州妇女及苏北人民内容。郭坚忍组织扬州7县妇女会并联络各界人士成立"究易团"，率代表向镇江地方法院提出诉讼，终获胜诉。民国26年，抗日战争爆发后，她参加抗日救亡活动，兼任伤兵医院副院长，参加救治伤员工作。扬州沦陷后，她随江都县政府撤至里下河地区避乱。民国29年1月病逝。

## 罗鸿慈

罗鸿慈(1870~1940)，字竹岑。涟水县东胡集乡罗圩村人。清拔贡生。曾自学西洋科学,通代数、几何。早年以教馆为生,后曾任江苏省立第九中学语文、历史教员十余年。他既有文名,又长书法,在当地民众中有一定声誉。民国15年(1926年)曾受聘于北伐军第九军主管文书工作,后因不惯行伍生活,告老回乡。民国28年底,侵占涟城的日军将他掳入县城,迫令他担任伪县长,他不为敌用,常怒斥日伪鱼肉同胞乡民,被关入狱。民国29年11月2日绝食死于狱中,终年70岁。时江苏省政府特抚恤3000元,予以公葬褒扬;《中央日报》于民国30年6月19日以《涟水耆绅罗鸿慈殉难,大义凛然,拒任伪县长》为题作了报道。罗鸿慈有三子。长子罗会沣,毕业于南京高等师范学校,民国16年至民国18年任涟水县教育局长,民国27年任涟水县县长。次子罗汝南毕业于南通医学院,长期从事医务工作。

## 陶　湘

陶湘(1871~1940),字兰泉,号涉园。武进县城(今常州市区)人。藏书家。父曾任浙江淳安知县。他以山东河工积功保举浙江候补知府,旋升直隶候补道。历任海军大学堂办事官、颐和园轮船委员。光绪二十六年(1900年)调任福建、浙江转运官。不久,任京汉铁路监督,兼办长辛店机器厂。光绪三十四年,奏派查办江西、安徽铁路委员。宣统元年(1909年)后,办理实业,除兼上海税关公款清理处、城壕放文局会办外,历任上海三新、天津裕源、山东鲁丰等纱厂经理和中国银行驻沪监理官,中国银行重庆、天津分行,交通银行北京分行经理。民国18年(1929年),任故宫博物院图书馆专门委员。他爱藏书,且对明本、清代精刻本、毛氏汲古阁刊本、闵氏套印本、武英殿本、开花纸本有特殊嗜好。30岁开始,博洽群籍,广事搜罗,积数十年之力,收藏各种珍贵书籍30万卷,仅明本书就达4万余卷,其中嘉靖本超过200余种。精品有明代复宋、复元精印本,明代著名藏书家、刻书家震泽王氏、闻人铨、汪文盛、黄姬水、范钦、吴勉学、项笃寿、黄省曾、徐文煃、冯梦祯、赵用贤、何良浚等名家精刻本。毛晋是明末常熟著名的藏书家、刻书家。他费30余年之力,搜集毛氏汲古阁刻书达540余种,距毛刻全部600种只差50余种,并编有《明毛氏汲古阁刻书目录》。他专事搜集清代武英殿刻本500余种,其中《十经注疏》、《御纂七经》、《仿宋岳氏相台本五经》、《钦定二十四史》等,无不部帙巨大,纸墨精良。因他爱藏这类书,曾有"陶开花"之雅号。为便于检索,他编有《武进涉园陶氏鉴藏明版书目》、《涉园殿版书目》、《明吴兴闵版书目》等。他刻书名声很大,"尝谓友人,欲尽鬻所有,从事刻书,期之十年,可成万卷,流布他日,藉以不朽云"。他刻的大部头著作总计250种左右。其中所刻流传较少或罕秘孤本有《儒学警语》、《百川学海》、《宋金元明词本》、《天工开物》、《营造法式》、《离骚图》等。所刻各书精美悦目,讲究纸墨、行款、装订,与罗振玉、徐乃昌、刘承翰等为民国时刻印古籍最多的藏书家。他在故宫图书馆任职期间,编有《故宫殿本书库现存目》3卷,收录殿本书1290部。另外考订有《清代殿版书目》、《武英殿聚珍版书目》、《武英殿袖珍版书目》等,撰有《清代殿本书始末记》。

## 瞿启甲

瞿启甲(1873~1940),字良士。昭文县古里村(今常熟市古里镇)人。藏书家。常熟瞿氏铁琴铜剑楼藏书,至瞿启甲为四世。幼孤,随伯父秉渊及兄启文、启科读书。擅文学、书法,维护先代遗书尤谨。宣统元年(1909年),清政府学部奏设图书馆,两江总督端方遣人令瞿氏献书,许官京卿,他不为所动。后经父老斡旋,进旧刊及影钞若干种。民国12年(1923年),曹锟在国会贿选总统,他重名节,拒贿南归。民国13年,军阀内战,为免兵燹,将全部珍本运往上海庋藏。抗日战争期间,常熟故居遭日本侵略军蹂躏,然善本藏书幸免。他在家自书《正气歌》,拒任伪职。在维护先代遗书的同时,对国内文化则主流通:凡海内学人,邑中同好,需蒐辑丛书,借读抄补,概乐于助成;商务印书馆辑印《四部丛刊》,采自瞿氏者81种。又创建县立图书馆,瞿启甲任馆长,将家藏复本、邑人著述、乡邦文献,悉数或录副捐藏,开馆时古籍逾2万册,奠定馆藏基础。为留一时鸿爪,并刊辑关于瞿氏藏书之著录三种:书目、书影、题跋集录。于民国29年1月疾终沪寓,遗命"书勿分散,不能守,则归之公"。他平时热心公益,亦为世所称。建国后,小儿子熙邦(凤起)商请两兄炽邦、耀邦,将全部珍本捐献于北京图书馆。故瞿氏藏书五世,达150年,终妥归国家,为国内藏书家所罕见。

## 马玉仁

马玉仁(1875~1940),原名曰仁,字伯良。盐城县六区介沟乡(今属建湖县)人。民国抗日将领。13岁丧父后,随盐贩子以贩卖私盐为生。清政府缉私营查禁私盐极其严厉,他联合盐贩参加青帮,武装对抗缉私,成为里下河一带贩卖私盐团伙首领。清光绪三十三年(1907年),他的私盐船队因打死打伤多名缉私盐警,遭淮安府所属6县通缉。次年,两江总督刘坤一将两淮缉私营交扬州青帮头子徐宝山统领。徐赦免马玉仁罪,并允其入伍,先升任哨长、领哨,继任长江水师营帮带、卫陵军管带。宣统三年(1911年),辛亥革命爆发。马玉仁因随徐宝山拥护辛亥革命,攻打浦口有功,擢升为四十七团团长。民国2年(1913年)升任扬州混成旅旅长。此后,因屡建战功,军职不断升迁,历任扬州游缉统领、江苏第一混成旅旅长兼淮扬镇守使、江苏陆军第二师师长、第三师师长、淮扬护军使等职。民国13年,在驱逐皖系浙江督军卢永祥部的江浙战争中,因再立战功,孙传芳委任他为联军第七军军长,统率苏北各师旅。后与孙发生磨擦,被解除军职。民国15年起,任直鲁联军第十二军军长,授陆军上将衔。民国16年6月,与北伐军李宗仁作战被俘,旋又获释。民国19年,冯玉祥、阎锡山与蒋介石大战中原,他被冯委任第十六路军总指挥兼二十七军军长,参加武装倒蒋。一度时期,马部曾到处收编土匪,并以抢掠代充军饷,造成军纪涣散,引起民愤。不久,他负伤去大连治疗,被蒋介石南京政府捕获。后因蒋、冯、阎议和,又得张学良从中斡旋,他才获赦免还乡。

"七七"卢沟桥事变后,马玉仁胸怀"国家兴亡,匹夫有责"之爱国热忱,以垂暮之年投身抗日。尽管屡遭国民党第八十九军军长兼江苏省省长韩德勤多方限制和刁难,但他抗日意志坚定,通过多方周旋,终被国民党中央军事委员会任命为江苏第一路游击总队司令和军事委员会参议之职。他受命后即召集旧部,并招募青年近千人,自筹饷械组成一支抗日游击武装。日、伪军曾多次派人至马部游说,许以苏北文武官员最高头衔,均被严辞拒绝。为整肃军纪,他枪决了一贯掳掠民财的嫡侄马益华。尽管身处逆境,面对强敌,他仍继续高举抗战旗帜,频繁奋战在盐阜沿海一带。战斗中,他身先士卒,奋勇当先。民国29年1月3日,100余名日军突袭马部驻地安乐港。他获悉后,即令三大队马臣禹部阻击日军,一大队郑怀喜部掩护司令部转移,自己则亲率卫队和二、四大队机动歼敌。当日军至望乡台时,他率众迎敌于三淤尖东侧(阜宁县九区新尖乡内),不幸中弹倒地,但仍顽强地爬起继续指挥部队杀敌,终因伤势太重,流血过多而壮烈牺牲,终年65岁。马玉仁殉难消息传出后,苏北各界人士为之哀悼祭奠。国民政府明令给予褒扬,颁发"哀荣状"。

## 顾子扬

顾子扬(1875~1940),名振声,字子扬。铜山县人。留学日本期间结识孙中山,并加入同盟会。回国后先主持云龙书院,后任铜山县第一高等小学教务主任、铜山县甲种师范讲习所所长。民国9年(1920年),创办《民生日报》,自任社长。民国12年,他又在文学巷万花楼创办私立徐州中学,自任校长。同年夏,与共产党员吴亚鲁结识。是年底与吴亚鲁密切合作,共同商定徐州国民党改组事宜。民国13年1月,顾子扬被推为代表,出席国民党第一次全国代表大会。回来后,经与吴亚鲁商讨筹划,组成国民党铜山县临时县党部,发展国民党员,宣传反帝、反封建的主张和重新解释的三民主义。次年,孙中山在广州筹办黄埔军校,顾子扬与吴亚鲁从私立徐州中学学生中选拔郭剑鸣等8人前往投考,经廖仲恺亲自批准入学。民国14年前后,在吴亚鲁与顾子扬的赞助下,徐州成立平民教育促进会,顾子扬当选为董事会董事。他利用各中小学的设备和条件举办平民学校,先后共办27所,数百人参加学习。"五卅"惨案发生后,顾子扬与共产党人一起,在徐州东门外新球场召开国民大会,到会3万余人。他在会上报告了上海英国人、日本人惨杀中国同胞的详情。民国15年,顾子扬作为江苏省的代表出席了在广州召开的国民党第二次全国代表大会,看到左派势力占主导地位,信心大增,回徐州后鲜明地站在左派立场上。北伐时他任国民党江苏省党部执行委员,后改任省党部检查委员会主任委员。"七七"事变后,他转道武汉去重庆,出任参政委员会委员。

## 王开疆

王开疆(1890~1940),字启黄。如皋东乡(今如东县)人。16岁,为南通县渔团团练。两年后,考入中国公学法律系,结识章太炎、马相伯、于右任、邵力子、王宠惠等,遂参加辛亥革命。以后,王开疆先后设律师事务所于南京、苏州和上海等地。所承办案件,常以胜诉闻名于沪、宁。民国5年(1916年),挺身参加讨袁行列,在上海险遭捕杀,旋即东渡日本,支持友人恢复中国公学,先后在中国公学和南方大学任商科主任、法律系主任,并兼上海大学、暨南大学教授。继又协助创办上海法政大学,任校董兼法律教授,后任上海法政大学教导主任,一度任校长。北伐胜利后,任国民政府司法部中央公务员惩戒委员会专任委员。民国28年,他暗中支持抗日爱国人士拟再复兴中国公学,并与友人创办三吴大学,而被日伪特工总部绑架、幽禁。次年2月,在友人帮助下,利用正月初一特工人员戒备放松之机,化妆逃脱,登轮前往香港。2月9日蹈海明志,以身殉国,终年50岁。

## 管有为

管有为(1900~1940),丹阳县(今丹阳市)建山乡人。烈士。曾任塾师,23岁后又学《易经》,不久便颇精于相面之术。民国22年(1933年)始在上海城隍庙挂牌算命,名气日增,有"管半仙"之称。

民国26年"八一三"淞沪之战后,出于对"凌我中华"的倭寇的愤恨,不愿苟安于孤岛上海,返回故乡参加抗日救亡活动。陈毅、管文蔚慧眼识人,先是安排他在江南抗日义勇军挺进纵队担任外事副官,曾数度随陈毅、管文蔚去泰州与国民党苏鲁皖边区总指挥李明扬、副总指挥李长江等商讨合作抗日之事。民国28年春,为搜集日伪情报,纵队司令管文蔚派管有为进入镇江城里开展活动。管化名张大同,携带了200元(银元)活动经费进入镇丰轮船运输公司,任副经理。在镇江立足后,以"奇门演算"之术活动于各界名流士绅中,逐步与驻镇日伪军有了来往。经过努力,逐渐以他出色的才能赢得了日军头目的赏识和信任,日本人甚至连对新四军的军事行动也事先问卜于管。而管有为在获取重要情报后,均及时报告新四军。当年秋,挺进纵队司令部原驻扬中,接到敌人将"扫荡"的消息后,立即将部队拉到苏北,使日伪军落空而归;次年初,镇、扬日军联合行动,拟突击扫荡苏北,却遭到新四军的伏击,伤亡惨重。管有为因之受到怀疑而被捕入狱,在敌人的严刑拷打下,始终坚贞不屈,使敌人一无所获。民国29年农历二月初十,壮烈牺牲,时年40岁。因叛徒出卖,敌人知他真姓名,竟以为他是管文蔚的兄弟,故而将其头颅挂在镇江南城门。群众无不为之落泪。

## 李守维

李守维(1901~1940),字新甫。泗阳县仓集镇李楼人。民国13年(1924年)夏,毕业于南京工业专科学校职工科,即去上海法租界大隆机器厂当车工。不久,考入黄埔军官学校(第二期),加入中国国民党。毕业后六七年间,历任陆军排、连、营、团长等职。民国16年5月,李守维任营长,随北伐军第一军第三师(师长顾祝同,参谋长韩德勤)北伐,从苏北退回到南京附近。时蒋介石已叛变革命,他便立即向右转。他在第五十二师任补充团中校副团长时,因进犯江西苏区,被红军反击团围歼惨败。顾祝同任江苏省主席,韩德勤任江苏省政府委员兼省保安处处长时,他通过顾、韩关系调任江苏省保安第一团上校团长。民国22年春,升任江苏省保安处少将副处长。次年成为"复兴社"在江苏的头头之一。蒋介石在全国推行所谓"新生活运动",李守维被任为江苏省"新生活促进委员会"常委干事(省主席任干事长)。民国27年6月,他任新编八十九军副军长,次年冬,升任中将军长兼中央军校驻苏北干训班主任、江苏省"复兴社"组织部长、"三青团"江苏省干事长、国民党苏北战地党委会常务委员。

民国29年7月,新四军东进,解放黄桥。9月下旬,韩德勤密谋策划,妄图消灭苏北新四军于黄桥,令李守维率部担任正面主攻。10月3日,黄桥决战揭开序幕,在战斗中,李部屡屡受挫。10月5日,陈毅、粟裕下达向李守维部攻击的命令。经一昼夜激战,李守维全军覆灭,他率残部逃至黄桥北"挖尺沟"(河名),在涉渡中坠马落水而死。

## 朱爱周

朱爱周(1902～1940),又名秉莲,字爱周。赣榆县罗阳乡大朱庄人。烈士。民国7年(1918年)考入江苏省立第十一中学,民国11年夏考入内政部北京高等警官学校。毕业后,历任灌云县、盐城县公安局长,赣榆县保安大队长、铜山县政府秘书等职。民国25年调任江苏省第三水警区区长。民国26年12月,赣榆遭日机轰炸,不少官员弃职逃跑,全县混乱不堪。民国27年1月,朱爱周任赣榆县县长,他号召全县各阶层人民团结对敌,共赴国难:"日寇犯境,大敌当前,战则生,不战则亡。国家兴亡,匹夫有责,我要当个爱国县长,也希望诸位委员团结起来,共同抗日。"在中国共产党抗日民族统一战线影响下,朱爱周赞同国共合作共同抗日。他聘请师资,筹备赣榆中学,号召青年一面学习文化知识,一面进行御侮救亡宣传。民国27年4月,朱爱周领导的地方武装配合万毅指挥的五十七军六六七团、六六八团,粉碎了伪军刘桂棠、张宗元部的进攻。日军进犯海州,赣榆形势危急,朱爱周果断地开狱释囚,并亲为训话。后来,这些人均加入了抗日队伍。民国28年2月27日,赣榆失守后,朱爱周采纳共产党人的建议,依托鲁南丘陵地带,开展全县抗日游击战争。他组建赣榆县常备总队,自任总队长,经常袭击、毙伤小股日伪军。同年10月,与配备坦克的日军激战八小时,毙敌多人。不久,又在芦沟子村打死日军数人,俘敌高级军官留夫。县常备总队扩编成有3000人武装的常备旅,朱爱周任旅长。民国29年初,朱爱周带领部队和八路军山东纵队二旅一部,在演马庄与日军激战两天,重创日军。朱爱周非常重视同共产党的合作,曾委托中共赣榆工委书记刘寄萍商请中共鲁东南特委派政工人员到常备旅任职,其创办的报刊经常报道抗日战争胜利消息,宣传中国共产党统战政策和游击战争思想。在国民党掀起反共高潮,甚至派人监视他时,他仍坚持国共合作,团结抗战。他任职期间,还积极改革财政税收制度,增加收入,减少百姓负担。是年3月21日夜,日军偷袭朱家洼,朱爱周在指挥战斗中不幸中炮负伤,有人欲背他撤离,他大声命令:"不要管我,赶快撤离!"至敌人搜索逼近时,朱爱周举枪自毙,壮烈殉国,时年38岁。遗体以敌尸及生俘的日军军官留夫换回入殓。1983年11月24日,江苏省人民政府追认朱爱周为革命烈士。

## 王丰庆

王丰庆(1907~1940),江西弋阳人。家庭贫困,做过皮匠。民国17年(1928年)1月参加中国工农红军,并加入中国共产党,在皖、浙、赣苏区工作。民国23年10月,中央红军长征时任挺进师(后为独立师)政委,奉命与皖赣特委书记柳吾真、师长匡龙海率部留守根据地,在反清剿中损失惨重,兵力锐减至300人,与闽浙赣省委失去联系。翌年春,突围后转移到婺源地区,开展游击战争。6月任中共江南(一说江边)特委书记。积极开展地方工作,部队迅速发展到七八百人,成立独立团,兼任政委。民国25年4月,任中共皖浙赣省委委员和皖赣特委书记。民国26年4月,率独立营攻打乐平、鸣山,遭敌包围,突围时被俘,押解途中乘机逃跑,不巧暴露目标,致使当地组织蒙受损失,为此他被撤销特委书记的职务。民国27年2月,皖赣边区红军游击队编入新四军第一支队时,任支队民运科长。春,随军挺进苏南敌后。7月7日,陈毅邀请镇(江)、句(容)、丹(阳)、金(坛)各界人士开会,四县抗敌自卫委员会成立。王丰庆为新四军代表,担任该会副主任,协助当地爱国人士樊玉林主持工作。9月,中共苏南特委成立,吴仲超任书记,王丰庆为委员、军事部长。民国28年12月,在中共苏皖区第一次代表大会上,选出区党委领导成员,吴仲超、谭启龙为正副书记,王丰庆为候补委员。翌年3月,苏皖区党委与新四军江南指挥部党委召开联集会议,决定四县总会代行政府职能,王丰庆即着手进行四县总会过渡为抗日民主政权的工作。6月,陈毅北渡长江,随后粟裕率新四军主力继续北渡,他则留在江南坚持斗争。考虑江南兵力不足,便将四县总会所辖地方武装编为独立一团,王丰庆为团长。民国29年11月,苏皖区党委继任书记邓仲铭检查工作途经太(湖)滆(湖)地区转往茅山根据地。9日,王丰庆闻讯即率独立一团一部前往迎接,与沿途护送邓仲铭的独立二团副团长李复及所部一个连会合于武进县寨桥乡吊桥村。10月清晨,遭日伪军1000余人包围,王丰庆、李复等奋力掩护邓仲铭突出重围。终因敌众我寡,王丰庆、李复等壮烈牺牲。

## 张大烈

张大烈(1911~1940),又名张澄江。江阴县(今江阴市)长泾镇人。初中毕业后,考入上海美术专科学校西洋画系。民国18年(1929年),自费留法深造。入国立巴黎高等美术学校,从著名教授郎徒世基学习雕塑艺术。民国20年"九一八"事变后,在旅法革命家何香凝的启迪下,关心祖国的命运,与许多中国留法学生一起,冲击日本驻法领事馆,被巴黎当局拘禁,后由郎徒世基保释。何香凝回国前,亲绘梅花、猛虎各一幅相赠。民国21年,张大烈创作的3座人像,在巴黎展览,获得好评。民国25年10月学成,携妻子司爱伦(波兰人)转道苏联回到长泾。他谢绝上海美专、杭州艺专任教的聘请,致力于家乡的教育事业。民国26年冬,日军侵占江阴,长泾初中校舍被毁。他捐卖田产,抢修校舍,使学校得以复课。民国28年,出任长泾中学校长。伪政权以发放教育补助费为诱饵,要他开设日语课,遭到拒绝。民国29年6月,中共领导的江南抗日义勇军东路指挥部司令谭震林率部开辟澄锡虞抗日根据地,亲自登门拜访,邀他为抗日救国出力。他表示赴汤蹈火在所不辞。他多次在中小学校及群众集会上斥责消极抗日、热衷摩擦的国民党顽固派,争取团结学校教师和该镇上层分子,站在"江抗"一边。他的言行遭到"忠救军"澄锡虞特派员包汉生的忌恨。民国29年8月30日晚上,被包汉生所派"暗杀党"徒枪杀于长泾镇龙园茶店。谭震林获悉张大烈牺牲,为他举行隆重的追悼会。

## 沈其生

沈其生(1912~1940),原名沈肇华。泗阳县众兴镇人。他排行第二,为人敦厚正直,嫉恶如仇,人称"沈二呆"。他以呆子自命,签名时,往往只签个"槑"(梅)字。其实他颇富于激情,多才多艺。他在江苏省立第九中学读书时加入中国共产党,民国22年至民国24年(1933~1935年),一直担任中共淮盐特委委员,负责秘书工作。抗日战争开始后,辗转到延安陕北公学学习。旋即回到家乡,进行抗日救亡宣传活动。其间创作了大量的抗日歌曲,其中流传较广影响较大的有《洪泽湖船夫曲》、《攻徐州》、《月儿渐渐高》、《欢迎同志》、《坚持苏鲁平原游击队》、《新年到》等,都是很"土"的为广大群众所喜闻乐见的作品。民国29年春夏之交,沈其生因所谓"托派"嫌疑,在鲁南被杀,时年28岁。1984年,解放军第六十二师党委为他平反昭雪,恢复名誉,恢复党籍。

## 顾永田

顾永田(1916~1940),铜山县大黄乡西朱家村人。烈士。民国21年(1932年)考入铜山师范。"一二·九"运动爆发后,铜山师范学生积极响应。顾永田与同学们一道游行示威,张贴标语,散发传单。为更好地领导徐州学生的抗日救亡运动,他与刘剑、权启仁等倡导成立徐州学生联合会,成为主要负责人之一。不久即加入共产主义青年团。民国25年春,以共产党员和共青团员为骨干的徐州学生读书会成立。顾永田积极参加活动,遭到国民党铜山县反动当局通缉,被迫离校。同年秋,只身到达北平,仍积极投入抗日斗争。不久,经孙传文介绍加入中国共产党,并被党派到延安学习。

民国26年春,顾永田受组织派遣到山西太原从事抗日活动。到太原后,他立即投入薄一波领导的山西省牺牲救国同盟会(简称"牺盟会")的工作,不分昼夜,深入发动群众抗战。"七七"事变后,积极参与组织山西工人武装自卫队,先后担任连指导员、营教导员。太原失陷后转移到交城、文水一带坚持敌后斗争。民国27年初,文水县建立抗日民主政权,顾永田出任县长。他领导人民进行减租减息斗争;动员青年参军参战,保卫家乡;镇压罪大恶极的汉奸;吸收地方爱国人士参加政权建设,建立健全基层抗日政权;领导人民发展经济,兴修水利。在顾永田领导下,文水人民为抗日战争作出了很大贡献,受到上级表扬。人民称赞他为"抗日的好县长",就连阎锡山也不得不承认"文水县是抗日的模范县"。民国28年,当抗日力量在山西蓬勃发展时,阎锡山于3月间召开"秋林会议",公开发表反共投降言论,并布置一整套反革命措施,解散抗日团体,将抗日有功的顾永田撤职查办。对此,顾永田进行了坚决地斗争,全县人民也掀起挽留顾永田运动,使阎锡山的阴谋未能得逞,从而进一步巩固了文水县抗战阵地。次年初,抗日民主新政权晋西北行政公署成立,顾永田被任命为八分区专员。民国29年2月11日,日军对交城一带"扫荡",顾永田亲率一营兵力埋伏在田家沟袭击"扫荡"回归的敌军。战斗中不幸中弹,鲜血直流,直至牺牲。时年24岁。文水县人民为了永远纪念顾永田,将"永丰渠"更名为"永田渠",八分区将这里的中学命名为"永田中学"。

## 柳　流

柳流(1918~1940),女,原名刘冠芳。上海吴淞镇人。烈士。民国26年(1937年)8月13日,日本侵略军进攻上海,柳流母女到上海表兄家寄居。她激于爱国热情,积极参加各界爱国人士和社会团体组织的抗日救亡活动,并参加新文学研究会,到伤兵医院教授新文学。上海沦陷后,她进入由中共地下党组织领导的上海社会科学讲习所(后为上海社会科学专科学校)学习,参加各项社会活动和文艺活动,成为学生会领导骨干。民国28年夏,上海社会科学讲习所为使同学们阅读进步书刊,由学生会筹办星星图书馆,征集到上万册图书,分类整理编目。柳流到图书馆帮助工作。秋天,星星图书馆移到浦东大厦,改名星星书报流通社,她担任负责人,并任讲习所会计。讲习所创办《学习》半月刊,她任发行人和会计。是年冬,上海社会科学讲习所创办一所莘莘夜中学,为筹集办学资金,公演《母亲》、《求婚》、《张冠李戴》等话剧,柳流扮演《母亲》一剧中的母亲,引起了强烈反响和好评。演出后,她在《学习》上发表体会文章,认为"真正的妇女解放,只有在没有人剥削人的社会里才能实现"。民国29年初,租界工部局突然传讯《学习》半月刊柳流及编辑人员,警告不准刊登抗日和"左"倾文章。民国

29年春,经组织决定,柳流和刘静随同钱敏到茅山抗日根据地工作,受到苏皖区党委副书记谭启龙、妇女部部长章蕴的接见。她被分配在战地服务团,随句容民运队到蔡门一带开辟工作。蔡门地处敌我边缘,靠近敌伪据点,国民党顽固派不断制造摩擦,工作十分困难。时值春荒,群众缺粮断炊。她和工作队组织农抗会、妇救会,发动农民向地主王长荣借粮,以此开展民运工作。她还帮助组织抗日游击队,派人潜入敌据点,搜集情报,破坏公路、桥梁,开展抗日斗争。是年秋,新四军主力北渡长江,开辟苏北抗日根据地。国民党顽固派趁机侵入茅山,制造事端。是年9月27日,柳流和句容县委组织部长陈天,得到内线情报,决定转移到中心区丁庄去。在转移途中,夜经寡妇桥时,遭遇国民党顽固派、镇江专员钟久山人马,柳流和通讯员潘忠诚、杨庆山一起落入敌手。9月28日,柳流等人被转押到茅山以北一家地主的柴房里。当天晚上,柳流被钟久山绑在地主厅堂柱子上,逼迫她交出干部名单。柳流痛斥敌人:"你们要我背叛革命,那是妄想!""你们消极抗战,积极反共,绝没有好下场。"9月29日凌晨,柳流等人被国民党顽固派杀害于茅山冷水涧金鸡垄。

## 章　辅

章辅(1918~1940),女,字逸仙,笔名曼子。浙江上虞县人。烈士。她原是上海大同大学经济系学生。民国27年(1938年)秋,大同大学被日军封闭。章辅毅然弃学从军,和其他7名青年一道从上海出发至安徽省泾县云岭新四军军部。

民国28年冬,她被调到江北新四军五支队戏剧队(后改为战地服务团),为主要演员。民国29年6月到高邮县金沟区西安乡(今该县金沟镇)搞民运工作。7月6日上午,章辅和民运队员杨少青正在乡里做群众工作,不料,被前来骚扰的国民党高邮县第八区一伙暴徒抓走,带到塔集镇,关押在寿佛寺。暴徒头目见章辅年轻貌美,顿生邪念,便以死相威胁,要章辅脱离革命,做其小妾,可免一死。章辅义愤填膺,历数他们破坏抗日、残害百姓的罪行。暴徒头目恼羞成怒,下令用刀戳其前胸,章不屈不挠。翌日下午,暴徒们将关在寿佛寺的12名共产党民运队员和地方干部,从塔集押往夹沟刑场。章辅走在最前面,一路上昂首高唱《跟着共产党走》、《国际歌》。行刑时,她大义凛然,立而不跪,十分轻蔑地对刽子手们说:"要杀要剐任你们的便,要下跪办不到!"接着她领头高呼:"中国共产党万岁!"英勇就义,时年22岁。民国29年8月1日,新四军第五支队党委追认她为中共正式党员。

## 王同愈

　　王同愈(1856~1941),字文若,号胜之,别署栩缘。元和县(今苏州市区)人,生于清咸丰五年十二月十七日(1856年1月24日)。同治十三年(1874年)入上海舆地局,始习天文、算术、格致之学,并从画家顾沄学画。次年入李金镛幕襄助修复河南大兴至任邱的河道堤岸。光绪七年(1881年)随李至黑龙江珲春,管理炮台,并著有《炮台图说》。后入吴大澂幕,相随至冀、粤、豫等地,深得吴器重,遂成入室弟子。光绪十一年中举人,光绪十五年成进士,改庶吉士,散馆授翰林院编修。两度出任顺天乡试同考官。后任驻日本公使参赞。归国后仍入吴幕,襄理军务。后任国史馆纂修,文渊阁校理。光绪二十三年调任湖北学政兼两湖大学堂监督,旋丁母忧返里。光绪二十九年,辞两湖大学堂监督职,任江宁学务处参议。光绪三十一年与尤先甲等在籍众绅筹组苏州商务总会,手订章程,规划一切,并为商会名誉会员。当年江苏学务总会(后改称江苏教育会)成立,当选为副会长。光绪三十二年江苏学务公所成立,任所长。期间热心地方教育,兴办新学,先后创立高等小学堂、第一中学堂、师范传习所、初等商业小学堂、半日学堂等。当年,江苏各界为收回苏杭甬铁路路权,成立苏省铁路公司,他被推为公司协理。宣统元年(1909年)入京,任宪政编查馆咨议、清宫实录总纂。次年简授江西提学使。辛亥革命后,王同愈退隐上海,浏览图籍,书画撰述,不复问政事。著有《栩缘日记》、《栩缘随笔》、《栩缘诗文集》。民国30年(1941年)4月7日诵陆游示儿诗而逝于嘉定南翔镇。

## 张　鸿

　　张鸿(1867~1941),原名澂,字隐南,号璚隐,别署蛮公、燕谷老人。常熟城区人。光绪十五年(1889年)举人,光绪三十年进士。历官内阁中书、户部主事、外务部郎中,记名御史。中日甲午之战时,萍乡文廷式集朝士于松筠庵,张鸿参与集议,具疏请战。戊戌政变,亲睹"六君子"就义,归与同侪恸哭。后沈鹏疏劾"三凶"(荣禄、刚毅、李莲英),参与起稿。光绪三十二年后,出任驻日本长崎、神户及朝鲜仁川领事。民国5年(1916年)归里,居燕园。致力于桑梓事业,历任常熟县立图书馆长、私立孝友初级中学校长、中国红十字会常熟分会会长等。抗日战争期间,日军侵占常熟,避地西行;后寓上海,痛恨敌伪,不愿返里。夙擅文学、书法,究内典,通英、法、日文。著《蛮巢诗词稿》、《游仙诗》、《长毋相忘词》;暮年因曾朴之托,撰成小说《续孽海花》。另编译《成吉思汗实录》及文稿、笔记,未刊。民国30年10月于上海病逝。

## 贝寿同

贝寿同(1875~1941),字季眉,又字季美。吴县(今苏州市区)人。著名中国近代建筑设计师。早年为吴县庠生。后毕业于南洋公学,留学日本早稻田大学,攻读政治经济学。嗣后赴德国,入夏洛顿盘工科大学建筑科学习建筑。归国后,执教于苏州工业专门学校、北京大学、南京中央大学。曾任民国北京政府司法部技正、民国政府司法行政部技正,以及20世纪30年代初苏州市政府专门委员等职。任职期间,先后设计众多的法院、监狱等建筑物,其设计多西洋古典形式。他一生致力于建筑设计,是苏州工专和中央大学建筑系的创办人之一。现代较早一辈的建筑师有许多出自他门下。民国30年(1941年)6月病逝于苏州。

## 刘勋麟

刘勋麟(1879~1941),字北禾。武进县城(今常州市区)人。初在湖北谋职。光绪三十年(1904年)由公费赴日本留学,先后就读于日本宏文学院、西京高等工艺学校,宣统元年(1909年)毕业回国。历任南洋劝业会审查官、江苏学务公所实业科科长、苏州官立中等工业学堂机织科主任等职。民国元年(1912年)在苏州负责创办江苏省立第二工业学校(后改为江苏公立苏州工业专门学校),他先后任校长14年。为吸取国外的办学经验,于民国6年、民国8年两次赴南洋诸国及美、英、法、德、比利时、埃及等国进行教育考察。回国后根据实际情况,开设土木、应用化学、纺织、建筑、机械等专业,民国12年开设中国最早的建筑专业学科。在办学方针上,他主张以"培养高等专门技术人才"为目标,力求毕业生在理论及实践诸方面均达到较高的程度。他亲自制订课程,聘请著名建筑学家陈从周、贝聿铭,数学史家钱宝琮等担任该校教职。为使教学能理论联系实际,还先后创办纺织、印染、化学、制革、机械及木工等实习工场,添置教学仪器和扩建数十间校舍。培养出如秦邦宪、刘靖基等知名人士。当时国内的道路、水利、工厂等大的建设项目,大部分由该校毕业生负责设计。民国14年,刘勋麟调任江苏省教育经费管理处科长。由于军阀混战,办学经费经常拖欠,为此,他联合省内教育界人士呼吁,将牙帖、屠宰、卷烟、漕米4税划出,专门用于教育专款,确保正常办学。抗日战争爆发后,他避难上海租界,受华资诚孚公司委托,筹建职员养成所,继续担负培养中国纺织技术人才之职。日伪政府曾多次以"子女尚幼,宜作后备",劝他出任伪江苏省教育厅长,均被拒绝。民国30年3月患病去世。

## 吴　楠

　　吴楠(1880~1941),字伯桥,又字我尊,笔名天问阁、风栖阁、杏庵。武进县城(今常州市区)人。父吴鹤曾任湖北的知府。他从小就读于张之洞创办的自强学堂。爱好京戏,在汉口时,与管亦仲、程诗南等结为票友,经常酬相唱和。光绪三十二年(1906年),被公费派往日本东京高等商业学校留学,迷上日本流行的新剧(话剧)。翌年初,与留日的李叔同、唐肯等发起成立中国第一个话剧团体——春柳社,排演警俗劝世的《黑奴吁天录》新剧,饰黑奴、威立森等角色,演得比较成功。接着,又与欧阳予倩、陆镜若等同台合演《热泪》、《桑园会》、《鸣不平》等剧目,在日本产生重要影响。辛亥革命前夕,他返沪先后参加新剧同志会和春柳剧场,除在上海演出《家庭恩怨记》、《社会钟》、《鸳鸯剑》、《猛回头》、《不如归》、《劫花惨史》、《恨海》等新剧外,还随陆镜若到杭州、苏州、常州等地巡回演出。4年之内,他们共上演80个剧目,使最初在上海兴起的新剧运动,很快传遍全国,为新剧事业的推广作出重要贡献。民国4年(1915年),陆镜若患急病去世,新剧同志会、春柳剧场停止活动。吴楠应张謇邀请,赴南通创办伶工学社,负责招收伶工,制订课程,编写剧目,授以演技,为南通地区培养大批戏剧人才。同时主编《公园日报》,宣传戏剧的改良和实践,为推广新剧奔走呼号。民国15年张謇去世,伶工学社因在经济上失去依靠而停办。为了生活,率学生张畹云等,辗转京、皖、苏、浙、沪等地巡回演出。民国24年,因年迈不能登台,卜居上海，与张古愚、郑过宜等人编辑《戏剧旬刊》，专事戏剧评论写作。

## 袁桂生

袁桂生（1881～1941），名焯，以字桂生行。江都县（今扬州市）人。出身中医世家，伯父开昌，字昌龄，长于眼科及外科，善用火针治外症。父开存，字春芳，亦精医术，同开昌徙居镇江业医。袁桂生16岁时，伯父病逝，家父患肺病卧床，遂坚定习医之志，攻读家中所藏医书，父亲时而为之讲解。后又搜求旧籍，广购新书，包括西医著作，均一一阅览，参照互证，始为人治病。清光绪三十三年（1907年）和光绪三十四年，应两淮盐运使司和两江总督府医学考试，均获最优等证书。宣统元年（1909年），迁寓镇江，在云台山下三善堂开设喉科医院。次年，创办镇江自新医学堂，所设课程中西兼备，为清末民初中国3个中西医学校之一；同年10月，与镇江、扬州中西医研究会的13位名医发起创办《医学扶轮报》，并具体负责编辑事务，宣传"灌输新学，发明旧学，造成完全之医学"，是为中国开办中西医教育的先驱者和实行中西医结合的最早倡导者之一。在业医、教学、编辑之余，经常在《中华医学》杂志上发表文章，介绍自己的临床心得。民国12年（1923年），当选为镇江医学会会刊编辑主任。晚年，回扬州，在文昌楼西坡开设诊所。著有《丛桂草堂医草》，先后于民国4年、民国25年两度印行，再版时易名《丛桂草堂医案》，后被编入上海世界书局印行的《珍本医书集成》。1984年，上海科技出版社重印《珍本医书集成》时，在书目中又特推荐该书。桂生胞弟袁济生，名铸，亦精医术，尤善外科；堂兄袁树珊，名阜，开昌子，精医术，尤善命理，名闻海内。

## 徐天啸

徐天啸（1886～1941），名啸亚，字天啸，别署秋槐室主、天涯沦落人等，以字行。常熟人。作家。早年即以才名，与其弟枕亚并称"海虞二徐"。民国元年（1912年）偕枕亚赴上海，同任《民权报》编辑，天啸负责社说及评论，立论相当激烈，以致次年该报被袁世凯政府强令停刊。民国3年起任上海《黄花旬报》主编，同时助徐枕亚编辑《小说丛报》。兄弟俩同入南社。此后走广西，转广东，曾在军界任职，一度又主广州《大同日报》笔政。数年后又回上海,任青年会国文教师。以国事日非,家事拂逆,妻死女殇,心伤志灰,以酒为伴。后应戴季陶聘,任考试院事,脱离文坛。徐天啸以政论见长,除散见于《民权报》、《大同日报》等报刊外,尚著有《神州女子新史》、《太平建国史》。亦能诗文,有《天啸残墨》、《珠江画舫话沧桑》二书。工书法,"书如天马行空,不可捉摸。……海内人士得寸纸尺幅,视同瑰宝。……兼治金石之学,铁笔苍劲而朴茂,尤见珍于世"。所撰《天涯沦落人印话》,即其篆刻论著。其小说则有《湖上百日记》、《鸳鸯梦》、《自由梦》等。

## 冯子和

冯子和(1888～1941),初名旭,字旭初,号春航。吴县枫桥狮子山(今苏州市新区)人。京剧演员。幼从父冯三喜学京剧青衣、花旦。9岁,在上海拜夏月珊为师。又曾向时小福、路三宝等学艺。12岁登台,一举成名。因与著名青衣常子和相肖,以艺名"小子和",蜚声南北剧坛,时有"北王(王瑶卿)南冯"之称。辛亥革命时,参加攻打上海江南机器制造总局。主张戏剧以改良社会和进行通俗教育为己任。曾入育才公学研习英语、西洋歌曲和钢琴。又创办春航义务学校,专收伶界人。能诗画,擅金石。为南社社员。中年嗓喑后,悉心授徒。晚年从事编剧,编有《姊妹花》、《温如玉》等剧本。擅演悲剧戏,代表剧目为《血泪碑》、《恨海》。南社柳亚子曾编纂冯子和所撰诗文及其演剧艺术的评论为《春航集》,庞树柏作《冯春航传》,陈光誉作《春航别史》。

## 汪同尘

汪同尘(1891～1941),原名家材,又名恸尘,字同尘。东台台城人。清末举人,学者。得其师丹徒人刘铁云(鹗,《老残游记》的作者)的悉心指导,熟谙许慎的《说文解字》及诸文学著作。青年时以优异成绩考入南京南洋水师学堂,学习海军专业。从学期间加入同盟会,积极从事革命活动。民国3年(1914年)至民国4年任北京《民苏报》主笔。他才华横溢,以舆论反帝倒袁,与蔡锷等著名人士时有过从。北洋军阀统治期间,他几受袁世凯之害,乃南下南京,先后任国立暨南学校、河海工程学校、南京第一中学等校国文教师。

民国8年至民国9年,汪同尘去印度尼西亚,在爪哇泗水中华学校任校长。民国10年,回南京创办正谊中学,主管教务,并亲自授课。民国13年至民国15年,主办两江民主中学,任校长,亲授多种课程。民国15年冬,与沈钧儒在沪组织苏浙皖联合会,反对军阀孙传芳。民国17年,受蔡元培之聘,任华侨教育委员会委员,次年任监察院首席秘书兼设计委员。民国20年春,因不满蒋介石对内压制民主、对外屈膝退让的政策,辞去监察院任职。从此闭门著述,不涉政界,潜心甲骨文研究。至民国26年,完成《甲骨文字正解》一书稿。南京沦陷前,他携家属返归故里,不幸至镇江时行囊遭窃,所著数十万言的《甲骨文字正解》手稿及珍藏之金石、甲骨、古籍珍本等损失一空。蛰居东台后,面对时局,他深知难以韬光养晦,不久又携长子经武汉入川,后孤居重庆,忧国悲家,每念及多年心血付诸东流,便潸然泪下。后经好友相劝,他又强抑悲痛,重理旧作,费3年之功,终又恢复原作之貌。在此期间,他曾受聘于教育部任编辑委员会特约编辑,并兼任北碚复旦大学古文字学教授。民国30年5月3日,日机轰炸重庆,汪同尘不幸罹难,终年50岁,其再次全力以赴恢复的学术专著《甲骨文字正解》手稿亦一同毁于战火。

汪同尘一生著述颇多,惜劫余之存稿未能及时整理。现所知者有《苦榴花馆笔记》、《南洋华侨与教育》、《含英咀华》、《诗文杂感遗稿》、《中国五千年文化之光》、《"碚黄"痛忆与"复大"哀声》等。

## 袁兆瑞

袁兆瑞(1898~1941),原籍镇江。清咸丰二年(1852年),其祖父迁至盐城新兴场;同治三年(1864年),移住下港(今射阳县洋马镇)。幼年时,随父兄以捞鱼、捉蟹、看草滩谋生。民国17年(1928年),其二哥遭海匪杀害。为伺机报仇,袁在长江口和启东一带,联络渔民、船民,发展队伍数十人枪。民国19年后,袁部势力发展到苏北沿海各港口,归他控制的有上千人枪,由他保护并由其收捐的海船达两千多条。其时,袁自称"大队长"。

抗日战争开始,江苏省保安副司令李明扬奉韩德勤之命,收编袁兆瑞部为实业保安指挥部第三大队,袁任大队长,下辖4个中队400人枪。民国29年10月,抗日民主政权建立后,袁部接受中国共产党的抗日民族统一战线政策。他代表全体官兵表示,拥护民主政府的抗日行动,决不当汉奸。此时,伪军频繁派出代表对袁部施加压力,进行威胁利诱。他坚决表示:"愿为中国人流血,不替外国人流汗,誓不当亡国奴!"日、伪军见诱降不行,便派兵逼降。民国30年7月24日下午,驻盐日、伪军从洋河、南洋岸、北洋岸水陆三路合击袁部。袁兆瑞在转移中不幸被汽艇上的日军开枪射中,当场牺牲,时年43岁。

袁兆瑞牺牲后,盐城县抗日民主政府派三区区长成克坚主持召开追悼会,挽联是:"日(日军)为左,汪(精卫)为右,狼狈为奸,可恨可恶;马(玉仁)在前,袁(兆瑞)在后,义勇抗敌,当泣当歌。"会上,任命其侄袁国祥(家兴)为盐城县抗日自卫总队海防大队长,并拨小麦5万斤,以资抚恤和对袁部的宽慰。

## 喻兆琦

喻兆琦(1898~1941),字慕韩。大丰白驹人。中国第一个从事虾类分类和鱼类寄生虫分类研究的爱国科学家。民国10年(1921年),毕业于南京高等师范学校。民国16年,毕业于国立东南大学生物系后留校任教。民国18年,考取江苏省官费留学生,前往法国巴黎博物馆甲壳动物研究所从事虾类分类学研究。民国22年秋,他由巴黎博物馆转柏林大学研究院继续深造。次年,因母亲病危回家。

回国不久,喻兆琦任山东大学生物系教授。民国23年夏,应北平静生物调查所所长胡先骕聘请,任该所动物部技师并兼任北平师范大学生物系教授。当时,除中央研究院生物研究所外,几乎没有其他专门的生物科学研究机构。祖国山河湖海的广大生物资源任凭外国科研团体和个人来华进行"调查",以致中国很多生物资源的资料被外国人掌握。许多爱国知识分子痛心疾首,奔走呼吁,请求政府批准成立自己的生物研究机构。后以胡先骕等知名科学家为首创建的中国静生生物研究所,召集了一批从欧美留学归国的年轻生物学家,首先系统地对全国的生物资源分布情况进行调查研究,掌握大量的第一手资料,填补了中国植物学在分类、生态、生理等方面的空白。此间,喻承担的虾类、鱼类分类研究工作已取得突破性进展。他实地考察了长江流域、华北、华东、华南地区及海南岛的数百种对虾、女虾、米虾、蛰虾、沼虾、蛛虾、赤虾、奴虾、弯虾等科、属、种,系统地进行全面的分类和研究。在此基础上,先后用中文、英文、法文在《生物研究所论文集》、《动物学汇报》等刊物上发表《中国弯虾志》、《蛰虾属之中国虾类》、《海南沼虾之调查》等论义近30篇,填补了该学科在国内空白,在国际上也产生了一定的影响。他撰著的《中国虾类志》全面系统地记载了中国虾类的生长、分布情况,惜未及付梓成书便在战乱中遗失。

"七七"事变后,北平沦陷,静生生物研究所大量的珍贵标本、图书无法内迁,面临被日军掠夺的危险。喻兆琦和他的同事们忧心如焚,寻求对策。由于该所部分经费曾来源于国际文化团体,他们便向国际友人呼吁,请求国际公法保护,迫使日军不敢对研究所轻举妄动。但中国研究人员却受到监视,工作陷于停顿。对日伪暴行的愤怒和对祖国科学事业的忧虑,使困处北平的喻兆琦忧愤成疾。民国28年元宵节,他突患中风,全身瘫痪,失去了工作和独立生活的能力,时41岁。民国29年,他由好友静生生物研究所代理所长杨维义派专人辗转护送上海。同年夏,由其三儿喻蘅自上海接回老家。

民国30年春,日军大举进犯苏中,白驹被占。喻兆琦抱病逃难,不久含恨去世,时年43岁。临终前,他留下遗言,将其外文珍本科技书籍900余种赠上海中国科学社,中文精本500册赠家乡筹备中的白驹图书馆。喻兆琦的遗著除科学论文外,还有《炊烟》、《春柳》等诗词39首。

## 朱松寿

朱松寿(1900~1941),又名朱寿华。江阴县(今江阴市)长寿朱家巷人。民国16年(1927年)3月北伐军进抵江阴,朱参加县农训班学习。"四一二"反革命政变以后在乡间从事农运宣传。6月,由陈叔璇介绍参加中国共产党。9月13日,与陈一起领导长寿数百农民,对开设赌场的土豪陈祥安实行制裁。11月15日参加中共江阴县委在后塍举行的农民暴动。12月20日,在长寿被捕。党组织为营救朱松寿等人,发动第二次后塍暴动。民国17年1月,在中共江阴县第一次党代会上,被选为县委委员,担任江阴红军南路司令。3月21日晚,与茅学勤等领导3000余名农民在峭岐暴动。第三次后塍暴动失败后,他坚持在农暴区域抗击国民党军警的"清剿",一人使双枪,击退十多名武装警察的追捕,与茅学勤并誉为江阴的小"朱茅"。是年6月,朱松寿作为党员中的农民代表,去苏联莫斯科参加中共第六次全国代表大会,并留下接受半年军事训练。回国后被选为省委监察委员,派往苏北参加中共南通特委,化名老戈,兼任红十四军支队司令。民国19年10

月调回江阴任县委军事部长,组建红十七军。民国20年5月,中共江苏省委在上海召开扩大会议批判"立三路线",并取消江阴红十七军建制,朱松寿留上海,安排在工厂做工。民国22年秋,因叛徒出卖,遭国民党当局逮捕,直到抗日战争爆发重返家乡。

民国26年冬,日军侵占江阴,朱松寿以抗日为号召揭竿而起,原农暴区域云亭、长寿、周庄、后塍一带老中共党员和革命群众纷纷响应,拥有400多人枪。民国27年4月中旬,他接受国民党忠义救国军淞沪指挥部收编,任"忠救军"五支队司令。军统特务袁亚承以军事专员名义到朱部,从事分化瓦解工作。7月间,中共澄锡虞工委书记何克希派张志强到东乡争取朱松寿。他决心脱离"忠救军",接受共产党领导。7月15日,率部在颜家桥伏击去祝塘"扫荡"返航无锡的3船日军,全歼96人。8月下旬,派卫兵到袁亚承驻地邬墩,准备将袁解除武装。袁勾结章晓光第三大队向朱松寿反扑。朱率7个连兵力,退守沙洲九思街集结待命。由何克希宣布授予"苏浙人民抗日自卫军"番号(简称"民抗"),朱为司令,张志强为政治部主任。9月,袁亚承纠集"忠救军"五、十两个支队2000多兵力进攻,"民抗"被打散,全部120多人撤至西石桥梅光迪部。10月,何克希把梅、朱两支武装带至茅山,整编为3个连,由陈毅亲自授予"江南抗日义勇军第三路游击司令部"番号。朱受命继续收集旧部。民国28年5月,新四军老六团团长叶飞奉命以"江抗"名义率部东进,朱在澄东集结1个连的兵力,被任为"江抗"五路司令。10月,"江抗"西撤扬中整训,朱去皖南新四军军部学习。民国29年8月,江南抗日救国军司令谭震林武装开辟澄锡虞地区,朱又在祝塘、长寿一带拉起200余人枪的队伍。9月,由谭震林授予"江阴民众抗日自卫队"的番号(仍简称"民抗"),下设3个大队,朱任司令,包厚昌任政治部主任。"民抗"进行整训后,随"江抗"主力行动,朱被委任为"江抗"指挥部副司令。民国30年1月皖南事变后,江阴"民抗"除保留排长以上干部外,其余人员编入新四军五十二团及警卫一团。朱松寿接受扩兵任务去上海。5月,至苏州陆墓杨忠部做争取工作,被军统特务暗杀于陆墓徐渡桥堍。

## 方 强

方强(1901~1941),原名袁文彬,亦名袁持中,字志远。烈士。今上海市青浦县练塘镇人。先在上海宝隆医院(今长征医院)当勤杂工,不久升为看护

(护士)。后考入上海同济大学医科。民国14年(1925年),投入"五卅"运动,领导同济大学学生罢课和游行示威。"五卅"运动后,离开同济大学,投奔当时的革命中心广州,进黄埔军官学校。次年参加北伐战争,在北伐军总政治部工作,参加过南昌、武汉战斗,受进步思想影响,靠拢共产党。民国16年,蒋介石发动"四一二"反革命政变后,他在共产党的掩护下,离开上海到武汉工作。不久,汪精卫又公开叛变革命。他化名袁持中返回上海,以商务印书馆翻译作掩护,与上海进步文化人士广泛交往,并翻译了《战争》、《苏联妇女和儿童》等著作,介绍苏联人民的革命情况,传播马列主义。

抗日战争全面爆发以后,袁文彬四处奔走呼吁,宣传抗日。同年8月13日,日军进攻上海。郭沫若组织战地服务团,他受郭委托,担任战地服务团第一团团长。9月,率领全体团员在淞沪一线宣传抗日、募捐和救护伤员。淞沪前线部队被迫后撤,他又带领全团人员,从昆山经镇江、南京、屯溪、安庆辗转到武汉。在担任武汉卫戍司令部宣传大队副大队长时,把服务团中一些共产党员、爱国青年输送到延安。民国27年3月,在中国共产党的促进下,周恩来担任国民政府军事委员会政治部副部长,郭沫若担任政治部第三厅厅长。他在周恩来、郭沫若的指导下,率领战地宣传队到江西、皖南一带进行抗日宣传活动。秋,经邓颖超介绍加入中国共产党。同年冬,他带领一批青年冲破重重障碍到达延安,被安排在中央翻译局工作。民国28年冬,随周恩来离延安到重庆。次年夏,按照党的指示,又离开重庆,随袁国平等到新四军军部工作。这年冬天,他从江南到苏北盐阜区开辟新区。

由于工作需要,他改名方强,带领民运工作队到盐城二区伍佑东部的斗龙港北岸(今大丰县的方强、三龙、丰富一带),深入群众,广泛宣传抗日民主统一战线,宣传共产党的方针政策;发展党的组织,成立农救会、青救会、妇救会等抗日群众组织,开展减租减息运动;建立人民武装,打击日军、锄汉奸。民国30年7月,日军疯狂扫荡盐阜区,再次占领盐城。为了便于领导敌后斗争,上级决定将老盐城县划为盐城、盐东(今大丰县的三龙、丰富、方强一带属盐东县管辖)、射阳三个县。10月间,成立盐东行署,方强任行署主任,筹建成立盐东县人民政府。就在这时,方强带领通讯员王锦亮、税务主任陶国和、乡指导员张曼娟(亦名张琼英、张洁)等4人,到大佑公司(现射阳县黄尖镇指南村附近)动员各界人士团结抗日。当天深夜,日伪军突然袭击,包围了大佑公司。张曼娟和方强在突围中先后被捕。为掩护方强,张假称是他的家眷,方强自称是木业商人。伪军认为他是有钱人,就把张曼娟释放回去筹款赎人。

方强被押到南洋岸、盐城,后又转到伍佑,虽几经严刑审讯,他始终严守党的机密,坚贞不屈。党组织获悉方强被捕,积极组织营救。就在即将获释时,被汉奸柏存香指认,当晚被敌人秘密活埋,时年40岁。

## 巫恒通

巫恒通(1903~1941),字天侠。句容人。烈士。民国8年(1919年)考入无锡省立第三师范学校,结业后在无锡县立第四小学(梅村小学)、南通师范附小任教。不久,任句容县女子小学校长和县督学。民国25年调泰兴县任教育局长,前后从事教育工作十余年。抗日战争爆发后,他相约友人筹划抗日活动。民国27年3月在如皋被捕,后经好友疏通,交保获释,转往丹阳。陈毅勉励他扩建地方武装,他欣然受命,从此投笔从戎。次年3月2日,他在句容县行香成立句容县民众抗敌自卫会。他联络东昌地区洪天寿、徐德润两支武装,组成句容县东北区民众抗敌自卫团,任团长。不久加入中国共产党,并随部队赴皖南新四军军部受训。结束后,部队改称镇、句、江国民抗敌自卫团,出入在镇江、句容、江宁三县之间,抗敌除奸,保境安民。11月,新四军江南指挥部成立,巫领导的地方武装编入新四军战斗序列,改编为新三团。经过政治教育,整顿补充,短期军训,转战茅山一带。民国30年初,调任抗日民主政府苏南第五行政区专员公署专员兼句容县长。皖南事变后,他率领军民浴血奋战。9月6日,他与少数随行人员驻句容二区中心乡大坝上村,突遭日伪军的包围。他在率众突围时,不幸负伤被俘。敌人如获至宝,先是以高官厚禄诱其投降,遭其痛斥。大汉奸周佛海妄想以旧日上下级关系对他进行拉拢,他亦不为所动。9月8日他开始拒医绝食,黔驴技穷的敌人将其幼子带入囚室,企图以父子之情迫其就范。巫恒通百感交集,手抚幼子,历数文天祥、史可法等至死不屈的民族英雄的事迹,谆谆教导其继承父辈遗志,献身革命。一直到9月14日壮烈殉国,始终未曾进食,牺牲时年38岁。

## 廖海涛

廖海涛(1903~1941),福建省上杭县人。烈士。民国18年(1929年),他参加著名的上杭人民武装暴动,加入中国共产党,曾任中共杭(上杭)代

（代英）县委书记，县苏维埃政府主席。民国23年10月，他任闽西南红军第七支队政治委员。主力红军长征后，他领导杭代地区党政干部和游击队展开英勇顽强的斗争，粉碎国民党当局对闽西南红军游击队的"围剿"。为了支持部队，他动员家庭把仅有的财产全部变卖，为游击队提供给养，使之渡过难关。敌人将其母、妻、子三人全部杀害。廖海涛强忍怒火，坚持艰苦卓绝的游击战争。民国27年1月，他任由闽西、闽南、闽中等地游击队编成的新四军第二支队四团政治部主任。当年8月，与团长卢胜等一起，奉命四团大部由南陵出发，通过宣芜路，10月4日挺进苏南的江（宁）、句（容）、溧（水）、溧（阳）地区开展抗日游击战争。部队初到溧阳上沛埠、上兴埠、竹箦镇一带时，由于顽固分子的造谣惑众，挑拨离间，致使当地群众人心惶惶。针对这一情况，他带领指战员配合一支队，广泛做好群众思想工作。普遍成立区乡动员委员会、各业抗敌协会，民众武装也开始建立。在一年中，他们在溧武路以南的狭小地带，与敌作战150多次，击毙击伤日伪700多人，缴获汽车10余辆。民国29年2月，他任二支队副司令员。当年6月14日，日军100余人侵犯句容的三岔。在他的指挥下，新四军四团第三营、二支队特务连在赤山全歼该敌，缴获步枪60余支，九二步兵炮1门。17日，又粉碎日伪数千人的扫荡。28日，陈毅率新四军江南指挥部主力部队及机关北渡时，国民党第三战区第二游击区副总指挥冷欣立即以两师之众，发起突然袭击，并以四十一师一个团配合挺进军一个团插入茅山地区，向新四军江南指挥部主力部队南北合击。在陈毅、粟裕的指挥下，他率四团与新六团并肩战斗，将其两个团击溃，这就是有名的西塔山之捷，从而使新四军主力赢得时间越过长江，并保卫了苏南阵地。陈毅北渡后，把领导江南武装斗争的重任交给罗忠毅、廖海涛。民国30年1月皖南事变后，坚持在苏南战场上的二支队，在与上级一度失去联系的情况下，进行了独立自主、艰苦顽强的斗争。2月13日，新二支队司令罗忠毅率领部队，赶到宜兴和桥地区的王母村，与廖部汇合。22日，日军从归美桥、和桥方向，朝驻在西施塘村的罗、廖部队实行三面包围，廖海涛协助罗忠毅指挥部队，阻击敌人，掩护机关人员突围，进入太滆地区活动。4月28日，新四军第六师十六旅在宜兴闸口正式成立。六师参谋长罗忠毅兼旅长，廖海涛任政委兼政治部主任。5月下旬，十六旅取得溧阳黄金山反顽战斗三战三捷胜利后，罗忠毅、廖海涛带领部队、机关移至溧阳地区。11月28日凌晨，日军出动步、骑、炮兵3000余人，伪军800多人，向十六旅驻地塘马村进行奔袭。他和罗忠毅率领指战员与敌人展开激战。一面阻击敌军,一面掩护同志转移。当他获悉罗忠毅阵亡的噩耗时,悲愤填膺,高呼"为罗司令报仇"的口号,率师与敌人进行一场更为壮烈的血战。在战斗中,不幸中弹,壮烈牺牲。在罗忠毅、廖海涛身先士卒、浴血奋战的精神感召下,战士们用血肉之躯,抵挡了日军的猖狂进攻,掩护苏南党、政、军机关和1000多名指战员突出重围。

## 朱廉贻

朱廉贻(1904~1941),字伯轩。丹阳县(今丹阳市)河阳乡人。烈士。民国17年(1928年),在北京朝阳大学读书时,因其父被诬入狱而中途辍学。后随国民党官员尹志仁到浙江桐庐县政府任第一科科长,代理县长。由于对上司不随俗逢迎而受到排挤,民国20年回乡任教。民国26年,日军发动全面侵华战争,国民党军队节节溃退,朱廉贻为了抗日救国,于次年在丹阳县都观、白鹤等乡发动群众,组织人民自卫武装——鹤观自卫团。该团后来直接辖于管文蔚领导的抗日自卫总团。是年8月,自卫总团改编为新四军挺进纵队,他任纵队司令部秘书处处长兼第六支队队长,在丹阳全州一带坚持抗日。民国28年春,在解放扬中县、消灭国民党顽固派的战斗中,他率部奋战一昼夜,全歼守敌,继而又参加著名的郭村战斗、黄桥战斗。

朱廉贻与群众同甘共苦,生活艰苦朴素,人称"赤脚司令"。他不管环境多么恶劣,始终坚持学习毛泽东军事著作。当他读完《论持久战》后,写下题为《源泉》的学习心得,战士们争相传阅,极大地鼓舞了士气。黄桥战斗后,他除了在报纸上发表文章,揭露国民党顽固派阴谋外,还撰写了《告苏北同胞书》,陈毅夸他"不但是拿枪的赵子龙,而且是拿笔的赵子龙"。民国29年,新四军在白驹与八路军会师后,成立苏北临时行政委员会,朱廉贻任秘书长。兴化抗日民主政府成立时,他出任兴化县抗日民主政府第一任县长。民国30年2月14日,兴化县政府机关在唐子镇遭日军突然袭击,他命大家迅速转移,自己带警卫人员阻击敌人,边打边退,不幸牺牲于河中,时年37岁。

## 陈中柱

陈中柱(1906~1941),又名为让,字退之。建湖县草堰口镇人。烈士。民国14年(1925年)读完初中,到上海一家电车公司当售票员。民国16

年,北伐军渡江前夕,弃职回乡,协同地方开明人士组织策应。北伐军到达盐阜区后,他参加筹建国民党草堰口支部和农会组织。大革命失败后,经其堂兄陈独真介绍,入江苏省警官学校学习。民国17年秋转入南京军官研究班深造。民国19年春编入黄埔军校第六期。不久调任南京中央大学任军事教官。后又到上海市公安局、北宁铁路、津浦铁路段任职。

抗日战争爆发后,陈中柱在徐州、鲁南一带组织津浦线铁路员工和学生群众成立战地服务团,被委任为特种工作团第三总队少将团长。台儿庄战役期间,他率部深入敌后,打击汉奸,破敌通讯军运,配合主力作战。战役胜利后,日军再次反扑,围攻徐州,主力部队撤出,他率领特工三团在徐州以东打游击。苏鲁皖游击总指挥李明扬委任他为第四纵队少将司令,驻扎淮阴西坝、王营一带,共有军队3000多人。民国28年秋,他率部至泰州,驻防斜桥一带。他整训部队,创办新苏中学、前锋剧团和《战地新闻》小报,进行抗日爱国宣传、文艺活动。民国29年6月,新四军东进抗日,在郭村休整。李长江受韩德勤挑唆,攻打郭村,令他派兵出击。他迫于命令,派兵参战,损失一个营。新四军停止反击后,陈毅亲至泰州文明旅社和李明扬、陈中柱谈判,达成谅解,两军合作,一致对外。陈中柱对陈毅的远见卓识和大将风度很为钦佩,特派副官送10多车毛巾、鞋等慰问品和10余箱子弹到新四军驻地刁家铺,表示友好合作。不久,新四军撤出郭村,挺进黄桥。陈部移驻江都塘头。韩德勤进攻黄桥时,他仍信守诺言,按兵不动,直至韩军败退。

民国28年底,中共地下党员赵敬之(盐城县十四区区长)动员一批进步青年学生去皖东北受训。因国民党特务告密,赵敬之被关押在东台乌义巷监狱。地方党组织请他设法营救,将赵敬之保释,并接到泰州治病疗养。民国30年初,苏鲁皖游击总指挥部副总指挥李长江公开投敌。陈中柱秘密率部撤出泰州,开往西北方向。同年6月初,他率部进驻泰兴、兴化县交界处。因遭日伪军数路攻击,伤亡较重,退至兴化县境武家泽一带,同敌人激战三天三夜,被包围收缩到小镇边缘。在紧急关头,陈中柱号召全体官兵:"为国家前途,民族存亡,要死里求生,冲出重围。"在抢渡蚌蜒河战斗中,他冒着敌人弹雨指挥船队前进,选点登陆。将要靠岸时,他身中四弹,仍高呼:"冲啊!快上刺刀冲上岸去!"许多人冲上岸脱险,他却倒在血泊中,壮烈牺牲,时年35岁。

敌人在打扫战场时,发现陈中柱尸体,将头割下,带至泰州,向日酋南部请赏。陈夫人携幼女至泰州,请人说情,将其头颅领回,与其尸体缝合,葬于泰州西门外景泰村墓地。国民党政府曾在重庆开会追悼。抗日战争胜利后，又在南京开会隆重追悼，国民党元老于右任、叶楚伧、吴铁城等参加。会上，宣布晋升陈中柱为陆军中将，拨款兴建"中柱中学"，灵位送烈士纪念堂供奉。

## 刘保罗

刘保罗（1907～1941），湖南长沙人，原名刘卝（古矿字），号脐生；因在《西线无战事》剧中逼真地扮演了被迫从军的青年战士保罗而出名，遂改名保罗。烈士。民国18年（1929年）"马日事变"后，先后去长沙大东书店和上海南华书店当雇员。次年，参加上海艺术剧社，主演《梁上君子》等剧目，赢得剧坛好评。民国21年，在杭州组织五月花剧社，遭国民党迫害。被捕出狱后，任左翼戏剧家联盟党团书记，先后创办中心剧团大道剧社、工人蓝衣剧团，演出《血衣》、《炮口转移》、《活路》等剧。"七七"事变后，任浙江抗敌后援会流动剧团导演，后从浙东奔赴鄂东，又转至津浦路东，创造了"应景剧"新的艺术形式。

民国29年初，在刘少奇和邓子恢的关心下，抗敌剧团成立，孟波为团长，刘保罗任戏剧教员（即指导员）。同年6月，刘保罗改编的《苦难中出生的孩子》在苏皖边区文化委员会成立大会上演出。刘少奇看后赞赏地说："你们很快搞出这些节目，很不错，有战斗作风。"翌年1月，刘保罗任鲁迅艺术学院华中分院戏剧系主任，编导了《一个打十个》、《王玉凤》、《月上柳梢头》等剧目。同年3月15日，他率领鲁艺实验剧团去龙冈参加新兵团成立大会的慰问演出。午后，他在南寺正殿前指导排练，当排到剧中人新四军战士举枪击毙汪伪军时，不料演员用的道具是一支膛内有子弹的执勤步枪，使扮演汪伪军的演员当场中弹。同时，子弹又从青石板上弹起，击中刘保罗的脑部，使其以身殉职，时年34岁。刘保罗遗体送回盐城，安葬于鲁艺校园西墙边。

## 周苏平

周苏平（1909～1941），原名金水，曾用周福生、李健生。溧阳县（今溧阳市）马垫乡张巷里人。烈士。少时就读于本村私塾，后在溧阳同济初中和南京一所矿校求学,接受共产主义思想的熏陶。民国21年(1932年)中共溧阳特支成立,他加入中国共产党。后受组织派遣,前去溧阳县白塔、周城一带,以教师身份作掩护,开办农民夜校,宣传革命真理,组织土地会、穷人会、贫农会等群众组织;从中发展党员,建立白塔、山东头、汪洋圩等党支部,并争取一支以大刀会为主的农民武装,开展向地主、高利贷者的抗租、抗粮斗争。他所领导的凹山、周城城区也一度成为溧阳农民运动的中心。翌年底,中共江苏省委调周苏平任中共上海沪中区委书记,从事工人运动。民国25年秋被派西安,以经商为名,任中共上海办事处政治交通员,往返于西安与上海之间,沟通与中共中央的联系。西安事变后去延安陕北公学学习,任十八大队指导员和校医院领导工作。民国27年9月,中共中央东南分局派他回苏南地区,任中共苏南特委宣传部长。以后又相继任中共江南抗日义勇军挺进纵队党委委员和民运科长,中共丹北特别支部、丹北县委、丹北中心县委书记。负责丹北地区的开辟工作,发动群众抗日,壮大新四军,扩大根据地,沟通南北交通,为新四军江南指挥部率主力渡江北上,开辟华中根据地,架设了桥梁。民国29年4月,周苏平不幸被日军逮捕,关押在常州日军宪兵队。在狱中受尽折磨,但他英勇不屈,后经粟裕亲自组织营救出狱。民国30年1月起,他先后任苏南第四行政公署秘书长、中共路东特委宣传部长、沙洲县委书记等职。当年8月,他率部向苏北的江都、高邮、宝应地区转移,开辟新的抗日根据地。不久又率部南下,重建中共沙洲县委,任县委书记,在敌人"模范"区内建立小块抗日根据地。是年底,他奉命去上海执行任务,在返回根据地的前夕,突遭住处隔壁的一伪警察步枪走火误击,中弹身亡。

## 丘东平

丘东平(1910~1941),幼名谭月,字席珍,别名东平。作家,烈士。广东省海丰县梅陇镇人。民国13年(1924年)考取海丰县陆安师范。陆安师范为彭湃母校,革命风气很盛。丘东平受进步思想影响,爱读《向导》、《中国青年》、《小说月报》、《创造月刊》以及鲁迅、郭沫若、茅盾、托尔斯泰、高尔基等人著作,并开始学习写作,其作文常受老师和同学赞扬。民国14年2月,到海丰特支办的干部训练班学习。4月,加入中国共产主义青年团,调海丰县团委搞宣传工作,出版《海丰青年》刊物。民国15年,参加海丰农民协会,任农民自卫军大队文书,参加海丰第一次武装起义,在斗争中加入中国共产党。民国16年冬,参加由彭湃召开的海丰工农兵代表大会,并参加海陆丰革命根据地创建活动,任中共东江特委书记彭湃的秘书。

大革命失败后,丘东平被迫去香港,当短工,摆小摊,到《救世报》、《中和日报》搞校对。民国20年9月22日,中共中央发表《反对日本帝国主义侵略中国的宣言》,他积极响应并油印传单广为散发。这引起了香港警方的注意,便衣港警包围其住所。丘东平被迫离开香港,前往江西找其担任十九路军参谋长的哥哥丘国珍,留在军中工作。不久随军到上海。民国21年1月28日,日本侵略军进攻上海闸北,十九路军奋起抗敌。丘担负部队政治工作和战区民众组织宣传工作。次年日军进攻热河,他随翁照垣旅到达热河前线,宣传抗日。不久,又随翁旅到福建,准备闽变。十九路军军部委托其到上海找中共地下党组织,转报反蒋抗日意图和行动计划。闽变失败后,丘东平到上海搞文艺创作活动,在陈望道主编的《太白》杂志社任技术编辑。

民国23年夏,丘东平赴日本考察,为东京中国"左联"领导人之一,负责《东流》杂志、《杂文》月刊出版工作。民国24年冬,中国工农红军长征胜利到达陕北,丘东平闻之欣喜若狂,奔走相告,说:"太阳又照耀中国的北方了。"他放弃进日本士官学校学习的机会,准备回国到陕北苏区。因地下交通遭挫,遂留香港与地下党员宣侠父、陈子谷等组织民族解放革命同盟,并在九龙开设半岛书店,出售进步书刊,还办了《民族战线》刊物。此后,奔走于港、沪之间,参加文艺和政治活动。两广事变后,随十九路军将领到雷州半岛,任师长翁照垣秘书。在土地革命时期,丘即创作了许多富有时代气息和斗争特色的作品。主要有《梅岭之春》、《十支手枪的故事》、《德肋撒》、《罗平将军的故事》、《麻六甲和神甫》、《沉郁的梅岭城》、《长夏城之战》、《多嘴的赛娥》、《慈善家》等短篇以及中篇小说《火灾》等。民国25年7月,丘东平参加鲁迅等63人发起的抗日救亡活动,发表《中国文艺工作者宣言》,表明坚持抗战,绝不屈服。

民国26年7月,抗日战争爆发后,丘东平到抗日前线参加战斗,体验生活。他同欧阳山、草明、邵子南、于逢合作,由他执笔创作了中篇小说《给予者》,轰动当时文坛。上海失陷后,丘奔波于山东、湖北等抗日前线,后随董必武、叶挺西征,到达汉口新四军筹备处。民国27年春,新四军军部在南昌成立后,丘到军部战地服务团工作,后随叶挺军长到安徽省岩寺。这期间,先后创作了《暴风雨中的一天》、《叶挺印象记》、《我认识了这样的敌人》、《一个连长的战斗遭遇》等作品,歌颂抗日军民的英雄形象,揭露日本侵略者的野蛮暴行。同年6月,丘东平任新四军一支队政治部敌工科长,兼陈毅对外秘书。7月,成立中共苏南工委,任工委委员。民国28年2月,参加延陵、丹阳之战和珥陵河伏击战。7月1日,以一支队党代表身份出席在云岭召开的中共新四军第一次代表大会。在战斗生活中,丘积累了丰富的创作素材,创作了《截击》、《王陵冈的小战斗》、《溧武路上的故事》、《逃出顽固派的毒手》、《向敌人腹部进军》等作品,刊登在由茅盾主编的《文艺阵地》、《抗战文艺》等杂志上。

民国29年秋,丘东平参加黄桥战役。11月随陈毅到盐城。次年2月8日,鲁迅艺术学院华中分院在盐城成立。刘少奇兼任院长,丘东平任教导主任。4月17日,苏北文艺界协会在盐城成立,丘东平被选为第一届理事。陈毅代军长要他集中精力从事抗战文艺创作。他写了长篇小说《茅山下》的前五章,约三万五千多字。民国30年夏,日、伪军集中一万七千多兵力,对盐阜区发动空前规模的大扫荡,企图围歼新四军主力。鲁艺分院师生分两个队转移盐阜农村。7月23日,丘东平、孟波、许晴率领二百多人由湖垛北陶家舍向盐城西南楼王一带转移。至建湖县庆丰北秦庄,遭敌人包围袭击。丘东平指挥师生突围,24日凌晨行至黄泥沟处被敌子弹击中头部牺牲,时年31岁。

# 周木斋

周木斋(1910~1941),原名朴,号树渝,笔名辨微、振闻、吉光等。武进(今常州市区)邹坯镇人。父周季平曾任武进商会会长。他早年就读于江苏省立第一中学,民国16年(1927年)转入无锡国学专修馆,翌年入上海南洋高级商业学校读书。民国18年辍学,进上海大东书局任编辑,编写《学生新标准字典》、《中国历史小辞典》和历史人物传记《郑成功》等。因收入微薄,余暇便为《涛声》周刊、《申报·自由谈》、《太白》、《芒种》等刊或专栏写稿。同时还研究社会主义和历史唯物论及辩证法等。民国23年,任《大晚报》编辑,负责撰述社论和主编副刊《火炬》。抗日战争爆发后,因拒绝接受日伪的新闻检查而辞职。以后,在任《大美报》、《华美报》、《导报》的编辑和新中国学院、华联业余补习夜校的教师期间,集中主要精力先后写出

《最近中国史》、《远东的民族解放运动》、《中国民族革命小史》、《新中国发展史》、《民主政治论》等著作。其中以毛泽东《新民主主义论》为指导撰写的《中国近代政治发展史》一书,于民国30年初出版,立即行销上海、香港及全国其他各地。周木斋在上海沦陷后,用杂文武器以犀利语言进行反日、反法西斯、反汉奸、反奴才意识和反封建的斗争。民国28年,他积极支持文载道、柯灵等创办《鲁迅风》刊物,为该刊撰写《疯汉的道德》、《本性难移》、《警觉和认识》等杂文,成为该刊发文最多的作者之一。他还先后为《宇宙风》、《文学》、《译报》、《文艺新潮》、《新文艺》、《奔流文艺丛刊》、《草原》及香港《星岛日报》副刊等10余种报刊写过杂文。民国28年、民国29年与唐弢、王任叔、柯灵、文载道、周黎庵等人出过《边鼓集》、《横眉集》2部杂文集。民国29年世界书局专门为他单独出版《消长集》一部。民国30年8月病逝。1985年海峡文艺出版社出版卢豫冬教授为他重新选编的《消长新集》。

## 罗忠毅

罗忠毅(1910~1941),原名宗愚。湖北襄阳人。烈士。民国16年(1927年)春,考进冯玉祥部第十四路军十二师开办的中山军事政治学校,不久分配到骑兵连当兵。民国19年蒋、冯、阎军阀混战,冯玉祥失败,十四路军被蒋介石缩编为二十六路军。罗忠毅在该军二十七师任班长。民国20年春,蒋介石调该军至江西宁都"围剿"红军。当年12月,二十六路军在宁都起义。民国21年他加入中国共产党。历任排、连、营、团长和师参谋长、福建军区副司令员兼参谋长等职。民国23年,红军主力长征后,罗忠毅奉命在原地坚持游击战争,率部粉碎数十倍于我的敌军的多次"围剿"。民国27年2月,罗忠毅任新四军第二支队参谋长。6月,率第二支队司、政机关和三团、四团的一个先遣营挺进苏南敌后,与二支队副司令员粟裕会合,从事以茅山为中心的苏南抗日根据地的创建工作。翌年1月21日,在粟裕、罗忠毅指挥下,三团发起奇袭官陡门伪军司令部的战斗,仅用8分钟时间就全歼伪军,俘获人枪各七八十。当年11月,任新四军江南指挥部参谋长。民国29年7月,陈毅、粟裕率苏南新四军主力部队北渡长江,二支队司令部和中共苏皖区委率领第四团、新三团以及地方武装坚持苏南敌后斗争,他任二支队司令员。12月,二支队奉命接应皖南新四军部队经苏南渡江北上。他令新三团分散留在茅山地区打游击,二支队副司令员廖海涛率四团一个营插入太滆地区,掩护军部撤出人员和后勤物资经由武(进)北地区北渡长江,他率二支队司令部及四团两个营留在溧阳、溧水地区坚持斗争。他克服种种困难,终于把"皖南事变"中突围到苏南的一批批人员安全转移苏北抗日根据地。

民国30年4月,在苏南的新四军部队改编为新四军第六师,二支队改编为第六师第十六旅,罗忠毅任师参谋长兼十六旅旅长。他率部西返茅山,取得黄金山反顽三战三捷的胜利,并以此为基地西过溧水,北返茅山,先后恢复溧水、茅山、江宁、句容等地区的原有根据地。当年秋冬,苏南党政机关和十六旅旅部集中在溧阳塘马一带,开展军政训练。11月28日凌晨,日军南浦旅团出动步、骑、炮兵3000余人,伪军800多人,分东北、西北、西南三路向苏南党政机关和旅部驻地塘马扑来。战斗打响后,罗忠毅和廖海涛亲临前线指挥,命令四十八团二营在村西坚持阻击敌人,掩护机关向东转移。罗忠毅站在塘马桥头沉着指挥,并和廖海涛亲率旅部特务连在塘马村东的王家庄,吸引敌人火力。敌骑兵发现1000多人向东疾进,便紧追不舍,遭到二营六连的阻击,死伤累累。28日9时许,敌人的冲锋又被击退。此时,敌人已形成对新四军阵地的包围,罗忠毅立即传令部队收拢至王家庄一线,形成拳头以便拖住敌人,保证机关东移到安全地带。这时敌人又轮番进攻,罗忠毅、廖海涛率旅直机关200余人同20余倍于己的敌军搏斗,歼敌数百人。终于使苏南党政机关和十六旅旅部机关的同志安全转移。在战斗中,罗忠毅头部不幸中弹,以身殉国。

## 裴 励

裴励(1910~1941),又名裴克,字宗勤。丰县常店乡人。烈士。早年在丰县师范读书时,就崇拜岳飞、史可法等民族英雄。"九一八"事变后,他和同学上街贴标语,高呼"收复失地!""誓死不当亡国奴"等口号,被开除学籍。回乡后,他和丰县师范同学江兆瑞等组织自卫武装。民国25年(1936年)冬,加入中国共产党。"七七"事变后,他到中共丰县县委抗日青年训练班学习。民国27年5月,日军侵占丰县县城,裴和江兆瑞等各拿出自家枪支,以自卫队为基础,组成抗日游击队。一次,游击队发现一小队日军在丰县城西关外河内洗澡,枪支架在河岸上。他带领游击队从高粱地里跳上河岸，一举将12支长枪、1支短枪和1挺机枪取走。后，他的游击队纳入八路军苏鲁豫支队，他历任游击三大队第六中队长、支队政治部民运干事、一旅政治部民运科干事、科长。随八路军五纵队南下盐城后，他又奉命组建新四军三师七旅盐城独立团，并任政治委员。民国30年7月28日上午，团部派往十二区塘河东成家墩的8名民运干部被土匪暗杀，裴励便亲率警卫排渡塘河进剿，不幸被土匪开枪击中头部，于次日凌晨牺牲，时年31岁。

## 许　晴

许晴(1911～1941)，原名许多。祖籍安徽歙县。生于江苏扬州。剧作家，烈士。民国17年(1928年)中学毕业后，先在南京从事中共地下组织的秘密宣传工作，后去北平参加学生运动。民国20年，在联华影业公司从事影剧工作，和白杨等人拍过无声电影。"九一八"事变后，根据党的指示在北平西单开设卿云书店，出售进步书籍；同时参加宋之的等领导的左翼剧联活动，积极为北平《世界日报》的副刊《蔷薇月刊》写稿。民国22年冬，因出售进步书籍，被国民党宪兵三团逮捕，判刑3年。在狱中，他改名为"许晴"。

民国25年，国民党屈于全国抗日舆论压力，释放关押的政治犯。许晴获释到上海，经于伶介绍，在小学排演儿童戏剧。"八一三"事变时，他和赵朴初在救济灾区难民委员会工作，后参加上海文化界救亡协会组织的战地服务团在五战区活动，任歌咏组导演，曾在昆山等地作街头演出。不久，去武汉卫戍总司令部政工大队，后去安徽省民众动员委员会工作。他曾为抗敌演剧六队导演过《渡黄河》、《飞将军》等话剧，收到良好效果。同时，他还在安徽省文化协会主办的《中原》文艺杂志上发表剧本《汪、平沼协定》，揭露汪精卫勾结日本战时内阁首相平沼骐一郎的卖国罪行。民国28年冬，国民党顽固派安徽省政府主席李品仙公开反共后，许撤至苏皖抗日根据地，担任津浦路东各县联防办事处文教科长。翌年随刘少奇到盐城，任盐城县文教科长，不久调华中鲁迅艺术学院任教授、戏剧系主任。

许晴是一位才气横溢、精力充沛的多产剧作家。他创作了《重庆交响曲》、《怒吼吧，长江》、《王玉凤》、《惊弓之鸟》等多部大型话剧，深受广大群众的欢迎。他所创作的《中华民族好儿女》，被电影《东进序曲》选为插曲。民国30年7月24日凌晨，许晴和丘东平、孟波等率领鲁艺二队师生向敌后转移,在今建湖县境北秦庄与"扫荡"日伪军遭遇,最后与丘东平等一起蒙难,时年30岁。

## 顾民元

顾民元(1912~1941),字弥愚。南通市城区人。烈士。其父顾公毅,通州师范教师。他从小受到良好的家庭教育。他在南通中学求学期间,第一次国内革命战争爆发,在恽代英之弟恽子强的帮助下,与通州师范学生刘瑞龙等组织革命青年社,阅读《共产党宣言》等马克思主义著作。后经刘瑞龙介绍加入中国共产党,并任南通城共产主义青年团的负责人。民国17年(1928年)夏,中共南通县委遭到破坏,他转移到上海,进上海艺术大学学习。不久,他与艺大党组织接上关系,开始了新的战斗。次年3月,国民党当局查封上海艺大,艺大党组织暂停活动,他随其姐到成都,进入国立成都大学学习。毕业后,先后在淮南师范、济南师范、镇江中学任教。

"七七"事变后,顾民元回到南通,正值南通中学校长卷款潜逃,为培养抗日青年,与吴天石、马一行、李俊民等努力恢复南通中学。翌年3月,南通城沦陷,他转移至乡下,参与创办抗敌学校。当年夏,他和马一行秘密去上海寻找中共地下党组织,汇报南通斗争形势。8月,中共江北特别委员会成立,他回到南通一带开辟抗日救亡工作。年底,任民国如皋县政府动员委员会秘书。民国28年2月,应抗日进步人士、民国启东县县长董国桢之邀,他出任启东县政府第一科科长,同时负责启东动员委员会的工作。民国29年10月,新四军取得了黄桥决战的胜利。11月初,三纵队进入南通、如皋、海门、启东。著名爱国人士季方接受陈毅建议召集四县各阶层代表在掘港开会,共商抗日大计。会上顾民元被委任为启东县抗日民主政府县长。当时,时局维艰,变化难测,但他坚信中国共产党和人民的力量,以新四军的声势作后盾,毅然赶赴启东,接收县政府。他正式接任县长第二天,发布布告,宣布施政方针:"坚持抗战国策","反对投降分裂"。他日夜操劳广泛活动,为中共在启东的抗日政权建设作出了诸多贡献。民国30年1月29日,他在赴掘港开会途中被土匪俞福基部拦截绑架。他正气凛然,痛斥敌人卑鄙行径,并作好牺牲准备。时新四军刚到,顾民元所在"武抗"中的中共党组织处于地下,尚未与新四军党组织取得联系,以致2月24日,新四军与俞福基部发生战事时,顾民元被误杀。同年4月2日,苏中四分区党政军机关在掘港召开追悼大会,追认顾民元为烈士。

## 李增援

　　李增援(1913~1941),山东省莱芜市寨里镇太平街村人。《黄桥烧饼歌》作者,烈士。民国17年(1928年),考取山东省曲阜师范。同年,加入中国共产党。民国22年2月,入上海美术专科学校西洋画系学习。10月,考取南京国立戏剧专科学校。民国25年底,由扬帆介绍参加南京学生会抗日权益会,并成为负责人之一。

　　民国26年,他在张光年引荐下,由杜宣介绍参加新四军。次年1月6日,新四军成立战地服务团,他成为最早的团员之一。先后任新四军战地服务团戏剧组组长、剧团副主任、新四军苏北指挥部战地服务团剧团主任、新四军一师战地服务团剧团主任等职。此间,独立或与人合作创作了《母亲》、《人财两空》、《繁昌之战》、《红鼻子参军》、《勇敢队》、《黄桥烧饼歌》、《大红灯》等作品,其中以《黄桥烧饼歌》、《大红灯》最为著名。《大红灯》是李于民国30年元旦前,根据盐城民间"过年挂红灯"的习俗创作而成。

　　民国30年2月24日,他因病随新四军一师卫生部从东台转移到大丰西团镇。由于敌探密报,下午突遭从兴化过来的日伪军偷袭。他主动吸引敌人火力,光荣牺牲,时年28岁。

## 苏光华

　　苏光华(1913~1941),幼名瑞宝。江阴周庄镇大西街人。民国空军飞行员。中学时代,见外侮日深,立志以光复华夏为己任,遂改名光华。后考入杭州笕桥中央航空军官学校,为第四期学员。民国21年(1932年)毕业,在国民政府空军第十四大队任驾驶员。抗日战争爆发,他奉命率轰炸机一小队向盘踞吴淞口水域的日海军旗舰长门、陆奥号投弹,挫敌凶焰。战罢返回,机身弹痕累累。是年冬,奉命驾单机从重庆起飞,载军饷10万元接济苏北游击区李明扬部。过江西上空时,遇日机6架围截,被迫降落在玉山机场。当地有国军驻守,敌机仓皇逃去。逾时复航,敌机又尾随不舍,飞至苏北东台上空,机身受伤降落。苏光华携带军饷送至目的地后,化装渔民,转道上海、香港,安全返回内地。为打击日军侵略气焰,国民政府军事委员会决定派遣远程轰炸机夜袭日本本土,由他任副领队。民国27年5月19日3时30分,他与徐焕昇、佟彦博等驾驶两架马丁机,从汉口起飞,经宁波加油,在夜空中,避开海上敌舰监视,突破日本国内的空防,于翌日凌晨2时40分飞临长崎上空,散发100多万张传单。待日方警报四起,他们已迅速返航,于20日中午11时13分在汉口机场安全降落,回到重庆,受到万众欢迎。不久,他被提升为国民党空军第十四大队大队长。后在一次执行紧急任务中,因驾驶杆撞击胸部,致肺部受伤,发炎化脓,于民国30年1月去世。葬于成都凤凰山烈士陵园。

## 郭 猛

郭猛(1913~1941),原名光昭。江西省吉水县富滩乡人。烈士。民国18年(1929年),加入中国共产党。次年,任工农红军十七师红五团三连指导员。民国22年,在永新县石灰桥战斗中左臂负伤致残,转青原山红色总医院休养,后任医院政委兼党总支书记。苏区被敌占领后,他带领100多名伤员转入九龙山,任湘赣游击支队第三大队政委。抗战爆发后,郭猛率游击队下山,任新四军吉安通讯处主任;后随先遣支队挺进苏南敌后,历任丹北挺进纵队政治部主任兼第一支队(团)政委、新四军江南指挥部一支队二团政治处主任兼扬中办事处主任、一师二旅四团政委等职。

郭猛身经百战,屡立战功。黄桥决战后,他率所部转战至东台、白驹、老垞一带。民国30年春,活动于伍佑、秦南、大冈等地,机动灵活地打击敌人。在摧毁秦南仓日、伪据点时,郭部毙敌100多人,俘敌160多人,击毙日军小队长伊达正芝,缴获机枪4挺、步枪150多支。战友们常提醒他:"你已打残一只膀子,如果再打断一条腿,怎么办?"他说:"怕什么,我还有一颗跳动的心嘛。"12月29日,驻盐城大冈、冈门、大孙庄等地伪军出扰。他率领四团从乌龙堤的老吴舍兵分两路直袭敌人,俘敌50多人。在追击到唐刘河、吕家垛、吴家舍三角地带时,不幸中弹负伤,转移到中湾庄时牺牲,时年28岁。

## 刘惠馨

刘惠馨(1914~1941),女,又名刘一清、刘任文。淮阴县(今属淮安市)人。烈士。民国23年(1934年)以优异成绩考入南京中央大学工学院机械工程系,是该系破格录取的唯一女生。

民国24年,刘惠馨积极投入"一二·九"爱国运动。民国26年"七七"事变后,毅然放弃已攻读三年的机械工程专业,参加共产党领导的战时农村服务团,被分配到南京晓庄农村工作。后因形势变化,遵照中共党组织指示,她与马识途一起撤退到武汉,辗转鄂豫皖边区,参加方毅主办的七里坪党训班学习。民国27年1月加入中国共产党。5月,在建始县工作期间建立了中共建始县特别支部,后又在县内部分地区组建了党的组织。同年8月中共鄂西特委成立,她担任特委妇女部长,同时接受南方局派遣担任湘鄂西一带地下党组织的交通员。她经常冒着生命危险,巧妙地来往于重庆、鄂西之间,几次路过家门都没有回家看一下亲人。

民国27年11月,刘惠馨受钱瑛指派任宜都县委书记。次年10月离开宜都,11月任中共鄂西特委委员兼秘书。这时她和特委书记马识途结婚。民国29年11月,她在恩施大峰山头洋医院生孩子,由于叛徒出卖,民国30年元月24日下午被捕入狱。国民党军统湖北站站长朱若愚动用各种刑具拷问逼供,但她始终双唇紧闭,一字不吐。民国30年11月17日与被捕的何功伟同时被杀害,时年27岁。

## 吴载文

吴载文(1914~1941),原名吴金伙。福建省宁化县禾口区凤山乡吴坡头人。烈士。民国19年(1930年)3月参加革命,任禾口区苏维埃政府文书。次年加入中国共产党。不久,参加中国工农红军。主力红军长征后,随所在部队留闽西南坚持游击战争,先后任闽西南军政委员会第一作战区第一支队第一大队政治指导员、红七支队政治处主任。民国27年,闽西、闽南、闽中等游击队改编为新四军二支队,他任支队政治部总务科长。不久,随军北上,开辟苏皖抗日根据地,先后任二支队独立营政委,四团政治处主任,苏皖支队政治部副主任、主任等职。民国29年7月,苏北指挥部成立,他任三纵队三团政委。吴载文是优秀的政治干部和军事指挥员,屡立战功。在黄桥决战中,他指挥所属部队活捉国民党顽军八十九军三十三师师长孙启仁,歼敌2000余人,受到粟裕的表扬。新四军重建军部后,任一师三旅七团政委。民国30年4月中旬,七团奉命驰赴蔷薇河一带,反击蓄意制造磨擦的国民党江苏省常备二旅。15日深夜战斗开始后,他指挥重机枪连掩护一营突破对方防线，占领十字河口阵地，并指挥主攻连击退顽军三次反扑。战斗正向纵深发展时，不幸中弹牺牲，时年27岁。

## 张新华

张新华(1916～1941)，女，乳名彩宝，化名凌杰、张惠琴。浙江省吴兴县(今湖州市)南浔镇人。烈士。民国25年(1936年)，考进浙江省立民众教育实验学校，参加由校友王仲方发起组织的学生抗日救亡进步团体——荆山共学社，积极参加活动，思想政治觉悟有了很大提高。

抗日战争爆发后，张新华、王仲方等进步同学以荆山共学社为基础，办黑板报、出刊物，到杭州城里贴标语、演讲，为抗日战士募捐，讲抗日救国道理。她和女友单洁、庄绍祯打算去延安，乘"难民车"到达江西南昌。张新华参加由江西省政府办的江西省青年抗日救亡服务团学习一个多月，被派到吉安地区开展抗日救亡工作。民国27年7月，她和单洁等一行30多人，奔赴皖南云岭参加新四军。她到云岭不久，即加入中国共产党。由于表现突出，被授予新四军全军模范女战士称号。民国29年3月，为了开辟苏南抗日根据地，她随部队到苏南溧阳地区从事党务和民运工作，后又调到中共太滆工委任青年部长兼宜兴县闸口区委书记，发动群众，组织农抗会、青救会、妇救会，建立民兵组织，开展对敌斗争，很快打开局面。

民国30年春，苏皖区党委决定，尽快恢复浙江杭(州)嘉(兴)湖(州)地区中共地下组织活动，开辟浙西抗日根据地。3月中旬，她奉命去浙西，途经武进漕桥镇附近殷墅桥时，被漕桥镇伪自卫团认出被捕。被捕后，坚拒诱降，受尽酷刑，坚贞不屈，同时还做瓦解伪军工作。伪军陈洪泉在张新华的启发教育下，带两条枪、40发子弹，投奔了新四军。敌人对张新华软硬兼施，一无所获，便秘密将她杀害，时年25岁。

## 陈振东

陈振东(1917～1941)，原名镇东。祖籍福建省闽南。烈士。幼年随父兄侨居菲律宾马尼拉市，20世纪30年代中期随父回国，求学于上海。民国26年(1937年)"八一三"事件后，转入广西南宁高中读书，受中共地下党员郑少东等人影响，参加广西学生军。次年底，加入中国共产党。

民国28年初,他被中共党组织派到皖东抗日根据地全椒县古河镇,先后任政工队指导员、区长、县民政科长等职。翌年春,国民党掀起反共高潮,中共党组织命他撤出国民党统治区,转入新四军领导的抗日根据地,任六合县民政科长;同年12月调任阜宁县三区(区署所在地八滩)区长。接任后,他密切联系群众,迅速恢复、健全地方党组织和农救会、妇救会等群众团体,同时组织发展地方武装,很快打开工作局面。民国30年春,新四军三师二十三团3次攻击盘踞八滩季家圩的土匪顾豹岑部,他积极组织群众为新四军送粮草,抬担架,修工事,摸敌情,全力支持和配合部队行动,保证战斗取得胜利。5月,阜宁县民主政府为保护人民生命财产,开始修筑海堤。他率区队至海堤任工程现场指挥,经常和民工一起挖土推车,和战士一起站岗执勤。作家阿英在记述陈振东的这段工作时,称他"耐苦耐劳,克尽厥职"。正当海堤工程即将竣工之际,7月28日深夜,陈振东不幸遭土匪绑架。匪徒将他绑架至千秋港,吊到海船桅杆上,最后,匪徒残忍地砍下他的下肢后,将他沉尸大海,时年24岁。

为纪念陈振东烈士,地方党和人民政府立碑于海堤,并将他生前工作过的地方命名为振东公社(今为滨海县振东乡),将学校命名为振东小学。

## 朱 真

朱真(1918~1941),女,又名芝芳。武进县(今常州市区)卜弋桥镇人。烈士。民国25年(1936年)夏,进常州尚德女子职业学校,受到新思想的启蒙。翌年11月底,日军侵占武进,学校停办再度失学。她耳闻目睹日军暴行,积极寻找抗日救国的道路。民国28年(1939年)秋,入新四军扬中抗日训练班学习,参加中国共产党。学习结束后分配到新四军江南指挥部搞民运工作。民国29年春,随中共太滆工委书记陈立平等到武南开辟抗日游击根据地,宣传抗日,发动群众,发展党员,建立中共组织。翌年春任中共武南县委妇女部长。6月5日,随部队在礼嘉桥附近的大塘村宿营。突然遭到伪武进县密探队盛计然部包围袭击,未及突围,不幸被捕。盛亲自审讯,先是诱降,经义正辞严的痛斥后,恼羞成怒,用枪毙来威胁她。朱真冷冷地回答:"你不要用死来恐吓我,在我参加革命的第一天,就已经把自己的生命献给了祖国。你这个出卖灵魂的汉奸,能活得长久吗?"6月6日晚上,她被押到王家村前的土墩上,敌人喝令跪下,朱真高喊:"我没有罪,为什么要跪！"屹立在荒草丛中，正面迎着敌人的枪弹，英勇就义。解放后，武进县锡剧团以朱真的英雄事迹编成《江南赵一曼》一剧在常武地区演出。

## 陈宗平

陈宗平（1919～1941），原名陈庆华。溧阳县（今溧阳市）溧城镇人。烈士。抗日战争爆发后，他参加群众自发组织的救亡演剧队，在武汉、重庆等地积极宣传抗日。民国27年（1938年）秋奔赴延安，考入抗日军政大学。当年底加入中国共产党。翌年初，随抗大一分校到达晋东南，毕业后分配到中共晋冀豫区委（后改称太行区党委）机关报《胜利报》社任记者。他的职务是记者，抄写、刻钢板、通讯联络等份外工作，他也样样都抢着干。不管环境多么恶劣，他总是主动要求到接敌区和斗争第一线采访，写出不少优秀的新闻和通讯。民国29年8月下旬，"百团大战"正在正太铁路沿线等地激烈进行，他深入前线采访，圆满完成任务。民国30年3月下旬，陈宗平等3名记者到冀西采访，他主动要求到当时对敌斗争最紧张的赞皇县西区和北区去采访。他完成西区的采访任务后，于3月22日早餐后，计划向北区进发。走出野草湾二三里路，就遇到一队从高邑县来的伪装成八路军游击队的30余人的敌伪武装。敌人强逼他返回野草湾（当天大集）去赶集，遭到他的坚决拒绝，敌人就把他捆绑起来，强行拖往野草湾。他识破敌人的阴谋，一路痛斥敌人，并故意拖延时间，以便赶集群众能知道敌情，减少损失。敌人见阴谋败露，一面对他拳打脚踢，一面向野草湾发起进攻。当敌人赶到镇里，群众大都已经转移，而八路军地方武装已赶到进行反击。敌人在逃走时，企图将他带往高邑县城。但陈宗平英勇反抗，宁死不去，并大骂汉奸无耻，高喊"打倒日本帝国主义"等口号，直至喉咙发不出声音，还用头猛烈撞击敌人。敌人无计可施，便把陈宗平推倒在地，残忍地砍下他的头，还灭绝人性地剖腹剜心。

## 柳肇珍

柳肇珍（1920～1941），女，又名石华。籍贯镇江，生于上海。烈士。初中毕业后，考入苏州浒墅关蚕桑专科学校。抗日战争爆发后，她离开学校到无锡，参加由中共地下组织领导的抗敌后援会宣传队工作。不久，参加江苏省委组织的无锡抗日青年流亡服务团,随团到达江西南昌。经新四军办事处介绍,参加江西青年团。后辗转上饶、玉山、弋阳等地,发动工农群众,开展抗日救亡运动。民国27年(1938年)7月,她在弋阳加入中国共产党。11月,奉调到皖南中共中央东南局干部训练班学习。民国28年初,调到苏南参加创建茅山抗日根据地,先后在新四军挺进纵队教导队和挺纵战地服务团工作。是年11月,成立中共扬中县工委,任扬中县工委宣传部长。民国29年6月,她乔装民妇到镇江活动,同地下情报联络人员接头,探明敌人的巡江布防情况及活动规律,以开展对敌斗争。10月,她与新四军第二支队司令罗忠毅结婚,从扬中县工委调二支队政治部组织科工作。当时环境恶劣,但她屡次遇险不惊,掩护战友脱险。后任支队政治部总支书记。民国30年1月皖南事变后,新四军第二支队转移到太滆地区,驻宜兴县和桥附近西施荡。2月22日,日伪军分三路包围袭击西施荡,她奉命撤退,当船行至三叉河口时,遭到敌人炮火猛烈射击。在战斗中,她身负重伤,因流血过多,壮烈牺牲。时年21岁。

柳肇珍临终前,将由鲜血染红的小包(包着党证、党员名册和零钱)嘱咐战友,交给党组织。

# 艾 侠

艾侠(1921～1941)女,原名赵素娥。广西柳州市人。烈士。民国26年(1937年)7月抗日战争爆发时,艾侠是柳州市初二年级学生,积极参加进步老师组织的抗日爱国活动,被推选为抗日后援会成员。在中国共产党积极抗日和全国人民奋起抗战的压力下,广西李宗仁、白崇禧、黄旭初桂系军队开赴抗日前线,同时组织青年学生开展抗日救亡活动。艾侠16岁时即被录取入伍。中共广西地下党组织也指派了一批党员到学生军里工作。10月,艾侠随学生军在桂林李家村接受军事训练。12月25日,离开桂林开赴抗日前线。

民国27年初,艾侠随军到达武汉,进行两个月的抗日救亡宣传活动。周恩来、叶剑英、博古等八路军办事处领导人经常为学生军作形势报告,使她深受教育和鼓舞。同年4月,随学生军开赴安徽省六安、合肥,她在学生军团指导员韦廷安的帮助下,加入中国共产党。从此,她在党组织领导下,更加严格地要求自己。

民国28年初,她随军开赴大别山区,在金寨县一带进行革命活动。她担任安徽学生军团指导员,从事地下党秘密工作。民国29年1月,国民党顽固派搞反共摩擦。上级党委指示,学生军中的中共地下党员带领进步青年撤退到抗日民主根据地。从无为县到皖东北后,将原名赵素娥改名为艾侠。同年11月,来到苏北抗日民主根据地,担任盐城县五区十字乡民运工作队队长。她带领10名队员,开展民运工作。采用文艺晚会、登台演唱等形式,组织发动群众,宣传减租减息,借粮度荒,成立农救会、妇救会、民兵等组织,宣传抗日,支援前线。

民国30年4月,她被调到一区开辟民运工作。她与林霜等5人到精诚乡发动群众,组织地方武装。他们组成20多人的基干民兵中队,她任区中队副教导员。同年6月,她被调到六区任区委委员。7月中旬,日伪军对盐阜区发动大扫荡,盐城、伍佑等城镇相继沦陷。艾侠和十三区区长朱岐山等人深入敌后农村,开展抗日宣传,坚持原地斗争,镇压汉奸、土匪。7月下旬,艾侠、朱岐山带领通讯员二侉子,到日伪军刚撤离的大冈镇了解情况,安定人心。艾侠等人在镇东客栈住宿时,被汉奸告密。伪三十二师特务随即出动,包围了客栈。因寡不敌众,他们被敌人捕获,带到龙岗后,严刑拷打。8月初,区长朱岐山被敌人活埋。艾侠被继续关押审讯。她利用一切机会搜集情报,瓦解伪军。11月初,伪军用包着石灰的毛巾捂住她的嘴,将她活埋。时年20岁。

# 刘群先

刘群先(1907~?),女。无锡城郊刘潭桥黄岸头村人。中共早期党员,女工运动领袖,秦邦宪夫人。民国13~15年(1924~1926年),先后进无锡庆丰纺织厂、申新三厂、德兴丝厂做工。她为人耿直,敢为工人争权益,深得工友们赞许。民国15年5月,她积极参加无锡丝厂女工总同盟罢工。同年加入中国共产党。翌年1月4日,无锡总工会秘密成立,她积极参加总工会活动。3月21日,北伐军抵达无锡,无锡总工会公开办公,她任女工部长,负责丝厂工会工作。她和汤盘珍、穆静如等发动和领导全县丝厂工人迎接北伐军的总同盟罢工。为维护工人利益,参加丝厂业劳资联席会议同资方谈判,取得胜利。无锡发生"四一四"反革命事件后,她暂回乡隐蔽。6月,被调往上海工作。不久,出席在武汉召开的全国第四次劳动大会。10月赴苏联莫斯科中山大学学习。年底出席在莫斯科召开的世界劳工大会,结识秦邦宪(博古)。民国17年5月两人在莫斯科结婚。6月出席中国共产党第六次全国代表大会。民国19年回国,在上海担任中华全国总工会女工部部长。民国22年进入江西中央苏区,任原职。次年1月,在中华苏维埃共和国第二次全国代表大会上被选为中央执行委员。10月,参加二万五千里长征,历任红一方面军妇女队队长、干部休养连工作组长,进行宣传鼓动,激励红军斗志,检查红军纪律,料理受伤和牺牲的战友。到达陕北后,继任全总女工部长,被美国著名记者埃德加·斯诺在《西行漫记》中誉为"中国杰出的女工领袖"。民国26年12月任陕甘宁边区总工会副主任兼组织部部长。民国27年,随博古到八路军武汉办事处工作。同年4月,与全国邮务工会常务委员朱学范在汉口发起组织中国工人抗敌总会筹备委员会。后因病赴莫斯科治疗。德国侵略军轰炸莫斯科时,她随市民疏散,从此下落不明。

## 韩国钧

韩国钧(1857~1942),字紫石,晚号止叟。海安县海安镇人。著名爱国民主人士。光绪五年(1879年)应江南乡试中举。此后韩国钧先后执教于如皋、六合、金陵(今南京)等地。光绪十五年,韩国钧入幕河南学使吴树芬部,先后3年,随同考察了河南96个县。光绪十八年,为河南地方候补。光绪二十年,任南阳府镇平县事。光绪二十一年,任开封府祥符县(今河南开封)知县。在任时颇具政声,民间称其为"韩青天"。光绪二十二年十月,调任怀庆武陟县知县。光绪二十四年任河南铸铁局总办兼官钱局帮办。光绪二十五年,任归德府永城县知事。光绪二十六年,任卫辉府浚县知事。光绪二十七年,以道员身份回河南候补。

光绪二十八年三月,韩国钧任河北矿务局总办、交涉局会办。时英国福公司要在怀庆(今河南省沁阳)开矿,为在购买土地时讨便宜,私下用4万元重金贿赂韩国钧,遭到他的拒绝。光绪三十年,福公司想独占怀庆的经营权,韩国钧在谈判中毫不相让,为民族资本企业凭心公司的建立创造了条件。光绪三十一年,他辞职赴日本考察农工商矿各业,历时3月,著有《实业家之九十日》。次年任陆军参谋处兼矿政调查总办。年底任奉天(今沈阳)交涉局兼开埠局长、农工商副局长。光绪三十三年,任广东督练公所参议兼兵备处总办。宣统元年(1909年),复任奉天交涉司。宣统三年(1911年),接吉林民政司任。

民国2年(1913年),任江苏民政长,后又任安徽巡按使。民国4年,派任湖南巡按使,未就,辞职返回故里。民国7年至民国10年,来往于扬州、南通等地,与张謇等人致力于创办垦务和水利事业。民国11年,国民政府先后任命韩国钧担任山东省、江苏省省长,均辞不就。后经政府再三催责,于5月赴南京接江苏省长。其后两年间屡有战事,百般调停无济于事,只得设法救济战乱之中的百姓。民国13年11月,国民政府命韩国钧兼任督办江苏军务善后事宜。因时局混乱,勉强维持。次年4月,辞去江苏省长职务。退居后,他仍关心民族工业的发展,热心水利事业。民国15年山东黄河决口,他力请江苏省拨款20万元,于山东筑成"江苏堤"。民国20年8月,运河缺口,74岁高龄的他仍奔走于南京、扬州、镇江等地,筹款350万元,修复缺口26处。

民国26年,日军侵华战争爆发,韩国钧极力主张"化除党见,一致御外",积极抗日。民国27年3月20日海安沦陷,他避居兴化,目睹祖国山河破碎,悲愤至极。民国29年,新四军东进抗日。7月,苏北指挥部司令员陈毅与他开始了信使往来。经书信交往,韩国钧非常钦佩陈毅的文韬武略,愿与新四军合作为抗日出力。黄桥决战前,经陈毅斡旋,韩国钧主持召开了苏北中层人士座谈会,调解各派间的矛盾和磨擦,力争停止内战,一致抗日。并将国民政府江苏省主席韩德勤消极抗日、制造磨擦、反共反人民的真面目大白于天下。黄桥决战后,新四军苏北指挥部移师海安镇,他与刘少奇、陈毅等人交往密切。此后,他在苏北各界和平会议上公开抨击国民党政府反共政策,并与50多位士绅联名向蒋介石呼吁团结抗日,罢免韩德勤。民国29年11月,在苏北临时参议会上,韩国钧被推选为名誉参议长。民国30年2月,日军再次侵入海安镇,日伪找到韩国钧家中,威逼他出任伪职,遭到拒绝。此后,他忧郁悲愤成疾。民国31年1月23日,与世长辞,享年85岁。

韩国钧著作颇丰,早年有《随轺日记》、《铸钱述略》、《中国师船表》、《十九省筹还赔款表》、《东三省交涉要览》;退居故里后,先后审编《续泰州志》,考订汇编《吴王张士诚载记》、《张吴王记事汇编》;编纂《海陵丛刻》、《永记录》、《止叟年谱》等。

# 李厚基

李厚基(1869~1942),字培之。丰县黄楼乡大王楼村人。他出身于军旅之家,其父曾任清军管带。他从小随其父在军营中读书,颇为机灵。20岁时,被荐为李鸿章的亲兵。光绪十六年(1890年),又被李鸿章送入天津武备学堂学习军事。毕业后,充当直隶总督署的卫队长,后提升为管带。光绪二十二年,沙皇尼古拉二世举行加冕典礼,李鸿章为清政府钦差头等出使大臣,前往祝贺,他作为李鸿章的随员一同赴俄。随后,又从李鸿章游历欧美6国。

李鸿章晚年,将李厚基交袁世凯培植,后来成为袁世凯亲随吴凤岭的心腹。吴升至陆军第四镇统制(相当于师长),他入其麾下。清宣统元年(1909年),他在第四镇第七协第十四标当标统(相当于团长),驻防河北开平县。辛亥革命时,他随袁世凯调湖北汉口,升任第七协协统(相当于旅长)。清室逊位后,军队改制,陆军第四镇第七协改称陆军第四师第七旅,他改任旅长,驻防天津马厂一带。民国2年(1913年)7月"二次革命"爆发,袁世凯令第四师开往上海,与上海都督陈其美的讨袁军交战。李旅一部调往上海,据守上海制造局,讨袁军几次攻打,均不克。8月13日,李指挥所部协同海军总长刘冠雄所率的海军夺占了吴淞要塞。因此,袁世凯任其为吴淞要塞司令。11月,袁世凯命海军总长兼南洋巡阅使刘冠雄率李厚基一旅、下辖2个团由海道入闽,同时派陆军部部员郭则沄、曾克敏、萨君豫、陈锡珪等7人以裁兵特派员名义来闽办理裁兵。郭则沄等来闽不久,即以编遣为名解散湘籍官兵为主体的第十四师。11月29日,在刘冠雄的推荐下,袁政府任命李厚基为福建镇守使,授陆军中将。他升为镇守使后,派副官张仲鼎赴徐州一带招募兵员,扩所部2个团为2个旅,后逐渐扩编,正规军达3个混成旅、1个步兵旅,并增设有警备队和盐务缉私营。

民国3年7月,任护军使,督理福建军务,并加陆军上将衔。民国4年,李厚基被封为一等子爵。民国5年3月21日,袁世凯明令特任李厚基为建武将军,督理福建军务。4月17日,李又奉命兼署福建巡按使。7月6日,段祺瑞政府改名各省将军为督军,巡按使为省长,李于是受任福建督军,实授陆军上将。民国6年6月,李驱逐福建省长胡瑞霖。7月18日,北京政府免去胡瑞霖省长职务,任李厚基兼福建省长。李夺取福建军政大权后,任用亲信,排除异己。民国8年,"五四"运动爆发,福建学生支持北京学生爱国运动,李厚基却严厉禁止学生集会和抵制日货的行为。6月16日,福州学生千余人请愿,要求惩办大量囤积日货的不法奸商黄秉荣。李厚基却以维护治安为名,加以包庇,将全体请愿学生带往第一中学监禁。李的倒行逆施引起了福州人民的极大愤怒,举行罢市、罢课,以示抗议。李迫于人民的压力,于20日释放学生,并假装拘留黄秉荣,不久又偷偷放走。民国11年,李厚基在福建已声名狼藉,失尽民心。民国12年1月22日,北京政府下令调他回京另候,同时撤销他讨逆军总司令和福建督军之职,结束了他在福建的统治。

李厚基回北京后,依附于直系,但终因无实力地盘而被冷落,只挂个全威将军的空名。后在天津日租界定居,与人合开木行。民国31年9月病逝。

# 赵椿年

赵椿年(1870~1942),字剑秋,又字春木,晚署坡邻。武进县城(今常州市区)人。光绪十四年(1888年)举人。次年,会试未中,被礼部留下,历任内阁中书、侍读、国史馆校对、玉牒馆分校等职,并兼中书科,诰敕房事宜。光绪二十年奏办五城团防。光绪二十四年中进士,任江西巡抚署文案。义和团运动后,江西推行新政的政令、法规、章程等条款均出于他之手,后被提任瑞州知府。光绪二十九年,朝廷创设商部,调部任郎中。光绪三十二年工商二部合并,改任农工商部参事,并兼度支部币制局提调和盐政处咨议等。宣统元年(1909年)参与筹备资政院,任议员,兼京师自来水公司监督。辛亥革命后,随唐绍仪赴沪,与南方革命军谈判。民国元年(1912年)3月,议和告成,继任农商部参事,11月改任财政部次长。翌年5月署税务处会办,后调安徽任芜湖关监督。民国5年再任财政部次长,兼北京崇文门税务总督。民国6年又任农工商部右侍郎,不久闲居。民国9年应徐世昌之聘任审计院副院长。民国11年任偿还内外短债委员会副委员长及整理外债委员会副委员长,负责债务整理。另外,在审计院长庄蕴宽回常州探亲和养病期间,皆由其代理院长,主持日常事务。北伐战争胜利后,他辞去一切职务,闲居北平。余暇以撰文整理旧作自娱。著有《覃研斋石鼓》10种、《考释》、《诗存》3卷、《一沤集》等。民国31年2月去世。

## 宋泽夫

宋泽夫（1872～1942），原名殿康，后改名润，字泽夫。爱国民主人士，烈士。盐城县（今盐都区秦南镇）人。光绪二十一年（1895年），中秀才。光绪三十二年，考入南京宁属师范，钻研新学，接受新思想。宁师毕业后回盐城，创办沙沟小学，宣传革新思想，提倡剪发辫，反对妇女缠足。宣统二年（1910年），发起成立盐城西南乡自治会，团结有识之士，立志国民革命，成为盐城西南派首领。

民国元年（1912年），任国民党盐城支部负责人。他组织农民抗粮抗税，革除旧政，遭江北都督蒋雁行电令通缉。民国2年，盐阜一带盗匪猖獗，他任剿匪分局副办，清剿股匪，镇压匪首，人民称快。民国7年，宋出任盐城县劝学所长，致力于发展教育事业。"五四"运动爆发后，受新文化思潮影响，写了《圣人不死，大盗不止》等文章，揭露北洋军阀罪行，宣传爱国思想，提倡白话文，推动盐阜区文化启蒙运动。民国13年，他在宋村创办亭湖中学，培养教育青年子弟。他拥护孙中山"联俄、联共、扶助农工"三大政策。"九一八"事变后，他主张抗日，反对蒋介石"攘外必先安内"的反动政策，写了许多杂文进行抨击。国民党政府对他非常仇视，多次明文通缉。陈毅称他是"苏北的鲁迅"。

"七七"卢沟桥事变后，宋泽夫出任盐城县同盟会会长，发动群众，宣传抗日。民国29年，新四军到达盐城后，他热忱迎接，欣然出任盐城县临时参议会会长，参加抗日民主政权建设。他与陈毅代军长一见如故，深信有了共产党中国才有希望。民国30年夏，日伪军扫荡苏北，建立据点，推行伪化。他毅然回到家乡宋村（离敌据点2里）任乡长，领导人民抗敌锄奸反伪化。他留书预嘱家人："我被俘，不赎票；我遇害，不收尸"，表明誓死为国为民决心。民国31年3月18日，他被日伪军抓至秦南镇据点。日伪军审问他："为什么帮助新四军？"他慷慨陈辞："新四军纪律严明，秋毫无犯，救国救民，焉得不崇拜、信仰他们！"接着，他大骂日军侵略中国的罪恶行径，痛斥汉奸助纣为虐，是中华民族之败类。敌人恼羞成怒，严刑拷打，他顽强不屈，以绝食抗争。党组织带信给他，劝其保重身体，以便为国家民族效力，遂放弃绝食。4月8日，他被押往泰州，日军司令南部襄吉、伪行营主任臧卓施以软化政策，答应让其当盐城县长。他不为所动，说："我不干，我儿子也不会干。"敌人无奈,将其押回盐城,软禁在亮月街"安民会"里,继续用高官厚禄引诱。敌人送钱,他拒不接受;送来伪苏北行营高等顾问聘书,他当即撕得粉碎。后经党和政府营救,脱离虎口。

宋泽夫回到根据地后,仍积极从事抗日工作,并忍着伤痛写了《被俘记》,整理了长诗《呆子吟》,揭露日本侵略军和汉奸的罪行。同年10月,他被选为盐阜区首届参议会副会长。不料,此时他已病势日重,遂移住杨庄疗养。病重期间,他叮嘱探视他的人:"一条路,跟着共产党。"弥留之际,仍击壁频呼:"抗日,杀汉奸。"12月10日下午4时病逝,终年70岁。1990年11月,经江苏省人民政府批准,追认宋泽夫为革命烈士。

# 江 谦

江谦(1875～1942),字易园,号阳复。原籍安徽婺源。17岁中秀才。光绪二十二年(1896年),在通州(今南通市区)受业于张謇门下。嗣后,考入南洋公学师范班。光绪二十八年,协助张謇创办通州师范学校,为全国第一所师范学校的首任校长。他以所辑"两汉学风"治校,并以能耕能读为校训,开办农场为实习场所,矫正空读风气。在学术上,他首先使用以英文切音,发现古代阴阳声母通转规律,著有《说音》。在其主持下,校誉日著,远方各省皆以公费派生来校学习。江谦在通师任校长长达14年。安徽优级师范欲聘他为教务长,他因寄情南通,婉言谢绝。后被推为安徽省教育会会长。

宣统二年(1910年),被推为江苏省议员。辛亥革命后当选为国会议员。民国3年(1914年)为江苏省教育厅厅长,亲赴沪、宁、苏、常等地视学,谢绝应酬迎送。翌年被聘为南京高等师范校长,开国文专修等科,亲授说文句读;治校3年,成绩卓著,由省长韩紫石报请授予三等嘉禾章。后因积劳致疾,养病沪上,先后皈依谛闲、印光两大法师,研习佛学,精进不懈,病体渐愈,创儒佛合一学说。民国23年,与李锦堂设佛光社于杭州。同年,重返南通三余江家仓,潜心佛学,称其地为"海滨读书处"。民国27年春,日军侵占南通后寓居沪上,研经讲法。民国31年4月10日谢世,终年67岁,归葬于南通县(今通州市)三余。著作有《灵峰儒释一宗论》、《佛儒经颂》、《东坡禅学诗文要解》、《阳复斋诗偈集》等。

## 周小农

周小农(1876~1942),名镇,字伯华。无锡县(今无锡市区)西门外棉花巷人。中医。17岁起,先后从邓羹和、张聿青学医,专心研读叶天士、吴鞠通等先辈医籍,在临床实践中虚心切磋。3年卒业,在沪应诊。继任上海广益堂、上海警署医职。民国元年(1912年)回无锡行医,诊治谨慎周密。诊治温邪、湿热及杂症有丰富经验。民国12年至民国17年,任无锡《医钟》月刊编辑,发表医药论文百余篇。民国17年,南京国民政府有取缔中医中药之举,上海各团体群起力争,全国中医药组织响应。周小农亦大声疾呼,撰文发表于医药报刊。嗣后,他和全国及江苏中医联合会成员一起赴京请愿,当局被迫收回成命。中央国医馆成立后,公推他为名誉理事。他一生著作较多,除医论多篇散见于《三三医报》、《绍兴医报》等杂志外,著有《周小农医案》7卷。另有《周氏集验方续编》1册。晚年选辑其生平有关医药的重要言论,编成《卫生易简方》、《医论汇选》等,因日军侵华,未及出版,稿已遗失。由他辑印校勘与评注的医籍有《王旭高医书六种》、《高上池医学问对》、《曾心壶脚气刍言》、《柳宝诒湿热逢源》、《日本今村亮医事启源》、《马培之外科传薪集》等10余种。民国31年4月5日病逝。所遗医书479种,共1859册,于1959年由其子周逢源、周道振赠给无锡市中医院图书室。

## 李毅士

李毅士(1886~1942),名祖鸿,以字行。武进县城(今常州市区)人。画家。自幼受父影响喜绘画。14岁在浙江求是书院肄业,17岁与丁文江(著名地质学家)赴日本学习法政,后觉得法政非自己所好,遂赴英国半工半读。当轮船至新加坡,钱已用完,幸蒙孙中山资助才到英国。不久,考取格拉斯哥大学美术学院习西洋美术。毕业后进理工学院读物理,先后在欧洲10余年,博览英、法、意、荷等国博物馆许多艺术珍品及艺术建筑,奠定扎实的西洋画根基。民国5年(1916年)回国,被北京大学校长蔡元培聘任教授,同时兼北京高等师范学堂西洋画教授。民国7年任北京大学画法研究会黑白画导师,并在《绘画杂志》上发表《西画略说》等文和举办两次个人画展。民国10年应同乡刘海粟之邀,任上海美术专科学校教务长。北伐战争后,到南京中央大学任教育学院艺术科主任和教授,并兼该校工学院建筑系西画教授。抗日战争期间,随校内迁重庆。后应白崇禧之请前往桂林举办画展,不料突发急病于民国31年5月去世。

李毅士对中西画均有研究,曾把唐朝诗人白居易《长恨歌》诗句所指唐明皇与杨贵妃的故事,用浓淡水墨另施少量水粉画成《长恨歌图意》画册,共30幅。此画着笔极为工细,明暗层次突出,光的表现出色,景物铺陈与人物传情称绝。如"回眸一笑百媚生"之"一笑"和"含情凝睇谢君王"的"含情"最令人赞赏。《长恨歌图意》从民国21年中华书局出版到民国37年先后印9版,同时香港也印过多次。原稿今藏中国美术馆。他不仅对素描、色彩运用极有造诣,所作肖像油画描形、调色更有独到之处,如画徐悲鸿、秦汾、张季直、丁文江等像惟妙惟肖,均有传神之笔。其中陈师曾像和王梦白像,《美术》杂志评论"不但形象肖似,而且注意到这两位著名画家的性格特征,具有重要的历史价值和艺术价值"。另一幅彩墨名画《粥少僧多》,画60个和尚抢粥吃,描绘得活龙活现,揭露当时社会的黑暗,不啻为一幅绝妙的典型性漫画。

## 王柏龄

王柏龄(1889~1942),字茂如。扬州人。国民党爱国将领。光绪二十九年(1903年)入南京陆军小学,后保送保定陆军速成学堂,旋赴日本留学,入振武学校,并加入中国同盟会。宣统三年(1911年),与居正一起归国,筹划东北起义。失败后,又南赴上海,参加陈其美攻打江南制造局的战斗。民国2年(1913年),"二次革命"失败后,袁世凯密谋搜捕革命党人,他再赴日本,入陆军士官学校中国学生队第十期学习。袁世凯曾派人以4万日元诱他归国供职,遭其拒绝。民国5年,回上海参加中华革命党,任中华革命军东北军总司令部参谋,并代理该军混成第一旅旅长。民国5年至民国12年,任云南讲武学堂科长、教育长,云南高等军事学校炮兵科长、教官等职。

民国13年至民国14年,相继任陆军军官学校筹备委员会委员、入学试验委员,黄埔军校教授部主任、教导第二团团长、参谋长、代理教育长。其间,曾参与发起成立国民党右派组织孙文主义学会,同以共产党员为骨干的中国青年军人联合会相抗衡。

民国15年初,调任教导师(后改称第二十师)师长,后任第一师师长兼第一军副军长、国民革命军北伐总预备队指挥官、长江要塞司令、中央陆军军官学校教授部主任。民国17年11月,调任江苏省政府委员兼建设厅厅长,并连续当选为中国国民党第三、四、五届中央执行委员和中央政治会议候补委员。

淞沪抗战爆发后,他请缨杀敌,被蒋介石委为上海学生义勇军总司令,配合十九路军抗战。淞沪抗战失败后,在蒋介石召开的洛阳国难会议上,他历数淞沪之战失败的原因,与河南省政府主席刘峙发生争执,遂被闲置。会后,王柏龄长居扬州蛤蟆山私邸(今淮海路18号)。其间,曾参与创办私立扬州中学(校址今新华中学)和国文专修学校,并发起修葺瘦西湖莲花桥。著有《黄埔开创之回忆》。民国26年,随国民政府西迁重庆。晚年耽于禅理,与高僧印光往还。民国31年8月26日病逝于成都。

## 卢秉枢

卢秉枢(1902~1942),又名玉衡。东台梁垛人。烈士。从小聪明好学,努力上进,青年时代曾就读于南通中医专门学校。毕业后任上海远东医院医师,曾在戈公振主办的《时报》担任特约记者,并主办进步刊物《老百姓》。后被南京国民政府任命为中国驻菲律宾马尼拉领事馆主事。

民国30年(1941年)12月,日本发动太平洋战争,菲律宾受到战争威胁,形势十分紧张。卢秉枢和领事杨光泩等一面研究应变,一面坚守岗位。他们协助留菲文化人员疏散,焚毁重要文件及在美国印制待运国内的巨额国币,并广泛募捐,支援国内抗战,有一笔募款还托德国友人辗转交给延安和八路军后方办事处。12月下旬,战局日益恶化,杨光泩领事劝告各抗日侨领速谋自全之道,并令卢秉枢和随习领事、随习员都集中到领事馆,以应付即将到来的突然事变。民国31年,日军占领马尼拉。日本领事蛮横地宣布,日本不承认重庆政府,也不承认杨光泩外交官身份,命令华侨领袖及眷属集中居住,以免发生不幸事件。但4天之后,领事馆人员就被日军拘禁于菲律宾大学的美术院内,失去了人身自由。日军宪兵司令大田探知领事馆内曾经焚毁了大宗在美国印制的国币,怒不可遏,叫嚷:"旅菲华侨在过去的3年捐给重庆政府1200万菲币,现在皇军来了,你们要通知华侨加倍捐献2400万元,不然中国侨民的所有财产将要受到封存。"大田限使馆于两天内答复。杨领事和卢秉枢商定,以"数额巨大,无法筹集"为由拒绝。接到答复后,大田气急败坏,决意杀害他们。3月15日,大田派宪兵将杨、卢等8位使馆人员押解至拘留所。4月17日,日本宪兵将卢秉枢等8位使馆人员集体枪杀。

民国36年7月7日,在纪念抗日战争10周年之际,中国政府派专机迎回了卢秉枢等8位烈士忠骸,葬于南京菊花台。1982年,在烈士殉国40周年之际,旅菲华侨捐款在他们就义的地方为烈士建立了一座高大的纪念碑和一座纪念堂,岁时公祭,以表示对先烈的崇敬之情。现南京菊花台有墓碑一座,上刻"故驻马尼拉总领事主事卢秉枢烈士墓"。

## 李贞乾

李贞乾(1903~1942),名秉刚,字贞乾。丰县师寨乡李新庄村人。他于民国17年(1928年)加入中国国民党,6月,任国民党丰县县党部指导委员。9月,任丰县师范校长。民国18年2月,任国民党丰县县党部执行委员。民国22年6月,赴镇江参加国民党江苏省选举会议。民国23年2月,任县农会副干事长。4月,参与筹备全县武术表演,并与县农会干事长率领各区乡农会职员100多人,向来县视察的专员陈述县长杨良重征殃民的罪状。9月,任国民党丰县县党部特派员。民国24年,他与黄体润、董玉珏、王香山向省政府揭露县长王述先任人唯亲及贪污好利等罪状。2月,他去镇江参加省童子军会议。3月,国民党丰县党部改选,他被选为执行委员,是月向县长呈报其所拟疏浚复新河计划。6月,国民党丰县党部五届执委会第一次会议推选其任常务委员,并出任丰县中学校长,兼任县党部常委、丰县童子军县理事会常务理事。他在进步教师孙叔平的影响下,阅读《共产党宣言》《资本论》等马列主义书籍。民国25年当选为国大代表候选人。"一二·九"运动后,他积极支持丰县中学学生上街游行,下乡宣传。民国26年9月,任民众组织委员会侦缉股股长。11月,会同黄体润等人,议定成立丰县义勇壮丁常备队,每晚训练,出巡缉捕汉奸。12月,向新任县长提出裁员减薪,废除一切苛捐杂税的建议。

民国27年3月,李贞乾任国民党县政府第一科科长。4月,县动委会举行常务会议,被选为组织部长。5月,参加丰、沛、鱼三县联防区成立会议。6月初,他率领动委会人员及训练的游击队100余人驻刘庄、陈大庄。10日,日本侵略军退出县城,他率抗日游击队进驻县城,并张贴布告,召集流亡人员,严禁兵士扰人抢物。14日,因日本侵略军占领县城、县长离开县境,他同黄体润、董雪山议定组织县临时政府。下旬,抗日义勇队第二总队成立,他任总队长。7月2日,他率部出击日伪,毙敌60多人,缴获汽车2辆。9月,由王文彬介绍,经中共山东省委批准,李贞乾加入中国共产党。12月,任苏鲁豫边区后方司令部司令、抗日办事处主任。民国28年1月上旬,根据中共山东省委指示,李贞乾领导的义勇队改编为八路军山东纵队挺进支队,他任支队长。不久,挺进支队部分大队改编为苏鲁豫支队第四大队,他任大队长兼政治委员,转战于萧、宿、永、铜等地。2月,汉奸王献臣张贴布告,以5000元的奖金缉拿李贞乾。6月,李贞乾率部队从萧县北回丰县。7月,任鱼台县抗日民主政府县长。10月初至月底,李贞乾在湖西"肃清托洛茨基分子"事件(简称"肃托事件"或"肃托")中被诬陷入狱,遭受酷刑。民国29年7月,任中共湖西专署专员。民国30年3月,兼任湖西中学校长。民国31年12月21日,李贞乾在反日本侵略军扫荡时殉难,时年39岁。

## 金维映

金维映(1904~约1942),女,原名金爱卿,化名阿金。浙江省岱山高亭镇人。民国15年(1926年)11月,加入中国共产党,是舟山地区最早的女共产党员,中共定海独立支部委员,领导和建立了定海县总工会和岱山盐民协会。

民国16年,蒋介石发动"四一二"反革命政变后,她到上海,在岳州路小学以教书作掩护,在中华全国总工会、江苏省妇委工作。大家都亲昵称呼她"阿金"。民国19年初,党在上海闸北区开办了一所平民夜校,来校读书的多数是丝厂的女工。她在这个夜校,以讲课为名,宣传革命道理,发展许多女工入党。同年,中共江苏省委决定组织一次上海丝厂工人大罢工。金维映被任命为上海丝织业党团工会联合行动委员会书记,直接领导上海104家丝厂工人罢工斗争。到江西中央苏区工作后,先后担任于都、胜利两县县委书记,领导两县党政军民进行根据地经济建设和扩大红军、支援前线的工作。她和李坚贞是当时中央苏区仅有的两位女县委书记。

民国23年10月,她随同红一方面军从瑞金出发,踏上了二万五千里长征路。到达陕北以后,调任中央组织部组织科长。李维汉是中央组织部长,他们是同在上海共同战斗的战友,便结成了革命伴侣。后来,她又被调到抗日军政大学、陕北公学工作。民国27年春,党中央派金维映等一批同志到莫斯科东方大学学习。金维映分在政治班,担任学委会委员。民国28年底,金维映神经突然受到强烈刺激,开始生病。次年,党组织考虑到她的健康状况,送她到莫斯科一家精神病医院进行治疗。德国军队进攻莫斯科时,她在敌人的炮火中牺牲,时年约38岁。

## 周奎麟

周奎麟(1905~1942),又名周一斗,化名林开、周青。太仓浏河镇人。中共早期党员,烈士。民国10年(1921年)到上海物品证券交易所当练习生,后为场务科职员。民国13年参加中国共产党。翌年,任中共交易所支部书记。民国16年3月,上海工人第三次武装起义后,当选为沪中区民代表会议常委、大会执行主席、党团书记。民国19年5月,被法租界巡捕房逮捕,数天后交保获释。当年7月30日,他在外滩公园散发传单时又被捕,江苏省高等法院第二分院以"宣传与三民主义不相容的主义及不利于国民革命之主张"的罪名,判处他有期徒刑6个月。出狱后,担任中共沪中区委宣传委员兼证券交易所党支部书记。民国21年"一·二八"淞沪抗日之战爆发,他组织中共党员和职工七八十人参加抗日义勇军。当年4月26日,因叛徒出卖,又遭国民党当局逮捕,被判处有期徒刑5年。他几次被捕,从未暴露自己的党员身份,民国26年5月31日刑满获释。抗日战争爆发后,在中共地下组织办的《上海周报》社工作,担任中共地下"店委"的领导工作,领导和组织上海职业界的抗日救亡活动,并兼任益友社党支部的领导工作。民国28年冬,奉调去新四军工作,先后任新一支队特派员办公室组长、军法处三组组长。民国30年"皖南事变",他在战场上被捕,关入上饶集中营。次年6月初,日本侵略军逼近上饶,集中营向福建转移。6月16日夜,集中营到达崇安县大安,惨遭国民党特务秘密杀害。

## 姚竹修

姚竹修(1906~1942),字昆麟。吴县光福人。生于苏州阊门外小木梳巷。烈士。民国13年(1924年),到上海美孚洋行当英文打字员兼纱布交易所记账员。民国16年8月到民国18年12月进江苏交涉公署任科员,并就读于万国函授大学。民国22年7月,考取国民政府外交部公职人员,先在欧美司供职,后在情报司任科员。这时,他翻译出版《国家责任》一书。民国24年,出任中国驻土耳其公使馆主事。民国26年调任驻新加坡总领事馆额外随习领事,主要从事抗日募捐、调解侨界纠纷等工作。民国28年调任驻马尼拉总领事馆随习领事,工作仍为调解华侨纠纷,办理华侨签证,组织抗日募捐,部署太平洋战争华侨应急活动。民国31年1月2日,马尼拉被日军侵占,日本帝国主义者践踏国际公法,拘捕中国驻马尼拉总领事馆总领事杨光泩以及姚竹修等8名外交使节。他们面对日本侵略者的屠刀,英勇反抗,大义凛然,于4月17日惨遭杀害,成为国际上罕见的外交事件。抗日战争胜利后,8位烈士连同驻三打根总领事卓还来的遗骸,由国民政府空运回国,于民国36年9月3日在南京中华门外菊花台建成九烈士墓。

## 唐雨生

唐雨生(1906~1942),连云港市云台区朝阳乡新县村人。民国8年(1919年)考入江苏省立第十一中学,毕业后考入保定讲武堂。民国19年毕业,加入中国工农红军,受中国共产党的派遣,辗转外蒙、包头、宁夏等地进行革命活动。抗日战争爆发后,他奉党的指示,返回家乡云台山,从事地下工作。途经大岛山时,遭武装土匪截击,他用扁担和持枪歹徒搏斗,奋力击毙一名歹徒,身中四弹,因失血过多,晕倒路旁,幸得路人相救。民国27年1月10日,由于叛徒告密,被灌云县警备队逮捕,关押数月,备受酷刑,没有泄密,后被孙笃生营救出狱。民国28年1月,日军侵占连云港,他接受党的指示,打入伪军内部担任连长,得悉新四军挺进苏北,遂率部起义,投奔新四军。民国29年,任新四军某部参谋长、军需主任、苏北游击总队副团长、盐城模范独立大队大队长等职。民国31年11月4日,盐城伪军800人进犯唐雨生部所在地尚庄,他率部抵抗。后日军200余人乘炮舰沿贾圩河扫荡盐城抗日根据地,他殊死作战,身先士卒,右手五指被机枪子弹打断,即用左手指挥。在夺取敌艇时,不幸头部中弹,壮烈牺牲。时年36岁。

# 范子侠

范子侠(1908～1942),原名范子安。丰县华山镇大史楼村人。烈士。民国10年(1921年)流落福建,入某中学半工半读。中学未毕业,即去天津入东北陆军随营学校。后在国民党四十一军历任排长、连长、营长、团长等职。

民国20年,他被调往江西参加对红军的第三次"围剿"。由于官兵厌战,加上"九一八"事变后民族矛盾加剧,范子侠愤而辞职,远走张家口,参加了冯玉祥、吉鸿昌组织的察绥抗日同盟军。民国24年,察绥抗日同盟军失败后,他打入伪军李守信部队任营长,在百灵庙战役中策动全营士兵强迫师长金宪章带领全师官兵归顺国民党。后因其常与进步知识分子接近,被国民党怀疑为共产党员,被捕入狱。民国26年"七七事变"后获释。同年10月他至抗日前线北平房山县。在国民党军队南逃时,他带领4人,留在无极、藁城、新乐、行唐一带,组织抗日义勇军打击日本侵略军。后经聂荣臻等人帮助,其部队发展到数千人。民国27年,他率部打退日伪和反动会道门的包围,并击毙日本侵略军司令官山男大佐。日军前来报复,遭到范部伏击。从此,他在华北名声大震。民国28年,他拒绝国民党将其部队调至壶关征剿八路军,国民党当局取消其部队番号,并下令通缉范子侠。他毅然声明脱离国民党冀察战区,把部队改为平汉抗日游击队,并带领部队打垮国民党方面朱怀冰的进攻,冲破日本侵略军包围,在山西省武乡,与八路军一二九师会合。在刘伯承、邓小平的指挥下,范部参加了白晋公路破击战。不久,其部队改编为八路军太行军区独立十旅,他任旅长兼太行军区六分区司令员,并加入了中国共产党。

民国29年8月,范子侠、赖际发率领独立十旅,在朱德、刘伯承、邓小平的直接指挥下,展开了从平定至榆次正太路二百里的大破击,攻下日军的许多车站和据点,烧毁了日军36辆汽车,俘虏大批日军。后范率部参加关家垴歼灭战,全歼日军冈崎大队。之后,他又带领部队参加了黄烟纲等著名战役。民国30年7月,范子侠被选为晋冀豫边区临参会抗日军人参议员。同年9月,在著名的邢(台)、沙(河)、永(年)战役中,他单身匹马,说服了秦庄伪军300多人反正。民国31年2月,独立十旅在河北省沙河县柴关地区展开了反扫荡战役,敌军以数倍于我军的兵力围攻上来,范子侠指挥部队沉着作战。在2月12日下午激战中,他左胸连中三弹,不幸牺牲,时年34岁。

## 常德善

　　常德善(1908～1942),邳县(今邳州市)邢楼乡大埠村人。烈士。幼年父母双亡,16岁投奔冯玉祥西北军。民国18年(1929年),他带领一班士兵赴湖北加入中国工农革命军,当年加入中国共产党。后相继升任排长、连长、营长、团长。为创建湘鄂西、湘鄂川革命根据地屡立战功,被贺龙嘉勉为"能征善战的骁将"。民国24年长征中,任红二军团第六师参谋长,担负阻击敌人、掩护主力红军长征任务。翌年5月,红军抵金沙江皎平渡(云南省禄功县),率红军十七团与敌人周旋,牵制敌人,掩护主力红军强渡金沙江。到达陕北后,相继在抗日军政大学、中央党校学习。民国28年1月,随贺龙一二〇师主力从延安开赴冀中支援并领导根据地建设。时日本侵略军第三次围攻冀中根据地,一二〇师正面作战,冀中子弟兵于侧翼阻击敌人。常德善带领1个支队插向敌占区大清河北岸雄县、霸县一带,配合地方重建抗日政权和武装,先后夺取曹家庄伏击战、大曹庄阻击战、邢家截击战与文安洼平叛战斗的胜利,给敌人以重创。至4月1日,连续粉碎敌人5次围攻。民国28年秋,先后任冀中军区第三、第八分区司令员。后任河北军区副司令员。

　　民国30年8月,配合"百团大战",指挥军民破袭敌占公路、铁路,使敌人交通运输受阻、电讯中断。在冀中军区所组织的任(丘)、河(间)、大(城)、肃(宁)战役中,率八分区主力二十三团、三十团,沿子牙河两岸插入敌占区,与九分区协同作战,连克米各庄、边家庄、留古寺、阜草等20多处据点,摧毁敌伪政权,协助地方组建抗日武装"任河支队"。后又进军黑龙岗北部地区,出击唐官屯,攻克白洋桥、任庄子等10多处据点,建立青大县抗日政权,开拓子牙河以东地区,并抽调主力一部组建津南大队,开辟静海、津南地区抗日根据地。民国31年,日伪军纠集5万余人,对冀中抗日根据地发动"五一"大扫荡。他率二十三团二营与分区领导机关,穿过武强、小范等据点,跳出包围圈,插到滏河以东地区,指挥部队避实就虚,相机挺进敌后,奔袭津浦线上泊镇敌据点,火烧东光城西关敌战物资,中断津浦铁路军运。6月初,二十三团奉调去冀鲁边军区,留下三十团以连、排为单位坚持对敌斗争。他奉命返回河间、肃宁中心区与三十团会合,重新部署军分区反扫荡斗争。6月8日,部队转移到肃宁县雪村宿营地,陷入近4000名日伪军合围圈。他命令训练股长赵庚林带一个连掩护分区领导机关向河肃路北突围,他和二营余部掩护。敌人以密集火力封锁道沟口,几次冲锋均未奏效。他重新组织队伍与政委王运音分路突围,冲进河肃公路以北张庄、大师庄一带。敌骑兵、自行车快速部队从两翼围堵。常德善多处负伤,仍架起机枪掩护突围的同志,终因流血过多而牺牲,时年34岁。

## 朱启勋

朱启勋(1909~1942),涟水县成集乡朱南荡人。自幼学文习武。民国18年(1929年)考入涟水中学,因参加学生运动被开除。翌年夏入黄渡乡村师范,刚半年又被开除回家。同年8月参加"八一"暴动。在淮盐地下党组织遭到破坏,革命转入低潮后,他在家乡成集一带抗暴打匪,受到家乡群众的拥戴。

民国27年春,与堂兄启宇、堂妹启哲、侄鼎枢等人一起参加涟水县抗日同盟会。为发展抗盟力量,他们先后联络八九十人,发誓同心抗日。又组织附近青年,先后成立基干队、先锋自卫队等民众抗日武装。由于他和朱启宇等人的努力,以朱南荡为中心的涟、淮交界地区,成为当时淮、涟、泗群众抗日运动最活跃的地区,后来还成了淮、涟、泗地区最早的抗日根据地,被群众称为"小延安"。民国28年3月,他和朱启宇率20余人枪加入涟水县民众抗日独立营。不久并入涟水抗日义勇队,再与其他抗日武装合编为八路军陇海南进支队第八团,朱启勋任二营营长,并加入中国共产党。随着共产党领导的群众抗日武装的建立和发展壮大,来往于朱南荡这个联络中心的革命人士川流不息。他家每天要接待十几人,甚至几十人。他和朱启宇除千方百计供给粮饷外,还出卖土地,为游击队购买枪支弹药。敌人曾对朱南荡进行多次扫荡、袭扰,朱启勋家三次被抄、被烧。

民国29年秋,朱启勋任独立第五旅第三团二营营长。他带兵有方,枪法好,勇敢善战,智勇双全,所以屡战屡胜,声威远播。民国31年6月,二营接受了拔除日军设在宿迁陆集的中心据点任务。战斗中,朱启勋右腹中弹,他就用右手捂住伤口,用左手继续射击,又连续击毙数人,吓得尾追之敌不敢逼近。他随即指挥警卫排火速突围。当他忍着剧痛翻过一道墙头时,由于伤口大,用力猛,肠子流了下来。他捂着已经流出的肚肠,以惊人的毅力指挥警卫排且战且退。鲜血渐渐染红了他的下半身。当撤离战场约二里远时,他终于倒在血泊中,时年33岁。朱启勋牺牲后,经医生检查,身中九弹,流出的肚肠多处破裂。他盘肠大战的英雄事迹,传遍整个淮海大地。

## 瞿　淑

瞿淑(1912~1942),女,化名瞿堪。靖江县城(今靖江市)人。烈士。"七七"卢沟桥事变后,瞿淑激于民族义愤,辞去小学教员职务,离家去武汉,参加抗日救亡活动。在武汉,她与进步青年薛克伯相爱结婚。年底,一同奔赴延安,进抗日军政大学学习。民国27年(1938年),瞿淑在"抗大"加入中国共产党。学习结业后,被分配到湖南衡阳、广西桂林等地,以小学教员身份作掩护,从事党的地下工作。民国29年,组织安排,由八路军驻桂林办事处介绍她和薛克伯去新四军工作,分配在二支队三团。临行前,她忍痛将独生女儿寄养在农民家里。

民国30年1月,国民党顽固派制造了震惊中外的皖南事变。瞿淑、薛克伯同时被俘,押送到江西上饶集中营。瞿淑被编在军官大队五中队三区队,化名徐明。在集中营里,瞿淑和难友李捷、戴庆哲等联络党员成立秘密党组织,推举她负责领导对敌斗争。敌人逼写自传,她布置难友都用化名,自编一套假自传,使敌人一无所获。瞿淑机智勇敢,胆大心细,善于巧妙地应付敌人的管理监视。她利用五中队一个姓杜的特务长寄家信,又秘密弄来蓝布,做成长衫,让一女同志穿长衫,女扮男装,混过敌人,逃出集中营,重返革命队伍。瞿淑、李捷、戴庆哲在总结了狱中对敌斗争经验教训的基础上,继续领导难友开展反酷刑、反迫害斗争,取得了一次又一次胜利。

民国31年5月,日军侵犯浙赣线,进逼上饶。上饶集中营往福建转移。6月17日,新四军被俘人员举行赤石暴动,部分人员突围成功。19日,敌人将瞿淑等7人捆绑,押赴赤石虎山庙刑场。瞿淑等人威武不屈,高唱《国际歌》,英勇就义,壮烈牺牲。时年30岁。

## 陈国权

陈国权(1916~1942),初名冠球,后化名陈明、莫明。海门县(今海门市)汤家乡人。烈士。15岁时到上海鸿文书局当练习生。民国24年(1935

年),考入生活书店当职员,利用工作之余开始阅读马列著作和其他进步刊物。次年,参加中国共产党。抗日战争开始后,文化界一些进步人士在沪创办《复社》,陈国权从生活书店调到复社做发行工作。民国27年2~3月间上海社会科学讲习所开办,他是该所的学委会负责人之一,也是复社的党组织实际负责人。次年春,他为营救郑振铎而被捕,遭受种种酷刑而不屈服,后由党组织设法营救出狱。5月,中共江苏省委派陈国权、韩念龙等人到崇明开展建党和抗日武装斗争。他先后任中共崇明工委书记、崇启海县委委员、海门中心县委书记兼警卫团政委等职。

民国31年1月1~3日,陶勇率三旅攻下三阳、久隆镇敌据点。4日上午为了宣传这一战果,陈国权准备在二厂广场召开群众大会。上午11时许,北新镇伪军出动,分三路包抄而来。在组织群众转移中,他被一伪军认出,陈国权和县委社会部长王正平、敌工干部阮庭庚3人同时被敌枪杀。陈国权时年26岁。

## 强　博

强博(1918~1942),原名蒋之林。金坛县(今金坛市)指前镇庙圩村人。烈士。民国25年(1936年)考进吴江县乡村师范学校。民国26年冬,日军侵占苏南,他辍学返乡,先后在庙圩、城头小学执教。民国27年春,他与许瑞森、万渔鳌等人参加新四军战地服务团,不久加入中国共产党,改名强博。当年夏天随新四军东进茅山地区。夏秋之际,中共社头地区特别支部成立,他任书记。一天下午,他率领区游击大队在指前九里湾伏击下乡扫荡的日军小分队,生俘日军1名。年底,他回家和丁阿娣完婚,婚后三天就返回战斗岗位。民国28年10月,他被调往新四军军部学习。次年春学习结束后,先后任中共丹南县委书记、中共镇丹金县委书记、丹南县办事处主任。民国31年初,他被调至江宁县民主政府任县长。江宁地理险要,日伪重兵盘踞,第一任县长已牺牲,第二任县长刚调走,但他临危不惧,抓紧健全县、区两级行政机构,休整地方武装,依靠群众,积极大胆地在敌人眼皮底下开展工作。3月30日,夜宿龙都邹家村,被特务发现。31日拂晓,遭日伪军百余人包围,他在组织突围时壮烈牺牲。江宁解放后,其遗骨葬江宁龙都烈士墓。1956年迁葬金坛县顾龙山烈士陵园。

## 周　喆

周喆(1921～1942),女。湖南醴陵人。烈士。学生出身,中共党员。参加革命后随新四军到皖南,在南陵县的三星、童村街一带搞民运工作,后任南陵县委妇女部长,民国29年(1940年)曾在长漏地区工作。民国30年调至江宁,任江句县委组织部长。此时,日伪军正在江宁到处设立据点,频繁进行扫荡,她为了开展工作,扮得像村姑一样,出入农民家中,宣传抗日救国、组织起来的道理。她积极参与区乡组织农会、妇救会、递步哨、民兵等工作,并在斗争中发展共产党员。她在赤山区发展的党员,建有4个党支部。民国31年1月17日,青龙山地区土桥伪自卫团长徐茂隆率兵100多人,纠合黄梅桥、汤山伪军,进入青龙山清剿。是日夜,县委书记陆纲等人带了一个短枪班过此住宿,第二天早晨发现伪军包围,陆纲当即指挥大家突围转移。周喆因身体不好,走不快,在敌人搜索中被捕,被关进土桥敌牢。伪自卫团长徐茂隆想从她口中掏到口供,百般对她进行利诱,但她以严词斥责和绝食来对付敌人。敌人又用严刑拷打和烧红的铁棍烙她,逼她说出中共党组织的情况,但她志如钢铁,坚不吐实。她被押送到句容县伪政府。她在回答伪县长提审时,理直气壮地说:"我在上学时就信仰共产主义,至死不会改变,叫我反共,绝办不到。"她义正辞严,使伪县长无言以对。接着,她又被日本宪兵队提去审问,日本宪兵对她施行种种酷刑。她痛斥敌人,坚贞不屈。最后,日本宪兵割掉了她的双乳,用棉絮裹住她血肉模糊的身体,用刺刀捅,她随即壮烈牺牲,时年21岁。

## 岳荣烈

岳荣烈(1921～1942),女。河南郑州人。新安旅行团队长,烈士。幼时随父辗转各地,先后就读于北平孔德学校、衡阳女子中学。民国28年(1939年)3月,于桂林参加中国共产党领导的少年儿童抗日团体——新安旅行团。民国30年"皖南事变"后,新安旅行团遵照周恩来的指示,秘密向敌后转移,岳随团转移至盐阜地区。同年6月加入中国共产党。她是新安旅行团的主要演员之一。她在舞蹈、音乐方面经张曙、吴晓邦等名家指导,进步很快。在桂林时,她主演的大型舞剧《虎爷》获得成功。民国31年3

月,她在阜宁县单家港为华中局扩大会议慰问演出的《反法西斯进行曲》,得到与会者的一致好评。她在担任新安旅行团阜宁工作队队长期间,足迹踏遍阜宁各地,积极宣传抗日,深受广大青少年的欢迎,影响较大。同年7月,岳荣烈积劳成疾,复患伤寒病,并发肺炎,抢救无效,于阜宁县张庄(今属郭墅乡)病逝,时年21岁。

## 朱 平 张 明

朱平(1922～1942),女,原名朱芳。灌云县板浦人。烈士。板浦小学毕业。民国27年(1938年)5月,投身抗日救亡运动。民国28年和张明及已经参加革命的惠廉同赴皖南新四军军部学习。民国29年9月加入中国共产党。民国30年4月在皖南事变中被俘。民国31年5月被特务杀害。

张明(1920～1943),女,曾用名永昌、永真、毓芝。灌云县板浦人。烈士。14岁入灌云县立初级中学,品学兼优。民国28年4月和朱平、惠廉转赴皖南新四军军部学习。民国29年5月加入中国共产党。皖南事变后,张明来到盐城新四军军部,党组织分配她到阜宁参加民运工作队。民国30年,张明和新四军三师八旅政治部主任张池明结婚。民国32年,中央抽调新四军部分年轻干部赴中央党校学习,张明随彭雄、张池明等赴延安,3月17日凌晨,行至连云港附近海面风止船停,被日军巡逻艇发现,张明勇敢参战,壮烈牺牲。后葬于赣榆县抗日山陵园。灌云县板浦中学有朱平、张明二烈士的合雕像。

## 程 善 之

程善之(？～1942),原名庆余。祖籍安徽歙县,生于扬州。报人。曾执教于扬州中学,教授历史。他接触维新派和孙中山民主革命等新思想,主张实行民主共和制,常有反清言论,成为清朝地方官吏侦查的对象。民国初年,受聘担任同盟会在上海创办的《中华民报》的副刊编辑,并撰写小说。同时参加当时的革命文学社团组织南社,与南社成员柳亚子、胡朴安等人相知较深。民国2年(1913年)"二次革命"时,程善之受聘为孙中山大元帅府的评议,追随孙中山讨伐袁世凯。讨袁失败后,在扬州美汉中等学校任教,先后2次固辞出任江苏省政府委员等职。民国17年10月1日《新江苏报》在镇江出版,程善之为该报主持笔政多年。他当时住扬州埂子街,每日报纸送来之后,立即阅读国际、国内和地方新闻,然后撰写时评1篇,由《新江苏报》社派专人到扬州取稿付印。他的时评文章笔锋犀利,渐受读者注意。《新江苏报》属于民营报纸,发行数曾达25000份,超过当时也在镇江出版的国民党江苏省党部的《苏报》、江苏省政府的《江苏省报》等官方大报。"九一八"事变之后,他常常慷慨陈词,力主抗日。在国难当头民众抗日呼声日高之际,有闲阶层依然出入于茶馆、酒肆,牌声曲声相和,他对此曾感慨系之,大声疾呼:"大概要丢一颗炸弹,才能炸醒此辈醉生梦死之人。"民国26年,《新江苏报》在镇江沦陷前迁苏北,次年于泰州继续出版。程善之虽已年高体弱,但仍随报社迁徙。后泰州岌岌可危,《新江苏报》在上海租界出版地下油印报,他亦转至上海,以苏北日军军事动态供应上海抗日报纸。民国31年,太平洋战争爆发,上海租界沦陷,《新江苏报》拟迁往张渚出版。他随行途经常州时,因脑溢血突发病逝。遗著有《宋金战记》、《四十年闻见录》、《清代割地谈》、《印度宗教史论略》、《讴和室诗存》等。

## 崔聘臣

崔聘臣(1860～1943),名朝庆。海门县(今海门市)人。数学家。15岁入静海乡学为诸生,19岁师从通州人顾韵芳、马勿庵学习词章学和数学,26岁曾随瑞安黄漱澜学算术。于南菁书院肄业后,不久去北京同文书院学习。崔聘臣在科举未废之时,就致力于数学研究。在北京就馆时,曾教过光绪皇帝数学,还被聘为商务印书馆《数学辞典》的编辑。日本数学大家长泽龟之助等曾慕其名,多以著作就商或请作序。他在家乡通海五属公立中学、南通医科专门学校任教时,除照课本教授外,在每章节讲完后,还作总结指导,极易领悟。他在组织南通中学的学生开展课外数学杂志社活动中,成效显著,同学们推崔老师为数学杂志社总编纂,十余名同学为之辅,前后共出杂志9厚册。其中有达5万字以上者,则刊为单行本。杂志以整数论的研究尤详,海内外专门学者,纷纷订购。当时的都督程德全、江苏省教育会各资助银两二百为刊印费,黎元洪副总统特题字褒奖,长泽龟之助曾致书聘臣,称为不朽之作。后数学杂志社的同学毕业离去,他在其他同学襄助下,仍继续编印书刊,年出1～2册,至费绌为止。

崔聘臣著有多种数学著作,如《数学智珠》、《读代数术记》、《算理轴寄》、《计息一得》、《素因素表》、《平立高积表》、《平方根》等10余卷。他编著的《代数因子》一书,曾获英国皇家数学协会奖状。他还为商务印书馆编辑《数学辞典》9卷,虽未出版,但其检索方法是参照《辞源》查字法编定的,比美国出版的《数学辞典》检索法简便得多。此外他还译有日本学者著的《代数学数及代数式之四则》、《三角法三角形之性质及其解法》、《算术整数之性质》、《代数学顺列组合及级数》、《几何学轨迹及作图》等。民国32年(1943年)去世,享年83岁。

## 张一麐

张一麐(1867~1943),亦作一麟,字仲仁、峥角,号公绂、民佣,别署大圜居士、红梅阁主。吴县(今苏州市区)人。12岁中秀才,光绪十一年(1885年)中顺天乡试举人,为候补知县。光绪二十四年康有为、梁启超提倡维新变法,他与章钰、孔昭晋等人在苏发起苏学会。光绪二十九年录取经济特科,旋入袁世凯幕,兼任北洋《法政学报》主笔。宣统元年(1909年)因袁开缺回籍,遂辞职南归。次年入浙江巡抚增韫幕。辛亥革命苏州"光复"后,出任苏军都督府民政司长。民国初年,复入袁幕,任总统府秘书。民国3年(1914年)任政事堂机要局长。时袁世凯准备复辟帝制,他直言劝谏而未纳。民国4年调任教育总长,期间推广注音字母,注重书写文字改革。民国5年因不满袁称帝而辞职返里。民国6年任冯国璋总统府秘书长。民国8年南北议和时,被推为和平期成会副会长。民国10年当选为江苏省议会议员。当年,他劝说吴佩孚停止内战,创议召开和平会议。会议失败后,不复问政事,闲居故里,谋桑梓福利。期间曾与张謇组织苏社;与李根源组织吴县善人桥农村改进社,改良农业,兴办教育;与吴荫培等创设吴中保墓会,保护乡里文化遗迹;参与《吴县志》总纂;倡议开辟体育场、图书馆、阅报室、植物园、蚕学馆、博物馆等社会文化教育设施。民国20年"九一八"事变发生后,他即建议创办《斗报周刊》,号召奋起救亡图存。民国21年"一·二八"淞沪抗日战争爆发后,即组织治安会,募集衣物、药品、食品慰劳前方将士。民国25年救国会"七君子"事件发生后,他多方奔走,设法营救。"八一三"事变后,组织抗敌后援会,捐募军需,救护伤员,收容难民,并拟组建60岁以上的老子军,手订章程。苏州被日军侵占后,张一麐辗转至重庆。民国27年当选为国民参政会参政员,期间曾多次在参政会上申斥国民党当局不抵抗政策。民国28年秋居香港,曾三度乘飞机赴重庆参加国民参政会会议。

民国32年10月24日,因急性肺炎病逝于重庆。著有《现代兵事集》、《五十年来国事丛谈》、《古红梅阁笔记》、《心太平室集》等。

## 欧阳渐

欧阳渐(1871～1943),字镜湖,后改竟无。江西宜黄人。佛教学者。年轻时就"博涉经史,兼工天算"。中日甲午战争后,国运日见衰弱,欧阳渐感到杂学无用,于是专攻陆、王心学,想以此补救时弊。光绪三十年(1904年)赴南京,拜见金陵刻经处杨仁山,"得开示,信念益坚"。光绪三十二年母去世,他"哀恸愈恒,即以母逝日无肉食,绝色欲,杜仕进,归心佛法,以求究竟解脱焉"。翌年秋,随堂兄欧阳沂赴日本寻讨佛门逸书。光绪三十四年秋,回国后,为生计所迫,到广州任两广优级师范讲席。不久,因患风湿病而辞职。后来,他与李证刚在九峰山经营农场,又因大病濒死而停止。从此,他决计舍身为法,不再为生计谋。宣统元年(1909年),他再次到金陵刻经处,依杨仁山,专任编校经书之责,并钻研法相唯识学。宣统三年,杨仁山卒,乃承其遗志,经营金陵刻经处,并附设佛学研究部。民国11年(1922年),创支那内学院,任院长。翌年,支那内学院改设问学、研究及法相三部,另辟内学院第二院,招收法相大学特科学生。民国16年夏,因经费困难,二院停办。其后从事藏经整理,并组织道场,刻经籍,编印藏要。抗日战争爆发后,内迁四川江津,设支那内学院蜀院,继续刻经、讲学和研究。

欧阳渐的著作经其晚年手订编为《欧阳竟无先生内外学》,包括《内院院训释》、《大般若经叙》、《瑜伽师地论叙》、《大涅槃经叙》、《俱舍论叙》、《藏要经叙》、《藏要论叙》、《法相诸论叙》、《五分般若读》、《心经读》、《唯识抉择谈》、《唯识研究次第》、《内学杂著》、《中庸传》、《孔学杂著》、《诗文》、《小品》、《楞伽疏决》、《解节经真谛义》、《在家必读内典》、《经论断章读》、《四书读》、《论孟课》、《毛诗课》、《词品甲》、《词品乙》。

## 徐岫青

徐岫青(1873～1943),名永铖,字岫青,以字行。爱国民主人士。生于海州。祖辈原居沭阳,民国2年(1913年)举家迁居今响水县响南乡。民国13年,被民国灌云县政府聘为县农会会长,任职一年多因痛恨政治腐败而辞职回乡。他曾请来一位教书先生,自办私塾供子侄及庄邻小孩上学。他乐善好施,民国17年冬,被北平华洋义赈会聘请到蒙占一带放粮赈济灾民。

抗日战争爆发后,徐岫青之子徐禹民从上海回到家乡,同表弟等人开展抗日宣传活动。他积极支持并资助他们,还主动把家里的两支长枪、一支短枪献出来,并动员劝说左邻右舍、亲朋好友献枪支持。他还与世交挚友之子——民国淮阴专员王关宇联系,搞来40多支苏制毛瑟枪,武装徐禹民等所建立的武装联防小游击队。日军侵占响水口以后,年已古稀的徐岫青临危不惧,充分利用其影响,掩护中共地下党组织进行抗日活动。其时,四川籍女共产党员张琼英长期打埋伏住在他家,老人当作自己的女儿一样。民国31年,他被聘为滨海县参议长、盐阜区参议会驻会议员。他和其他参议员同心协力,共商抗日建政大计,为巩固抗日根据地和民主政权建设出力。民国32年春,日、伪军大"扫荡",区委书记王浩未来得及转移,即被围困在他家。他当即让王换上佣人的破衣服,装哑巴躲在厨房,并将王的手枪与文件藏到儿媳房间内。伪军队长带领一批伪军佯称来看他,在院内乱钻乱窜,四处搜寻无着。告辞时,伪军队长故意将手枪丢在他的床边,以便借口返回取枪捕王浩。徐岫青识破阴谋,立即让大女儿送枪给他,使伪军无由再回徐宅,王浩安然避开搜捕。

民国32年5月19日,徐岫青不幸病逝。新四军三师师长黄克诚率三师全体指战员送挽联:"壮志迄弥留,光辉海浜君未死;耆绅皆奋起,坚持苏北吾何忧。"盐阜区参议会送挽联:"滨海孤月悬,恶耗传来,参议员中齐失色;长淮风正急,哲人萎谢,追悼会上倍含悲。"

## 若　舜

若舜(1879~1943),俗姓吕。如皋曲塘镇(今属海安)人。8岁投曲塘报本庵,拜巨莲僧为师。18岁剃度,具足戒,居宝华山12年,专门修持戒律兼任主要职事。30岁时至镇江金山寺。民国8年(1919年)应南京栖霞寺法老邀请,分灯栖霞,未及3载,于民国10年秋继任法席。时栖霞正大兴土木,耗资巨大,若舜多方争取,并得农商总长张謇、盐务督办汪嘉荣、江苏省长韩国钧、都督程德全等名流护法,寺运大隆。香港人也有所闻,于是每年都有僧众数十人来栖霞寺作大佛事,参加的男女善信成千上万。其盛况前所未有。若舜南北奔走,席不暇暖,将所有檀施,悉用造寺。大殿、藏经楼、五观堂、檀阁、金汤阁、五云阁、鹿野堂、挹翠楼、客库房等相继告成。栖霞寺在此期间共建房数百间，置田千余亩，客众数百人，建法幢，立规矩，春传戒，秋讲学；又大事修葺栖霞名胜古迹，使栖霞宝刹足具规模。民国28年春，若舜急流勇退，息隐香港之鹿野苑。日军侵占香港后，若舜忧国忧民过度，于民国32年10月23日，圆寂于香港鹿野苑。

## 程瞻庐

程瞻庐（1879～1943），名文梿，字观钦，一字瞻庐，号望云居士。吴县（今苏州市区）人。作家。自幼父母早亡。20岁入紫阳校士馆，24岁入江苏高等学堂。毕业后执教于东山五湖两级学堂、苏州晏成中学、景海女校、振华中学等。因中文课卷甚多，辞教职，专心写作。民国初年，开始发表小说。生性旷达，和蔼可亲。早年曾参加包天笑、范烟桥等组织的文学团体星社。民国25年（1936年）任省立苏州图书馆总务部主任。抗日战争初，曾协助蒋吟秋将省立图书馆善本、孤本图书万余册，隐藏于洞庭东、西山。"八一三"事变后避居上海，执教于慧英女校。一生致力于文学创作，以长篇为多，有《茶寮小史》、《社会写真相》、《黑暗天堂》、《新旧家庭》（正续集）、《众醉独醒》等及弹词《蔡蕙》、《藕丝缘弹词》等20多种，尤以《唐祝文周四杰传》最为畅销。文风滑稽、诙谐，勾勒人物淋漓尽致。民国32年3月12日于苏州病逝。

## 胡汀鹭

胡汀鹭（1884～1943），名振，别号瘖公、瘖禅，晚号大浊道人，以字行。无锡县（今无锡市区）南门薛家弄人。国画家，美术教师。受父影响，幼喜书画。初当羊尖小学美术教员，后在无锡县立女子师范、常州女子师范、江苏省立第三师范、南京美术专科学校、江苏省立第四师范学校（今南京师范大学）教授美术。民国13年（1924年），在无锡创办美术专科学校。民国15年，与贺天健等筹设锡山书画社。民国19年，执教于上海昌明艺专。民国22年，徐悲鸿赴法、德、比、意、英、苏六国举办中国近代绘画作品展，他取《墨竹》、《紫薇小鸟》两幅作品参展。民国23年，在无锡创办振南国画学堂，次年又担任由邑人发起组织的云林书画社社长。

他作画常不择纸笔,对客挥毫,随意点染,不事雕琢。他重视写生,尤能独立创稿。时常站着作画,做到布局章法了然于胸,挥洒自如,一气呵成。他笔下的花卉秀丽雅逸,生机勃勃;鸟兽则神态各异,栩栩如生。所画八哥、柳燕,为同辈所莫及。山水画多取材于太湖风景和江南山水,笔墨坚苍,雄健高旷。早期所画《梁溪八景》便是山水画的杰作。他还擅长指画,并配以指画长题。他工诗词,主张"诗要浑朴,词要尖峭",贵在自然。同时兼研书法,初学苏东坡,继学翁文纲、吴渔山,写得刚劲飘逸。当时有画、诗、书三绝之美誉。日军侵占无锡后,他蓄须明志,誓不媚敌。伪无锡县政府组织锡美画社,擅自登报宣布其为社长。胡汀鹭愤极,立即登报声明,予以否认,严守气节。民国29年春,有一汉奸要胡汀鹭画一幅画,准备送南京以祝贺汪伪"还都"典礼。他便在纸上画了数枝垂柳,一对紫燕,下面涂几丛野草、几株花卉,并在画上题词一首:"白门柳色近如何?燕子重来认归窝。野草闲花开满地,乌衣巷口夕阳多。"借用刘禹锡《乌衣巷》的诗意,寄寓讽刺。他一生清贫,坚贞自守。日伪统治期间,常借酒浇愁。曾写有一首愤世诗:"众人愿醒我愿醉,如此乾坤不醉何?满眼狂流无限感,恼人常觉醒时多。"他从事教育近三十年,现代著名画家钱松喦、杨建侯、陆俨少都出自他门下。民国32年9月26日于无锡病逝。有专集《胡汀鹭画集》、《胡汀鹭题画诗词集》行世。民国34年,门人许瘦峰又将其"题画诗词"和"论画语录"辑成《闹红精舍遗稿》一书出版。

## 王　预

王预(1886~1943),原名增久,字立三。祖居泗阳县洋河镇,后随父王聿望迁居县城(今城厢)。数理学博士。幼年入私塾读书,聪颖过人,自学物理、数学等科,成绩优异。清宣统二年(1910年)考取清华官费留学生,去美国留学7年,在康乃尔和哥伦比亚等著名大学读书,获博士学位。

在美国留学期间,他专修理、农两科,尤以物理、数学擅长。他刻苦钻研实用科学,曾发明袖珍加法机、数学器、约算尺、计算规、对数板、测量器、新算盘、电光盒、简易时辰计等20余种,获专利权15年。著名科学家爱迪生对他在科学方面取得的成就,很为赞赏,与之交往甚密。同学胡适对他也有较高评价。民国6年(1917年),王预学成回国,到上海想开办工厂,把他在美国发明的教育用品制造推广。可当时军阀混战,科学事业根本无人过问。

无奈,他便在南洋兄弟烟草公司任职。后英美烟草公司企图吞并该公司,该公司倍受挤压,他愤然离职。又到江苏省广播电台工作,因他对当时政府不满,嗜吸鸦片,不久就被解职。回泗阳后,忧愤成疾,患精神失常病。病情好转时,就研究军用电机。民国14年,军阀孙传芳特聘王预为司令部军务处技士。但因当事者嫉才,所设计的自动炮,尚未研制成功,便被辞退。闲居在家期间,曾在县城东门外王家祠堂设馆教授英语,学生受益颇多。民国28年,泗阳县城被日军侵占,王预携眷属奔到兴化,投靠韩德勤(韩是他的表侄)。后来,他察觉韩并无抗日收复失地决心,却热衷于打内战,便携眷潜归,避居县西临河乱庄。民国32年病逝。著有《计算板之效能及用法》、《小电机制造法》,翻译有《飞机制造及驾驶法》等书。

## 胡抱一

胡抱一(1890~1943),淮阴县(今属淮安市)人。幼年丧父,由姑母及长兄汉卿抚养成人。宣统二年(1910年),胡抱一只身赴沪,从事革命活动,加入中国同盟会。为推翻清王朝,他与陈其美在沪创设精武协会,培养革命军事人才。民国成立后,转赴南京,曾充任孙中山卫士。"二次革命"失败后,他与张溥泉、杨啸天、景梅九从事地下工作,积极参加韩恢等组织的讨袁运动。国民革命军出师北伐,苏沪一带民众风起云涌,响应革命,胡抱一任上海别动司令。民国22年(1933年),陆军第一师师长胡宗南率部入西北,胡抱一随军奔走西安、兰州、天水、汉中之间,协调军民关系,安定地方,并与王亚樵一起反对蒋介石。西安事变后,胡抱一任甘肃省第三区行政督察专员,其间,他积极协调军队与士绅关系,绥靖地方。民国26年6月调任第八战区参议兼西兰(西安—兰州)、西汉(西安—汉中)两路工程处长。民国27年6月至29年12月任甘肃第六区行政督察专员兼保安司令。民国30年任国民政府农业部陕西黄龙山垦区管理局局长兼陕西省民众指挥部民众组训处中将处长。当时正处于全民族抗战最为艰苦的时期,日军侵占中国大片国土,河南省成千上万同胞西去逃难。为了他们的生路,他积极组织资助难民垦荒自救,垦区户口从原先60多户,发展到6000多户,大批难民生活方有着落。民国32年7月4日,为移民新疆,他从黄龙山去新疆途中,不幸遭到来自国民党内部敌对分子的阻击,殒命于渭南火车站附近。

## 高　阳

高阳(1892～1943),字践四。清光绪十八年(1892年)正月二十二日生,无锡城郊皋桥人。教育家。父秋荃,上海大有油厂经理。高阳17岁就读于上海吴淞公学,以优异成绩毕业,考入上海圣约翰大学,后转入苏州东吴大学。民国3年(1914年)毕业后赴美国康乃尔大学攻读经济学,获硕士学位。民国6年回国,任暨南大学教务长兼商科主任,后任中国公学大学部教务长。民国9年9月,高阳遵父"兴学育才"遗训,变卖沪、锡住宅两所、油厂全部资产,捐资5万余银元,赠二十四史及红木家具,创办私立无锡中学(今无锡市三中),聘请唐文治为校长,在南门外羊腰湾购地建校舍。民国11年10月落成。高阳子弟、亲戚7人在校读书,各项费用照交,不享特权。北洋政府总统徐世昌曾颁发"劝学敬学"匾额一方,高阳兴学育才,不沽名钓誉,从未悬挂,为社会人士称道。民国17年8月,他任设在无锡的江苏省立民众教育学院院长兼劳农院院长、中央大学区民众教育院院长。民国19年4月,两院合并成立江苏省立教育学院,他仍任院长。与俞庆棠、赵晃等组织中国社会教育社,又与梁漱溟、晏阳初等组织全国乡村建设会,主办《教育与民众》杂志。他广纳革新教育意见,励创新、重实践;提倡手脑并用,坐言起行;知识分子深入民间,为工农服务;并开设研究实验社会事业。高阳亦以身作则,公私分明。勉励学生"待人要诚恳,做事要认真","勿以他人为工具,应以他人为目的"。民国26年,抗日战争爆发,高阳率师生西迁,为避敌机扫射,夜间徒步行走,历经艰辛,到广西桂林,在七星岩复课。次年,送家眷返沪,为大汉奸周佛海所悉,劝他出任伪江苏省教育厅厅长,遭拒绝。随即只身返桂,因战乱,物价飞涨,经费来源断绝,民国30年7月学院被迫停办,师生另作安置。同年8月,他出任广西大学校长。1年后,因积劳成疾,无力医治,于民国32年7月6日,在广西病逝。生前著有《民众教育》一书,论文76篇。

## 冯肇传

冯肇传(1895～1943),字以行。宜兴县(今宜兴市)扶风乡夏芳村人。中国著名棉作专家。民国7年(1918年)清华大学毕业后留学美国,始入乔治亚大学专攻棉作,后转康奈尔大学研究院攻遗传学,是第一位将遗传学术语译成中文介绍到中国的学者。长期从事中美棉杂交及玉蜀黍遗传的研究,他的《玉蜀黍之耀光叶》一文在《中国科学》杂志及美国遗传学杂志上发表后,引起学术界瞩目。毕业时获科学硕士学位。民国10年,他学成回国,先后在南通大学、中央大学农学院任教授十余年,于教学之余,致力于中棉遗传的研究。民国22年秋,任浙江省立棉业改良场场长,兼浙大教授。期间,他研究制订浙江省棉作改良和开辟棉区的全面规划,创设棉业试验总场及美棉试验区,经数年努力,初步改变了浙江省棉花产量低、质量差的面貌。他由此被称为中国20世纪30年代四大棉作专家之一,其科研成果得到推广应用的不下20余项。民国27年底,他从武汉到达重庆,再次任中央大学农学院教授。因重庆自然条件不宜植棉,民国29年11月离渝去西昌,创办国立西昌技艺专科学校,意图开发边境新棉区。民国31年初,他组成康南农业考察团,并自任团长,赴西昌所属各县实地调查50多天,写出《宁属农业资源》一书。是年秋,由西昌返渝,应复旦大学之聘,任教授兼农学院代院长。但未及到校任职,便一病不起,于民国32年10月去世。

## 朱穰丞

朱穰丞(1901~1943),又名成湘。吴县(今苏州市区)东山人。生于上海。话剧演员。早年就读于上海圣芳济中学。中学毕业,为银行职员。民国10年(1921年)组织辛酉学社,后又创办辛酉剧社,编导新戏,与潘汉年、夏衍、田汉等人交往。民国14年,创办《莫厘沪报》与《新东山》杂志。民国19年8月加入"左联"。民国20年秋,赴法国巴黎入索尔邦大学。当年加入中国共产党,任中共中国留学生法国支部书记和旅法华侨支部书记,领导旅法华侨反帝大同盟,并主编《救国时报》,以戏剧导演和记者身份从事革命活动,故被当局驱逐到比利时。民国22年抵莫斯科,先后在国际革命戏剧同盟、瓦赫坦戈夫戏院和外国工人出版社工作。民国27年4月15日,被苏联哈萨克共和国内务人民委员会拘捕;次年,以"间谍罪"被判监禁8年。民国32年1月17日,死于西伯利亚劳改营地。1989年1月16日,原苏联最高苏维埃发布命令恢复其名誉。

# 王光夏

王光夏(1904～1943),原名殿华。泗阳县穿城乡人。幼年随父客居川沙县横沙乡。民国18年(1929年)毕业于北平朝阳大学法律系,在朝阳大学读书时加入中国国民党。毕业后,历任国民党泗阳县党部委员,国民革命军第六军中校参谋,赣榆县公安局局长、山西省政府视察、泗阳县警察大队长,江西绥靖公署和西安行营军法官。民国27年2月任泗阳县长。民国29年3月,任第七区(淮阴)行政督察专员兼保安司令。后任江苏省常备第七旅旅长,江苏省保安第三纵队司令。

王光夏任县长期间,奉命禁烟肃毒,成立禁烟委员会,执法较严。在整顿社会治安方面,也有明显成效。民国28年,日军侵占泗阳,他曾多次率常备团抗击日军。

在日军侵华战争初期,王光夏开始对进步人士心存戒备,多方限制群众性的抗日活动,并刁难、限制和监视抗日团体。后王光夏执行"消极抗日,积极反共"政策。民国29年初,八路军第五纵队第一支队到泗宿地区开辟根据地,他即派兵阻击。八路军被迫撤回陇海路北铁佛寺。以后八路军陇海南进支队第八、第九团驻在钱集马庙时,又被他率常备旅包围,俘随营干校及地方工作团人员24人,打死连、排干部3人。继而王光夏的第十四团又在淮阴袭击淮河大队。黄克诚率八路军第三四四旅东进时,他又率全旅兵力在渔沟西截击。

民国29年夏,驻在洛岗的中共中央中原局书记刘少奇遭到日伪军三面包围,被迫向东北方向转移。王光夏却乘机抢占洪泽湖东北一带根据地,形成对新四军堵击之势。新四军被迫自卫还击,一举将王光夏部击溃。他带领残部逃往淮东。民国30年9月20日拂晓,他派两个营兵力包围泗沭县第六区区公所(驻六塘河南侯圩)。激战一天,区队指导员李保珍、组织科长陈兆惠等多人牺牲;区长刘永安被俘,不久被杀害于王集。同年夏,王光夏执行韩德勤命令,带3个团2000多人窜到泗沭程道口构筑据点,以控制运河线,切断苏北和皖东北抗日民主根据地的联系。在构筑据点时,强抓农民数千人,并向周围群众摊派和强征粮食30余万斤,砍伐附近农民的树木筑围寨。为粉碎王光夏的阴谋,新四军在扫清外围据点以后,于10月15日集中兵力,在陈毅代军长指挥下,经过6天激战,将程道口据点拔除。王光夏率百余人从地道逃窜。

民国32年3月14日,王光夏率江苏保安第三纵队,随韩德勤进占新四军第四师驻地泗阳唐莫圩、山子头一带,妄图接应正从津浦路西东进的国民党军王仲廉部,实行东西夹击,消灭新四军于洪泽湖畔。陈毅代军长指挥新四军自卫反击,于3月17日夜发起进攻,激战至18日中午,歼俘韩军主力,王光夏被击毙。

# 董正香

董正香(1904~1943),射阳县安石乡人。烈士。自幼家境贫寒,16岁就给地主做长工。民国30年(1941年)安石乡建立民主政权后,参加抗日工作。次年夏,加入中国共产党。民国32年9月,盐东县委指示他带领民兵,伺机打击卢公祠的敌人。当时,卢公祠驻有日、伪军150多人,而安石乡只有民兵50多人、20多支旧步枪和20多枚手榴弹。一天午后,他探听到伪乡长严恒谦要过卢公祠桥去浴室洗澡的消息后,立即安排20多个民兵化装成做买卖的、讨饭的和推车的,自己则穿着长袍,戴着礼帽和眼镜,装成绅士,大摇大摆地向卢公祠走去。当严恒谦带着随从走至桥头时,董正香猛扑上去将严捺倒,并拖到桥下的一间屋里命令他交出短枪2支,长枪10支,子弹200发和全部服装。严恒谦乖乖地派人送来了武器和服装。民兵们随即化装成伪军,去攻打伪军大队部。信号枪一响,步枪声、手榴弹声响成一片,伪军大队长被手榴弹炸死。桥北的日军前来增援,可大桥已被民兵炸断。群众为此还编了一首歌谣:"民兵本领高,巧计用得好,活捉严恒谦,打烂汉奸巢。"就这样,董正香带领民兵作战200多次,沉重打击了敌人,保卫了安石乡的民主政权。安石乡人民尊敬他、信任他,敌人却恨透了他。地方汉奸头子董如友到处张贴布告,悬赏捉拿董正香。民国32年10月17日,卢公祠的日、伪军突然袭击安石乡,董正香率领20多个民兵迅速赶到黄沙滩阻击敌人。由于敌众我寡,民兵子弹又少,敌人步步紧逼过来,董正香命令民兵突围,自己只身掩护,身受重伤后,仍然在一座坟墓后向敌扫射。狂怒的敌人用机枪向他猛扫……董正香血染黄沙滩,壮烈牺牲,时年39岁。

## 苏同仁

苏同仁(1905~1943),女,字苏生,化名李慧。宿迁南蔡乡人。中共早期党员,烈士。出身于书香世家。父亲墨林主张社会革新,提倡平民教育,对她影响较深。民国10年(1921年)春,考入江苏省立徐州第三女子师范学校。民国13年,由该校教师、中共地下党员吴亚鲁介绍加入中国社会主义青年团,并被选为徐州团地委委员,负责学运工作。次年转为中共党员,是宿睢地区最早的女共产党员。"五卅"惨案爆发后,苏同仁组织学生涌向街头演说,并开展募捐活动。是年8月,她女师毕业,出任睢宁女子小学教师。其间秘密宣传马列主义,发展党员,建立睢宁第一个党支部。次年初,奉派去北平做地下工作。夏,到南京与吴亚鲁结婚,相携去广州参加省港大罢工。不久,随革命军北伐,在部队做宣传工作。民国16年参加南昌起义。失败后,受中共中央委派,夫妇俩先后去福建、山东,在省委宣传部工作。民国21年初,她被派到上海参加"一·二八"抗战和组织赤色工会工作。她两次赴苏联学习,曾任第三国际联络员,并代表中国妇女出席在欧洲召开的国际三八妇女大会。民国28年奉令回国担任反间谍工作。不久,受中共中央委派,与陈潭秋、毛泽民、林基路等人去新疆工作。后因叛徒告密,被国民党特务逮捕,受尽折磨,始终忠贞不屈。民国32年9月,在新疆与毛泽民等一起被军阀盛世才杀害,时年38岁。

## 孙明瑾

孙明瑾(1907~1943),字玉轩。宿迁人。烈士。他是黄埔军校第六期学员,历任排、连、营、团长,嗣后又毕业于陆军大学。民国29年(1940年)春,任第十预备师少将参谋长,协助师长方先觉将成立不久的新军训练成战斗力较强的部队,受到上级嘉奖和全体官兵的尊敬。同年秋,部队由绍兴调到沅陵后,他任副师长兼参谋长。次年夏、冬,率部先后参加了第二、第三次长沙会战。在第二次长沙会战中,他率部在渌口正进行紧张的整训,突然接到命令,立即开赴湖北迎击南犯之敌。经3日急行军,在金井、福临铺一线与敌遭遇。在方先觉、孙明瑾沉着指挥下,预十师抵御有空军配合的敌3个半师团的猛攻,激战一昼夜,终因众寡悬殊,被迫撤退。但为其他参战部队赢得了良好的战机,敌人终于仓促溃退,预十师因此在衡山军事会议上受到蒋介石的嘉奖。第三次长沙会战中,预十师与三师、一百九十师分守南、东、北门。预十师在第一道防线上苦战半日,又在第二道防线上与敌展开激烈争夺,一日"拉锯"达11次之多。在四天浴血奋战中,敌人始终未能夺取预十师控制的制高点,日军死伤惨重。此役胜利后,孙明瑾以功勋卓著晋升为预十师师长。

民国32年冬,日军以重兵进犯常德、桃源,孙明瑾奉长官部之命,"不顾当面之敌,向前猛进,以解第三师在常德之围"。洞庭湖畔沼泽地带,地形复杂,深夜作战,实为困难。孙明瑾忠实执行命令,深夜率部向前猛进,不幸遭敌伏击,壮烈牺牲,时年36岁。军长方先觉闻讯,严令部队抢回遗体,但见他遍体弹穴,满身血污,令人痛绝。后英雄遗体安葬衡山之麓,勒碑纪念,赠上将衔。1956年12月,中华人民共和国主席毛泽东批准孙明瑾为抗战烈士,并向其家属颁发《革命牺牲军人家属光荣纪念证》。

## 保三娘　索家凤

保三娘(1911~1943),女,盱眙县城人。烈士。幼年家贫,未读过书,连名字都没有,因丈夫姓保,排列第三,故称"保三娘"。保三娘共生7个孩子,饥饿和疾病先后夺去她6个孩子的生命,丈夫也染病身亡,只剩下一个儿子保振国。家中人手单,娶一个童养媳索家凤(1928~1943),小名千金。

民国29年(1940年)4月,新四军第五支队在半塔保卫战胜利后进驻盱城。9月,这支部队撤离盱城,转入农村。保三娘任部队地下交通员。索家凤年纪虽小,但很懂事,是婆母的好助手。她们出色的工作,致使日军和伪军下乡"扫荡"途中,常遭伏击,伪县政府也受过袭击。抗日传单还多次散到伪军的炮楼底下。民国32年8月6日,保三娘照例要在夜晚和交通员索少臣一道把情报送出城;可是当时她正发高烧,头晕目眩,只好由索交通员一人执行任务。傍晚,索家凤突然从外面跑进屋告急:日军的钱翻译抓走另一名地下交通员项兆年。保三娘顾不得重病在身,起身下床,拿起镰刀和担绳,扮成割草模样,领着索家凤离家。她俩快到东门口时,路遇伪军侦缉队长王海泉一帮人,王套不出保三娘的话,就逼着她带路找索少臣。就在这时,前面隐约出现人影,保三娘看出是索少臣,赶忙大声喊叫,传递信息,让其逃走。王海泉知道上当,一阵拳打脚踢之后,将她送到警察局。她遭受酷刑,什么也没有吐露,日军中队长小泽得知,亲自审讯。保三娘遍体鳞伤,仍然昂首挺立,不为严刑拷打所动摇。两个日军对她上老虎凳,将10根尖尖的竹签扎进其指甲缝,顿时鲜血淋漓,她昏了过去。第二天下午,王海泉把15岁的索家凤也带到小泽面前,小泽一见,顿生歹念,猛扑过去。索家凤使出全身力气,对来犯者手腕猛咬一口,因而惨遭毒打,关进牢房。

8月11日黄昏,保家婆媳被押到火神庙北坡。小泽拔出闪亮的东洋指挥刀,叽哩咕噜地叫喊。刽子手们先用硝镪水灌死另两名交通员项兆年、扈业广,又端来一碗,逼着保三娘喝。保三娘猛地将碗撞翻。小泽举起长刀正要劈去,索家凤惊叫着冲上前,以身掩护婆母。两人均在屠刀之下倒在血泊中。弥留之际,她们和项、扈两位烈士同时被埋入事先挖好的大坑之中。时保三娘32岁,索家凤15岁。

## 符竹庭

符竹庭(1912~1943),江西省广昌县头陂乡人。中共早期党员,烈士。幼年父母双亡,与祖母相依为命,生活困窘。当过布店学徒。民国13年(1924年),符竹庭参加当地游击队,加入中国共产主义青年团。民国17年参加中国工农红军,任独立第二团政治交通员。其祖母遭敌人杀害。他战斗英勇顽强,旋即转为中共党员。民国18年,调任中央红军独立第二团大队政委,不久,调任红军第三军第七师特务团政委。民国19年任第七师二十一团政委。民国20年调任第十九团政委。民国21年,中国工农红军改编,他任红一团政委,在反"围剿"中屡建奇功。在鸡公山战斗中,在兵力众寡悬殊的情况下,他率部打败敌人几个师,取得鸡公山大捷。为此,中革军委授予符竹庭二等奖章。红军总司令朱德在福建长汀检阅了红一团,授予该团"顽强守备"的锦旗。

在长征途中,符竹庭任第一方面军第一军团第二师政治部主任,一边行军,一边做好思想教育工作,部队始终保持旺盛的战斗力,多次完成军事任务。民国25年6月,入抗日军政大学学习,毕业后任红四军政治部副主任。抗日战争开始后,调任八路军一一五师六八六团政治处主任,率部参加平型关伏击战。民国26年10月,他和杨勇到晋东南开展扩军工作,带回3000名新兵,任八路军三四三旅补充团政委。民国27年夏,补充团取得油房坪战斗胜利。9月,任八路军东进抗日纵队政治部主任,与肖华率部挺进冀鲁边区,开辟根据地,时兵力发展到2万余人。同年冬,任教导第二旅政委兼鲁南区党委书记。民国30年1月,他率教导第二旅东进滨海区。3月,发起青口奔袭战,拔除日伪军据点10余处,消灭日伪军600余人,打通滨海区和胶东、华中等地海上联系,控制了大片盐滩。民国31年,他带领部队开展大生产运动,逐步实现军需品部分自给,减轻滨海区人民负担。下半年,他率领队伍取得海陵反"蚕食"斗争胜利,拔除日伪据点16处,打死打伤日伪军近千人,使滨海根据地进一步巩固。

民国32年1月,他运用"翻边"战术,攻下郯城兵站,歼灭日伪军近千人,缴获大量军用物资,首创八路军在敌后以攻坚方式夺取城池战例。3月,符竹庭任中共滨海区委书记兼滨海军区政委,在整风运动中以身作则。6月15日,《大众日报》发表头版文章表扬。11月,符竹庭在充分做好内线工作的基础上,以伤亡19人的代价歼敌2000余人,取得赣榆战役胜利,并乘胜攻克周围11个据点。11月26日,日伪军600余人偷袭滨海区机关,他率部反击,粉碎敌人袭击。战斗中符竹庭负伤,抢救无效,壮烈牺牲,时年31岁。

## 童世明

童世明(1912~1943),河南省商城人。烈士。民国19年(1930年),参加中国工农红军,同年加入中国共产党。参加过鄂豫皖苏区第一、二、三、四次反"围剿"斗争和陕北苏区的第三次反"围剿"斗争。抗日战争开始,调到八路军一一五师三四四旅,参加著名的平型关大战、山西灵丘战斗和粉碎日本侵略者在晋东南九路围攻等战斗,4次受伤,多次立功。民国29年初,任一一五师三四四旅六八七团副团长。5月,随黄克诚由冀鲁豫抗日根据地南下豫皖苏。10月挺进苏北敌后,转战于阜宁、淮安、涟水之间。民国30年1月"皖南事变"后,童部改编为新四军三师八旅二十二团,他继任副团长。次年9日,在涟水郑潭口战斗中,他和团长张天云率部激战一昼夜,全歼守敌800多人,活捉汉奸王世珍。二十二团被誉为"钢铁团"。

民国32年2月,日军开始对盐阜区第二次大"扫荡"。3月16日,他率部与敌军300余人交战于涟水县黄营,激战10小时,歼敌近百人。17日夜,部队转移至废黄河东岸阜宁县境单家港构筑工事。18日,日军集结600余人于废黄河堤西,企图报复。19日下午1时许,他从望远镜中发现西堤停放了几辆日本汽车,便调集十多挺机枪,集中火力,击毁日军汽车。日军强渡废黄河,他指挥部队依托有利地形,扼守要点,发挥新四军近战歼敌的特长,大量杀伤敌军。在战斗过程中,他深入各阵地,组织指挥部队连续击退日军3次冲锋,毙敌260多人。下午4时许,日军大批增援部队投入战斗,为避免损失,他果断命令部队转移阵地,自己断后,组织掩护。当他亲自拆除一座简易桥以断日军追路时,不幸被敌流弹击中,壮烈牺牲,时年31岁。

## 解舜臣

解舜臣(1912~1943),又名解小臣、解雅顺、杨再生。丹徒县(今镇江市区)丁岗乡人。烈士。民国29年(1940年)10月,盐阜抗日根据地建立后,他开始在新四军三师八旅供给部开办的阜东商店当会计。民国31年,受部队领导委托,去丹徒县上党地区转运武器弹药。他偕妻乔扮成送葬护柩的"孝子""孝妇",把武器弹药装进棺材,终于胜利完成任务。次年春,日、伪军在东坎商业界成立伪商会。敌工部决定趁机派他以合法身份打入内部,针锋相对地开展反"伪化"斗争。为应付日、伪,他表面东奔西颠,忙着筹组商会,收捐征粮,暗里却把原商救会人员以及进步青年组织起来,广泛开展地下抗日活动。他们以拜老师、认干亲、结把子等方法,与日、伪军政头面人物拉关系,伪阜宁县政府日本顾问还给他以"东坎镇商会长"的"委任状"。他利用伪方关系,把共产党员刘坤年、顾志清等人安插进去挑水、烧饭,以监视日、伪军的一举一动。经过周密调查,他将日、伪军在东坎城的兵力部署、行动计划等情报迅速传递出来。由于及时、准确地掌握日、伪军动向,日、伪军"扫荡"时均相继遭到伏击。

解舜臣胆识过人,善于掌握利用日、伪间的各种矛盾,分化瓦解,各个击破。伪军主要头目顾景班虽是师长,但得听从日军指挥,实际并无实权。因此,顾同日军一直貌合神离。解舜臣通过亲戚引见,与其结识交往并送帖子,拜顾为"老头子"。经过一番工作,顾多次掩护敌工人员安全出入据点。伪东坎区长、伪区队长作恶多端,解决心除掉这两个民族败类。他了解到双方正为一奸妇在争风吃醋,便从中大做文章,加剧他们之间的矛盾,终于演出了一场轰动一时的火并闹剧,置伪区长于死地,伪区队长也因此停职受审。他又通过内线关系,让已被争取过来的伪东坎区行政助理兼区队副接任伪区长,取得"一箭双雕"效果。他还利用其"合法"身份和多种关系,对被捕人员作大量的营救工作。先后和战友设法从敌人魔掌中营救出50多名军政人员和无辜群众。

民国32年6月,伪阜宁县县长率保安队,配合刚刚调防的日军卫滕中队频繁出扰"扫荡",抢掠粮食。日、伪"扫荡"连连损兵折将,抢粮、征粮所获甚微。由于汉奸告密,加之解舜臣的活动也引起日、伪怀疑,伪县长即向日军告发。这时,他接连几次接到日军要抓他的紧急情报,但他已把生死置之度外,迅速通知有关人员先行撤出或隐蔽。9月8日,他被捕,遭严刑拷打。9月17日下午,遍体鳞伤的解舜臣被押赴刑场枪杀,时年31岁。

## 田守尧

田守尧(1915～1943),安徽六安县新安区田墩人。烈士。10岁时就为地主放牛、割草。民国19年(1930年)4月参加六安县第八区四乡的少年先锋队。民国20年参加六安河西农民暴动。12月,参加中国工农红军二十五军,次年加入中国共产党,任排长。民国23年10月,在光山战斗中,他克敌制胜,受到徐海东表扬,并升任军部交通队指导员。11月,率交通队在陕南唐家河战斗中出色完成作战任务,升为营长。民国24年4月,当选为鄂豫陕省委委员。下半年,红军二十五军西征甘肃马鸿逵部,他指挥的营和敌人肉搏,击毙敌团长马开基,创造了一个步兵营歼敌一个骑兵团的范例。民国24年9月18日,中国工农红军二十五军、二十六军、二十七军会师,后成立十五军团,田守尧任十五军团七十八师师长,取得一系列战斗的胜利。10月,他所在的十五军团和中央红军会师后,取得直罗镇大捷。这一时期,他在徐海东等指挥下转战40余县,行程1万公里,6次负伤。民国24年12月,田守尧部七十八师和军骑兵团在刘志丹指挥下,在横山、响水堡击溃国民党北线部队的进攻,保卫了中共中央驻地瓦窑堡。民国25年2月,红军二十五军东渡黄河抗战,七十八师行程千余里,歼敌两个团。民国26年8月,田守尧任八路军一一五师三四四旅六八八团副团长。9月,参加平型关大战,他带领先头部队,在重创日军中负伤。民国28年6月任三四四旅副旅长。民国29年,他从延安到华中,任八路军教导第一团团长,经一系列战斗,掌握苏北战场主动权,完成东进抗日、增援新四军开辟苏北抗日根据地的战略任务。民国31年12月,任新四军三师八旅旅长,担负盐城以北和灌云、涟水一带抗日打顽任务。民国32年春，中央调田守尧赴延安学习。3月16日船经连云港附近海面时，与日军巡逻艇遭遇而发生激战，田守尧和爱人陈洛涟同时牺牲，时年28岁。葬于赣榆县抗日山陵园。

## 彭 雄

彭雄(1915～1943)，江西永新县人。烈士。民国18年(1929年)，在井冈山参加中国工农红军，任通讯员。民国20年任第二师师部通讯排长。民国22年加入中国共产党。民国23年任营长。长征中多次出色完成军事任务。到达陕北后，任红一军团第四师参谋长。民国26年，任八路军一一五师三四三旅六零六团参谋长。9月，率团参加平型关大战，以"彭猛子"闻名。民国27年任三四三旅补充团团长。6月，彭雄率所部作为一一五师先遣队进入山东，转战鲁西，任鲁西军区副司令员，开辟鲁南、鲁西南抗日战场，建立敌后根据地，指挥了龙王山、黑山、宝台岭等战斗。在龙王山战斗中，彭雄指挥部队和千余名装备精良的日军恶战一整天，掩护国民党苏鲁战区总司令于学忠部脱离险境。民国29年，彭雄任黄河支队司令员。民国30年，苏北抗日根据地建立。同年5月，任新四军第三师参谋长，和师长兼政委黄克诚、副师长张爱萍一起指挥在盐阜一带打了许多胜仗。为提高干部军事素质，彭雄组织编写《抗日民族革命战争的战略问题》。该文以毛泽东编著的抗日战略问题为依据，参考国内外许多战例，结合新四军抗日战场实际，深入浅出地阐述抗日军事理论，对盐阜区的抗日战争起到指导作用。民国32年3月16日，彭雄率新四军三师51名干部乘海船赴延安学习，途经连云港附近海面时，同日军巡逻艇遭遇，彭雄在与敌人战斗中，不幸中弹牺牲，时年28岁。

## 杨瑞年

杨瑞年(1916～1943)，女，又名瑞莲。镇江市人。烈士。幼年好学。民国22年(1933年)考入苏州女子师范学校读书。民国24年毕业后任镇江达仁小学、高桥北小学教师。她激于爱国热情，积极参加抗日救亡活动，被国民党当局逮捕过。抗日战争爆发后，到山西临汾参加八路军一一五师学兵队。后调到新四军军部参谋处、军教导总队、政治处民运组工作。民国

29年加入中国共产党。

民国30年,皖南事变中,她被俘,关押在上饶集中营。国民党第五十二师师长刘秉哲利用其姨太太曾与杨瑞年同学的关系,对她进行诱降,遭到严词拒绝。在上饶集中营里,她坚贞不屈,同国民党特务进行坚决斗争。她还尽力照料难友,帮助同志。几个男同志准备越狱,她撕掉自己的衣服,做成布鞋送给他们。前江苏军区政委陈茂辉就是穿着她做的布鞋逃出监狱的。民国31年夏,上饶集中营转移往福建,途经赤石镇,发生"赤石暴动"。6月19日,国民党政府在赤石镇附近的虎山庙内,杀害了大批革命同志。杨瑞年在临刑前仍然高呼:"打倒国民党顽固派"、"中华民族解放万岁!"时年27岁。

杨瑞年弟弟杨华年17岁,亦遭特务杀害。

## 李云鹏

李云鹏(1920~1943),沛县王店乡李集村人。民国28年(1939年)初,参加共产党领导的丰、沛、铜三县青年学生抗日宣传队——中华民族解放先锋队。同年6月,加入中国共产党。中华民族解放先锋队经四次改编,于民国30年正式编入新四军三师七旅十九团二营四连。民国31年,为粉碎日军"扫荡",四连奉命挺进淮阴,4次袭击日军据点棉花庄,打击抢粮的日军,破坏日军的公路、桥梁、电线杆。同年11月中旬,四连在高沟一带与日军400人遭遇,激战整日,俘敌20余人,缴枪数十支。他在四连,由宣传员、文化教员、连队副政治指导员升任政治指导员。

民国32年3月17日晚,他奉命率四连全体指战员82人赴淮阴县刘老庄伏击日军。18日拂晓,大队日军进入四连伏击圈。他与连长白思才一起指挥全连火力射击,击退敌人多次冲锋。当日军弄清我军人员少、火力薄弱的情况后,便纠合力量,从四面八方向四连反扑过来。他指挥全连撤退到刘老庄后开阔地带"抗日沟"里固守。激战6小时,打退日军5次反扑,歼敌70余人。此时,四连人数越来越少,弹药将尽,他指挥战士至前沿阵地捡收敌尸上的枪弹,又击退日军3次反扑。日军连遭重创后,改变了战术,集中所有小炮向四连阵地猛轰。他头部、身上虽多处负伤,仍坚持组织火力射击,杀伤大批敌人。最后,四连子弹打光了,日军从四面八方蜂拥而至。他和战友们拆毁武器、焚烧文件、杂物,跃出战壕,持刀冲入敌阵与敌搏斗。经过一整天战斗,四连全体指战员毙、伤日军170多人,终因敌众我寡,四连82位勇士全部壮烈牺牲。

建国后,淮阴市人民政府于市内建立了"刘老庄八十二烈士陵园"。

## 刘　鹏

刘鹏(1928～1943),盱眙县马湖店人。烈士。民国30年(1941年)8月参加淮南艺术专科学校第二期学习。同年11月毕业,分配在淮南大众剧团第二团(不久改称淮南少年工作团),任宣传部音乐股股长、少年组组长。他能演戏,又能打锣鼓;能谱曲,又能写歌词。次年年底,参加淮南少年团工作并入淮南大众剧团,他不但在团内教唱歌曲,排练节目,指挥歌队、乐队,并且还对淮南路东各地孩子剧团的文艺活动进行辅导,参加组织抗日儿童团的工作。他在《小放牛》、《农村曲》、《盘查哨》、《路东儿童》等剧中,塑造了众多的形象。在"文艺大众化"的号召下,他收集地方民歌,虚心向民间艺人学习,深入到边沿区、游击区,以文艺形式宣传抗日救国的道理。他还创作了许多民歌,如《拥政爱民》、《抗战形势天天好》、《种菜歌》、《河里水》、《保卫麦收》、《深耕施肥歌》等,都受到当地抗日军民的喜爱,大部分歌曲都于民国32年被收入淮南大众剧团出版的《大众歌谣》。在中共中央"自己动手、丰衣足食"的号召下,淮南大众剧团开展以春耕生产为中心题材的音乐创作活动。刘鹏满怀激情地谱写《白菜谣》。歌曲印发后,立即广为流传。于1956年被解放军歌曲编辑部选入《抗日战争歌曲选集》,1977年被上海文艺出版社选入《建军50周年歌曲选》。

民国32年11月底,淮南大众剧团奉命前往黄花塘宣传。他当时正发高烧,带病坚持演出,直至完成任务。他卸装后,即被送入新四军第二师后方医院,诊断为腮腺炎。由于医疗条件所限,刘鹏年轻的生命竟然被夺去,时年15岁。组织上破例追认他为中共党员。剧团的墙报命名为《刘鹏小报》;解放战争中,华东第三野战军第二文工团某分队还命名为"刘鹏分队"。

## 沈恩孚

沈恩孚(1864～1944),字信卿,号渐盦,又号心磬,晚号若婴。原籍吴县,生于江苏嘉定(今上海市嘉定区)。15岁回吴县应童子试,入县学为诸生,后肄业上海龙门书院。光绪二十年(1894年)应乡试中举人。后执教于宝山县学堂。光绪三十年倡议改龙门书院为师范学堂,旋赴日本考察教育,归国后受任龙门师范学堂监督。光绪三十一年江苏学务总会(后改名江苏省教育会)成立,任评议员,致力教育革新。当年为反对苏杭甬铁路向帝国主义借款,成立苏省铁路公司,当选为董事。上海地方自治组织总工程局改组为市议会时,当选为议长。辛亥革命爆发,江苏"光复"后,任江苏都督府民政司次长。民国元年(1912年)江苏省长公署成立,任秘书长。"二次革命"失败后,离开政界,复理教育。民国6年与黄炎培等发起成立中华职业教育社,先后发起创立中华职业学校、南京河海工程学校等,并兼任同济大学、东南大学、暨南大学校董,正风学院、沪江大学教授。民国13年发起组织人文社,创设人文图书馆(后改为鸿英图书馆)。民国33年4月4日,于上海病逝。

沈恩孚自幼勤学,淹贯经史,尤长于文字学。善诗文,工书法,平生著述甚多,大多未曾结集。现有《渐学庐该丛著》、《沈信卿先生文集》行世。

## 王伯沆

王伯沆(1871~1944),名瀣,字伯谦,晚年自号冬饮,又别署欓生、无想居士。祖籍溧水县,后家居南京。学者、诗人、书法家。少年时以才学见长,能勤学精研,坚贞自矢,其道德文章为时人所誉,诗文书画篆刻均卓有成效。文坛名士陈散原极为佩服,亲自延聘王瀣为家庭教师。辛亥革命后,他先在江南图书馆善本部工作。民国5年(1916年),南京高等师范学校校长江易园三次面请他任国文主讲,他不受聘,只答应"试试看"。可是一经讲课,学生无不为之心服,声振教育界,于是乃任教授。嗣后学校改称东南大学、第四中山大学、江苏大学,直至最后改称中央大学,王瀣一直在该校任教。

王伯沆"绘画、篆刻并精妙,尤工书法"。他书法出入颜真卿,初效翁方纲,后直追何绍基。中年后自成一格,气息静穆、凝重洒脱。又攻篆书,其篆书尤为世所珍赏。他行书往往溶入篆隶古雅朴厚的笔意,故其行书既秀逸多姿又坚实沉着。他的书法,从不苟作,书不称意即撕毁,书至惬意才出示人,故存世多为精品。他也是民国年间江南著名诗人。在古城南京名胜之地,伯沆借古城盛衰,写胸中波澜,以诗表达对历史沧桑变迁的感慨。南京沦陷后,他"野哭声中度岁华",以深沉抑郁的笔调抒发刻骨铭心的亡国之痛。他还是一位学问精深之人,凡诸子经史以至禅理各说,莫不刻求精诣,被誉为近代江苏文化代表人物之一。他藏书8000余册,其后人移赠南京师范大学设专室管理。所藏书籍或亲自抄选,或校核考订,或说加批注。尤其对《红楼梦》的研究,独具特色,为辛亥革命后著名的"评点派"红学家。他为《红楼梦》细加评点,前后持续24年,精读《红楼梦》达20遍,评点5次,共批注12387条,语多精辟,向为研究红学者所重视。1985年1月,江苏古籍出版社出版了《王伯沆与〈红楼梦〉批语汇录》一书,为今人研究"红学"提供了可贵的资料。

王伯沆一生清贫,每月收入除维持俭朴生活外,多周济亲友或购置书籍。南京沦陷前夕,王伯沆身染重病,又有八旬老母,不能随校西迁。家中一贫如洗。不得已靠出卖藏书维持生活。一日,他获悉出高价收买他藏书的是大汉奸陈群,立即退还书款,收回原书。捐客多方劝解,他愤怒地说:"我的书卖给识者,决不卖给汉奸。"汪伪政府立法院长陈公博得知此事,特派人送去500元伪币,他拒而不受,陈复驱车往访,他仍拒不接见。后陈派人送去参事室的参事聘书,言明月薪300元,他令人退回。在他去世前还嘱咐家人:"千万不要发丧,悄悄埋在后院,以免招摇惹出麻烦。我死后,你们就是全家饿死,也不要接受救济,否则不是我王家的子孙。"民国33年去世,终年73岁。抗日战争胜利后,其亲友、学生联名呈请国民政府旌表王伯沆的一生。民国35年冬,伯沆之门人、好友、族人在南京仁厚里王瀣之故居举行追悼会,国民政府曾赠匾纪念,题书"一代耆儒"。

## 张一鹏

张一鹏(1871～1944),字云抟。吴县(今苏州市区)人。早年在苏州观前街设开智书室,后到南洋公学读书,肄业,回苏州创办唐家巷小学、组织苏学会。光绪十九年(1893年)中举人。后去日本法政大学攻读法律。回国后历任司法部主事、京师地方检察厅长、吴江地方检察厅长、云南高等检察厅长。从云南返沪后,任《时事新报》主编。辛亥革命后,张一鹏任平政院三庭庭长。民国2年(1913年)任江苏司法筹备处长,到任后裁撤省内36处地方及初级审检厅,遭到江苏各地反对,又因牵涉宋教仁案而离去。民国6年任江西省财政厅长。同年12月署理司法部次长。民国9年代理司法部总长。民国14年,辞官到苏州、上海任律师、东吴大学法律教授。

民国16年3月24日,在北伐军主持下,苏州成立吴县临时行政委员会,张一鹏任主席兼民政局长。6月,临时行政委员会撤销,去任。民国33年1月14日,到南京任汪伪政府司法行政部部长,为日伪效劳。后因"视察"监狱染斑疹伤寒,于7月14日,在上海去世。

## 赵得臣

赵得臣(1872～1944),原名揖泉。祖籍泗阳,因水灾落户扬州西乡七里甸赵家庙,是扬州中医经方派创始人。幼年丧父,随母陈氏进扬州城,14岁从东关名医朱素臣学医,18岁悬壶旧城仓巷。其时扬州西医甚少,疔、疽、痈等外症难得医治,赵得臣大胆进行手术治疗,故人称赵氏中医内外方脉。由于他替人医病处方灵巧,医理贴切,且获愈者众多,百姓称颂道:"扬州出了个少年神医,有华佗刮骨疗毒之功术。"盐商大贾相继求诊,赠送匾额。清光绪十九年(1893年),为扬州北河下吴道台器重,收为拜帖门生,嗣后经吴介绍赴徐州为段祺瑞医治水肿。治愈后,段设宴致谢,赠送银两、对联,派大轿,由骑兵护送回扬,从此声誉大振,慕名求医者接踵而至。无论病者地位高低,皆能一视同仁,细致诊断,认真处方。他常说:"医者以济世活人为己任,名利私念尤须克制,中华古代医风,为历代先贤所建树,事迹感人,不胜向往",故诊所取名为"怀济医室"。军阀混战时期,孙传芳部进驻扬州城,因疲于内战,官兵伤病者较多,均经赵得臣治愈。后孙部迁至南京,仍频频来扬州请其诊病。一日,该军致匾10余块,从南京经镇江送至扬州,一路上,前有军乐吹奏,后有士兵抬匾,列队整齐,礼仪隆重,轰动全城,他闻之避于友人之宅,不出不见。数日后,他请街坊四邻,将孙部所赠之匾抬至大门外,尽数焚毁,并说:"吾拯救伤员,乃济世为本,达官显赫,无意高攀,孙传芳等祸国殃民,比土匪都不如,吾一良医不愿与他们同流合污。"抗日战争期间,扬州城沦陷,人民痛苦不堪,年已七旬的赵得臣为贫病者施诊送药。当得悉天宁寺抗日伤员惨遭日军杀害时,老泪纵横,泣不成声,提笔疾书"穷骥白发为文士,老羡黄泉作国桢"诗句,借以告慰烈士英灵。

## 姚锡舟

姚锡舟(1875~1944),名锦林,字锡舟。上海南姚人。中山陵的承建者、中国水泥工业的先驱。13岁独自外出谋生,充当童役、小贩、筑路工,曾受教于著名工匠杨斯盛,营造技术造诣日深。光绪二十六年(1900年),在上海创办姚新记营造厂。光绪三十年,承建上海电话大厦而崭露头角。此后,又因建造外白渡桥、中央造币厂、法国总会,在南京建筑南洋劝业会、总理陵(今中山陵)、和记洋行大厦等著名建筑而闻名全国。民国10年(1921年)联合上海金融界、实业界人士吴麟书、陈光甫、聂云台等人集资银元50万两(姚氏投资20万两),在南京市郊龙潭创办中国水泥股份有限公司(今中国水泥厂),自任董事长兼总经理,向德国购买机械、旋窑。民国12年开工生产。翌年使用"泰山牌"商标。为扩大生产,抵制外货,他又于民国15年毅然将工厂全部资产向上海银行界抵押,换取资金百万。得到实业家荣宗敬帮助,购得太湖水泥厂2套旋窑,增加生产能力。数年后,中国水泥厂发展成为仅次于唐山启新洋灰公司的中国第二大水泥厂。"泰山牌"水泥远销香港和南洋,并用于建筑钱塘江大桥和总理陵,成为中国名牌水泥之一。民国24年夏,他偕子清德去日本考察水泥工业。次年为使用国产麻袋包装水泥,联合范旭东等创建永新麻织厂。民国29年,为改进水泥包装投资创建华伦造纸厂。

姚锡舟还是一位爱国者。"八一三"淞沪抗战中,曾捐款设立临时伤兵医院。日军侵占南京后,他断然拒绝与日本军方及三井财团"合作"经营中国水泥厂。他还热心于慈善事业,曾两次捐款设立难民收容所。他一生勤奋好学,博闻广识,英语口语十分流利,管理企业井井有条。他重视培养人才,除送其子根德、怀德、福德、润德去德、英、美、瑞士等国学习水泥、机械、纺织等专业,以求深造外,并曾资助本公司王涛等有志青年赴德国留学。

## 钱振锽

钱振锽(1875~1944),字梦鲸,号谪星、名山、庸人,晚号寄园;晚署海上羞客。阳湖(今常州市区)人。教师、诗人、书法家。16岁中秀才,常独居深思,言论奇特。18岁时刊成文集《快雪轩文》。光绪十九年(1893年)中举人,光绪二十九年中进士,任刑部主事(一说工部主事)。因多次上书不纳,宣统元年(1909年)愤然辞官回家。从此不入仕途,终身以读书、著书、教书为业,设塾讲学20年。他治学认真,不拘一格,因材施教,求知青年皆以做他弟子为荣。他在教学中培养大批人才,其中谢玉岑、谢稚柳、程沧波、郑曼青、马万甲、唐玉虬、羊牧之等,后都成为国内外文化名人。

钱振锽对诗、词、散文、书法无所不能,尤精于诗。一生写诗词1100余首,以诗报国,热爱中华。他的书法,具有独特风格。初学颜鲁公,后学汉隶、魏碑,晚年学怀素。他还学王羲之的《兰亭序》,重在神韵情趣,而不在摩形外貌。他的书法,被世人称之为"堂堂之阵,正正之旗",是"字向纸上皆轩昂,可以力透纸背",是一种"力的表现","力的艺术"。他写字注意对象。一次同乡转来北京两副对联请他联写,款书"亦农"、"尚同"。写好后有人告诉他:"亦农"是殷汝耕,"尚同"是池宗墨,均是汉奸。他闻之大怒,当场撕得粉碎。钱振锽为人仗义济贫,每逢灾荒之年,常挥毫义卖,赈灾济贫,义卖书法,抢购一空。康有为赏识他的字,张大千模仿他的字,徐悲鸿收藏他的字。他们说:"但求精品,不嫌其多。"

钱振锽生前著述颇多,有研究经史文章,有笔谈、诗词、书论、小言、语类等,汇集有《阳湖钱氏家集》、《名山集》、《名山文约》、《良心书》、《课徒草》、《名山丛书》等。

## 凌文渊

凌文渊(1876~1944),名庠,字文渊,以字行,号直支(亦作植支),署名简庐、隐峰居士。泰州人。少时家境清寒,苦读力学,入两江师范学堂,后为贵池刘世珩之幕僚。光绪二十九年(1903年)春,随刘赴日本考察大阪第五次国内劝业博览会,目睹日本明治维新实业振兴气象,深有感触。回国后即研究时务,探索中国的维新之路。宣统元年(1909年),当选为江苏省咨议局议员,结交议长张謇,参与发起立宪运动。辛亥革命后,转任江苏省临时议会议员,当选为南京临时参议院议员。民国2年(1913年)春,当选为第一届国会议院议员,参加袁世凯策划成立的进步党,任党务部文牍副主任,参与拥袁活动,后未参与支持袁复辟帝制。

他与梁启超等政见相同,关系密切。民国6年,梁任北京政府财政总长,他即入财政部任参事。民国11年升任首席参事,并于8月代署财政部常务次长,9月任常务次长,10月兼全国财政讨论委员会委员,11月、12月两度代理财政总长。职中,对金佛郎案处理持慎重态度,曾托请参、众两院领袖协助疏通,力求不损害国家利益;对清理外债较为重视,曾在财政部内成立外债委员会,清查民国以来各项外债。民国11年江苏省拟发行公债700万元,遭江苏省旅京同乡会与江苏省议员吴鸿璧等反对,他不因与江苏省省长韩国钧的乡谊而有所袒护,能秉公处理。凌文渊为政清廉,虽在财界多年,并未积下巨额财产,也不经营工商业。抗日战争时期,王揖唐、梁鸿志等以旧关系多次拉拢,邀其出任伪华北临时政府官职,均遭拒绝。

他卸职后,先蛰居泰州,泰州沦陷前移居北平。他热心教育,曾先后任南京美术学校校董、北平美术学校校长兼校董,以及上海中华中学、泰州时敏中学、两江民立中学的校董。他善文艺,诗书画均佳。其诗慷慨激越,有东坡格调,而书法、绘画造诣尤高。书宗张迁碑、柳公权以及魏碑,厚重挺拔,于刚健中见婀娜之姿;画宗徐青藤,工写意花卉,风格近似吴昌硕,所绘梅、荷神韵超迈,时与陈半丁、陈师曾、齐白石并称"京师四大画家"。梅兰芳曾为其门下画梅弟子。其书画作品曾在北平和日本东京展出。他多次以鬻画所得支持办学。民国33年5月在北平去世。

著作有《中国经济学》、《财政金融学》、《省债》等。

# 汪精卫

汪精卫(1883~1944),名兆铭,字季新。原籍浙江山阴(今绍兴),广东番禺(今三水)人。大汉奸。清光绪二十七年(1901年)举秀才。光绪二十九年赴日本留学,入法政速成科。光绪三十一年加入中国同盟会,曾任《民报》主编。次年日本政法大学毕业后,随孙中山赴南洋吉隆坡、庇能、越南河内等地筹设同盟分会。宣统二年二月(1910年3月)谋炸摄政王载沣,事泄被捕,被判死刑,后减刑终身监禁。武昌起义爆发后被释出狱。旋投靠袁世凯,配合袁推行"南抚北剿"的反革命攻略。他一面向袁告密,出卖北方革命组织;一面力劝南方革命党人对袁妥协,还"恶意攻击孙中山先生本人有权利思想"。辛亥革命后,汪精卫受袁世凯指使,参与组织国事共济会破坏革命,拥袁窃国。袁世凯失败后,又降奔孙中山,相继任广东教育会会长、教育委员会常务委员、国民党中央宣传部长等职。民国14年(1925年)在广州任国民政府主席。民国16年在武汉发动"七一五"反革命政变。民国

19年在北平主持国民党中央党部扩大会议,任常务委员会委员和国民政府委员。同年11月国民党召开三届四中全会,他被开除党籍。次年5月,他联合反蒋各派,在广州召开国民党中央执委、监委非常会议,另组广州国民政府,与南京国民政府对峙。"九一八"事变后,蒋、汪合组政府,他先后出任国民政府行政院院长、外交部长、内政部长、国民党副总裁等职。民国27年12月,与陈璧君等由重庆经昆明逃往越南河内,并发表艳电,公开叛国投降日本。次年8月在上海秘密召开汪伪中国国民党第六次全国代表大会,他被推为中央执行委员会主席;年底与日本签订卖国密约《日支新关系调整纲要》。

民国29年3月30日,伪国民政府在南京成立,汪历任伪国民政府代理主席、主席,行政院院长,军事委员会委员长,清乡委员会苏北绥靖主任公署主任等职。汪伪政权成立后,以"和平反共建国"为口号,破坏抗战,残酷镇压沦陷区人民,并组织伪军配合日军进攻中国共产党领导的抗日根据地和国民党左派抗日军队。民国33年11月10日,死于日本名古屋帝国大学医院。著有《汪精卫文存》等。

## 徐明富

徐明富(1890～1944),金坛县建昌乡沟嘴头村人,出身贫苦家庭,祖辈务农。民国26年(1937年)冬,日军侵入金坛建昌圩,烧杀抢掠,人民深受其害。次年6月,新四军一支队东进茅山地区建立抗日根据地。沟嘴头村地处建昌圩大芦滩西侧。他家单门独户,坐落在四面环水的土墩上,只有一座小木桥通向陆路。水里芦草茫茫,无闲人进入,是抗日战士隐蔽的好地方。新四军得到徐明富、王吉娣夫妇的支持,把他们家作为活动基地。从此,部队及地方革命人士来往不绝,陈毅、江渭清、管文蔚、陈丕显、章蕴、曾山等军政领导都先后在他家住过。有的住十天半月,有的住一年半载。徐明富夫妇捕鱼、捉虾、烧茶、煮饭、洗衣、采办,把新四军作为亲人。遇到敌情,就用一条小木船把新四军同志转移至安全地带。民国28年3月,章蕴在她家住宿办公一年多时间,跟他俩拉家常,讲革命,使他俩心眼更加明亮。当年,新四军将48捆钞票交他俩收藏,夫妇俩在门前挖好地窖,将钞票放入缸内,埋入地窖。为收藏新四军一笔巨款,他俩用芦席在门后搭成小阁,上置钞票,下挂草鞋,不露一丝破绽。这年,他俩还把新四军21箱子弹和药品等物资藏入封土堆里。民国29年11月19日,由于叛徒告密,部分军用物资被日军抄走。这天只有徐明富一人在家。他遭敌人毒打后,被押至丹阳延陵受审。敌人要他交出新四军所藏物品,他矢口否认;要他供出新四军活动情况,他只回答:"不晓得。"敌人见审讯无效,便吊打、灌辣椒水,他强忍伤痛,至死不招。后由王吉娣变卖树木、田地,方获保释。民国30年1月19日,日伪军又在他们家抄出新四军的收音机,徐明富二次被捕,并押至九里镇。敌人用烙铁烫其皮肉,他宁死不屈。徐明富被敌人摧残成疾,一病不起,于民国33年1月2日去世。

## 史蔚馥

史蔚馥(1891～1944),字从吾。溧阳蒋店草溪圩村人。国民党抗日爱国将领。青少年时,感于国家内忧外患,不满清廷统治,遂投身革命,加入陈其美组织的反清秘密团体,参加辛亥上海起义。民国元年(1912年)考入武昌陆军预备学校,后保送入保定陆军军官学校第三期步兵科学习。毕业后,历任国民革命军排长、连长、营长、上校团长、中央陆军军官学校第一分校上校军事教官、上校参谋处长、少将团长、少将副师长兼参谋长、集团军教导总队少将副总队长、五一九旅旅长等职。抗日战争爆发后,日军相继入侵上海、南京等地,他返回原籍,任国民党苏、浙、皖边区游击总指挥部少将高级参谋。民国28年转任兵站总监部第十六兵站少将分监。民国29年起,调任广西绥靖公署少将高级参谋。民国33年秋,日军为打通大陆交通线,调集8个师团另加3个旅团分路进攻桂林、柳州等地,11月10日侵占桂林。他随部撤退,在永福县境遭遇日军第十三师团,力战不敌被俘。日军第十三师团长赤鹿理亲自出面,设席置酒,劝诱他投降。他坚贞不屈,严词拒降,并于席间痛斥日军侵略罪行。敌酋恼羞成怒,命令日军将他押出,用乱刀刺死。

## 郭乐三

郭乐山(1891～1944),原名郭振英,字育才,号乐三。铜山县毛庄村人。中共早期党员。民国11年(1922年),回铜山任教于徐州第二高小,结识共产党员吴亚鲁等人。民国13年参加中国社会主义青年团,次年加入中国共产党,成为铜山早期党员之一。

民国15年5月,郭乐三受中共铜山党组织派遣,去广州参加毛泽东主办的第六期农民运动讲习班。学习结束后,郭乐三以特派员身份在中共铜山独立支部中负责农运工作。不久,即在安乐村创办平民夜校,亲自讲课。在平民夜校的基础上,又建立起铜山县第一个农民协会。在安乐村的影响下,县内相继建立农民协会20多个,有会员800多人;办农民夜校5所,有学员200多人。

蒋介石、汪精卫相继叛变革命后,白色恐怖日趋严重。因郭乐三长期领导农民运动,身份已经暴露,中共党组织决定让其转移至皖北特委,仍从事农运领导工作。民国16年冬,郭乐三参与发动并领导了太和暴动。暴动失败后,中共党组织派他到杨虎城将军的部队从事统战工作及地下活动。此后至民国27年间,郭乐三在杨部先后任政治处长、少将参议、保安县县长等职。郭乐三为官清廉,生活俭朴。郭乐三家乡的土匪恶棍以为他当县长一定发了财,便绑架他的母亲,因他无钱赎回,母亲被折磨致死。他在县长任上经常体察民情,办事刚正不阿,被当地人民称为"郭青天"。郭乐三对共产党对人民忠心耿耿,从来不惜自己的一切。一次他得知中共地下党组织筹建百乐饭店,活动经费发生困难,当即将自己珍藏多年的名贵字画及一件皮大衣送到当铺变卖,将卖得的近千元钱全部交给党组织。民国24年,当他得知红军长征胜利到达陕北时,立即组织募捐,将筹集到的几百块银元和几百件棉衣送到陕北。

民国28年12月,国民党顽固派掀起反共高潮,郭乐三处境危险,中共党组织决定让其转移,先后到陕南和陕西武功农学院等地隐蔽。在那里,他一直坚持从事地下工作,培养教育许多青年走上革命道路。郭乐三在任何艰难困苦的条件下,从来没有考虑过个人私利,总是把生死置之度外。他曾在献给一个牺牲同志的挽联中写道:"先死后死总有一死,怕什么!今生来生还能再生,同心干!"他终因饱经忧患,积劳成疾,于民国33年3月22日病逝在战斗岗位上,终年53岁。

## 顾明道

顾明道(1897~1944),原名景程,别署正宜斋主,又署石破天惊室主,更号虎头书生、日月生等。吴县(今苏州市区)人。小说家。早年患骨结核,足跛,就读于苏州振声中学,后留校任国文教员。民国10年(1921年),

与郑逸梅等成立文学团体星社。抗日战争期间寓寄上海,为生活计创办明道补习馆,讲学并撰小说。一生含辛茹苦,创作中、长篇小说40余部,其中武侠小说24部,言情及历史小说20余部,约800万字,多以言情恋爱为题材。主要作品有《荒江女侠》、《海上英雄》、《芳草天涯》、《英雄喋血记》、《磨剑录》等。另外还出版过《西湖游览记》、《天池览胜记》等游记。民国33年5月14日,于上海贫病而死,时年47岁。

## 王洪章

王洪章(1898～1944),建湖县建阳镇人。烈士。自幼爱打猎,练得一手好枪法。盐城县抗日民主政权建立后,参加了六区洗穆乡自卫队。建阳立县后,被任命为湖丰乡民兵中队长。他还动员子侄、儿媳等人参加乡民兵中队。该中队21名战士,王氏家族成员几乎占了一半,时有"王家将,父子兵"之称。民国30年(1941年)秋,盘踞在沿荡的匪兵200余人,窜至湖丰乡一带抢劫骚扰,王洪章率民兵还击,打死打伤匪兵11人。次年5月,湖垛日、伪军至建阳一带"扫荡",1名日军在屋顶上用望远镜瞭望,被王洪章一枪击毙。6月13日,湖垛伪军支队长王志良又带领伪军到湖丰乡"扫荡",遭到王洪章父子的伏击,王志良被当场击毙。民国32年,屡建奇功的王洪章被建阳县政府授予"民兵英雄"称号,并荣获小马枪1支。民国33年4月15日上午,湖垛伪军数十人到五区西冯沟一带"扫荡"。王洪章配合五区区队还击敌人,击毙伪军3人。未几,伪军后援部队一个连赶到,枪炮齐发,他不幸腿关节中弹。区队同志和他的长子要背他后撤,他断然说:"你们赶快撤,我留下断后,不然就都走不了。"王洪章只身卧伏坟堆阻击援敌,又击毙伪军4人,为区队转移赢得了时间。伪谍报队长发现王洪章已负伤,便绕至坟堆后面,击中王的腹背。他不甘为敌所俘,毅然举枪自殉,时年46岁。

## 缪谷稔

缪谷稔(1905～1944),又名青裳,化名李念慈、陈一鸣。江阴申港缪家垫人。中共早期党员,烈士。14岁到常州当学徒。民国15年(1926年)参加中国共产主义青年团,又加入中国国民党,担任国民党武进县党部执行委员兼商人部长。民国16年春,加入中国共产党。"四一二"反革命政变后,曾回申港暂避，两月后返常州，在《中山日报》、《武进商报》上撰文，抨击国民党右派镇压人民的罪行。同年冬，回到申港，以小学教师身份为掩护，参加江阴农民运动。民国17年9月任共青团武进县委书记，同恽逸群、陈忱白等在武进前黄地区发动农民向天宁寺僧开展减租减息斗争。民国19年秋，担任中共武进县委委员，到滆湖地区恢复党组织。翌年，先后到苏北响水口一私立中学、武进圩塘中学执教隐蔽。民国21年6月因叛徒告密，被捕入狱，民国24年交保释放。后经恽逸群介绍，到上海市商会函授学校工作，与中共中央驻沪特科接上关系，从事秘密工作。民国27年初，回到澄西，劝导在西石桥拉起抗日游击武装的梅光迪接受共产党领导。2月，奉特科之命，陪同中共党员刘钊和郑文道到梅部工作。他在上海以商会高级职员身份为掩护，多次把医药用品运往抗日根据地。民国29年秋，组织决定由他保管中共中央撤离上海时留下的中央文库，共4大箱2万余份文件，包括从中共诞生起至民国22年中共中央撤离上海为止的许多重要文件档案，其中有党中央各种（届）会议记录、决议案，党中央给各地的指示和红军军事文件，以及毛泽东、周恩来等起草的文件手稿。翌年，日本侵略军发动太平洋战争，占领英美租界。为安全计，经组织批准，他亲自将这批文件转移到市郊新闸路金家巷嘉运坊1839号简陋民房中保管。这时，他肺病加重，体力不支，仍每隔一段时间将文件搬出秘密翻晒，直到民国31年7月病情恶化，由组织决定，将中央文库移交给其他同志继续保管。他返回申港休养，民国33年9月病逝。

## 彭雪枫

彭雪枫(1907~1944)，原名修道，因欣赏唐杜牧诗《山行》，更此名。河南镇平县人。新四军第四师师长，烈士。民国14年(1925年)加入中国共产主义青年团，翌年转入中国共产党。先后在北京、天津、烟台、上海等地从事过地下工作。参加过二万五千里长征。抗日战争爆发后，先后任八路军总参谋处处长兼太原办事处主任、新四军河南确山后方留守处主任兼中共河南省委军事部长、豫东游击队司令员兼政委、新四军第六支队司令员兼政委、中共豫皖苏边区委书记、八路军第四纵队司令员、新四军第四师师长兼政委。

民国30年5月，彭雪枫率师进入皖东北，创立淮北抗日民主革命根据地,并兼任中共淮北区区委委员、淮北军区司令员。8月,创建第四师骑兵团。骑兵团与其前创办的《拂晓报》、拂晓剧团,合称四师"三宝"。翌年11月,他领导淮北抗日军民,展开艰苦卓绝的"33天反日伪大扫荡"之役。他料敌如神,指挥若定,与军民同仇敌忾,历大小37战,终于彻底粉碎日伪对淮北根据地的"大扫荡"。民国32年3月,国民党苏鲁战区副总司令韩德勤率部偷渡运河,骚扰淮北根据地。他率第四师主力,在新四军代军长陈毅指挥下,于境内山子头村,进行反击自卫,一战告捷,生俘韩以下官兵2800余人,击毙第十三纵队司令王光夏及独立旅旅长李仲寰。他治军严明,且与民众情同鱼水。第四师所到之处,不损坏群众一草一木,不拿群众一针一线。驻师大王庄,每逢春节,必设便宴与群众共乐;夏秋季节,必亲领将士助民收藏。他待人和蔼,视群众如手足,以维护民众利益为己任。曾寒夜薄衣率众为民救火,也曾于凶牛角下冒险救过儿童。民国32年8月28日,天降暴雨,淮水猛涨,大柳巷附近围堤决口。他闻讯带头截流抢险,终于保住沿岸居民生命财产。嗣后,经苏皖边区民主政府决定,将其抢险处一段围堤,命名为"雪枫堤"。是年秋,淮北中学受"反特扩大化"影响,发生所谓"淮中案件",蒙冤者达56人。次年2月,彭雪枫受中共淮北区委委托,主持清理此案。他注重调查,敢于承担责任,终澄清事实真相,纠正假案,为受诬陷者平反甄别。

他一贯生活简朴,严于律己,身患胃病,但始终与四师将士同吃大锅饭,和将士们共穿补丁衣,从不特殊。还亲自纺纱织布,下田劳作,身体力行,推进淮北根据地大生产运动。他的父亲不远千里来探亲,临行时,四师参谋长张震暗中送10元钱路费,他立即以稿费付还。淮北区党委整风,他不避失误,严格解剖自己,以坦诚赢得抗日军民的信任。他虽戎马倥偬,身不解甲,但对读书一向如饥似渴,亦常忙中偷闲,得开卷之益。他案旁自拟一则座名铭:"埋头、埋头、再埋头!苦读,苦读,一百个苦读。"居半城,镇东旧庙成为他的书斋。他是新四军中著名的文武兼备的高级将领。民国33年春,他率部发动春季攻势,连克归仁、韩圩等敌伪据点百余个,歼日伪军5000余人。8月15日,又率四师主力5个团,于大王庄召开西征誓师大会,即日浩荡出师,连连告捷。9月11日,在河南省夏邑县八里庄战斗中,不幸中流弹壮烈殉国,时年37岁。

同年冬,雪枫遗体运回半城。次年2月7日,中共中央在延安,淮北军民在大王庄,同时隆重举行追悼会。毛泽东、朱德、刘少奇、彭德怀、陈毅等党政军领导人，共同赠送挽联："二十年艰难事业，即将彻底完成，忍看功绩辉煌，英名永在，一世忠贞，是共产党人的好榜样；千万里江山破碎，正待从头收拾，孰料血花飞溅，为国牺牲，满腔悲愤，为中华民族悼英雄。"

## 沈　侠

沈侠（1910~1944），女，原名得如，字永安。泰兴市城北街人。烈士。民国25年（1936年）参加泰兴教师短训班学习。结业后，自办改良学校——启智学塾，意在启迪学生智慧，促进民族觉悟，还结合爱国主义和反封建礼教思想教育。她还用古人名言"业精于勤荒于嬉，行成于思毁于随"，激发学生奋发学习，努力向上，做国家栋梁之才。还对贫苦学生免收费用，赠送书籍和学习用品，深得学生和家长好评。民国26年"七七"卢沟桥事变后，她积极参加抗日救亡运动，反对国民党县政府迫害进步人士、教育局长巫恒通。民国27年10月，巫恒通被释放后，她当晚找到巫恒通再三要求同往句容参加抗日。巫见她态度坚决，便同意了。她将年纪尚小的几个小孩留给老人，毅然离家，从此走上抗日救国的征途。她女扮男装，随同巫恒通到丹阳姚家桥，找到江南抗日义勇军挺进纵队司令管文蔚，被分到挺进纵队战地服务团工作。同年12月，沈侠和王祥、梅彭克等到皖南新四军军部教导总队学习。在此期间，加入了中国共产党。民国28年5月，从军部学习回来后，到挺进纵队教导队任政治教导员。她经常到群众中去宣讲抗战形势，教唱革命歌曲，组织群众团体——青救会、农抗会、妇救会，动员青年参军。12月，她随挺进纵队教导队到溧阳，编入新四军江南指挥部教导大队二中队。此时，巫恒通领导的句容县东北区民众抗日自卫团已编为新四军第三团，沈侠等人调三团做政治工作。

民国29年5月，她随新四军三团部分人员到苏北抗日根据地工作，曾参加郭村战斗和黄桥决战。黄桥决战胜利后，她秘密返回仍被日伪军占领的泰兴城，准备将儿子和几个爱国青年带回部队，被伪军十九师发现并逮捕。经亲友帮助营救脱险后，到霞幕圩一带开展抗日活动，动员部分青年参加新四军。民国30年初，她又奉调回三团。秋天，日伪军对茅山地区发动疯狂扫荡。9月6日，沈侠和专员巫恒通及部分县级机关人员驻句容县二区中心乡大坝棚子，遭敌包围袭击。沈侠等人突围出来，巫恒通被捕，后绝食牺牲。民国32年2月，日伪军反复"扫荡"茅山根据地，筑篱笆、设据点，全面"清乡"。4月,国民党顽固派又调集重兵,围攻新四军。她身患肺结核病,不能随部队行动,经组织安排,到句容县王晨乡张巷一贫农家休养。她在养病期间,继续进行抗日宣传,做群众工作,成为当地群众和青年男女的知心人。民国33年,沈侠病情日渐加重,上级组织和当地群众,为她多方求医,仍然无效。当年8月中旬病逝,时年34岁。

## 王汉勋

王汉勋(1911~1944)。宜兴闸口乡楝树港人。民国21年(1932年)在上海大同大学理科毕业后,放弃出国留学和谋事的机会,毅然报考笕桥航空学校。毕业后,于民国23年2月去意大利航校进修低空攻击,兼习空降。后来又到美国进一步深造,掌握全面的飞行技术,成为当时为数不多的全天候飞行员之一。民国26年10月,担任国民政府空军第七大队中队长,奉命率领第七大队的20架低空攻击机,从南京大校场起飞,给吴淞入侵日军以沉重打击。民国31年,他曾一度担任教官。抗日战争后期,为减轻滇缅路上的运输压力,国民政府决定开辟中印航线。这条航线要飞越当时被国际航空界称为禁区的喜马拉雅山。他毅然请命,凭着高超的飞行技术和英勇的献身精神,胜利完成首航任务。民国33年8月5日,王汉勋被任命为空军运输大队长。7日,在一次执行空投任务中,飞机失事,为国捐躯。

## 徐国灿

徐国灿(1914~1944),又名子文。阜宁县九灶(今属九灶乡)人,生于贫苦农民家庭。烈士。民国29年(1940年)11月,参加民兵模范班。次年2月,加入中国共产党,不久任九灶乡乡长。为了团结群众抗日,发展地方武装,徐国灿首先动员三弟徐国光、四弟徐国水、侄儿徐宝富、徐宝功参加乡武装民兵。由于他全家带头抗日,九灶乡民兵组织迅速发展壮大。他经常带领民兵中队开展游击战,先后与日、伪军作战20余次。民国32年秋,在七灶一次战斗中,打伤日、伪军6人。是年冬,他带领民兵镇压了同族土匪头子徐国来。

民国33年2月19日拂晓,徐国灿兄弟叔侄5人刚完成战斗执勤任务回家休息时,突然遭到100多名伪军的偷袭。兄弟叔侄5人的大门均被敌人封锁。敌人放火烧房,徐国灿当机立断,带领兄弟叔侄破门突围,奋力与敌人拼搏。但因众寡悬殊,5人全部被俘。徐国灿怒骂:"和平军,狗强盗。你们是中国人,为什么不抗日,反而杀中国人?你们的狗命不长了!"在押解途中徐国光与敌搏斗,即遭杀害。其余4人被押解到阜宁。下午5时左右,徐国灿兄弟叔侄4人被押往阜城北门窑桥刑场惨遭杀害。临刑时,徐国灿大义凛然,毫无惧色,高呼:"打倒日本帝国主义!""中国共产党万岁!"在敌人乱刀之下,兄弟叔侄4人壮烈牺牲。时徐国灿30岁。

县、区领导得知徐国灿等5人牺牲的消息,立即通知三灶区队骨干队员趁夜潜入敌巢,抢回尸体妥善安葬。3月1日,《盐阜报》登载《一门五人被害,徐乡长壮烈牺牲》的消息,县委和县政府通过决定,将九灶乡更名为国灿乡,以示纪念。

## 陈发鸿

陈发鸿(1915~1944)。陕西省延川县人。烈士。民国24年(1935年)参加中国工农红军。抗日战争爆发后,先后任营长、副团长、团长。民国29年10月,随八路军五纵队到盐阜地区。"皖南事变"后,五纵队改编为新四军三师,他任二十二团副团长,民国32年任团长。该团号称"虎团",师长黄克诚称陈发鸿为"虎将"。

民国33年10月,陈发鸿率二十二团攻打盘踞在合德的日、伪军。19日夜半投入战斗。他们由城西南方向突过护城河和耕耘河,夺取南圩门的碉堡,攻下伪警察局,拿下四丈河边的敌炮楼,直插敌据点。街中心的陈树清庄圩炮楼是这一地区规模最大的工事、最坚固的火力点,驻有伪军的警备队,后又增加了从陈洋派来的伪六师师长陈光寒带领的两个连。这个炮楼以密集的火力封锁着街口。陈发鸿果断地指挥部队利用地形地物,迅速运动,凿通墙壁前进。很快,他们攻下了与陈家炮楼遥遥相对的孟家楼。他登上楼顶,居高临下指挥部队用机枪、迫击炮向敌炮楼扫射。负责爆破的穿过两道护城河,跃过战壕,摧毁外围火力点后,他又及时组织后续部队勇猛出击,终于攻下陈家炮楼。伪军头目率10余人落荒而逃,伪保安中队长等64人被俘获,伪军死伤30余人,整个合德外围的伪军全部被歼灭。但盘踞在合德内部的日军仍死守据点,依仗坚固工事,拒不投降。21日,陈发鸿亲临第一线指挥战斗,激战中不幸中弹,倒在血泊之中,时年29岁。

## 朱 前

朱前(1916~1944),原名贯义。涟水县余圩乡人。烈士。日军侵占涟城后,他积极投身抗日斗争。次年参加中国共产党。由于他对敌斗争有胆有识,工作热情高,开辟新区有办法,不久被调到离大汉奸王培坤盘踞的时码据点最近的光华乡任指导员。光华乡当时是伪化区。他一到那里,就发动群众摧毁了伪乡、保组织,组建共产党领导的乡、村组织和联防队。为对付敌人,在全乡搞破(破路)、拆(拆砖墙、庙宇)、打(打狗)等活动,把交通沟一直挖到日伪炮楼跟前。王培坤多次派遣武装匪特突袭光华乡,企图捕杀乡村干部,阴谋未能得逞,又用重金收买共产党地下情报员钱继成,为他们提供情报。

民国23年(1934年)6月16日夜,朱前等在颜老庄颜孔芳家召开乡村干部会议。会后分散休息时,叛徒钱继成以取情报为借口到时码向王告了密,王培坤立即率伪军百余人包围颜老庄。拂晓时分,敌人向颜孔芳家发起突袭。住在隔壁的朱前本可以撤走,但他为了住在颜孔芳家干部的安全,随即向敌人开枪,接着以翻墙撤退的动作把敌人吸引过来。他在熹微的晨光中边打边退,不慎跌进一个深塘,塘中水浅淤深,难以拔足,为敌所俘,干部群众百余人同时被敌人抓走。在审讯室里,王培坤一见怒目相对的朱前,便冲上去一把抓住他的头发,飞脚向他一阵猛踢,直踢至脚软腿酸才开始审讯。朱前知道自己已被叛徒出卖,王培坤决不会放过自己,他厉声痛斥王培坤出卖灵魂、出卖祖国、认贼作父的滔天罪行。王培坤恼羞成怒,遂把各种毒刑加在他的身上。他们用皮鞭抽,板凳砸,烙铁烙……企图叫他屈服。他一次次昏过去,但每次醒过来,仍斥骂不止。6月18日凌晨,朱前被押赴刑场。他高声痛骂不绝,敌人忙用绳子勒紧他的脖子,用刀戳他,他还是怒目圆睁。刽子手铡去了他的双臂、下肢,最后又将他的脖颈放到血淋淋的铡刀下。他牺牲时,年仅28岁。乡长华月荣、中队长马桂仁等同时遇难。

## 江 村

江村(1917~1944),原名蕴锵。南通县(今南通市)人。演员、诗人。从小喜爱戏剧,在中小学时即登台演出,显露才华。为了投身戏剧事业,他考入南京国立戏剧学校,抗日战争爆发,随校至长沙、重庆,一路开展抗日救亡宣传活动。民国28年(1939年)毕业分配到中央电影摄影场工作。后调中国电影制片厂,同时,参加上海业余剧人协会,投入到中国共产党领导下的进步戏剧活动中。三四年中,参加话剧《阿Q正传》、《蜕变》、《闺怨》、《夜上海》、《雾重庆》、《棠棣之花》、《虎符》、《大雷雨》、《北京人》,电影《中华儿女》、《白云故乡》、《日本间谍》等一系列艺术实践,其艺术才能达到新的高峰。当时在重庆的周恩来评论:"江村扮演《北京人》曾文清一角,把曾的文弱和书卷气都刻画出来,令人信服。"十余年后,周恩来再看《北京人》时,对江村已死,感慨地说:"其他角色都好办,再找像江村那样合适演文清的演员,就难了。"于此可见其对江村赞誉之深。

　　江村在重庆生活很艰苦,演出同时,努力读书,写诗、著文,作品洋溢着爱国热情和对革命事业的向往、赞美。尤其是诗作,深得郭沫若的赏识。《嘉陵江水静静地流》一诗曾被谱曲,一时传唱。民国33年冬拒绝排演《蓝蝴蝶》等反动戏剧,与一批进步演员到成都另辟阵地。民国33年病逝,时年27岁。郭沫若为其墓撰写了碑文。

# 白桐本

　　白桐本(1920~1944),原名白本桐,字梧村。河南省巩县水峪乡古桥村人。烈士。民国26年(1937年)初中毕业。翌年春,他辞别新婚妻子,奔赴抗日战场,参加八路军,不久加入中国共产党。民国29年随部南下,参加新四军一师战地服务团,在如皋栟茶、丰利等区做民运工作,先后担任新四军一师三旅七团九连、如皋县警卫团二连指导员。为了支持地方斗争,民国30年底,被派到如皋县马南区(今属如东县)任区队教导员。次年1月,马南区与掘南区两区合并为掘马南区,他担任区长兼区队长。掘马南区是日、伪"清乡"区,200多平方公里的土地上,3000多名日、伪军警及特工人员盘踞着十几个"梅花桩"式的大小据点。他经常率领区队,巧妙地伏击敌人。民国32年2月25日,新四军一师三旅七团攻打曹埠,他带领区队伏击从孙窑出援的两个排伪军,获得胜利,还俘虏了一个伪排长。在残酷的对敌斗争中,白桐本带领的区队不断发展壮大,很快地从原来的12人、4支步枪,发展到90多人、60支步枪和1挺轻机枪,各乡民兵也很快发展到2000多人。他带领区队的民兵开展游击战,搞得日、伪军日夜不宁,一听见白桐本的名字就心惊胆寒。

民国33年3月初，堤南乡乡长张发春被捕牺牲，为了恢复堤南乡的工作，白桐本不顾自己患病亲自前去。曹埠伪军中队长得到密报，带着两个排的伪军，直扑白桐本驻地，三面包抄上去。白桐本在突围时，头部、臂部中弹，昏倒后被捕。3月23日，白桐本在南通江北中央医院壮烈牺牲，时年24岁。噩耗传来，万人恸哭。后以他原型创作的长篇小说《映天红》出版后广为流行，人们争相传阅。

## 武同举

武同举（1871～1945），字霞峰，别号雨轩、一尘。清海州南城人（今连云港市南城镇人）。水利专家。早年考取秀才，被选为拔贡生，后考取举人。曾任海州直隶州通判，掌管粮运及农田水利事务。

宣统元年（1909年）加入张相文创办的中国地学会。宣统三年起，中国地学会《地学》杂志陆续发表他的《江北行水今昔观》、《会勘江北运河日记》等水利论著，后汇成《雨轩剩语》出版。民国2年（1913年）2月，他应督办段之范聘请，与法国工程师克那纳共同勘察海州港口（今连云港）。勘察中，他在克那纳保守测量数据、中途撤走测量舰船的情况下，激于爱国义愤，借淮海水师巡逻船独立完成了海上测量，写出《测绘海州港口导记》。民国4年，他急于苏北水患，呼吁政府当局兴修苏北水利。民国8年至民国12年，《江苏水利协会杂志》发表了他的十多篇治水论著。民国12年任江苏水利署主任，兼河海工科大学水利史教授。民国17年任江苏建设厅第二科科长，掌管全省水利事务。期间，还兼任江北运河工程局秘书，并被中央大学聘为中国史讲师。同年，受安徽通志馆约请，编写《安徽通志》的《水系》、《水工》部分。是年，他辛苦经营三年的《淮系年表全编》出版。民国20年任江苏建设厅第二科视察。民国24年10月，《江苏研究》月刊发表其《对于鲁代表治黄河意见拟分流入南河故道之驳论》；是年全国《水利月刊》发表其《宋元明代之黄河》论著。民国25年在全国经济委员会水利处组织和水利学家郑肇经主持下，武同举与赵世暹编辑了《再续行水全鉴》。民国26年抗日战争爆发，全家避难扬州、宝应、东台等地。民国28年返回上海居住，专事《江苏通志·水工稿》的写作。民国29年，武同举辛苦十年发愤纂写的《江苏水利全书》垂成。该书原名《私纂江苏通志水工稿》，共7篇43

卷,150万字。该书记载了自公元前2286年至民国26年,上下4000年间的江苏水道、湖海变迁沧桑,"堪称华东水利资料之宝库",为江苏省水利史上空前的一部水利全书。

## 仇埰

仇埰(1873~1945),字亮卿,一字述庵。南京人。出身书香世家。17岁考上秀才,不久补为廪生。清光绪年间留学日本,入弘文书院习教育。宣统元年(1909年)拔贡,殿试分省浙江以知县用,以矢志乡梓教育事业,乃托词亲老,辞不赴任。时已在南京与伍仲文等创办四区模范小学。历任第一模范学堂(校)堂长(校长)、四区模范小学总办、宁属师范学监(教务主任)。辛亥革命后,接收设在钟山书院旧址的江南高等学堂(在今太平南路白下会堂处),创办江苏省立第四师范学校,任校长达15年。设有附属小学供学生教学实习之用。民国10年(1921年),在附小设有职业班,便利不升学的学生就业。同年,为发展农村教育,创办栖霞乡村师范分校,又在南郊小行设附小乡村分部。民国12年,为弥补中学艺术科教师不足,在本校增设艺术专修科,学制2年,专收师范毕业生入学。他办学认真,执教严格,聘请教师极为慎重,必皆饱学深思之士。因此,15年从未辞退过一位教师。招收学生考核严格,从不徇私。对学生亲如子侄,谆谆教导,师生情感极厚,爱才若渴,学生遍大江南北。50岁后,他开始着力填词,在词坛传为佳话。退休后专治词学。他治学严谨,严守声律,虽应酬之作亦不苟为。抗日战争爆发后,他辗转楚粤而后避居上海,屡拒敌伪威胁利诱,虽贫而志不移。他以卖文售字为活,托忧患伤时之情于吟咏。高风亮节,为时人敬仰。他与石云轩、孙阆仙、王东培结蓼辛社,号称"蓼辛社四友"著称词坛。他还是南京如社和上海午社的词人,在近代词坛享有较高声誉。著有《鞠燕词》2卷,还辑有《金陵词钞续编》6卷。故居在今秦淮区金沙井。

## 范旭东

范旭东(1883~1945),原名源让,字明俊,后改名锐,字旭东。祖籍湖南湘阴,生于长沙。实业家、化学家。光绪二十七年(1901年)赴日本留学。宣统二年(1910年)毕业于京都帝国大学化学系。翌年辛亥革命爆发,由日本返国。民国元年(1912年)春,任职于南京临时政府工商部。次年8月,应周学熙之聘参与整顿造币厂事宜,因所拟计划无法实现,任职两月,遂辞职。同年赴欧洲考察盐政工业。在英、德、比等国考察期间,多次受到冷遇,深受刺激,坚定了自力更生的创业思想。民国3年春归国,至塘沽筹设久大精盐公司;7月在塘沽建久大精盐厂。后又相继创办永利碱厂、永裕盐业公司、黄海化学工业研究社,范历任总经理、董事长、化学工业会副会长等职。民国14年3月,永利碱厂因干燥锅烧坏,被迫停工。其后排除英国卜内门公司谋垄断中国纯碱市场干扰,于第二年6月,重新开工,以"红三角"牌纯碱参加在费城举行的美国建国150周年博览会,获金质奖章。产品堪与世界著名之卜内门纯碱媲美。民国23年4月,永利制碱公司改组为永利化学工业有限公司,范任总经理。同年在南京卸甲甸兴办永利硫酸铔厂。范与侯德榜吸取创办永利碱厂的经验教训,决定引进美国设备和技术,组织国内人力、物力施工安装配套设备。经过两年筹建,民国25年被批准为特许公司。翌年2月投产,日产硫酸铵150吨、硝酸40吨,填补了中国基本化学工业的一大空白,成为当时亚洲第一流的硫酸铔厂。民国26年,抗日战争爆发,塘沽沦陷,他经香港转往南京。在香港时,他拒绝日人收购永利之要求。12月南京沦陷,永利硫酸铔厂被炸。后他辗转于四川、香港等地。民国30年12月由香港回重庆。先后担任第二届、第三届、第四届国民参政会参政员,并与周恩来、林伯渠、董必武等有过多次交往,曾说:"中国的未来,只有靠中国共产党才有希望。"民国34年5月,他代表"永利"在华盛顿与美国进出口银行洽谈1600万美元信用贷款;同年9月,被选为中国化学会理事长。后因"十厂计划"未被国民政府批准而愤忧成疾,于同年10月4日病逝于重庆。毛泽东送挽联:"工业先导,功在中华。"

## 蒋自明

蒋自明(1896~1945),原名诚道。铜山县大庙乡孤山村人。早期革命工作者。出身于贫苦农民家庭,为求生路,相继辗转于上海、青岛、济南、天津、北京、郑州等地,当过勤杂工、厨师、铁匠、泥瓦匠、木工、油漆工、铁路工人、纱厂工人,扛过大包,卖过报纸。民国6年(1917年),他远涉重洋到法国当华工,第一次世界大战结束后回到祖国。民国15年,在徐州友人资助下,他开设徐州第一家西餐食品店。由于经营有方,很快便成了富有的大老板和地方知名人士。他同情、支持革命,结识了一些共产党人和进步人士。大革命失败后,徐州食品店成了革命者的秘密活动场所。他千方百计掩护徐彬如、宋绮云、陈亚峰、耿建华、郭子化等一大批革命者。此间,他悄悄学习《共产党宣言》等革命书籍,具备了一定的革命理论修养。民国23年,他应中共西安地下组织负责人宋绮云等人邀请,到西安建起西安市第一家西餐馆。后在杨虎城将军等资助下于莲湖公园旁建起莲湖食堂。此后数年,莲湖食堂实际成了中共西北特别支部的联络站、招待所、兵站和情报所。在这里,他接待、资助、掩护了大批革命干部和志士仁人。同时还大力资助中共中央西药、家具、日用品、文具等,为苏北、鲁南、陕南及上海的地下党组织筹措大量经费、物资和武器。此外,因莲湖食堂与杨虎城将军的公馆毗连,他不久便与杨成了好朋友,对杨虎城将军的思想变化也产生了积极影响。西安事变后,中共中央代表林伯渠曾多次到西安,在莲湖食堂指导党的工作。民国26年,毛泽民、钱君陶去新疆途经西安,就是由蒋自明接待并掩护送走的。后来,他以公开身份掩护过往西安的周恩来、朱德、彭德怀、叶剑英、南汉宸等。他们因工作需要,也常来莲湖食堂办宴。这期间,他还机智多谋地为共产党搜集大量极为有价值的情报。

蒋自明忠于共产党的事业,曾多次提出加入中国共产党的申请,但组织上认为他留在党外更为有利,他坚决服从。民国27年,他曾迫切要求到延安去,但党中央及毛泽东主席认为,他仍留西安更为合适。蒋自明便以大局为重,安心在西安竭尽全力完成共产党交给的各种任务。民国29年,莲湖食堂搬迁,次年更名为百乐饭店。百乐饭店仍是中共陕西省委、八路军西安办事处的联络点。后来,蒋自明的行动引起国民党特务机关的注意,受到监视。民国34年,敌人强占百乐饭店,将他逼走。同年10月18日,在国民党反动派迫害下,他终因心力交瘁,与世长辞,时年49岁。

蒋自明在敌人心脏里战斗了大半生,将全部所得毫无保留地奉献给革命事业。他临终时口袋里只有可买一盒火柴的钱。林伯渠称他为"党外布尔什维克"。中共党组织将他安葬于江苏义地。建国后,党组织将他迁葬于三兆公墓。1984年,再移西安烈士公墓。

## 龚继成

龚继成(1900～1945),字骏声。海门县(今海门市)常乐镇人。民国12

年(1923年),毕业于交通大学唐山工学院土木工程系。后任津浦铁路北段及沈海铁路工程师,民国18年调任杭江铁路(后改称浙赣铁路)测量队长。铁路动工后任第一总段段长,协助钱塘江大桥的工程勘测,拟订施工方案。民国22年,随瑞典专家斯文赫定进入新疆考察,历时1年余,完成兰新铁路及天山南北公路路线的勘察任务。民国24年,调任陇海铁路工程局第一总段段长,负责兴修西安至兴平段铁路,在咸阳渭河上兴建全长400米10孔下承式钢板桥梁。龚继成设计制成高压水力喷射器,处理卵石河床,解决技术难关,使工程顺利按期完成。

民国26年,他奉国民政府铁道部委派,勘测宝鸡至成都铁路线,首次采用航空测量与地面测量结合的选线法,测定几条穿越秦岭的比较路线,为解放后修筑宝成铁路的定线工作提供了宝贵资料和数据。其后不久,调任全国铁路运输工务处副处长。翌年,调交通部技术厅,负责新路设计工作。同年,又调任滇缅铁路第二总段段长。在辖境30余里内,就地取材,自力更生,用红土、石灰混合代替水泥制成沙浆;伐树加工制成枕木,建成隧道10座,高架桥8座。民国29年,调西祥公路工程处任副总工程师,负责建造西康省境内全长264公里的公路,仅用8个月时间即建成通车,受到国民政府交通部通电表扬。民国31年,日军侵入缅甸,攻占滇缅边境龙陵县,滇缅铁路西段工程被迫停工,滇缅公路也被切断,国外援华物资不得不采取空运。是年冬,龚继成调云南呈贡机场施工委员会任主任委员,负责修建2公里长的飞机跑道和12座机堡工程,仅用63天时间即建成交付使用。民国33年,为打通中印国际通道,国民政府决定修筑中印公路,委任龚继成兼任这条保密公路新工程处处长及油管工程处处长,负责抢修中印公路;同时铺设平行于保密公路的油管工程,保证军用物资供应。是年,又升任军事委员会工程委员会总工程师兼任丹竹、白士驿、简阳等军用机场工程处处长。在内迁昆明的北平研究院严济慈及51兵工厂协助下,经2年多时间认真研究,试制成功中国第一台国产自制经纬仪,解决了大后方缺乏测量仪器的困难,获国民政府交通部金质奖章。民国34年1月19日,中印公路全线通车,油管工程亦于是年6月7日完成,通油至昆明、呈贡等地。日军投降后,他仍在西南大后方工作,同年因患脑溢血在昆明病逝,时年45岁。

## 费 巩

费巩(1905~1945),原名福熊,字铁寒,后字季曾。原籍吴江县同里镇,至其祖父时迁苏州。清光绪三十一年八月十八日(1905年9月16日)生于苏州。费树蔚之子。爱国民主人士,烈士。民国12年(1923年)考入复旦大学。民国14年参加"五卅"运动。当年冬,与袁世凯孙女袁慧泉(原名袁家第)结婚。民国15年,从复旦大学社会科学科政治学系毕业后,自费学习外语2年,赴法国留学,又转入英国牛津大学攻读政治经济学科,获硕士学位。民国20年毕业,取道苏联回国,在中国公学任教。次年,回复旦大学任教,讲授中国的政治制度。民国22年秋,应聘浙江大学任政治经济学教授。期间,他努力追求真理,支持进步学生,驱逐反动校长。抗日战争爆发后,浙大迁往贵州遵义,在竺可桢校长再三邀请下,他以决不参加国民党和不领取训导长薪俸为条件,担任训导长。由于他改革训导制度,想方设法改善学生伙食,维护学生的正当权益,仅半年,就被国民政府教育部以放纵共产党活动,阻挠国民党党务工作的罪名,胁迫去职。民国30年"皖南事变"后,他挺身掩护进步学生。民国32年春,蒋介石发表《中国之命运》,鼓吹法西斯主义。他不顾个人安危,发表讲演和文章,尖锐地抨击国民党的专制独裁统治。民国34年1月,他从遵义到重庆休假,并准备应邀到北碚复旦大学去担任为期一年的特别讲座。2月,他在郭沫若、柳亚子等人发起的《文化界对时局进言》上签字,公开反对国民党,支持共产党。国民党当局早已蓄意谋害他。民国34年3月5日凌晨,他准备到北碚复旦大学讲学,在重庆千厮门码头遭国民党特务秘密绑架。这就是当时轰动国统区的"费巩失踪案件"。当时,费巩的亲友、同事、学生及重庆各界都密切关注着费巩的安危,奔走营救。复旦、浙大的学生会分别发表告各界同胞书,并以罢课抗议国民党当局暴行。周恩来亲自出面与当局交涉,要求释放这位有影响的爱国民主教授。民国35年1月,在政协会上,周恩来、董必武等代表中共向国民党提出和平谈判的八项要求中,指出:"立即释放叶挺、廖承志、张学良、杨虎城、费巩。"同时,延安《解放日报》、重庆《新华日报》都发表文章、社论进行揭露。费巩先被关押在重庆卫戍司令部稽查处,后被关进中美合作所渣滓洞特别监狱。在狱中,他天天痛骂国民党,特务们对他软硬兼施,施以毒刑,均无济于事。最后,特务们根据密令,残酷地杀害了费巩。为毁尸灭迹，竟惨绝人寰地将其遗体丢入硝镪水池化掉，时年40岁。费巩著作主要有《英国文官考试制度》、《英国政治组织》、《比较宪法》、《世界各国政体》、《中国政治史》（上古篇、中古篇、下古篇）、《中国经济问题》、《政治经济学原理》、《中国政治思想史》、《中国政治制度史稿》。1978年，上海市人民政府追认他为革命烈士。1981年，三联书店出版正棠、玉如著《费巩传》。

# 韦一平

韦一平（1906～1945），又名瑞珍。壮族，广西罗成县人。中共早期党员，烈士。民国12年（1923年）离家投身革命，次年加入中国共产党。民国14年，加入广东国民革命军，参加北伐战争和广州起义。民国18年参加百色起义，后被编入红七军，逐渐成长为出色的红军指挥员。次年冬在战斗中负伤转入地方，历任永新县委军事部长，萍（乡）安（福）宜（春）中心县委组织部长、县委书记，吉安中心县委组织部长、宣传部长等职。坚持在崇山峻岭中与敌人斗争，被称为"无产阶级硬骨头"。民国28年10月，任中共苏北特委书记，与副书记惠浴宇密切配合，积极创建苏北根据地。为了适应革命形势的发展，特委着力抓住培养干部这一战略措施，连续举办多起两个月一期的党训班。同年9月，任苏北区党委组织部长、泰兴中心县委书记。10月，黄桥决战期间，在韦一平领导下，中心县委组织群众，运送担架和粮秣，并发动游击战争，有力地支援和配合了主力消灭敌人。民国30年3月，在日伪军对苏中第三分区频繁"扫荡"的严峻形势下，任中共苏中第三地委书记兼军分区政委，发动群众，开展减租减息运动，发展党组织，建立工、农、妇女等群众组织，加强民兵建设，壮大人民力量，粉碎了日伪的"扫荡"，巩固和发展了革命根据地。民国31年3月，调任苏中地委书记兼军分区政委。次年春派出短枪队，支援四分区反"清乡"斗争。同年12月，又调任中共苏中第一地委书记兼军分区政委。组织军民配合主力部队，包围敌伪据点，进行军事打击和政治瓦解，彻底粉碎了敌人的"铁壁合围"和"梳篦扫荡"。人民武装由一年前的数百人发展到十余万人，苏中一分区控制的区域也发展了80%以上。民国34年2月，韦一平调任苏中军区教导一旅政委。4月，率部横渡长江进入浙江西部。教导一旅改为苏浙军区第四纵队，他仍任政委，参加天目山反顽战斗，从富春江打到吉安、孝丰，连战皆捷。浙西特委、浙西军分区成立时,他兼任书记和政委。当年日军投降后,韦于10月率部撤出天目山地区。15日晚,他带领近千名新四军指战员和地方干部,乘坐"中安"号客轮从武进县荫沙起航,横渡长江。途中因船底漏水,加之严重超载,行至泰兴县天星桥南江面时,轮船沉没。作为船上的最高领导,他迅速采取紧急措施组织抢救,附近的渔船闻声亦赶来抢救。终因天黑,风急浪高,只救出几十人。在危急关头,警卫员找到1块木板,救护韦一平泅渡。而韦命令他速走,并将他推入水中,使警卫员得以生还,自己却光荣牺牲。时年39岁。后葬于扬州蜀冈万松岭烈士陵园。

## 潘 琰

潘琰(1915～1945),女。徐州市郊大郭庄人,后居徐州城。烈士。民国23年(1934年),潘琰考入徐州立达女子中学。在学校,她受新文化的熏陶,勇敢地向封建礼教挑战。她在潘氏家族青年中组织家庭协进会,经常开会交流读书心得,讨论国家大事。"一二·九"学生爱国运动消息传到徐州,各校学生义愤填膺,积极响应。潘琰站在运动的前列,被选为立达女子中学的学生代表。她联合各校学生举行示威游行,高呼"停止内战,一致对外""打倒日本帝国主义"等口号。"七七"事变发生后,潘琰积极宣传抗日,参加排演话剧"兄妹从军"。日本飞机轰炸徐州时,她积极参加医务班,救护被炸伤的军民。民国26年12月,南京、济南相继沦陷。战火燃烧到家门,潘琰毅然投军从戎,参加第五战区学生军。在她的影响下,潘氏兄妹叔侄从行者达13人之多。学生军在徐州集训一周后即行军南下,后来编入青年军二团分组受训。女兵50多人组成宣传队,分派到湖北省罗田县农村,从事抗日宣传,组织训练群众。民国27年秋,宣传队奉命去武汉,当时正值守军撤退,敌机不断狂轰滥炸。当局下达解散宣传队、队员各自谋生的命令。潘考进湖北省立建始女子师范。不久,她便参加了该校三年级学生闻立玲(共产党员、闻一多的侄女)组织的抗日救亡歌咏队,积极开展抗日宣传。学校地下党组织发现她思想觉悟高,宣传工作出色,吸收她参加了共产党。她更加不分昼夜地为党工作,不久担任了支部宣传委员。民国29年夏,中共建始县委鉴于形势恶劣,把建始女师党员全部疏散隐蔽。民国32年秋,她考入西南联合大学。民国34年8月,抗日战争胜利。国民党积极进行内战部署,并不断向解放区进攻,遭到全国人民的强烈反对。当时被誉为民主堡垒的西南联大的师生，积极开展争民主、反内战运动，举行反内战时事晚会，罢课，走上街头宣传等活动。潘琰是联大开展学生运动的骨干力量。12月1日上午，大批国民党歹徒，荷枪实弹冲进联大，对师生进行血腥镇压。潘琰组织同学同国民党歹徒论理和搏斗。斗争中，潘琰受了重伤，但她仍支撑着被手榴弹炸伤腹部和被弹片削去手指的身躯，奋力抢救倒在血泊中的同学。这时歹徒们又凶狠地对她猛刺三刀。她忍着剧痛，不住高呼："要民主，反内战！"后来她被抬到云南大学医院抢救，终因伤势过重，抢救无效，于当日下午心脏停止了跳动，时年30岁。

## 申德辉

申德辉(1917～1945)，字安仁。今建湖县草堰口镇人，贫苦农民家庭出身。烈士。民国28年(1939年)，考取高邮乡村师范。次年暑假期间，在家乡加入中国共产党。

民国29年10月，盐阜区抗日民主政权建立，党组织安排申德辉去盐阜地委举办的民运干部训练班学习，结业后分配到盐城县十四区任区财粮员。翌年9月，建阳县立县后改任三区公安特派员。他经常化装潜入草堰口、上冈敌伪据点，搜集情报，执行锄奸任务。申德辉选拔三区各乡民兵骨干，成立反摸黑队，自任队长，多次击败来犯之敌，迫使敌人夜晚龟缩不出。民国31年秋，他奉命率领武工队，在四区区队配合下，深夜袭入新兴场日、伪据点，当场处决5名汉奸。他还多次带领武装人员在上冈、草堰口、石桥头、廖家庄等敌伪据点附近开展反伪化斗争，敌人对他又怕又恨，到处张贴布告，悬赏捉拿。民国33年，升任县公安局副局长的申德辉因斗争需要仍留三区工作，继续领导军民开展对敌斗争。民国34年2月6日，他回家探母被当地汉奸发现后告密，敌100多人包围了申家墩子，他边开枪还击边向西撤，不幸被捕。敌人将他押送至上冈伪军第四军四十四师师部，对他进行威胁利诱不成，又施以种种酷刑，企图逼他交出县委敌工部设在伪化区的内线关系。他坚贞不屈。党组织派其母以探监名义去上冈与他取得联系，以便营救。他对母亲说："忠孝不能两全，儿子是为民族谋解放的，报国何惜此身。宁叫死后留名在，不叫死后落骂名。"他要母亲转告党组织，敌人必将置他于死地，不要对敌人抱有幻想，以免分散斗争力量。同年5月，他被解送至盐城伪军第四军军部。伪军军法处长亲自审问，严刑逼供，仍一无所获。同年11月上旬,申德辉惨遭伪军活埋,时年28岁。

## 张道平

　　张道平(1917～1945),原名张文盛。铜山县汉王乡蛤针窝村人。烈士。民国22年(1933年)考入铜山师范。他团结进步学生,组织成人读书会,宣传抗日救国。"一二·九"运动传到徐州,他踊跃参加,上街游行,贴标语,散传单,后被国民党当局逮捕。在狱中,他继续进行斗争。民国26年4月获释,9月加入中国共产党。

　　徐州沦陷后,他在铜东南地区同万众一取得联系,很快组织起十几人的抗日武装,后又与邵幼和、鹿卓继的游击队汇合。这支队伍称苏皖游击队,三个月后发展到130多人。他们扰据点,除汉奸,打鬼子,破铁路,成功地遏制了日军"三光政策"的推行,为铜东抗日根据地的建立打下良好的基础。同年冬,游击队到达邳县北部,编为八路军山东纵队陇海游击支队一团三营,张道平仍负责政治思想工作。民国28年4月,张道平随游击支队南下到达邳睢铜地区,根据党的决定留在地方开展党的建设工作。中共邳睢中心县委成立,张道平任书记。次年11月,邳睢铜三县地方抗日武装统编为八路军苏皖纵队三大队,张道平任政治委员。民国30年,张道平被调到中共华中党校学习,翌年春返回,任邳睢铜地委组织部长。

　　此后,张道平不仅组织、参加战斗,负责党的组织工作,还根据上级要求积极领导地方人民开展增资反霸斗争和大生产运动。他废寝忘食地奔走在三地委所辖各县,调查情况,宣传政策,审查干部,组织领导班子,夜以继日的工作。恶劣的环境,艰苦的生活,繁重的工作,使张道平积劳成疾。民国34年2月,他病逝于邳县岠山村。张道平去世后,中共淮北三地委追认他为革命烈士,并授予他"优秀共产党员"、"青年干部楷模"的光荣称号。

## 许午阳

　　许午阳(1918～1945),上海人。烈士。民国22年(1933年),加入中国共产主义青年团。民国23年5月,在一次散发传单中,他被国民党特务逮捕,关进苏州"反省院"。民国26年春获释,同年加入中国共产党。不久,由组织上送去延安学习。民国27年春,被派往鄂豫皖抗日根据地,任中共霍丘中心县委委员兼军事部长。民国29年春,由津浦路东联防办事处派往高宝湖西开辟抗日民主根据地,先后任涂沟镇镇长、银涂区委书记、区长兼北湖巡湖大队大队长,高邮县委副书记兼武委会主任等职。涂沟镇紧靠宝应湖边,政治情况复杂。许午阳任镇长后,一方面发动群众,壮大人民武装;一方面分化瓦解敌人,团结争取大多数,很快就打开了涂沟镇的工作局面。他曾智破潜伏敌特唐磊,粉碎宝应办事处武装中队中一次里应外合的兵变;果断地处理了一起内奸勾结土匪杀害共产党干部的火星庙事件。

民国30年秋收季节,盘踞在宝应县城的日伪军出动两艘汽艇,各拖一条大木船,越过宝应湖,准备窜至银集抢粮。许午阳得知情报后急中生智,巧施调虎离山计。当敌人的汽艇进入内河以后,他组织100多人在复兴圩河口挑泥运树枝,填河打坝。刚登岸的日军指挥官发现退路即将被堵,即丢弃大木船,慌忙登上汽艇,开足马力向河口退逃。许部没费一枪一弹,缴获了敌人的两条大船。民国32年5月,许午阳调天高办事处负责敌工工作,承担争取瓦解高邮湖湖匪的重任。首先争取湖匪头目冀长清,后通过他与另几个匪首相约谈判,深入虎穴,向众匪首宣传抗日道理,众匪首理屈词穷,无言以对。谈判以后,几股小湖匪陆续瓦解。大土匪头子刘长法虽仍执迷不悟,但因势孤力单,不敢轻举妄动。从此,根据地与敌占区的贸易往来恢复正常。是年9月,许午阳调往淮南党校学习,后任中共嘉山县委书记兼嘉山支队政委。民国34年10月2日,在嘉山的一次反击战中,许午阳受重伤牺牲,时年27岁。

## 徐佳标

徐佳标(1926~1945),灌云县人。烈士。出身于贫苦农民家庭。抗日战争期间,父亲被日军抓去当劳工,后惨遭杀害。民国32年(1943年)冬,徐佳标在逃荒路上参加新四军。他怀着对敌人的深仇大恨,刻苦学习军事技术,在战斗中英勇顽强,不怕牺牲。民国34年4月,在阜宁战斗中,他一人赤手空拳连夺敌人两挺机枪,被授予"阜宁战斗英雄"称号,升为班长,并加入中国共产党。同年9月6日,在解放淮阴城的战斗中,徐佳标所在的第三师特务团担任南门主攻任务,他为攻城尖刀班班长。下午两点,在爆破城门没有成功后,主攻的七连奉命强攻。他一手抓云梯,一手握枪,背上斜插着火红的战旗,冲到最前面。接近城墙时,他第一个架起云梯,向城头攀登。

敌人依托碉堡、城垛,居高临下,严密封锁登城点,手榴弹一排排扔向城下,登城战士受到很大伤亡。徐佳标在快到城头时,脚下的云梯被炸断了。他眼疾手快,紧紧抱住城垛,奋力攀上城头,把红旗插在城头上。就在这时,一个敌人凶狠地举起马刀,将徐佳标的双手齐腕砍断。他昏倒在城垛边上。待他醒来时,发现敌人暗堡里的机枪,正在封锁着战友冲锋的道路,愤极的徐佳标忍着剧痛,用双臂支撑住身体,一点一点地挪向敌人的火力点。当靠近敌人的枪口时,他用尽全力猛扑上去,用双臂紧紧夹住机枪管,用自己的身体堵住了机枪口,使大部队迅速涌上城头,冲向城内。徐佳标牺牲时,年仅19岁。

为了表彰徐佳标的英雄事迹,新四军第三师党委授予他"淮阴战斗英雄"称号,并且把淮阴城南门命名为"佳标门",他生前所在的班为"佳标班"。

## 谷振之

谷振之(? ~1945),又名谷金声。南京江宁人。汉奸。早年于南洋九镇随营学校毕业。民国9年(1920年),经陈汝良介绍到大丰垦殖公司保安团当兵。民国18年,升为排长。民国19年,大丰实业保安团编入通泰海启实业特务警察队,他任第三大队第一中队中队长,不久升为"实警"第三大队大队长。民国24年,辞职去沪,与广生油厂的大商人合伙经商于上海、南通和今大丰、射阳等地。发迹后,又回新丰镇和大中镇,先后开设正东油坊、正太油坊,投股淮南纱厂、益昌花行、大中浴池,成为大中地区富商。民国27年,江苏省政府从镇江迁至苏北。省长韩德勤为扩充反共实力,大肆收罗反动武装,谷振之旧部被收编为苏北沿海实业保安警察第三总队,他为总队长。民国29年10月,谷振之率其旧部编入苏中警卫团。次年夏,叛国投敌于日、伪军,被委为伪第二集团独立第一旅旅长。他烧杀抢掠,无所不为,经常指使吴瑛、王福山、叶步发、朱养怀、赵英等人率部下乡"扫荡"。他凭借权势,鱼肉百姓,占有良田1.02万亩,私寓190余间(含扬州境内)。民国32年农历十二月十五日,台北县(今大丰)独立团采取围攻打援战略,准备铲除这个作恶多端、民愤极大的汉奸。独立团先袭破新丰镇两河口的谷部碉堡,再火烧正东油坊,以吸引谷亲率大队从旅部(驻大中集)来新丰镇援救。拂晓,谷进入了伏击圈。经过一阵激烈枪战,谷丢下被击毙的10多具尸体,率余部仓皇西窜,侥幸漏网。两天后,谷为报"折兵"之仇,残酷地将同德乡乡长蒋伯萱杀害。民国34年,大丰、新丰敌据点的日军已全部撤离,谷军却拒不投降。9月13日,新四军苏中军区主力部队特务二团等部,在管文蔚司令员、吉洛(姬鹏飞)政委、分区张震东司令员的指挥下,对大中、新丰地区之敌发起总攻。经过一天激战,新四军攻入伪旅部。谷自知末日来临,跑进监狱亲手打死6个关押人员以后,以短枪自杀。

## 朱　棨

朱棨(1860～1946),字伯符。涟水县蒋庵乡朱楼村人。晚清禀生,地方著名教育家,爱国民主人士。清末,他先后任江北公立中学(在今淮阴市区)监督、安东县(今涟水县)儒学学务总董、劝学所所长。民国初,任安东县署学务课长兼实业课长。民国3年(1914年)3月任涟水县第三科科长,主管教育行政。当时涟水城内只有高等小学1所,他在东大街又增办女子高等小学,亲任校长。民国4年,命次子朱宗群创办私立朱楼国民小学,联合族众将朱氏宗祠和紧靠宗祠的庵楼合并作为校舍,以100多亩宗祠公田的收入作为学校经费。

民国12年,又命朱宗群创办涟水第一所中学——公立朱楼初中。翌年增添高中班。为办朱楼中学,朱棨除自家垫支部分经费外,还以建设朱氏宗祠名义,对朱氏族人按地亩募捐,变卖朱氏公有松林40多处,共筹集银元2万多元。由于朱棨积极筹划,朱宗群苦心经营,朱楼中学办得正规有序,规模宏大,有教室、大礼堂、图书室及各种体育设施,还组建军乐队,成为当时淮地教育界一朵璀璨之花。因朱棨兴办教育成绩斐然,江苏省教育厅奖给"依仁崇学"匾额一块,中华教育改进社委任他为教育行政委员,民国大总统曾命令奖给"八等嘉禾章"。朱棨还具有坚贞的民族气节。日军侵占涟城后,听说朱棨在涟水的威望,将他劫持到涟城,劝他出任伪县长。他佯装语言错乱,耳聋眼花,甚至故意在床上大小便。如此折磨20多天,日伪无可奈何,只好放他回家。当时,共产党领导涟水人民开展抗日斗争,朱棨热情拥护。他在民主人士会议上发表演讲,号召大家拥护民主政府。会后向八路军赠送枪支、粮饷。他对当时国民党顽固派的消极抗日、积极反共极为反感。民国30年清明节前,成集乡乡长王子彭率领抗日自卫队100多人在根据地边境巡逻时,遭到国民党军徐宗宪部的猛烈袭击。王子彭等24人撤退时被分割在后,正巧退到朱家门口。朱荣见状,急引民兵进家躲藏。徐宗宪跟朱家是亲戚,又怯于朱荣的威望,不敢进门抓人,只好搭讪几句走了。

民国31年冬,淮阴日伪军到老张集构筑据点,将朱家的两座枪楼、一院砖墙、铁丝围和35间瓦房全部拆光,粮食、家具也被洗劫一空。年逾八十的朱荣没有被日伪的淫威吓倒,抗日斗志更坚。他在《人民报》《淮海报》上公开题写"同舟同命,一德一心"、"胜利在望,团结向前",鼓励人民抗战到底。淮海区党政领导人李一氓、金明等亲临他家慰问并索书,他慨然写道:"生有志来文相国,死而后已武乡侯。"朱荣于民国35年病逝,享年86岁。

## 马士杰

马士杰(1863~1946),字隽卿。高邮城镇人。祖籍安徽和县。清末举人。曾任清朝内阁中书,并被保荐御史,后被清政府派赴日本考察。因受明治维新思想影响,辛亥革命时,倾向革命,曾参与出任过清政府山西巡抚的丁衡甫(淮安人)等人电请清帝退位的义举。民国初年,先后任江苏都督府内务司长、民政司长。民国3年(1914年)任江苏筹浚江北运河工程局总办,从事运河治理,并在高邮创办江苏河海工程测绘养成所,培养水利工程人才。后他在上海和黄炎培、江问渔等人创办中华职业学校、甲子社和人文图书馆。为了解决扬州、镇江的交通安全问题,他捐赠钢壳蒸汽机载客渡轮一艘,交镇江商会管理,定名为"普济"号。他会同韩国钧和张謇等人创办泰源盐垦公司,一面开垦苏北沿海垦区,一面组织灶民生产食盐。

抗日战争爆发后,他积极主张抗日。日军大举南侵,他携家辗转上海。太平洋战争爆发后,汉奸殷汝耕曾两度邀请他到伪政府任职,均遭拒绝。民国33年托辞返回高邮,闭门养病。

## 林嘉美

林嘉美(1868~1946),原名詹姆士·邬兹(James Woods),美国弗吉尼亚州人。林嘉美是他的中国名字,又叫林蔼士。慈善家,淮阴西医传入者。

林嘉美在美国弗吉尼亚大学医科毕业后,在纽约市医院任职三年。光绪十五年(1889年),年方21岁的林嘉美便与同是医生的胞兄埃德加·邬兹(Edgar Woods),以及葛理翰(Jammisand Sophie)受美国基督教南长老会的派遣,来到清江浦,加入布道工作,并开始医疗服务,开淮阴西医之先河。其兄不久生病回国,林嘉美夫妇留下工作。因他排行第四,故大家称他林四先生,是淮阴仁慈医院的创办人。当时风气未开,民众对洋人很疑惧,不敢和他们接近,更不敢请他们看病。有人看到洋人展示的生理模型标本,大为惊诧,遂疑洋人施医目的在支割中国人器官肢体,谣言纷传,工作更难进行。林嘉美立意克服一切困难,要在中国社会立足。他为便于开展工作,留过辫子,穿中国袍褂,和各阶层人士做朋友。并免费出诊,送药上门,治好了疟疾、斑疹伤寒等多种时疫。其时,苏北水利不修,连年闹水灾。光绪三十二年、光绪三十四年、宣统三年(1911年)等年尤甚,哀鸿遍野,官府救助乏力。从光绪三十二年至民国元年(1912年),林嘉美从事各种赈济;引进山芋、玉米等农作物新品种;募乡民挖泄洪渠多条,应工者可得面粉。乡人遂呼所挖之渠为"洋沟",所发面粉为"洋面"。其间,林嘉美因办赈和诊治灾病,竟染了一场伤寒,治愈后聋了一只耳朵,终身未能恢复。这些善举使乡人对洋人的观念大为改变,有病向他们求诊者愈来愈多。民国元年,林嘉美在水渡口附近(即今中医院所在地)买下片坟地,建西式3层楼房3幢,平房100余间。次年新房竣工后,门诊所由鸡笼巷迁入新址,正式命名为"仁慈医院",林嘉美任院长。17年以后,苏北地区黑热病大流行,民国18年为高峰期。据该年3月至6月统计,仁慈医院门诊黑热病13545人,病重住院736人。此间,又在铁心坝搞了隔离医院等。医院还设过护理学校,该院遂成为苏北腹地规模最大的医院。民国24年,林嘉美因年事已高,耳聋更甚,院长之职由钟爱华接任。钟爱华任主治医师和院长期间,也做了不少善事,受到本地众多百姓的信赖与爱戴。

抗日战争初期,日机常来轰炸,仁慈医院为避轰炸,在屋顶上用白漆涂上USA大字,同时用竹竿高悬红十字旗。日机见此,掠顶而过,直扑淮阴城内。因此医院成为附近老百姓的避难所,每当空袭警报敲响,老百姓扶老携幼蜂拥而至,医院则敞开大门,尽量收容。抗日战争初期,仁慈医院还救治了数以万计的抗日负伤的将士。民国35年,林嘉美去世,终年78岁。

## 魏钰卿

魏钰卿(1879~1946),苏州人。评弹演员。自幼喜爱吹弹唱曲。时苏州评弹兴盛,他在光绪三十一年(1905年)从师姚文卿,学弹词《珍珠塔》。

由于他刻苦学艺,进步很快,但只学到半部《珍珠塔》。翌年,由光裕社司年王绶卿带领出道。此后,他便单独在江浙一带市镇上演唱,并崭露头角,博得听众好评。光绪三十四年,说评话的钟柏亭因要求他收其子钟笑侬学艺,奉赠亡兄钟柏泉家藏的《珍珠塔》后半部脚本,使他说《珍珠塔》得以完整。清末民初,他在沪演出成名。魏钰卿喜爱文学,钻研诗词,所写作品,颇有文采。故他弹唱的《珍珠塔》富有书卷气。他在艺术实践中不断创新,重视运用面风、手势、官白的语气声调变换等塑造角色。说表语言刚劲有力,字字清楚,还创造了自己的唱腔,在演唱中加强旋律,改造过门,加强音乐性。其特点是节奏明快,旋律下行,字多腔简。在马调的基础上,演变成"马派魏调",誉满申江,成为20世纪20年代的大响档。他的两子早亡,过继同道许文安的内侄为子,取名含英,亦名闻书坛。

## 纪振纲

纪振纲(1885~1946),原名纪纲,又名大鹏、载之,号农诚。清光绪十一年九月六日(1885年10月13日)生于湖北省英山县。实业家。光绪三十年考入南京讲武堂习陆军。毕业后回湖北被编入新军,参加辛亥革命,后任黎元洪秘书,又任冯玉祥军事参谋。民国元年(1912年),他离开军界到九江办报,由于严词抨击时弊,讨伐袁世凯,翌年又遭袁世凯通缉。当年6月至新加坡等地经商。民国6年4月,他由南洋归国,立志走实业救国之路。在冯玉祥等人资助下,当年6月,在金坛茅山东麓投资40万元、购地1500余亩,雇工百余人,开荒种茶、栽稻、植树,创办茅麓农林场,自任经理。他还在上海中国国货公司设立茅麓农林场发行所,推销茅麓茶,并远销至新加坡等地。民国17年,他从德国买回柴油机、发电机、开山机、抽水机、揉茶机等机械设备,改善劳动条件,提高工效,还兴办畜牧场、米面加工厂、罐头厂等,扩大经营规模,工人增加到千余。民国21年,他赴沪与徐琬英完婚,妻子定居上海,他则往返于上海、茅麓。在沪期间,他与沈钧儒、邹韬奋、李公朴、沙千里、史良、章乃器、王造时、李次山等交往甚密。民国25年11月,国民政府逮捕沈钧儒等7人,他积极参与营救工作。此时,茅山地区盗贼蜂起,为保境安民,他组织一支二三十人的自卫队。次年11月,又收留国民政府军残部200多人,与自卫队合编成自卫连。民国27年6月,新四军一支队挺进茅山地区,陈毅司令员写信邀见纪振纲,后又三次到茅麓农林场(此时改称茅麓公司)开导他,使他逐步坚定抗日信心。同年7月7日,成立镇江、句容、金坛、丹阳四县抗敌自卫委员会,推举纪振纲任主任(未上任)。新四军经济发生困难,陈毅派人去纪振纲家借银洋5000块,他第二天就如数送到。新四军棉衣紧缺,陈毅又找其商量,他建议召开区长、士绅会议,发动募捐。他带头捐棉衣300套,其他人士也纷纷响应,共募捐棉衣3000余套,使新四军顺利度过严冬。当年,他还帮助新四军购买西药,解决缺药困难。民国28年底,国民政府派一营顽军到茅麓公司宣传反共,他暗地给新四军递送情报。民国29年元旦,日伪军把纪振纲骗至金坛县城软禁,逼他出任伪金坛县长,他称病绝食,又暗中写信通报陈毅。陈毅通过多方努力,使他获释。获释后,他决定离金坛赴沪。临别时,他将218人的自卫连、200多支步枪、20多挺轻重机枪、1门迫击炮和一批弹药,全部交给陈毅。后自卫连改编为新四军。回沪后,纪振纲即与中共上海地方组织和爱国"七君子"取得联系,并与夏衍、吴媚、李一氓等组织义演义卖,将自己储存在上海发行的大批茶叶卖掉,组织人员专制治痧症的"福星散",又购买其他药品及大批物资,送到浙江金华,支持新四军抗日。民国32年,他携眷至浙江淳安避乱,不久到江西上饶,在南崖学院任国文教师。民国34年冬,返回上海。翌年7月17日,因病逝世。

## 刘伯厚

刘伯厚(1886~1946),原名宗宽,学名愚,字伯厚。清光绪十二年(1886年)8月生。泰兴焦荡乡头圩村人。进步教育工作者。宣统二年(1910年),毕业于南京两江师范学堂文史科。毕业后投身教育事业,先后在泰兴县中等近20所中小学及涟水师范、海门锡类中学、南京三条巷小学等校任教,长达30余年。

刘伯厚受辛亥革命、"五四"运动影响,赞扬民主,追求进步,积极参加反帝反封建斗争。执教中,他提倡学生阅读课外书籍,关心国事。曾借用《三字经》中词句编成讽刺喜剧《追债和赖债》,组织学生演出,启发大众反抗剥削制度。民国16年(1927年),参与沈毅领导的反"清党"斗争,随后又参与斗争贪污、吸毒、反共的县公安局长陆文凤,遂被捕入狱。经营救出狱后,又积极支持和参与沈毅所领导的农民暴动。次年"济南惨案"发生后,他率领学生上街游行,宣传抗日。"九一八"事变后,他濡墨挥毫:"人为刀俎,我为鱼肉?丧心病狂,莫此为甚!"组织学生上街抵制日货,宣传抗日,并起草宣言,动员群众捐钱捐衣,支援东北义勇军。不久,因当局将捐募经费移作他用,他发动师生罢课示威,遂成泰兴历史上第一次学潮。此后,他阅读了《论持久战》、《西行漫记》等书,深感祖国前途有望,观念为之一新。新四军东进黄桥,他听了陈毅的报告后,当即代表泰兴人民讲话,表示坚决拥护,并动员群众,积极交纳公粮,支持新四军抗日,为抗日民族统一战线做了大量工作。

民国30年,他担任泰兴县参政会议长,兼泰兴乡村师范校长,继任三分区联合师范校长、苏中第三行政区专员公署教育处处长。当时战事频繁,校址屡迁,办学采取游击方式,往往膝盖为桌,背包作凳,席地而坐,随时转移。他虽年近花甲,仍和师生们一样,热天睡门板,冷天卧地铺,坚持办学。民国33年春,他带领联合师范全体师生,跋涉400余里,穿过敌人封锁线,到达宝应县境,继续办学,培养了一批抗日干部。次年3月,加入中国共产党。5月,任第三行政区专员公署专员。民国35年,任苏皖边区第一行政区临时参议会参议长。同年11月25日他随军北撤,抵阜宁时,路遭敌机轰炸,为浓烟所呛,气管炎急剧发作,就医华中野战军医院。因内奸医生以纯海洛因冒充止咳药,使其吸用中毒,于翌日去世。

## 叶楚伧

叶楚伧(1887～1946),原名宗源,又名单叶,字卓书,笔名小凤、龙公湘君等。祖籍吴江,寄居吴县周庄(今属昆山市)。清光绪十三年八月二十八日(1887年10月14日)生。中国新闻界先驱,文化、教育界知名人士。光绪二十九年入上海南洋公学,旋转入浙江南浔浔溪公学。翌年入苏州江苏高等学堂,因发表革命言论而被开除。光绪三十三年至汕头主持《中华新报》、《新中华报》,由陈去病介绍认识孙中山,并加入同盟会。武昌起义后入粤军任秘书,随军北伐。民国元年(1912年)在沪创办《太平洋日报》,任总编辑,当年加入南社。民国2年任《民立报》副刊主编。"二次革命"失败后,《民立报》被查封,他改任《生活日报》编辑。民国4年出任《民国日报》总编辑。民国12年参加新南社,并为新南社起草《发起宣言》。次年1月在中国国民党第一次全国代表大会上当选为中央执行委员,被任命为中央宣传部长兼上海执行部青年部、妇女部部长。民国14年11月,参加谢持、邹鲁等人召开的反对孙中山"三大政策"的西山会议，被选为中央常委。民国15年，国民党第二次全国代表大会给予书面警告处分。不久声明脱离西山会议派。北伐战争开始后，叶楚伧任国民党中央执行委员和国民政府委员、临时联席会议秘书长。后历任国民党中央代理工人部部长、中央宣传部长、中央党部秘书长、江苏省政府主席、国民党中央宣传委员会主任委员、立法院副院长、国民党中央常务委员兼秘书长等职。抗日战争期间，叶楚伧任中央政治委员会法制专门委员会副主任委员、国民大会代表选举事务所总干事、中央出版事业管理委员会主任委员等职。抗日战争胜利后，任国民党中央特派苏浙皖三省、京沪两市宣慰使。民国35年2月15日病逝于上海，葬于苏州灵岩山，于右任撰墓铭。"文化大革命"后迁葬东山华侨公墓。他曾先后创办编印《文艺月刊》、《文艺丛书》、《新生活丛书》、《读书杂志》等。著有《叶楚伧文存》、《世徽楼诗稿》等。

## 陶行知

陶行知（1891～1946），原名文濬，易名知行，又易名为行知，笔名何日平、不除庭草斋夫等。安徽歙县人。人民教育家。南京晓庄师范学校创办人。幼年受父亲教育，15岁入歙县崇一学堂。4年后跳级毕业，就读杭州广济医校，数月后，转入苏州浸会学堂。宣统二年（1910年）秋，考入南京金陵大学文学系。民国2年（1913年）6月，创办《金陵光学报》。翌年夏，赴美国留学，先入伊利诺大学学市政，获政治学硕士后，转入哥伦比亚大学研究教育。民国5年回国，应南京高等师范学校之聘，任教务长兼教育专修科主任。该校改东南大学后，仍任教育科主任。民国8年2月，中华新教育共进社发行之《新教育》月刊，他与黄炎培、蒋梦麟任主编。民国10年12月，与留美回国学生组织中华教育改进社，他任主任干事。其后又与晏阳初等发起组织中华平民教育促进会，主张"教育救国"，并编《平民千字课》。民国13年，任中华教育文化基金董事会董事。他最早注意乡村教育问题，于民国15年起草发表《中华教育改进社改造全国乡村教育宣言》。民国16年3月，他受中华教育改进社之托，与赵叔愚于南京晓庄创立南京市试验乡村师范学校（后改名晓庄学校），任校长，开展乡村教育运动，提出"生活即教育"、"社会即学校"、"教学做合一"等理论。民国18年，上海圣约翰大学授予他名誉博士学位。民国19年4月，国民党因惧怕晓庄学校的革命性，以武力封闭晓庄学校。陶行知受到通缉,被迫出走日本。民国20年春,陶行知回国,由史量才资助,在上海创办自然科学园,编辑《自然科学丛书》。翌年10月,又创办山海工学团。同时任儿童书局编辑,主编《儿童科学丛书》和《儿童科学活页指导》,发起"科学下嫁"运动。同年,还先后创办了晨更工学团、劳工幼儿园,首创"小先生制",成立中国普及教育助成会,开展"即知即传"的普及教育运动。民国23年主编《生活教育》半月刊。7月,正式宣布将自己的名字由"知行"改为"行知"。

"九一八"、"一·二八"事变后,陶氏作为非党员共产主义者的代表之一,宣传共产党的主张和共产主义世界观。他参与发起上海文化界救国会,组织国难教育社,支持组织新安旅行团,倡导大众歌曲和大众唱歌团,起草国难教育方案,推行国难教育。民国25年初,陶行知当选为全国各界救国联合会执行委员和常务委员;4月,受全国救国联合会的委托,担任国民外交使节,出访欧、美、亚、非28个国家和地区,出席世界和平大会、世界新教育会议年会、世界反侵略大会等会议,当选为世界和平大会中国执行委员。在出访期间,他积极宣传抗日救国,介绍中国大众教育运动,促进华侨团结,开展人民外交活动。沈钧儒等"七君子"被捕后,远在国外的陶行知,也被以"危害民国并宣传与三民主义不相容之主义"的罪名再次被通缉。民国27年秋,他途经香港回国,参与创立中国战时教育协会,起草战时教育方案,并创办晓庄研究所,配合全面抗战,开展全面教育;同年8月,他当选为第一届国民参政会参政员。次年7月,在重庆北碚创办私立乡村建设育才学院专修科,自任校长。民国29年9月,周恩来、邓颖超专程访问该校,给学校留下"一代胜似一代"的签名题词。民国34年,他参加建立中国民主同盟会,被选为中央常务委员兼教育委员会主委,并主编《民族教育》月刊及《民主》星期刊。民国35年4月,陶行知回到上海,立即投入反独裁、争民主、争和平的斗争。他在上海3个月内演讲100多次,被国民党列为黑名单的第三名。同年,他还创办了社会大学。

民国35年7月25日,陶行知因患脑溢血去世,终年55岁。周恩来指出:"十年来,陶先生一直跟着毛泽东同志为代表的党的正确路线走,是一个无保留追随党的党外布尔什维克。"8月11日,延安各界举行追悼大会,毛泽东亲笔写了"痛悼伟大的人民教育家陶行知先生千古"的悼词。同年12月1日,陶行知的灵柩由全国53个人民团体公葬于南京晓庄老山之麓。其主要著作有《知行书信》、《中国教育改造》、《教学做合一讨论集》、《普及教育》、《怎样做小先生》、《中国大众教育问题》、《育才学校手册》、《斋夫自由谈》、《古庙敲钟录》、《知行诗集》等。现编有《陶行知全集》。

## 梅思平

梅思平(1896～1946)，浙江永嘉人。大汉奸。早年毕业于北京大学法律科，曾执教于中央大学、中央政治学校。后从事国民党党务工作，是国民党C·C系的重要骨干。民国22年(1933年)任江宁自治实验县县长后，他首先整顿组织，安插亲信，将全县列为7个指导区，派自己的亲信担任各区指导员。在县政府改组就绪后，他又着手整理财政，加强公安，通过改革田赋、整顿土地、开办农民抵押贷款等以加重剥削农民，使政府收入大增。同时，在全县设立7个警察局分驻各地，局以下还有分驻所、派出所，并在农村挑选人员施以训练，以加强国民党的统治。抗日战争开始后，梅思平被国民政府派往香港，任文艺研究会研究委员，与林柏生等秘密研究国际问题。他极力主张与日本媾和，于民国27年秉承汪精卫意旨，潜赴上海与日本军部代表影佐祯昭等洽商丧权辱国的"和平"基本条件。然后由上海转香港飞抵重庆，向汪精卫秘密陈述后又返香港。汪精卫叛国后，他随汪精卫赴日本东京与敌酋密议"和平"条件。回国后，他同周佛海与影佐祯昭等商谈《中日和平方案》，进一步出卖祖国利益。嗣后他又参加汪伪中央政治会议，参与决定《中日新关系调整方案》和伪国民政府政纲等，竭力为汪精卫通敌卖国效力。

汪伪南京国民政府成立后，梅思平除任伪工商部长兼中央政治会议委员外，还兼任伪国民党中央执行委员会常务委员、组织部长，伪国防最高委员会委员。后又任伪实业部长兼伪浙江省政府主席、伪内政部长等职，直至日本投降。他在任伪职期间，以"和平反共"为号召，参与汪伪政府发号施令，并参与汪伪宣传部编印和平反共材料，进行反动宣传。他还利用职权，以大量物资、军粮资助日本侵略军，以戕贼民族，残害人民。抗日战争胜利后，国民政府首都高等法院于民国35年判处梅思平死刑，是年9月，在南京典狱刑场枪决。

## 缪 斌

缪斌（1899～1946），字弼丞，号丕成。无锡人。大汉奸。早年就读于上海南洋公学电机科，参加中国国民党。民国13年（1924年）1月，参与发起组织进步社团锡社。当年夏去广州，由汪精卫介绍任黄埔军校教官。是年底，任黄埔军校教导一团党代表。翌年参加第一、二次东征和平定滇、桂军叛乱，升任第一军第二师党代表。12月，他和贺衷寒等纠合黄埔军校内的国民党右派组成孙文主义学会，鼓吹"戴季陶主义"。民国15年7月，随军北伐，历任国民革命军第一军副党代表、东路军总指挥部军需处处长等职。民国17年，任江苏省政府委员兼民政厅厅长，因贪污受贿被弹劾。翌年3月去职，到美国康奈尔大学留学一年。回国后挂着国民党中央候补执行委员、立法院立法委员、申茂福三新总公司技术顾问等空名长期赋闲。"九一八"事变后，日本在华侵略势力大增，缪斌投靠日本侵略者。民国23年创办《新民报》，大造亲日舆论。翌年到日本，结识日本陆军大将东久迩亲王。回国后写成《武德论》小册子，鼓吹合作反共。"七七"事变后，日军侵占华北大片国土。12月，在日本军方的操纵下，缪斌与王克敏等在北平发起成立汉奸组织"新民会"，任伪新民会中央指导部部长、副会长。翌年，他又参与"东亚联盟"运动。民国29年参加汪伪政权，历任伪华北政务委员会委员、伪国民党中央执行委员、伪立法院副院长、伪军事委员会委员、伪考试院副院长、伪东西联盟文化委员会主任等职。抗日战争胜利后，一度任国民党政府陆军总部少将参议。民国35年5月21日，以汉奸罪被枪决于苏州。

## 李公朴

李公朴（1902～1946），原名永祥，号仆如。生于清光绪二十八年十月二十七日（1902年11月26日），阳湖县定西乡二都六图（今武进湖塘镇东村）人。杰出的爱国民主战士，烈士。幼读几年私塾，13岁到其兄公愚工作的镇江合兴盛五洋商店当学徒，勤奋好学，读新书报杂志，接受资产阶级民主革命思想影响。"五四"运动后，同一些爱国青年组织爱国团，上街演讲，抵制日货。民国9年（1920年）秋，插班镇江润州中学。次年毕业，考入武昌文华大学附中高中。读一年半,因参加反对学校校医虐待学生的学潮被开除,便转到上海沪江大学附中读书。民国13年高中毕业后升入沪江大学,因生活困难,半工半读,入图书馆工作。民国14年,李公朴经校长刘湛恩介绍,加入中国国民党。"五卅"惨案发生后,他参加罢课游行,担任学联科长,负责联络工作。民国15年初,李公朴毅然弃学去广东参加北伐,在国民革命军东路军前敌总政治部工作。次年回到上海。"四一二"反革命政变发生后,他愤然离开部队,组织环球通讯社,从事新闻工作。民国17年8月赴美国雷德大学政治系学习。期间,为邹韬奋办的《生活》杂志写了数十篇"海外通讯",主张"中国政治,不要重蹈美国为资本家把持的覆辙"。民国19年毕业,赴纽约、欧洲考察,回到上海后创办环球通讯社,任社长。"一·二八"抗战后,他对蒋介石暗杀著名爱国人士邓演达、镇压人民爱国抗日活动极为义愤,认为"蒋介石不配作孙中山先生的继承人",积极开展抗日救亡活动。民国21年初,李公朴、邹韬奋在上海创办《申报》,遭国民党当局阻挠未能出版。12月,得《申报》总经理史量才资助,创办《申报》流动图书馆。翌年,办《申报》业余补习学校、业余妇女补习学校,增设分校并在图书馆设读书指导部,回答读者提出的各种问题。史量才被国民党特务暗杀后,《申报》办的进步栏目被迫停止。民国23年12月,李公朴和艾思奇创办《读书生活》半月刊,他任主编,刊载"读书回答"内容。并将《申报》图书馆、业余学校的"申报"改名为"量才",以谐音表示纪念。民国24年,又成立《读书生活》出版社,出版《资本论》、《大众哲学》等传授马列主义的读物,宣传团结抗日,停止内战。同年爆发"一二·九"运动,全国掀起抗日救亡高潮,李公朴被选为上海各界救国联合会执行委员,领导群众开展抗日救亡活动。翌年5月,全国各界救国会成立,他被选为执行委员,参与起草《抗日救国初步政治纲领》,提出停止内战、团结抗日,建立统一战线政权。11月23日,李公朴、沈钧儒、史良、沙千里等"七君子"被国民党当局逮捕,被关押在苏州江苏高等法院狱中。他在狱中坚持爱国主义立场,严辞驳斥所谓"危害民国罪",拒绝杜月笙、钱新之劝其写悔过书,拒绝蒋介石请他上庐山"晤谈"。经宋庆龄、何香凝等发起营救,国民党当局被迫将他们释放。民国26年,李公朴出狱后到山西战地动员委员会任宣传部长,在太原创办民族革命大学,任副校长,发表《全民抗战的必胜过程》、《怎样挽救危局》等文章。由于逐渐看清阎锡山伪装进步的面目,他于12月离开山西去武汉,将发表的文章汇集成《全民动员论》出版。又与沈钧儒创办《全民》周刊。

次年7月,《全民》周刊与邹韬奋办的《抗战》合并为《全民抗战》周刊。民国27年10月,日军侵占武汉后,李公朴偕夫人张曼筠到重庆、成都;11月24日到延安,受到毛泽东接见。他建议成立抗战建国教学团,得到同意,从抗大、陕北公学、鲁艺抽调十多名青年组成。民国28年6月,他率团到晋察冀边区、晋冀鲁豫边区活动,举办文艺培训班(队),培养抗日文艺宣传人才。民国29年,李公朴撰写的《华北敌后——晋察冀》一书出版,如实反映抗日根据地实情,揭穿国民党的造谣诬蔑。12月,他从解放区到重庆。民国30年,"皖南事变"发生后,他举家迁到昆明,组织青年会、读书会,出版《青年》周刊,经常公开演讲,呼吁抗日,争取民主,反对独裁。民国31年,创办北门书屋。民国33年改为北门出版社,请闻一多、光未然组成编委会,出版进步书刊,编译"北门小丛书",出版《孩子》月刊;还以求真出版社名义,出版中学生辅导读物,为西南文化事业作出重要贡献。同年10月,中国民主同盟在昆明成立云南省支部,李公朴被选为支部执行委员。蒋介石派特务头子刘健邀他到重庆担教育界重任,被断然拒绝。民国34年4月,中共七大在延安召开,毛泽东《论联合政府》、《论解放区战场》、《新民主主义论》等著作在《新华日报》上陆续刊登,他协助西南联大中共地下组织翻印数千册,广泛传播;并出版《民主》(民盟机关刊物),邀请中共地下党员担任编辑。10月,李公朴到重庆参加民主同盟临时全国第一次代表大会,当选为中央执行委员,兼教委副主任。救国会改名中国人民救国会,他被选为中央委员。他和陶行知在重庆创办社会大学,任副校长兼教务长,主编《民主教育》杂志。同年12月1日,国民党特务在昆明制造"一二·一"流血惨案,杀害学生。他极其义愤,发表演说,谴责国民党镇压学生暴行,挥书挽联:"要独裁残杀学生之政府从来没有好结果,反内战代表人民之公意不久一定会成功。"

民国35年1月,政治协商会议在重庆召开。2月10日,重庆各界人士在校场口召开庆祝大会,李公朴是大会主席团成员和总指挥。国民党派特务破坏会场,大打出手,他身受重伤,头部伤口长2厘米多。周恩来闻讯后赶赴现场,用自己的车将他送到医院。周去看望时,他说:"为了和平民主,为了祖国统一,我受点伤算不了什么,我更要坚强起来,力争人权、民主和自由。"是年5月,李公朴回到昆明,不顾特务恐吓威胁,积极开展民主运动。他说:"为了爱国,我们随时准备死。"蒋介石发动全面内战后,他组织昆明各界人民联合会,发起争取和平签名运动。国民党特务造谣说:"李公朴奉中共之命,携巨款来昆明密谋暴动。"他和闻一多等人举行3次记者招待会,阐明民盟政治主张和对时局的态度,声明民盟并非暴力革命团体,而是以和平方式争取民主。但特务却加紧对他的暗害活动。7月11日晚10时,李公朴行走在昆明街上,被特务用无声手枪谋杀,12日晨5时20分,在云南大学与世长辞,时年44岁。毛泽东、朱德唁电称:"先生尽瘁救国事业与进步文化事业,威武不屈,富贵不淫,今为和平民主而遭反动毒手,实为全国人民之损失,亦为先生不朽之光荣。"

## 秦邦宪

秦邦宪(1907~1946),又名博古,乳名长林,字则民。无锡城内中市桥巷人,清光绪三十三年五月十四日(1907年6月24日)生。中共早期领导人。他性格沉静,喜读古文,故自取别名博古。民国10年(1921年)夏考入苏州省立第二工业专门学校纺织科,阅读进步书刊,接受进步思想。民国13年加入中国孤星社(原为上海大学孤星社);同年8月又为锡社社员,参加革命活动。后被推选为锡社执行委员兼社刊《无锡评论》编辑部主任。民国14年加入共青团和国民党。

上海"五卅"惨案发生后,他抱病参加反帝游行和募捐活动。回无锡休养期间,发动群众进行反帝爱国斗争,化名则民、邦宪,在《血泪潮》、《无锡评论》等刊物上发表《病榻琐记》、《论军事教育》等政治文章,反映了他早期的革命思想。9月考入上海大学社会学系,在该校加入中国共产党,任国民党上海特别市党部宣传干事。同年秋赴莫斯科中山大学学习,与同学刘群先结婚。

民国19年5月,秦邦宪从苏联回国,任全国总工会宣传部干事,编辑《劳工报》。翌年1月,任共青团中央宣传部长。4月,任团中央书记。9月,任中共临时中央政治局常委,负总的责任。民国21年秋,到江西中央苏区。民国23年1月,在中共六届五中全会上被选为中央政治局委员,仍为中央主要领导人。在主持中央工作期间,犯有"左"倾冒险主义错误。民国24年1月遵义会议后,任中共中央政治局委员、中央书记处书记。7月,任中国工农红军野战部队政治部代理主任。11月,任中华苏维埃共和国中央政府西北办事处主席。民国25年任中共中央组织部长。同年12月"西安事变"后,他和周恩来等作为中共中央代表,参加和平解决西安事变的谈判。民国27年1月，任中共中央长江局和南方局委员兼组织部长。7月任中共驻南京代表。12月任中共中央长江局委员兼组织部长。民国28年1月，任中共中央南方局常委兼组织部长。民国30年1月，任中共中央党报委员会主任兼《解放日报》社社长、新华通讯社社长。在延安整风运动中，他认真总结历史经验教训，诚恳地进行自我批评。民国34年6月，在中共七大会上作了深刻地检查，当选为中央委员。秦邦宪精通俄文，曾翻译《苏联共产党历史简明教程》、《辩证唯物论与历史唯物论基本问题》、《共产党宣言》、《论一元论历史观之发展》等书。民国35年2月，赴重庆与国民党谈判。4月8日，和王若飞、叶挺等返回延安途中因飞机失事，不幸遇难，时年39岁。

## 余　慎

余慎（1910～1946），原名徐积福，曾用名徐岩福、徐步云。浙江省永康县下徐店人。烈士。民国18年（1929年）毕业于溪岸培文小学。次年秋加入中国共产党，并参加中共永康县委领导的农民秋收武装暴动。民国20年，任中共永康县工委部长，以小学教师身份作掩护，发展共产党员，领导农民运动，曾处决国民党当局坐探徐一多，被捕判刑5年。出狱后，先后担任中共永康县委委员、宣传部长、组织部长、抗日政治工作队队长。民国29年11月后，任中共武南县委副书记、书记，金（坛）丹（阳）武（进）县委书记。

民国31年4月，中共金丹武县委与长漅县委合并成中共金坛县委，余慎任书记。在金丹武地区积极巩固老区，开拓新区。扩大游击根据地，不断壮大中共组织。民国32年3月1日，日军集结3000兵力，梳篦似的对茅山地区大举扫荡。他采取多种得力措施进行反清乡斗争，带领一支精干的武装队伍，勇敢、机智地穿插在白塔、里庄、皇塘、卜弋桥等日伪据点间，伺机打击敌人，还乘日伪集中兵力清乡之机，以游击小组为骨干，带领群众多次拆毁敌伪设置的竹篱笆，牵制敌人的兵力。6月15日，他与薛斌精心组织3000多名干群，统一行动，一夜间彻底焚毁敌伪的竹篱笆封锁线。

民国33年至民国34年，他带领武工队智擒伪金坛县自卫团团长王忠寿，勇闯日伪导士桥据点，捣毁伪警察所，活捉伪镇长王鸿飞，身入虎穴巧斩特工队长窦德胜。夏溪一战，他率百余人，将拥有900多兵力的国民党顽军蒋兆藩等部包围一昼夜，后在新四军主力部队的支援下，全歼顽军。民国

34年8月19日,他又率部配合新四军主力一举攻占金坛县城。民国34年10月,江南新四军北撤,他奉命主持金坛县留守工作。民国35年4月,中共茅山工委书记徐明牺牲,余慎担任工委代理书记。他带领武工队转战南北,在大沙庄击溃国民党保安队200余人,生俘8人,缴获步枪10余支;8月攻打武进厚余,俘敌30余人,缴获长短枪30余支,捷克式机枪一挺;又在金坛白塔、蒋庄全歼国民党江苏省保安团2个排,缴获长短枪42支、机枪一挺。民国35年11月7日晨,他率领仅存16人的武工队在句容磨盘山遭百余敌人包围。他率部浴血奋战,终于突出重围,但已身负重伤,武工队损兵过半。敌人穷追不舍,从九里、里庄一直追到武进卜弋桥东夏庄。他率武工队员6人,日行百里,交战16次,毙敌50余人。深夜,他与武工队转移琅玕山,又遭敌人袭击。余慎率兵走水路,过长荡湖,返磨盘山,从而摆脱了敌人。24日晚,他与武工队率小船运行一夜,穿过几道封锁线,在金坛城东大荒田桃园里小草棚宿营。25日下午1时半,敌人百余人包围小草棚。余慎临危不惧,迅速烧毁文件、印章、信件以及中共党员、交通站名单,并组织反击,毙敌1名。他因掩护战友突围中弹牺牲。

## 梁化农

梁化农(1911～1946),盱眙县古城乡人。烈士。民国28年(1939年)秋,新四军第五支队到淮南津浦路东抗日。他和各界群众,欢迎罗炳辉司令员及其部队进驻古城,并帮助该部借粮,解决伙食问题,随后又协同该部收缴地主武装40余支枪,建立地方人民武装。是年冬加入中国共产党。在担任古城乡农抗理事长时,他挨门串户,昼夜奔波,组织农会,坚持执行减租减息政策,维护农民利益。次年任半塔直属区古城乡乡长,秉公执法,不徇私情,积极为人民办事。秋天,日伪军从来安向古城方向"扫荡"。梁化农组织反"扫荡",抓到8个汉奸特务,在梅花山处决。民国32年,任中共古城区区委书记。次年冬,任县民兵总队副政治委员、政治委员。民国35年7月,新四军淮南主力北撤山东时,他按照组织决定,一面打游击,一面向淮北转移。转移未成,环境险恶,战友日少,仍然坚持战斗。此时他患疟疾、痢疾,隐藏在古城西面宝山集附近玉米丛中,9月7日凌晨被人发现告密。在官兵和还乡团围捕时,他顽强抵抗,最后,用剩下的两颗子弹,一颗打中敌人,另一颗自杀成仁。敌人将其遗体开腹剖肚,扒出心肝,割下头颅,挂在古城街上示众,时年35岁。

## 张国运

张国运(1912~1946),原名许广才,又名许侠,化名张训民。沛县郝寨镇四座楼人。烈士。民国21年(1932年),加入中国共产党。民国23年,中共沛县党组织遭到破坏,转入地下工作。民国26年,被派往中共山东分局党校学习。其间,参与组建沛县一区党校,并调整恢复了沛县一区党组织。同年9月,任中共沛县中心县委组织部长。翌年5月,沛县沦陷,张国运加入苗宗藩领导的沛县人民抗日武装。民国29年3月,任苏鲁豫区党委三地委组织部长。民国30年3月,任中共徐北地下中心县委书记。任职期间,带领县委领导成员,以卖烟酒、书、笔、羊肉汤作掩护,发展壮大党组织,领导中共沛县、沛铜、沛滕边、丰沛边4个县委和萧北工委开展地下革命斗争。民国31年,于沛南泰山庙建立沛县中心交通站,护送党的过往干部,传递党的情报。同年春,组建党的武装组织——沛县抗日小五队,常以奇袭震慑敌胆,扬名湖西。民国34年,任中共沛铜县委书记、苏北工委民运部长。民国35年3月,任中共砀山县委书记兼县大队政委。同年8月,带领砀山县党政军民与国民党新五军十一师于山东省单县郭堂村展开武装斗争,不幸牺牲。遗体安葬在山东省单县革命烈士陵园。

## 李其祥

李其祥(1916~1946),铜山县何桥乡曹楼村人。烈士。民国19年(1930年),以优异成绩考入铜山师范学校。他受到革命思想的影响,进步很快,次年秋加入中国共产主义青年团。民国21年春转为中共党员,并担任学校党团支部(当时党团为一个支部)宣传委员。"九一八"事变后,积极发动进步师生投入抗日救亡运动。同年暑期,他与陈兴畴等人建立中共西北地下区委,他为负责人之一。他们还办起农民夜校,帮助穷苦百姓学习文化,向群众宣传革命道理。民国22年7月,李其祥师范毕业,由于叛徒出卖而被捕。在多次严刑审讯面前,他始终立场坚定,没有出卖组织和同志。后国民党铜山县法院以"危害民国治安"罪,判其有期徒刑5年。次年,经多方营救被保释出狱。在与组织失去联系的情况下,继续从事革命活动。

民国28年9月,他受中共鄂豫皖区委派遣前往河南省潢川接任中心县委书记,领导潢川、固始、息县3县人民坚持敌后抗日斗争。经过他的艰苦工作,潢川一带的中共党组织很快得到恢复和发展。次年冬,根据形势变化,中共鄂豫皖区党委决定撤销潢川中心县委,建立豫东南地委,李其祥任书记。"皖南事变"后不久,豫东南一带党组织与上级失去联系,他仍不屈不挠地在临泉、新蔡等地开展工作,发展组织,坚持斗争。6月的一天,他获得一份极为重要的情报,为安全送达新四军七师,忍痛将大腿划破,使之化脓,将情报夹在膏药布中,及时送到七师。民国31年8月,李其祥被任命为新四军军部联络官,多次出色完成接送干部的任务,受到上级嘉奖。民国34年初,被任命为豫鄂边区党委副秘书长,兼管政治、交通工作。

抗日战争胜利后,中共中央中原局调李其祥任组织部地下交通科科长。民国35年初,国民党反动派对中原部队秘密实行战略包围。8月9日,根据上级决定,李其祥等化装突围。次日,遭到镇安县朱家沟原伪保安殷克明及保丁们的拦截,他们与匪徒奋力搏斗后被捕。李其祥等人在歹徒的严刑拷打下,坚贞不屈,凶残至极的匪徒最后竟用斧头将他们残杀,李时年30岁。

# 周　山

周山(1917～1946),原名中奎。浙江普陀县人。烈士。民国26年(1937年)"八一三"事变后,投身抗日救亡活动,次年5月加入中国共产党。次年秋,受新四军军部派遣,把电台密码送到江都吴家桥挺进纵队司令部,遂留该纵队工作。民国29年春,任该纵队军法处负责人。同年6月26日,陪同陈同生带着陈毅署名的信件赴泰州与"二李"(李明扬、李长江)谈判。不久,参加黄桥决战和曹甸战斗。他战斗勇敢,多次受到叶飞司令员赞扬。民国30年,任中共苏中三地委社会部部长兼公安处处长。民国32年春,任苏中一地委组织部长,成为地委书记韦一平的得力助手。同年六七月间,他带领地委组织的工作队,到高邮县夏集区的柳堡乡(今属宝应县)进行新乡制选举试点,对苏中抗日民主根据地的基层政权建设起了示范作用,柳堡乡由此出名。

民国33年10月,周山任苏中区党委委员、社会部副部长,兼苏中行政公署公安局(处)长。次年春,参加了攻克日伪军盘踞的沙沟市的战斗,并负责该市解放后的治安和建设工作。抗日战争胜利后,任华中军区政治部保卫部部长和两淮(淮阴、淮安)公安局局长。

民国35年10月初,国民党纠集数十万军队向苏北解放区大举进攻,华中野战军撤出苏北解放区。时周山肺病还未痊愈,但他仍多次坚决要求到最危急的二地委去工作。当时,他的爱人正患严重的关节炎,走路都很困难,身边还带着刚满周岁的女儿,可他义无反顾地奔赴二地委。途中,地委负责人惠浴宇希望他暂留地委机关工作,但他坚决要求到情况紧急的高邮去参加领导敌后斗争。同年11月23日深夜,周山等带着县政府机关干部和警卫连战士于深夜进入龙华寺附近的周家垛宿营。第二天,他得知几十个下乡抢粮的土顽已经迫近周家垛,便决定消灭这股送上门来的敌人后再转移。战斗刚打响,便惊动了路过的国民党军第二十五师,该师遂分兵几路向周部包围袭击。周部在激战后分路突围,周山、杨天华和通讯班长陶灼冲出重围后,因不熟悉地形,被一条大河挡住去路。这时,周山不顾自己体弱和水性不好,同杨天华等一起泅过河,终因体力不支,被河水吞噬,时年29岁。

## 刘桂英

刘桂英(1918~1946),女。生于东台县(今东台市)洋桥口的一个贫农家庭,后随父迁居盐东县方强区大祐乡(今射阳县盐东镇)。烈士。民国30年(1941年),盐东县民主政府建立后,方强区组织了农救会并办起了农民识字班,她第一个报了名。白天和姐妹们一起磨军粮、洗军衣、做军鞋,支援前线;晚上,又带头进农民识字班,刻苦学习革命道理。民国32年,她参加地方工作并担任乡妇救会主任。次年,参加方强区大祐乡妇女干部培训班学习,结束后被分配到方强区任妇救会主任。

民国34年,刘桂英加入中国共产党。在次年的"五四"青年节座谈会上,她以自己的革命实践和反对封建礼教的亲身经历讲述了革命青年在各项政治活动中的任务和作用,受到与会人员好评。同年8月1日,正当盐东县土改运动蓬勃开展的时候,国民党特务、泰和公司经理王兰甫(1949年被政府镇压)纠合地方反动势力,蒙蔽数以千计不明真相的群众煽动了盐阜地区最大的一次暴动。面对敌人的嚣张气焰,刘组织群众与敌人展开斗争。4日凌晨,王兰甫带着地痞流氓挨门逐户抓人放火,她神态自若走出门外,义正辞严地说："不许糟蹋群众,我刘桂英就在这里!"刽子手用绳子将她绑起来,带到塘八桥口。王假惺惺地说："我们都是当地人,只要你交出党员、干部名单,我马上可以放你回家。"刘桂英冷笑着说："要命一条,要党员干部名单一个没有!"敌人见软的不行,便来硬的。他们将她打昏后,又用冷水把她浇醒继续拷问,得到的回答仍然是没有。王兰甫气急败坏,又指使暴徒用菜刀削去刘桂英腿上的肉。她愤怒地说："别看你们张牙舞爪,你们日子长不了!"恼羞成怒的刽子手举起手中的木棒向刘桂英头上打来,刹那间,脑浆四溅、鲜血飞流。刘桂英被活活打死后,残酷的敌人又用刀将她的头和四肢砍下来,抛到河里。时年28岁。

## 杨学富

杨学富(1918～1946),盐城县时桥镇(今盐城市盐都区学富镇)人。烈士。因家贫,13岁辍学,帮父亲拉砻糊口。20岁时,随其三哥在上海拉人力车谋生。民国30年(1941年)春,返乡参加地方民兵。民国34年6月,加入中国共产党,后任时桥乡民兵中队长。民国35年12月7日晨,国民党军队和"还乡团"80多人从秦南仓北犯,沿略斜河到林家庄附近登岸。杨学富带领部分民兵掩护群众,向时杨庄西、袁家沟等地疏散。午后,敌军窜至时杨庄北,他阻击敌人,向西北方向转移,渡两条小河到达五青舍时,不幸被俘。敌人用刺刀逼他交出武器和共产党员名单,他愤怒地回答："要枪,没有!要党员,只有我一个!"敌人对他猛刺一刀,他大声说："蒋军必败,我军必胜!"敌人又一刀刺进他的胸膛,他仍怒瞪双目,高呼："中国共产党万岁!"当即壮烈牺牲,时年28岁。同日,被敌杀害的还有杨学富的大哥杨金富、民兵分队长杨茂生和群众杨顺泰等人。民国36年春,杨学富所在的时桥乡改名为学富乡,今为学富镇。烈士事迹曾被编成现代戏《英雄铁血》,多次上演。

## 叶邦瑾

叶邦瑾(1925～1946),女。民国14年(1925年)7月出身于如皋县东乡(今如东县)掘港镇一个职员家庭。烈士。民国29年底,年方15岁的叶邦瑾加入了中国共产党。反"清乡"斗争开始后,任丰西区委委员,她带领游击队活跃在马塘、丰利、栟茶一带敌封锁线上,屡次破拆敌人竹篱笆。民国32年7月1日,在全分区大举破击竹篱笆的行动中,她带领的破击小组被誉为模范中心组,叶邦瑾本人也荣获模范组长的称号。次年春,她奉调任城东区交通站站长。该交通站是苏中总站第一干线,也是沟通苏中区党委和三、四地委之间联系的咽喉要地,敌人控制得十分严密,曾有好几位交通员牺牲在这里。交通站共10人,叶邦瑾年龄最小,可她却像大姐那样关心战友。大家亲如兄妹,团结战斗,虽然环境险恶,但一年多工作,没出半点差错,出色地完成了党所交给的任务。民国35年初,组织上派她去参加土改工作,任地委土改工作团如皋柴湾组组长,兼任柴湾区委委员。6月,当地蛰伏的反动地主、富农、兵痞也组织起"还乡团",进行疯狂的报复性"扫荡"。柴湾区西部的复兴乡三联村反动势力极为猖獗,小小的一个村,住着国民党的两个乡长、两个保长,还有国民党十四区区长马兆福的岳父。土改工作不能深入,征粮任务无法完成。叶邦瑾见此情景,与胡义昌、杨忠志组成3人西挺组,自己任组长,挺进到三联村坚持斗争。敌人非常憎恨,扬言:"谁抓到叶邦瑾,赏黄豆10石;谁看见不报,就是私通新四军,格杀勿论!"敌人的反动气焰并没有把叶邦瑾吓倒,她仍坚持在这恶劣的环境中工作。8月9日傍晚,叶邦瑾在翻身组长杨玉喜家里开群众会,由于坏人告密,不幸被捕。敌人将她作为政治要犯关押,对她鞭抽吊打、"灌肚肺"、"坐老虎凳",把手足钉在墙上,用烧红的铅丝戳进乳房,以至割下乳头和耳朵,用尽酷刑逼她说出中共活动情况,叶邦瑾总是回答:"不知道!"8月17日下午,她被架往刑场,仍表现出大义凛然,视死如归的英雄气概。叶邦瑾被枪杀后,敌人还残酷地挖出她的心肝。噩耗传出,新华社延安总社、华中一分社、《新华日报》、《大众日报》、《江海导报》及《工作者》等纷纷电唁或载文,悼念这位年仅21岁的女英雄。为了纪念英烈,人们将三联村改名为"邦瑾村"。

## 马 林

马林(1860~1947),原名威廉姆·爱德华·麦克林(Williams Edward Macklin)。出生在加拿大安大略省一个基督教家庭。基督教传教医师。从多伦多大学医科毕业后,继入伦敦进行专业学习,遂成为妇产外科学会会员。因受其母(虔诚的基督教徒)熏陶,志愿参加教会服务团,到非洲为教会服务。26岁受基督教会派遣来中国，为该教会驻华的第一位教医。来华后他取名马林。先在上海熟悉中国国情民俗，学习汉语。不久到南京，住莱子庵内。他初至南京深感传教和开展西医治病之困难，旋即开荒种地，免费为贫病患者治病，寓传教于医疗之中。后又在鼓楼及城南花市大街购地建屋，开设诊所、药房，行医布道，后得美国基督会教师美在中（F·A·Meigs）帮助募集巨资，并获中国人捐地捐款，于清光绪十八年（1892年）在鼓楼建成基督医院。翌年正式开诊收治病人，马林任院长。医院开诊后，马林逐渐为群众所接受，找其看病者日增，并把基督医院称为"马林医院"。其后，为拓展教会工作，马林又相继在城南花市大街、下关惠民桥附近兴建小诊所、义学馆和礼拜堂。

马林在管理医院期间，以"平等对待王子与乞丐"为行医格言，坚持为所有人服务。同时规定医院三等病房免费收治贫困患者，每年收治者占住院病人总数的三分之一。宣统三年（1911年），金陵大学开设医科，马林被聘任为卫生防疫课教授，兼负责医科学生的实习教学。民国3年（1914年），金陵大学为健全医科，购下基督医院作为附属医院，更名金陵大学鼓楼医院。马林随即离开医院，至花市大街小基督医院继续行医，并受聘为鼓楼医院外科顾问。其间，他曾开办1所护士学校，培训医生的助手，从事公共卫生教育工作。民国16年，马林离开中国，赴美国加利福尼亚州定居。离华后，他仍关注中国的时局和医疗事业。民国28年，友人为马林夫妇举办了结婚五十周年纪念会，他将金婚纪念的全部礼物，转赠给鼓楼医院，作为贫病患者的医药救济基金。民国36年去世，享年87岁。

## 董　康

董康（1867～1947），字授经，号诵芬主人，武进县城（今常州市区）人。早年就读于江阴南菁书院，专注于中国古典文学。光绪十五年（1889年）考取举人，次年中进士。任刑部主事。义和团运动兴起时，升任刑部郎中，主理陕西刑狱。八国联军侵占北京后，应城南大绅聘请，设置巡阅公所维持治安。后任刑部典簿、大理寺推丞，法律馆纂修。曾参与日本律师冈田拟订新定法律草案和薛允升著的《历朝法律沿革》稿本。他参与编修的《钦定宪法大纲》，于光绪三十四年由清廷颁布试行。宣统三年（1911年）辛亥革命爆发，他到日本留学，专攻法律。民国3年（1914年）回国后，历任法律编查会副会长、大理院院长、高等司法官惩戒委员会委员长、全国选举资格审查会会长、地方捕获审检厅厅长、修订法律馆总裁兼法典编纂会副会长、司法总长、财政总长兼盐务署督办和币制局总裁、全国烟酒事务署督办。民国14年获上海东吴大学法学院名誉法学博士学位，以后即在该校讲授法律。民国15年任上海法科大学校长。当年12月2日，他与袁观澜、沈钧儒等被推选为上海特别市市制大纲起草委员。19日，他们向江苏省各银行宣布"孙传芳勾引鲁军、蹂躏吾省"罪状，警告银行不可"再予贷款"。12月23日，孙传芳下令逮捕董康，他逃往日本。次年5月返沪，仍任上海法科大学校长，同时执行律师业务。旋又兼东吴大学法学院院长。民国20年起，先后任国民政府法官训练所教务主任、所长，江苏省保卫委员会、国民政府典试委员会委员。期间曾被日本法学界聘去主讲《中国古代刑法》，颇受日本法学界推崇。当时在法官训练所授训的学员"莫不以出其门墙为荣"，被一致认为中国法学界的权威。民国23年，重返北京，在北京大学法科、国学研究所任教授。民国26年中日战争开始后，日军侵占华北。他丧失民族气节，在北平历任伪中华民国临时政府议政委员会常务委员、司法委员会委员长、法院院长、大理院首席理事、汪伪国民政府华北政务委员会委员等伪职。抗日战争胜利后，被国民政府通缉。因患病住进德国医院，缓期审理。民国36年病死。

　　董康不仅对法学造诣较深，而且对中国古代戏剧也有研究。著有《书舶庸谭》4卷（又名《东游日记》）、《前清法制制度》、《追记前清考试制度》、《民法亲属继承两篇修正案》、《中国法制小史》、《秋审制度》等书。曾刊刻过《敦煌石室遗书》、《读曲丛刊》、《曲海总目提要》、《盛明杂剧》等，在发掘古曲、小说方面有一定影响。

## 汪筱川

　　汪筱川（1870～1947），名九成，字仪廷。淮安河下镇人。山阳医派传人。幼入私塾，后进太学深造。他秉承家学，研究先贤医著。开始帮助父亲汪浚川赴清江西坝盐务公立同善堂施药局门诊，后被聘为医士，每日诊治患者达百余人。各科同仁称誉他"后生可畏"。西坝盐务施药局停办后，归里挂牌，门庭若市，苏北各县以至鲁皖等地求诊者甚众。时为候选江宁布政司理问，补用州同。

民国元年(1912年),他于河下粉章巷创办公济施药局,请高足谭济安、姚肃吾、邱慕韩等轮流负责门诊;并倡仪设立山阳中医学校,兼外科教授。还担任山阳医学研究会会长,编辑出版《康健新声月刊》,"以唤起医界同人发扬国学"。他曾当选县第一届、第二届议会议员和省议会议员,以及河下镇乡董、保卫团团总等,但仍然是悬壶应诊,兴办慈善事业。民国15年时疫盛行,与名医朱定一于河下湖嘴闻思寺开设中国红十字会河下时疫医院,并亲自担任顾问;同时,还联络砀山医药同人创设砀山医院。民国19年组织淮安中医公会,被选举为会长。民国21年,他会同名医张锡周倡仪在河下粉章巷开办河下镇防疫施药局,药品和经费由各药店和医生集资,请其弟汪绍儒负责门诊工作。除自己带头义务门诊外,还聘鞠开太、叶善芝等十多名医生轮流义务门诊,拯救了成千上万时疫患者。他的门墙桃李遍布大江南北,如上海朱伯屏、姚肃吾,苏州邱慕韩,高邮汪蔼瑭,淮阴高景唐,涟水马毅,响水许益升,济南杜小缘等,皆佼佼不群,声誉出众。他还酷爱金石,喜收藏图书、碑帖、字画。善作诗词、楹联,工米字书法,画兰石梅竹,擅篆刻,打诗谜,下围棋等。并广泛结交社会名流,如国民党元老焦易堂、著名中医施今墨以及毛乃庸、田毓璠、路山夫、王研荪、顾竹侯等,与他们谈文论艺,填词和诗,研经论史,赏画品棋。其书斋名"梅竹山房",具有园林特色,设亭、廊、槛,格调娴雅,青翠满院,花香悦人;并备石几石凳,为博弈之用。

汪筱川于民国36年去世。著有《医学细菌解》、《汪氏外科秘方》、《三世临症奇异录》、《医案》、《李厚坤温病条辩赋修整》和《梅竹山房诗词文剩稿》等。

## 金松岑

金松岑(1873～1947),原名懋基,又名天翮、天羽,号壮游、鹤望,自署天放楼主人,笔名麒麟、爱自由者、金一等。吴江县(今吴江市)同里镇人。生于清同治十二年五月二十一日(1873年6月15日)。学者,诗人。少年时师事顾询愚、钱词锷习诗文。早年肄业于江阴南菁书院。中日甲午战争失败,他"痛政府之不足图存",因此于光绪二十四年(1898年)与陈去病等在同里创设雪耻学会,又办学校,以培养人才为己任。先后创立自治学社、理化音乐传习所、明华女校等,开吴江新式教育之先河。光绪二十九年,中国教育会成立,应蔡元培之聘前往襄助会务。期间帮助邹容出版《革命军》。邹入狱后，数次探望，力谋营救。光绪二十九年起，他以文字鼓吹革命，先后撰述、翻译出版《女界钟》、《三十三年落花梦》、《自由血》、《妒之花》、《摩哈默德传》、《日俄战争本末记》等。光绪三十一年加入兴中会。宣统三年（1911年），他迁居苏州，讲学授徒。民国初年，当选为江苏省议会议员。民国12年（1913年）任吴江教育局长，凡两载。民国16年任江南水利局长。民国21年夏，与章太炎、陈石遗、李根源等人成立中国国学会，研究国学。民国22年、民国23年先后出版会刊《国学论衡》、《文艺捃华》。抗日战争期间，为摆脱汉奸纠缠，于民国27年春应聘上海光华大学中文系教授。民国30年返回苏州，闭门谢客，生活穷困。他博览群书，专心著述，寄情诗歌。民国36年1月10日病逝于苏州。金松岑多才多艺，著译皆能，尤以诗歌成就最高，被誉为"诗界革命在江苏的一面大纛"。著述主要有《天放楼诗集》（正、续、季集）、《天放楼文言正续集》、《鹤舫中年政论》、《孤根集》、《皖志列传》、《词林撷隽》、《孽海花》（前六回）等。译著有《三十三年落花梦》、《记俄国虚无党史》等。

## 柏文蔚

柏文蔚（1876～1947），字烈武。安徽寿县人。民国元老之一。他出身书香世家。光绪二十五年（1899年）考入安徽大学堂。次年到南京与赵声等人组织强国会，继而考入安庆武备学堂。后赴芜湖任安徽公学体操教员，与同校教员陈独秀等组织革命团体岳王会，立志反清。后加入同盟会。光绪三十二年任新军第九镇三十三标二营管带。宣统三年（1911年）武昌起义爆发后，受上海同盟会中部总会委派，赴南京策划"光复"，任镇江军政府第一师统制。12月3日，与李竟成协力"光复"浦口。后代林述庆为北伐总司令。民国元年（1912年），柏文蔚部改编为陆军第一军，直属南京政府。又兼联军总指挥北伐徐州。同年7月任安徽都督兼民政长，任命陈独秀为省府秘书长。民国2年6月，袁世凯免去柏的都督职位。7月中旬，在黄兴的鼓励下，就任安徽讨袁军总司令，17日宣布安徽独立。"二次革命"失败后，败走南京。9月东渡日本。民国4年，孙中山命其与李烈钧等赴南洋募集军费。民国6年，孙中山发动反段祺瑞的护法战争，他先后任川鄂联军总指挥、鄂西靖国军总司令。民国10年，第二次护法战争中，任建国军第二军军长等职，成为孙中山得力的军事助手之一。民国12年任国民党中央军事委员会委员。次年1月,国民党"一大"在广州召开,他当选为国民党中央执行委员。北伐战争中,任国民革命军三十三军军长。民国19年当选为国民政府委员。抗日战争时期,为国民党中央执行委员。民国36年5月病逝于上海。翌年,国民党政府通过《六先烈国葬案》,柏为享有国葬资格的六人之一。

## 高 鲁

高鲁(1877～1947),字叔钦,又改字曙青。福建长乐人。天文学家。早年就学福建马江船政学堂。清光绪三十一年(1905年)赴比利时留学,获布鲁塞尔大学工科博士学位。宣统元年(1909年)追随孙中山革命,在比利时加入同盟会。辛亥革命后,参加接管清钦天监工作,并任南京临时政府秘书等职。民国2年(1913年)起任中央观象台台长,在台内设天文、历数、气象、地磁、地震等科,成为中国近代天文气象事业创始人之一。民国4年发起成立中国天文学会,先后8次担任正副会长,5次出任总秘书,是中国天文学创始人。民国7年被派往法国巴黎参加国际统一时辰会议,旋留法国任留欧学生监督。民国10年回国,复任中央气象台台长。民国16年11月20日在中央研究院筹备委员会议上,通过他提出的"在紫金山上建立中国模范之现代式的天文台"的议案。翌年中央研究院成立,他任天文研究所第一任所长。在任职期间,他大力引进人才,并对在中国盛行几千年的"农历"进行改革,倡导推行公历;创设鼓楼测候所(今鼓楼公园内);组织筹建南京紫金山天文台,并多次登山勘察,选定台址,聘请工程师李宗侃设计绘就初步台图。民国18年,因高鲁奉命出任中国驻法国公使,天文台的创建工作由余青松接替。在高出任驻法公使期间,曾作为参加国际联盟海牙国际法庭的中国代表之一,力争废除在华领事裁判权。民国21年回国,任监察院监察委员。民国2年,他创办《气象月刊》,民国4年又以中国天文学会名义出版《观象丛报》,为推广和普及天文知识做了大量的工作。他还发起筹建中国日食观测委员会,并任该会委员兼编纂组组长。他把毕生精力奉献给中国的气象事业,自己却一身清贫。民国36年去世,终年70岁。所留资财不足其衣衾、丧葬费用,乃靠亲朋好友资助。著有《中国天文学史》、《中国观象台的过去和未来》、《图解天文学》、《日晷通论》、《星象通笺》、《相对论原理》等。

## 贺老太

贺老太(1885~1947),女,姓吴。泗县半城(今泗洪县)人。女企业家。童年丧父,随母逃荒到双沟镇帮工,嫁双沟酿酒工人贺星垣。贺家祖居山西省太谷县孟高村,三代酿酒为业。贺星垣童年迁居双沟,在酒坊当童工,经数年悉心钻研,掌握一套酿酒技术。婚后,吴氏鼓励丈夫与张、夏三家合股,开办全德槽坊。不久,由贺氏独家经营,更名贺全德槽坊(今双沟酒厂前身)。吴氏自小于艰难中磨炼,办事精明,且具较强管理能力,独挡一面,主持槽坊事务,为名副其实的"女当家"。光绪三十一年(1905年),其经营生产的双沟大曲在南洋劝酒会上被评为名酒第一。至民国26年(1937年),贺全德槽坊家业增大,有房百余间,骡马10余匹,另兼10个酒池,80余名工人,生意更加兴隆。吴氏又拨酿酒之款,创办贺全德酱园,且农、工并举,在洪泽湖边购置草田千余亩。吴氏不仅操持有方,而且乐善好施。常献物捐款赞助地方公益,家中特备常用之药,以解他人之急。春荒时节,她命家人煮粥于门前,以供穷人乞食。次年秋,日军侵占双沟,烧杀抢掠,空前未有。贺家槽坊、酱园亦遭严重破坏,被迫停产。吴氏合家徙至溧河东刘台(今属城头林柴场)避难。年底,待日军撤走时方返,重整旗鼓,再兴家业。民国28年夏,淮北抗日民主根据地建立后,吴氏积极拥护中共抗日民族统一战线政策,毅然支持长子子谟、长女虹、次女子文投身革命。彭雪枫、邓子恢、张爱萍、刘瑞龙等苏皖边区党政军领导人,常临贺全德槽坊,品尝双沟酒,畅谈抗日事。八路军、新四军将士,往来公干,亦大都于贺家寄宿,尊称吴氏为"贺老太太"。民国32年春,新四军军长陈毅至贺家作客,称誉她家为"抗日饭店"。民国34年春,贺老太应邀与长子、次女共同参加苏皖边区各界代表会议。归来,将贺家湖边草田悉数献给当地农会。次年8月,国民党军队大举进攻淮北解放区。贺老太曾多次机智地掩护中共地方干部。民国36年9月,贺老太因病去世。

## 太 虚

太虚(1890~1947),俗姓吕,名淦森,法名唯心,字太虚。清光绪十六年(1890年)生,浙江崇德(今桐乡)人。佛学家。5岁丧父,6岁丧母,幼时多病,由外祖母抚养成人。外祖母虔信佛教,对他影响很大。16岁在苏州平望小九华出家。宣统三年(1911年)赴广州,被推为白云山双溪寺住持。他与革命党人来往甚密,因写诗吊唁黄花岗烈士而招忌,潜返上海。民国元年(1912年),太虚在南京创设中国佛教协进会。当时寄禅和尚领导组织中华佛教总会,"协进会"即合并于"总会",由寄禅任会长。不久,寄禅圆寂。上海开追悼会,太虚在会上提出"教理革命,教制革命,教产革命"的口号。他反对探讨死后问题,主张用佛教解决现实问题;主张设"佛法僧园",统管全国僧务;反对宗派继承教产、私有私占,主张寺院财产属全体僧众所共有。

民国2年,中华佛教总会在上海正式成立,太虚任该会机关刊物《佛教月报》总编辑,发表了《宇宙真理》、《致私论》等论文。他用"宗下"和"教下"的观点说明佛法的全部内容。翌年,在普陀山锡林禅院闭关治学,钻研天台宗、华严宗、法相宗、禅宗、律宗、净土宗、密宗、三论宗等,旁及古今东西之学,著有《整理僧伽制度论》、《成大乘论》、《法界论》等。民国6年春,他漫游中国台湾省和日本,考察日本明治维新以来的佛教,后与蒋作宾等居士在上海成立觉社,并主编《觉社丛书》(1919年改名《海潮音》月刊)。为了改革佛教,培养骨干,他曾创办武昌佛学院、闽南佛学院、汉藏教理院等。他还先后参加组织中国佛教会、中国宗教徒联谊会;曾担任厦门南普陀寺住持,兼闽南佛学院院长,还被德国郎福特大学中国学院聘为院董。为推动佛教文化运动,他得蔡元培、戴季陶等赞助,以李子宽等骨干,在南京创设中国佛学会。抗日战争期间,曾受聘为国民精神总动员会设计委员;历游四川、云南、贵州等省讲学,号召佛教徒参加抗战救国事业;率中国佛教代表团访问缅甸、印度、新加坡等国,阐明中国抗日救国的政策,争取国际佛教徒对中国抗战的同情和支持。抗日战争胜利后,他和蒋介石关系较为密切,获国民政府宗教领袖胜利勋章。民国35年底,国民政府内政部、社会部在重庆组织中国佛教整理委员会,他被推为主任委员。主要著作被门人辑为《太虚大师全书》。民国36年圆寂,终年57岁。

## 杨芷江

杨芷江(1890～1947),名湘,字芷江,别号老叟。祖籍溧水县,生于滨海县临淮镇。爱国民主人士。杨自幼好学聪慧,善诗文,早年入淮安府学堂、南京两江师范及江南高等学堂读书,后入安徽公立专门法政学堂法律科学习。民国3年(1914年)毕业,任塞北关监督。民国9年,任河南督理靳云鄂的秘书长和直鲁豫巡阅使驻北京办事处处长。因才华出众,与洛阳杨运史(吴佩孚的秘书长)、杨瑟君共称为"洛下三杨"。民国15年起,先后任托克托县(内蒙)禁烟局局长、青岛盐务运转公署副使、安徽省区长训练所秘书等职。民国19年闲居南京。

杨芷江步入仕途十载,奔波于冀、鲁、豫、皖、苏等省,虽有报国之志,却无展才之所,加之身患重症,锐气大减,遂无意于升官晋爵,萌生隐归之念。民国20年,悄然回乡。民国28年,台风过境之后又继遭海啸,致使浮尸狼藉,惨不忍睹。杨目击心伤,带头捐助并动员家人救济难民,拯救生者。他亲手起草的《阜宁县沿海潮灾募捐启》,委婉凄恻,催人泪下,殷实富户及往来商贾被其文所感,纷纷解囊救灾恤难。他还向民国江苏省政府呼吁"堤堰复修,蓄淡刷卤",并奔走游说。在舆论压力下,韩德勤政府明令拨款20万元,但几经克扣,再除去行政费用,实际不足11万元,结果仅修了一道低于高潮位的海堤。他大失所望。为不弃前功,复撰文呈省政府,请求再度拨款以增高堤身,得到的批复竟是"应毋庸议"4字。第二年海啸又起,全堤崩溃。杨悲愤填膺,赋诗曰:"捍患未周无远虑,堤防重决有深悲。桑田坐看成沧海,庐舍行间痛别离。""人将春熟还艰食,我为年荒发浩歌。劫运纷乘靡底止,问天不语奈天何?"他曾将两年的呼吁文稿,编辑成《吁天录》,明记其事。民国30年1月,阜宁县民主政府县长宋乃德慕名拜会。当询及应如何取信于民以利军民团结时,他慷慨陈辞,建议发还民枪,以安民心;兴筑海堤,以定民居;创办盐场,以抒民困。杨的这3条建议后来全部得以实施,沿海百姓的生活和生产均有了保障。

"皖南事变"后,杨芷江结识了刘少奇、陈毅、黄克诚等新四军领导人。民国30年2月,阜宁县第一届参议会召开,杨当选为副参议长。次年2月,阜东县参议会宣告成立,杨又当选为阜东县副参议长。同年10月,当选为盐阜区参议会行政委员会委员。杨擅长诗文,与陈毅相识不久即成为文字密友,常以诗相酬。民国31年10月,在盐阜区参议会开会期间,陈毅多次邀请杨及庞友兰商谈组织湖海艺文社事宜。后来,陈亲作"开征引",并荐杨起草"缘起"。杨成为湖海艺文社的发起人之一。

民国30年至31年日军大"扫荡"期间,先后被安排在杨芷江家隐蔽或"打埋伏"的有文学家车载父女、音乐家贺绿汀、画家鲁莽、三师师长黄克诚夫人唐棣华、盐阜行政公署副主任贺希明夫人刘德观等人。宋乃德夫人陈宜芳还在他家生了孩子,取名为宋海生。爱国七君子之一邹韬奋来盐阜区考察,不料耳病严重发作,时值日伪大"扫荡",在此紧急情况下,黄克诚派人用轿子送他到杨家隐蔽。民国32年春,日伪再次对盐阜区大"扫荡"。当时新四军三师师部将6麻袋抗币(盐阜区货币)、两大木箱银元和金条以及20多块印制钞票的底版运至杨家,杨当即着人妥善埋藏。由于日伪军来势凶猛,逼至杨庄时尚有20多名埋伏在杨家的同志来不及疏散。杨火速采取应急措施:让车载伪装成塾师,并找来几个小孩充当学生;女同志一律换上便衣,扮成亲戚和亲属;部分男同志则分散安排,分别躲藏到庄上的佃户家;邹韬奋和贺绿汀随他本人出走。结果,所有同志全部转危为安。民国36年10月31日去世,终年57岁。后来在土改复查时,中共阜东县委正式为杨芷江平反并恢复名誉。杨芷江毕生喜爱读书,最爱读《史记》《资治通鉴》等史书。他文笔流畅,述理透辟,字斟句酌,耐人寻味。今滨海县海堤上的"宋公纪功碑"及位于阜宁县芦蒲乡境内的"新四军盐阜区抗日阵亡纪念塔"碑文,皆出自他的手笔。

## 俞颂华

俞颂华(1893~1947),名尧,太仓人。报人。早年留学日本,毕业于东京政法大学。归国后,任上海《时事新报》副刊《学灯》主编,并参与主编《解放与改造》杂志。民国9年(1920年)秋,北京《晨报》与上海《时事新报》派他和北京俄文专修馆学生瞿秋白、李仲武等赴苏联采访。所写的报道通讯,分别在《时事新报》与《北京晨报》上发表。后来,《北京晨报》把通讯辑成《游记第二集》一书发行,这对当时的中国知识界了解苏俄"十月革命"后的情况,起了积极作用。在苏联采访半年后去德国,一面仍任记者,一面进柏林大学研习哲学、伦理学和马克思主义学说等,其间曾两次去法国并周游欧洲不少国家。民国13年归国后,任上海中国公学教务长兼教授。该校停办后,由钱经宇介绍进商务印书馆,编辑《东方杂志》。同时还先后在中央大学商学院、东吴大学法学院、沪江大学商学院、暨南大学、劳动大学、江苏省立教育学院等院校兼课,讲授社会学、逻辑学等课程。后又经黄炎培介绍,进入上海申报馆,创办《申报月刊》并任总编辑。与此同时,他还与俞寰澄、李孤帆等创办《新社会》半月刊,提倡革新政治,主张抗日救国,前后办了两年。民国26年4月,他奉派和孙恩霖赴延安采访,得到毛泽东、周恩来和朱德等中共领导人的接见和长谈,并出席延安的文艺晚会,观看抗日剧团的演出。他把在延安的所见所闻写成通讯,在《申报周刊》(即原月刊)上发表,这是国内新闻界对中共的抗日主张和陕北情况的较早报道,曾引起广泛的注意。抗日战争开始,他应邀赴广州筹办《星粤日报》未成,转往武汉,参加《申报》汉口版的工作。民国27年春,他应中央政治学校大学部新闻系主任马星野的邀请,赴湘西芷江任该校新闻系教授;当年暑期,随校迁往重庆。后因与该校当局关系不协,遂离重庆赴香港,任《星报》主笔。不久,又去新加坡任《星洲日报》总编辑。由于国民党有关当局向他施加压力,他被迫再去香港,应《光明报》社长梁漱溟的邀请,担任该报总编辑。民国30年12月,日军侵占香港,该报被迫停刊,他离港到桂林,任《广西日报》总编辑。不久,他又被迫离开,转往湖南衡阳任《大刚报》总编辑,为该报增办"星期增刊"。特别是他创办的敌后航空版,成为当时新闻界的创举。民国33年,日军侵占衡阳,他转往重庆,受黄炎培之聘,主编中华职业教育社的机关刊物《国讯》杂志。抗日战争胜利后,任四川璧山社会教育学院新闻系主任,仍兼《国讯》主编。民国35年暑期,随校迁往苏州。翌年夏,该校当局开除进步学生,他多次为学生请命无效,忧愤交集,所患肺病日趋严重,于民国36年10月11日病故。遗著有《游记第二集》及《柏拉图政治教育学说今解》。

## 孟心如

孟心如(1902~1947),武进县城(今常州市区)人。民国9年(1920年),考入德国柏林大学习化学专业,读书用功,手不释卷。民国14年,获特优化学博士学位。回国后,初在常州主办《兴业杂志》,发表《制造碳化钙之计划及其应用》,与江上达等创办均益兴业公司。后转教育,历任浙江大学、暨南大学(兼理学院化学系主任)、中央大学教授。抗日战争爆发后,随中央大学迁重庆,从事颜料研究和教学工作。后从四川土生植物中提炼出一种草绿色染料,遂辞去教授,在沙坪坝创办染料厂。投产后,专为国家印染坯布,制作草绿色军装。抗日战争胜利后,因身体有疾,精力不够,厂停办,回南京任南京药学专科学校校长(今中国药科大学)。民国36年病逝于南京。

# 郝鹏举

郝鹏举(1903~1947),幼名勉,字腾霄。河南阌乡县城郝家巷(今灵宝县)人。洛阳省立第四师范学校毕业。民国11年(1922年)5月,投冯玉祥部炮兵连当学兵,后当传令兵。民国14年1月,入西北军干部学校受训,任学员第一大队长。同年夏,赴苏学习军事,分配在基辅红军各兵种混成干部学校第一期炮科。民国16年夏毕业归国,被任命为第二集团军独立炮兵团团长,驻开封。民国17年5月升任第二集团军第二军参谋长。民国18年春,见蒋介石"讨伐"冯玉祥,遂脱离部队。民国19年10月,钻进投降蒋介石的梁冠英部第二十五路军,任独立第一旅旅长,旋任该军总指挥部参谋处长,加入"复兴社",专事为蒋介石搜集、提供梁部军内情报。因常违军纪,被革职,后由贺衷寒荐介去湖北任豫鄂皖三省"剿匪"总部参议。民国22年8月15日,被蒋介石任为三十军参谋长。民国23年3月兼任该军第三十师副师长、代理师长。民国25年春,受蒋介石利用秘密赴合肥第二十五路军总部,策动梁部旅、团长迫梁下台,被梁察觉告发,遂辞职。民国27年4月,任胡宗南设立的中央战时工作干部训练第四团总队长。民国28年6月,任第二十七军参谋长,后因行为不端,被胡扣押。后买通监押人员潜逃,投奔傅作义部,任暂编第五军副军长兼民众动员总指挥,封锁陕甘宁边区,不断进行反共摩擦。民国30年,投靠汪伪政权。同年7月29日,任汪伪第一集团军(李长江为总司令)参谋长,驻苏北泰州。民国31年6月,他积极参与、策划在南通、海门地区的"清乡"运动,攻击抗日游击部队。8月11日,任南京汪伪中央陆军将校训练团教育长,致力训练汉奸军事骨干。10月,任伪军事委员会参赞武官公署武官长。民国32年9月2日,任汪伪苏淮特别区行政长官兼保安司令。11月25日任汪伪军事委员会设徐州绥靖公署主任。期间,全力确立所谓战时体制,强化行政机构和军警实力,推行"新国民运动"奴化教育,贯彻日、伪卖国协约,为实践所谓"大东亚共存共荣"方针不遗余力。

民国33年1月任汪伪淮海省省长兼驻徐绥靖公署主任,着力扩大军事实力,编练伪军,不断"讨伐"泗阳、淮阴、睢宁等地新四军黄克诚部、彭雪枫部;并伙同伪中央军事委员会政治部部长黄自强,在南京秘密组织情报机构,搜集、提供苏北地区共产党活动情报。

民国34年8月,抗日战争胜利,他转而投靠国民党蒋介石。民国35年1月9日发表"退出内战、拥护民主"通电,并率所部在台儿庄、枣庄地区举行战场起义,更名为"中国民主联盟军"。民国36年1月27日晨发表反共通电,宣称"还军于国",公开叛变投蒋。2月6日率部向陇海路东段白塔埠、大新集、蒜庄湖地区解放区进攻。华东人民解放军苏北兵团第二纵队四、九两旅发起自卫反击,攻占白塔埠郝的司令部,全歼其主力,郝鹏举被俘。同年4月,蒋介石对山东解放区发动重点进攻,鲁中南解放区党政机关陆续向渤海区后方转移,郝鹏举被押解随行,当撤至小清河某地正欲渡河时,他乘机逃遁,被击毙。

# 郭培师

郭培师(1903~1947),字景泰。阜宁獐沟(今属滨海县)人。民国19年(1930年),毕业于省立扬州第五师范,后考入免费的中央政治学校。民国23年,到盐城行政督察专员公署工作。次年秋,弃职去山东邹平,进梁漱溟办的乡村建设研究院学习。民国25年秋毕业,被江苏省政府主席陈果夫任命为镇江县长,但他只愿当个区长,认为这样可以有更多的自主性。于是,省政府将镇江县上党区改为行政实验区,委郭为区长。到职后,他在实验区实行"管、教、养、卫"的四政合一政策,搞普及教育,抓禁烟(鸦片)禁赌,安置无业者。

民国27年,郭培师转到重庆任内政部专员。时值国共两党合作,政治气氛良好。他曾参加以内政部次长王德溥为团长的"中央陕甘宁边区政务考察团"赴延安,受到中共中央毛泽东接见并合影。解放区的教育、生产和群众组织训练、学习等新气象,使他深有感触。从此,他一心想做实际工作。民国28年,他愿作"虎山之行",独身赴任贵州边远小县后坪县县长。此前该县原县长刚被民众打死,风波尚未平息。临行前,他对人说:"如遭不测,就请省政府把县印收回。"后坪居民见带着一只公文包、一把雨伞、一个铺盖卷的来人竟是县长,简直不敢相信。他诚恳地自我介绍:"我是新县长,是来为大家办事的。"他与工作人员同吃住,亲如兄弟。他经常接触普通百姓并和他们谈心,征求大家意见。经过半年多的努力,县政府、学校、诊所等先后建成;小商店、售货摊也多起来。社会风气大为好转。后坪的变化传到重庆蒋介石那里,蒋传见这位传奇式的县长,并以老校长身份称他是"政校"的一位好学生。此后,他调任贵州省政府行政三联制考核委员会委员。

民国30年,蒋介石委任郭培师为江西龙南县县长。时蒋经国已由赣县县长升为赣州专员。他不想依靠蒋氏父子,受制于人,仍像在上党、后坪那样,别出心裁地搞自己的一套,因此与县党部时有矛盾。次年初,辞别龙南。民国33年春,他出任甘肃平凉地区行政督察专员兼保安司令。时抗日战争处于最艰苦的时期,国共两党关系紧张。平凉紧靠陕甘宁边区,中共地下组织相当活跃。他与保安副司令任谦(地下党员)相处甚好。民国35年春,他就任国民政府行政院参事。民国36年,郭培师母病故,他因哀痛过度,引起旧病复发去世。

## 赵敬之

赵敬之(1907~1947),原名赵恒礼。今建湖县草堰口镇人。烈士。早年从江苏省立第七中学毕业后,考取上海劳动大学,在校期间加入中国共产党。"九一八"事变后,他和上海数百名大学生乘坐火车到南京,向国民党政府请愿,要求出兵抗日。民国22年(1933年)上海劳动大学关闭,他根据党组织的指示去湖北省麻城、孝感等地以做土木工程为掩护,从事中共地下工作。

抗战全面爆发后,赵敬之回到家乡,和唐君照、唐小什等组建盐城县十四区上冈青年抗日救亡服务团,并负责宣传工作。不久,服务团因形势所逼而解散,赵回盐城县中(又称农职中)教书,组织过学潮。后因国民党当局的迫害,离校去武汉。经中共湖北省委委员、同乡王翰引荐,参加郭沫若领导的政治部第三厅属下的第一战地服务团。次年初,随团赴徐州第五战区青年抗日救国总团,做战地抗日救亡宣传工作。徐州会战结束后,赵敬之回盐城,仍在县农职中任教,并继续从事抗日救亡工作。民国28年秋,他与董立等筹办盐城县第一中学学生补习团。同年冬,他被国民党特务机关逮捕,后经营救出狱。次年秋,他任盐城县第十四区区长兼上冈中学校长。期间,奉陈毅之命去泰州做同窗至友苏鲁皖游击总队第四纵队司令陈中柱的工作,劝其与共产党合作。次年8月,他任盐阜联立中学生活指导部主任;民国32年任射阳中学校长;不久调任建阳县海南中学校长。

民国36年暑假,赵敬之奉中共苏中五地委指示,筹办苏皖第五行政区高级专科学校。8月21日下午,赵敬之在穿越串场河封锁线时,被国民党黄百韬兵团便衣枪杀牺牲,时年40岁。

## 震 华

震华(1909~1947),俗姓唐,名全心,法讳乘实。兴化人。僧人。幼年父母相继去世,11岁出家县内圆通庵。怀莲法师因其年少,送入私塾读书。他每天诵读之余,兼习丹青。18岁,为其师祖镇江金山江天寺霜亭老和尚召至镇江,被派往超岸寺守培法师处研习教典,继在该寺玉山佛学社学习儒学、佛学。21岁,在宝华山受具足戒,转学于夹山竹林寺佛学院。一年后,受聘任该院佛学教师。教学之余,检阅佛藏,研究佛史。24岁,任竹林寺监院,乃分管佛学教务。次年,拟写《中国佛教人名大辞典》,课余收集资料,假日四出查阅、采访有关史料。

抗日战争爆发后,震华法师与镇江各寺组织僧伽救护队,救护伤员。镇江失陷后,竹林寺遭兵火之灾,损失严重。次年,任竹林寺住持,着手复兴之事。民国31年(1942年)春,受上海玉佛寺住持远尘法师之邀,至玉佛寺创办上海佛学院。同年5月,任该佛学院院长兼教务主任,并主持玉佛寺。职中,除致力于佛学院工作外,还开设佛学图书馆,创编《妙法轮》月刊等。民国34年,卸去玉佛寺住持之职,专心从事撰述。其间,曾出任中国佛学会上海分会理事长,并曾应邀在镇江焦山中国佛教会会务人员训练班授《僧伽护国史》、《续比丘尼传》、《比丘尼表彰集》、《比丘尼轶事丛考》、《泰县佛教通志》等,其中《僧伽护国史》,系"九一八"事变后所作,以图唤起僧人爱国热情,重新振兴佛教。《中国佛教人名大辞典》未能完成,遗稿今存中国佛教协会。

民国28年,应兴化安丰观音阁之请,回乡讲授《仁王护国经》。次年冬,致书国民政府军驻兴化韩德勤某部,要求禁止滥拆庙宇。他还编纂了《兴化佛教通志》,详细记载了兴化自唐朝至民国期间的佛教教源、庙宇、人物、法要及碑记等,是兴化仅有的一部佛教史书。此外,还著有《兴化方外诗征》。民国36年圆寂。

## 麦 新

麦新(1914~1947),原名孙培元,别名默心、铁克。原籍常熟。民国3

年(1914年)12月5日生于上海。革命音乐家,烈士。幼年曾受音乐熏陶。民国14年父殁,靠母做工、缝洗为生。民国18年辍学,为美亚保险公司练习生、职员。"九一八"事变后,积极参加抗日救亡运动。民国24年,为上海民众歌咏会、业余合唱团组织者之一。民国25年,参加词曲作者联谊会,始作歌曲。抗日战争爆发,创作著名的《大刀进行曲》,传遍全国。民国27年春,参加中国共产党。后抵延安,在鲁迅艺术学院工作,又创作《南泥湾开荒》、《红五月歌》(贺绿汀词)等歌曲。抗日战争胜利后调东北,民国35年任中共热河省开鲁县(今属内蒙古自治区)县委宣传部长、组织部长。翌年6月6日,在下乡工作途中遭土匪袭击,壮烈牺牲。其他作品有《牺牲已到最后关头》(孟波曲)、《保卫马德里》(吕骥曲)、《只怕不抵抗》(冼星海曲)等,并撰《关于创作儿童歌曲》、《略论聂耳的群众歌曲》等论文。

## 王 倬

王倬(1915~1947),靖江新丰乡新跃村人。烈士。日军侵华,上海沦陷后,他在家乡创办了"村际联防"武装,组织巡逻看夜,保护地方安全。不久,他被荐任为惜字乡乡长。新四军东进后,他自筹资金,腾出自家房屋,创办小学,自任校长兼教员。他对贫苦农民子弟实行免费入学,并常给生活困难的学生提供饭食。在减租减息运动中,他率先响应中国共产党的号召,对大家宣布:凡租种他家土地有子女参军者,全部免交地租。民国33年(1944年)春,王倬在乡制普选中,仍任惜字乡乡长。同年6月,被选送至苏中公学学习。次年春学习期满,随粟裕部队南下浙西,开辟新的根据地。在浙西,他加入中国共产党,先后任纲陵县特派员、孝丰县西亩区区长等职。并兼带一个连的队伍,经常活跃于浙皖边区,领导群众与日、伪、顽展开斗争。抗日战争胜利后,王倬随军返回苏北。同年11月,任靖江孤山区区长。次年1月,国民党军队占领靖城,孤山区成了敌人进攻的重点。这时,王倬一面领导游击队与敌人进行斗争,一面发动群众开展惩奸、支前、土改等运动。同年冬,为了适应反"清剿"斗争的形势,县委在全县成立了3个临时战略区,王倬任靖中大队副大队长。他经常带领大队武装,穿插活动,寻机打击进犯孤山区的敌人。民国36年初,敌人在靖中实行"搜剿",斗争形势日趋紧张。3月17日,王倬与靖中区区委书记徐梓人带领靖中大队和地方干部100多人,转移至泰兴县广陵区小唐家庄,与泰兴路南游击营会合。3月8

日凌晨,敌一〇二旅二〇六团及三〇四团在当地反动派的配合下,突然向小唐庄包围合击。王倬当机立断,指挥部队胜利突围。后与靖江县委、县独立团领导会合。为了进一步了解敌情,坚持内线斗争,鼓舞干部和群众的士气,王倬不顾个人安危,主动请求带领一支小分队插回靖中。3月27日,王倬率领的小分队在转移中被坏人告密,遭到新丰市据点敌保安队和乡自卫队的包围。王倬组织小分队奋力还击,毙敌2名。突围中,由于他的腮间、手臂、臀部等三处负伤,不幸被捕。

民国36年4月1日清晨,敌人将王倬押往孤山镇。途中,敌人用刺刀将王倬颈下两侧的锁骨捅开,然后穿上铁丝,吊在卡车篷架上。王倬神态自若的对群众说:"我一生为革命,死而无愧!"敌人用尽伎俩,妄图使王倬屈服,但他始终威武不屈。敌人害怕了,又将王倬押至团结乡广陵村,绑在六圩埭腰沟的一棵桑树上,用刀割下了他的耳朵、鼻子,剜下了他的眼睛、舌头、心肝,最后砍下了他的头颅。在受刑过程中,王倬始终昂首挺立,表现了共产党人的硬骨头精神。王倬牺牲时年32岁。

## 尚承文

尚承文(1916～1947),又名治周。溧水县在城镇人。曾任小学教师。民国26年(1937年)7月抗日战争爆发后,他离开家乡到武汉"东北救亡协会"从事抗日救亡活动。武汉沦陷后,到重庆国民党政府军令部二厅任机要收发,以此为掩护从事中共地下党组织秘密情报工作。民国30年初,被该部处长宋达发觉,以"共党间谍"案被军统特务秘密逮捕。7月,被解到贵州息烽集中营,化名尚毅。在狱中,由罗世文、车耀先、韩子栋秘密成立狱中临时支部,坚持斗争,尚承文积极参加,常遭特务折磨和殴打。民国35年7月,息烽集中营撤销,尚承文作为"七十二要犯"之一,与罗世文(捕前为中共川康特委书记)、车耀先(中共贵州省委书记)、宋绮云(杨虎城将军的秘书)、徐林侠、黄显声(原东北军副军长)、韩子栋(华蓥山地委书记)等押解到重庆歌乐山白公馆"中美合作所"继续监禁。尚承文与许晓轩、谭沈明、文泽、宣灏、朱念群等同囚在四宝牢房。在狱中,曾通过黄显声将军转回家信数封,表达"立志做一个有良知的正当之人"。

民国36年秋,国民党反动派加紧打内战,迫害政治犯。9月13日,白公馆奉南京电令,秘密杀害尚承文、张占鳌、朱念群3人。看守长杨进兴将他们骗上汽车,铐上手铐,用毛巾塞嘴,押到杨家山气象台下面事先准备好的房子里,绑在电椅上,合上电闸,由于电压低,一时未能杀害,杨进兴等特务用铁镐猛凿他们头部,惨遭杀害。尚承文时年31岁。现重庆歌乐山烈士陵园,陈列着尚承文烈士的照片,镌刻英名,供人凭吊。

## 田　古

田古(1921~1947),原名田国环。响水县双港镇人。烈士。民国28年(1939年),加入中国共产党。同年秋,从涟水石湖师范学校毕业回到家乡,秘密从事党的地下活动。年底,到安徽省半城参加革命队伍,并将名字改为田古。嗣后,参加中共苏皖边区党委举办的政治集训队学习。不久,被分配到泗县刘圩区任教导员(即区委书记)。民国31年底,1万多日、伪军兵分五路,对淮北抗日民主根据地进行大"扫荡"。为避敌锋芒,主力部队绕到外线作战。时任泗县公安局局长的田古带领公安局的干部和县委机关一起就地坚持,以各种形式的游击战,粉碎了日、伪军的大"扫荡"。民国32年4月,到离敌占区较近的潘山区任区委书记。他组织和发动群众开展减租减息运动,组建和扩大地方武装,很快打开了斗争局面。抗日战争胜利后,田古调任睢宁县公安局长。民国35年6月,国民党向解放区发动全面进攻。11月,他随地委机关撤到淮海区的颜集整顿学习。期间,被任命为泗宿县委副书记兼公安局长。次年1月,随淮北挺进支队干部大队重返泗宿县坚持原地斗争。3月,中共泗宿县委为适应斗争形势,成立东、西工委。西工委由县委副书记田古和县总队副队长黄华斋负责,率领130多名武装人员,配合主力八十一团的一个连在离敌据点较近的潘山、马厂、刘圩一带坚持斗争。其时,国民党徐州绥靖公署主任调集15个团的兵力,企图合击淮北挺进支队,并欲将其消灭在洪泽湖边。3月28日,地委副书记李任之率领八十一团进驻马公店,田古率部驻马公店西的三甄家。29日拂晓,敌三个团包围了三甄家。此时,他若率部向地形有利的东南方向突围较易,但这将对地委机关和八十一团构成严重威胁。为减轻地委机关和八十一团的压力,他当机立断,部署队伍向西北方向突围。到陆沟时,敌以为咬上了我主力部队,调集人马将田古部团团围住。由于敌众我寡,田部伤亡越来越重,田古亦身负重伤。他从血泊中挣扎起来,爬到牺牲的战友身边,从其身上搜出剩下的子弹,向蜂拥而上的敌人射击。田古再次中弹。为了不当俘房,他挺身站起,镇定地把枪口对准自己的头颅,将枪膛里的最后一颗子弹留给了自己,时年26岁。

## 马世和

马世和(1922~1947),女,又名马淑华。民国11年(1922年)5月19日生,南通市城区人。抗日战争爆发后,她在进步教师影响下,积极参加抗日救亡活动。民国27年3月17日,日本侵略军侵占南通城,马世和离家参加国民党江苏省第四专署特务总队,任宣传员。到农村、集镇宣讲抗日道理,在《放下你的鞭子》一剧中扮演女主角,给观众留下深刻印象。同年10月,马世和参加江苏民众抗日自卫队独立第一支队(抗战支队),任政工员、政工队副队长。民国28年春,马世和在参加抗战支队政工二队开辟启海地区期间,加入中国共产党。在启海地区,她的公开身份是抗战支队第二政工队海四区民运组长,以水平乡为中心进行开辟工作。她开办农民夜校、妇女识字班,成立农民合作社、农民自卫队。她还在政工队内和农村、学校中秘密发展一批共产党员,为创建抗日民主根据地打下组织基础。

民国29年5月,马世和任抗战支队政工队队长。国民党顽固派阴谋镇压抗战支队的进步分子,她冒着生命危险,越过国民党军队几处防线,从泗县到达东台,通知有关人员转移到后方,使抗战支队免受损失。新四军东进后,马世和到郭村参加新四军苏北指挥部挺进纵队。郭村战斗胜利后,她被任命为中共靖江县委妇委书记。不久,调任如皋中心县委芦港区委书记。10月,新四军党政机关驻如东县掘港镇,马世和又被调任掘港区委书记。她深入发动群众,组织青年、妇女、农民、店员等各种协会,成立民兵武装,发展新党员,迅速打开了工作局面。

民国30年春,马世和任中共如皋县委组织部长,她放手发动群众,召开万人参加的农民协会成立大会,壮大抗日力量,扩大党的政治影响,并且培养了一批建党对象。县委把她的工作经验,在全县推广,并写成文章在《东南晨报》上发表。11月,苏中四地委为了开展敌后城市工作,决定派马世和到南通城里担任地下党特派员。她改名马淑华,只身进城,利用社会关系,在一个姓陈的医生家当教师,广交朋友,接近群众。民国31年春,她通过亲戚关系,打进日本人开办的江北中央病院,任护士班国文教师。她和学员谈心、讲故事,启发觉悟,培养积极分子。为避免暴露,她辞去教师职务,到小海镇以代课教师作掩护,建立党的交通站。民国32年4月,日伪军对苏中四分区进行"清乡"扫荡。四地委要马世和设法打入伪特工机关,获取敌人核心机密,配合根据地反"清乡"斗争。马世和通过家庭社会关系,打入伪特工总部江苏实验区苏北分区总站,她将得到的情报,及时转送到根据地。不久,马世和被调到城区特工组。同年底,被调至四甲特工组搞内勤,从情报资料中发现日伪派遣在通东地区的8个潜特名单,她迅速抄报四地委,将特务一网打尽,消除了隐患,受到了四分区司令员陶勇的表扬。马世和还巧妙地运用隐蔽斗争的策略,通过地下党员,发动全城小学教师进行增薪罢课斗争;发动中学生捣毁鸦片烟馆,在政治上和经济上都给日伪以沉重打击。

马世和在长期地下工作中,染上了肺结核,但仍坚持斗争。民国33年4月,日伪各地特工站解散,马世和回南通城治病,期间仍负责党的地下工作。7月,病情加重,住进基督医院。伪苏北"清乡"督查专员公署情报室对马世和已有所察觉,派特务秘密监视。两名护士将这一情报分别送交给地下党组织和马世和本人。她沉着冷静,机智周旋。苏中四地委接到报告后,决定让马世和立即撤回,急电示南通县委设法营救。7月30日傍晚,马世和剪去辫子,戴上墨镜,在护士掩护下从容走出医院,在游击队接应下回到解放区。当夜,敌宪兵队开到医院搜捕扑空。马世和抱病突围后,病情继续恶化,住进后方医院。民国35年底,在党组织安排下,转到上海治病。次年6月7日,在上海中山医院病逝,时年25岁。建国后,马世和被移葬于上海江湾烈士公墓。

## 王世兰

王世兰(1924~1947),赣榆县土城乡蒋河村人。烈士。民国31年(1942年)10月,参加八路军,编入滨海军区二十三团二营五连。民国33年2月,王世兰所在的二营曾和日军激战一整天,打退敌人进攻。在一次反"扫荡"战斗中,王世兰负伤,伤愈调营部当通讯员。民国34年春任班长,10月随军到东北,任东北民主联军一纵队二师五团排长。民国36年6月,参加四平战役。14日黄昏,四平街南边被打开缺口,王世兰带领突击队拿下3个地堡,抓了45名俘虏,缴获6挺机枪。王世兰左眼被炮弹炸伤,右臂又被子弹打穿,但仍继续指挥部队发起攻击,拿下预定的阵地。6月15日,敌人企图夺回阵地,飞机扫射,大炮轰击,王世兰奉命代理指导员指挥作战,打退敌人的反攻。战斗间隙,团参谋长亲手奖给他一枚"红星飞马英雄"奖章。6月16日拂晓,敌人向北败退。王世兰组织追击,他一手扶墙,一手扶腿,冲锋枪挂在胳膊上,指挥部队占领了敌人核心工事。为防止敌人反扑,他命令战士挖工事,组织火力。上午10时,敌人的大炮对东北民主联军阵地狂轰,两米多深的交通沟被掀平。王世兰和战友们沉着应战,打退敌人进攻。王世兰的手掌心被一颗流弹打中,第三次负伤。下午,敌20多架飞机对东北民主联军阵地轮番轰炸,投掷燃烧弹,约一营敌人在装甲车掩护下,向东北民主联军阵地冲来。王世兰和战友们用集束手榴弹炸毁敌人的装甲车,再次击退敌人的进攻。这时,连长杨青培见王世兰浑身是伤,流血过多,将他拉下去。可是不久他又回到阵地,用左臂把冲锋枪顶在胸脯上,接连向敌人打了4梭子弹,第5梭子弹打了一半,不幸头部中弹,英勇牺牲。王世兰牺牲后,纵队党委追认他为模范党员、战斗英雄,把他所在的排命名为"王世兰排"。作家刘白羽著有纪念王世兰的长篇通讯。黑龙江、辽宁、吉林等省的烈士纪念碑都有王世兰铭刻。

## 钱　毅

钱毅(1925~1947),原名厚庆。安徽芜湖人。烈士。文学家阿英的长子。学生时代,钱毅在父亲的指导下,阅读了大量进步书籍和古今中外文学名著,大有乃父之风,作文出手不凡。17岁时,随父亲由上海到苏北抗日民主根据地。先后在国民革命军陆军新编第四军第三师鲁迅艺术工作团、东海大队、《新知识》杂志社工作。

民国33年(1944年)7月调任《盐阜报》社编辑,民国36年任副主编。钱毅刻苦耐劳,本职工作干得很出色,还兼任华中文协大众文艺委员会委员,曾被选为报社的模范工作者。民国36年1月,因斗争更加尖锐复杂,环境更加险恶,报纸不得不暂时停刊。时钱毅担任新华社盐阜分社暨《盐阜大众报》社特派记者,赴淮安石塘区采访。他随民兵联防队冒着枪林弹雨,深入敌占区。2月末,回到石塘区节受乡蒋舍宿营,被当地还乡团发现,向驻淮安城国民党军告密。敌人闻讯,连夜出动一个主力连兵力,包围蒋舍。3月1日拂晓,钱毅在突围中被俘。敌人严刑拷打,诱迫他"自新",他声色俱厉地回答:"宁可枪毙,决不自新!"次日凌晨,被敌人杀害于石塘圩外,时年22岁。

钱毅在苏北根据地五年，搜集了几万条谚语、语汇，编选出版《庄稼话》，还编辑了《大众诗歌》，出版了《怎样写》，写了《海洋神话与传说》。还有日记、大众文艺创作、民俗学资料约数百万字。他的主要著作搜集在1980年出版的《钱毅的书》中。

## 高凤英

高凤英(1925～1947)，女。出生在泰县(今属泰州市)的一个渔民家庭。烈士。7岁开始学撑船下网，练得一身好水性。民国32年(1943年)结婚，丈夫外出拉车，婆母乞讨，她打短工，生活极端贫困。次年参加革命，斗恶霸，搞清算。不久，任双堡乡妇女主任。民国35年5月，加入中国共产党。7月，在紫石县曲北区斗争形势不断恶化的情况下，率先表示斗争到底的决心。8月，在反击敌人抢粮的斗争中，冲在队伍最前头，蹚水过河，吓得敌人丢下粮食仓皇逃跑。同年秋冬，在极其艰苦的反"清剿"斗争中，区委决定她北撤，她坚决要求留在原地坚持斗争。她化装成老太婆，白天隐蔽，夜间活动，把传单标语贴到反动分子门上，使敌人心惊胆颤。12月23日，一名游击队员腹部受伤，她独自一人冒着凛冽的寒风通宵行船，把伤员辗转送到后方医院，又赶在天亮之前回到区队。民国36年1月14日，紫石县团和姜北区队在高家垛遭敌包围，战斗中她腿部负伤，隐蔽在群众家，后遭叛徒出卖被捕。刑讯中，她多次昏死过去，决不吐一字。第二天，敌人将其绑在树上，施以种种酷刑，她坚贞不屈，最后惨遭敌人枪杀，时年22岁。

民国36年，延安《解放日报》在纪念三八妇女节的社论中写道："我们要学习苏中高凤英和晋绥刘胡兰的光辉范例，领导广大妇女和敌人作誓死不屈的斗争。"她的英雄事迹，曾先后载于苏中《江海导报》、华中《新华日报》、《大众日报》等报刊，人们编写歌颂她英勇事迹的"七字唱"，曾广泛流传乡里。高凤英墓现在海安县沙岗乡，为省文物保护单位。

## 王　华

王华(1929～1947)，女。沭阳县汤沟镇碾盘村人。烈士。出身于农民家庭，幼年聪明伶俐，性情倔强，有胆有识。表舅刘仰新在当地从事革命工作，经常给她讲英雄故事，播下了革命火种。民国33年(1944年)，王华年方15岁,即担任村妇救会长,动员青年参军,组织妇女做军鞋,磨面粉,支援前线。民国35年7月,加入中国共产党,升任周集区妇联副主任兼德方乡妇救会长。是年冬,涟水保卫战中负伤人员隐蔽于周集、塘沟一带治疗,她负责护理。次年1月,敌人突然闯进碾盘村,伤员来不及转移,情况危急。她急中生智,故意趋前。敌人端着刺刀厉声喝问:"小丫头,八路伤员呢?"王华用手一指,不慌不忙地说:"夜里抬那边去了。"敌人不假思索,扑向王华所指的地方。伤员随即安全转移。

民国36年4月28日,她到梁庄工作。由于奸细梁立早告密,钱集据点的敌人包围梁庄,搜捕王华。敌人找不到她,就将群众驱赶到麦场上,还乡团头子王大珠气急败坏,挥动盒子枪说:"不交出王华,我要大开杀戒!"群众沉寂,谁也不愿交出王华,惨案即将发生。王华为保护群众,急忙冲出屋子:"我在这里!"敌人以为王华年轻幼稚,以甜言许愿,金钱收买,就可以把她软化。敌人的如意算盘落空后,便严刑拷打,用烧红的铁犁烙她的脚,名曰穿花鞋。王华一言不发,口角流血,汗透衣襟,时昏时醒,目眦尽裂。敌人无计可施,便挖个土穴,架王华临坑,以死作最后威胁:"生死在眼前,任你选择。"王华怒而入坑,表现了共产党人威武不能屈的浩然气概。王华壮烈牺牲,年仅18岁。周集区军民数千人集会哀悼,上级授予她"刘胡兰式英雄"称号。

## 杨味云

杨味云(1868~1948),名寿枬,初名寿楲,以字行,晚号苓泉居士。清同治七年八月二十一日(1868年10月6日)生于无锡城内长大弄"累代书香"之家。官僚资本家。光绪十七年(1891年)中举。光绪二十三年入其大伯父山西按察使杨宗濂幕府。光绪二十五年因葬亲回无锡,帮其二伯父杨宗瀚处理业勤纱厂的事务。光绪二十七年入京任内阁中书。光绪三十一年底,以参赞身份随五大臣出洋。次年回国后督率译员翻译有关各国政治的论著,编成专书60余种,送交宪政编查馆以供参考。光绪三十三年,任农工商部工务司主事,旋升员外郎,参与制订《奖励公司章程》、《办理实业爵赏章程》。宣统元年(1910年),任度支部丞参兼财政清理处总办,参考旧章,参照欧美国家做法,创制全国财政收支预决算制。赞同君主立宪制,与京官陈宝琛、劳乃宣等组织宪政实进会以推进"立宪"进程。民国元年

(1912年)起，历任袁世凯政府的盐政处总办、长芦盐运使、粤海关监督、总统府顾问兼财政咨议、山东省财政厅长等职。民国6年2月任段祺瑞内阁的财政部次长，代行总长职务。7月张勋复辟，他被任为度支部左侍郎。他虽因病未就职，但仍有"心怀旧君"之恩。民国8年当选国会参议员，继周学熙之后任全国棉业督办，还被推为天津华新纱厂经理，成为北方"交通系"官僚资本集团的重要人物。民国11年，无锡辟为商埠，他奉命回锡任商埠局督办。是年冬又回北京，任财政部次长兼盐务署署长。翌年退出政坛，专心经营华新实业。他采用包工制招收工人，设大同银号吸收游资充实纱厂资金，获利后又在青岛、唐山等地开办新厂，组成雄踞北方的纺织资本集团。民国16年华新集团改组，他以年老退居，任董事。民国24年后闲居天津，以诗文自娱。民国26年"七七事变"后，平津相继被日军侵占，北洋旧官僚纷纷投靠日伪，而他拒不出山，不当汉奸。民国37年12月7日病逝。有《云在山房类稿》、《云迈漫录》等遗作传世。

## 闻兰亭

闻兰亭（1870～1948），字汉章，号庸庵。武进县城（今常州市区）人。苏沪纱纺界、慈善界名人。十四五岁时，辍学进煤炭店学徒。满师后即负责一家分店。民国前夕去沪，受聘于纱号任伙计、经理。后独自开设纱号，并联络旅沪同乡，于民国元年（1912年）组织武进旅沪同乡会。他联合华商纱号，组织"纱业竞智团"。先后在上海郊县和苏南创办分号，为纱厂收购棉花，经销纺纱产品，成为荣宗敬开办申新等纱织厂可信赖的代理商。后在汉口以下长江沿岸各省，陆续开办分号、联号达50多家，营业额在纱布业中独占鳌头，与荣宗敬一跃成为华东地区20世纪20年代一工一商（纱业）的领袖。闻兰亭被纺织界一致推举为纱厂业联合会理事长。民国9年在上海第一家证券物品交易所成立，虞洽卿任理事长，他任常务理事，张静江任监事，戴季陶、陈果夫任经纪人。因戴、陈大做投机生意，三年亏损240余万元，交易所只得停办。闻兰亭被穆藕初聘任华商纱布交易所常务理事；后又任理事长和纱业银行董事长、纱业同业公会监事长、上海工商联合会理事长及交易所联合会长等多种职务。他历来对官场淡泊，虽接触过蒋介石等很多政界名人，但一直保持"若即若离"。他47岁丧妻后，不肯再娶，皈依佛教，自称"白莲居士"。他把赚得的钱都用于慈善事业，有"大善人"之称。常说：

"财产会贻害子孙,积财不如积德。"每当贫寒之士相求,都乐于支持。他曾说:"凡人生于天地间,当挺身为社会服务,否则不能称为人。余向以服务社会为主旨,苟有利于社会,无不致力为之,虽杀吾身亦所不辞。是以余为社会服务,身心深感愉快。""八一三"淞沪抗日战争爆发后,他作为中国红十字会会长,投入抢救伤员行列,发动上海大医院附设伤兵病房,进行抢救。同时任救济区难民委员会副主任,当时难民涌入租界,他动员黄金荣把大世界游乐场改为收容所,解决难民的生活困难。民国30年,日军发动太平洋战争,占领租界。许多人避居他处,他却留在上海,与中共地下组织、日伪、国民党中统军统三方周旋,既任伪上海市商会监事长和市民福利协会理事长,又让军统和国民政府在他家里设秘密电台,还常与中共党员恽逸群(受潘汉年指派)接触,从事掩护工作。民国32年,日军为支撑残局,加紧对沦陷区的经济掠夺,成立伪全国商业统制总会,日驻华公使强逼他任监事长,他以年老体弱,予以拒绝。虽被宪兵队"请"去软禁三天,仍未答应。后日军强行管制苏浙皖3省67家纺织厂,将上海7家挂外商招牌的华商纺织厂作为敌产没收,并垄断华中地区棉花收购,许多华商纱厂因无棉花而停工。日军又将华商纱厂30%的纱锭毁成废铁。华商纱纺界人士焦急万分,一致推举他出面交涉,从此出任伪职。以后,他曾向中共提供经济情报,营救保释中共党员。日军投降后,将伪商统会的重要档案交给中共地下组织。抗日战争胜利后,闻兰亭被国民政府以汉奸罪判处8年徒刑。上诉后经多方查证,他确对国家做过有益的事情,改判3年6个月。他仍继续上诉。但尚未等到第二次审理,即于民国37年7月病死狱中。

## 王季同

王季同(1875~1948),又名季锴,字孟晋,号小徐。苏州人,祖籍吴县东山,生于清同治十三年十一月二十七日(1875年1月4日)。数学家。王颂蔚、谢长达夫妇次子。光绪二十一年(1895年)毕业于北京同文馆。自幼喜爱数学,光绪二十八年即出版《积较补解》、《泛倍数衍》、《九容公式》等著作,是中国早期介绍西方数学的重要书籍。次年随蔡元培组织拒俄同志会,出版《俄事警闻》日报,任主编。光绪三十年,于蔡元培任总理的爱国女学执教。翌年在爱国女学参加炼制炸弹,向秘密小组教授制作炸药之法。后任北京同文馆算学副教习。宣统元年(1909年),被派赴英国任清政府驻欧洲留学生监督署随员，后转入英吉利电器公司及德国西门子电机厂研究实习，曾发明转动式变压器。宣统三年，在英国爱尔兰皇家学会会刊上发表有关四元函数求微分法的论文，被后人称为"王氏代数"。回国后曾任镇江大照电气公司、吴淞中国铁工厂主任及顾问工程师，在沪创办大效机器厂。民国16年（1927年），他应蔡元培聘，参加中央研究院筹备会及各专门委员联合成立大会，后任中央研究院工学研究所专任研究员。民国18年，以中国代表身份，出席万国工业会议世界动力协会东京会议。民国19年后，研究新的电网络计算方法，成果载入中央研究院的《科学记录》。退休后研究佛学。著有《四元函数的求微分法》、《独立变数之转换与级数之互求》、《螺旋形弹簧之新公式及不规则图形求面积之图解新法》、《变压器诸尺度求最经济比例之方法》、《电网络分析的一种新方法》、《佛法与科学之比较研究》、《佛法省要》等。

## 夏慕尧

夏慕尧（1885～1948），原名绍禹。邳县（今邳州市）议堂乡夏庄人。出身于农民家庭，性格倔强，夙怀反清"光复"之志。青年时，目睹清廷腐败，外侮频仍，便积极投身反清活动，参与领导了邳县"五河口"农民暴动。暴动失败后，离家出走，入苏州混成旅第二十三协十六标二营充正目（班长），后入苏州武备学堂，参加光复会和同盟会，追随孙中山致力于民主革命。辛亥革命爆发，同盟会上海总部组织浙沪联军，夏慕尧应征入江苏军，在"光复"南京战役中有战功。中华民国成立，他任总统府警卫营副营长。袁世凯窃取临时大总统职位后，他随黄兴留守南京，任宪兵营副营长。民国2年（1913年）7月2日，孙中山发动"二次革命"，他与何海鸣、韩恢率桂军第八师攻入南京，后折回上海。民国4年12月，蔡锷在云南组织护国军起兵讨袁，次年孙中山发表《第二次讨袁宣言》，夏慕尧作为随从副官参加护国战争。民国6年7月，孙中山发起护法战争，他被任命为中华民国政府山东护法军第三路军司令。次年5月护法运动失败，奔走于苏北、鲁南、豫西，继续为孙中山扩充队伍。民国11年，山东峄县孙贵之、孙美瑶聚5000人，反对当地土豪劣绅与北洋军阀，占据抱犊崮山为王。他奉命前往做争取工作，使其接受孙中山授予的"山东自治建国军"番号。

民国13年，他参加北伐战争。蒋介石"四一二"政变后，他愤然退出国民革命军,从广东回到上海,以经商为掩护进行反蒋活动。"九一八"和"一·二八"事变发生,他在上海筹款募捐支持抗战,并印刷传单,宣传抗日救亡。民国26年"七七"事变爆发后,他回邳县任县政府第五科科长,支持爱国青年抗日活动。日军入境前夕,他打开县监狱,释放在押政治犯和无辜群众。民国27年初,毁家纾难,组建抗日武装300多人,在邳北开展游击战争。翌年春,将所部交陇海南进支队司令钟辉领导。民国29年,再次变卖家产购置枪支,组织30人枪交区长李清溪作为地方抗日武装。同年秋,被推选为邳睢铜灵4县联防办事处参议员。民国33年,被推选为邳睢县参议长。民国35年受中共华东局联络部第二工委主任李云鹤推荐,到上海从事情报与策反工作。民国37年1月10日,夏慕尧因病去世于上海红十字医院。

## 萧 禹

萧禹(1890~1948),女。扬州人。父亲为扬州郊外穷塾师,自小随父念过许多书。16岁因贫困所迫出嫁淮安西门大街杨家作姨太太。杨家是地主兼营商业,每年收租二三百石,商店年利润三五千元。生育四男二女,后丈夫亡故。她从精神和物质诸方面积极支持儿女的革命活动,并抽暇阅读高尔基《母亲》和其他进步书刊。

抗日战争全面爆发后,在次子德基(即杨述)的动员下,她和长子本基(即杨道生)毅然舍弃三四百亩土地,二十多间瓦房和一个杂货店,携带若干细软,率领合家大小奔赴武汉,走上革命道路。民国27年(1938年)转成都,加入中国共产党。在中共四川临时工委的安排下,出资两根金条租赁房屋,创办"战时出版社",作为党的秘密活动据点。省委在这里开会碰头,有时邀请中共中央长江局领导参加,她站岗放哨,或送茶供饭。周恩来曾亲临厨房看望,称赞其菜肴的家乡风味。她不但招待大家吃住,而且资助许多同志奔赴延安或敌后的盘川,被尊称为"救亡母亲"、"革命妈妈"。更深夜静,还看书读报,写诗作文,抒发革命激情。她在《故乡》诗中写道:"我的儿女都奔波四方,他们都是为了劳动人民,为民族解放奔忙。在中国共产党的旗帜下,站在自己的岗位上。""我虽年迈,并不徒伤,决不能让时代巨轮,将我抛弃在路旁。"国民党特务逮捕了她的儿子杨道生(时任中共乐山中心县委书记)后,她断然拒绝劝降。不久,同儿媳汪蕙芳搀携两个孙子匿居隆昌乡下,依靠为附近的师范学校师生洗衣服做针线,糊口度日。抗日战争胜利后,八路军重庆办事处终于把这家老小找到,护送延安。她和任锐、陶承等倍受敬重。后患脑溢血,半身不遂。民国37年9月3日在河北平山县西柏坡去世,终年58岁。毛泽东主席秘书田家英为她书写墓志:"女共产党人杨萧禹,……笃信真理,教子革命……尝毕其私蓄,为党兴办事业;殚其精力,为党掩护工作。爱子成仁而不顾,镣铐在前而不屈,险巨备经,忠贞若一。"中直机关党委敬送挽词:"您自己革命,儿、媳革命,孙子又革命。您是好母亲,好婆婆,好祖母。您是一个模范的女同志。"女作家韦君宜长篇小说《母与子》就是以萧禹为原型,反映了这个封建家庭的姨太太转变为坚强的共产主义战士的曲折过程,为中国和世界文学画廊增添了一个新的革命母亲形象。

## 朱自清

朱自清(1898~1948),原名自华,字佩弦,号实秋。祖籍浙江绍兴。清光绪二十四年十月九日(1898年11月22日)出生于江苏东海,光绪二十九年随父定居扬州,自称"扬州人"。中国现代文学史上著名的散文大家,爱国学者,民主战士。民国5年(1916年),毕业于江苏省立第八中学,考入北京大学哲学系。民国9年大学毕业,先后执教于杭州第一师范、吴淞中国公学、台州第六师范、温州第十中学、宁波第四中学、白马湖春晖中学,并曾受聘于母校江苏省立第八中学,任教务主任兼国文教员。他治学严谨,授课认真,深受学生尊敬。民国10年,加入文学研究会,民国11年,与叶圣陶等创办了中国新文学史上第一个诗刊——《诗》月刊,倡导新诗。次年,发表长诗《毁灭》,引起当时诗坛广泛注意,继而写成《桨声灯影里的秦淮河》,被誉为"白话美术文的模范"。民国13年,诗文集《踪迹》出版。民国14年,应清华大学之聘,任中文系教授。其创作由诗歌转向散文,同时致力于古典文学研究。"三一八"惨案后,他撰写《执政府大屠杀记》等文章,声讨军阀政府暴行。民国17年,第一部散文集《背影》出版,其中《背影》和《荷塘月色》两篇,语言朴素中见优美,思想平实中见深刻,真切地反映了当时知识分子的苦闷心情,深受知识界乃至平民阶层的广泛好评,后被选为中学国文教材。民国19年,代理清华大学中国文学系主任。次年,留学英国,并漫游欧洲数国,著有《欧游杂记》、《伦敦杂记》。民国21年归国,继任清华大学中文系教授兼系主任。"一二·九"爱国运动中,他同学生一道上街游行。抗日战争爆发后,他随校南迁,任西南联大教授。民国35年,养病于成都,闻李公朴、闻一多遇害,冒生命危险参加追悼会并演讲。同年10月返北平,受校方委托主编《闻一多全集》。同时,积极参加各项民主活动。他在呼吁和平宣言上签名,并亲访各院校征求签名,后又领衔发表抗议国民党当局任意逮捕人民书,并参加起草"反饥饿、反内战、反迫害"的罢课宣言。他这一时期的主要著作有《经典常谈》、《诗言志辨》等学术专著。后又在"抗议美国扶日政策并拒绝领取美援面粉宣言"上签字,并在胃病加剧,体重仅有38.8公斤的情况下,告诫家人无论如何不买政府所售的美国面粉。民国37年8月12日,朱自清在贫病中逝去,终年50岁。毛泽东曾赞扬他"一身重病,宁可饿死,不领美国的救济粮","表现了我们民族的英雄气概"。朱自清一生著作20余种(含书信、日记),约200万字,大都收入《朱自清全集》。他的许多作品,文辞清丽典雅,韵味深长,成为现代文学的典范之作,影响久远。

## 汤景延

汤景延(1904~1948),名克祚,号景延。如皋县(今如皋市)城西陆家庄人。烈士。在南通商业学校读书时,因反对校方克扣伙食,被开除。民国10年(1921年)进上海东亚体育专科学校。民国13年毕业,同年加入中国国民党,任如城体育场指导员兼县童子军教练。民国16年,先后任国民党如皋县党部监察委员和宣传干事。是年冬,在国民党的"清党"中,以言论"过激"、与共产党人"接近"被解职,并被排挤出县党部。自此,汤景延愤然脱离了国民党。卢沟桥事变发生后,至海门参与组织成立海门人民抗日游击总队,任副总队长。总队改编为江苏省保安九旅五团时,任少校团副。五团在各保安旅火并中被缴械后,他即转往泰州鲁苏皖边区游击指挥部二纵队任中校机炮营长。此时,汤景延结识了挺进队三团团长梅嘉生,对中国共产党和党所领导的抗日武装有了进一步的认识。民国29年夏,参加新四军。次年春,转入地方,任南通县第十区区长。秋,调任通海人民抗日自卫团团长。民国31年春,屡经考验的汤景延加入中国共产党。民国32年初,日伪正准备对苏中四分区实行"清乡",斗争日趋激烈、尖锐,汤景延团奉命与崇明县警卫团合并,由他率领打入伪军,相机配合反"清乡"斗争。汤景延打入伪军后,巧妙周旋于日伪之间,利用日伪之间和汪伪内部矛盾,搜集军事情报,向四分区部队秘密输送弹药,护送根据地干部进出据点,分化瓦解伪军部队,做了大量工作。9月26日晚上又从敌伪200余里交通线上的各个据点破腹而出,带领部队重返根据地,为反"清乡"斗争作出了特殊贡献。此后,汤景延任苏中联抗部队副司令。民国37年初,任中国人民解放军苏浙游击纵队副司令兼参谋长,赴上海郊县开辟解放区,以迎接大军渡江。2月18日上午,在向淀山湖进军途中为敌所困,不幸负重伤被俘。汤景延被关押于淞沪警备司令部监狱。5月14日,国民党淞沪警备司令部军法处奉国民党政府国防部电令,将汤景延杀害。刑场上,汤景延高呼口号,直立不跪,英勇就义,时年44岁。民国38年5月27日上海解放,汤景延烈士的忠骨移葬于上海市龙华烈士公墓。

## 朱 瑞

朱瑞(1905~1948),宿迁县(今属宿迁市)龙河乡人。中国人民解放军炮兵创始人,烈士。他出身于书香家庭。在徐州培心中学读书时,因发动学生罢课而被开除学籍。后至南京读书。民国13年(1924年)夏加入中国国民党,同年秋考入广东大学。次年秋考取莫斯科中山大学。毕业后,入苏联炮兵军官学校学习,民国17年加入苏联共产党,民国18年回国。历任中央特派员、中共中央长江局秘书长兼军委参谋长、红军总司令部科长、红军学校教员、红三军政治委员等职。民国21年底,调任红一军团政治部主任,旋参加长征。民国26年,被任为中共中央北方局军委书记。不久,赴国民政府军事委员会第一战区程潜处做统战工作,被委任为第十八集团军驻第一战区司令长官部联络处长,并担任豫北游击训练班教官。他又单独创立了华北军政干部学校,培养了大批抗日干部。民国28年6月被委任为八路军第一纵队政委,不久兼任中共中央山东军政委员会书记和中共山东分局书记,统一领导党政军各项工作。在与日伪和国民党顽固派的斗争中,结合实际,正确执行中共中央的策略,使山东敌后抗日根据地度过最困难时期,得到了巩固和发展。中共"七大"后,他主动辞去军委副总参谋长之职,承担组建炮兵的重任,被任命为延安炮兵学校代校长。

抗日战争胜利后,他率延安炮校人员去东北组建炮兵部队。民国35年10月,东北民主联军成立炮兵司令部,他被任命为炮兵司令员。至民国37

年,东北炮兵发展壮大到 16 个团,组建炮兵纵队,他为之作出了卓越的贡献。同年 10 月 1 日,解放义县,他在亲临前沿阵地视察途中,不幸触雷牺牲。

## 周发乾

周发乾(1905~1948),字振兴。灌云县三区六塘乡(今属灌南县大周庄)人。民国 18 年(1929 年)考取灌云县运河乡村师范。因其母被土匪杀害,他于民国 22 年 1 月,在武障河渡口,连续枪杀 5 人,其中 2 人是土匪,另外 3 人是无辜百姓,遂遭官府通缉和土匪寻杀,被迫潜逃,投靠省保安副司令孙应符做门勇。后由干爷马二龙(土匪)介绍,任赣榆县保安大队副马四传令兵。民国 26 年投奔国民党沭阳县常备队,在第二大队王绪五部下任班长。为扩大自己的势力,周发乾到处递帖子、拜师父、认干老子,和地痞流氓结拜兄弟,对上司竭尽阿谀奉承。民国 28 年 3 月,日军侵占灌云地区,国民党军队节节败退。4 月 10 日,八路军陇海南进支队第三团成立,汤曙红任团长。三团的成立,掀起了东灌沭一带抗日运动的高潮。7 月 16 日,周发乾诱杀了汤曙红,三团被迫北撤,蓬勃兴起的东灌沭一带抗日运动受到严重挫折。民国 29 年 9 月,周发乾投靠日军。民国 30 年春,被委任为灌云县保安大队长、六乡联防主任。他强迫民工修筑以王马庄为中心的 13 个碉堡,死心踏地充当日军的鹰犬,配合日军的"扫荡",烧杀抢掠,奸淫妇女,无恶不作。周发乾为讨日军的欢心,竭力建立所谓日伪松花江区,命令部下和家属,不准私通抗日队伍,否则一经察觉决不放过。周发乾草菅人命,手段残忍,其惯用的刑罚有"活剐"、"剜心"、"栽山芋"、"抽腿筋"、"点炮"、"活埋"等等。他横征暴敛,敲诈勒索。当地群众被搜刮一光,今天要这,明天要那,办公费、服装费、子弹费、归化费,名目繁多。老百姓交不起,就要被抓去坐水牢,受酷刑。抗日民主政权为拯民于水火,曾派地下党员管海萍等做周的工作,晓之以民族大义,劝他不要与人民为敌,周发乾劣性难改,继续作恶。民国 34 年,日本投降后,周发乾摇身一变,成为国民党东海、灌云、沭阳三县边防指挥官,盘踞在龙苴、新坝一带,构筑碉堡,经常配合国民党四十四师向解放区进犯,残杀民兵和地方干部。同年 6 月 20 日,淮海区党组织应广大群众的要求,调苏北兵团三十五旅一〇四团攻打周发乾。罪大恶极的周发乾被击毙在龙苴据点。群众闻讯,无不拍手叫好,传呼"消灭周发乾,亮了半边天"。

## 薛　斌

薛斌(1911～1948),原名炳孝,化名钟睦孝。金坛县(今金坛市)城东乡荆巷村人。烈士。其父薛绍适是大革命时期的共产党员。民国17年(1928年),薛斌加入中国共产党,同年考入丹阳师范学校。民国20年夏分配至里庄桥王巷小学任教。次年冬,由于叛徒告密,被捕判处3年徒刑。民国26年底,与艾焕章、蒋铁如等中共党员在金坛东北地区成立抗日自卫团,薛斌任团长。民国28年初,奉命到新四军军部教导总队学习,结束后,先后任新四军连长、第六兵站主任、独立营营长,金坛县抗日民主政府副县长。仅花半年时间,他就动员300余名青年参军,还为新四军输送兵员1300多人。薛斌和余慎于民国32年6月15日,动员3000余名干群摧毁了竹篱笆,取得反清乡斗争的胜利。还精心组织群众抢夺敌人在县城北门外东狱庙粮库的粮食2万余斤。民国34年8月,率县武装先后攻克西旸等十几个伪军据点;又配合新四十八团拔掉直溪、朱林伪军据点,进而乘胜追击,歼敌700余人,攻下金坛城。民国34年10月,新四军北撤,薛斌任中共茅山工委委员、新四军留守处主任。他依靠群众,开展游击战,先后取得30多次战斗胜利。民国35年11月下旬,薛斌领导的县武装在三茅殿遭敌袭击,他身负重伤,被群众救出。民国36年1月底,他在群众的护送下离开金坛到达上海。因叛徒告密而被捕,后转押常州国民党保密局看守所。敌人要他自首并发表广播讲话,他严辞拒绝。民国37年12月28日深夜,薛斌被敌人勒死于看守所。

## 殷绍礼

殷绍礼(1913～1948),河南省新县长房古店人。烈士。家有兄弟4人,两个哥哥先后为革命献出了年轻的生命。在他们的影响下,殷绍礼于民国18年(1929年)投入家乡的土地革命。民国21年,加入中国共产党。次年,参加中国工农红军。民国23年,红军主力北上,殷留原地坚持游击战争。民国25年夏,殷在一次战斗中,身负重伤。战友们将他藏在山洞,结果还是被敌军搜去。国民党地方"民团联保办事处"企图从他口中得到红军游击队活动的情报,但他始终缄口不言。5天后,他被带到了一个正在挖掘的坑穴旁。面对手提大刀的刽子手,殷依然是昂首挺胸,视死如归。敌人又将他关进昏暗潮湿的土牢达一年多时间。殷受尽折磨,强壮的身体只剩了一副骨架。抗日战争爆发后,殷绍礼被营救出狱。"皖南事变"后,被任命为新四军二师五旅十五团政治委员。在后来的对敌作战中,他不断显示出杰出的军事指挥才能,守必坚,攻必克,战必胜。民国32年10月,在五尖山战斗中,他指挥一个连数次击退敌人一个营的强攻,阵地始终固若金汤。民国34年8月,率十五团在安徽凤阳刘府一带包围日、伪军一个加强营,最后击破敌人坚固工事,全歼守敌。民国35年,国民党发起全面内战。10月,殷绍礼调任华东野战军二纵队四师师长。次年秋,部队转战山东。在胶河战役中,他亲临团指挥所,灵活指挥部队歼灭红埠庄、郑家庄的全部守敌。民国37年2月17日,殷率四师随第二纵队由山东胶南挺进苏北盐阜区,并在益林战役中担任主攻任务。益林周围地形开阔,镇内、镇外水壕纵横贯通,敌据点里大圩子套小圩子,明碉暗堡组成多层火力网,圩墙外设有木城、鹿砦、水壕、铁丝网等障碍物,易守难攻。国民党整编五十一师一一三旅,依托坚固工事和优良装备,企图死守。3月16日晚,他指挥部队先用炮火袭击,后命突击连组织爆破,然后主攻部队发起冲击。激战45分钟,全歼西圩子守敌一个营。17日,他亲自勘察地形,组织部队构筑火力阵地,选择突破口,为攻击大圩子、东圩子做好充分准备。18日,攻击开始,主攻部队从西、北两面猛攻大圩子,激战6小时,歼灭守敌大部。这时,他命令部队暂停对东圩子攻击,坚守既得阵地,防止敌人反扑。为了给攻击部队选择前进突破口,殷绍礼亲临东圩子前沿阵地,察看地形,不幸被敌弹击中头部,光荣牺牲。四师指战员闻讯,无不悲痛。他们在阵地上庄严宣誓:"打下东圩子为师长报仇!"19日,益林战役胜利结束,共歼敌4000余人。为纪念殷绍礼烈士,地方政府将他的遗体安葬于新四军盐阜区抗日阵亡将士纪念塔西侧,并立碑永垂。

# 植品三

植品三(1913~1948),原名永兴。盱眙县尤谭植营人。烈士。民国27年(1938年)初,日军侵入盱眙,群众纷纷起来抗日。盱眙打石山一带成立抗日联队,植品三任第八大队队副。后来,民国政府县长秦庆霖因植品三堂弟植永余参加新四军,而对他抄家、缴枪,迫使他解甲归田。民国29年,新四军五支队驻盱眙,植品三参加革命,任独立第三团一营二连连长、路东八县稽查。他打击日伪军,机智勇敢,神出鬼没。民国30年,他由便衣大队调到中共嘉山县委敌工部工作,后奉命开辟嘉山横山区。次年,植品三被发展为中共特别党员,任中共横山区委书记,到敌占区工作。在明光镇,他亲自闯入赌场,教训伪军刘大队长,使其有所收敛,以致路卡失灵。在十五里饭棚,敌人设卡阻止食盐进抗日民主根据地。他和几位战士化装成盐贩子,闯到盐卡处掏出短枪,伪军的长枪一一被缴获。从此这位出色的敌工干部威名大震,敌人闻风丧胆。民国32年春,中共淮南区委组建津浦路南段便衣大队,下辖3个中队。植品三任中共嘉山一区区委书记兼一中队教导员。他的工作地段是从明光镇到施郯。在明光镇上,植品三以超人的胆量和智慧,深入虎穴,把伪镇长蔡纪纲争取过来为抗日服务,把怙恶不悛的津里区伪区长徐进贤处决……这一时期,植品三演出多幕威武雄壮、惊心动魄的"戏剧",为人们津津乐道。

新四军淮南主力北撤后,植品三与组织失去联系。他家7口人全被国民党政府关进大牢,死了5口,只有老母和幼子植正邦侥幸逃生。民国36年2月,植品三去淮北,途经嘉山县戴巷乡,因发疟疾,在陆郢古庙躲雨被捕,后辗转押送南京。次年牺牲,时年35岁。

## 黄思珍

黄思珍(1915~1948),江西宁都县人。烈士。家境贫寒,早年靠给地主放牛放羊生活。民国21年(1932年),参加中国工农红军。民国23年,加入中国共产党。历任通讯员、警卫员、班长、排长、连长、营长、团副参谋长、团参谋长等职。

黄思珍参加过二万五千里长征,足迹遍及十余省。在十多年的革命斗争中,他身经百战,出生入死,先后五次负重伤。在抗日战争中,一次被敌人炮弹炸伤面颊,掉下几个牙齿,不能吃饭,驻地有几个大嫂挤下自己的奶喂他。伤口刚愈,他又重返前线继续战斗。为了做到既有效地打击敌人,又尽量减少弹药消耗,他不怕吃苦,不避艰险,和战士们一起扛,一起抬,将平射炮尽量向敌工事靠近,缩短射程,用炮筒对着敌人工事或火力点直接瞄准,做到弹无虚发,百发百中。一次在海安附近,上级要求他把部队和群众迅速撤到一条大河北岸。成千上万人，只靠一座浮桥渡河，形势十分危急。他当机立断，先让妇女、小孩过河，部队继后。轮到自己最后过河时，浮桥却断了。他只好泅水渡河，而此时他身上的伤口还在发炎流血。

民国37年5月24日，解放军截击黄百韬兵团的战斗在盐城便仓附近打响，形成我包敌、敌围我的错综局面，夜黑时敌我阵地更难分清。黄思珍时任十一纵队九十六团参谋长。为了正确指挥，他带领一个营长和一个警卫员到前线侦察，不料敌人机枪猛射过来。他身中三弹，跌入敌军战壕。次日凌晨，身负重伤的黄思珍落入敌手，惨遭杀害，时年33岁。当时黄思珍的遗体被安葬在台北县南阳镇公墓，建国后迁葬于大丰县烈士陵园。

## 毛培春

毛培春（1917～1948），盱眙县盱城镇人。烈士。民国24年（1935年）春，考入国民政府军政部医务署。分配在南京中央军人模范监狱当看护。他积极参加抗日救亡运动，与八路军驻宁办事处有了联系。民国26年春，毛培春被分配到国民政府军政部浙江后方医院工作。次年初，入延安陕北公学学习；4月，加入中国共产党；6月，在七里铺陕甘宁边区保安处受训。

民国28年9月，他受保安处派遣，到国民党统治区做秘密工作。先到陕西省第二区行政督察专员公署专员何绍南处。后到洛川，找陕西省第三区行政督察专员余振东，经余振东的妻弟张青介绍，到胡宗南西安宪兵司令部特高组任少校参谋，参加以张青为组长的特务组织"延安内线组"。民国31年，以余振东为首的"特联汇取站"成立。毛培春因能经常提供延安方面的一些"情报"，深得余振东、张青的青睐，逐步成为左右该站的重要人物。当年秋，地下交通员马应海作其助手，毛培春如虎添翼。因而，经过中共中央审查过的过时情报，不时地送到余振东手里又转给张青。这些特务头子欣喜若狂，对孟西山（毛培春）嘉奖晋级。洛川军统特务组兴帮才对其拉拢，他们之间有了交往。兴帮才透露了隐藏在延安华丰皮革厂的十几个特务名单。延安获悉后，予以清除。此举为保卫延安的胜利起了极其重要的作用。一年后，随着斗争的逐步深入，毛培春受到国民党当局的怀疑。兴帮才仍在孟西山身上作文章。他派一个姓马的特务，冒充马应海之堂弟赴延安侦察。毛培春发现兴帮才的这个亲信去向不明，作出了准确的判断。他要马应海连夜赶回延安跟踪。那个特务已经找到了马妻，因联络暗号不对，被轰出去。此时,马应海到家,遂将特务处决。

民国32年,蒋介石又一次发动反共高潮。延安原获悉胡宗南以一个师兵力向爷台山进犯。毛培春亲临前沿阵地核实,对方不是一个师,而是两个师组成一个加强师,还有其他部队配合,军事配备很强。他立即派马应海送出情报。守卫延安的部队火速增派新编第四旅、教导第二旅和教导第四旅急行军,迅速占领爷台山有利地形,全歼进犯之敌。两年后,毛培春深感兴帮才是隐患,于是有意和他磨擦,迫使张青把兴帮才远调新疆。不久,余振东调到西安,毛培春成为张青在洛川和耀县的主要"依靠对象"。民国36年3月,胡宗南集中34个旅23万人进攻延安,西安宪兵司令部特高组同时被派前往。作为张青的代理人毛培春,随行前先到西安,从张青那里得知胡宗南进攻延安的军事部署、路线和武器装备,以及派遣的特务名单。遂将此重要情报送到延安。中共中央于3月19日上午主动撤出延安,诱敌深入,待机歼灭。在青化砭、羊马河、蟠龙、沙家店、瓦子街大败敌军。胡宗南部队败退即将撤离陕北时,毛培春根据周恩来的指示,随胡部第十七师于4月22日最后撤出延安。次日,该师从铜川向南抢渡洛河时,毛培春被流弹击中牺牲,时年31岁。

## 萧　璞

萧璞(1920~1948),字朴石,又名罗夫、萧原。宿迁埠子镇人。左翼作家,烈士。母罗素梅系知识分子,常给孩子讲中国历史和古诗文,并严格教育子女。萧璞参加革命工作时,依母姓改名罗夫。民国26年(1937年),加入中国共产党的外围组织中华民族解放先锋队。民国27年初,他被国民政府军事委员会第五战区民众总动员委员会委任为宿迁动委会指导员。是年8月,他去延安抗大学习。不久,加入中国共产党。年末,随抗大二分校去晋察冀根据地。民国28年6月,任晋察冀通讯社编辑科长。次年秋,晋察冀日报社与通讯社合并,他任特派记者,所写《1940年五专区经济建设》一文,在报上发表,对敌后根据地经济建设起到积极作用。抗日战争胜利后,华北联大迁张家口,增设新闻系,萧璞任新闻系副主任。他到职后,一面组织人力赶编教材,一面制订教学大纲和规划,使新闻系如期开学,并亲为学员上主要课程。解放战争爆发,他参加前线记者团,到战火纷飞的战场采访。次年,他调任中共涞源县委宣传部长,土改时,他带队在一区搞土改。

依据《土地法大纲》精神,从当地实际情况出发,重点打击汉奸和投蒋的恶霸地主;对抗日反蒋的开明士绅,动员其退出多余土地;对守法的中立地主,通过说理,平分其土地;对富农则分其多余土地。孤立少数,团结大多数,这一做法被推广。此后,各地出现分浮财、挖地财,将地主扫地出门,甚至侵犯中农等极"左"现象,他及时与县委书记苏毅然向区党委写报告。后中共中央也发现这一倾向,立即予以纠正。民国37年春,他任中共涞源县委副书记。8月,他去天镇县开会,归途路经蔚县火石岭,突遭国民党残部袭击,中弹牺牲,时年28岁。

## 程步凤

程步凤(1921~1948),字仲翔。盐东县二区大同乡(今大丰市方强镇)人。烈士。民国30年(1941年),地方民主政权建立不久,他报名参加盐城民运干部训练班学习,结业后加入中国共产党。次年春,任老墩乡乡长,继任孔秾乡指导员。民国32年春,任盐东县联防会秘书,分工在二区。他走乡串村,宣传反"伪化",镇压"地头蛇"。六舍乡叛变投敌分子韦相庆充当地方伪乡丁,扬言要杀害共产党员。他带民兵深入敌占区,将其活捉后亲手处决。次年春,他任中共盐东县一区区委书记。他带领区队配合县总队袭击咸家桥敌据点,活捉伪军60多人,救出地方干部及其家属16人。民国35年,任中共盐东县委组织部长兼伍佑区委书记。他带领区队出没于通榆公路一线,拆电线、打伏击、断桥梁、捉特务,经常晚出晨归。其父嘱他小心为慎,他说:"自古英雄不怕死,怕死不能斗敌人,为人民而死值得。请父亲不要为我担心。"

民国36年秋,程步凤任盐东县总队副政委。次年6月8日中午,他与中共盐东县委书记胡特庸渡船过新洋港时遇敌。胡跳水中弹牺牲,他反击不济被捕。在被押往盐城的途中,任凭敌人拳打脚踢,拒不给敌人挑子弹箱,并怒斥敌人:"士可杀,不可辱,休想给你们做奴隶!"抵盐城后,被关在黄百韬兵团司令部驻地王记旅社。他趁敌人要他写反省书的机会,留下四句诀别诗,托旅社老板事后转交盐东县委。诗曰:"太平麻木缺警惕,身陷囹圄态如常。胡范骥尾追随日,追悼会上请表扬。"敌人严刑逼供,他一声不吭。敌人无计可施,于6月10日将他杀害,时年27岁。临刑前,他高呼"以血还血!""共产党是杀不完的"等口号,英勇就义。民国37年,地方政府将烈士生前工作过的伍佑区更名为步凤区(今为步凤镇)。

## 沙培琛

沙培琛(1926～1948),邳县(今邳州市)红旗乡窦场村人。烈士。出身于佃农家庭,幼年随父母乞讨为生。民国33年(1944年)被伪军刘斐然部抓去当兵。民国34年10月3日,刘部被摧垮,沙培琛参加八路军,编入鲁南八师二三团一营七连七班当战士。原伪军王继尧部3000余人盘踞枣庄城,常常挑衅制造磨擦。鲁南八师奉命消灭该部,攻至枣庄外围阵地,他率爆破小组,爆破敌外围工事;攻城部队冲过敌人电网,将敌兵压缩在中兴煤炭公司6号大楼内。敌人居高临下,向攻城部队猛烈射击,并派敢死队反扑,激战至拂晓。为迅速消灭敌军,沙培琛置3处负伤于不顾,抱起炸药滚至门前,将楼门炸开。攻城部队攻进楼内,消灭敌人。不久,他升为班长。

民国35年6月,他加入中国共产党。翌年3月,国民党军队大举进犯鲁南地区,中国人民解放军鲁南八师奉命攻击占据泰安、蒿山的国民党军七十二师。敌人凭借工事与暗堡负隅顽抗,沙培琛率爆破组奋勇前进,完成攻坚任务,夺回战略要地,荣立一等功。5月,升任排长兼党支部书记。为牵制敌人兵力,掩护刘、邓大军挺进大别山,八师从鲁西南越过陇海铁路向豫中、豫南地区挺进,奉命阻击敌新五军二〇〇师的尾随追击。他带战士迂回到敌人侧面,以猛烈炮火歼敌近90人,俘虏20多人。12月14日,华野第三纵队奉命攻打敌军重要补给站许昌城。他带战士迅猛冲到西门楼上,将敌人击溃,摧毁城门,攻占敌团指挥所银行大楼,全歼楼内敌人。许昌战斗告捷,他被评为模范党员,不久升任副连长。民国37年3月,华东野战军包围洛阳。驻城敌青年军二〇六师及保安队2万多人,凭城内外18道工事负隅顽抗。总攻开始后,沙培琛率突击队相继攻破两道城门。战斗中,脚被地雷炸伤,仍指挥战士继续爆破,攻占城东门楼,击退敌人10余次反扑。胜利后,沙培琛被华东野战军授予"华东乙级战斗英雄"称号。10月,他伤愈后归队任连长,投入淮海战役,率领战士追击杜聿明部,歼灭逃敌。11月中旬,华野与兄弟部队配合,完成对敌军的包围,他奉命率领战士攻击小杨楼村时,被炮弹击中牺牲,时年22岁。

## 颜秀五

颜秀五(1892～?),名振岭,字秀五,以字行。赣榆县沙河镇颜庄人。清宣统二年(1910年),赴扬州投统领陈允瑞当兵。颜秀五因性格豪爽,善交游,兼为同乡,甚得陈氏欢心,渐提升至连长。陈允瑞丢官后,颜秀五退伍,在扬州、泰州、南通、如皋至上海一带活动,当兵、经商、贩私或作海匪,与李长江等拜在青帮杜月笙门下,与黄金荣也多有交往。

民国21年,颜秀五旅居上海,向在中共中央军委特科工作的同乡陈鉴波提出找共产党的要求,陈便要他帮助工作。其时,颜秀五正在海上贩私,囊中颇丰,陈鉴波的活动经费几乎全由颜秀五承担。民国23年秋,陈调往平津,又调西安做东北军工作,与颜秀五联系中断。

抗日战争爆发后,颜秀五自沪赴启东、海门一带,投奔国民党军丁聚堂部,任至团长。因丁部纪律涣散,只知鱼肉百姓,缓急全不可恃,遂与丁分道扬镳,率部至泰州。不久,与李长江取得联系。李明扬、李长江在泰州成立苏鲁皖抗日游击总指挥部,分任正、副司令,颜秀五任第二纵队司令。

民国28年,陈毅率新四军一支队渡江北上时,命惠浴宇和颜秀五联系。两人为海州同乡,虽未谋面,早已闻名。颜秀五答应做二李的工作,与新四军团结抗日。年底,颜秀五应约到吴家桥新四军驻地谒见陈毅,提出:"曾在上海加入共产党,后失掉联系,要求恢复组织关系。"陈毅立即表示:"你公开参加共产党不利于统战工作,可以作为特别党员,由惠浴宇单线联系。"翌年,新四军与二李部建立了比较好的合作关系,共同抗日,共同对付韩德勤破坏抗日统一战线的种种倒行逆施,建立苏北抗日根据地。颜秀五做出了一定贡献。

民国30年初,汪精卫派缪斌诱降二李,李明扬退隐,李长江、颜秀五率部投敌。李长江任伪和平建国军第一集团军司令,颜秀五任第二十四师师长、第九军军长等职。不久,颜秀五又通过惠浴宇与新四军取得联系,假打真和,互为攻守,并向新四军提供情报和部分军需物资。民国31年下半年,日伪军在江都地区"清剿",新四军兵工厂在根据地不易立足,迁进颜秀五部塘头据点继续生产。抗日战争胜利后,颜秀五接受蒋介石改编,被委任为二十五军中将参议,他借口年老体弱而退隐,携家眷寓居上海。民国37年底,颜秀五只身去香港,又转赴台湾,后在台北病逝。

## 陈为轩

陈为轩(1869~1949),字仲冕,号野叟。生于阜宁沟墩小马庄,后迁居复兴庄(今属射阳县海河镇)。14岁考中秀才,29岁考入江西高等学校。他的作文《匡扶社稷于海疆》曾得到两江总督刘坤一的赏识。庚子赔款,他因写《新国殇》、《再讨鸦片檄》严厉声讨列强对中国的侵略,痛斥丧权辱国的权贵们而被学校除名。后到金陵图书馆当职员。光绪三十四年(1908年)春,陈为轩与陈如琮共同捐资创办沟墩高等小学堂和沟墩初级师范以及阜宁县中学堂,并先后任县教育会长、《阜宁日报》社长、阜宁文献委员会会长等职。次年选为省议员。宣统元年(1909年)秋,陈为轩经伏龙介绍,秘密加入同盟会。民国3年(1914年),盐阜地区匪、卤、旱三灾严重,民不聊生,他为民请命,恳求江苏省军、政当局抓紧剿匪,兴修水利,开发农田。民国9年,他又与陈如琮联名呈文省政府,要求疏浚古沙陀港和淤塞了的梁家大港,得到省、县的批复。民国14年,孙中山逝世时,他含悲挥毫写下了"钟山千古,中山千古;俄国一人,我国一人"的挽联悬挂在追悼会场上,受到全国各界人士的赞许。抗日战争爆发后,献出银元200元,送交上海的中国红十字会以支援全国抗日,同时发电报、信函,慰问东北三省抗日军民。民国27年2月,国民党官僚顾祝同、周佛海来信邀他到麾下谋事,他拒绝前往。民国30年1月,新四军在盐城重建军部后,陈为轩在赵敬之引荐下,拜会了刘少奇、陈毅、张云逸等人,表示衷心拥护共产党救国救民的主张。他还动员儿子参加新四军。民国35年,在土地改革中,他带头献田给农会分配。民国38年农历三月初七病逝。

## 张伯英

张伯英(1871~1949),谱名启让,字勺圃,一字少溥,号云龙山民,又号东涯老人。铜山县三堡榆庄人。近代书法家,金石鉴赏家,诗人。光绪十四年(1888年)中举。尔后,为了家庭生计,先后在彭城、南京、萧县等地开馆授业。民国3年(1914年),当年同窗好友、北洋军阀政府的陆军部次长徐树铮推荐其为秘书。第二次直奉战争后,又受徐之荐就职于段祺瑞执政府秘书厅,任副秘书长。民国15年,段祺瑞制造"三一八"惨案,被国民军赶下台。张伯英引退，从此再未涉足政坛，开始了鬻字治印的书画金石生涯。他定居北平神武门烟袋斜街北官坊口，书斋号曰"小来禽馆"。日军侵占北平后，他隐居不出，保持民族气节。日本人以10万银元购买其收藏的王羲之《十七帖》，他坚决拒绝。他的书法造诣精深，民国初年，与赵声伯并称南北二家，同时与王书衡、傅增湘、华世奎、郑孝胥齐名。张伯英以行楷最有成就，亦擅篆隶。楷书结构紧敛而不拘谨，字体规整端严、方圆兼备，既宽博雄放又紧凑严密，内多劲力。行书朴实秀逸，古拙自然。张伯英用笔万毫齐力，圆满峻发，点画所到之处，极具朝揖相让之法。笔笔中实，字字气满，凝重含蓄，不泥于古，不媚于今，富于创新精神。用笔能任情挥洒，意度自为高远。张伯英极擅书写碑志，数百字大楷不用画线，从头到尾一气呵成，而分行布白、范围大小莫不恰到好处。他博古通今，其诗清新俊逸。卷帙浩繁的《黑龙江志稿》就是他主纂编成的。他还留心搜集乡邑文献。曾编缀刊刻《徐州续诗征》。北平沦陷后，他屡次致书当时任徐州伪市长的叔父张云生莫做伪事。张伯英与清末遗老康有为、梁启超、罗振玉、郑孝胥等过从甚密，但却力主共和，反对复辟。他晚年怀着改良主义的理想而不得伸展。此外，他还与于右任先生、张学良将军及齐白石等私交皆厚。张伯英尤为奖掖后学，书画界不少人都曾受其教益。晚年贫病交加，生活清苦，犹醉心于书画金石，节操高尚清雅。他还与海内名家林琴南、容庚等交往密切，且以精于品鉴金石书画闻名于平津。同时，他还精于帖学，富收藏又精品鉴。

## 谭德钟

谭德钟（1876~1949），字组云，号高谭，晚号海陵老人。民国时期蜚声上海书坛，为中国近代著名书法家。祖籍江西南昌，后迁至海安镇。少年时，谭德钟从海安陈西璧、陆子才研究文学，临摹碑帖，学习刻苦。民国6年（1917年）遍游长江沿岸及京师、粤、闽，一度定居上海，历遇康有为、吴俊卿、李瑞清、于右任等，谈论艺事，彼此引为知己。张大千、张善子弟兄亦常来谭的住宅谈艺。民国19年，谭德钟寓居南京鸡鸣寺，当时任国民政府行政院长的谭延闿午后常至寺内与之谈论书法，并合书出版《天马赋》。谭延闿去世后，谭德钟为其作墓志铭，大气磅礴，艺林珍之。

谭德钟布衣素食，种松饲鹤，以此自乐。家宅满壁悬古人之墨迹，喜聚四时之花于一室，朝夕观摹，陶冶其中。其书工各体，融洽南北，吸取右军、鲁公、白阳、青藤、八大山人、石涛等诸家之精华。画以写意为多,擅长罗汉、梅、兰、竹、菊等;印集秦汉,略参己意;诗以古体擅长。每作书,全神贯注,顷刻若干幅,兼包并蓄,一气呵成,转折处最重体法,是其特长。谭德钟还将自己与石涛、彭刚直、吴俊卿、李梅庵、李息翁、王一亭,及其哲嗣少云、小云、长媳韩佩芬的书画作合版《十人书画集》一册,与谭少云、谭小云合版《三谭书画集》,并于上海大新公司展厅举办"三谭书画展"。首展当日,售出作品数百幅。20世纪30年代,谭德钟为弘扬国粹,采用面授与函授之法,在上海创办海陵学苑。凡外埠学生将作业寄来,他均用彩笔详加修改,并以文字说明,凡经济窘迫而又酷学者,均不计学费,文教所及远至扶桑三岛。谭德钟继于上海开设华商书局,专印售名家书画作品及其著作,并于南京、丹阳等地设立分发行所。谭德钟还精于鉴赏字画,凡有字画请他鉴定者均能如愿,并将自镌印"组云过目"盖于确定之字画上,现一些地区博物馆收藏之名人古旧字画中,时可见此印。晚年谭德钟家居海安谭园,与韩紫石、陆省吾创佛教居士林于凤山之麓。建筑雄伟,清静庄严,公举谭德钟与韩紫石为林长。时海安有东寺、西寺,均十方丛林,谭德钟常往寺中与方丈品论书法,鉴赏字画。谭德钟毕生作品及著述甚多,著作有《海香诗抄》、《海陵印存》、《海陵书画集》、《续艺舟双楫》等。

## 吴待秋

吴待秋(1878~1949),名徵,字待秋,别署春晖外史、袌鋗居士、括苍亭友、鹭鸶湾人、疏林仲子。浙江石门(今桐乡县崇福镇)人,民国20年(1931年)定居苏州装驾桥巷。画家。他18岁中秀才,后继承家学,致力绘画。其父伯滔(名滔)为清代画苑名手,晚年作山水苍秀沉郁,水墨淋漓,绘花卉墨色浓厚。吴待秋早年学山水画颇有父风,及稍长,法奚铁生、钱松壶而追宗王麓台,并得黄公望余绪。又从师吴昌硕学花卉、治印。光绪二十九年(1903年),他去杭州谋生,既进求是书院读书,又兼任两所小学美术教员。由是得识求是书院督学陈叔通和印家丁辅之、画家高野侯。光绪三十年,丁辅之同吴待秋等人在杭州创立西泠印社。宣统三年(1911年),他去北京,不愿当小京官,宁愿以卖画为生。与铜刻艺人张师傅合作,把画刻在铜盒上出售,深受购者欢迎。又曾作画于笺纸上,鲁迅在《北京笺谱序》中推许为"画笺高手"。民国5年,经陈叔通推荐,至上海商务印书馆任美术部主任,以珂罗版在宣纸上印刷效果良好。民国20年离沪至苏，参加婆罗画社。民国25年参加绿天文艺馆。他作画勤奋。山水画挺秀劲拔，苍雄沉着，点苔飞舞稳当，设色气韵清明。又擅画佛，且工花卉，画梅更独绝一时，书法亦遒劲。民国26年抗日战争爆发，曾避难多处，后去上海，画名大振。抗日战争胜利后返苏。民国38年8月7日去世。其子敉木、石耕、青门均能传其艺。

## 孙绍陶

孙绍陶(1879～1949)，名亮祖，字绍陶，以字行。出生在扬州一个操缦世家。其父孙檀生是广陵派名琴家之一。孙绍陶自幼聪慧好学并深得家传，对古文、书法、昆曲等均有所长，尤擅古琴。后又师从广陵琴家解石琴、丁玉田，精研琴学数年，得广陵琴派真传，琴艺一时称绝。从如皋师范毕业后，因就业困难，设塾处馆谋生。家虽贫寒，仍情趣雅然，嗜琴为癖，朝夕演习，从不间断。

民国元年(1912年)，孙绍陶鉴于当时社会上古调不弹、琴学日衰状况，与胡滋甫、王方谷、夏友柏诸同好，创设广陵琴会。各琴派名家云集一处，琴界泰斗查阜西、彭祉卿等也赴会指导。会间，孙绍陶所弹《墨子》、《普庵》、《樵歌》数曲，倾座为之雀跃，使琴会盛况空前。

他对弟子传艺谆谆善诱，并精研唱弦之术，佐以记忆。待弟子亲如子女，每授一曲，必反复示范，详加剖析，不得真传而不休。一生中，培植了张子谦、刘少椿等著名琴人，广陵琴学赖以不堕。他更锐意研求琴艺，对前人遗谱，必尽悟方休；其弹奏指法，融汇了南柔北刚之长，出音清亮和缓、绮丽圆润，广陵琴派的琴风经他积60年艰辛创新之异，得以长足发展。

作为广陵琴派第九代宗师，孙绍陶的古琴造诣极为深厚。一生中弹奏数十操，以《樵歌》、《山居吟》、《墨子悲丝》、《渔歌》、《梅花三弄》、《平沙落雁》、《风雷引》诸操最有心得，为琴坛一绝。

## 江杏溪

江杏溪(1881～1949)，名如礼，以字行。苏州人。古籍出版、发行界名人。父椿山为苏州阊门"扫叶山房"书店店员。江杏溪13岁习业于嘉兴孩儿桥旧书铺。光绪二十五年(1899年)回苏州，创设"文学山房"书店。因经营有方,至20世纪30年代,文学山房已具相当规模,古书盈架,购销以万金进出。诸如冯桂芬、朱达夫、管礼耕、叶昌炽、丁士涵、沈秉成、单镇等藏书名家所散之书,多有聚集于此,并时加搜集海内孤本。于是南北名家学者,常往来于文学山房,选配古籍,砥砺学术。他经营文学山房数十年,经其手所获宋元刻本,明刊插图本,名人稿本、抄本甚多,遂将此类善本古籍聚集刊印成《江氏聚珍版丛本》(亦称《文学山房丛书》),计4集、28种。此书一出,风行一时,远至日本及欧美诸国。后得蒋凤藻《心矩斋丛书》及谢家福《望炊楼丛书》书版,亦重印发行。

## 汪逢春

汪逢春(1884～1949),名朝甲,字凤椿。吴县(今苏州市区)人,生于清光绪十年五月二十日(1884年6月13日)。名中医。10余岁入名医艾步蟾门下学医。光绪三十四年赴北京,一面担任法医,一面求教于名医厉轩举,公余常为患者诊治,疗效显著,求诊者日众。民国2年(1913年)辞去法医职务,正式开业行医。由于治愈疑难大症甚多,名声日起,与肖龙友、孔伯华、施今墨并称为北京四大名医。汪逢春治病重在辨证施治,尊古师古但不泥古,也不存门户之见,能尊重同行。他在治疗内伤症方面,着重调理脾胃;在治疗外感疾病时,着重由表宣达,使邪外出,以免内传。他以善治温病著称。在用药方面,常用药末装入胶囊中吞服,用药少而精,收效大而快。他重视西医的学说和诊断方法,遇到重大疑难病症,往往主动建议聘请西医会诊,以期收综合治疗之效。他对病人认真负责,满腔热忱。对贫病患者,常为之代付药款。他收录弟子20余人。民国25年组织门人成立"同砚小集",相互钻研,共同提高。弟子们辑录他的一批医案,编成《泊庐医案》。汪逢春于民国38年8月2日在北平去世。

## 汪懋祖

汪懋祖(1891～1949),字典存。吴县(今苏州市区)人。教育家。13岁中秀才,15岁入苏州府中学堂,旋转入上海广方言馆,后毕业于江苏高等学堂。民国元年(1912年)至天津入北洋高等学校工矿科。民国5年赴美国,就读哥伦比亚大学学士教育院,受教于杜威,获硕士学位,后被哈佛大学聘为研究员。民国9年回国,历任国立北京师范大学教务长兼代理校长、国立北京女子师范大学哲学系主任兼教授、国立东南大学教育系主任兼教授、江苏省督学等职。先后加入中国科学社、中华教育改进社、教育学会、儿童教育会、乡村教育社、职业教育社等学术团体。民国16年7月,辞去大学教授及督学等职,返家乡创办苏州中学,首任校长。在其主持校政的三年半中,聘请陈去病、钱穆、吕思勉、吴梅、吕叔湘等国内知名学者来校任教,力求将苏州中学办成学术化的学校。他主张教育应源于生活而改造生活,并对教材、德育、学生身心发展规律等方面加以研究,作出显著成绩,学校声望日隆。民国19年被全国教育学会聘为专家会员。抗日战争期间,任昆明西南联大等高等院校教授。抗日胜利后,返回苏州,任国立社会教育学院教授,民国38年1月10日病逝于苏州。著有《美国教育彻览》、《教育学》等。

## 严 朴

严朴(1898～1949),又名达人,字君实,号玖东。无锡市区张泾乡寨门人。清光绪二十四年三月初一日(1898年3月22日)生。中共早期党员。幼年父母双亡,由姑母抚养成人。民国6年(1917年)到无锡长安桥大宋巷小学任教5年,又考入上海环球物品交易所。民国10年考入上海西门专科师范学校。受"五四"运动新文化思想影响,他发起组织学生会,被校方开除。后又进上海专科大学(即南方大学)国学专修系学习。这时,严朴常到上海大学旁听恽代英、瞿秋白等人的演讲,阅读《新青年》、《向导》等革命刊物,接受马列主义思想。民国12年,由徐伟、方闻介绍加入中国国民党。翌年元旦,严朴、安剑平等发起组织《中国孤星社》,出版《孤星》旬刊,传播革命思想,团结进步青年,促进国共合作。民国14年1月,严朴由张佐臣、徐伟、方闻介绍加入中国共产党。2月,被派往上海杨树浦一带组织工人罢工活动。"五卅"惨案后,南方大学游行队伍遭英国巡捕阻挠袭击,严朴等15人被捕,经校长江亢虎出面交涉,当天获释。民国15年夏,严朴毕业于南方大学,中共江浙区委派他回无锡办一所学校,掩护开展革命活动。他同南方大学同学庞士龙、钱仲录等创办私立江苏中学,传播文化知识和革命思想。为筹集办学经费,将部分家产抵押。9月,张佐臣担任无锡独立支部书记,为掩护其活动,聘为教员。

民国16年1月,成立无锡秘密总工会,严任委员兼总务部长。2月17

日，建立无锡地委，严任地委秘书。北伐军进驻无锡后，严还担任国民党无锡县党部委员。4月14日，国民党右派武装袭击无锡总工会，枪杀委员长秦起，江苏中学被查封。严朴转移到东北乡白丹山，负责农民协会工作，继续坚持斗争。11月9日深夜，在严朴等人领导下，万余农民革命军举行秋收暴动，攻下安镇、东湖塘等13个村镇，焚毁地主田单、租簿、借据等，因遭国民党当局镇压而失败。严朴带领部分农民军撤往江阴、常熟等地进行隐蔽斗争。民国17年夏，严朴随何叔衡由上海往莫斯科，出席中共第六次全国代表大会。会后留莫斯科学习制造手榴弹技术；8月回国；10月，成立中共淞浦特委，严任常委。民国18年1月21日，严朴领导奉贤千余农民的"庄行暴动"，烧毁公安局、地主的田契、账册，没收粮食、浮财，分给农民。是年秋，在上海领导法租界南区人力车工人大罢工时被捕，关押40多天，受尽酷刑，坚强不屈，经营救出狱。不久，任中共松江中心县委书记兼青浦县委书记。翌年，调任浙南军委书记兼红十五军政治委员，参加进攻温州战役。

民国20年冬，调上海党组织领导机关担任掩护工作，使大批干部安全转入江西苏区。民国22年转入中央苏区担任经济工作。民国23年抱病参加长征。到达黔北川南时，因病转送重庆、宜昌，病愈后组织并负责交通站工作。民国24年秋赴莫斯科列宁学院学习，民国27年3月回国后任中央组织部二科科长，西安、重庆八路军办事处秘书长。民国34年出席中共七大。抗日战争胜利后，调哈尔滨任东北工业委员会党委书记。民国38年春调北京准备南下，因患胰腺癌医治无效，于6月5日去世。遗体安葬在北平西郊万安公墓。后经周恩来总理批准，在无锡革命烈士陵园建立衣冠冢。

## 陈治平

陈治平（1898～1949），原名文政，又名惕庐。淮安横沟寺人。先后就读淮安第三高等小学、南京国文专修科、南京蚕桑学校。毕业后到淮安县立乙种农业学校（校址在横沟寺）任教。民国13年（1924年）夏，由杨济沧介绍加入中国国民党。同年冬末，到广州黄埔军校当入伍生。数月后，因病返淮，继续在县立乙种农校工作，并联络青年组织读书会，发展进步力量。民国15年夏，再度赴广州，在黄埔军校入伍生第二团任文书。在军校学习期间，陈治平结识了在国民党江苏省党部工作的中共党员侯绍裘等。同年11

月,在上海由侯绍裘介绍,加入中国共产党。

陈治平是中共淮盐地下党组织的创始人之一。民国16年9月,与赵心权、厉冰心等创建中共淮安县特别支部,他任书记。中共淮安县委员会成立后,任县委书记。组织和领导了民国17年初淮安横沟寺暴动。暴动失败后,辗转去上海,后又去莫斯科参加了中共第六次代表大会。民国18年10月,成立中共淮盐特委,被选为书记,后任中共江苏省委巡视员,上海法南和沪西区委书记、徐海蚌特委书记、中共江苏省委军委书记、河南省委书记等职。民国21年秋,在河南开封被捕,经蒋介石亲自诱降叛变。由于陈治平等人的叛变,中共淮盐、徐海蚌地下组织遭到严重破坏,中共中央于民国22年1月1日决定开除其党籍。他叛变后,参加了国民党中统特务组织,历任国民党中央组织部调查科"南京实验区"区长,国民党青岛市主任委员,国民党贵州省党部主任委员,肃反专员,国民党中央组织部战地党务处处长,中统局苏鲁豫皖四省办事处主任,国民党浙江省政府委员兼地方行政干部训练团教育长等职。抗日战争胜利后,陈治平不满于国民党挑起内战和国民党官场的腐败,积极联络国民党政界的中上层人士和一批高级知识分子,成立孙文主义同盟,进行联共反蒋活动。他曾先后参加策动蒋介石的警卫师起义、江阴要塞守军起义等。民国38年4月,陈治平在上海被国民党京沪杭警备总司令汤恩伯捕杀,终年51岁。

## 吴绮缘

吴绮缘(1899～1949),原名惜,晚署起原。武进县城(今常州市区)人。生于知识分子家庭。小说家。从小随父学诗词、词章。10多岁时,曾偷阅《石头记》和《花月痕》,成天如醉如痴,不饮不食。从此对报刊上登的小说,就废寝忘食地阅读,成了"小说迷"。接着,他学写小说,第一次在徐忱亚创办的《小说时报》上发表《冷红日记》小说时,还只有16岁。民国5年(1916年),此小说出单行本。他的这篇小说,摆脱了当时社会上充斥着才子佳人之类作品的影响。随后,他的《莫救儿女误英雄》、《忆红楼漫录》、《忆红楼记艳》、《可怜侬》相继发表在《小说丛报》、《小说新闻》等杂志上,时仍不满20岁。在常州诸多文人中,他搜集的小说杂志最多。抗日战争前,他除在女子师范教国文外,余暇即向上海《小说季报》等各种杂志投稿。先后发表的作品有《禅花梦影》、《反聊斋》、《倚闻泪》、《丑人多作怪》、《崖下孤花》、

《试金石》、《百年后的中国》、《社会的罪恶》、《军阀现形记》（连载长篇）、《解佩记》、《三顾》、《自由毒》等。他平时喜读《聊斋志异》这类讲狐鬼的书，但认为此书结局太玄。于是独辟蹊径写了许多类似《聊斋志异》内容的短篇，连续在《小说月报》上刊载，讲起狐鬼，也写到惝恍迷离，神秘莫测，待到结尾时，迷踪渐明。原来并非狐鬼作祟，而都是人的所为。这些短篇，汇综成单行本发行，总称《反聊斋》，这种体裁在小说群中并不多见。民国13年，为开展文学研究，促进诗文创作交流，联合小说界同仁组织梅社，出版《烂花》杂志，内设小说、诗词、谐文等栏目，他任主编。抗日战争期间避走上海，常州故宅书籍杂志全被日军烧毁，后长居上海。在《申报》、《新闻报》上发表较有影响的连载长篇小说《小桃红》、《回春之曲》、《奇人奇事录》、《新镜花缘》、《游侠外传》、《芙蓉娘》、《濮二姑》等。这些作品既有章回白话小说，也有笔记形式的文言小说。

## 吴伯超

吴伯超（1903～1949），原名畴大，字缕述。清光绪二十九年七月初一日（1903年8月23日）生于常州府阳湖县（今常州市武进区）雪堰桥镇。中国著名音乐教育家、指挥家。小学毕业后，考取设在常州城内的武进县立师范。当时刘天华正在母校——江苏省立五中（今江苏省常州高级中学）教授音乐课程，吴伯超爱好音乐，虽不同校但也是经常向刘天华请教。民国10年（1921年）师范毕业，翌年10月随刘天华入北京大学附设的音乐传习所甲种师范科，师从刘天华学习二胡及琵琶，此外又师从俄籍教师嘉祉学习钢琴，同时也广泛接触西洋乐理与作曲等基础知识。这期间所创作的《五卅国耻歌》，是中国最早以反对日本帝国主义侵略为题材的创作歌曲之一。民国16年毕业，先后在北京师范学校及孔德学校短期任教。同年11月，被萧友梅聘为上海国立音专助教兼会计员，教二胡及副科钢琴。他不但执教认真，且对音乐理论及编配乐曲十分钻研，曾在民国19年《乐艺》第一期发表《飞花点翠》，意图改变中国民乐合奏只有齐奏而无和声及外来形式的配器状况。民国20年又在《乐艺》（1931年第五期）发表二胡独奏曲《秋感》，这是中国音乐史上第一首附有钢琴伴奏谱的二胡独奏曲。后通过考试，获得享有"庚子赔款补偿"的留学名额，赴比利时留学。先入沙勒罗瓦（CHAYLEYOI）音乐学校，由于学习勤奋，民国22年7月和声考试获头奖。

同年进入布鲁塞尔皇家音乐学院学习作曲,并在著名的德籍指挥家赫尔曼·谢尔欣开设的指挥班学指挥。参加学生音乐会的演出,指挥管弦乐队演出德彪西《夜曲》中的《秋》。民国24年7月获皇家学院赋格比赛二等奖之后毕业。同年9月归国,10月复回上海国立音专任教授,并与几位有志于发展中国交响乐事业的同道者黄自、谭小麟等一起首创一支由中国人自己组织的业余性质的管弦乐队,吴伯超亲任指挥。民国26年春,在上海蓝心大戏院举办的交响音乐会上,由他指挥这支乐队演出贝多芬的《第五交响曲》和黄自的《怀旧》等作品,广受好评。

抗日战争初期,吴伯超任广西省政府参议及广西省艺术师资训练班主任。他联络各地来桂林的音乐家组成桂林广播电台管弦乐队,还组织众多的群众合唱队,亲自创作、指挥,演唱许多抗日救亡歌曲。民国29年2月,应邀入四川任国民党中央训练团音乐干部训练班第二期副班主任(级别相当于中将军衔)、励志社管弦乐队指挥和白沙女子师范学院音乐系主任、教授。民国31年,应国民政府教育部长陈立夫邀请,任重庆国立音乐学院院长兼音乐院实验管弦乐团指挥,曾指挥演出过一些西洋古典乐曲以及他自己创作的混声四部合唱曲《中国人》等。期间,他还长期兼任指挥课的教学。他认为培养管弦乐队的演奏人才必须从幼年开始,因而创办国立音乐学院附设十年制幼年班。民国34年在重庆青木关一个山坳里,幼年班正式开学。幼年班定为10年制,专收8~12岁男童。民国35年,国立音乐学院大学部由渝迁南京,他主持将音乐院建到南京古林寺,幼年班迁到武进县城(今常州城区)椿桂坊录官庙。幼年班从民国34年夏创办到民国38年春的三年半时间,学生的专业水平已达到相当水平。民国37年,幼年班管弦乐队被调往南京"介寿堂"与大学部同学同台演出。乐队52人,幼年班同学竟占44人。演出曲目均是有相当难度的西洋管弦乐曲,而在其中担任独奏、领奏任务的也都是幼年班同学。民国38年初春,全国教育促进会在上海举办中国历史上第一次全国少儿器乐比赛,除钢琴一等奖得主刘诗昆外,钢琴二等奖方国庆,小提琴一等奖黄晓和、二等奖高经华,大提琴一等奖盛明跃、二等奖马育弟,长笛(一等奖空缺)二等奖沈兴华等都由幼年班同学包揽。

吴伯超于民国38年1月27日,从上海乘"江亚轮"想到台湾去为国立音乐学院(含幼年班)物色迁台校址。不幸"江亚轮"出发后即因严重超载而失事沉没,吴伯超遇难,时年46岁。生前作有《民族乐器合奏》、《暮色》、

《国殇》、《恭迎总统》、《宴请使节》、《喜庆》、《桃之夭夭》（女声独唱）、《鹿鸣》等曲。

## 宋绮云　徐林侠　宋振中

宋绮云（1904～1949），原名元培，字复真。邳县（今邳州市）人。烈士。民国15年（1926年）11月，考入国民革命军中央军事政治学校（即黄埔军校）第六期。民国16年3月，在军校加入中国共产党。武汉政府叛变后，宋绮云和石玉如、张凤石等人按照组织安排肩负重任奔赴南京，与南京地下党秘密成立了中共南京地下党清凉山小组。11月中旬，在浦口郊外的芦苇滩里，召开了中共南京市委扩大会议，出席人员有宋绮云等20余人。会后，宋绮云由组织安排在南京警察教练所任第二中队副队长。民国17年春，党内出现叛徒，组织上鉴于宋绮云身份已经暴露，处境危险，遂决定他离开南京，返回邳县开展活动。10月，宋绮云同他的战友、中共邳县县委委员、妇女会长徐林侠结婚。

徐林侠（1904～1949），女，又名丽芳。邳县（现邳州市）草寺村人。烈士。民国12年考入徐州江苏省立第三女子师范。后离开学校到武汉参加革命，经郭子化介绍加入中国共产党。民国16年，大革命失败后，她从武汉回到邳县，以国民党员身份在县党部任委员、妇女会长。是年底，中共邳县县委成立，她任县委妇女委员。民国18年7月27日，中共邳县党组织又遭到第二次大破坏，徐林侠被捕。宋绮云适巧外出活动，免遭毒手。在国民党严密搜捕之下，他一面设法安排同志转移，一面利用各种关系营救被捕同志。同年12月，在组织的安排下，去河南南阳杨虎城部队。经陈子坚引荐，担任《宛南日报》主编。

民国20年夏，《西北文化日报》改为十七路军机关报，任陈子坚为社长，宋绮云为副社长兼总编辑。报社的工作实际上都由宋绮云负责。

徐林侠被捕后，先关押在国民党徐州陆军监狱，后转押江苏省苏州监狱，她在严刑拷打下坚贞不屈。她怀孕临产，因受刑体弱，昏死多次，保外生产，生下一对孪生姐妹。国民党政府因抓不到徐林侠"犯罪"事实，以所谓"背时罪"判刑7个月。出狱后，带着一双孪生女儿前往西安，找到宋绮云。她在报社一面协助宋绮云做好工作，一面担负起地下党的联络、接待任务。

民国24年10月15日，中央红军到达陕北，胜利完成举世闻名的二万五千里长征。宋绮云得知这一消息后,便通过《边闻通讯》在显著位置报道这一消息。蒋介石与日本秘密签订了《塘沽协定》和《何梅协定》后,为揭露国民党反动派的卖国阴谋,宋绮云连夜带领进步工人翻印《何梅协定》原文,并撰写按语,邮寄散发给西北各处学校、各界知名人士,唤起人民群众声讨国民党妥协卖国的罪行。此时,根据中共中央的指示,为统一领导西安地下党的工作,建立中共西北特别支部,宋绮云为西北特支领导成员之一。他利用各种有利条件,做了大量工作。他以《西北文化日报》为主,在印刷厂、华丰面粉厂和大华纱厂成立了三个工人救国会。在《西北文化日报》社设立了一个内部招待所并兼办一个饭店,作为组织活动和掩护共产党地下活动的场所。

西安事变发生后,《西北文化日报》在宋绮云的组织安排下,同时发表了《张、杨昨发动对蒋兵谏》的消息和《何处是中国的出路》的评论,以及《昨日张、杨的兵谏与八项救国主张》的社论。之后,《西北文化日报》根据中共中央反对新内战、和平解决西安事变的方针,发表了《一二·一二兵谏之伟大意义》、《斗争局面之开展》、《为民族解放而战,为民众自由而战》等社论。民国27年初,宋绮云从延安学习归来。不久,中共陕西省委又派他去河北临时政府任政治处副处长兼组织科长,负责同八路军总部的联络工作。后来,根据八路军总部的指示,宋绮云又重返西安。民国28年11月,组织上派宋绮云到晋西南中条山第四集团军总部。这时他的公开身份是总部的少将高参。总部干训班开办后,他被任命为副教育长兼政治教官。后又被委任为总部干训班特别党部书记长。

由于在"西安事变"和后来的历次革命活动中,宋绮云出头露面较多,引起国民党特务机关的极端仇视和密切注视。为了安全和工作方便,民国30年4月,宋绮云将家搬到郊外蒲阳,并将较大的两个女儿送回江苏邳县老家,把妻子徐林侠和正在吃奶的幼子森森(即小萝卜头),交给跟他多年的警卫员照管。

宋振中(1941~1949),乳名森森。民国30年3月15日出生于西安。

民国30年9月8日,宋绮云被诱捕。入狱后,敌人许以高官厚禄,妄图加以收买。他正言厉色向敌人宣布:"本人抗日无罪,除非无条件释放,别无可言。"敌人又逮捕了徐林侠和年龄只有8个月的森森。同年12月,被送押重庆"中美特种技术合作所"的白公馆监狱。宋绮云夫妇及他们的幼子虽都被关在"白公馆",但由于严格隔离,双方都不知道亲人就在"毗邻"。

中美合作所关押着罗世文、车耀先、许晓轩等著名的共产党员,也关押着东北爱国将领黄显声将军。民国32年,特务头子戴笠决定对"中美所"进行整顿,将主要政治犯转移。宋绮云一家同罗世文、车耀先、许晓轩、黄显声等,便被押解到贵州省息烽县阳朗坝监狱。这时,宋绮云才和妻子徐林侠及幼子见了面。军统特务头子戴笠,曾多次要宋绮云和军统合作,即可恢复自由。宋绮云怒斥道:"要我这样出牢,办不到!"几年的监狱生活,活泼可爱的森森被折磨得面黄饥瘦,脑袋特别大,个子又矮又小。同监的王品三看着这6岁的孩子悲愤地说:"看,孩子有什么罪?森森被折磨得像个小萝卜头了!"从此这句话就传开了,"小萝卜头"成了大家对森森的爱称。"小萝卜头"已经到了读书的年龄,经过宋绮云几次交涉,监狱当局才勉强同意在男监找人教他。宋绮云为他起名振中。宋振中在狱中的第一个老师便是四川省委书记罗世文。罗世文牺牲后,由黄显声将军做他的老师。起初,宋振中由特务押着到楼上去上课。时间长了,由他自己单独来往。狱中的地下党组织就利用"小萝卜头"的这种特殊待遇交给他一些任务,让他注意狱中发生的一切动静,比如特务有什么活动,什么人又被关进来了,今天谁又受审、上刑等等。民国36年8月,狱中党组织决定韩子栋越狱。为了帮助他换下身上的囚服,徐林侠利用仅有的旧布连夜为他赶做了一件上衣和一条小口袋,由于灯光微弱和手指变形不听使唤,不时被针刺破冒血。当韩子栋从"小萝卜头"手中接过斑斑血迹的衣服和口袋时,激动得热泪盈眶。韩子栋越狱成功了,那伴随他越狱的小口袋至今还陈列在四川重庆"中美合作所罪行展览馆"里。

当时,黄显声将军在狱中享受可以订阅一份《中央日报》的优待,黄将军便把解放战争的胜利消息写成纸条,悄悄地塞在宋振中的小手里,然后由他带到楼下给大家看,鼓舞难友们斗争必胜的信念。

1949年8月下旬,蒋介石又向特务机关下达了秘密杀害他们两家人的命令。9月6日,在歌乐山下的松林坡,杨虎城将军父子被特务用刀刺杀在原戴笠的会客室;宋绮云一家被用刀杀害在戴笠的警卫室。时年宋绮云和妻子徐林侠均45岁,他们的儿子宋振中只有8岁。1950年1月15日,重庆各界为杨虎城、宋绮云、徐林侠等烈士举行了追悼会,刘伯承、邓小平亲往祭奠。

西安韦曲杜公祠为他们一家建立三烈士陵园;邠县铁佛寺小学、邠县儿童乐园为他们塑像纪念(三烈士塑像)。

## 朱慕萍

朱慕萍(1912～1949),涟水县前进乡人。烈士。民国21年(1932年)3月,在响水中学读书时加入共青团。同年夏,组织遭破坏,只身往上海,找到共产党地下组织,不久转为中共党员。

民国22年2月,朱慕萍被捕入狱。在敌人严刑拷打面前,他坚贞不屈,不吐露半点真情。出狱后,任中共上海市沪东区委干事、秘书等职。同年12月,他第二次被捕。在审讯中,他装着不懂上海话,不识字,并假造口供蒙骗敌人。在多次刑讯得不到真实口供的情况下,龙华警备司令部军法处按嫌疑犯判他15个月徒刑,解送苏州反省院。民国24年8月,朱慕萍再次获释,时上海地下党组织已遭到严重破坏。他回家乡办起了小学。抗日战争爆发后,朱慕萍积极参加抗日救亡活动,参与组织涟水县抗日同盟会。民国27年12月,他和陆亚东到邳县铁佛寺,要求中共苏皖特委派人来淮、涟地区开辟工作。翌年2月,特委派张芳九、高兴泰、戴曦随他来到涟水。从此,淮、涟地区的抗日斗争有了共产党的直接领导。日军侵占涟城后,朱慕萍积极参与组建民众抗日武装,并和张胜武、王国干等人组成短枪突击队,多次突袭汉奸、土匪,打击投降派的势力。同年6月,八路军陇海南进支队第八团成立,他任第八团三营营长。后又任教导第五旅参谋、涟水县游击大队长。

民国30年,他重新加入中国共产党。次年5月任涟水独立团副团长。同年冬,调任麻垛区区长,旋又任盐西区区长兼区大队长。该区紧靠时码,当时,时码驻有伪军一个大队、日军一个小队,伪军大队长王培坤经常带领日伪军下乡烧杀抢掠,群众深受其害。通过深入细致的工作和艰苦的斗争,盐西区抗日局面终于打开。时码据点里的机枪手、炊事员和伪乡公所自卫队中的很多人被争取过来,成为抗日民主政府的耳目。敌人常常被动挨打,而盐西区抗日武装则愈战愈强。民国34年12月,朱慕萍调任灌云县独立团团长。他率部攻克东辛据点。民国35年9月,独立团上升为淮海一支队,他担任一支队参谋长。在险恶环境中,坚持同敌人进行顽强的斗争。他亲自指挥小伊山、马车沟、陡沟、大伊山等歼灭战,有力地打击和威慑了周发乾、徐继泰、蒲开喜等几股顽匪,巩固和扩大了根据地,为配合淮海战役,解放整个新海连地区作出了突出的贡献。尤其是解放连云港的战役中,他运用灵活的战略战术,以少胜多,指挥独立团和部分区中队,歼敌大半个旅。

后独立团编为第三野战军第二七〇团,朱慕萍任团长。民国38年3月,他奉命率部参加渡江战役。部队到达安徽和县江边后,未及休息,就接受了攻占西凉山的任务。战斗打响后,他赶到担任主攻的三营阵地亲自指挥。此刻,他已连续几天几夜没有休息,警卫员再三催他休息,他才在战壕沟里躺一躺。不料,敌人打过来的一发炮弹在他身边爆炸,不幸牺牲,时年37岁。

## 徐冠苏

徐冠苏(1915~1949),涟水县徐集街人。烈士。早年曾加入中国共产主义青年团。民国19年(1930年)8月参加涟水"八一"暴动,失败后被捕,脱离了组织关系。被保释回家后,曾任小学教师。

日军侵占涟城后,他受抗日民主政府保卫部的派遣,打入日伪组织,搞情报工作。抗日战争胜利后,中共盐阜区委社会部为有效展开反特斗争,决定组织力量深入敌人内部侦察。徐冠苏被派遣打入江苏省调查统计室(中统),要求他摸清敌特内部人事、组织、编制、活动等,侦察潜伏在解放区的敌特分布,特别是隐藏在共产党党政机关内的奸细活动情况。他接受任务后,化名苏三,通过同乡同学、在江苏省调统室担任重要职务的陈亚山(化名亚子)介绍,进入调统室担任行动组副组长。民国35年初秋,江苏省调统室派遣他潜入苏北解放区发展特务组织。他利用这个机会向中共盐阜区委汇报敌情,并揭发出一个潜伏在共产党内部的中统特情人员。民国35年底,徐冠苏升任江苏省调统室淮阴地区特情专员。他利用这个职务,经常以到各县特务机关视察、布置和检查工作为名,收集敌情。当时,江苏省调统室在淮阴成立一个检训团,训练和发展特务分子,作为淮阴、淮安、宝应、涟水等县中统特务的骨干力量。这时,徐冠苏以特情专员身份深入检训团,和团长交上了"朋友",并和专管密码本的机要员成了"知己",终于巧妙地取得密码本,用密写药水抄下密码,转给中共盐阜区委,给敌特组织一个致命的打击。

民国36年春节,徐冠苏利用外出检查特情的机会,从淮阴秘密到达设在淮安县龚营的交通联络站,向中共盐阜区委社会部侦察科长江华汇报了敌方军事行动、兵力部署以及革命阵营内部自首投敌人员的名单,其中重要情况是淮海区某县一个区队为敌收买,准备春节后集体叛变投敌。江华立即向中共淮海区委通报了情况,避免了损失。同年秋,徐冠苏遵照中共盐阜区委的指示,在南京中统本部成功地策动陈亚山反正。陈亚山把自己所知道的国民党在南京等地区应变计划,包括中统布置潜伏的名单及代号、联络暗号等统统交给徐冠苏。

民国37年底,徐冠苏对中统敌特专员萧琪进行策反,结果失败被捕,关押在南京中统本部看守所。他一口咬定这是一起陷害案,中统当局无证据裁定,便将案子搁置起来。民国38年四五月间,他随中统机关撤退至宁波。敌人在逃窜台湾前,将他杀害。

## 李锡佑

李锡佑(1917~1949),沛县人。烈士。民国26年(1937年)5月,东渡日本求学。因"七七"事变、"八一三"事变相继发生,留日学生纷纷回国,他于9月折回,借读河南大学。这期间,接触了一批进步同学,于是经常参加抗日救亡活动。11月,洛阳受到日军威胁,李锡佑便与10多个同乡回沛县组成沛县旅外学生抗日宣传队,在家乡大力宣传和鼓动抗日。12月,他决定去陕北上抗日军政大学,因受阻于西安,便参加了西安青年抗日训练班,后并入国民党中央军校七分校。民国30年,他在胡宗南部第一军担任参谋,看到大量装备精良的军队,不去抗日,反而围剿抗日的八路军,甚为愤懑。民国32年春,帮助一位为八路军送情报而被捕的军校同学逃脱。8月,借奔父丧,脱离第一军,携妻子女儿回到徐州。料理丧事期间,看到日军的所作所为和沦陷区人们的痛苦,事毕遂投奔苏鲁豫皖抗日游击总指挥李明扬,历任参谋、支队长、纵队副司令。年底,李明扬保送他到重庆陆军大学将官班(二期)学习。民国35年毕业后,去国防部任少将高参。到了次年下半年,因对现实日益增长的强烈不满,使他决心另谋出路。民国37年,他离开国防部,出任第四绥靖区司令部第四处少将处长,年底又任暂编第一纵队司令,掌握了兵权。李锡佑决定与解放军联系,伺机在大军渡江时起义。他以纵队运输物资为由,控制了两艘运输舰。李延年撤离南京时,令他将舰只放回,李锡佑迟迟未动,受到怀疑,在听到李延年派人来抓他的消息时,只得逃奔上海。抵沪后,与原国民党中将张权邂逅,决定继续策动起义,迎接解放军。他们先联络旧部和军队中的朋友及同窗中的志同道合者,后与中共地下党取得联系。经过一段紧张工作,已说服驻上海的主力第二十一军一三二师等部,并定于民国38年5月16日上午10时发动起义,由一三二师打响第一枪。不料15日早晨,因叛徒出卖,李锡佑不幸被捕。尽管受尽折磨,手臂和腿都被打断,他仍坚贞不屈,于5月21日与张权一起遇害,时年32岁。建国后在上海烈士陵园为其建墓立碑。

## 莫香传

莫香传(1919~1949),吴县(今苏州市区)人。烈士。民国29年(1940年)考入重庆中央大学航空机械专业学习。民国33年,投笔从戎,考取赴英接收驱逐舰"伏波号"的海军。一起被选中的有12名同学,他任副班长。他们于民国34年初到达英国,莫香传被分配到英国皇家海军雷达学校受训。民国37年5月,任英国政府所赠的"震旦号"(后改名"重庆号")巡洋舰准尉雷达官;当年8月23日"重庆号"与另一艘"灵甫号"驶抵中国。当时国民党军队正处在辽沈战役惨败之际,便派"重庆号"赴胶东、辽沈海域投入内战。"重庆号"回到上海,国民党当局极端腐败的种种事实,使莫香传萌发"找共产党去,把'重庆号'开到解放区去"的思想。几经周折,由轮机军官蒋树德通过"伏波号"军舰雷达少尉王淇,找到中共地下组织。中共南京地下市委书记陈修良找王淇作深入了解,后将莫香传和曾祥福介绍给中共中央上海局。在中共组织领导下,莫香传、曾祥福、蒋树德的"起义小组"和另一起义组织共同发动和组织王继挺、王颐祯、陈业昌、武定国、孙国祯、洪进先等40余人,形成"重庆号"起义的骨干力量,并发展下层军官及舰长。民国37年底,已引起国民党方面注意的莫香传、曾祥福突然被调离"重庆号",去江防第二舰队。中共上海局不得不改由蒋树德、王继挺负责秘密策动工作。他和曾祥福离舰上岸后,未去报到,仍秘密协助起义准备工作,按中共组织的指示,起草拟订"重庆号"起义行动计划纲要,经中共上海局审查批准下达给起义组织。起义组织人员警觉到"重庆号"正在紧急加水和装中央银行金库财物,要逃往台湾,他们遂提早于民国38年2月25日凌晨1时半发动起义。25日凌晨4时许开动,26日上午驶抵解放区烟台港,3月5日到达葫芦岛军港。"重庆号"起义后,莫香传仍留在上海,由中共上海局直接联系,继续对国民党军队开展策反工作。但他已被国民党特务盯上,当年5月10日晚被捕,遭酷刑,始终未吐露半点真情。5月19日,莫香传等16人被惨杀于上海宋公园,为"五一九宋公园十六烈士惨案"。

## 钱相摩

钱相摩(1920~1949),原名宝善。阜宁县阜城镇人。烈士。民国30年(1941年)夏,考取上海大同大学经济系。日军侵占阜城后,被迫停学,全家迁居蔡桥(今属滨海县)。民国33年春,钱相摩参加革命工作后,历任阜东县郭集干校校长,东坎小学副校长,阜东宣工队副队长、队长等职。他运用多种宣传形式,深入敌人据点附近,进行对敌宣传,开展政治攻势,分化瓦解敌人。他爱好戏剧艺术,能编会导,经常登台表演。先后创作有《新状元》、《胜利第一》、《新官场现形记》、《反动派出洋相》、《真面目》、《功与过》、《大家有功劳》、《寸土不让》等独幕与多幕剧本20多个,供全县各剧团演出,对推动文化宣传活动起了很大作用。在阜东县全体教师会上,钱相摩和他领导的宣工队均被记了功。地委机关报《黄海日报》报道了他领导的阜东宣工队的事迹。

民国36年夏,钱相摩调阜东县委敌工部,后调华中公安处,专事敌工情报工作。同年10月加入中国共产党后,由组织派遣到泰州、镇江一带,打入敌人内部,搜集敌人情报。他化名发表文章,揭露特务罪行,给解放区购买和输送紧缺物资。次年夏,以上海榆林小学、浦江中学教员身份作掩护,建立起爱国大同盟沪盟总分部秘密组织,下设40多个情报联络点,在国民党军政警机关、大中小学、银行、港务等单位的上层人士中发展盟员170余人,形成综合性情报网络。人民解放军渡江后,钱和他的盟员们积极保护敌方档案,搜集各种敌特机要文件,做好迎接解放上海的准备工作。

民国38年5月10日3时许,敌特突然包围了钱相摩在上海外白渡桥理查大楼的住所。钱沉着机警,立即藏好地下组织成员的名单,销毁秘密文件。敌特除抓到钱相摩以外,一无所获。在敌人多种酷刑逼供面前,钱相摩英勇不屈。5月21日,钱相摩于闸北宋氏公园从容就义,时年29岁。